总 主 编 简 介

朱崇实，1982年2月毕业于厦门大学经济系，获经济学学士学位；1990年5月毕业于南斯拉夫贝尔格莱德大学国际经济系，获经济学博士学位。现为厦门大学校长、厦门大学法学院教授、经济法学专业博士生导师，兼任中国法学会经济法研究会副会长。主要著作9部（含合著），发表论文40余篇。主持或参与国家级、部省级科研课题10项，科研成果先后获"孙冶方经济科学奖"、"国家首届人文社科优秀成果奖"和"福建省社会科学优秀成果奖"等。

执行总主编简介

朱福惠，湖南娄底人，1961年7月生。武汉大学法学博士，现为厦门大学法学院教授，宪法与行政法专业硕士生、博士生导师，中国宪法学研究会常务理事、中国法学会比较法学研究会理事。主要学术成果有：《宪法与制度创新》（法律出版社2000年版），《宪法至上——法治之本》（法律出版社2000年版），《宪法专论》（与刘连泰、周刚志合著，科学出版社2007年版），《宪法学原理》（主编，厦门大学出版社2011年版）。

主 编 简 介

林旭霞，女，法学博士，现任福建师范大学法学院院长、教授、博士生导师。兼任中国法学会民法学研究会理事，福建省法学会民商法学专业委员会主任。受聘为中国人民大学民商事法律科学研究基地特约研究员，台湾大学、台湾东吴大学客座教授、高级访问学者。近年来，在法律出版社、人民法院出版社、高等教育出版社、厦门大学出版社出版专著、合著及主编教材5部。在《中国法学》、《政法论坛》等权威、核心刊物发表学术论文30多篇，多篇论文被《中国社会科学文摘》、《新华文摘》、《高等学校文科学术文摘》转载。主持两项国家社科基金项目以及多项省部级科研项目研究。研究成果多次获得福建省社科优秀成果一等奖、二等奖、三等奖。

高等学校**法学精品**教材系列

朱崇实 总主编

债权法

（第五版）

Obligation Law

林旭霞 / 主 编

朱炎生 杨垠红 / 副主编

撰稿人（按章节顺序）

林旭霞 杨垠红 刘 诚 郑丽清
刘清生 兰仁迅 朱炎生

厦门大学出版社
XIAMEN UNIVERSITY PRESS
国家一级出版社
全国百佳图书出版单位

厦门大学出版社

总　序

中国的改革开放要求建立一个法治社会。与这样的一个宏伟目标相适应，自 1979 年以来中国的法学教育蓬勃发展，截至 2006 年，全国已经成立了法律院校 600 多所，在读大学生数十万人（尚不包括大中专及夜大、成人教育的学生人数）。应该承认，我国法学教育在迅速发展的同时也存在教育质量参差不齐、不能完全适应社会发展需要等方面的问题。因而，积极推进教学方式改革，促进法学课程体系的完善，努力培养"宽口径、厚基础"的复合型法律人才，已经成为法学教育界的共识。为达成此种目的，法学教育中的课程建设及其相关的教材编写，在当前法学教育大调整的格局中显得尤其重要。基于上述考虑，我们特组织福建省各高等法律院校的主要学术骨干编写了这套教材，各部教材的主编均是福建省高等学校法学院的主要学科带头人。例如，《国际经济法》主编廖益新教授、《民法总论》主编蒋月教授、《环境法》主编陈泉生教授、《宪法学》主编朱福惠教授、《刑法总论》主编陈晓明教授和《法理学》主编宋方青教授等，都是在本学科领域颇有建树，得到同行认可并深受学生喜爱的优秀教师。其他参与教材编写的也都是教学第一线的中青年骨干教师，具有良好的法学教育背景，许多人兼通中西法学。由于众多优秀教师参与编写，使这套教材的质量有了可靠的保障。

厦门大学法学院在编写这套教材中发挥了积极的作用。厦门大学是国内最早开设法科的高校之一，从事法学教育已经有八十多年的历史。改革开放以来，法学院在 1986 年即获得博士学位授予权，2006 年获得法学博士授权一级学科，现设有国际法、经济法、民商法、宪法与行政法、诉讼法、法理学和刑法学七个博士点，拥有法学博士后流动站。国际法是国家重点学科，民商法、经济法、宪法与行政法是福建省重点学科。在学科建设取得重大成就的同时，法学院适应我国法制发展的需要，为国家和社会培养了大批优秀的法律人才，成为我国重要的法学研究和人才培养的基地。为了推动我国法学教育事业的发展，厦门大学法学院联合福建省各主要高校的法学院系编写了这套教材，其目的在于整合福建省高校法学教学资源，加强各高校法学教师的联系，总结教学经验，为福建省乃至全国的法学教育作出更多有益的贡献。

这套教材具有如下几个特色：

第一，依据法学本科教育的特点和规律，吸收我国法学理论界近年来最新的、较为成熟的研究成果。我们认为，本科教学以培养初级法律人才为直接的教育目标，因而必须注重基本概念、基本原理与基本制度的讲解与传授，而不能一味求新求奇，更不能以个别专家的学术观点取代理论界已经形成的共识。我国处于社会转型时期，改革开放事业日新月异的发展，国家的法律制度的变革十分迅速，法学理论的发展更有"一日千里"之势。为了确保本科教育的培养质量，我们在教材内容的甄选方面，努力做到既注重基本知识、理论共识，又注意吸纳理论界近年来最新的、较为成熟的研究成果。

第二，依据法律人的思维范式编撰教学内容，寓"德育"于法律知识教育之中。如前所述，法学教育的总目标在于培养社会主义法治国家的"治国之才"。新时代的法律人才不仅应当具备扎实的法学知识理论功底，而且还应当具有牢固的法律信仰和优秀的道德品质。法律人所具有的这种独特的信仰和道德，与其独特的知识背景和思维范式联系在一起，共同构成法律人所特有的人文精神。如欲培养法律人的道德品质，空洞的道德说教无济于事。唯有依据法律人独特的思维范式，将公平正义的法律理念融汇在教学内容中，学生才能在学习的过程中逐渐自觉地确立法律信仰，法律道德的培养才能初具成效。基于这种认识，我们依据法律人的思维范式编撰教学内容，力图寓"德育"于法律知识教育之中。

第三，依据当代中国社会对于法律人才的要求，努力建构完善的课程体系与教学内容体系。要培养合格的法律人才，建构完善的法学课程体系至关重要。我们根据本科教学的要求，首先组织编写十四门核心课程的教材，对法学上的基本概念和基本原理作了较为清晰的阐释。除此之外，还组织编写了房地产法、证券法、公证与律师制度和知识产权法等与市场经济发展密切相关的法学教材。希望我们这一套教材能够为本科法学教材体系的发展作出微薄的贡献。

由于我们的水平有限，缺点和错误在所难免，敬请读者批评指正。

2007 年 8 月 1 日

第五版修订说明

　　本书第四版出版至今已逾两年,在过去的两年里该书被多所法学院校所采用,成为普通高等院校法学专业主要的债权法教材之一。在此期间,我有幸收到使用本书作为教材的师生以及其他同行专家学者的一些意见和建议,这极大裨益于本书的修改。而且这两年内我国大量法律法规被修改或颁布,许多司法解释纷纷出台,如2014年3月15日正式实施的新《中华人民共和国消费者权益保护法》、2014年3月1日实施的《最高人民法院关于审理融资租赁合同纠纷案件适用法律问题的解释》和2015年6月23日出台的《最高人民法院关于审理民间借贷案件适用法律若干问题的规定》等等,加之,法学理论不断推陈出新,故有必要对本书第四版进行新一轮的修订。

　　相对于第四版,第五版有较全面的改动。包括:

　　1.反映了法律法规的修改与新出台的司法解释的内容。例如,在我国经济体制改革不断深入的背景下,民间借贷日趋活跃,借贷规模不断扩大。然而,由于我国金融和法律体系相对不健全,民间借贷风险渐增,引发大量民间借贷纠纷。为此,最高人民法院出台了《关于审理民间借贷案件适用法律若干问题的规定》以规范民间借贷行为并为法院判案提供依据。故本书在借款合同中补充了民间借款合同,阐释了民间借贷的概念和特征,民间借款合同的生效时间以及有关利率、利息等的特别规则。

　　2.融入新近的研究成果。随着我国法学理论研究的日渐深入以及域外先进理论成果的不断引入,一些原有学说被质疑,一些学说得以发展,一些创新性学说被提出。本书第五版借此修正了陈旧的观点,介绍了新兴的学说。例如,四要件说曾在我国一般侵权责任构成要件理论中占据主流地位。然而,《侵权责任法》颁布之后,从立法明文来看,并没有将违法性作为一般侵权责任的构成要件之一。目前我国学术界占优势的观点是三要件说,即损害结果、因果关系、过错。而且"违法性"在我国审判实践中几乎被忽略。故本书第五版删除了第四版中的违法性要件,并重新梳理了过错的内涵。再如,比例因果关系与比例责任作为应对多因不明侵权的一种新型因果关系理论与责任分担学说,在域外已被不少国家所认可并在实践中予以运用,本书第五版对此予以简要介绍,以丰富现有的学说。

　　3.将判例分析渗透到教材内容中去,引导学生理解法院(尤其是最高人民法院)的裁判要旨,从而提高学生理解法律与运用法律的能力。我国虽然属于成文法国家,但判例在司法实践中一直起着重要的作用。战国时代荀子曾曰:"有法者以法行,无法者以类举,听之尽也";秦律中详细记载了供判案依据的各种案例;汉朝有一种法律形式,是用来比照断案的典型判例,被称为比(或决事比);在唐代,判例性法源也作为正式性法源存在;在宋朝,以例代格、以例破律的现象十分普遍;明清时,律历并存;民国时期判例也有一定的约束力;当前,判例也具有一定的指引作用。法律教学不仅要向学生传授法律知识,更要通过判例教学培养学生应用法律知识解决实际问题的能力。故本书第五版在法律理论知识阐释的基础上,融入了大量的司法判例,以增强学生分析与运用能力。

此外,考虑到法学学生参加司法考试的需要,本书第五版更新了"司法考试真题链接"的内容,补充了近两三年的司法考试真题,以便学生们在每一章节学习中有针对性地了解司法考试的出题类型与重点,更好地应对司法考试的挑战。

由于时间与精力所限,本书难免有疏漏或不尽如人意之处。欢迎读者,尤其是使用本书作为教材的老师和同学们,提出批评意见和建议,以便进一步修改和完善。

林旭霞谨识

2017 年 1 月 22 日于福建师范大学人文楼

四版前言

债权法历来是各国民法的一个重要组成部分。民法调整的对象包括人身关系和财产关系，其中财产关系又包括静态的财产关系和动态的财产关系，静态的财产关系是由物权法来调整的，债权法则是调整动态的财产关系的法。随着社会交易关系的频繁化，动态的财产关系日益增多且日渐复杂，债权法也相应日臻庞大和细致化，它在现代社会中的地位也越来越突显。债权法不仅保护了特定的当事人之间利益的平衡，而且为经济活动和社会生活的正常开展提供了法律保障，有利于实现和维护社会公平正义。

本书以我国债权法相关法律规定及其司法解释为依据，结合理论的发展和审判实践的操作，阐释债权法的基本原理和实践运用。本书不仅介绍了债权法方面的基础理论知识，而且融合了我国立法的更新、司法实践经验的总结和学术研究的新动向，以案例为导引，在讲解通说观点的同时，通过抛出新问题，激发学生思考创新，培养学生发现问题、运用理论分析问题以及最后解决问题的能力。同时考虑到广大学生对司法考试的需要，本书有侧重地融入了司法考试的重点评析，并更新了近年司法考试真题的链接，以便于学生将理论知识与司法考试有机结合。

债权法的调整范围主要包括合同之债、侵权责任、不当得利之债和无因管理之债，与之关系最为密切的基本法律主要有《民法通则》、《合同法》、《侵权责任法》。《合同法》是 1999 年颁布的，它的颁行废除了在此之前的《经济合同法》、《涉外经济合同法》和《技术合同法》，实现了合同领域法律规制的统一。2010 年开始实施的《侵权责任法》从基本法的角度对侵权责任作出了规定。故此版债权法一书根据《侵权责任法》的立法篇章结构，予以解析，更加密切地结合当前立法规定阐释旧新理论的变更、新理论的内容与发展趋势。对于不当得利之债和无因管理之债，没有专门的基本法律加以规范，主要由《民法通则》的规定予以集中调整。虽然《民法通则》在颁布后未曾修改，但是我国目前正在着手起草民法典，有望对债的关系做出更科学、更全面的规范。除此之外，国家还制定了一些相关的法律、法规。例如，《产品质量法》中关于生产者、销售者的责任规定，《环境保护法》中关于环境污染责任的规定，《专利法》、《商标法》、《著作权法》中关于侵犯知识产权责任的规定，《律师法》中关于律师责任的规定，《证券法》中有关证券参与者责任的规定，这些法律、法规均可归入广义的债权法的范畴，具有特别法的效力。此外，我国缔结或参加的国际条约、适用的国际惯例中亦有一些有关债的关系的规定,例如,我国 1986 年参加的《国际货物销售合同公约》(CISG),我国承认且适用的《2000 年国际贸易术语解释通则》(Incoterms 2000)等。

为准确适用上述法律,最高人民法院制定了一系列有关的司法解释,以指导各级法院正确理解与适用相关的法律法规。例如,《最高人民法院关于贯彻执行〈民法通则〉若干问题的意见(试行)》、《最高人民法院关于适用〈中华人民共和国合同法〉若干问题的解释(一)》、《最高人民法院关于适用〈中华人民共和国合同法〉若干问题的解释(二)》、《最高人民法院关于审理买卖合同纠纷案件适用法律问题的解释》、《最高人民法院关于审理人身损害赔偿案件适用法律若干问题的解释》、《最高人民法院关于确定民事侵权精神损害赔偿责任若干问题的解释》等。这些司法解释对相应的法律起着重要的补充和阐释作用,亦是学习本课程时应予重要掌握的内容。

本书的作者是由本省多所法律院校的教师组成,都具有债权法教学的经验,具体的写作分工如下(以撰写章节先后为序):

林旭霞　法学博士,福建师范大学法学院院长、教授、博士生导师、民商法学科带头人。撰写第一、二、三章。

杨垠红　法学博士,福建师范大学法学院副教授、硕士生导师。撰写第四、六、七、八、九、十七章。

刘　诚　法学硕士,福建江夏学院法学系副教授。撰写第五章。

郑丽清　法学博士,福建师范大学法学院副教授、硕士生导师。撰写第十、十一、十二章。

刘清生　法学硕士,在读博士,福州大学法学院副教授。撰写第十三、十四、十五、十六章。

兰仁迅　法学硕士,华侨大学法学院副教授、硕士生导师。撰写第十八、十九章。

朱炎生　法学博士,厦门大学法学院教授、硕士生导师。撰写第二十、二十一章。

由于债权法涉及多领域的问题,合同之债领域虽有较统一的法律,但其理论博大精深,就侵权责任领域而言,虽然《侵权责任法》已经颁布并实施,但学术界对相关问题的讨论仍很激烈,观点亦纷多复杂。随着立法的开展和理论研究的深入,债权法领域的一些问题则越加难以全面把握,再加上作者的水平、能力所限,本书难免存在一些疏漏、不足或可商榷之处,欢迎读者不吝赐教。

林旭霞　谨识

2014 年 1 月 1 日

目 录

第一编 总 论

第二编 合同之债

第三编　侵权之债

第四编　不当得利和无因管理

第一编 总论

Law

第一章　债与债权法概述

【引　例】

2001 年 3 月,广东某电力工程公司从某房地产公司处获得一份造价为190 万的配电安装工程并将此交由魏某(系工程公司股东兼公司总经理)全权负责。2001 年 10 月,魏某与该工程公司另一股东汤某订立了股权转让协议,约定将其在工程公司 45% 的股权转让给汤某(系工程公司董事长),而且在协议中约定了魏某要继续跟进配电安装工程,按时按质完成。之后,该房地产公司以工程存在质量问题要求解除工程合同,该工程公司以魏某未履行股权转让合同中的继续跟进义务起诉魏某,要求其赔偿损失。

第一节　债的概述

一、债的概念与特征

(一)债的概念

债是特定当事人之间请求为一定行为或不为一定行为的权利义务关系。债的法律关系从权利方面而言,称为债权关系,从义务方面而言,称为债务关系,所以债的关系又称为债权债务关系。在债的法律关系中,享有权利的一方当事人为债权人,他所享有的权利称为债权,其内容是债权人有权要求债务人为特定的行为或不为特定的行为;负有义务的一方当事人为债务人,他所负担的义务称为债务,其内容是债务人应按债权人要求为或不为一定的行为。

债的概念来源于古罗马。在《法学阶梯》中,债(De obligationibus)为法锁,指约束我们根据我们城邦的法偿付某物,它有四个来源,即出于契约的,出于准契约的,出于非行的和出于准非行的。[①] 意大利学者彼得罗·彭梵得在其所著的《罗马

---

① ［古罗马］优士丁尼:《法学阶梯》,中国政法大学出版社 2005 年版,第 215 页。

法教科书》中详细地阐述了债的概念:"债是这样一种法律关系:一方面,一个或数个主体有权根据它要求一定的给付即要求实施一个或一系列对其有利的行为或者给予应有的财产清偿,另一方面,一个或数个主体有义务履行这种给付或者以自己的财产对不履行情况负责","债的本质,不在于我们取得某物的所有权或获得役权,而在于使他人必须给我们某物或者做或履行某事"。罗马法债的历史起源产生于对私犯的罚金责任,在起源时期,无论是私犯者还是债务人首先均以自己的人身负责并陷于受役使状态。债的标的可以说是债务人的人身。后来法律规定只有在债务人不履行债务时,债权人才可以通过执行方式对其人身采取行为。此时,债第一次获得了新的意义即财产性意义。

大陆法系国家沿用了罗马法关于债的概念,但它们逐渐摒弃了其中对人身采取强制措施的救济方式。德国法学家首先提出了关于债的一般学说。德国民法典鉴于债的特殊性,将债权与物权加以区分,专设了债的关系一编,其第 241 条规定,根据债务关系,债权人有向债务人请求给付的权利,给付也可以是不作为。债务关系可以在内容上使任何一方负有顾及另一方的权利、法益和利益的义务。[①] 法国民法典中没有关于债的一般概念,它的债主要包括契约之债和非经约定而发生的债,包括准契约、侵权行为与准侵权行为。日本民法典中也没有关于债的一般概念,其债的发生原因包括契约、侵权行为、无因管理和不当得利。

在英美法上,没有与大陆法系债相当的概念。英美法中的 obligation 仅是指法律义务,而没有大陆法系债中所包含的债权的内容,大陆法系的债相当于英美法系上的 credit(债权)和 debt(债务)。虽然英美法一直没有债权法这样一个独立的法律部门,但它们承认债的各种发生原因,如合同、侵权行为、准合同以及信托等。

在我国,虽然我国承袭了大陆法系的传统,但是我国法律对债的规定方式与大陆法系大多数国家的做法有所区别。《中华人民共和国民法通则》(以下简称《民法通则》)第 84 条规定:"债是按照合同的约定或者依照法律的规定,在当事人之间产生的特定的权利和义务关系。享受权利的人是债权人,负有义务的人是债务人","债权人有权要求债务人按照合同的约定或者依照法律的规定履行义务"。但其中"债权"一节只规定了合同、不当得利、无因管理,而在"民事责任"一章中规定了侵权行为,其意旨在于突出侵权行为的非法性、法律对于侵权行为的否定评价和侵权行为法的保障作用。但是根据《民法通则》第 84 条规定的精神、参与该立法人士的相关解释和学术界的通说,侵权行为仍作为债发生的原因之一纳入债的概念之中。

(二)债的特征

第一,债是特定主体之间的民事法律关系。它体现在三个方面:其一为主体的

---

① 《德国民法典》,陈卫佐译注,法律出版社 2006 年第 2 版,第 83~84 页。

特定性。民事法律关系可以发生在特定当事人与不特定当事人之间,也可以发生在特定当事人与特定当事人之间,前者如物权关系,债的关系则属于后者。债的关系的各方当事人都是特定的,因而除非法律另有规定或合同另有约定者,否则应由债务人履行债务,债权人不能要求债务人之外的他人履行义务,即使此人与债务人有血缘关系或其他债务关系。其二为内容特定性。在债的法律关系中,债权人享有什么样的债权,债务人应如何履行义务,是特定的亦是相对的。这在合同法中得到最为明显的表现。在合同之债中,当事人通过协商订立了合同,约定了双方当事人的权利和义务,当事人得依合同约定的内容来主张权利和履行义务,而不能超过合同的约定。其三,责任的特定性。若债务人的履行不符合合同的约定,则债权人只能要求债务人承担相应的责任,该责任可以是当事人约定的,也可以只是法律规定的。例如在合同关系中,即使债务人的违约是由于合同外第三人不履行造成的,债权人也只能要求债务人承担责任,而不能向其他人主张权利。

引例恰好可以很好地证明这一点。根据《合同法》第 2 条和第 8 条的规定,在合同关系中,只得对特定的当事人提出请求和提起诉讼,第三人非依法律的规定,不享受债权,亦不承担债务和责任。该案中,此股权转让协议约定的是魏某和汤某之间就魏某在广东某电力工程公司内的股权转让的相关事宜,合同双方是魏某和汤某。该股权转让协议的直接权利义务主体应是魏某与汤某,广东某电力工程公司不是本案诉争的股权转让协议的利害关系人,属于不适当的原告。

第二,债是与财产流转有关的法律关系。债的关系建立在债权人与债务人之间的利益关系基础上,这种利益关系表现为通过债的关系,一方当事人将财产转移于另一方当事人,即一种财产流转关系。它是一种动态的法律关系。例如,在合同关系上,一方当事人根据合同约定将合同标的交付于对方当事人,实现了一种财产流转。在侵权关系上,如果行为人侵害他人的物权、知识产权甚至是债权并导致损害的发生,行为人应对受害人承担的最主要的责任便是损害赔偿,即通过向受害人给付损害赔偿金的方式试图使受害人回复到侵权行为没有发生之前的状态,所以侵权之债也是财产流转的重要工具。

第三,债是实现当事人特定利益的法律保障手段。债的制度的基本功能是为当事人实现合法的利益提供法律后盾,债借助国家的强制力保证了债权的合理实现和债务的全面履行,从而平衡当事人之间、当事人与社会之间的利益关系。例如,在侵权之债中,行为人因其行为侵害了他人的绝对权或相对权,造成了他人财产、人身或精神的损害,他就得承担法律上的责任,这为当事人的合法权益提供了有效的保障。

二、债权与其他民事权利的区别

（一）债权的概念与特征

债权是请求特定人为特定行为或不为特定行为的权利，债权具有三项权能：一是给付请求权，即债的关系有效成立后，债权人有请求债务人履行一定给付的权利。二是给付受领权，即债务人根据合同的约定履行义务时，债权人有权予以接受，并持有所得的利益。三是保护请求权，即当债务人不履行债务时，债权人可向法院主张此等权利，以期获得救济。债权的这三项权能从不同的角度保护了债权的实现：给付请求权是债权人提出主张的依据，它具有形式上的意义；给付受领权是债权人可以接受并保有的权利，具有实质性的意义；保护请求权则是债权人借助国家强制力实现债权的法律武器。有学者指出，债的这三种权能在债的效力上分别表现为债权的请求力、保持力和强制执行力。从广义而言，债权的内容还包括对债权的处分权能，如抵销、免除、债权让与、权利质押等。债权一般都具有上述权能，称为完全债权；在例外情形下，债权欠缺某项权能，称为不完全债权。不完全债权有时是处分权能的排除，如破产企业失去对其财产的处分权，有时是强制执行力的排除，如超过诉讼时效的债权。

债权具有如下特征：

1. 债权具有相对性

债权债务关系发生在特定的当事人之间，所以债权人只能向特定的债务人主张权利，在法律没有特殊规定或合同没有特别约定的情形下，债务人以外的第三人没有义务为债务人向债权人履行相应的义务。但这也不意味着第三人可以任意侵害债权，若第三人不法侵害债权的，应负相应的民事责任。

2. 债权具有平等性

数个债权人对同一债务人先后发生数个普通债权，无论其成立的先后顺序如何，其效力一律平等，不因成立的顺序而有先后优劣之分。例如，当债务人破产其财产不足以清偿同一顺序数个普通债权时，只能根据债务人的财产总额，按债权比例在数个债权人之间进行分配。再如，一个债权人为保全债权，行使代位权或者撤销权所取得的财产，应当加入债务人的责任财产，作为债务人对所有债权人的债权担保，而不能从中优先受偿。

3. 债权具有兼容性

在同一标的物之上，可以同时存在两个或两个以上内容相同的债权，此数个债权之间能够互容而不会相互排斥。双重买卖就是一个典型的例子，一物二卖的两个买卖都可以有效成立，虽然最终只能有一个债权得到实现，只有一个债权人获得物的所有权，但其他债权并不因此无效，只不过因不能履行而转化为违约金请求权或者损害赔偿请求权。

4.债权是请求权

请求权的性质决定了债权人只能通过请求债务人为特定行为或不为特定行为使其设立债权的目的得以实现,而不能直接支配债务人的人身或财产,也不能直接支配债务人的行为。虽然在某些特殊情况下,债权人享有代位权、撤销权、解除权等,但这并不影响债权作为请求权的性质。债权不等于请求权,请求权不仅包括债权请求权,还包括物上请求权等其他请求权;而且请求权仅是债权的权能之一,债权的权能还包括受领权、保护请求权、处分权等。

5.债权具有期限性

债权可因法律规定、当事人约定等原因归于消灭,如清偿、时效届满。债权是对债务人人身或财产的约束,在性质上不允许永久存在。债权的存续期限,可以是当事人双方约定的,亦可以是法律规定的。在意定之债中,合同约定的履行期届满时,债务人应履行债务,债务人不履行债务或者履行债务不符合约定的,债权人有权诉请法院要求债务人实际履行或者要求其承担违约责任,但该请求权应在诉讼时效的期间内提起。在法定之债中,债权人请求权的行使同样受到诉讼时效的限制,超过时效则会丧失诉讼上的保护。

(二)债权与其他民事权利的区别

1.债权与物权

债权与物权是民法财产权的两个最基本的类型。债权反映的是动态的财产流转关系,如买卖、出借等;物权反映的是静态的财产关系,如占有、所有关系。

(1)债权具有相对性,物权具有绝对性。债的关系发生在特定的当事人之间,债务人是特定的,因为债权只在特定的当事人之间发生效力,所以债权不需要公示方式。物权则具有对世性,物权关系发生在不特定的当事人之间,任何其他人均不得非法干涉或侵犯权利人所享有的物权,其义务主体是不特定的。因为物权会涉及不特定的义务人,所以物权需要加以公示,其公示方式可以是占有,也可以是登记。

(2)债权具有平等性,物权具有优先性。对同一债务人发生的数个普通债权,不论其成立的先后顺序或数额大小如何,其效力都是平等的,债权人应平等受偿。物权的优先性表现在:物权优先于债权。如在破产程序中,有担保的债权可以优先从担保物中受偿。再如,在同一物上成立数个物权时,成立在先的物权优先于成立在后的物权。

(3)债权具有兼容性,物权具有排他性。在同一标的物上可以同时或先后成立数个普通债权。但在同一标的物上不能同时存在两个或两个以上不相容的物权。例如,根据"一物一权"的原则,在同一个标的物上不能成立两个或两个以上的所有权,即便是数个人共有一个物,这一所有权在性质上仍为单一的所有权即共有权,而非数个所有权的集合。

（4）债权是请求权，物权则为支配权。请求权的性质决定了债权人只能请求债务人为或不为一定的行为，债权的对象是特定债务人的行为，债权人不能对债务人的人身或财产实施直接的支配。而物权是权利人直接支配物并排除他人干涉的权利，物权的对象是物，物权人在实现自己的利益时不需要他人积极行为的配合，他只要不特定的相对人不妨碍其行使权利。

2. 债权与知识产权的区别

（1）债权与知识产权的区别和债权与物权的区别有部分相似。债权是请求权，具有相对性、兼容性，而知识产权是绝对权，具有支配性、排他性。其他任何人负有不侵害权利人权利的消极义务，如任何人不得未经许可实施他人的专利，不得剽窃、篡改他人的作品。知识产权人可以不需要他人积极行为的协助而行使对智力创作成果的权利。知识产权作为一种专有的权利，具有排他性，如对同一内容的发明创造或者设计，法律只授予申请在先的人以专有权，而且对同一内容的智力创作成果，法律只授予一个专有权。

（2）两者的客体不同。债权的客体是特定债务人的行为。知识产权的客体是智力创作成果，是一种无形财产。该智力创作成果必须具有创造性，当然，对于不同类型的知识产权，法律所要求的创造性程度亦不同。如发明、实用新型的专利权之取得需要具备新颖性、创造性和实用性，而对于外观设计的专利权之取得只需新颖性；著作权的取得则不需要像专利权那样的创造性，只要是自己创作完成的作品，而非抄袭、剽窃的即可获得著作权。

（3）两者的主体不同。债权的主体资格没有什么特别的限制，任何自然人或法人都可以成为债权人。而知识产权人仅限于特定的人，如著作权人只能是创作该作品的人，商标权人只能是获得该注册商标专用权的人。债权人一般要求具备相应的行为能力，是否具备行为能力会影响债权的效力。而法律对知识产权人的行为能力没有作出严格的限制，如著作权，任何人只要以自己的创作完成一定的智力成果，即可成为著作权人，无须具备完全行为能力。

（4）对程序性要求不同。债权的设立、变更或消灭以当事人意思自治为主，无须履行一定的行政程序。这在合同关系中最为明显，即使在侵权、无因管理或不当得利中，债权人也可以与债务人达成和解，变更债务的内容或消灭债务。知识产权的取得带有一定的行政干预性，它一般须由有关国家机关依照法律规定或法定程序加以确认或授予。虽然在我国著作权的取得不需要经过法定程序，但在某些国家著作权的取得要求有关机关的授予。

三、债务与责任的关系

(一)债务的概念与特征

1.债务的界定

债务是指根据法律的规定或当事人的约定,义务人所负有的应为特定行为或者不为特定行为的约束。在债的关系中,债权和债务是相对应的,是债的两个方面,两者相互依存。同一行为,就权利人方面看为债权,就债务人方面看为债务。没有债权,也就无所谓债务;没有债务,债权也不可能存在。债务包括两种类型:其一为民事债务(obligation civile),其二为自然债务(obligation naturelle)。前者具备完全的法律效力,即直接请求效力和国家强制力,后者则仅有直接请求效力,丧失了国家强制力。如果未作特别说明,本书所指称的债务是指民事债务。

2.债务的特征

债务是法律课加于当事人应作为或者不作为的拘束,是债务人负担的不利益。债权人权利的实现需要债务人履行债务的积极协助行为,而债务人履行债务的结果,一方面使债权人权利得以实现,另一方面又使债务人失去利益,处于不利益状态。① 这种不利益状态有时是基于法律规定而产生的,如侵权之债的债务人赔偿他人因其侵害行为而遭受的损失,有时是基于当事人约定而产生的,如合同之债。由于多数合同是双务有偿的,因此这种不利益可以通过对方当事人的对待给付,使双方当事人的利益趋于平衡。

债务的内容包括作为和不作为两方面,多数情况表现为作为的债务,如债务人应交付标的物、应支付相应的款项、应提供适当的服务等,但也不尽然,有时债务也表现为不作为的方式,如债务人负有不泄露商业秘密的义务、不得为有害给付的义务等。

债务具有强制性。债务在履行过程中受到法律的拘束,但其强制性突出表现在债务人不履行的情形。债务人不履行或不适当履行的,债权人可以诉请法院要求债务人按合同的约定继续实际履行,或赔偿债权人因此遭受的损失,这种强制性是以国家强制力作为后盾的,明显有别于道义上或宗教上的义务。

(一)债务与责任的关系

罗马法未对债务与责任加以区别,债的侧重点是法律约束、法锁。罗马法将"法锁"视为债的本质所在,在债的关系中,或在由"法锁"确定的特定当事人双方相

---

① 张广兴:《债法总论》,法律出版社 1997 年版,第 29 页。

互联结的关系中,"约束力"仍然是关键因素。[①] 在罗马法中"债务与责任合而成为债务之观念,责任常随债务而生,二者有不可分离之关系"。[②] 德国普通法时代仍沿袭罗马法思想,不对义务和责任加以区别。根据德国著名学者萨维尼的观点,债权为债权人自然的自由的扩大,债务为债务人自然的自由的限制,债务人自愿履行其债务为债权的自然进行状态,债务人不履行债务由债权人强制履行为债权的不自然进行状态(这类似于现代的民事责任),这一不自然状态包含于债务的效力之中。在英美法中,Wesly Newcomd Hohfeld 教授认为,权利(right)和责任(duty)是关联名词(correlatives),有权利必有责任,无责任必无权利,可见,英美法对债务与责任不加区分,两者属同义语。这并非因为其债权法理论不发达,而在于其认为没有必要加以区分。确立债务与责任区分的观念是德国日耳曼法的功劳,该法认为债务属于法的"当为",不包含法的强制性,而责任是债务人当为而不为给付时,应服从债权人的强制取得的关系,其性质上是一种给付代价。这种强制取得的责任关系,附加于债务,债务才有拘束力,从而实现债的目的,责任乃具有担保的作用。[③]

将债务与责任相分离是日耳曼法对现代民法的巨大贡献。受日耳曼法的影响,现代大陆法系民法严格区分债务与责任。如法国民法典第 1142 条规定,一切作为或不作为之债,在债务人不履行之场合,均引起赔偿损害责任;德国民法典第 241 条(基于债务关系而发生的义务)规定,根据债务关系,债权人有向债务人请求给付的权利。第 280 条(因违反义务而发生的损害赔偿)规定,债务人违反基于债务关系而发生的义务的,债权人可以请求赔偿因此而发生的损害。义务违反不可归责于债务人的,不适用前句的规定。我国《民法通则》亦区分债务与责任,并在立法体例上表现了对债务和责任的区分。《民法通则》第 84 条规定,债是按照合同的约定或者依照法律的规定,在当事人之间产生的权利和义务关系,债权人有权要求债务人按照合同的约定或者依照法律的规定履行义务。可见债中不包含对债务人的强制。而在民事责任一章中规定了违反债的责任的承担。《民法通则》不仅对义务与责任严格区分而且进一步实现了责任法的统一,使民事责任成为一项统一的民法制度,这属于中国民法之首创。

关于债务与责任的关系,我国台湾学者王泽鉴先生指出:债务,指应为一定给付的义务,责任指强制实现此项义务的手段,即履行此项义务的担保。在现行法上债务与责任相互结合。原则上两者是相伴而生,如影随身,难以分开。负债者,不仅在法律伦理上负有当为义务,而且也承担其财产之一部或全部将因强制执行

---

① 江平、米健:《罗马法基础》,中国政法大学出版社 2004 年版,第 280 页。
② 史尚宽:《债法总论》,台湾荣泰印书馆股份有限公司 1978 年版,第 3 页。
③ 林诚二:《民法债编总论》,中国人民大学出版社 2003 年版,第 216 页。

而丧失的危险性,否则不能保障债权的实现。[1] 郑玉波先生将民事责任的意义分为两种:第一种意义,民事责任是指某人对他人的权利或利益,不法地加以侵害,而应受民法上的制裁;第二种意义,民事责任是债务人就其债务,应以其财产为之担保。我国大陆有学者认为应当严格区别债务与责任,两者在本质上存在差异。债务为当事人必须为一定作为或不作为的法律义务,而责任则是债务人不履行义务时发生的不利的法律后果,或者是被强制履行义务,或者是被要求承担损害赔偿等不利后果。债务本身不具有法律上的强制性,而责任才具有这种强制性。债权只是一种请求权,债权人不能直接对债务人的人身、财产实施强制,所以没有责任作为后盾的义务,将难以得到切实的履行。责任是债权人请求权的担保,也是诉权得以发生的法律基础。因此,大多数国家除规定债务外还另规定债务不履行的责任承担。但也有学者认为债务与责任在本质上是一样的,没有必要加以严格区分。无论债务还是责任都是对债的保障,债务是第一层次的保障,债权人借此可以要求债务人履行为或不为一定的行为的义务;责任是第二层次的保障,当债务人不履行义务时,债权人可以借此要求债务人承担继续履行或其他补救责任,甚至是赔偿损害。而且从广义上说,责任也是一种债务,它是一种特殊形式的债务,因为责任的实质与债务的实质相同,它也是债权人与债务人之间的一种请求与被请求的关系,债权人要求债务人承担责任,债务人必须承担责任。

本书认为,严格区别债务与责任没有什么重要的意义,因为两者是紧密联系,不能割裂的。债权为请求权,债权人不能直接支配标的物及义务人,仅能请求义务人履行义务。在债务人不为给付时,只能借助责任强制债务人为给付或赔偿损害。正是由于责任的存在,债权才具有此法律上的力。责任是债务实现的法律保障,债务只有与责任相结合,债权才受到责任关系的保护,使之得到切实的实现。

四、债的发生原因

各国民法对债的发生原因规定各有不同。在罗马法上,债的发生原因包括契约、准契约(包括无因管理、不当得利、监护、遗嘱等)、私犯和准私犯四种。法国民法典基本承袭罗马法的规定,规定债的发生原因有四类:契约、契约之外的原因(包括无因管理和不当得利)、侵权行为和准侵权行为。德国民法典则规定了契约、广告、无因管理、不当得利和侵权行为。瑞士债务法规定了契约、不当得利和侵权行为,无因管理则被认为是一种准委任。日本民法典规定了四种原因,即契约、无因管理、不当得利和侵权行为。1964 年的苏俄民法典的规定则散见于债权编各章之中,包括计划指令所生之债、合同、悬赏征求、致人损害、不当得利、因抢救社会主义财产所生之债等。我国台湾地区"民法"规定了债的发生原因包括契约、缔约过失、

---

[1] 王泽鉴:《债法原理》(第 1 册),中国政法大学出版社 2001 年版,第 28～29 页。

悬赏广告、代理权的授予、不当得利、无因管理和侵权行为。我国民法通则第 84 条把债的发生原因分成两类,即合同和法律规定。因法律规定所生之债除了"债权"一节所列的不当得利(第 92 条)和无因管理(第 93 条)外,尚有"财产所有权和与财产所有权有关的财产权"一节中规定的拾得物归还(第 79 条)和第六章"民事责任"第一节"一般规定"中规定的因防止、制止不法行为而受到损害(第 109 条)以及第三节"侵权的民事责任"中规定的正当防卫超过必要限度(第 128 条)、紧急避险措施不当或超过必要限度(第 129 条)。① 虽然侵权行为被规定在民事责任一章中,但立法原意及学界通说均认为它亦是债的发生原因之一。

(一)合同

合同又可称为契约,是平等主体之间设立、变更、终止债权债务关系的合意。合同中所约定的当事人的权利义务,即合同之债的关系中的债权债务。在当今交易发达、意思自治得到充分尊重的社会中,人们常常通过合同交换取得各种资源,合同是人们为满足生产、生活需要而进行社会、经济交往的主要手段,所以合同是债发生的最为常见也是最为重要的原因。

合同之债的特点在于:第一,它是由当事人的法律行为产生的。单纯的事实行为不能引发合同之债,非法的行为亦不能导致合同之债,只有合法的以意思表示为核心的行为才能引起合同之债。第二,它是双方或多方当事人意思表示一致的结果。单方的行为不会产生合同之债,交叉的意思表示或不真实的意思表示都不能形成合同。第三,它的任意性较强。当事人可以自由地选择合同当事人;只要不违反法律和社会公共利益,当事人可以自行商定合同的内容;合同法关于合同成立、形式、内容、违约金等的规定多是属于任意性的规定,当事人可以约定排除其适用。

合同之债必须以有效合同为根据。合同被宣告无效或被撤销后,虽然会发生返还原物、损害赔偿等效果,但这些并不是合同之债的法律效力的体现,而是依缔约过失规定引发的另一类债的法律效果。从世界范围看,就合同的有效条件,大致有三种立法例:一是明确规定合同的有效要件,不符合合同有效要件的,不发生应有的法律效果,如法国民法典第 1108 条规定。二是消极地规定合同无效的条件,未触及无效要件且无可撤销原因的合同即为有效合同,如日本民法典第一编第四章的规定。三是既规定合同有效的要件又列举合同无效的情形,如我国民法通则。其第 55 条规定了民事法律行为包括合同应当具备的要件,即行为人具有相应的行为能力、意思表示真实、不违反法律规定或者社会公共利益;其第 59 条列举了七种民事行为无效的情形;其第 58 条还规定了两种可变更可撤销的民事行为的类型。我国还区分了合同的全部无效和部分无效。合同全部无效的,该合同自始当然地

---

① 　张广兴:《债法总论》,法律出版社 1997 年版,第 47 页。

不发生合同的效力,不能成立合同之债;合同部分无效不影响全部效力的,合同之债就有效的部分成立。

(二)侵权行为

侵权行为是指侵害他人人身或财产权益而依法应承担侵权责任的行为,以及根据法律特别规定应当承担侵权责任的其他损害行为。一旦发生侵权行为,根据法律规定,受到侵害的人享有请求加害人赔偿损失的权利,加害人负有赔偿受害人损失的义务。因为这种侵权行为而在特定当事人之间发生的权利义务关系,就是一种债的关系,即侵权责任。需要一提的是,我国民法通则将侵权责任规定于民事责任一章,从应当承担民事责任的角度规定了侵权行为引起的法律后果,突出了对不法行为的制裁后果。但这种民事责任是建立在侵权人应对受害人承担损害赔偿义务的基础上,所以它是一种债发生的根据。

侵权责任的特点是:第一,它主要是由不法行为所引起的,合同则是由合法行为所引起的。法律出于对人权的保护和对社会安定和发展的保障,赋予人身、财产等权益不可侵犯性,一旦侵犯了合法权益,则该行为会受到法律的否定评价,法律规定了侵害人或法律规定的特定主体与受害人之间因侵权而发生的债权债务关系,课加于侵权者或特定主体赔偿损害的义务。第二,侵权行为不是法律行为,不存在双方意思表示一致的问题。一般情况下,它是由侵权人的单方行为造成的,受害人只是被动地承担不利的后果。第三,侵权责任法的强制性因素比较多,不像合同法那样多为任意性规范。侵权责任是法定之债,它的产生是基于法律的规定,侵权责任的构成要件、责任的形式和内容都是法律规定的,当事人不能以事先的约定来排除侵权责任的承担。

在现代民法中,侵权责任的发生,一般至少需要具备三要件:加害人存在过错;受害人损害结果的发生,这种损害可以是人身上的损害、财产上的损害甚至是精神上的损害;加害人的行为或物与损害结果的发生之间有因果关系。此外,在法律规定的特殊情形下,纵使加害人没有过错,但造成了损害后果的,仍会产生侵权责任。这一般发生在因产品缺陷引发的损害、环境污染引起的损害、高度危险的行为造成的损害等情形下。侵权责任的内容一般是由法律直接规定的。各国民法都规定了损害赔偿,但对损害赔偿的额度规定不同,有的仅是所受损失全部赔偿,有的则包括惩罚性赔偿。有些国家的民法中还规定了消除影响、赔礼道歉、赔偿损失等。

(三)不当得利

不当得利是指没有法定或约定的合法根据而取得利益,使他人遭受损失的事实。当不当得利的事实发生时,由于一方利益的取得既没有合法的根据,而另一方却因此受到损害,故法律基于平衡当事人之间的利益所需,规定遭受损失的一方享有请求不当得利人返还不应得之利益的权利,不当得利人负有返还此等不应得之利益的义务,当事人之间即发生债权债务关系。因不当得利所发生的债称为不当得利之债。

不当得利可以因人的行为引起,包括受损人的行为、不当得利人的行为或第三人的行为,也可以因自然事实引起,如台风将树上的果实卷入他人的土地。从实质上说,不当得利引起债的发生是一种法律事实,所以即使这种事实是因为人的行为而发生的,行为人有无行为能力均不影响不当得利的构成。法律规定不当得利之债的目的,在于消除这种无法律上的原因而取得利益,平衡当事人间的利益关系,而不在于制裁受益人的得利行为。

不当得利的理论基础为衡平观念,各国民法关于不当得利制度的规定,都是基于这一观念。如果某项利益变动有违社会的公平正义,则法律赋予该项利益变动中的受损人以不当得利请求权,并课加其中的受益人以返还不当得利的义务,从而实现当事人之间的利益恢复平衡。这种衡平思想符合人类社会的道德观念,体现了现代法的实质精神。

一般来说,不当得利的构成要件有四个:没有合法的根据、取得利益、致人损失、受损与得利之间具有因果关系。无合法根据指无法律规定或合同约定等依据,罗马法称为无原因,德国民法、瑞士民法、日本民法和我国台湾地区"民法"中称为无法律上的原因。取得利益是指因一定的法律事实而使财产利益的积累得到增加,它包括财产利益的积极增加和财产利益的消极增加两个方面。财产利益的积极增加指因权利增强或义务减弱而扩大了财产范围,财产利益的消极增加指财产利益本应减少而未减少。致人受损包括使他人遭受直接损失或间接损失,直接损失即积极损失,指导致他人现有财产的减少,间接损失即消极损失,指财产利益应当增加而没有增加。在因果关系的认定上,采非直接因果关系说为宜,即取得利益和他人受损之间的因果关系不以产生于同一事实为限,即使取得利益和他人受损产生于不同的事实,如果社会观念认为二者之间有牵连关系,则可认为二者之间存在因果关系。

不当得利发生债的承担形式可以包括返还原物和因原物而取得的其他利益,如果不当得利人受领的利益,依性质或其他原因不能返还时,不当得利人应当偿还该利益的价额,返还的范围因其善意或恶意而不同。若不当得利人为善意,他只需返还在受害人提出返还请求时尚存的利益;若不当得利人为恶意,其返还范围包括受领时所得利益、受领利益的利息以及对受损者的损害赔偿。

(四)无因管理

无因管理是指无法定或约定的义务,自愿管理他人事务,使他人免遭损失的行为。管理他人事务的人为管理人,受管理人管理事务的人为本人,又称受益人。因事务的管理在管理人和本人之间发生的债权债务关系,为无因管理之债。无因管理的现象在社会生活中是一种十分常见的现象,大到救人性命,小到替人照料物件、收取衣物,凡是为了维持他人利益或使他人利益免受损失的管理行为,都可成立无因管理。

通说认为,无因管理的法律性质是一种事实行为,非法律行为。虽然法律要求管理人要有为他人管理事务的意思,但此意思仅指管理人的主观意图是使无因管理产生的利益归属于本人,并不是发生某种法律后果的意思。无因管理之债是法定之债,其内容是由法律直接规定的,无论管理人或本人是否追求这种法律规定的后果,这种法律后果都会发生。因此,无因管理中不要求管理人有追求某种法律后果的意思,也不要求管理人具备完全的民事行为能力,无民事行为能力人、限制民事行为能力人都可以成为管理人。但无因管理中要求管理人有为维持他人利益或避免他人利益遭受损失而管理他人事务的意思,因而管理人须有意思能力。

法律确认无因管理制度,有以下几个方面的意义:第一,有利于倡导助人为乐的道德风尚。法律充分尊重当事人的意思自治,所以一个人不得无端干涉他人的事务,否则构成侵权行为。社会中存在着友好协助、见义勇为等自愿帮助他人的行为,这是保障社会安定和促进社会发展的有利因素,所以这些行为不应作为侵权行为处理,反而应加以提倡。无因管理便是其中一种,它亦属自愿帮助他人的合法行为,法律通过赋予无因管理人享有管理费用返还请求权,鼓励人们互帮互助,发扬社会美德。第二,有利于平衡双方利益。管理人主动管理他人的事务,可以有效地避免本人免受不必要的财产损失,甚至对本人的利益有所增进。但同时管理人应因此支付相当的费用,所以法律在权衡管理人和受益人的利益得失后,要求因管理事务而得益的受益人应偿付管理人支出的必要的费用,从而实现双方利益的平衡和维护社会公平正义。

无因管理有四个构成要件:无法定或约定的义务、管理他人事务、管理人有为他人利益进行管理的意思、不违反本人意思。无因管理中的无因是指没有法律规定的或合同约定的义务。管理人管理他人的事务是无因管理成立的客观要件,包括一切可以满足本人生产、生活利益所需的事项。管理人的行为,可以是法律行为,也可以是事实行为,可以是带来经济利益的行为,也可以是不带来经济利益的行为。但对非法事务或必须由本人亲自实施的事务的管理,不视为无因管理行为。管理人有为他人利益进行管理的意思,是无因管理的主观要件。管理人在实施管理行为时主观意识是他自愿为他人利益进行管理,从管理中最终产生的利益将归属于他人而非自己。对主观意识的判断应结合本人对事务的管理要求、事务管理的社会常识、管理人所具备的管理知识水平等几个方面综合考察。不违反本人意思,包括不违反本人明示的意思和本人可推知的意思。本人可推知的意思指从事务所处的状态可以推定本人欲管理该事务。

无因管理行为发生后,会产生两个方面的法律效力,即阻却违法的效力和管理人与本人之间的债的效力。由于无因管理的管理行为是有利于他人的行为,可以减少社会资源的浪费,符合社会公共利益,因而具有阻却违法的功能,使无因管理成为合法的行为。无因管理行为发生后,在管理人与本人之间产生法律上的权利义务关系。自无因管理行为开始时起,管理人应尽到适当管理、及时通知本人、继续管理和报告、计算的义务。管理人未尽到这些法定义务的,属于债的不履行,应承担相应的法律后果;管理人因故意或者重大过失不法侵害本人权利的,应负侵权责任。本人应于无因管理行为结束后或在事务管理过程中支付管理人必要的费用等,管理人在管理过程中,因管理事务所受的损害,本人应予赔偿。

(五)其他债的发生原因

除了上述四种债常发生的原因外,正如前文所述还有其他多种债发生的原因,本书主要介绍单方允诺这一日益被重视的债发生的原因。

1.单方允诺的概念

单方允诺是指表意人向相对人作出的为自己设定某种义务,使相对人取得某种权利的意思表示。单方允诺又被称为单独行为或单务约束。

单方允诺可以引起债权债务关系的原因是民法的意思自治原则。民事主体在不违反社会公序良俗和法律禁止性规定的前提下,可以任意处分自己的权利,这种处分应当受到法律的承认和保护。民事主体完全可以出于满足自己物质上或精神上的需要,为自己单方面设定义务,放弃向他方当事人索求给付对价的权利。民事主体一旦作出允诺的意思表示,他应恪守信用,自觉受其约束,不得任意地撤回允诺或不履行允诺,否则他将对因此给他人造成的损害承担损害赔偿责任。

单方允诺是表意人的单方行为,他一旦作出意思表示,不需要任何人的意思表示即发生法律效力,表意人负有了其给自己所设定的义务。现代许多国家民法中都有关于单方允诺的规定,如意大利民法典将"单方允诺"单列一章,与契约、不当得利、无因管理并列作为债的发生原因,其第1987条至第1991条详细规定了单方允诺的相关内容。再如,德国民法典也在第二编"债的关系法"中对作为单方允诺的典型形式——悬赏广告作了明确的规定。我国民法通则中没有关于单方允诺的具体规定,但司法实务中已出现了因单方允诺产生的纠纷,最高人民法院公报中也曾公布有关单方允诺纠纷的典型案件。本节主要参考国外立法例,介绍单方允诺的有关内容。

2.单方允诺的特征

(1)单方允诺是表意人单方的意思表示

单方允诺不需要相对方对其意思表示进行承诺,一旦表意人一方作出意思表示,则允诺即告成立,它不同于赠与合同。赠与合同虽然也是一方当事人单方为自己设定义务,而无须对方的对待给付,但是赠与合同毕竟是一种合同,合同是双方当事人意思表示一致的结果,仅有一方的意思表示合同不可能成立,所以如果一方当事人无偿为自己设定给予对方当事人某项财产或某种利益的义务,而对方当事人没有表示接受赠与,双方当事人没有形成合意,则合同没有成立。

（2）单方允诺的对象一般是社会上不特定的人

单方允诺一般是由表意人向社会上不特定的人发出的，凡是符合单方允诺中所列的条件的人，都可以成为相对人，取得表意人所允诺的权利。如市政府明文规定，年满 60 周岁以上的老年人可以免费搭乘公交车，那么所有符合这一条件的老年人都可以免费搭乘公交车。

（3）单方允诺的内容是表意人为自己单方设定某种义务，使相对人取得某种权利

单方允诺的内容体现了民法的意思自治原则，而等价有偿原则在其中并不体现。法律允许民事主体根据自身的需要，为自己设定单方义务并自愿承担由此发生的法律后果。单方允诺不需要相对人付出任何对价，相对人无义务为或不为一定的行为。

（4）单方允诺之债在相对人符合条件时才发生

单方允诺虽为表意人单方的意思表示，但单方允诺之债并不是在表意人作出表意时即成立。通常情况下，表意人仅在其意思表示中指明相对人取得权利的条件，所以在表意人作出意思表示时，相对人是不确定的。由于债的关系的主体都应是特定的，因而在相对人尚未确定前单方允诺之债并不成立。单方允诺之债为附条件的债务，当具备条件的相对人出现时，单方允诺之债才在双方当事人之间发生法律效力。

3. 单方允诺与单务合同、附获奖机会的合同的区别

（1）单方允诺与单务合同

单务合同是与双务合同相对应的合同分类，在单务合同中，合同的当事人双方并不互相享有权利和负担义务，仅有一方负担给付义务。单方允诺与单务合同存在相似之处，单方允诺中仅表意人为自己设定某种义务，单务合同中也仅一方当事人负担义务，但二者有较大的区别：第一，两者成立的时间不同。单方允诺为单方法律行为，表意人作出意思表示时即告成立；而单务合同是双方法律行为，须双方当事人意思表示一致才能成立合同。第二，相对人意思表示的作用不同。单方允诺之债中，表意人作出意思表示之时，该意思表示就对表意人产生一定的约束力，而不论相对人的意思表示如何；而单务合同在性质上是一种合同关系，只有双方当事人意思表示一致合同才能成立，仅有一方的意思表示无法成立单务合同之债。

（2）单方允诺与附获奖机会的合同

附获奖机会的合同，是指当事人一方以意思表示，允诺与自己建立特定合同关系的对方当事人在向自己支付基本合同关系的对价后，将有机会获得某种奖品或者一定数额的奖金。① 附获奖机会的合同在社会生活中比较常见，比如有奖销售、

① 张广兴：《债法总论》，法律出版社 1997 年版，第 58 页。

有奖办卡、有奖观看比赛、有奖贺年卡等。单方允诺与附获奖机会的合同的不同在于:第一,单方允诺为单方法律行为,而附获奖机会的合同是双方法律行为。第二,单方允诺不以当事人存在特定的合同关系作为承兑允诺的条件,单方允诺中不要求相对人具备合同当事人的"身份",只要相对人符合表意人在允诺中所提出的条件,即可取得请求权;而附获奖机会的合同须以当事人之间存在特定的合同关系作为相对人取得获奖机会的基础,与表意人之间不存在合同关系的人,不能成为相对人,也就不可能取得获奖的机会。

4. 悬赏广告

悬赏广告是最为常见、最为重要的单方允诺的形式。悬赏广告是指以广告的方式公开表示给予完成一定行为的人报酬的意思表示。[①] 悬赏广告古而有之,在现代市场经济条件下,悬赏广告可见于社会生活的方方面面,如寻找遗失物、寻找失踪人、征询犯罪嫌疑人线索、有奖征集徽标或广告词、有奖竞猜、有奖问答等。

(1)悬赏广告的法律性质

关于悬赏广告的法律性质,各国和地区立法及司法解释适用依据不同,学者们对此亦持有不同的观点,大体上有两种学说,即单方允诺说和合同说。单方允诺说认为,悬赏广告是广告人一方的意思表示;债权债务的发生以一定行为的完成为条件,即此特定行为的完成并非对悬赏广告所作的承诺,而是债务发生的条件。瑞士、德国、意大利、日本以及我国台湾地区的相关法律或多数学者采此观点。比如,瑞士最高法院曾指出,依悬赏广告的内容,如不知广告而完成指定行为亦得请求报酬者,应解释为系单独行为;德国民法典第 657 条规定,以公开的广告的方式,对于实施某一行为特别是对于引起某一结果而悬赏的人,有义务向实施了该行为的人支付报酬,即使行为人未顾及悬赏广告而实施行为,亦同。意大利民法典也采此说,其第 1989 条规定,向公众作出向处于特定情况下之人或者完成特定行为之人以给付的允诺,一经向公众作出立即受到约束。与单独行为说相对应的是合同说,它主张悬赏广告不是独立的法律行为,而是对不特定的人的要约,必须与完成指定行为的人的承诺相结合,契约才能成立;如果无人完成悬赏广告所指定的特定行为,则悬赏广告合同未有效成立,广告人没有义务履行广告所指定的特定给付义务,日本及我国台湾地区部分学者均持此观点。

在英美法等国家,学者一般认为悬赏广告为一种单方契约或针对大众性之要约,又称悬赏契约,是要约人于其要约内,指定不特定的相对人,完成一定行为后而给予报酬的契约。英美法系学者一般对悬赏广告采契约说。在英美契约法上,悬

---

① 对于悬赏广告的性质,理论界与实务界均有争议。我国立法未对此作出明确界定,但我国有判例认为悬赏广告是合同之债。如"天津李铭诉朱晋华、李绍华悬赏广告酬金纠纷案"(《最高人民法院公报》1995 年第 2 期)、"辽宁鲁瑞庚诉东港市公安局悬赏广告纠纷案"(《最高人民法院公报》2003 年第 1 期)。

赏广告分为两种类型:一种是"为私人目的所为之悬赏",即为满足自身利益而为的悬赏,这种悬赏广告须行为人知晓具有悬赏的存在,而后完成指定行为才能请求奖赏;另一种是"政府依法令所为之悬赏",即当政府为行使公权力,从维护社会治安目的,依照法律而为悬赏时,如追捕恶性重大逃犯、毒犯、走私犯、贩卖人口的罪犯时,虽行为人不知有悬赏的存在而完成行为的,亦有权请求赏金。后一种非契约性质无须约定的权利义务的悬赏,类似于大陆法系上的单独行为。

将单独行为说与契约说加以比较,就可看出单独行为说的优越之处:

第一,有利于维护当事人的利益平衡。悬赏广告中广告人所追求的目标是特定行为的完成。采用单独行为说,不仅可以使限制民事行为能力人、无民事行为能力人在完成一定的行为时可以享有报酬请求权,也可以使不知有广告存在而完成一定行为的人有权要求广告人支付一定的报酬。这既有益于保障行为人获得合理的利益,也有益于广告人目的得到迅速有效的实现。但如果采用契约说,当行为人为限制民事行为能力人或无民事行为能力人时,因为他们不具有缔约能力,所以无法以自己的行为缔结合同之债,这显然不利于有行为能力缺陷者获得应有的奖励;况且现实生活中某些悬赏广告的应征对象就是未成年人,如幼儿有奖绘画大赛、中小学生有奖征文等,这时若采用契约说,不仅可能阻却广告人目的的实现,而且行为人亦无法主张报酬请求权。此外,若行为人在知晓广告前完成符合广告要求的一定行为,广告人只可以以行为人不知悬赏广告的存在为由,拒绝支付相应的报酬,此时契约说无法切实地保护行为人的利益。

第二,有利于维护交易安全、提高交易效率。依合同说,在何种情形下才构成有效的承诺,学说上意见不一致,有认为在着手实施一定行为前有意思表示者,即为承诺的;有认为着手实施一定行为即为承诺的;有认为在一定行为完成后才为承诺的;有认为在一定行为完成后尚需有意思表示才为承诺的;还有的学者认为须将完成的行为结果交与广告人才为承诺的。在审判实践中,法院意见分歧亦很大,在争议论辩中耗费了大量资源,也给交易的安全性带来疑问,采用单独行为说则可以较好地解决这一问题。悬赏广告人所负担的债务于符合要求的一定行为完成时即成立,易于判断,避免了不必要的争议,节约了解决纠纷的成本,如诉讼费用等,同时简洁明确的判断标准,有利于保障交易的安全性,维护经济秩序。

第三,更加符合民法的诚实信用、公平正义原则。社会主义市场经济应当是信用经济。只有高度发达的社会信用体系才能够增强债的履行效力,有效利用社会资源,减少交易成本,促进利润最大化。为了发展社会信用资本,有必要从各方面进行制度设计,从法制上看,法律制度的设计符合保护信用资本的要求。合同说仅仅从维护债制度的完整性出发,将悬赏广告纳入合同制度调整范围之内,这固然照顾了债制度的体系完整,却没有考虑到市场经济主体只是有限理性的经济人。在市场利润的诱惑下,市场主体就会为获得高额利益而不惜代价,他们会设计种种借口,利用合同制度的漏洞进行恶意抗辩。悬赏广告的合同说为恶意广告人提供了钻营的机会。广告人一方面可以撤回要约,另一方面也可以以对方是无民事行为能力人或限制民事行为能力人进行抗辩。相对人只有举出充分的证据,才能获得补偿。博弈中便会浪费大量时间和精力,可能丧失更多市场机会,最终还可能导致不公平的结果。而采用单独行为说,有效地制约了广告人的行为,可以增强市场主体的诚信责任感,公平地保障当事人的利益,充分发挥债制度的规范作用,体现现代债法的多元发展趋势。

(2)悬赏广告的构成要件

第一,广告人须以广告的方式,公开向不特定的任何人作出意思表示。所谓以广告的方式,应从广义来理解,包括面向不特定的大众,以书面(如在报刊上登载广告、张贴布告)、言词(如通过电视、广播等媒介告知)或其他形式广而告之。告知的对象为不特定的人,可以是一般大众,也可以是特定行业中的不特定的人。

第二,广告人须有对完成一定行为的相对人给付一定报酬或奖金的意思表示。报酬的种类,不仅仅包括财产上的利益,精神上的利益如荣誉称号的授予也可作为报酬。广告人可以在广告中确定具体报酬数额,也可以在广告中不规定具体数额而只规定数额的确定方法。

第三,广告中须明确指明要求相对人完成一定的行为。该一定的行为,或为提供某种线索,或为寻找到某物,或为提交某件作品,或为提供某种建议等。该行为一般是有利于广告人的行为,但有时在表面上也可能是对广告人不利,如给予指出其服务不完善并提供积极建议的人一定的奖励,虽然这从表面上看是指出了广告人服务的缺陷,但实质上是有益于促进广告人的改进。

(3)悬赏广告的效力

悬赏广告的效力是指广告人的悬赏行为在法律上产生的后果。悬赏广告的发布仅对广告人发生一种法律上的约束力,广告人不能随意撤销悬赏广告。但悬赏广告的债权债务关系的发生以行为人完成广告中所指定的行为为条件。行为人只有完成广告中所指定的行为,才享有报酬请求权。如德国民法典第657条规定,以公开的广告的方式,对于实施某一行为特别是对于引起某一结果而悬赏的人,有义务向实施了该行为的人支付报酬,即使行为人未顾及悬赏广告而实施行为,亦同。日本民法典第529条规定,以广告声明对实施一定行为人给予一定报酬者,对完成该行为的人,负给付报酬的义务。无论行为人完成行为时是否知道有悬赏广告的存在,都有权利请求广告人给付报酬。指定行为完成后,行为人死亡的,则其继承人可以继承该报酬请求权。

当数人完成指定行为时,应区别情况予以对待:第一,数人分别先后完成指定行为的,最先完成行为者享有报酬请求权。如果广告中规定完成指定行为还得通告广告人的,则以通告最先到达者为报酬请求权享有者。如果广告限定了完成指定行为的时间,则以在该期限内最先完成指定行为者为报酬请求权享有者。第二,数人同时分别完成指定行为的,他们按比例平等地分享报酬。若报酬性质为不可分,有的国家或地区则采用抽签方式决定,如德国民法典第659条规定,行为被两人以上同时实施的,每人有权获得报酬的相等部分。报酬因其性质而不可分,或按照悬赏广告的内容,报酬应仅为一人取得的,用抽签方式决定之;有的国家和地区运用连带债权的规定,如我国台湾地区"民法"第165—3条规定,被评定为优等之人有数人同等时,除广告另有声明外,共同取得报酬请求权。第三,数人协力完成指定行为,除非广告人明确表明禁止协同完成,则此数人为对于一债务的多数债权人。报酬可分的,行为人可按约定分割,没有约定或协商不成的,按各自对完成行为的作用力大小进行分配。但如果广告中明确指明仅允许由一人单独完成指定行为而禁止协同完成,则协同完成人均无报酬请求权。

(4)悬赏广告的撤销

出于对平衡双方利益的考虑,许多国家法律规定,悬赏广告可以在广告中的指定行为完成以前用与悬赏广告相同的方式撤销。如广告人为寻找失踪的宠物发布悬赏广告,在无人通知其下落之前,宠物自己回家,则广告人可以以同样的方式撤销悬赏广告。撤销悬赏广告应具备以下条件:第一,撤销悬赏广告须在行为人完成指定行为之前作出。第二,撤销悬赏广告须以与原广告相同的方式作出。第三,撤销悬赏须广告人没有明示或默示地抛弃撤销权。明示的方式如广告人在悬赏广告中明确说明其抛弃撤销权。默示的方式如广告人指定了完成行为期限,则可以推定其在此期间内抛弃撤销权。已抛弃撤销权者,不得再行行使。

悬赏广告被撤销后,不发生悬赏广告的法律效力,犹如自始未存在悬赏广告。行为人在广告人撤销悬赏广告之前已着手实行广告中指定的行为,并已支付了必要的费用的,可以获得适当的补偿。因为悬赏广告被撤销使得债权债务关系不成立,行为人没有报酬请求权,但行为人支出的必要费用是因为信赖悬赏广告而引起的,属于信赖利益损失,可以向广告人请求给予补偿,但补偿数额以预定的报酬或奖金的数额为限。

(5)关于优等悬赏广告

优等悬赏广告,是指只就完成广告所指定行为的人中,对被评定为优等者给予报酬的广告。为解决学术上或技术上的问题,以及参加竞赛等,常存在优等悬赏广告。优等悬赏广告与一般悬赏广告的不同,在于其报酬请求权的成立不仅以指定行为的完成为前提,而且其行为必须是优等的。对于优等悬赏广告,原则上可适用悬赏广告的规定,但也应注意:优等悬赏广告人的意思表示,须声明只对被评定为优等者给予报酬,并且当若干行为人完成行为时,由于优等归属尚未确定,行为人此时只取得一种期待权,广告人负有评定优等的义务。由于债权人尚未确定,此时悬赏广告虽然成立却未发生法律效力。优等悬赏广告只有在优等者的评定完成时才发生法律效力。正如史尚宽先生所说,"以优等者之评定,为效力之发生要件,而非成立要件"。

优等悬赏广告的报酬请求权归被评为优等者。如果数人的行为同时被评为优等,则数人各以平等的比例享有报酬请求权。当优等悬赏广告中指定行为的结果成立专利权、著作权等时,权利应属于行为人,但广告人在广告中有明确的意思表示使权利属于自己的除外。

5.其他单方允诺的情形

单方允诺除以悬赏广告为主要类型外,还有设定幸运奖。

在市场竞争中,一些民事主体出于某种利益的需要,如通过吸引顾客、吸引观众来扩大影响、获得更多的利润等,设定幸运奖项,通过随机的方式选取特定的人并向其给付一定的奖品或奖金。例如,电视台以抽取手机号码的方式或者以舞台聚光灯随意定格的方式选定幸运观众、旅游局设定当年第一百万位出国旅游者为幸运奖获得者、大型超市或酒店以某一天的第十位顾客为幸运奖获得者等。

设定幸运奖与附获奖机会的合同不同。设定幸运奖中设奖人与相对人之间不需要存在合同关系,而附获奖机会的合同则需要两者之间事先存在合同关系才有得奖的可能性。设定幸运奖与悬赏广告也不相同,设定幸运奖中,获奖人不需要完成一定的行为,他之所以能够取得奖金或奖品,是设奖人单方随意选定的结果;而悬赏广告中,行为人必须完成广告人所指定的行为是其取得报酬请求权的条件。

当选定幸运奖的获得者后,在设奖人与获奖人之间便产生了以给付奖品或奖金为内容的债权债务关系,设奖人有给付奖品或奖金的义务,获奖人有取得奖品或奖金的权利。当设定奖项为奖品时,设奖人所交付的奖品应当符合相关产品质量的规定,该奖品质量不合格的,获奖人有权要求更换或支付同等数额的价金;若因奖品质量不合格造成获奖人或他人的人身或财产损害的,设奖人应负侵权民事责任。

第二节 债权法概述

一、债权法的概念和特征

债权法包括形式意义上的债权法和实质意义上的债权法。形式意义上的债权法即狭义的债权法,是指一个国家民法典中债权法编的规定或有关债的法典,前者如日本民法典第三编债权法、意大利民法典第四编债权法、德国民法典第二编债务关系法等,后者如瑞士的债务法等。实质意义上的债权法即广义的债权法,是指调整债权债务关系的法律规范的总称,它包括狭义的债权法,还包括有关债方面的单行法、其他法律中有关债方面的规定、有约束力的判例或司法解释,以及为该国所承认和适用的国际公约、国际惯例中的相关内容等。在大陆法系国家,债权法主要表现为有关债的法典、民法典中的一编或单行法的形式;在普通法系国家,债权法主要表现为判例法和单行的制定法。

债权法的名称,各国多有不同,有的称为债务法,有的称为债权债务关系法,也有的称为债权法。但就其实际内容而言,都是用以规范平等主体之间的财产流转关系的。从民商法所调整的财产关系来看,主要有两大部分:一部分是财产的归属关系,一部分是财产的流转关系。传统民法将调整财产归属关系的法律称为物权法,但由于"物权法"中的"物"原则上是指有体物,所以无法容纳随社会发展而出现的知识产权这一无形财产,因此又诞生了知识产权法以调整知识产权的归属。财产流转关系是财产从一主体移转于另一主体的关系,它是债权法调整的对象。无论无形财产抑或有形财产,其流转关系都由债权法加以调整。需要特别指出的是,物权、物权法、债权、债权法都是民法的概念,普通法系没有债权法这一概念,大陆法系中债权法的相关内容则分别体现为合同法、侵权行为法等。

债权法作为民法的一部分,具有民法的私法性、权利法等共性。但它作为财产流转关系的法律又具有其独特性,并在整个社会经济生活中发挥着重要的作用。

第一,债权法是财产法中的交易法。债权法的调整对象是财产流转关系,即一种动态的财产关系,这种关系主要是因为交易而发生的,所以债权法是一种交易法。它不同于物权法,物权法是以静态的财产关系作为调整对象。债权法的主要功能则在于保护财产动态交易的有序进行,促进交易的繁荣,维护公平的社会经济机制。

第二,债权法是任意法。所谓任意法是指债权法上的规范多为任意性规范,当事人可以在不违背法律强制性规定的范围内,根据自由的意志选择合同当事人缔结合同、确定合同的主要内容、变更合同的内容、选择解决合同纠纷的方式等。"私法自治""契约自由"的精神在债权法中得到充分的体现。

第三,债权法具有很强的可移植性,具有国际化统一趋势。在现代化市场经济条件下,世界经济出现全球化的趋向,财产交易早已突破了国与国的界限,一方面,它促使国与国进行法律交流和相互借鉴,特别是债权法相互吸收,其共性日益增多;另一方面,它要求各国努力消除债权法上的冲突,建立统一的债权法规则,由此出现不少国际条约或国际惯例,出现了债权法国际化的倾向,如《联合国国际货物买卖合同公约》《国际商事合同通则》等得到包括我国在内的许多国家的承认并作为合同立法的参考。

二、债权法的历史沿革

在民法史上,债权法的产生一般晚于物权法,它由商品经济的迅速发展所促成。最初,人们在交易过程中形成了一些交易习惯和交易规则,后来这些习惯和规则逐渐被赋予法律形式,构成了早期的调整财产流转关系的债权法。在商品经济较发达的城邦或国家中,产生了较为丰富的债权法规范。随着经济的发展,债权法的规定也随之越加详细,条文数量也日趋增多。但到了中世纪,封建主经济阻碍了商品经济的发展,债权法的发展也停滞下来。直到资本主义社会的建立,随着法国、德国、瑞士等国家的民法典或债权法法典的颁布,现代意义上的债权法才渐渐形成。从世界范围来看,债权法的发展历程大致经过了三个阶段:古代债权法、近代债权法和现代债权法。

(一)古代债权法

古代债权法是指近代资本主义社会确立之前简单经济时期的债权法,它包括奴隶社会和封建社会的债权法。在商品经济比较发达的国家制定的早期法典中,债权法的规定相对详细。古罗马的《十二表法》、优士丁尼的《民法大全》、古巴比伦的《汉穆拉比法典》中,已经有比较详尽的有关债方面的规定。从这些规定来看,古代债权法主要有以下几个特征:

1.债的主体受到严格的限制。法律承认家长等少数符合严格条件的人具有债的主体资格,奴隶被视为财产,是交易的客体;家子、家女、妻子都是家长的财产,一般情况下无权处分财产,不能成为债的主体。

2.合同成立采取形式主义。古代债权法侧重于保护交易的安全,订立合同必须经过严格的程序和仪式。例如罗马法早期的铜块和秤式的合同形式,买卖当事人应运用铜块和衡器的形式,并宣读法定词句,才能完成一项买卖。

3.侵权责任认定上以结果责任为主。所谓结果责任是指只要行为人造成他人的损害,就要承担相应的责任,而不论行为人是否有过错。在古代社会公权力还不是很强大,法律技术尚不发达的情况下,采用结果责任可以确保社会不会因为家族或者氏族之间的纷争而崩裂。

4.责任承担的残酷性。债务人不履行合同时,一方面国家会对他实施刑事制裁,另一方面债权人也可以对债务人予以私力惩罚。例如早期罗马法曾规定债务人不履行债务时可能沦为债奴,在人身上受役使,甚至还可能被杀戮。

(二)近代债权法

资产阶级革命胜利之后,商品经济得到迅猛发展,天赋人权、自由平等的观念颇为盛行,债权法也发生了根本性变化,逐渐废除了古代债权法的形式主义和残酷性,确立了意思自治、过错责任等重要原则。随着法国、德国、瑞士等国的法典化进程的加快,债权法也日趋成熟。这一时期债权法的主要特点有:

1.债的主体的扩大化。在人人生而平等的观念下,任何具有相应行为能力的自然人、法人等都可以成为债之法律关系的主体。无行为能力人或限制行为能力人可以通过代理或事后追认来完成一定的债行为,不再存在不同的人格的人之区分。

2.合同自由得到彰显。近代社会奉行的是权利主义本位,意思自治的精神在合同法中得到充分的体现。法国民法典第 1134 条规定,依法订立的合同在当事人之间相当于法律。合同被赋予了相当于法律一样的效力。

3.侵权法采取过错责任原则。为了促进资本主义经济的迅速发展,鼓励人们行为的积极性和创造性,法律课加一个人侵权责任以主观过错为条件,受害人无法举证侵害人主观有过错的,不能得到救济。

(三)现代债权法

资本主义进入垄断时期后,社会矛盾发生了新的变化,对债权法提出了新的挑战,如垄断企业与个人的实力的差异,要求对合同自由加以一定的限制;雇主责任、环境责任、产品责任如果仍采取过错原则,则会对受害人不公或不利于保护社会公共利益。所以债权法改变了过去放任的状态,渗入了国家干预的因素。

1.债权法理念由个人本位向社会本位转变。在近代社会盛行的个人本位主义,个人的自由得到充分的尊重,但随着社会的发展,人们逐渐意识到个人不能脱离社会而存在,个人依赖于社会的安定而生存,依赖于社会的繁荣而发展。为了社会公共利益,在一定条件下得对个人权利加以限制,现代债权法中的诚实信用原则、公序良俗原则等应运而生。

2.对合同自由加以限制。在资本主义初期,个体条件相近,实力相当,个体可以平等地缔结合同,所以自由原则的贯彻有利于促进经济的发展。但到了垄断阶段,财富日益集中,许多大企业纷纷出现,处于优势地位的企业与作为弱者的个人之间无法实现平等的沟通和磋商,格式合同的运用则成为强加不平等条款的盾牌。因此,各国债权法都对合同自由予以限制,以维护公平的交易秩序。

3.过错责任和无过错责任并存。在机器大工业时代,工作场所发生的侵权、产品质量发生的侵权、环境污染产生的侵害等,如果采取过错归责原则,由受害人举证证明对方存在过错相当困难,所以受害人的利益往往得不到保护,法律遂在某些领域引入了无过错责任原则,为受害人的利益提供有效的保护。

三、债权法的意义和作用

债权法是民法的一个重要组成部分。民法调整的对象包括人身关系和财产关系,其中财产关系又包括静态的财产关系和动态的财产关系,前者由物权法来调整,后者由债权法加以调整。随着社会交往的增加和日益频繁,动态的财产关系越来越多且越来越复杂,所以相应的债权法也日益丰富和细致化,债权法在现代社会中的作用也日渐凸显。债权法不仅实现了特定的当事人之间利益的平衡,而且对整个社会具有积极的作用:

1.为经济活动和社会生活提供法律保障。债权法中的交易关系法(合同法)规定了财产交易的常见法律形式,规定了交易主体的权利、义务和责任,为民事主体进行交易活动提供适当的引导、加以一定的限制和给予有利的救济,有利于维持市场秩序,促进市场经济有序地发展。债权法中的非法行为(侵权行为)要求个人或法人因其行为造成他人损害时根据法律规定承担相应的侵权责任。它使受害人损害得到了全面的补偿,同时又对侵害人具有惩戒作用,有利于维护社会的安定和平和。

2.有利于实现和维护社会公平正义。现代法律的一个重要功能就是要实现社会的公平正义,债权法也不例外,而且债权法较其他民法制度更能体现这种公平正义的法律价值。在债权法上,平等自由、诚实信用、公平等原则贯穿债权法始终,且被最为普遍和经常地使用。例如,合同法上对格式条款的限制,就是为了避免处于优势地位的企业利用这种地位损害处于弱势地位的个人的利益,平衡双方当事人之间的利益。再如,侵权法上的公平责任的设立,就是为了在无法查明何人有过错的情形下,给予受害人一定的补偿,以实现社会资源的公平分配。

司法考试真题链接

1.下列行为中,哪些构成无因管理?(2008 年司法考试真题)

A.甲错把他人的牛当成自家的而饲养

B.乙见邻居家中失火恐殃及自己家,遂用自备的灭火器救火

C.丙(15 岁)租车将在体育课上昏倒的同学送往医院救治

D.丁见门前马路下水道井盖被盗致路人跌伤,遂自购一井盖铺上

2.甲正在市场卖鱼,突闻其父病危,急忙离去,邻摊菜贩乙见状遂自作主张代为叫卖,以比甲原每千克 20 元高出 10 元的价格卖出鲜鱼 100 千克,并将多卖的1000 元收入自己囊中,后乙因急赴喜宴将余下的 50 千克鱼以每千克 6 元卖出。下列哪些选项是正确的?(2007 年司法考试真题)

A.乙的行为构成无因管理

B.乙收取多卖 1000 元构成不当得利

C.乙低价销售 50 千克鱼构成不当管理,应承担赔偿责任

D.乙可以要求甲支付一定报酬

3.张某发现自己的工资卡上多出 2 万元,便将其中 1 万元借给郭某,约定利息500 元;另外 1 万元投入股市。张某单位查账发现此事,原因在于财务人员工作失误,遂要求张某返还。经查,张某借给郭某的 1 万元到期未还,投入股市的 1 万元已获利 2000 元。下列哪一选项是正确的?(2007 年司法考试真题)

A.张某应返还给单位 2 万元

B.张某应返还给单位 2.2 万元

C.张某应返还给单位 2.25 万元

D.张某应返还给单位 2 万元及其孳息

4. 张某外出,台风将至。邻居李某担心张某年久失修的房子被风刮倒,祸及自家,就雇人用几根木料支撑住张某的房子,但张某的房子仍然不敌台风,倒塌之际压死了李某养的数只鸡。下列哪一说法是正确的?(2009 年司法考试真题)

　　A. 李某初衷是为自己,故不构成无因管理

　　B. 房屋最终倒塌,未达管理效果,故无因管理不成立

　　C. 李某的行为构成无因管理

　　D. 张某不需支付李某固房费用,但应赔偿房屋倒塌给李某造成的损失

5. 一日清晨,甲发现一头牛趴在自家门前,便将其拴在自家院内,打探失主未果。时值春耕,甲用该牛耕种自家田地。其间该牛因劳累过度得病,甲花费 300 元将其治好。两年后,牛的主人乙寻牛来到甲处,要求甲返还,甲拒绝返还。下列哪一说法是正确的?(2009 年司法考试真题)

　　A. 甲应返还牛,但有权要求乙支付 300 元

　　B. 甲应返还牛,但无权要求乙支付 300 元

　　C. 甲不应返还牛,但乙有权要求甲赔偿损失

　　D. 甲不应返还牛,无权要求乙支付 300 元

第二章　债的分类

【引　例】

　　某演出公司与"黑胡子"四人演唱组合订立演出合同,约定由该组合在某晚会上演唱自创歌曲 2～3 首,每首酬金 2 万元。请问所形成的债的关系属于何种类型?

第一节　法定之债与意定之债

　　按照债的设定及其内容是否可以由当事人自由决定,可以将债分为法定之债和意定之债。这是债的分类中最基本的分法。

一、法定之债

　　法定之债是指债的发生及其内容均由法律予以直接规定的债。法定之债的法定有两层含义:其一,债的发生由法律直接规定,不问当事人有无发生债的意思。在法定之债发生之前,当事人之间并没有确定的债权债务关系,一旦发生法律规定的事由,法律规范调整社会关系的作用得以体现,便直接在相关当事人之间形成法律规定的权利义务关系,即使当事人没有此种意思,或者当事人事先约定不发生债的关系,在这一法律规定的事由出现时债的关系不顾当事人意愿如何而当然地发生。其二,债的内容由法律明确加以规定。在法定之债中,债权人的权利和债务人的义务之内容均由法律具体加以规定,强制适用于相关的当事人,当事人不得通过自行协商加以排除。例如,在侵权责任之中,当过错侵害他人人身的事实发生时,侵害人与受害人之间便发生了侵权损害赔偿之债,受害人有权请求侵害人赔偿其医疗费、误工损失费、必要的交通费等,若造成受害人残疾的,还应赔偿残疾者生活补助费、受其扶养的人的生活费等。无因管理之债、不当得利之债,都属于法定之债。法律规定这些债为法定之债的理由各不相同。在债的关系发生之后,债权人在解决纠纷时,可以依法自由处分自己的实体权利与诉讼权利,可以全部或部分地

Law

放弃自己的请求权,但这属于债形成之后的履行、变更及法律救济等问题,并不会改变债的内容的法定性。

二、意定之债

意定之债是指债的发生及其内容完全由当事人依其自由意思加以决定的债。法律承认意定之债的效力体现了法律对私法自治精神的尊重和保护。通常认为,当事人是自己利益的最佳判断者,他最为关注自己的利益并最能根据情况妥善进行处理,因此当事人基于自由意思而设定的债权债务关系,能够最大限度地满足各自的需求、实现各自的利益。只有在自由设定的债权债务违反了社会公共利益或造成利益严重失衡之时,法律才介入到这种债权债务关系中。

合同之债和单方允诺之债都属于意定之债。在合同之债中,当事人的意思自由性表现在,在不违背社会公序良俗、社会公平正义和法律强制性规定的情况下,他可以自由选择交易的对象,可以自由决定合同的内容,可以自由地变更、解除合同,可以自行约定违约金的数额等等。但在下列情形下,存在意思表示不自由的问题:第一,当事人在他人的欺诈或胁迫或乘人之危等不当影响下作出意思表示,如当事人为了抢救病危的父亲不得不以明显大大低于市场水平的价格将自己的房屋出卖。第二,当事人处于劣势,不得不接受处于优势包括垄断地位的对方当事人提出的条件,如虽然明知在格式合同中存在严重不利于自己利益的条款,非制定方因其弱者地位只得接受这样的合同。第三,法律出于对社会弱者的保护,规定某些特定的主体不具有依其意思表示建立合同之债的关系的能力,如未成年人或精神病人。未成年人由于心智尚未成熟,所以他们不能对自己的利益作出最为合理的判断;精神病人更是如此,在发病期间,他们无法像正常人那样进行理解和作出判断。在单方允诺之债中,当事人的意思自由表现为只要表意人一方的意思表示即可发生法律效力,表意人应受自己意思表示的约束,当特定的人完成了单方允诺中的行为时,单方允诺之债便在特定的当事人之间发生。

需要特别强调的是,意定之债中的意思自由不是任意的毫无约束的自由,在当今追求实质公平正义的社会,这种自由必然要受到一定的合理的限制,不允许当事人借意思自由之名利用优势地位等手段破坏当事人之间的利益平衡。19世纪初期,意思自治原则一度被奉为最高原则,在社会舞台上得到充分的展现。但随着科技的进步、财富的聚集,个人的力量难以与大企业抗衡,高技术的产品结构难以为普通民众知晓,可能出现大企业或掌握专业技术者借助自己的优势地位利用意思自由的形式平等,实现实质上的不公平,所以法律为维护社会实质公平正义对意思自由加以合理的限制。

第二节　主债与从债

按照两个并存的具有牵连关系的债相互之间的效力,可以将债划分为主债和从债。

一、主债

主债是指在两个并存的债中,居于主要地位,并能够决定债的结果的一种债。主债是相对于从债而存在的,所以它只能发生在两个相互牵连的债并存的情形中。能够引起两个债并存的情形,或者是基于法律的规定,或者是基于当事人的约定。例如,建设承包、金钱借贷合同为主债,为主债履行提供担保的保证合同、抵押合同、质押合同则为从债;储户在银行存款,存取本金的债为主债,支取法定利息的债为从债。

主债不同于主给付义务。主给付义务亦可称为主义务,是指在一个债的关系中,债务人所负担的主要的义务,这种义务决定着债的性质。主义务是与从给付义务(亦可称为从义务)相对应的义务的一种分类。所谓从给付义务,是指在主给付义务之外、不具有独立意义的、仅能辅助主给付义务发挥功能的义务。例如在买卖合同中,交付标的物、转移标的物的所有权是卖方的主义务,支付相应款项是买方的主义务,而交付与标的物有关的凭证为从义务。主义务虽然可以单独请求履行,但它并不是一种独立的债,它只是债的关系中债务人所负的一种义务,所以它与单独存在的主债不同。

二、从债

从债是指在两个并存的债中,效力居于从属地位的债。从债虽然在效力上居于从属地位,但在性质上从债仍然为单独的债,有一定的独立性。它不同于从义务,亦不同于附随义务。它与从义务的区别的理由和主债与主义务的区别的理由相似。就从义务与附随义务的区别来看,附随义务是指随着债的关系的发展,依据诚实信用原则,为维护对方的利益,而要求当事人负有的为或不为一定行为的义务,如告知义务、标识义务、照顾义务、说明义务、忠实义务、保密义务等等。这类义务附随主债而存在,不可单独请求履行,但义务人不履行此等义务而给对方当事人造成损失的,义务人应承担此等损害赔偿责任。

三、区分主债与从债的意义

主债与从债是两个单独的债,但由于其具有牵连性,从债的效力依附于主债的效力。区分主债与从债有三层含义:其一,从债的发生来看,主债是从债发生的根据,或者说主债是从债得以发生的基础,没有主债,就不可能发生从债。其二,从债的效力来看,主债的效力决定从债的效力,主债不成立从债也不成立,主债因瑕疵而被宣告无效或者被撤销时,从债也随之失去效力。但当从债不成立、无效或者被撤销时,主债的效力不受其影响。[①] 其三,当主债因清偿等原因消灭时,从债也随之消灭。

第三节 特定之债与种类之债

按照债的标的物在债成立时是否特定化,可将债划分为特定之债与种类之债。

一、特定之债

特定之债是指在债成立时,以特定物为标的物的债。标的物的特定化可以是因物的性质而特定,如某年代的某一名人的某一国画,某年代的某一宫廷玉器;也可以是因当事人的意思具体指定的物,如商店里的某一辆自行车、某一房地产公司所开发的某一户型的某一套商品房等。标的物一经确定,当事人不得任意变更,必须按照该标的物履行。物的特定,有时在债的关系成立时即已确定,有时是在债成立时虽不确定,但在履行时,经当事人具体确定标的物,此时债也变更为特定之债。

特定之债发生在给付形态为交付财物的债权债务关系中,它具有以下几个

---

① 从债无效时,主债效力不受影响,但当事人应根据相关法律规定承担相应的民事责任。参见判例《农银财务有限公司与广东三星企业(集团)公司车桥股份有限公司担保合同纠纷案》,载《最高人民法院公报》2007 年第 2 期。该案的争议焦点是未经审批的外汇担保合同是否有效?在主合同有效而担保合同无效的情形下,担保方是否需承担赔偿责任?该案的判决要旨是:外汇担保是指以自有外汇资金的境外债权人或境内的外资及中外合资的银行或外资、中外合资的非银行金融机构承诺,当债务人无法偿付外汇债务时,由担保人用外国货币履行偿付义务的保证。我国《境内机构对外提供外汇担保管理办法》规定,外汇担保须经外汇管理部门审批、管理及登记。违反此规定未经审批的外汇担保应认定为无效。我国《最高人民法院关于适用〈中华人民共和国担保法〉若干问题的解释》第 7 条规定,主合同有效而担保合同无效,债权人、担保人有过错的,担保人承担民事责任的部分,不应超过债务人不能清偿部分的二分之一。据此规定,在主合同有效而担保合同无效的情形下,如果债权人和担保人都存有过错,那么担保方就需要承担连带赔偿责任,但数额不能超过债务人不能清偿的1/2。

Law

特点：

第一，特定之债的标的物被约定或指定后，债权人或债务人原则上不得变更。债务人有义务交付此特定物，债权人只能请求债务人交付特定物。

第二，特定之债的标的物灭失时，当然发生履行不能。如标的物因发生不可抗力而灭失，则债务人的给付义务消灭；如标的物因可归责于债务人的原因而灭失，则债务人交付特定物的义务转化为损害赔偿义务。

第三，移转标的物所有权的特定之债，当事人双方可以约定自债的关系成立时起所有权即移转于债权人，这时标的物意外毁损灭失的风险负担也自债成立时起转移于债权人。

二、种类之债

(一)种类之债的概念及特点

种类之债是指债成立时以未予以特定的种类物为标的物的债，其标的物一般是一定种类的物中一定数量的物。现实生活中，买卖、消费借贷等合同大多以不特定物为标的，如合同中约定由债务人向债权人交付某品牌、某一规格的洗衣机若干台，某一国家某一品种的水果若干千克等，均为种类之债。种类之债具有以下几个特点：

第一，种类之债是以种类定给付标的物。种类是指以物的共同属性，抽象地概括某一类事物的全体的名称。因而种类之债的标的物，通常为可代替物。但种类之债的标的物须以可以加以确定给付的范围为标准，可以为一般交易参与人所能确认，否则会因为债的标的无法确定而使债归于无效。例如，当事人约定交付油漆若干桶，而油漆有许多种类与品牌，所以对方当事人无法确定给付标的物，此债的约定无效。

第二，种类之债只有在标的物特定之后才能履行。种类之债的标的物为某种类物的一部分，所以当事人不仅要确认标的物的品种，还要规定它的数量或确定数量的方法。特定化前的债与特定化后的债仍保持同一性，债的内容并不发生变化。

第三，种类之债的标的物为某一种类物中的一部分，在交付前不能将其与其他部分分开，因而标的物的所有权不能于债的关系成立时即移转于债权人，而是在交付时转移于债权人，但法律另有规定或当事人有特别约定的除外。

第四，种类之债通常不发生全部履行不能。由于种类之债的标的物具有可替代性，因而在传统民法理论上，种类之债不发生全部履行不能。即使种类物一部分灭失，债务人仍有履行该债务的能力，债务人至少可以用自己的财物换取所需数量的种类物以履行给付义务。只有当该种类物被法律列为禁止流通物或在社会生活中已不存在时才发生履行不能，否则债务人仍应根据合同约定交付一定的种类物。

由于这种理论对债务人过于苛刻,所以现代民法基于公平和效益原则认为当债务人的该全部种类物灭失时则发生全部履行不能,债权人可以要求债务人赔偿损失。债权人可以自行从市场上购进同种类物以满足其债权,他因此所受的损失由债务人承担,这既能实现设立债权的目的,又能避免债务人购置后再转交于债权人过程中发生的不必要的费用。

(二)种类之债的特定化

种类之债必须加以特定化,否则债不能得以履行。种类之债特定化的方法有如下两种:

1.依债务人的行为予以特定化

因债务人交付物的地点有所不同,种类物的特定化亦有差别:

(1)在债权人的营业地或住所地交付标的物的,债务人将种类物中的特定部分运至债权人营业地或住所地并提出交付时,标的物即为特定。在此之前,标的物尚未特定化,因而在此期间标的物意外灭失的风险责任,应由债务人负担,即使该标的物已脱离债务人的监管而处于运送过程中。如果债务人交付时债权人明确表示拒绝接受或者债务人的履行须有债权人协助,债务人将交付的意思通知债权人时,种类之债的标的物即被特定化。

(2)在债务人的营业地或住所地交付标的物的,债务人将标的物从种类物中分离出来并通知债权人时,标的物即被特定化。标的物的分离时间不一定就是债务人通知债权人的时间,但债务人通知债权人进行交付时,标的物必须已经分离。当债权人因地址变动或下落不明致使债务人不能及时通知时,债务人将标的物分离并使它处于可识别的状态如在标的物上贴上收货人为债权人的提货单,标的物则被特定化。

(3)债的履行地为上述之外的地点的,如果根据合同约定应由债务人将标的物运至该地点的,则在该地点债务人向债权人提出交付时,标的物即被特定化;如果根据合同约定债务人没有义务将标的物运至该地点,而是基于债权人的请求债务人将标的物交给第三人由第三人承运的,则当债务人将物交全承运方时,标的物被特定化。

2.依当事人的合意予以特定化

(1)在债权债务关系发生后,当事人又达成合意(如以补充条款或新的合同)以约定的方式直接指定给付的标的物,标的物即被特定化。但仅有当事人单纯的合意是不够的,还须事实上将标的物与种类物的其他部分区分开来才能实现债的标的物的特定化。

(2)当事人约定将标的物的指定权授予一方当事人或第三人的,指定权人指定时,标的物即被特定化。

此外,根据我国民事诉讼法的规定,当债务人不履行生效的法律文书中确定的义务时,债权人有权申请强制执行。债权的标的物为种类物的,当人民法院对不特定物采取强制措施时标的物即被特定化。

(三)特定的效力

种类之债一经特定,即变更为特定之债,其效力与原发的特定之债相同。但种类之债的特定化与选择之债的选择不同,特定化的效力不具有溯及力,特定化后仅向将来生效,而不溯及于债权发生之时,但选择权行使后则发生溯及既往的效力。

在种类之债的标的物特定后,债权人有权请求债务人给付特定的标的物,债务人也负有义务给付此特定的标的物,债务人原则上不得变更此标的物。当因不可归责于债务人的原因发生标的物毁损灭失时,债务人可以减轻或免除给付义务,但毁损灭失发生在标的物特定之前的,债务人通常不能减轻或免除给付义务。

三、区分特定之债与种类之债的意义

将债分为特定之债与种类之债的法律意义主要在于:

1.以转移财产所有权为目的的特定之债中,当事人双方可以约定标的物的所有权自债成立时起发生转移,但是通过种类之债的方式取得所有权的,在标的物特定化之前不能发生所有权的转移。通常标的物的所有权只能自交付时起发生转移,或依双方当事人的特别约定自标的物特定化之时起转移。

2.在特定之债中,标的物在债的关系成立时就是确定的,是不可替代的,因此当此债的标的物发生全部或部分毁损灭失时,债的全部或部分履行不能;而在种类之债中,标的物是不特定的,是可替代的,所以当债务人的种类物仅发生部分毁损灭失而非全部灭失时,则不发生履行不能的问题。

第四节 简单之债与选择之债

根据债的标的是否为单一的、是否具有选择性,可以将债分为简单之债和选择之债。

一、简单之债

简单之债是指债的标的是确定、单一的,债权人只能请求债务人就该确定的标的履行,债务人也仅能就该标的履行债务,没有进行选择的余地。由于简单之债的当事人没有选择的机会,因而又称为不可选择之债。简单之债的当事人只能就某一标的履行债务,否则将构成债的不履行。在简单之债中,当事人之间的权利义务关系相对简单、明晰,一般不容易因标的的问题发生争议。

二、选择之债

(一)选择之债的概念

选择之债是指债的关系成立时有数个标的,享有选择权的当事人在请求给付或履行给付时有权从数个标的中选择其一要求履行或实施履行的债。选择之债可以表现为给付的标的不同,例如双方当事人约定,债务人可以交付一定数量的洗衣机或立式空调;也可以表现为给付的形式不同,例如双方当事人约定,债务人可以以支付一定的价金或者提供劳务的方式履行债务,再如根据特定的商品的"三包"制度,当出售的商品质量不符合规定时,买受人与出卖人之间就发生选择之债,债权人可以从修理、更换、退货等几种方式中选择一种要求债务人履行;又可以表现为给付手段不同,例如在商店购物时,购买者可以选择用现金或信用卡方式予以支付;还可以表现为履行期限不同,例如从公园售票处购买了通票,购买者可以选择不同的时间游玩。凡物或者行为、特定物与不特定物以及债务履行期限、地点、标的物的数量等,在选择之债中均可用于选择。

(二)选择之债的特征

1.选择之债与种类之债既有区别又有联系。两者的共同之处在于:当债成立时,两者的标的均未被特定化,但属于可特定的范围。两者的区别主要有:其一,选择之债的数个给付各有其特性,各不相同,而种类之债的标的物为同一种类物中的某一部分,该部分与其他部分相同,没有差别。其二,选择之债的数个给付必须分别一一加以确定,而种类之债的标的物只需确定某一种类。其三,选择之债因选择行为而最终确定一个债的标的物,因而选择权的归属和行使方法关系到当事人的重大利益,而种类之债的特定化不存在给付选择的问题。其四,选择之债中的选择具有溯及既往的效力,而种类之债的特定化不存在溯及力的问题。其五,选择之债的数个给付中有特定物时,可能发生履行不能的问题,而且有可能因给付不能而发生债的特定化,而种类之债中因为标的物是不特定的种类物,所以一般不发生履行不能,即使发生履行不能,也不会发生债的特定化。

2.选择之债区别于请求权的并存。选择之债是一个债权,当事人只是在数个给付中选择其中之一进行履行。而两个以上的请求权并存时,各请求权的发生原因不同,所形成的债的性质不同,请求权人可选择一个请求权行使,同时其他请求权消灭,其他请求权消灭的真正原因并非当事人选择权的行使,而是债的目的的实现。

（三）选择之债的特定化

选择之债的特定化是指从选择之债的数宗给付中最终确定一种给付。在选择之债关系成立时，其标的是不确定的数个给付，所以只有经过特定化后，债务才能得到履行。因而选择之债的特定化，对于双方当事人极为重要。选择之债的特定化主要有三种方法：一是因合意选择而特定，二是因行使选择权而特定，三是因给付不能而特定。

1.因合意选择而特定

双方当事人协商一致从数个给付中选择一个给付作为债的标的，选择的结果使数个给付转变为一个给付，这时给付得以明确，选择之债转变为简单之债。

2.因行使选择权而特定

在选择之债中，享有选择权的人行使选择权，从数个给付中确定一种给付，使选择之债成为简单之债。选择权的行使可以使选择之债变为简单之债，所以选择权是一种权利；一方当事人依其意思单方行使选择权即可发生选择的效果，所以选择权亦是一种形成权。选择权属于当事人其中之一的，它可以继承或移转，是一种非专属权，但选择权属于当事人之外的第三人时，它是一种专属权，当事人不能或不愿行使时，不能继承或移转。选择权依附于债权，随债权的转移而转移，不能单独让与他人。

（1）选择权的归属

选择权可以归属于债权人、债务人或第三人。大多数国家民法规定，除法律另有规定或当事人另有约定外，债务人享有选择权。也就是说，在选择之债中，法律有特别规定选择权归属的，依法律的规定；当事人有约定选择权归属的，依当事人的约定；法律既无特别规定且当事人亦无具体约定的，为维护债务人及债权人的双方利益的平衡及保证债的顺利履行，法律推定选择权属于债务人。当事人约定选择权归于第三人时，如果第三人不能或不愿为选择，选择权亦归于债务人。

在双务合同中，一方当事人既是债权人又是债务人，所以应根据具体情况决定选择权归于何方。如果仅一方有数个给付可供选择，选择权归该方当事人；如果双方当事人都有数个给付可供选择，只要一方当事人作出选择则发生双方当事人给付的特定化，所以选择权的归属根据当事人的意愿、交易习惯和其他与合同有关的情况加以确定。若仍不能确定时，以先提出请求对方履行的当事人为债权人，对方当事人为债务人，选择权归于债务人即对方当事人。

（2）选择权的行使

债权人或债务人行使选择权，应以意思表示向对方为之。当意思表示到达相对人时即发生选择的效力，而不需要相对人的承诺。但若是由第三人行使选择权的，多数国家法律规定第三人必须向债权人和债务人都为意思表示，有的国家法律如日本民法规定第三人向债权人或债务人中的一人为意思表示即可。第三人作出相同内容的意思表示,该意思表示同时到达债权人和债务人的,同时发生选择的效力;该意思表示非同时到达债权人和债务人的,后一意思表示到达时始发生选择的效力。第三人所作的两个意思表示内容相异,无论同时抑或先后到达债权人和债务人,均不发生选择的效力。

选择既为意思表示,则必然适用民法关于意思表示的规定。当意思表示有瑕疵时,如错误、欺诈、胁迫等,可导致选择无效或可变更、可撤销。选择权人为选择的意思表示时,可以采用明示的方式,也可以采用默示的方式。选择的意思表示一经到达当事人即发生选择的效力,不得随意撤销或变更。由债权人或债务人行使选择权的,其撤回或变更应征得相对人的同意;由第三人行使选择权的,其撤回或变更应征得债权人和债务人双方的同意。

(3)选择权的转移

选择权在性质上为权利而非义务,因而选择权人并非必须行使选择权,对方当事人也无权强制选择权人行使选择权。但是,当选择权人不愿或不能行使选择权时,会导致选择之债因给付不能确定而无法履行,因此各国法律均规定,若依法律规定或当事人约定,选择权人应在一定期间内行使选择权,不行使选择权的,选择权归于对方当事人。若选择权的行使未定有期限,清偿期到来时,无选择权的当事人可催告选择权人在一定的合理期限内行使选择权,期限届满时选择权人未作出选择的,选择权归于催告的当事人。当第三人有选择权时,如果第三人不能或不愿选择,选择权归于债务人。所谓不能选择是指当事人因疾病及其意志之外的合理障碍使其不能为选择;所谓不愿选择是指第三人可以作出选择而不想选择。第三人不愿选择时,应将这种意思表示于外部,此时债务人即享有选择权,无论债权是否已届清偿期,都无须当事人对第三人进行限期催告。

(4)选择的效力

经过选择,选择之债成为简单之债,但不一定是特定之债。如果所选定的给付物是种类物,其履行仍然需要根据种类之债的有关规定加以特定化。

选择的效力不仅向将来发生,而且溯及债的关系发生之时。债权人有选择权的,如果因为可归责于债务人的事由导致给付不能,债权人仍有权选择已经不能履行的给付,请求债务人赔偿因给付不能而遭受的损失;债务人有选择权的,如果因为可归责于债权人的事由导致给付不能,债务人仍有权选择已经不能履行的给付,从而免除其债务。

3.因给付不能而特定

给付不能对选择之债的影响主要有下列几种情况:第一,如果数个给付中发生一个给付不能,而剩余的给付仍有数个可供选择,则选择之债仍存在于剩余的数个给付之上,且不失为选择之债;第二,如果数个给付不能导致仅存一种给付,由于已无从行使选择权,该选择之债转变为简单之债;第三,如果数个给付全部陷于给付不能,则适用法律关于履行不能的规定加以处理。因给付不能而导致选择之债特定的,属前述第二种情形。

给付不能存在自始不能和嗣后不能之别。在自始不能的情形下,如果选择之债的数个给付均不能,则债的关系无效;如果数个给付中一个或几个不能,其他人给付仍有可能的,债的关系存在于其他可能的给付之上,可能是简单之债亦可能是选择之债。如果一方当事人在缔约时知道或应当知道存在给付不能,则发生缔约过失责任,他应赔偿对方当事人因其过错而遭受的损失,而且他不能因为其他给付为可能而免除赔偿责任。需要注意的是,选择之债的数个给付应全部合法,如果一个给付违反强制或禁止法规或因欠缺法定方式而无效,则法律行为全部无效,如果有一个给付违反公序良俗,则法律行为也全部无效。[①]

在给付嗣后不能的情形下,存在三种情况:其一,其中一个给付不能履行时,如果是因为不可归责于双方当事人的事由造成的,债的关系存在于其他可能的给付之上。如果是因为可归责于选择权人的事由造成的,若选择权人为债务人,他不得选择已经是履行不能的给付为债的标的,否则会因为他的过错而使债务变更为损害赔偿之债;若选择权人为债权人,他可以在剩余的数个给付中选择其一作为债的标的,他选择已经是履行不能的给付为债的标的的,债务人因此免除给付的义务。如果是因为可归责于无选择权人的事由造成的,若无选择权人是债务人,债权人可以在剩余的数个给付中选择其一作为债的标的,也可以选择已经陷于履行不能的给付作为债的标的,这时他可请求损害赔偿;若无选择权人是债权人,债务人可以以履行不能的给付,使自己免除义务,他也可以从剩余的给付中选择其一进行履行,并就不能的给付要求债权人赔偿损失。其二,数个给付全部不能时,如果是因为不可归责于双方当事人的原因造成的,债务人是选择权人的,债务人可免除给付义务;债权人是选择权人的,债权人对各个不能给付的代偿请求权享有选择权。如果全部给付因可归责于选择权人的事由而履行不能,债权人是选择权人的,债务人免除给付义务;债务人为选择权人的,债务人对给付不能承担责任,并可选择其一为赔偿。其三,如果是因为可归责于无选择权人的事由导致全部给付不能,债权人是选择权人的,债务人免除给付义务;债务人是选择权人的,债权人可选择其一请求赔偿。

三、区分简单之债和选择之债的意义

第一,简单之债的标的是单一的,比较简单、明确,当事人不容易发生歧义;而选择之债的标的有数个,只有在标的特定化后才能履行,相对简单之债而言,选择之债比较复杂,也容易产生纠纷。

---

① 史尚宽:《债法总论》,中国政法大学出版社 2001 年版,第 277 页。

第二,简单之债的标的一旦无法履行,即为履行不能,发生履行不能的法律后果。而正如前文所述,选择之债中,在履行不能情形下可能发生履行给付或损害赔偿或免除义务,情况十分复杂。例如,选择之债的某一给付发生履行不能时,当事人可在其他给付中选择其一履行,只有在所有的给付均发生履行不能时,才发生履行不能的法律后果。

第五节　货币之债与利息之债

在以金钱作为标的物的债的关系中,按照主债与从债的关系,可以分为货币之债和利息之债。

一、货币之债

货币之债是指以支付一定数额的货币为给付标的的债,有的学者称之为金钱之债。在日常生活中,货币之债比较常见,它不仅发生在借贷合同之中,而且发生在一般双务合同之中,如买卖、租赁合同均会产生货币之债。在侵权行为之债、无因管理之债或不当得利之债中,其标的物通常也是一定数额的货币,它们亦会产生货币之债。

货币按其流通力的不同,主要可分为通用货币和外国货币两种。通用货币是指法律规定的具有强制通用力的货币,又称为法定货币。在我国,通用货币为人民币。外国货币,目前在我国尚不能自由流通,但可作为具有涉外因素的债的关系的标的物或者作为兑换、储蓄合同的标的物。此外还有特殊的货币即特种货币,它是一种已经失去流通力的货币,如古代货币、纪念币等,一般只用作收藏,虽可作为合同的标的物,如买卖合同或互易合同的标的物,但它已失去一般等价物的特征,只能成立普通的特定之债或种类之债,不能成立货币之债。因而在理解货币之债时,应从狭义的角度来理解,即仅指以支付一般等价物的货币为标的的债。货币之债亦不包括交付代表一定金额的货币的票据的债,支付代表一定金额的货币的票据的债应依票据法的规定处理。

货币之债与其他债相比,有如下显著的特点:第一,货币之债不可能发生履行不能,不适用民法关于履行不能的有关规定。因为货币是一种特殊的种类物,其使用价值就在于它具有交换价值,作为一般等价物的货币较其他物品更具流通性,而且其他类型的债发生给付不能时,都可以转化为货币之债。货币之债本身不发生履行不能,但可能发生履行迟延。即使债务人可能一时陷于无力履行,但只发生以延期履行或分期方式加以履行,只有在债务人宣告破产时,才能部分或全部免除债务。第二,一般来说,货币之债不会因不可抗力而免责,不适用法律关于不可抗力的规定。第三,货币之债的债务人迟延履行时,无论他对于迟延履行有无过失,均应负担债务不当履行的责任,即使当事人对利息赔偿没有明确的约定,债务人也应当赔偿法定的利息。

二、利息之债

利息之债是指以支付原本债权的收益为标的的债。利息之债有广义和狭义两种理解,广义的利息之债除以金钱作为利息之外还包括物,如以动物作为利息;狭义的利息之债仅指金钱利息之债。本书采用狭义的理解,利息之债限于金钱利息之债。

(一)利息之债的性质

利息之债除了具有货币之债的特点外,还有其特性,即它具有从属性。利息之债是以本债权的存在为前提,原本之债为主债而利息之债为从债。因而当原本债权不成立或因其他事由被宣告无效或被撤销时,利息之债即失去其存在基础,也不能存在;当原本债权转移时,利息之债也随之转移,当事人有特别约定或法律有特别规定的除外。在为原本债权设定担保时,其担保范围及于因主债所生的利息。

利息之债又有其相对独立性。在一定情况下,利息之债可以单独请求或让与,例如在存本取息的储蓄或者债务人迟延履行时,债权人可单独请求给付利息,此利息债权可以单独让与。利息之债可以单独消灭,例如当事人可以用合同方式减免对方的利息之债。利息之债的消灭时效与原本债权的消灭时效并不相同。

(二)利息的类型

根据利息发生的原因不同,可将利息分为约定利息和法定利息两类。约定利息是基于当事人的约定而产生的利息。依照我国合同法的规定,在自然人之间的借款合同中,当事人可以约定利息,但其利率不得违反国家有关限制借款利率的规定,即民间借款利率最高不得超过银行同期限的借款利率的四倍,超过的部分无效;如果合同当事人对支付利息没有约定或者约定不明确,法律推定为借款人无须支付利息。《最高人民法院关于审理民间借贷案件适用法律若干问题的规定》(2015 年 6 月 23 日最高人民法院审判委员会第 1655 次会议通过)(法释〔2015〕18号)(以下简称《借贷案件司法解释》)对此作出了新的详细规范,即借贷双方没有约定利息,或者自然人之间借贷对利息约定不明,出借人无权主张借款人支付借期内利息;借贷双方约定的利率未超过年利率 24%,出借人有权请求借款人按照约定的利率支付利息,但如果借贷双方约定的利率超过年利率 36%,则超过年利率36%部分的利息应当被认定无效,借款人有权请求出借人返还已支付的超过年利率36%部分的利息。法定利息是依法律强行性规定而产生的利息,如存款人将钱存于银行,所获得的利息即为法定利息;银行放贷于某一建筑公司,其所收取的贷款利息即属法定利息;债务人在迟延清偿时还可能支付迟延利息。

(三)复利

复利是指将利息滚入本金而再生的利息,我国民间俗称"利滚利"。以利作本,将会使债权迅速增加,危及公平交易,因而各国法律都加以限制或禁止。法国民法、德国民法、瑞士债法都禁止复利,我国合同法未有明确规定,但《最高人民法院关于贯彻执行〈中华人民共和国民法通则〉若干问题的意见(试行)》(以下简称《民通意见》)第 125 条规定:"公民之间的借贷,出借人将利息计入本金计算复利的,不予保护。"《借贷案件司法解释》亦指出:"借据、收据、欠条等债权凭证载明的借款金额,一般认定为本金。预先在本金中扣除利息的,人民法院应当将实际出借的金额认定为本金。"

(四)利息之债的效力

利息之债虽然与本债之间有附从关系,但其仍为独立的一种债,可单独消灭,在一些情形下可以单独请求履行,也可以单独让与,在清偿时,利息之债应优先受偿。

当事人一方迟延清偿的,应向对方当事人支付迟延履行期间的利息,该利息的利率按照法定贷款利率计算,如当事人向银行贷款的,除应还本付息外,还应支付逾期利息。此外,按照我国《民事诉讼法》的规定,被执行人(债务人)未按判决、裁定和其他法律文书指定的期间履行给付金钱义务的,应当加倍支付迟延履行期间的债务利息,即在按银行同期贷款最高利率计付的债务利息上增加一倍利息。

第六节　按份之债与连带之债

按照债的多数主体之间的权利义务关系,可以将债分为按份之债与连带之债。

债是特定主体之间的法律关系,债的主体都是特定的,但这并不意味着债的主体都是单一的。有时债权人和债务人都是一个人,有时债权人、债务人的一方或双方为两人或两人以上。学者将双方当事人均为一人的债称为单一之债,这种债的关系比较简单;将当事人一方或双方为两人或两人以上的债称为多数人之债,多数人之债较单一之债复杂,因为在多数人之债中,不仅存在着债权人与债务人之间的外部关系,还存在着多数的债权人之间或多数的债务人之间的内部关系。各国民法对多数人之债的种类规定不尽相同。法国民法典规定了连带之债、可分之债和不可分之债;日本民法典规定了可分之债、不可分之债、连带之债和保证之债;我国《民法通则》仅规定了两种多数人之债,即按份之债和连带之债。

Law

一、按份之债

(一)按份之债的概念

按份之债是指两个或两个以上的债权人或债务人各自按照一定的份额分享债权或分担债务的债,无论此份额是相等的还是不相等的。其中,两个或两个以上的债权人各自就自己的债权份额所享有请求给付和接受清偿的权利,称为按份债权;两个或两个以上的债务人各自就自己的债务份额所承担的清偿义务,称为按份债务。我国《民法通则》第 86 条规定:"债权人为二人以上的,按照确定的份额分享权利,债务人为二人以上的,按照确定的份额分担义务",就是关于按份之债的有关规定。在多数人之债中,除法律有特别规定或者当事人有特别约定外,都属于按份之债。

(二)按份之债的成立要件

按份之债的成立通常是基于法律行为而产生,如数人合买一堆钢材,按约定的比例各自支付价金并按这一比例享有钢材的份额;数人合伙经营一家小食店,约定按一定的份额享有权利负担义务等。按份之债有时也可因债的转移而产生,如债权人部分转让债权,则债权人与受让人按比例享有权利。

按份之债的成立,必须具备下列几个要件:

1.债的一方当事人为两人或两人以上

在多数人之债中,无论是债的一方当事人为多数,还是债的双方当事人为多数,均可成立按份之债。当债权人为多数时,为按份债权,当债务人为多数时,则为按份债务。所以在按份之债中,可能是按份债权,也可能是按份债务,还可能是既存在按份债权,又存在按份债务。

2.给付须基于同一原因而发生

按份之债的发生须基于同一给付原因,比如基于同一法律行为而发生分享债权分担债务。在某些情况下,也会因为债的移转,如债权部分让与、债务部分承担或债权债务的部分概括移转,发生按份之债。

3.债的标的是可分的

作为债的标的的给付,可以分为数个给付,而不损害其性质或价值。当给付为物时,标的物须为可分物,如 10 吨苹果,一批装修用的油漆;当给付为行为时,此行为须可以分解为由数个人分别或共同完成的行为,如数个老师约定组织一个司法考试培训班,每个人负责一门或几门不同课程,各位老师均可对自己讲授的部分负责。不可分的给付,不能成立按份之债。这里的"不可分"包括法律规定不可分、给付性质上不可分和因当事人约定不可分三种情形。给付性质上不可分是指债的标的依其自身性质不具有可分性。当事人约定不可分是指当事人通过协商约定某一债的标的不可分,例如数个当事人共同购买一套公寓,约定只能整体出售,不得分别出售。

4.当事人按照一定的份额享有债权或负担债务

在债的关系成立时,数个债权人按照一定的份额享有债权,数个债务人按照一定的份额负担债务。如果在债的关系成立之时,此份额不能确定,例如当事人对份额约定不明,则在当事人之间只能成立共同债权或共同债务,但是,在债的关系成立之后,如果当事人又通过协商确定了各自享有的债权份额或者应承担的债务份额,此时即成立按份之债。

(三)按份之债的效力

1.按份之债的主体仅在自己的份额内享有权利或承担义务。在按份之债中,每一个按份债权人只能就自己所享有的债权份额要求债务人履行债务,而无权要求债务人向自己清偿全部债务;每一个按份债务人也只就自己所负担的债务份额履行清偿义务,无义务清偿其他债务人所负担的债务份额。

2.在按份债权中,如果一个债权人受领的履行超过自己应受领的份额,若无正当原因,则就其超过部分构成不当得利,他应向对其履行债务的债务人承担返还不当得利的责任。在按份债务中,如果一个债务人履行的债务超过了自己应负担的份额,若无正当原因,就其超额清偿部分,他有权依不当得利请求权要求接受清偿的债权人返还,其他债务人的债务并不因此受到影响。

3.就某一债权人或者某一债务人发生的事项,如履行不能、履行迟延、不完全履行、拒绝履行、受领迟延等,对于其他债权人和债务人不产生影响;某一债权人或某一债务人作出的确认债的关系无效、撤销债的关系、免除债务、抵销以及某一债务人因不可抗力而消灭债务等事项,不影响其他债权人和债务人。

4.当按份之债是因合同而产生时,需要解除合同的,应当由一方全体当事人向对方当事人全体为之。因按份之债发生纠纷而提出诉讼时,全体债权人及全体债务人可作为共同诉讼人参加诉讼,实施诉讼行为。

二、连带之债

(一)连带之债的概念

连带之债是指两个或两个以上的债权人或债务人,对外享有连带债权或负有连带债务的债。在连带之债中,数个债权人连带分享以同一给付为标的的债权,其中的任何一个人都有权要求债务人清偿全部债务,这种连带关系称之为连带债权;数个债务人连带分担以同一给付为标的的债务,其中的任何一个人都负有清偿全部债务的义务,这种连带关系称之为连带债务。《民法通则》第 87 条对此亦有规定:"债权人或者债务人一方人数为二人以上的,依照法律的规定或者当事人的约定,享有连带权利的每个债权人,都有权要求债务人履行义务;负有连带义务的每个债务人,都负有清偿全部债务的义务,履行了义务的人,有权要求其他负有连带义务的人偿付他应当承担的份额。"

法律规定连带之债的目的在于充分保护债权人的利益。在按份之债中,由于各个债务人仅就自己的份额向债权人承担清偿责任,即使其中一个债务人陷于无力清偿状态,其他债务人亦无清偿的义务,这就意味着每一个债务人仅以自己的责任财产作为履行债务的一般担保,而对于其他债务人的清偿能力无担保义务;而在连带之债中,每一个债务人对债务均负有全部清偿的义务,债权人有权要求任何一个债务人履行全部义务,因而所有债务人以其各自拥有的财产作为债权人债权实现的责任财产,即便其中一个债务人无力清偿债务,债权人也可以转向其他债务人提出清偿请求,可见,连带制度为债权人提供了多重担保保护。反之,对债务人而言,连带之债却加重了债务人之间的责任,每一债务人都承担着其他债务人无力清偿的风险,因而除非法律有规定或者当事人有特别约定,一般不适用连带之债。

(二)连带之债的发生原因

连带之债发生的原因可以是法律的强行性规定,也可以是当事人之间的约定。

1. 基于法律的规定而产生

根据我国现行的法律规定,这一类型连带之债的发生原因主要有以下几种:

(1)个人合伙债务。合伙组织的合伙人之间存在着连带之债的关系,法律另有规定的除外。每一个合伙人对于合伙组织对外所负的债务都负有连带责任,债权人可以要求合伙人中任一人全部清偿;同时,每一个合伙人对于合伙组织的对外债权都享有连带债权,任一合伙人都有权要求债务人为全部清偿。

(2)合伙型联营。联营各方虽然各自仍保持着独立的法人资格,但自各方共同出资另行成立联营组织后,该联营组织所获得的赢利由联营各方按出资比例或者协议的约定进行分配,其亏损由联营各方按照出资比例或者协议的约定,以各自所有的或者经营管理的财产承担民事责任。但依照法律的规定或者协议的约定负连带责任的,联营各方应承担连带责任。

(3)代理关系中的连带责任。它是指在代理关系的三方当事人中,其中两方当事人共同向另一方当事人承担民事责任,并且其中的任何一方当事人都负有承担全部责任的义务,债权人有权要求任一债务人承担全部责任。在我国《民法通则》以及相关的司法解释中规定了以下几种代理中的连带责任:其一,委托书授权不明时产生的连带责任,即委托书授权不明的,被代理人应当向第三人承担民事责任,代理人负连带责任。其二,代理人和第三人串通产生的连带责任,即代理人和第三人串通、损害被代理人的利益的,由代理人和第三人负连带责任。其三,无权代理产生的连带责任,即第三人明知行为人没有代理权、超越代理权或者代理权已终止还与行为人实施民事行为给他人造成损害的,由第三人和行为人负连带责任。其四,违法代理行为产生的连带责任,即代理人知道被委托代理的事项违法仍然进行代理活动的,或者被代理人知道代理人的代理行为违法不表示反对的,由被代理人和代理人负连带责任。

(4)连带保证中的连带责任。连带保证是在债务履行期限届满时,债权人既可以要求债务人履行债务,又可以要求保证人履行保证债务。连带保证人所负的债务具有连带性。

(5)共同侵权行为人的连带责任。例如,我国《民法通则》第130条规定:"二人以上共同侵权造成他人损害的,应当承担连带责任。"根据《民通意见》第148条的规定,教唆、帮助他人实施侵权行为的人,为共同侵权人,应当承担连带民事责任。

2.基于当事人的约定而产生

连带之债发生的另一个依据是当事人的约定。从民法的性质来看,虽然具有公法的因素,但仍以私法性为主,它贯彻的是当事人意思自治原则,当事人有权通过明确的约定产生连带之债,但默示不能产生连带之债。

(三)连带之债的效力

在连带之债中,因其既有债权人与债务人之间的债权债务关系,又有多数的债权人之间、多数的债务人之间的连带关系,前者称为连带之债的外部效力,后者称为连带之债的内部效力。

1.连带之债的外部效力

连带之债的外部效力是指连带之债在债权人和债务人之间发生的效力。

在连带债权的情况下,各债权人均有权向债务人请求全部给付,债务人也可以向任何一个债权人主动履行义务,一个债权人受领了债务人的全部给付时,其他债权人的债权即归于消灭。连带债权人之一所发生的事项,原则上对其他债权人不发生法律效力,但下列几种事项具有涉他的效力:(1)因债权人之一受领清偿或因抵销、混同、提存而消灭债权的,其他债权人的债权亦归于消灭;(2)债权人之一受领迟延的,迟延的效果及于其他债权人;(3)债权人之一免除债务人债务的,其他债权人则不得再向债务人主张其应分担部分的债权。

在连带债务的情况下,每一个债务人均负有向债权人履行全部债务的义务,债权人有权要求连带债务人中的一人或数人履行债务,被请求的债务人不得主张因存在其他债务人而拒绝给付,也不得以债权人所为的请求超过其应分担份额而抗辩。债务人中的一人或数人履行全部给付时,连带债务消灭,其他债务人对债权人不再承担给付义务。在连带债务被全部清偿之前,全部债务人对未履行部分仍负连带义务,而不能将履行责任归结于一个或数个债务人。在连带债务中,下列事项具有涉他的效力,其他债务人将受其影响:(1)债权人对债务人之一的履行构成受领迟延的,该受领迟延的法律效果及于其他债务人,其债务人可以在债权人受领迟延范围内减轻责任。(2)因清偿、抵销、提存、免除而使债务人之一的债务消灭的,其他债务人可以免于承担其分担部分的债务。[①] (3)债务人之一获得法院有利判决,该判决不具有特定债务人与债权人之间人身专属性的,其他债务人亦可以援引该判决获得对其有利的效果。

2.连带之债的内部效力

连带之债的内部效力是指连带债权人之间或者连带债务人之间的权利义务关系。连带之债的效力,又可分为连带债权的内部效力和连带债务的内部效力。

连带债务的内部效力即各连带债务人之间的求偿关系,当一个债务人履行债务超过他应承担的债务份额时,对其他债务人享有求偿权,有权要求其他债务人偿还。根据我国《民法通则》第 87 条的规定,履行了义务的人,有权要求其他负有连带义务的人偿付他应当承担的份额。债务人行使求偿权的范围包括超出该债务人应承担份额的部分、履行债务所必要的费用和非因该债务人个人原因所遭受的损失。求偿人有权分别向其他债务人请求补偿,其他债务人应根据其在连带债务中应承担的份额比例给求偿人以补偿。如果其中一个债务人丧失偿债能力,则各债务人应按照其承担的份额比例分担向该债务人追偿不能的风险。

在连带债权中,连带债权人的内部关系基本上同于连带债务人之间的内部关系。享有连带债权的每个债权人,都有权利要求债务人履行一部或者全部义务。某一债权人受领的给付超过自己应享有的份额的,应按债权人之间确定的债权比例将超过部分交还于其他债权人,其他债权人也有权要求多受领给付的债权人予以返还。

从引例来看,该演出合同的设定及其内容是由当事人自由决定的,所以该债属于意定之债。该合同的标的为"黑胡子"四人演唱,属于特定物,故为特定之债。该演唱组合履行合同的标的为演唱歌曲,即债的标的是单一的,故属于简单之债。

👉 司法考试真题链接

1.婷婷满一周岁,其父母将某影楼摄影师请到家中为其拍摄纪念照,并要求影

---

① 参见《安昭宇与包义柱合伙协议纠纷上诉案——权利人免除部分连带债务人责任之效力》,载《人民司法·案例》2013 年第 22 期。该案判决要旨是:合伙人一方在从事合伙事务中侵害他人合法权益的,其他合伙人应共同承担连带责任。被侵权人单方免除一方合伙人部分债务的,被免除债务的合伙人对剩余全部债务仍应当承担连带责任。其他合伙人偿还剩余债务后,可根据合伙人内部约定的按份责任向被免除债务的合伙人追偿,该合伙人不得以免除其债务为由对抗其他连带债务人向其行使追偿权。

楼不得保留底片用作他途。相片洗出后,影楼违反约定将婷婷相片制成挂历出售,获利颇丰。本案中存在哪些债的关系?（2008 年司法考试真题）

  A. 承揽合同之债　　　　　　　B. 委托合同之债

  C. 侵权行为之债　　　　　　　D. 不当得利之债

  2. 甲对乙说:如果你在三年内考上公务员,我愿将自己的一套住房或者一辆宝马轿车相赠。乙同意。两年后,乙考取某国家机关职位。关于甲与乙的约定,下列哪一说法是正确的?（2009 年司法考试真题）

  A. 属于种类之债　　　　　　　B. 属于选择之债

  C. 属于连带之债　　　　　　　D. 属于劳务之债

Law

第三章　债的效力

【引　例】

　　孙某于 2000 年 7 月去北京出差,在某博物馆展览会上欲购名人山水画一幅,价格 8500 元,孙某与博物馆约定先付款 3000 元,展览结束后交货时付清余款。次日,因工作人员不慎,展览厅发生火灾。孙某欲购的画被烧毁。孙某得知情况后,遂要求博物馆返还先期付款,并赔偿其为购买名画而支出的交通费用。

第一节　债的效力概述

一、债的效力的概念

　　债的效力是债的关系成立后所表现的法律上的力,是法律效力的一种,是法律效力在债的关系上的具体体现。债的效力在债的关系有效发生之时起便产生,并对债权人和债务人的行为产生约束力。从债权人方面看,债权人有权依法请求债务人履行债务、接受债务人的履行并保有履行利益,如果债务人不履行债务或不适当履行债务,债权人有权请求司法机关对其债权予以保护。从债务人方面看,债务人应按照债的内容全面履行其义务,否则法律则要求其承担不利的法律后果。从债权实现的目的和途径来看,债的效力包括两方面的内容:债权的效力和债务的效力,前者是法律赋予债权人以法律上的力,为债的积极效力,后者是法律对于债务人的约束,为债的消极效力。

　　（一）债权的效力

　　债权的效力指保证债权利益得以实现的效力。债权是一种权利,债权人可以自主决定是否实现其债权,法律并不会主动介入、要求债权人主张和实现其债权。但当债权人决定行使债权时,法律就为其提供相应的保障,从而使其权利能够得到顺利的实现。债权的效力为债权人提供的保障是多方面的,其主要表现在以下几个方面：

1. 债权的请求力

债权的请求力是指债权人得请求债务人履行债务以实现其债权的效力。债权请求力有广义和狭义之分，广义的请求力包括诉讼上及诉讼外的请求力；狭义的请求力仅指诉讼外的请求力。诉讼上的请求力为诉权，诉讼外的请求力为请求权。此处的债权效力，属于广义上的请求力。

我国《民法通则》第 84 条第 2 款规定："债权人有权要求债务人按照合同的约定或法律的规定履行义务。"这就是关于债权请求力的最基本的规定。同时，当债权人请求债务人履行债务时，还可能发生其他效果，如使诉讼时效发生中断；当事人未约定履行期限的，债权人提出请求，债务人不履行的，可构成迟延履行等。此外，有些债权因某种原因的发生而失去请求力，如已过诉讼时效的债权无请求力。

2. 债权的执行力

债权的执行力是指当债务人不履行债务时，债权人有权请求法院对债务人强制执行的效力。若法律仅赋予债权人请求的效力，则在债务人仍不履行债务时，债权人只能束手无策，显然无法对债权实现提供有力保障。为此，法律还须赋予债权以执行效力，从而为债权的实现提供更为可靠的法律保障。

债权执行力是诉讼执行力的基础，但是我们不能将债权执行力与强制执行程序相混淆，因为债权的执行力是债权人依靠司法救济实现给付利益的效力，而强制执行程序是司法救济的程序和方法。

3. 债权的保持力

债权的保持力，又可称为受领保持力，是指债权人有受领保持债务履行利益的效力。债权人依债权而受领债务人的履行，属于具有法律上的原因，债务人不能主张以不当得利予以返还，债权人有权永久保持因债务人履行而取得的利益。所有债权均具有保持力，即使是已过诉讼时效的债权，虽然它无请求力和执行力，但一旦债务人履行后，该债权即具有保持力，债务人又以超过诉讼时效力为由请求返还的，人民法院将不予支持。

在债权的三效力中，请求力是债权的主要效力，也是债权本质的体现；执行力是债权的请求力的必要补充，因为只有在债权的请求力不足以保障债权时，才有必要运用执行力；保持力体现了债的终极目标，因为债权人取得对方的给付后，最重要的是能合法地保持既得的利益，保持力能给予债权人这样的保障，这正是债权人追求的效果。

（二）债务的效力

债务的效力是指债务满足债权的效果。债务是债务人的法定义务，所谓义务，债务人必须履行，无选择权，否则债务人将承担违反义务的法律责任。民法是权利之法，是以权利为中心的，因而民法对债务效力的规定主要是围绕着满足债权这一

目标而设计的。为此,债务的效力主要表现为:

1.债务人应根据合同的约定或法律的规定履行全部债务,此外,依据诚实信用原则,债务人还负有相应的附随义务,如注意义务、照顾义务、告知义务等。

2.债务人虽然履行了债务,但其履行存在瑕疵并给债权人造成损害的,应承担损害赔偿的责任,即加害给付的责任。

3.债务人能够履行而不履行时,债权人可以请求债务人实际履行,并可同时要求其承担损害赔偿等责任。

4.债的关系成立后,债务人的所有财产成为债的一般担保,债务人在其全部财产的范围内,对债务的履行负清偿责任。

二、债的效力的分类

(一)债的对内效力和对外效力

按照债的效力是否会涉及第三人,可以将债的效力分为对内效力和对外效力。对内效力是指发生在债权人和债务人之间的效力,它表现为债权人有权请求债务人按照合同约定或法律规定履行债务,实现债权人的利益;债务人应当依照债权人的请求全面合理地履行其义务,以消灭债务;当债务人瑕疵履行、不履行、迟延履行或债权人受领迟延、拒绝受领时,当事人均应承担一定的违约责任。债权的对内效力是债的相对性的体现,是债的效力的主要方面。

债的对外效力是指发生在债权人和第三人之间的效力。债具有相对性,原则上只在特定的当事人之间发生法律效力,而不对当事人之外的其他人产生法律效力。但为了保证债权的顺利实现,现代许多国家的债法逐渐赋予债的对外效力,如债的代位权、撤销权等。

(二)债的一般效力和特殊效力

按照债的效力是否在所有债的关系中都发生作用,将债的效力分为一般效力和特殊效力。债的一般效力又称为普通效力,是指所有类型的债都具有的共同效力。它最主要表现为"给付之强制执行与其利益之损害赔偿"。[①] 此外,它还包括债的关系成立后,债务人的财产即成为债的一般担保,债权人迟延受领可适当减轻债务人的责任,债权人或债务人有义务采取措施避免损害的进一步扩大等。

债的特殊效力是指某一具体的债所具有的特别的效力。它主要包括定金的没收或双倍返还、约定违约金的支付、同时履行抗辩权、先履行抗辩权和不安抗辩

---

① 史尚宽:《债法总论》,中国政法大学出版社 2000 年版,第 328 页。

权等。

(三)债的积极效力和消极效力

根据债的效力内容的不同,可将债的效力分为积极效力和消极效力。积极效力是指债权人为实现其利益可以实施一定的行为的效力,如双方当事人没有明确约定履行时间时,债权人可以要求债务人在合理的时间内履行义务。消极效力是指债务人根据债的关系必须为或不为一定的行为,它表现为对债务人的约束力。例如,债务人应当以积极的履行行为以满足债权人利益所需,债务人不得为加害给付从而损害债权人的利益。

第二节　债务的不履行

债务不履行是指债务人未依债的内容全面履行其义务致使债权不能圆满实现的状态。在债务不履行时,债务人应承担对其不利的法律后果。近代绝大多数大陆法系国家,不论在债法上,还是泛泛地在民法中,均以过错主义为原则。① 也就是说,债务人承担债务不履行的责任时,应以债务人存在过错为构成要件。但随着社会的演进,现代债法对此有了松动。在现代债法中,合同之债、不当得利之债或无因管理之债,一般适用严格责任原则,而在侵权之债中,适用过错责任为主,无过错责任为补充的原则。债务不履行的具体形态主要包括履行不能、拒绝履行、履行瑕疵和履行迟延。

一、履行不能

(一)履行不能的概念

履行不能,又可称为给付不能,是指债务人由于某种原因,事实上已不可能履行债务,债权的目的无法实现。履行不能的原因很多,有时是因为标的物已灭失,如作为买卖标的物的房屋已经严重毁损;有时标的物虽然存在,但因为法律上的原因而不能交付,如标的物被依法规定为限制流通物;有时是因为债务人自身的原因不能提供原定的劳务,如在演出合同中,债务人因声带撕裂无法参加演出等。履行是否可能的判断依据,应是一般社会观念,而非仅依债务人的观念加以断定。依社会一般观念认为债务事实上已无法强制执行的,则属于履行不能。即使尚有履行的可能性,如果履行需要付出高额的极不适当的代价,或将会使行为人的生命安全

---

① ［德］迪特尔·梅迪库斯:《德国债法总论》,法律出版社 2004 年版,第 235 页。

受到严重威胁,或将违背伦理道德或其他更重大的义务,则依诚实信用原则,也应认定为履行不能。

(二)履行不能的分类

1.事实不能与法律不能。事实不能是指由于不可抗力等自然因素而使债务履行不能,例如台风破坏了农作物,使得粮食买卖合同无法履行。法律不能是指因法律规定而使履行不能,例如因法律修改将买卖合同标的物规定为限制流通物,则该合同履行不能。

2.全部不能与部分不能。全部不能是指全部债务内容不能履行,部分不能是指仅部分债务内容不能履行,其余部分仍可履行。

3.主观不能与客观不能。主观不能是指由于可归责于债务人的原因而引发的履行不能。客观不能是指由于自然原因或债务的性质等不可归责于债务人的原因而导致的履行不能。

4.永久不能与一时不能。永久不能是指在债务的履行期限内及其宽限期内均未得以履行的履行不能。一时不能是指在履行期限内因暂时的障碍而导致的履行不能,障碍一旦消除则仍可继续履行。

5.自始不能与嗣后不能。自始不能是指债务成立之时履行已为不可能,例如甲和乙订立房屋租赁合同,但甲不知其房屋在订立合同之前已经损于一场大火。嗣后不能是指债务成立之后才发生的履行不能,例如双方签订了各地巡回演出的合同,在几场演出之后,该演出者因车祸死亡。

(三)履行不能的法律后果

传统债法认为,自始履行不能与客观履行不能将导致法律行为无效的法律后果,现代债法已放弃了这一观点,自始履行不能与客观履行不能不再是债权债务关系无效的原因。在现代民法中,根据不能的原因的不同,履行不能的法律后果可分为因可归责于债务人的事由导致的履行不能、不可归责于债务人的原因导致的履行不能以及因第三人的原因导致的履行不能三种情况。

1.因可归责于债务人的事由导致的履行不能

(1)债务人免除履行原有的债务。如果为全部不能,则债务人可全部免除义务;如果为部分不能,则债务人免除不能部分的债务。对于可履行的部分,债务人应当履行,债权人亦可强制履行。如果为永久不能,则债务人不再负履行义务;如果为一时不能,则除非以后的履行对债权人已无任何益处,否则债务人仍不能免除履行义务。

(2)在合同之债中,债权人可因债务人的履行不能而解除合同,并要求对方承担违约责任。

(3)债务人应负因履行不能而产生的法律责任。在部分履行不能时,债权人有权就履行不能部分请求支付违约金、损害赔偿金;对其他部分,债权人仍有权要求实际履行。但若因部分履行不能使得其他部分的履行对债权人已毫无意义时,债权人有权拒绝接受该部分的履行,从而要求全部不履行的违约金、损害赔偿金。在全部不能、永久不能时,债权人有权要求解除合同,并要求债务人承担损害赔偿责任。

在引例所涉及的案件中,博物馆方与孙某的合同有效成立后,双方形成合同之债,博物馆应该按照合同的约定交付山水画。交付前,因博物馆工作人员的过失导致标的物灭失,博物馆债务履行不能。对火灾的发生博物馆有过失,所以,导致履行不能的事由是可归责于债务人的。于此情形下,博物馆免除履行原债务的义务,孙某可因此解除合同,并要求对方承担违约责任,即孙某有权要求返还其已为的给付和赔偿所遭受的实际损失。

2.因不可归责于债务人的事由导致的履行不能

(1)免除债务人履行原债务的义务,且债务人不必承担违反债务的法律责任。这时债务人可永久性地免除债务,即使以后情况发生改变,债务能够被履行,债务人也没有义务再履行这一债务。在一时履行不能时,债务人在履行障碍消灭前不负履行迟延的责任,在履行障碍消除后仍应继续履行其债务;在部分履行不能时,债务人免除履行义务的范围仅限于不能的范围内。

(2)在双务合同中,债权人免除对待给付的义务;对待给付已经完成的,可依不当得利的规定请求返还。但如果履行不能因可归责于债权人的原因,债权人的对待给付义务不能免除。

(3)债务人应及时向债权人告知履行不能或者需要延期履行或部分履行的理由,并提供相关的证明。债务人未及时通知,致使债权人受到损失或者使其损失扩大的,债务人应就此部分负赔偿责任。

3.因第三人的原因导致的履行不能

如果债务人履行不能是因第三人的原因引起,则产生债权人的代偿请求权。代偿请求权是指债务人基于与发生履行不能的同一原因取得给付标的的代偿利益时,债权人有权请求债务人偿还其代偿利益的权利。例如第三人利用债务人的疏忽、未尽合理的注意,非法损坏了标的物。因此,一方面,债务人对第三人享有损害赔偿请求权;另一方面,债务人应对债权人承担履行不能的责任。这时,债权人可要求债务人承担违反债务的责任,也可请求债务人让与他对于第三人的损害赔偿请求权或者已经取得的损害赔偿金。

代偿请求权的成立,必须具备以下几个要件:

第一,债务人发生履行不能,因为在可能履行的情况下,债权人可以请求继续履行,不可能发生代偿请求权。

第二,债务人因履行不能的事由的发生而获得利益。也就是说,债务人所得的利益与其履行不能的原因之间有因果关系。比如债权人与债务人约定以汽车作为债履行的标的物,债务人对汽车投了保险,在履行前汽车被他人恶意毁坏,债务人因此取得的保险金或保险金的请求权,均可作为代偿请求权的客体。而如果他人得知汽车被毁坏的事情,出于友情赠与他一些金钱,则此种赠与同发生履行不能的事由无直接的因果关系,债权人不能就此行使代偿请求权。

第三,债务人获得的利益具有可转让性。具有人身性质的赡养费请求权、扶养金请求权、人身损害赔偿请求权等,具有人身专属性,不具有可转让性,不能作为代偿请求权的客体。

第四,作为代偿请求权的标的,其利益应以原债权额为限,债权人的主张超过原债权额的,超过部分债务人有权拒绝。

在双务合同中,因第三人的原因致使履行不能时,债权人不行使代偿请求权的,可以免除他对债务人的对待给付义务;债权人已经作出给付的,可以行使不当得利返还请求权。如果债权人行使代偿请求权,则应负有对待给付义务,但若行使代偿请求权不能实现其全部原债权,则债权人可就其所受领部分的价值,按比例减少对待给付。

二、履行迟延

(一)履行迟延的概念

履行迟延,又可称为债务人迟延、逾期履行,是指债务已届履行期限,债务人能够履行而未履行的现象。履行迟延是实践中较常见的债务违反的形态。履行迟延的判断标准是债的履行期限届至时债务人是否履行债务,它与债务的履行时间具有十分密切的联系。

(二)履行迟延的构成要件

1. 存在合法有效的债务

这是履行迟延的前提条件。如果债务是非法的,则不具有可履行性,不可能构成履行迟延。如果是超过诉讼时效的债务,即自然债务,由于它已失去国家强制力的保障,亦不会发生履行迟延的问题。履行迟延的对象一般是财产性债务,因为履行迟延是一种财产性责任,所以非财产性债务不发生履行迟延的问题。如因侵权行为所发生的债,就其财产损害赔偿可能发生履行迟延,而对于赔礼道歉、恢复名誉等,即使债务人不按期履行,也不会发生履行迟延,而只能依其他方式处理。需要指出的是,附停止条件的债务,在条件成就前,债务并不发生,不会发生履行迟延。

2. 债务有履行的可能

如果债务已经不能履行,履行迟延的问题当然无从谈起。在判断债务能否履行时,涉及的一个重要的问题,即以何时作为标准来判断履行是否具有可能性。理论上主要存在两种不同的看法:一种观点主张应以清偿期为标准,在清偿期届至时为可能即可;另一种观点则主张不仅在清偿期届至时可能,而且清偿期届至后仍为可能的,才为履行可能。本书认为前一种观点较为合理,只要清偿期届至时履行是可能的,即可认为债务有履行的可能,而后一种观点过于苛刻,不利于债权人实现债权目的。

3.债务已届履行期

债务人迟延履行则表明债务人违反了债务履行的时间约定,所以债务已届履行期是认定债务履行迟延的关键要件。债务定有履行期限的,债务人在特定的履行期限届满时不履行债务的,构成履行迟延。定有的履行期限,可以分为某一准确日期的履行时间和规定某一时间段内履行的履行期间。履行期限为准确日期的,该日期为债的履行期;履行期限为一段时间的,以该期限的最后一日为履行期届至日。如果是分期履行的债务,应以每一期债务是否按期履行来判断是否履行迟延。

债务未定有履行期限,且又不能从法律的规定、交易习惯、债务的性质或其他事项中确定履行期限的,债务人可随时向债权人履行义务,债权人也可以随时要求债务人履行,但应当给对方必要的准备时间。换言之,未定有履行期限的债务,债权人催告债务人在合理期间内履行债务,债务人仍不履行的,构成履行迟延。

4.债务人无正当理由未履行其债务

如果债务人有正当理由而未履行债务,如债务人有同时履行抗辩权、不安抗辩权、先履行抗辩权等,其不履行债务具有正当性,不构成迟延履行。当债务人的履行需要债权人的协助时,因债权人不积极履行协助义务而导致债务人未能在履行期限内履行义务的,不构成迟延履行。

5.迟延履行可归责于债务人

如果债务人不能在履行期限内履行债务是因为不可抗力等无法归责于债务人的原因造成的,则可以免除债务人迟延履行的责任。另外,依诚实信用原则,债务人突然患有严重疾病或其他突发事件客观上无法按时履行的,也可作为免责事由,但要由法官根据具体情况判定。在发生这种情形时,债务人应当及时通知债权人,怠于通知的,不能免除履行迟延的责任。[①]

(三)履行迟延的法律后果

履行迟延的法律后果根据履行迟延的类型的不同,可以分为全部履行迟延的法律后果和部分履行迟延的法律后果两种情况。

---

①　张广兴:《债法》,社会科学文献出版社 2009 年版,第 61 页。

1.全部履行迟延的法律后果

(1)请求实际履行

债权人要求债务人继续履行的,在可能的范围内,债务人应当继续履行。继续履行的同时,如果债权人受到其他损害,债务人还应对此承担赔偿责任。但依债务的性质、法律规定等不能强制履行的,债权人无权要求债务人实际履行。

(2)请求损害赔偿

在债务人迟延履行时,债权人有权要求债务人支付违约金及其他损害赔偿金。而且,根据我国《民事诉讼法》第253条的规定,债务人未按已生效的判决、裁定和其他法律文书指定的期间履行义务的,若是金钱给付义务,债务人应当加倍支付迟延履行期间的债务利息,履行其他义务的,也应支付迟延履行金。

(3)拒绝受领

如果债的履行期限对于当事人而言十分重要,债务人迟延履行后,继续履行对债权人已没有实益,债权人可以拒绝受领,而请求债务人承担赔偿责任。

(4)解除合同

在合同之债中,债务人迟延履行时,一般要经过催告程序,即经债权人催告,债务人在合理期限内仍未履行债务的,债权人有权解除合同。

(5)履行迟延时的加重责任

履行迟延时的加重责任主要发生在不可抗力、法律有特别规定的情形下。债务人履行迟延,由于不可抗力造成的标的物意外灭失的,应由债务人负担这一风险责任,除非债务人能够证明即使没有发生履行迟延损害仍会发生,这时应依风险负担的原则确定债务人是否应承担责任。例如,货物运输合同中,承运人迟延运输,在途中遇到山洪导致货物全部毁损,承运人对此应承担责任,但如果承运人能证明即使不迟延亦会在运输中遭遇山洪,则依风险负担原则来确定责任的归属。

法律有特别规定的情形,如合同执行政府定价或者政府指导价的,在合同约定的交付期限内政府价格调整时,按照交付时的价格计价。逾期交付标的物的,遇价格上涨时,按照原价格执行;价格下降时,按新价格执行。逾期提取标的物或者逾期付款的,遇价格上涨时,按新价格执行,遇价格下降时,按原价格执行。

2.部分履行迟延的法律后果

债务人部分履行迟延时,债权人可请求实际履行迟延的部分,并可请求因部分迟延所引致的损害赔偿。如果债务人部分履行迟延,导致该履行对于债权人已无利益,债权人有权拒绝受领,并要求债务人赔偿损失。如果因部分履行迟延使得整个债务的履行对于债权人而言已无实际利益,则债权人可拒绝部分履行,返还已受领的部分给付,并就全部不履行请求损害赔偿。履行有无实际利益,应根据具体情形,以诚实信用原则判断之。

三、不完全履行

（一）不完全履行的概念

不完全履行，又可称为不完全给付、不良给付，是指债务人虽然履行债务，但其履行不完全符合债务的本旨或造成债权人损害的情形。债务人不完全履行所违反的债的关系上的义务，可以是主给付义务，也可以是从给付义务，还可以是附随义务，但违反附随义务的，债权人不得以此为由单独诉请执行。

不完全履行不同于迟延履行、履行不能。在不完全履行中，债务人有履行行为，但履行债务不符合债的目的；而在迟延履行中，债务履行期限届至时，债务人仍未履行债务。在不完全履行中，债务可履行且债务人已经履行了债务，只是不符合债的要求，而在履行不能中，债务人不可能履行债务。

（二）不完全履行的类型

按照不完全履行所造成的损害的不同，可以把不完全履行分为瑕疵给付和加害给付两大类。

1.瑕疵给付

瑕疵给付是指履行不符合规定或约定的条件，从而导致该履行的价值或效用减少或丧失。瑕疵给付所侵害的是债权人对完全给付所具有的利益，即履行利益。瑕疵给付在日常生活中较为常见，它包括给付的标的物的质量存在瑕疵、数量不符、给付方式不当、地点不当等，例如技术开发合同中研发方所提交的工作成果不合格；建筑物的承包方偷工减料使房屋存在较多质量问题，其价值减少；水果买卖合同中，水果数量不足等。另外，债务人不履行附随义务时，也可能构成瑕疵给付，如出卖人出售其科技产品时，疏于告知买受人在使用时应特别注意的若干事项，买受人依通常的方法使用，该产品发生严重故障并造成其他损害，此时对附随义务的违反构成不完全履行，出卖人因此应承担相应的责任。

2.加害给付

加害给付是指因债务人的履行行为有瑕疵，使债权人的其他利益受到损害。例如，债务人交付的热水器质量不符合标准，致使使用人在使用过程中遭受人身损害；债务人交付的饲料有毒性物质，导致债权人的其他家畜食用后大量死亡等。在加害给付中，债权人受到的损害，可能是财产方面的损害，也可能是人身权益方面的损害。

当加害给付使债权人其他利益受到损害时，债权人究竟以何种依据要求债务人承担赔偿责任，学者观点不一，主要观点有三种：一种观点认为，对于债权人因债务人瑕疵履行而受到原债务范围以外的损害，债务人有故意或过失的，才对此承担赔偿责任,因而债权人只能根据侵权行为的规定,请求损害赔偿。一种观点认为,如果瑕疵履行行为同时具备侵权行为构成要件,则债权人不仅可依债务违反请求损害赔偿,而且也可依侵权之债请求损害赔偿,债权人有权选择一种对自己更为有利的请求权获得赔偿。例如,以患有传染病的鸡交付于买受人,致使买受人原有的鸡也患疾病而死亡,应同时构成瑕疵履行与侵权责任。[①] 还有一种观点认为,瑕疵履行的损害赔偿,是将债权人的侵权行为责任转换为债务违反的责任,此时,债务人履行其债务时应尽到交易上的合理注意义务,以避免给债权人造成损害,如果债务人的履行存在瑕疵,应认为是基于履行上的过失而负有赔偿责任。我国多数学者认为在加害给付的情况下,应当允许受害人在侵权之诉或是违约之诉中作出选择。

(三)不完全履行的构成要件

1.债务人实施了履行行为

债务人有履行债务的行为是不完全履行的前提条件,如果没有履行行为,则可能构成履行不能或拒绝履行,而非构成不完全履行。不完全履行可能与其他违反债务的行为共存,例如债务人迟延履行而且履行还存在瑕疵。需要特别指出的是,这里所指的履行行为应是以履行债务为目的的行为;与履行债务无关的行为损害债权目的或造成债权人其他损害的,不属于不完全履行,而是一般的侵权行为。

2.债务人的履行不完全符合债的内容

债务人履行债务应力求使债权人的期待利益得以实现,同时债务人应保证其履行行为不会给债权人造成损害。这是法律对债务人履行行为最为基本的要求。而在不完全履行的情形下,债务人违反了这一要求,没有按照债务的本旨履行义务。债务人的履行不完全合乎债的内容,其表现形式是多种多样的,例如履行数量不足,标的物有隐蔽的缺陷,标的物的规格、型号、品牌、质地不符合约定,履行方式的不适当,包装不符合要求,违反附随义务,加害给付等。

3.不完全履行可归责于债务人

根据瑕疵履行和加害给付的不同,判断是否可归责于债务人的标准亦不同。在瑕疵履行中,无论债务人主观上是否存在故意或者过失,只要其履行行为存在瑕疵,债务人即应承担责任;在加害给付中,是因为债务人的履行行为造成债权人的其他利益的损失,所以只有在债务人未尽到合理的注意义务造成债权人的损害时,债务人才应承担责任。但对于债务人是否尽到注意义务,采用举证责任倒置,即债权人不承担举证责任,债务人证明自己已经尽了合理的注意义务的,才可免于承担责任。

---

① 王泽鉴:《民法学说与判例研究》(第3册),中国政法大学出版社1998年版。

4.债务人无免责事由

如果债务人履行不符合债务本旨,是由于不可抗力导致的,则债务人并不承担不完全履行的责任。此外,如果当事人对不完全履行约定了有效的免责条款,则债务人亦可以不承担不完全履行的责任。

(四)不完全履行的法律后果

1.瑕疵履行的法律后果

债务人瑕疵履行的表现形式是多样的,其中有些瑕疵是无法补正的,如作为标的物的特定物宝石存在裂缝,对于债权人而言补正没有意义;有些瑕疵则可以通过债务人的补正行为转化为适当履行,例如,当标的物为种类物时,就可以通过更换的方法加以补正。由于存在的瑕疵能否补正的不同,导致瑕疵履行的法律后果也有所不同。

(1)瑕疵履行的补正

当债务人的瑕疵履行可以补正时,其法律后果为:

第一,债权人有权拒绝接受有瑕疵的履行,并要求债务人及时补正。因补正超过履行期限的,债权人不负受领迟延的责任。债务人能补正而不补正的,债权人可请求人民法院强制债务人予以补正,但依债务的性质或法律的规定不得强制执行的除外。

第二,因补正标的物导致债务人迟延履行的,债务人应承担迟延履行的责任,而且因此而给债权人造成损失的,债务人应承担赔偿责任。例如债务人没有在指定的履行地点即债权人所租用的仓库交付标的物,债权人要求其补正,债务人将标的物从非指定地点运输到指定的仓库,交付时已超过履行期限,则债务人不仅应对迟延履行承担责任,而且还应赔偿债权人因此而多给付的仓储费。

第三,当债务人交付的标的物的质量或数量,或提供的服务不符合约定时,债权人有权依据情况要求债务人减少价款或者报酬。也就是说,债权人不要求债务人补正,而是对待给付的相应减少。

第四,履行的瑕疵虽然可以补正,但补正对债权人已无实际利益的,债权人有权解除合同,并请求损害赔偿。例如,双方买卖一特定物——齐白石的画,在出售前该画被撕了一个小缺口,虽然可以修补这一缺口,但修补后的画对于债权人而言已不具有应有的价值,此时债权人有权解除合同,并要求赔偿因此遭受的损失。

(2)瑕疵履行的损害赔偿

当债务人履行上的瑕疵不能补正时,债权人有权拒绝受领标的物,解除合同,并要求损害赔偿。当然,债权人也可以同意受领该瑕疵履行,同时要求债务人按比例降低价款或者报酬。

2.加害给付的法律后果

在加害给付的情形下,无论债务人是给债权人或是与债权人有一定关系的第三人造成损害,该损害无论是财产上的损害或是人身上的损害,债务人均应承担相应的赔偿责任。我国《合同法》第122条明确规定:"因当事人一方的违约行为,侵害对方人身、财产权益的,受损害方有权选择依照本法要求其承担违约责任或依照其他法律要求其承担侵权责任。"例如,医生未告知病人药物的副作用,导致病人因药物的副作用而旧病复发致死,在这种情形下,病人的家属有权要求医院承担违约责任或承担侵权损害赔偿责任。

四、拒绝履行

(一)拒绝履行的概念

拒绝履行是指债务人能够履行债务而故意不履行债务。拒绝履行是严重违背信用的一种侵害债权的行为,在债务不履行的形态中属于比较严重的一种。债务人拒绝履行债务可能发生在债务履行期限到来之前,也可能发生在债务履行期限到来之时;其表达方式可以是明示的,如债务人向债权人明确表示其将不履行债务,也可以是默示的,即以行为表明他将不履行债务,如债务人已将资产大量转移,不具备履行能力。

传统的债法理论认为,债务人享有期限利益,所以履行期限到来之前,债务人并不负有履行的义务,因而不会发生债务人不履行债务的责任。而债务履行期限到来时,有些学者主张债务人拒绝履行与履行迟延无异,债权人可依履行迟延要求债务人承担责任。有些学者则认为,若为一时的拒绝履行,可准用迟延履行的规定,若为永久的拒绝履行,可准用履行不能的规定。但现代债法则发生了重大的改变,一般认为拒绝履行是一种独立的违反履行义务的形态,它有别于迟延履行,因为在迟延履行中,债务人并无拒不履行债务的恶意,而在拒绝履行中,债务人根本不愿意履行。

(二)拒绝履行的构成要件

1.存在合法有效的债务

这是拒绝履行的前提条件。如果某一债务关系是非法无效的,那么法律就不会保护这样的债权债务关系,债务人也无义务履行,也就无所谓拒绝履行的问题。

2.债务履行具有可能性

如果债务的履行已陷于不能,则为履行不能,只有在履行债务为可能的情况下,债务人拒不履行债务的,才构成拒绝履行。

3.债务人有拒绝履行债务的表示

债务人的拒绝履行的表示,可以以口头声明的方式、书面通知债权人的方式,或者是以某种行为的方式为之。无论采用何种方式,债务人向债权人所表达的不履行债务的意思都是明确、肯定的,债权人应知晓债务人拒不履行债务的意思。

4.债务人拒绝履行债务无正当理由

债务人没有正当理由不履行债务的,才能构成拒绝履行。如果债务人不履行债务是因为行使同时履行抗辩权、不安抗辩权、先履行抗辩权,或是因为债务履行期限未到,或是因为所附条件未成就,或是诉讼时效届满,则在这些情形下,债务人拒绝履行具有合理性、合法性,不构成拒绝履行。没有正当理由而不履行债务亦表明债务人主观上存在恶意。

(三)拒绝履行的法律后果

1.债权人有权要求债务人继续履行债务。债务履行的目的是实现债权,在某些情形下,债权人追求的是债务履行后的状态,而非金钱的赔偿,况且有些债务的不履行是不宜以金钱赔偿来弥补的,所以法院在一定情形下会依债权人的请求强制债务人继续履行其债务。

2.债务人承担损害赔偿责任。债务人不履行给债权人造成损失的,包括直接损失和间接损失,债务人应负赔偿责任。

3.债权人有权解除债权债务关系。债务人在履行期限届满前明确表明不履行债务的,则使债权的本旨无法实现,债权人可以解除债权债务关系。债务人在履行期限届满时不履行债务的,经债权人催告,债务人在一段合理的期间内仍不履行的,债权人有权解除债权债务关系。

4.在双务合同中,债务人表示拒绝履行后,不得再主张行使同时履行抗辩权,如果债权人有先履行义务,则债权人有权行使不安抗辩权拒绝自己的履行。

第三节　债权的受领

债务人履行债务,有时无须债权人的协助配合即可完成,如不作为的债务,只要债务人不实施积极的行为违反不作为的义务,即可视为完成了债务的履行。但在更多的情形下,债务人完成其履行行为需要债权人的积极配合或提供便利,如债务人提交标的物时,债权人予以验收、受领。这时,如果债务人得不到债权人的协助,就无法顺利地完成履行债务的行为。若此时一味追究债务人的迟延履行责任,则会造成不公平,所以有必要要求债权人负有受领和协助义务,债权人未为之,则构成受领迟延,从而为债务人合理的迟延履行提供救济。

一、债权人的受领义务

受领是指债权人接受债务人履行债务的行为。在债的关系中,债权人的权利的实现有赖于债务人债务的履行,当债务人履行债务时,债权人及时受领并保有履行利益,这样才能真正实现债权的目的,债权人才能切实地享有权利。受领是债权人永久保持债务人履行所带来的利益的必要前提,从某种程度上来说,债务人履行债务和债权人受领债务,对于实现债的目的具有同等重要的意义。

受领可表现为积极受领和消极受领。积极受领是指债权人及其代理人以积极的行为接受债务人的履行,如接受债务人给付的房屋、提供的服务或支付的金钱等;消极受领是指债权人仅有接受债务履行并保有其利益的意思,而无表示行为,如默认对不作为的债务的履行。

债权人在接受债务人履行的过程中,同时融合了自身的协助行为。因为根据诚实信用原则,对于进入债这一紧缩关系中的债权人与债务人而言,他们相互之间应负有相互配合、协作义务,因此无论是在债务人履行债务的过程中还是完成履行之时,债务人都需要债权人的协助,换言之,债权人对债务人负有协助的义务。债权人的协助义务属附随义务,不得单独诉请执行。债权人的协助义务大致有以下几个方面:

1.债权人应为债务的履行提供合适的原材料,例如在来料加工合同中,债权人应向债务人提供符合合同要求的原材料。

2.债权人应提供适当的场地和设施以保证债务得以履行,例如雇佣合同中,雇主应为雇员工作提供安全的工作环境。

3.债权人应对债务人履行行为的开展作出明确的指示,例如加工承揽合同的定作人应向承揽人提交图纸及有关的技术资料。

4.在选择之债中,债权人享有选择权时,债权人应在合理期间内作出选择,否则债务人将无法履行债务。

5.债务人给付债务时,债权人应提供适当的方便以受领该给付,例如大型电器债务人负责送货上门安装的,债权人应给予便利。

6.债权人应与债务人共同办理法定的登记手续,例如买卖合同的标的物为法律规定应办理登记手续的车辆、房屋等,出卖方应及时与买受方一起办理过户登记手续,完成标的物所有权的转移。

7.在债务的履行过程中,债权人应负有某些不作为的义务,例如在接受理发服务的过程中,顾客应静坐,容忍一定时间内的人身不自由。

二、受领迟延

(一)受领迟延的构成要件

受领迟延是指债权人对于债务人已经提供的给付,未为受领的事实。

认定债权人受领迟延,应同时具备以下构成条件:

1.债务人的履行需要债权人的协助。无须债权人协助的债务履行,例如在不作为之债中,债务人可自行完成债务履行,债权人只要默认即可,不需有积极的协助行为,在这种情形下,也就谈不上受领迟延。

2.债务已届履行期。若有确定的履行期限,在履行期限届满前,债务人原则上不能提前履行,若提前履行的,债权人可以拒绝其履行,不构成受领迟延,但该履行不会损害债权人利益的除外。若无确定的履行期限,债务人虽然可以随时履行,但必须给对方必要的准备时间,否则,债权人有权拒绝受领,而不构成受领迟延。

3.债务人可以履行并提出履行。如果债务履行不能,债权受领也就不会发生了,亦就无所谓受领迟延。提出履行是指债务人已做好履行的准备并向债权人请求受领协助。

4.债权人不为或者债权不能受领。债权人不为受领,包括债权人拒绝受领和需要债权人协助而债权人不为协助两种情形。拒绝受领的方式可以是口头的,也可以是书面的,但均得让债务人知晓。债权不能受领指因为债权人自身的原因或其他原因导致客观上无法受领,债权人自身的原因例如债权人患病、外出不在履行地等,其他原因例如意外事件发生、第三人行为的介入等。

(二)受领迟延的法律后果

1.债务人的注意义务减轻

在债权人没有迟延受领的情况下,债务人应严格按债的内容履行债务,即使有轻微过失,原则上也应承担责任。而在债权人迟延受领时,一般不能免除债务人的履行义务,但可减轻债务人的注意义务,此时债务人仅就其故意或过失造成的损害承担责任。

2.债务人可自行消灭债务

债权人迟延受领后,债的标的物为动产的,债务人可以以提存的方式消灭债务。标的物不适于提存的或者提存费用过高的,债务人依法可以拍卖或者变卖标的物,提存所得价款。标的物为不动产的,债务人可以占有抛弃的方式消灭债务。但不动产的抛弃,应预先通知债权人。①

3.停止支付利息

债权人迟延受领后,由金钱债务所产生的利息债务,自迟延受领时起债务人无须再向债权人支付。

4.缩小孳息返还范围

依照债的内容,债务人有收取由标的物所生的孳息并将其返还给债权人的义务。但在债权人迟延受领后,债务人仅须返还已经收取的孳息,对标的物以后所生的孳息不负收取的义务;对已经收取的孳息,债权人仅在其存在故意或者过失时才

---

①　史尚宽:《债法总论》,中国政法大学出版社 2000 年版,第 440 页。

对孳息的减少或者灭失负责。

5.赔偿责任

债务人有权请求债权人赔偿因债权人受领迟延而使他支出的标的物的保管费用和其他增加的必要费用,并赔偿债务人因此受到的其他合理损失。

6.债务人解除合同

债权人受领迟延发生在合同关系中时,债务人可以根据法律规定解除合同,例如我国《合同法》第259条规定:"承揽工作需要定作人协助的,定作人有协助的义务。定作人不履行协助义务致使承揽工作不能完成的,承揽人可以催告定作人在合理期限内履行义务,并可以顺延履行期限;定作人逾期不履行的,承揽人可以解除合同。"

司法考试真题链接

合同规定甲公司应当在8月30日向乙公司交付一批货物。8月中旬,甲公司把货物运送到乙公司。此时乙公司有权如何处理?(2003年司法考试真题)

A.拒绝接收货物

B.不接受货物并要求对方承担违约责任

C.接收货物并要求对方承担违约责任

D.接收货物并要求对方支付增加的费用

合同之债

第四章 合同概述

原告朱某在 2000 年 8 月某日晚乘坐被告付某公司的出租车,打算前往北京朝阳区双井,但未讲明具体地点。在行车时,原告癫痫病突然发作,被告恐之,遂将原告弃于马圈而非双井,原告诉请法院要求被告赔偿其精神损失。

第一节 合同的概念和特征

一、合同的概念

合同以英文表达为"contract",以法文表达为"Congtrat",以德文表达为"vertrag"。合同一词在拉丁文中的符号表现为"Contractus",该词是动词"Contrahere"的过去分词,"Con"从"Com"而来,是表示"共同"的前缀;"trahere"表示拉紧,显然,contrahere 的基本含义是"共同拉紧",后演变为"限制""约束""缔结""订立"等意思。因此,作为"contrahere"的过去分词,"contractus"有两种含义:一是作为形容词的意思:"有限的""狭小的""贫乏的""压紧的""经济的"等,二是作为名词的意思:"收缩""拉紧""合同""契约"等。[①]

合同有时亦可称为契约。在民法学说史上,曾经将二者区别开来。合同是指当事人的目的相同,意思表示的方向也一致的共同行为,例如设立社团法人的行为;契约是当事人双方的目的对立,意思表示的方向相反的民事行为。20 世纪上半叶,我国民法学说继受了这一观点,但是,新中国成立后"契约"一词逐渐被"合同"一词所替代,而且现在我们已经不严格作这种划分,合同即契约已成为通说。但在某些情形下,契约的表述不宜换为合同,如从身份到契约。

大陆法系和英美法系对合同的内涵存在着不同的看法。在大陆法系,传统观点一般认为合同是一种合意或协议。例如,在罗马法,契约被定义为"得到法律承

[①] 徐国栋:《民法基本原则解释》(增删本),中国政法大学出版社 2004 年版,第 45 页。

认的债的协议"①。法国民法典第 1101 条规定,契约为一种合意,依此合意,一人或数人对于其他一人或数人负担给付、作为或不作为的债务。英美法学者大都认为合同是一种允诺,将合同归结为当事人承担债务的单方意思表示,与大陆法合同定义存在着本质的区别,这是受英国的历史习惯和诉讼程序的影响而决定的。英美的一些学者已经注意到英美法合同定义存在着缺陷,因而力图将大陆法系合同概念移植到英美法系合同法中,把合同看作产生债的双方当事人合意。例如特内脱的《合同法》一书的合同定义:"合同是产生由法律强制执行或者认可的债务之合意。"②

在合同定义上,我国民法理论基本上继受了大陆法系的概念,认为合同是一种合意或协议,即当事人意思表示一致。我国《合同法》第 2 条第 1 款规定,合同是平等主体的自然人、法人及其他组织之间设立、变更、终止民事权利义务关系的意思表示一致的协议。其第 2 款则规定,婚姻、收养、监护等有关身份关系的协议,适用其他法律的规定。

合同可有广义和狭义之分。最广义的合同是指所有法律部门中确定权利、义务的协议,包括民法上的合同、行政法上的合同、劳动法上的合同等。次广义的合同是指凡以发生私法上效果为目的的合意行为。它包括物权合同、准物权合同、债权合同、身份合同等。如周林彬先生认为,所谓合同不但包括所有以债之发生为直接目的的合同,也包括物权合同、身份合同(如婚姻合同)等等。③ 王利明先生亦认为:"合同是平等主体的自然人、法人及其他组织之间设立、变更、终止民事权利义务的意思表示一致的协议,是反映交易的法律形式。"④狭义的合同是指以发生债权债务关系为目的的合意行为。主张狭义的学者如梁慧星先生,他认为应当把合同概念界定为旨在发生债权债务关系的民事法律行为。⑤

从法律条文规定来看,我国《民法通则》第 85 条规定:"合同是当事人之间设立、变更、终止民事关系的协议",其文字表述本身暗示着我国合同概念应为广义。但是,《民法通则》把该条款放在债权一节中,并且在第 84 条明确规定合同为债发生的原因,究其立法原意,应认为合同为债权合同,采用狭义的合同概念。然而我国合同法的表述更具特色和模棱两可性,其第 2 条第 1 款规定:"本法所称合同是平等主体的自然人、法人、其他组织之间设立、变更、终止民事权利义务关系的协议。"第 2 款规定:"婚姻、收养、监护等有关身份关系的协议,适用其他法律的规定。"沿用了《民法通则》的文字表述,但其中的合同究竟是指广义的合同还是狭义

---

① [意]彼得罗·彭梵得著:《罗马法教科书》,黄风译,中国政法大学出版社 2005 年版,第 232 页。

② G. H. Treitel, *The Law of Contract*, 10th edition, London: Sweet Maxwell, 1999, p. 7.

③ 周林彬:《比较合同法》,兰州大学出版社 1989 年版,第 29 页。

④ 王利明:《民法》,中国人民大学出版社 2000 年版,第 327 页。

⑤ 梁慧星:《论我国民法合同概念》,载《中国法学》1992 年第 1 期。

的合同,应加以详细探讨。从合同法草案的背景来看,学者起草的合同法建议稿的第 2 条规定:"合同是当事人之间设立、变更、终止债权债务关系的协议。"这采用的是狭义的合同概念。但颁布的《合同法》为何将"债权债务关系的协议"改为"民事权利义务关系的协议"? 这是因为在起草过程中,有的委员、部门和专家提出,鉴于对债权债务关系一词容易产生不同理解,对《合同法》调整范围的表述还是用"民事权利义务关系"为好。[①] 仅从字面上考察这种改变,民事权利义务语义显然有别于债权债务关系,所以才存在替换的问题,民事权利义务范围大于债权债务关系,这表明《合同法》放弃了狭义的合同概念而采用了次广义的合同概念。这一观点亦可以从《合同法》第 2 条第 2 款的规定加以印证。该款将身份合同排除在第 1 款所指的合同之外,可见只有在第 1 款所指的合同包括债权合同、物权合同、准物权合同及其他合同的前提下,第 2 款的限制性规定才有必要。但是我们也需注意,《合同法》中合同的概念虽然蕴涵广义之意,然而《合同法》起草是围绕调整债权债务关系而进行的,这便决定了《合同法》的规定在骨架和血肉上都是以规范债权合同为中心的,所以尽管第 2 条采用了"民事权利义务关系"的提法,但这只不过给合同披上了一层宽松的轻纱,为其他与之类似的民事合同的准用留有余地。本书以债权合同为讲述重点。

二、合同的法律特征

1. 合同是平等主体所实施的一种民事法律行为

民事法律行为是一种极常见、很重要的法律事实,它是民事主体实施的能够引起民事权利和民事义务产生、变更或终止的行为。合同作为一种以意思表示为要素的民事法律行为,它有别于事实行为。事实行为是指不以意思表示为要件而能发生民法上效果的行为,如侵权行为等。事实行为法律效力的发生不是基于当事人的意思表示而是依据法律的直接规定。合同当事人追求的是他们预期的目的,合同的效力主要依当事人的意思表示内容而发生。合同作为法律行为,在本质上属于合法行为。只有在合同当事人所作出的意思表示符合法律要求,合同才具有法律约束力,并受到国家法律的保护。若当事人的意思表示违反了法律规定,则不发生他们所期望达到的法律效果。

2. 合同行为的当事人是平等主体的自然人、法人和其他组织

合同属于私法调整领域,所以合同行为主体是平等的,即合同是由平等主体的自然人、法人或其他组织所订立的,订立合同的主体在法律地位上是一律平等的,任何一方都不享有凌驾于他方之上的权利,不得利用自己的经济强势等向他方课

[①] 　胡康生:《中华人民共和国合同法释义》,法律出版社 1999 年版,第 3 页。

加不合理条件。

3.合同是当事人意思表示一致的协议

合同是当事人合意的结果,所以它应具备如下几个要素:第一,合同的成立必须要有两方或多方当事人。第二,各方当事人须互相作出意思表示。换言之,当事人各自基于自身的利益而参与合同的订立,作出交互的意思表示,从而成立合同。第三,各方意思表示是一致的,即各方当事人就合同的内容等达成了一致。这是合同区别于单方法律行为的重要标志。在单方法律行为中,只有一方当事人的意思表示就可以发生法律效果。如订立遗嘱的行为,仅遗嘱人单方的意思表示即可成立法律行为,无须继承人或受遗赠人的意思表示的配合。

4.合同以设立、变更或终止民事权利义务关系为目的

所谓设立民事权利义务关系,是指当事人通过订立合同的方式在他们之间形成某种法律关系(如技术开发关系、培训关系),享有一定的民事权利、承担一定的民事义务。所谓变更民事权利义务关系,是指当事人在保持原合同关系效力的前提下,改变原有的合同关系的内容,从而使当事人之间的民事权利义务关系发生变化。如果变更行为使原合同关系消灭而产生一个新的合同关系,则不属于本书所指的合同变更的范畴。所谓终止民事权利义务关系,是指当事人借助有效的合同,消灭原合同关系,使当事人之间既有的民事权利义务关系归于消灭。无论当事人订立合同旨在达到何种目的,只要当事人达成的协议依法成立并生效,就会对当事人产生法律效力,当事人也必须依照合同的规定享有权利和履行义务。[①]

第二节　合同的分类

合同的分类是指根据一定的标准将合同区分为不同的类型。合同是支持交易活动的重要工具,交易越复杂合同类型就越复杂。合同的分类有助于人们区分不同类型的合同的特征,分清各自的成立要件和法律效力,有助于人们在社会生活中较快速地运用适当的合同,较好地解决出现的合同纠纷。一般而言,合同可以作如下分类:

一、单务合同和双务合同

(一)语义辨析

根据是否仅有一方当事人负有给付义务,可将合同分为单务合同与双务合同。

---

① 　王利明:《合同法研究》(第1卷),中国人民大学出版社2002年版,第15～16页。

单务合同是指合同当事人中仅有一方负担给付义务的合同。也就是说,合同双方当事人之间并不互相享有权利和承担义务,而是由一方负担义务,另一方并不负有相对的义务,例如在赠与合同中,仅仅由一方当事人负有义务。亦存在一种情形即虽然双方都负有义务,但一方负担给付义务,而另一方负担次要义务,双方的义务不具有对价性,例如在借用借贷合同中,借用人负有按约定使用并按期归还借用物的义务,出借人仅在故意或重大过失未告知借用物的瑕疵导致借用人受损的情况下,才承担责任。

双务合同是指当事人双方互负对待给付义务的合同。在此类合同中,一方当事人负担履行义务的目的在于期待他方当事人为对待给付义务,也可以说是,一方当事人所享有的权利,即为他方当事人所负有的义务,例如买卖、租赁、有偿保管合同等均为双务合同。双务合同区别于单务合同的重要特征是双方当事人的义务之间存在牵连关系。这种牵连关系可以体现为以下三种形式:(1)成立上的牵连关系,即一方的债务因无效或者撤销而归于消灭时,对方的债务亦因而消灭的关系,与此相关的理论问题为自始不能与缔约上过失。(2)履行上的牵连关系,即一方的债务的履行与对方的债务的履行在时期上或顺序上的关系,相应地发生同时履行与异时履行中的抗辩权问题。(3)存续上的牵连关系,即在一方的债务发生履行不能场合,对方的债务是归于消灭还是继续存在的问题,与此相关联的是风险负担问题。①

(二)区分的意义

在法律上区分单务合同和双务合同具有以下几点意义:

1.可否适用履行抗辩权的问题

双务合同成立以后,当事人基于合同的约定各自负有对待履行义务,一方负担的义务是以他方负担的义务为前提的。因此当双方当事人履行时间没有先后顺序时,一方当事人在对方当事人未为对待履行或未提出履行以前,也可以拒绝对方的履行请求。而在单务合同中,仅有一方当事人负担义务或者另一方当事人虽然负有义务但其所负的义务并不是主要的对待给付义务,所以当不负有对待给付义务的一方当事人请求负有义务的一方当事人实施履行时,对方当事人无权主张同时履行抗辩权。由此可见,单务合同不适用同时履行抗辩权原则。同理,在双务合同中当事人享有先履行抗辩权和不安抗辩权,而单务合同的当事人不享有这些权利。

2.有关风险的负担的问题

在双务合同中,双方当事人的权利义务是互相依存、互为条件的,如果因不可归责于双方当事人的原因导致合同义务不能被履行,则发生风险的负担。就风险

---

① [日]北川善太郎:《债权各论》,日本有斐阁1995年第2版,第33~34页。

负担的分配,我国《合同法》规定了两种方式:其一为《合同法》第142条所表明的交付主义,即标的物毁损、灭失的风险,在标的物交付之前由出卖人承担,交付之后由买受人承担,但法律另有规定或者当事人另有约定的除外。其二为《合同法》第338条所表明的合理分担主义,即"在技术开发合同履行过程中,因出现无法克服的技术困难,致使研究开发失败或者部分失败的,该风险责任由当事人约定。没有约定或者约定不明确,依照本法第六十一条的规定仍不能确定的,风险责任由当事人合理分担"。而在单务合同中,如果因不可抗力等不可归责于双方当事人的原因而导致履行不能,则不会发生双务合同中的风险负担问题。

3.因一方的过错导致合同不履行的后果问题

在双务合同中,一方当事人违约时,如果非违约方已履行合同,则可以要求违约方实际履行合同或承担其他违约责任,甚至是解除合同;如果非违约方要求解除合同并发生溯及既往的效力,则非违约方对于其已经履行的部分有权要求违约方返还其已取得的给付。而在单务合同中,一般不存在上述情况。

在引例一案中,原告与被告之间已经形成了客运合同关系,它是一种双务合同关系,双方当事人都负有依合同约定加以履行的义务,而作为承运人的被告没有履行对旅客即原告的救助义务,应对此承担责任,应赔偿原告的精神损失。

二、有偿合同与无偿合同

(一)语义辨析

根据合同一方当事人作出给付是否能获得对价给付,可将合同分为有偿合同与无偿合同。

有偿合同是指双方当事人在从合同的缔结到债务的履行整个过程中,均作出相互具有对价性质的付出(并不仅限于财产的给付,也包含劳务、事务等)的合同。① 也就是说,一方履行合同所约定的义务而给予对方某种利益,对方必须支付相应代价才能得到这一利益。如《法国民法典》第1106条规定:"当事人双方互相承担给付某物或做某事的义务时,此种契约为有偿契约。"有偿合同是反映交易关系的一种典型的合同,当事人之间存在着对价的交换,是商品交换最为典型的法律形式。在社会生活中,绝大多数体现交易关系的合同都是有偿的。例如买卖、租赁、承担、建设工程、培训、旅游等合同。

无偿合同是指一方给付对方某种利益,对方取得该利益时并不作出任何给付

---

① [日]稻本洋之助、中井美雄等:《民法讲义5·契约》,第15页,转引自韩世远:《合同法学》,高等教育出版社2010年版,第27页。

或所作的给付不具有对价意义的合同。无偿合同并不是反映交易关系的典型合同，虽然一方无偿地给予另一方某种利益而没有取得任何对价回报，但这一类合同亦是基于双方合意产生，因此无偿合同也是一种合同类型，并受到合同法规范。当然，无偿合同是等价有偿原则在适用中所具有的例外现象，在社会生活中还是存在不少。我国《合同法》所规定的赠与合同就是典型的无偿合同，在学理上，使用借贷合同亦为无偿合同。还有一些合同究竟为有偿合同或是无偿合同，得依合同是否约定了报酬、利息来判断，如委托、保管、消费借贷合同中，如果当事人约定应支付相应的报酬或利息，则为有偿合同，反之为无偿合同。①

有偿合同与无偿合同，和双务合同与单务合同相比较而言，它们是在对合同的全过程中经济的平衡与否加以考虑的基础上而作出的分类。两种分类并不必然一致对应，双务合同均为有偿合同，因为双务合同中，双方负有的债务具有对价关系。但有偿合同范围较之双务合同更广，有偿合同并非都是双务合同，有可能是单务合同，例如有偿的消费借贷合同。因此可以说，双务必有偿，而单务原则上为无偿，例外亦有为有偿者。反过来说，无偿必系单务，而有偿原则上为双务，例外亦有为单务者。②

(二)区分的意义

1.对价关系的确定

在有偿合同中，对价要求充分对应，而且，一方当事人在支付对价的时候有权要求对方当事人支付相应的对价，一方当事人不支付对价的，无权要求对方当事人支付相应的对价。而无偿合同不存在这一问题。所以显失公平现象主要发生在有

---

① 是否实际支付报酬或利息不影响对合同有偿与否的判断，如北京莲花物业管理有限责任公司与深圳市深开电器实业有限公司保管合同纠纷上诉案（北京市第一中级人民法〔2012〕一中民终字第 9661 号）。2011 年 6 月 11 日，驾驶人俞某发现停放在莲花物业公司管理的马连道依莲轩小区停车场中车牌号为粤××的小型越野客车发生毁坏，该车辆的所有人为深开电器公司。经查，车辆是第三人醉酒后毁坏。因深开电器公司无法提供有效的停车发票，莲花物业公司认为双方之间不能形成有偿保管合同关系。北京市第一中级人民法院认为，保管合同为实践性合同，保管物的交付是保管合同的成立要件。车辆停放人是否将车辆交付给场地提供者实际控制成为判断是否成立保管合同的关键。驾驶人在依莲轩小区门口领取计时停车卡，刷卡后驶入停车场，驶出停车场时需在小区门口刷卡，向莲花物业公司管理人员交费，且该停车场有明确的收费依据。依据上述停车模式可见，不从莲花物业公司管理人员处领取计时停车卡，车辆无法驶入，已达到实际控制的标准。当粤××小型越野客车的驾驶人领取计时停车卡时，双方达成了有偿保管合同的一致意思表示，未经莲花物业公司同意，该车辆亦无法驶出停车场，莲花物业公司已实际取得查验放行权，故深开电器公司与莲花物业公司之间形成的是有偿保管合同关系。虽然深开电器公司未能提供充分证据证明其交付了停车费，但本案中是否交纳停车费并不能改变双方已达成的有偿保管合同的意思表示。

② 郑玉波:《民法债编总论》,台湾三民书局 2004 年第 2 版,第 28 页。

偿合同中。

2.主体要求不同

订立有偿合同的当事人原则上应为完全行为能力人,限制行为能力人非经其法定代理人的同意,不能订立一些较为重大的有偿合同,但对于一些纯获利益的无偿合同,如接受赠与、劳动报酬等,限制行为能力人和无行为能力人即使未取得法定代理人的同意也可以订立该合同。但需注意的是,在负返还原物义务的无偿合同中,限制行为能力人和无行为能力人仍需取得其法定代理人的同意才能为之。

3.义务的轻重程度不同

在无偿合同中,利益的给予者一般仅承担较低的注意义务;而在有偿合同中,当事人所承担的注意义务显然较无偿合同中所承担之注意义务为重。根据风险收益相一致原则,收益的享有者有尽到合理的注意义务来防范风险的义务。在无偿合同中义务人没有从对方当事人处获得对价收益,所以法律所要求他尽到的注意义务程度相对低,仅当他存在故意或重大过失造成损失时,才要求他承担责任。而在有偿合同中,各方当事人都从对方当事人处获得了相应的对价利益,所以法律一般要求他尽到通情达理的正常人所能尽到的合理注意义务,该注意义务程度高于无偿合同中当事人的注意义务程度。

4.成立条件不同

在有偿合同中,因为双方当事人合意相互负有义务,不允许当事人轻易反悔,所以法律一般把有偿合同定位为诺成合同,即当双方诺言取得一致时,合同即成立并发生法律效力。

而在无偿合同中,因为一方当事人给付财产或者劳务,却没有获得对价,所以法律一般把无偿合同定位为实践合同,或者是有任意撤销权的诺成合同。其意义在于给无偿付出的一方以反悔权,鼓励人们实施无偿行为、助人为乐的行为。对于实践合同,当当事人交付标的物或者开始履行时,合同才成立或者生效,所以无偿合同的债务人可以在此之前通过不交付标的物或不实施履行合同的行为来行使反悔权。对于有任意撤销权的诺成合同(如赠与合同),赠与人(债务人)可以通过通知对方撤销来行使反悔权,就是说,在赠与的财产权利转移之前,赠与人可以任意撤销赠与合同,但法律有特别规定的除外。

5.法律准用的规则不同

对于有偿合同,法律无具体规定的,根据《合同法》第174条的规定,可准用买卖合同的有关规定。而对于无偿合同则不能适用这一规定。

三、有名合同与无名合同

（一）语义辨析

根据合同的名称与适用规则是否为法律所明文规定，可将合同分为有名合同与无名合同。

有名合同，又称为典型合同，是指法律上已明确规定了一定的名称及适用规则的合同。如我国《合同法》分则所规定的买卖合同，供用水、电、气、热力合同，赠与合同，借款合同，租赁合同，融资租赁合同，承揽合同，建设工程合同，运输合同，技术合同，保管合同，仓储合同，委托合同，行纪合同，居间合同，共15类；此外，《担保法》所规定的抵押合同、质押合同、保证合同、定金合同，《保险法》所规定的保险合同等都属于有名合同。对于有名合同的内容，法律通常设有一些规定，但这些规定大多为任意性规范，当事人可以自行约定，而无须严格采用法律的规定。

在合同类型自由主义的背景下，法律规定有名合同存在如下几点考虑：

第一，以任意性规定来弥补当事人自由约定的不足之处。当事人对于合同的要素（如买卖标的物及价金）必有约定，否则合同不成立，但对其他事项（如履行时间、履行地点、瑕疵担保、风险负担等），常有疏于注意的情形，法律为使合同内容臻于完善，从各种复杂的关系中，依从前的经验归纳出若干种典型合同，规定其一般的、合理的内容，作为解释合同的基准。[①] 法律上的示范可以为当事人订立合同提供参考，亦可以在当事人订立合同不尽完善时起到补充作用，从而减轻当事人订立合同的成本与负担。

第二，通过有名合同的规范，使得无名合同有准用的依据。法律就交易活动中经常发生的合同关系将之抽象化、类型化，形成有名合同。由于法律自身的缺陷，它不可能穷尽社会活动所有的合同现象，不可能对千变万化的交易现象作出一览无余的规范，所以法律仅规定了部分合同类型，其他未作规定的合同可以参照有名合同加以调整。例如，我国《合同法》第124条规定："本法分则或者其他法律没有明文规定的合同，适用本法总则的规定，并可以参照本法分则或者其他法律最相类似的规定。"这便为法律未作规定的合同提供了准用的依据。

第二，通过强制性规范对当事人之间的法律关系加以规制，从而维护当事人之间利益的平衡，保护国家、社会公共利益。法律以某些强制性规范向当事人课加一定的义务，例如《合同法》第9条规定，当事人订立合同，应当具有相应的民事权利能力和民事行为能力。这一规定一方面维护了当事人的交易安全，另一方面保护

---

① 王泽鉴：《债法原理》（第1册），中国政法大学出版社2001年版，第109页。

了未成年人等弱者的利益,由于他们在辨别能力、智力水平、意思能力等方面与成年人存在差距,所以排除他们在大多数情形下作为合同当事人的可能,从而避免对方当事人利用他们的弱势地位订立损害他们利益的合同。此外,法律亦通过强制性规范防止当事人通过自由约定而损害国家、集体或者第三人的利益。例如,《合同法》第 52 条规定了合同无效的情形,包括一方以欺诈、胁迫的手段订立合同,损害国家利益;恶意串通,损害国家、集体或者第三人利益;以合法形式掩盖非法目的;损害社会公共利益;违反法律、行政法规的强制性规定。通过对当事人约定效力的否定,法律为国家、集体或者第三人的利益提供了保障。

所谓无名合同,又称非典型合同,是指法律上尚未确定一定的名称与适用规则的合同。根据合同自由原则,合同当事人可以通过合意自由决定合同的内容,因此即使当事人订立的合同不属于有名合同的范围,只要不违背法律的禁止性规定和社会公共利益,也仍然是有效的。在现实生活中无名合同实属常态,且大量存在。一般来说,可以将无名合同归为三类:(1)纯粹无名合同,即以法律完全没有规定的事项为内容的合同,或者说,合同的内容不属于任何有名合同的事项。例如培训合同、美容整形合同等。(2)混合合同,即在一个有名合同中规定其他无名合同事项的合同,即当事人约定双方缔结属于法律所规定的某一典型契约,但一方当事人所应提出之对待给付,却属于另一典型之给付义务[①],如在买卖一件较为珍贵的收藏品时,双方约定买方以向卖方提供免费住房代替支付该出卖物的价款。(3)准混合合同,即在一个有名合同中规定其他无名合同事项的合同。例如,甲乙约定,乙出租房屋于甲,甲以给乙的儿子辅导功课的方式抵付租金。无名合同产生以后,经过一定时间的发展,其基本内容等已比较成熟,则可以上升到法律层面上,由合同法予以规范,使之成为有名合同。

(二)区分的意义

有名合同与无名合同的区分意义主要在于两者适用的法律规则不同。有名合同应当直接适用合同法的相关规定,但对于无名合同,根据《合同法》第 124 条的规定,它应适用本法总则的规定,并可以参照《合同法》分则或者其他法律最相类似的规定。详言之,首先应当考虑适用合同法的一般规则,其次,若无名合同的内容与某些有名合同相类似,则可比照类似的有名合同的规则或其他法律中与之最为类似的规定,考虑当事人的真实意思等进行处理。

---

① 王利明:《合同法研究》(第 1 卷),中国人民大学出版社 2002 年版,第 25 页。

四、诺成合同与实践合同

(一)语义辨析

根据合同成立或生效除意思表示一致外是否还要交付标的物或进行其他现实给付,可将合同分为诺成合同与实践合同。

诺成合同是指双方当事人意思表示一致即能产生法律效果的合同。这种合同的特点可概括为他诺即成。在现代法上,为便捷交易,许多合同都被定位为诺成合同。

实践合同又称要物合同、践成合同,是指除当事人双方意思表示一致以外尚需交付标的物或进行其他现实给付才能成立的合同。这类合同的特点在于,仅凭双方当事人的意思表示一致,还不能产生一定的权利义务关系,还必须有一方当事人实际交付标的物或现实给付的行为,才能使双方的合意产生法律效果。与诺成合同相比,实践合同数量较少。

诺成合同与实践合同的确定,通常应根据法律的规定及交易而定。例如根据传统民法理论,买卖租赁、雇佣承揽、委托等属于诺成合同,而使用借贷、保管、运送等属于实践合同。然而此种分类并非绝对不变。[①]

在我国,对实践合同的"要物"标准存有争议,究竟是成立要件上的"要物"还是生效要件上的"要物",我国法律处于模棱两可的状态。例如,我国《合同法》第367条规定:"保管合同交付时成立,但当事人另有约定的除外。"可见,这一实践合同是成立要件上的"要物",即以物的交付作为合同成立的要件,而《合同法》关于自然人借款合同的规定,自然人之间的借款合同于双方达成合意时成立,提供借款时生效。我国《担保法》第90条规定,定金合同从实际交付定金之日起生效。可以看出,在借款合同和担保合同这两种实践合同中,采用的是生效要件上的"要物",即以物的交付作为合同生效的要件。故有学者质疑,从某种意义上说,借款合同和担保合同可视为诺成合同。

(二)区分的意义

1.合同成立或生效的时间不同

在诺成合同中,当双方当事人意思表示一致(即双方达成合意)时,合同即告成立或生效;而在实践合同中,在当事人达成合意之后,于当事人交付标的物或履行给付行为时,合同才能成立。所以实践合同的当事人可以通过不交付标的物或者

---

① 王利明:《合同法研究》(第 1 卷),中国人民大学出版社 2002 年版,第 34 页。

Law

不履行来行使反悔权。

2.当事人义务的确定不同

在诺成合同中,交付标的物或完成其他给付,系当事人的给付义务,违反该义务便产生违约责任。在实践合同中,交付标的物或完成其他给付,不是当事人的给付义务,只是先合同义务,违反它不产生违约责任,但可能构成缔约过失责任。[①]

五、要式合同与不要式合同

(一)语义辨析

根据合同是否应以一定的形式为要件,可将合同分为要式合同与不要式合同。

要式合同是指必须根据法律规定的方式而成立或者生效的合同。要式合同通常用于一些重要的交易,法律常要求当事人必须采取特定的方式订立此类合同。例如,融资租赁合同、建设工程合同、技术开发合同等,其涉及的标的较大或法律关系较为复杂,法律要求当事人以书面形式订立。

不要式合同是指当事人订立的合同依法并不需要采取特定的形式,当事人可以采取书面形式,亦可以采取书面形式外的其他方式。除法律、行政法规有特别规定以外,合同一般均为不要式合同。因为根据合同自由原则,当事人有权选择合同形式,但这种自由不是绝对的,如果法律规定有特别的形式要件,则当事人应遵守法律的规定。

法律关于形式要件的规定是属于成立要件还是生效要件的规定呢?学界存在争议。本书认为可以根据法律的规定及合同的性质作一判断。例如《合同法》第32条规定:"当事人采用合同书形式订立合同的,自双方当事人签字或者盖章时合同成立。"可见,法律对这种合同的形式要件的规定属于成立要件而非生效要件的规定。在这种情况下,当事人未按照法律的规定采用一定的形式,则合同不能成立。但在某些特殊的情形下,法律规定的形式要件属于生效要件,当事人若违反,则已成立的合同不能生效。例如《担保法》第41条规定:"当事人以本法第四十二条规定的财产抵押的,应当办理抵押登记,抵押合同自登记之日起生效。"由此可以看出,形式上的要求被作为合同生效的要件。

需要说明的是,合同法规定书面形式的合同不等于绝对的要式合同,因为《合同法》第36条规定,"法律、行政法规规定或者当事人约定采用书面形式订立合同,当事人未采用书面形式但一方已经履行主要义务,对方接受的,该合同成立",可以说,通过一方当事人的实际履行行为,另一方当事人受领的,该行为可以免受法定

[①]　崔建远:《合同法》,法律出版社2010年第5版,第32页。

形式要件的约束,从而使该合同成立。

(二)区分的意义

要式合同与不要式合同区分的主要意义在于,判断合同成立或生效是否应以一定的形式作为要件。一些合同比较重要,法律关系亦相对复杂,法律要求当事人应比较慎重,故强制当事人采用书面形式。这样既可以提高当事人的注意程度,以谨慎的态度订立合同,从而避免或减少纠纷的产生,又可以为将来发生纠纷时举证提供便利,白纸黑字的方式更有利于辨明事实、判定责任。此外,有些合同可能涉及公共利益、社会利益等,国家行政力量需要介入,所以这些合同需要办理批准、登记手续。因此,在要式合同中,如果不符合形式要件,将会产生合同不成立、无效或其他法律效果,这在不要式合同中是不会发生的。

六、主合同与从合同

(一)语义辨析

根据合同相互间是否存在从属关系,可以将合同分为主合同与从合同。

主合同是指不需要其他合同的存在即可独立存在的合同。这种合同具有独立性,不以其他合同的存在为前提。

从合同,又可称为附属合同,是以其他合同的存在为其存在前提的合同。例如,抵押合同、质押合同、保证合同、定金合同等。从合同是相对于主合同而言的,是要依赖主合同的存在而存在的。这种合同的主要特点在于其附属性,即它不能独立存在,必须以主合同的存在并生效为前提。

(二)区分的意义

主合同与从合同区分的主要意义在于厘清它们之间的制约与依存关系。

主合同与从合同是相对而言的,没有主合同就没有从合同,没有从合同,反过来也无所谓主合同。主合同不成立,从合同就无法有效成立;主合同被宣告无效或被撤销,从合同也随之失效;主合同发生转让,从合同一般亦随之转让,从合同一般不能单独转让;主合同终止,从合同亦随之终止。尽管主合同的存在及效力对从合同的成立及效力会产生直接的影响,但主合同是独立存在的,并不依附从合同,因此从合同不成立或无效,通常不影响主合同的效力。

七、本约和预约

（一）语义辨析

根据合同之间手段与目的的关系，可以将合同分为本约与预约。

预约是指当事人之间约定将来订立一定合同的合同，又可称为预备合同。本约即为基于该预约而将来应当订立的合同，又称为本合同。预约是以订立另一个合同（本约）为内容。我国《合同法》没有规定预约，但基于合同自由原则，当事人可以自由地创设合同类型，订立预约。

预约不同于意向声明。意向声明是当事人意图订立合同的一种意向性陈述或说明。意向声明中可能会对未来合同作出具体描述，可能包括未来合同的主要条款，但声明人并没有作出明确的、肯定的预定将来订立合同的意思表示。这种声明一般不具有强制约束力，即使对方当事人对声明作出同意的意思表示，也不成立合同。而预约则为一种合同，双方当事人都要受到约束。

当事人的意思表示究竟是预约还是本约，有时很难辨别，应探求当事人的真实意思来判断。订立预约在交易上系属例外，有疑义时，宜认定为本约。另外，由于当事人为订立合同，除预约外，尚有其他方式可资采用，包括：(1)确定的要约，即订立较长的承诺期间，使相对人可以随时承诺而成立合同；(2)选择权合同，即赋予当事人可依其单方的意思表示，使一定合同发生效力的权利（形成权）；(3)订立附条件或期限合同。当事人所订的究竟属哪一种存有疑义时，应当通过解释当事人的意思及交易目的来认定。①

预约合同可否因情势变更而撤销呢？我国没有相关的规定，但可以借鉴《奥国民法》第 936 条的规定，即因情势变更致毁灭原有目的（明示的规定或依其情形可推知之目的）或一方对于他方丧失其信任时，失其拘束力。② 因为当发生情势变更时，继续订立本约将可能违背当事人缔约的初衷，或可能导致双方当事人之间获利显失公平，所以允许当事人撤销预约是符合公平正义、诚实信用原则的。

（二）区分的意义

区分预约与本约的主要意义是认清预约的特殊法律效力。

预约虽然仅使当事人负有订约义务，但本身已是一种债权合同，它对当事人产生法律上的约束力，当事人违反预约则应承担相应的法律责任。本约在预约成立

---

① 王泽鉴：《债法原理》，北京大学出版社 2013 年第 2 版，第 169 页。
② 史尚宽：《债法总论》，中国政法大学出版社 2000 年版，第 13 页。

和生效时尚未存在,所以预约效力仅使当事人负有将来按预约规定的条件订立本约的义务。如果预约的一方当事人不履行其订立本约的义务,则另一方有权请求法院强制其履行订约义务并承担违约责任。[①] 例如我国台湾地区及德国已有相关规定,在台湾地区"民法"与德国民法中,预约债务人负有订立本约的义务,权利人可诉请履行,法院应判令债务人为订立本约的意思表示,债务人不为该意思表示的,视同自判决确定时已为该意思表示。本约成立后,债权人即可享有请求给付的权利,基于诉讼经济原则,债权人可以合并请求订立本约及履行本约。[②]

八、束己合同和涉他合同

(一)语义辨析

根据缔约人订立合同是否恪守合同相对性原则,可以将合同分为束己合同和涉他合同。

束己合同是指缔约当事人通过订立合同为自己设定权利和义务,使自己能直接享有某种利益并承担某种义务。由于当事人订立合同都是为了追求一定的利益,所以在绝大多数情况下,合同当事人订立合同都是为了给自己设定权利和义务,可以说,合同大都是订约人为自己订立的合同。为订约人自己订立的合同恪守合同相对性原则,合同仅为缔约的当事人设立权利和义务,第三人不会因此享有权利或承担义务,合同的效力仅发生在缔约的当事人之间。

然而,在某些情况下,缔约当事人并非为了直接追求自身的利益,而是为增加第三人的利益或课加第三人的义务而订立合同,合同将对第三人发生法律效力,这就是所谓涉他合同。它突破了合同相对性原则,对合同当事人外的第三人发生了

---

① 虽然我国立法没有明确加以规定,但我国司法实践已认可了预约合同的效力。例如,郭志坚诉厦门福达地产投资有限公司买卖合同纠纷案(福建省厦门市中级人民法院〔2012〕厦民终字第1277号)。2007年10月5日郭志坚与厦门福达地产投资有限公司签订了一份《意向书》,约定由郭志坚向福达地产有限公司购买福达里安置房的一个车位,具体车位地点待安置房落成后再给予确定;郭志坚同意按每个车位15万元的价格向该公司购买,该款项待安置房落成确定具体位置一次性付清。"福达里"改造项目施工完毕后,郭志坚已取得所属安置房,但福达地产投资公司未与其订立车位买卖合同。福达地产投资公司提出《意向书》仅为一项意向,对方并未支付分文对价,不享有任何预约或期待权利,且《意向书》指向对象不明,根本无法履行。厦门市思明区人民法院认为,《意向书》的法律性质为预约合同,系无名合同。预约的内容是可确定的,具备合同成立及有效的要件,福达地产投资公司作为预约债务人负有订立本合同的义务,郭志坚作为权利人有权诉请该公司履行义务。依法成立的合同对双方当事人均具有约束力,当事人应当本着诚信原则,全面、勤勉地履行合同确定的义务。

② 王泽鉴:《债法原理》(第1册),中国政法大学出版社2001年版,第150页。

法律效力。它主要包括两类合同，即"为第三人利益的合同"和"由第三人履行的合同"。

为第三人利益的合同，又可称为向第三人履行的合同。在这类合同中，当事人双方约定让债务人向第三人履行义务，第三人由此取得直接请求债务人履行义务的权利。由于这类合同中的第三人仅享有权利而不承担义务，因此该第三人也常常被称为"受益人"，其法律特征表现为以下几点：

1. 第三人不是缔约当事人，他不必在合同上签字或盖章，也不需要通过其代理人参与缔约。尽管第三人不是缔约当事人，却可以依据合同，请求债务人履行义务，并接受债务人的履行。如果债务人不履行义务，第三人可以要求其承担责任。尽管第三人可以独立享受权利，但他毕竟不是合同当事人，因此他无权变更、转让合同，即使存在合同可撤销的原因，第三人也不得主张撤销合同。

2. 该合同只能给第三人设定权利，而不得为其设定义务。根据民法基本原理，未经他人同意，任何人不得给他人课加义务，擅自为第三人设定义务的合同是无效的。

3. 合同一经成立，该第三人可以拒绝接受该权利，亦可以接受该权利。法律虽然允许合同当事人为第三人设定权利，增加其利益，但合同当事人无权强迫该第三人接受该权利。第三人有自由选择的权利，他可以欣然接受，也可以不接受。第三人接受权利的意思表示，可以采用明示或默示的方式，第三人未作出明确拒绝表示的，视为接受该权利。第三人拒绝的，其拒绝表示应向合同当事人作出。此时，合同所设定的权利归为第三人利益订约的当事人自己享有。

由第三人履行的合同是指合同当事人为第三人约定了义务，第三人应向合同债权人履行该合同义务的合同。这类合同的典型例子是连环买卖合同，上游合同的买受人是下游合同的出卖人，他可以在下游合同中约定由上游合同的出卖人直接向下游合同的买受人交付买卖标的物。[①]

由第三人履行的合同具有如下法律特征：

1. 第三人不是合同的缔约当事人，不需要在合同上签字盖章，也不需要委托代理人参与缔约。

2. 该合同表面上似乎违背了民法基本原理——未经他人同意，不得擅自为他人设定义务，但实际上合同的约定并没有增加第三人的负担，合同其实是以第三人既有负担的给付作为标的的，而不是毫无依据地向第三人课加义务，施加负担。

3. 合同的约定对第三人没有绝对的约束力，第三人可以拒绝这一义务的课加，也可以接受这一义务的负担。第三人拒绝的，履行合同的义务由合同债务人承担。

---

① 韩世远：《合同法总论》，法律出版社 2004 年版，第 74 页。

（二）区分的意义

束己合同与涉他合同的区分体现了这两类合同所追求的目的的相异，前者是为了通过自己义务的履行而实现自身的利益，后者则是为第三人设定了权利或义务，增加他人收益或课加他人义务。这两类合同的区别亦表明了合同效力范围的差异。束己合同严格遵守合同相对性原则，涉他合同则大胆突破了这一限制，但是由于第三人并非为合同当事人，所以在发生违约时，我国合同法仍然要求债务人向债权人承担违约责任，债务人与第三人之间的关系则另行处理。

九、格式合同与非格式合同

（一）语义辨析

格式合同是指由一方当事人事先拟定合同的内容而对方当事人并无参与协商的合同，又可称为标准合同。例如，铁路、航空运输合同，保险合同等。格式条款是格式合同的基础。所谓的格式条款，依《合同法》第 39 条第 2 款规定，是指当事人为了重复使用而预先拟定，并在订立合同时未与对方协商的条款。格式条款的运用，可以免除当事人就同类问题进行重复的商讨，可以避免烦琐的程序，降低交易成本。格式合同并非完全由格式条款所构成，其中也可能包含非格式条款，比如保险合同中的保险金额、保险费率等空白条款，需要根据投保人和被保险人的具体情况来填写。非格式合同是当事人自由协商一致的合同，而没有采用事先拟定的固定条款。

（二）区分的意义

格式合同与非格式合同区分的主要意义是，由于格式合同排除了一方当事人参与协商的可能，所以法律对格式合同规定了一些特殊的规则，从而加强对格式条款相对人的保护，平衡双方的利益。在非格式合同中，其内容是由当事人双方协商确定的，当事人基于各自的利益考虑在自由协商过程中充分斗智，所签订的合同一般使双方当事人利益都得到很好的满足，合法有效的合同符合了等价有偿、自愿平等的原则，所以法律通常无须再作出特别的规定。而格式合同则不同，它是由一方当事人事先拟定好的，自然排除了一方当事人参与协商的机会，而且格式合同的拟定者一般是实力较为强大的经济主体，正因为如此，法律通常要对格式合同的相关问题作出特别规定，目的在于尽可能在公平的前提下，使处于弱势的相对人的利益得到切实保障。我国现行《合同法》第 39 条、第 40 条和第 41 条都对格式合同的问题作出了专门的规定。

十、一时性合同与继续性合同

(一)语义辨析

根据合同给付义务的内容及其范围是否受到时间因素的影响,可以将合同分为一时性合同和继续性合同。

一时性给付合同,又可称为一次给付合同,是指当事人依合同的约定,一次给付即可完成履行的合同。在有偿合同中,若呈对价关系的两项给付分别一次完成,即使两项给付在时间上可有距离,也仍可为最典型的一次性给付。

继续性合同,又可称为持续给付合同,是指当事人依合同的约定,在一定期间数次给付或给付不间断的合同。在此类合同中,时间要素在债的履行上起着十分重要的作用,给付时间的长度决定着总给付的内容。比如,在房屋租赁合同中,出租方提供住房,承租方支付租金,债的内容随时间的经过而增加,则是给付不间断的合同。应注意此类合同与分期给付合同的区别,分期交货合同属于分数次给付的合同,它仍可被看作一时性合同,因为合同的总给付是自始确定的,虽然采用分期交付的方式,但时间因素对债的内容及范围并没有产生影响。

(二)区分的意义

1.合同的履行

原则上,在一时性合同中,合同债务一经履行,债权债务关系就归于消灭。而在继续性合同中,在合同履行期限内,履行行为呈现持续状态,债权债务关系不会因一次履行而消灭,而且由于这种履行的时间性,使得双方当事人之间的信任关系较为重要。

2.合同无效或被撤销

对于一时性合同而言,合同被宣告无效或被撤销产生溯及既往的效力,根据《合同法》第58条的规定,合同无效或被撤销后,因该合同取得的财产应当予以返还;不能返还或者没有必要返还的,应当折价补偿。而对于继续性合同,虽然《合同法》第58条的规定并没有排斥对继续性合同的适用,但有的学者认为:"就一时性合同而言,其无效或撤销具有溯及力,即根据需要,在当事人已为给付时,应予返还。但连续给付的合同无效或撤销则一般不具有溯及力。例如,雇佣合同无效或撤销后,雇主不可能要求已提供劳务的雇员返还其已领的工资;同样,在房屋租赁合同无效或撤销后,出租人不可能向使用其房屋的承租人返还已交付的租金。"[①]

――――――――――――

[①]　尹田:《法国现代合同法》,法律出版社1995年版,第11页。

简言之,就继续性合同而言,应当限制无效或被撤销的溯及力,无效或撤销的主张仅向将来发生效力,过去已经产生的法律关系不因此受到影响。

3.合同解除

根据《合同法》第 97 条的规定,"合同解除后,尚未履行的,终止履行;已经履行的,根据履行情况和合同性质,当事人可以要求恢复原状、采取其他补救措施,并有权要求赔偿损失",其中的"根据合同性质"包括对合同是一时性合同还是继续性合同的考查。一时性合同,如果被解除,可以恢复原状,故一般溯及既往地发生解除效力。而继续性合同被解除,或无法恢复原状,或不宜恢复原状,所以原则上不具有溯及力,已为的给付应当保持。解除仅向将来发生法律效力,过去的合同关系不受影响。

第三节　合同的内容与形式

一、合同的内容

合同的内容,可以从两方面理解:一是从民事法律关系方面来说,合同内容是指合同当事人享有的权利和承担的义务。[①] 即合同当事人根据法律规定和合同约定所设定的权利义务关系,简称合同权利和合同义务。二是从内在结构来说,合同的内容是指合同的各项条款。合同的条款是合同内容的固定化和体现,是确定合同当事人权利义务的凭据,若合同的条款存在含糊不清、自相矛盾的情形,则将会影响当事人法律关系的确定。本书主要介绍作为条款的合同内容。

(一)合同条款的特点

从合同条款的角度看,合同的内容具有以下几个特点:

1.合同的内容是当事人通过协商,经过缔约程序就合同条款达成一致的意思表示而形成的。当事人没有形成合意,或没有将设立民事权利和义务的内在意思表示出来,都不可能构成合同的条款。

2.合同内容是由要素、常素、偶素构成的。要素是合同所必须具备的条款。史尚宽先生认为,要素谓为该有名契约所必具之成分。因有关于其要素之意思一致,始得为该种之契约。[②] 常素是指行为人从事某种法律行为通常所应有的、内容完

[①] 孔祥俊:《合同法教程》,中国人民公安大学出版社 1999 年版,第 49 页。
[②] 史尚宽:《债法总论》,中国政法大学出版社 2000 年版,第 15 页。

全等同的意思要素。① 也就是说,常素是根据交易惯例、常识等判断某一类合同应具备的条款,对于此类条款,如果当事人未明确予以排除,则通过法律推定它可进入合同之中。偶素是指依合同的性质并非应当具备的要素,而是由于当事人的特别约定而纳入合同中。

3. 合同条款需要通过语言文字等符号予以表现,所以合同内容难免会发生模糊或欠缺,这时可以通过合同解释的规则予以弥补。由于当事人在订立合同时所使用文字或语言的含义可能较模糊,或未能准确地表示出当事人的意图,或存在多义现象,这将影响到当事人具体权利义务的确定以及当事人期待目的的实现,所以,可以通过合同解释来明确当事人之间的权利义务关系,从而避免或减少因合同内容不明确而引发的纠纷。

(二)《合同法》规定的合同条款

《合同法》第 12 条规定了如下一些条款,为缔约人订立合同提供参考,使缔约人能够较快捷、较完整地订立相关合同。这些条款只是提示性的或建议性的,而非都是合同必须具备的条款。

1. 当事人的名称或者姓名和住所。当事人是合同权利的享有者和合同义务的承受者,没有明确当事人,则合同的权利义务的规定相当于一纸空文,更无从谈起合同的履行。因此,订立合同首先必须具有当事人这一条款。依据债的性质,合同的当事人不可能是泛化的主体,他由其名称或姓名及住所加以特定化。所以,在订立具体合同条款时应当写清当事人的名称或姓名和住所。

2. 标的。标的是合同权利义务所指向的对象。合同标的的规定指明当事人订立合同的目的,若没有规定合同标的则该合同就会失去意义,标的是一切合同的主要条款。标的条款必须清楚地写明标的名称,以便将标的特定化,否则当事人将无法履行。

3. 质量和数量。标的的质量和数量是用以确定合同标的的具体条件,是该标的区别于同类其他标的的表征。标的的质量表明当事人对标的的质的要求,它应具体详细,如标的应达到的质量标准、技术指标、标的的具体规格等。标的的数量是当事人对标的的量的需求,它也应明确,其计量单位可选择国际或国家规定的标准,也可选择当事人双方共同认可的标准,并应同时确定其具体内涵。在大多数情形下,该数量要求并非十分精确地限定,允许存在合理的磅差或尾差。

4. 价款或酬金。价款或酬金是有偿合同的主要条款。价款是针对取得标的物而言的,即取得标的物所应支付的代价,酬金是针对服务而言的,即获得服务所应支付的代价。价款通常指标的物本身的价款,由于取得标的物而支付的其他费用,如运输费、保管费、关税等,由当事人明确约定应由谁负担。当事人如果没有约定

---

① 　王利明:《合同法研究》(第 1 卷),中国人民大学出版社 2002 年版,第 350 页。

价款或酬金,并不影响合同的成立,可以通过合同法的规定予以弥补。

5.履行的期限。履行期限是对当事人履行合同时间的规定,它直接关系到合同义务何时完成,涉及当事人的期限利益。履行期限可以是即时履行,也可以是将来某一具体时间的定时履行,还可以是在一定期限内一次性或是分批分期履行。如果为分期履行,应当写明每期履行的准确时间。当事人没有约定履行期限的,不会影响到合同的成立,当事人亦可以通过合同法的规定来补充。

6.履行地点和方式。履行地点往往是确定验收地点的依据,也是确定运费由谁负担、风险由谁承担的依据,还是确定标的物所有权是否发生移转的依据。在涉外合同纠纷中,它也是确定法律适用的依据之一。因此履行地点在合同中显得十分重要。但对于大多数合同来说,它并非主要条款,当事人没有约定的,亦可以通过有关方式加以推定,合同即使欠缺该条款也不影响成立。

7.违约责任。违约责任是指当事人未按合同约定履行义务而应承担的责任。责任的课加可以促使当事人履行债务,减少或弥补非违约方遭受的损失,它与当事人的利益关系密切,当事人可以在合同中予以明确约定。然违约责任毕竟是一种法律责任,法律不会对当事人的违约行为视而不见,所以即使合同未作约定或约定不全,只要不属于法定免责事由,违约方就应当承担相应的违约责任。

8.解决争议的方法。解决争议的方法是指对于将来可能发生的合同纠纷,通过何种方式予以解决的方法。包括在发生争议时,运用诉讼方式还是仲裁方式,如何选择管辖的法院,适用何种法律,选择哪家鉴定机构等。

(三)合同条款的分类

1.合同的必备条款和非必备条款

合同的必备条款,有的学者亦称主要条款,是指根据法律规定、合同性质或当事人的约定所必须具备的条款,欠缺它,合同就无法成立。它对确定当事人各方权利义务的质与量起着相当重要的作用。我国《合同法》第12条所规定的合同条款,并非对于所有合同都是必备条款。一般说来,尽管每一个具体合同的必备条款可能有所差异,但是以下这些合同条款是大多数合同所必备的:(1)标的;(2)数量和质量;(3)价款或者酬金;(4)履行的期限、地点和方式。

合同的主要条款可以是法律直接规定的,当法律直接规定某种特定合同应当具备某些条款时,这些条款就是主要条款。如我国《合同法》第197条规定,借款合同应有借款币种的条款,则这一条款即为借款合同的必备条款。合同的主要条款可以由合同的类型和性质决定,例如有偿合同,依其性质价款或者酬金条款则为合同的主要条款。合同的主要条款也可以由当事人约定产生,因为合同是当事人意思表示一致的产物,所以当事人有权决定哪些条款作为合同的必备条款。

合同的非必备条款,有的学者亦称普通条款,是指合同必备条款以外的其他条款。它包括以下类型:

（1）法律未直接规定，且非合同的性质所要求必须具备的，且当事人无意使之成为必备内容的合同条款。

（2）当事人没有在合同中规定，但基于当事人的行为，或合同的明示条款，或法律的规定，本应存在的合同条款。它可以分为以下几个种类：其一，该条款对于实现合同的目的及发挥合同的作用是必不可少的，只有推定其存在，合同才能顺利地实现其目的。其二，根据公认的商业习惯或交易规则，该条款必然蕴涵于该合同之中。其三，合同当事人以往的交易惯有规则默认了这一条款。

当事人常有意将某些合同条款留待以后根据具体情况加以谈判商定，或由第三人加以确定，因为现实生活的情况是复杂多变的，当事人为将来的变化留有余地，特意在合同中预留这样的空间。

2.合同的明示条款和默示条款

合同的明示条款是指当事人以口头或书面等方式明确约定的条款。明示条款通常是以书面形式表现出来的，当事人在书面合同中所明确约定的条款都属于此类条款。当然，当事人也可以通过口头方式确定合同内容，形成明示条款，但当事人得承担发生争议时的举证责任。需要注意的是，明示条款并非没有争议的条款，它只是当事人明确约定的条款，即使当事人存在争议也不影响该条款性质的确定。

合同的默示条款是当事人没有明示规定，但根据法律规定或交易习惯或法院推定，合同应当包括的条款。默示条款根据不同的标准可以分为三类：一为根据法律规定的默示条款。法律对合同当事人的权利义务作出规定，该规定将自动进入合同并成为合同的一部分，除非当事人在合同中有相反的约定。二为交易习惯所产生的默示条款。三为法院所推定的默示条款。法院可以根据具体情况推测出当事人所未明确表示出来的意图，由该意图而推导出合同本应包括的条款。

二、合同的形式

合同的形式，又称合同的方式，是当事人内心合意表现于外部的形式，是合同内容的外部表现和载体。

就我国现行立法的规定而言，合同的形式存在广义和狭义的两种概念。广义的合同形式概念，是指包括订立合同的方式以及缔结合同的特殊要件。订立合同的方式包括口头、书面或其他方式。缔结合同的特殊要件，如根据《合同法》第44条的规定，"依法成立的合同，自成立时生效。法律、行政法规规定应当办理批准、登记等手续生效的，依照其规定"，可见，批准、登记等手续即为缔结合同的特殊要件。狭义的合同形式概念仅指订立合同的方式，即合同内容的外在表现形式。此为本书介绍的重点。

根据我国《民法通则》第56条"民事法律行为可以采取书面形式、口头形式或者其他形式。法律规定用特定形式的，应当依照法律规定"及《合同法》第10条"当事人订立合同,有书面形式、口头形式和其他形式。法律、法规规定采用书面形式的,应当采用书面形式。当事人约定采用书面形式的,应当采用书面形式"的规定,狭义的合同形式可以分为口头形式、书面形式和其他形式。

(一)口头形式

它是指当事人以语言对话进行意思表示订立合同的方式。口头方式包括电话交谈、面对面谈判等。法律没有强制当事人应采用书面形式或其他特定形式的合同的,当事人可选择口头形式。

采用口头形式的合同是一种不要式的法律行为,具有简便迅速的优点,其交易成本很低,日常生活中一些简单即时清结的交易常采用这一方式。但同时由于缺乏客观记载,一旦发生纠纷,日后不易取证,因此那些数额较大、内容比较繁多或不能即时清结的交易一般不采用这一方式。

在实践中,处理口头合同时应注意以下几个问题:

1.以口头形式订立的合同,当事人一方已经履行了全部或主要义务,另一方已经接受了履行,应当确认合同成立。因为这可以视为当事人以行为的方式订立了合同,一方当事人实施了履行行为且另一方当事人接受了该履行,表明当事人就此达成合意。该规则已为《合同法》第 36 条所承认。

2.合同采用口头的形式并不意味着不存在其他凭证。如双方当事人可以用录音或录像的方式记录下双方之间的交易过程。再如,人们到商店购物,有时也会要求商店开具发票或其他购物凭证,但这类文字材料只能视为合同成立的证明,不能作为合同成立的要件。①

3.当事人对合同关系的存在不存在异议,但对合同的内容发生争议时,得依情况而定。如果当事人对合同的大多数重要条款没有异议,仅对其他次要条款有争议,可以根据法律规定的方式予以填补漏洞。但如果当事人对合同的大多数重要条款存有大量争议,则不能认定合同已经成立。

(二)书面形式

书面形式是指当事人通过文字表现合同内容的合同形式。在当前社会,随着科技的迅猛发展,文字的物质载体不限于纸张,还包括数据电文等多种多样的形式。书面形式的优势在于,它可以促使当事人深思熟虑后小实施法律行为,将当事人的合意定型化和明确化,并保存于可见可查的载体,便于当事人日后举证,有助于预防和处理争议。常见的书面形式有以下几种:

---

① 　崔建远:《合同法》,法律出版社 2003 年第 3 版,第 66 页。

1.合同书

合同书是指当事人达成合意的纸面文书。其格式可以采取表格形式等事先已拟定好的格式,也可以由当事人自己拟定合同书的结构。

2.信件

信件是指合同当事人以传统的纸张为介质,就合同的内容进行往来协商的记载合同内容的信函。[①] 它通常运用于相隔较远的当事人之间,他们通过往返的信件协商方式而订立合同。它不同于本书下文将要提到的电子邮件,后者是通过电脑网络的媒介来传递信件。

3.数据电文

(1)电子数据交换(EDI,即 Electronic Data Interchange),又可称为"电子资料连通",是一种在企业之间传输订单、发票等商业文件进行贸易的电子化手段。它通过计算机系统和通信网络,采用国际公认的标准格式,完成与某一贸易活动有关企业和有关部门之间的数据交换和处理,从而进行以贸易为中心的活动的全部过程。

EDI 的应用可以减少甚至取消贸易过程中的纸面单证,因此被称为"无纸贸易"。以传统的买卖活动为例,[②] 按照传统的方式是由买方向卖方发出使用订单,卖方按照订单发货,买方收到货物及发货票后开出支票给卖方,卖方到银行兑现。如果采用电子数据交换系统的话,则计算机就将按照预先设置的程序自动处理该订单,检查订单是否符合要求;通知安排生产;向供应商订购零配件;向运输部门预订集装箱;向保险部门申请保险单等,使整个交易过程在最短时间内准确完成。在这样的商业流程之中,不同的部门之间所传递的是一级电子数据,因此国际标准化组织将其描述为:"将贸易或者行政事务按照一个公认的标准形成结构化的事务处理或信息数据格式,从计算机到计算机的电子传输。"

EDI 可以缩短交易的时间,提高交易的效率,但其安全性是应用 EDI 过程中面临的主要问题,例如如何对电子数据进行保护,如何运用"电子签名"等等都有待理论的深入和立法的完善。

(2)电子邮件(E-mail)是通过互联网系统来传递信息的一种方式。电子信箱系统中传递的信件与传统的信件不同,它的介质是电磁讯号,其内容可以是各种电子文本格式的文本文件、数据文件以及传真、语音和图像文件等。[③]

4.其他可以有形地表现所载内容的形式

法律留了一个口袋条款,为现实生活中存在的纷繁复杂的书面形式或随社会发展将会出现的新方式之运用提供了灵活的空间。

---

① 陈小君:《合同法》,高等教育出版社 2003 年版,第 70 页。

② 陈小君:《合同法》,高等教育出版社 2003 年版,第 71 页。

③ 胡康生:《中华人民共和国合同法释义》,法律出版社 1999 年版,第 20 页。

（三）其他形式

1.推定形式

推定形式是指当事人通过一定有目的的积极行为将其内在意思表现于外部，他人可以通过基本常识、交易习惯或相互间的默契，推知当事人已作某种意思表示，从而使合同成立。如房屋租期届满后，承租人并没有搬出该房屋而是继续居住并交纳房租，出租人接受之，由此可推定双方当事人之间存在延长租期的合意。

2.沉默形式

沉默形式是指既无语言表示又无行为表示的消极行为，只有法律有特别规定或当事人有特殊约定的情况下，才可将当事人的沉默视为一种意思表示，从而使合同成立。通常情况下，内部意思表达于外部需要借助积极的表示行为，单纯沉默不是表示行为，不构成意思表示，不能成立合同。所以只有法律作出特别规定或当事人作出特殊约定的情形下，当事人的消极行为才被赋予一定的表示意义，并发生缔结合同的法律效果。

第五章 合同的订立及成立

【引 例】

甲商场向乙企业发出采购100台电冰箱的要约,乙于5月1日寄出承诺信件,5月8日信件寄至甲商场,适逢其总经理外出。5月9日总经理知悉了该信内容,遂于5月10日电传告知乙收到承诺。请问承诺何时生效?

第一节 合同的订立

一、合同的订立及成立概述

缔约当事人就合同的主要内容达成合意时,合同成立。合同的成立意味着各方当事人的意思表示一致。合同的订立是当事人谋求合意的过程,即合同成立的过程。合同成立与订立不同。合同订立,侧重讲的是订约的过程,强调的是要约和承诺的阶段。订立合同所追求的目标,就是成立合同,合同成立是订立合同的结果。当然,有订立行为,不一定就能导致合同的成立。

合同的成立一般必须具备如下条件:

(一)存在双方或多方缔约当事人

合同是一种双方或多方的法律行为,它必须具有双方当事人,若只有一方当事人则根本无法成立合同。某一民事主体不能与自己订立合同,也不能委托他人与自己订立合同。合同必须存在着两个或两个以上利益不同的缔约主体。作为缔约当事人,他既可以是自然人,也可以是法人和其他组织。

(二)缔约当事人就合同的基本内容或者说是主要条款达成合意

当事人必须对足以确定合同性质及当事人基本权利义务关系的条款达成一致意思表示,但无须当事人对合同的全部条款都形成合意。根据《合同法》第12条第1款的规定,合同条款一般包括当事人的名称或姓名和住所,合同标的,数量,质量,价款或者报酬,履行期限、地点和方式,违约责任,解决争议的方法等。该条规定使用了"一般包括"而不是"必须包括",表明上述条款并非合同成立所必备的主要条款。比如在上述条款中,解决争议的方法并不妨碍合同目的的实现,与合同成立与否没有关系。另外,根据《合同法》第 61 条、第 62 条之规定,当事人就质量、价款或者报酬、履行期限、地点和方式、履行费用等内容没有约定或者约定不明确的,可以协议补充,不能达成补充协议的,按照合同有关条款或者交易习惯确定,不能确定的按照第 62 条所提供的标准履行,不影响合同的成立和生效。最高人民法院《关于适用〈合同法〉若干问题的解释(二)》(以下简称《合同法解释二》)第 1 条第 1 款进一步规定:"当事人对合同是否成立存在争议,人民法院能够确定当事人名称或者姓名、标的和数量的,一般应当认定合同成立。但法律另有规定或者当事人另有约定的除外。"所以除非法律另有规定或当事人另有约定,一般说来仅当事人的名称或者姓名、标的和数量条款,为主要条款。

(三)合同的成立一般要经过要约和承诺阶段

《合同法》第 13 条规定,"当事人订立合同,采取要约、承诺方式"。要约和承诺是合同订立的基本过程,一般而言也是合同成立必经的两个阶段。它有助于判断当事人是否达成了合意,合同是否成立。对于是否应当保留对要约、承诺的分析,英美法上曾有过争议,但至今,在通常情形下,对有效要约和对此要约的有效承诺进行辨析仍被认为是很有必要的。[①]

以上只是合同的一般成立要件。由于合同的性质和类型的不同,一些合同的成立还须具备特殊的成立要件。合同的特殊成立要件是指根据法律的规定或当事人的约定,合同成立所应特别具备的要件。例如,在实践合同中,法律要求当事人交付标的物或完成其他给付时,合同才成立,所以交付标的物或完成其他给付行为构成实践合同的特殊成立要件。

二、要约

(一)要约的概念及构成要件

要约(offer),又叫称为发盘、出盘、发价或报价等,是指一方当事人向对方当事人作出的、希望与之缔结合同的意思表示。发出要约的人称为要约人,接受要约的人则称为受要约人、相对人或承诺人。要约是订立合同过程中的首要环节或者

---

① Marnah Suff, *Essential Contract Law*, second edition, Wuhan University Press, 2004, pp. 1～2.

说是始发阶段,没有要约就没有之后的协商开展,也就不存在承诺,合同也就无从产生。

一项有效的要约应具备以下四个要件:

1. 要约是由具有订约能力的特定人作出的意思表示。要约的提出旨在向对方表示他愿意与之订立合同,并唤起相对人的承诺,所以要约人必须是订立合同的一方当事人。这里特定人是指要约人是具体的人且应能为外界所确定。要约人还应当具有相当的缔约能力,无行为能力人或依法不能独立实施某种行为的限制行为能力人所作出的欲与他人签订合同的意思表示,不能产生要约的法律效力,其要约行为须通过其代理人进行。

2. 要约必须向欲与之缔结合同的受要约人发出。要约人向谁发出要约也就表明他希望与谁订立合同,要约人只有向这样的人发出要约才可能取得相对人的承诺。因此,要约必须针对受要约人发出,并且按照通常情况,要约人可以期待其要约能够到达受要约人。① 受要约人原则上也应是一个或数个特定人。

但这并不意味着要严格禁止要约向不特定人发出。比如正在工作的自动售货机,它所针对的购买者是不特定的;在自选超市中,已标价由消费者自取的陈列商品也是针对不特定当事人发出的要约。另外,《合同法》第 15 条第 2 款"商业广告的内容符合要约规定的,视为要约"也表明向不特定人发出的商品广告也可构成要约。2003 年最高人民法院《关于审理商品房买卖合同纠纷案件适用法律若干问题的解释》对于商品房的销售广告和宣传资料亦作了类似规定。在下列两种情形下受要约人可以是不特定的,其一,法律明确规定在某些特定情况下向不特定的人发出订约的意思表示具有要约的效力,如我国台湾地区"民法"中悬赏广告被明确规定为要约。其二,本着合同自由原则,法律亦允许要约人表明他意图向不特定人发出要约,并自愿承担由此产生的后果。但是向不特定人发出要约,亦有一定的限制,必须符合两个要件:(1)当事人必须明确、不含糊地表示其作出的建议是一项要约而非要约邀请;(2)必须能够承担向多人发出要约的责任,尤其是要约人向不特定人发出要约后,应当保证其有能力在合同成立以后,向不特定的受要约人履行合同。而在英国合同法中,它是允许要约向全世界人作出,确立这一原则的经典判例是 1893 年的 Carlill v. Carbolic Smoke Ball Company 案。②

3. 要约必须具有订立合同的意图。这是作为要约的关键。要约人发出要约的

---

① Hans Brox/Wolf-Dietrich Walker,Allgemeiner Teil des BGB,32. Aufl. ,Carl Heymanns Verlag,2008,Rn. 143. 假如甲无意中告知乙自己想和丙达成某项交易,而为丙所获知。即便甲的意思表示完全具备要约所应具备的内容,丙对此做出的承诺表示也并不具备法律意义。因为甲的意思表示并非向丙作出,不构成要约。

② Marnah Suff, *Essential Contract Law*, second edition, Wuhan University Press, 2004, p. 3.

Law

目的是和他人缔结合同,所以在要约中必须表明要约经受要约人承诺,要约人即受该意思表示拘束。由于要约具有订约意图,这就意味着要约人愿意接受承诺的后果,故受要约人一经承诺,合同即告成立,要约人要受到拘束,不得再撤销要约。

4.要约的内容必须具体确定。根据我国《合同法》第14条的规定,要约的内容必须具体确定。所谓"具体",是指要约的内容必须具有足以使合同成立的主要条款,即当事人的名称或者姓名、标的和数量条款。如果不能包含合同的主要条款,承诺人无法全面了解缔约的内容,无法作出承诺,即使作出承诺,也会因为该合意不具备合同的主要条款而使合同无法成立。所谓"确定",是指要约的内容必须清楚地表示出当事人的意图,而不能含糊不清、模棱两可,否则受要约人不能琢磨出要约人的真实意图,无法承诺。

具备上述四个要件的要约,才为一个有效的要约,并产生应有的拘束力。

(二)要约邀请与要约的区别

1.要约邀请的概念

要约邀请,又可称为要约引诱,根据《合同法》第15条的规定,它是指希望他人向自己发出要约的意思表示。也就是说,要约邀请是当事人订立合同的前期准备行为,在发出要约邀请时,当事人仍处于订约的准备阶段。要约邀请只是引诱他人发出要约,相对人即使作出承诺也不能成立合同。发出要约邀请之后,要约邀请人撤回其邀请,只要没有给善意相对人造成信赖利益的损失,要约邀请人一般不承担法律责任。[①]

2.要约和要约邀请的区别

两者具体可以根据以下方式进行区分:[②]

(1)依法律规定作出区分。法律如果明确规定了某种行为为要约或要约邀请,即应按照法律的规定作出区分。例如,根据《合同法》第15条的规定,即"要约邀请是希望他人向自己发出要约的意思表示。寄送的价目表、拍卖公告、招标广告、招股说明书、商业广告等为要约邀请。商业广告的内容符合要约规定的,视为要约"。由此可见,寄送的价目表、拍卖公告、招标广告、招股说明书、一般商业广告都属于要约邀请。

另外,挂牌出让公告与拍卖公告、招标公告相同,一般刊登在报纸之上,亦是向不特定主体发出的以吸引或邀请相对方发出要约为目的的意思表示,其实质是希

---

① 要约邀请人撤回其邀请,造成善意相对人在缔约阶段发生信赖利益的损失,应对善意相对人的实际损失承担缔约过失责任。参见《时间房地产建设集团有限公司诉浙江省玉环县国土资源局土地使用权出让合同纠纷案》,载《最高人民法院公报》2005年第5期。

② 王利明:《合同法研究》(第1卷),中国人民大学出版社2002年版,第213~216页。

望竞买人提出价格条款,其性质亦应认定为要约邀请。[①] (2)根据当事人的意愿来作出区分。此处所说的当事人的意愿,是指根据当事人已经表达出来的意思来确定当事人对其实施的行为主观上认为是要约还是要约邀请。由于要约旨在订立合同,因此,要约中应包含明确的订约意图。而要约邀请人只是希望对方向自己提出订约的意思表示,所以,在要约邀请中订约的意图并不是很明确的。如,当事人在订约的建议中标明"仅供参考",其订约建议则只是要约邀请。

(3)根据订约提议的内容是否包含了合同的主要条款来确定该提议是要约邀请还是要约。要约的内容中应当包含合同的主要条款,这样才能因承诺人的承诺而成立合同。而要约邀请只是希望对方当事人提出要约,因此,它不必包含合同的主要条款。但是仅仅以是否包含合同的主要条款来作出区分是不够的。即使表意人提出了未来合同的主要条款,如果他在提议中声明不受要约的拘束,或提出需要进一步协商,或提出需要最后确认等,也都将难以确定他具有明确的订约意图,因此不能认为该提议是要约。

(4)根据交易的习惯即当事人历来的交易做法来区分。交易习惯常常可能体现订约当事人的意愿,因此可以用于区别要约和要约邀请。例如,出租车司机将出租车停在路边招揽顾客,如果根据当地的规定和习惯,出租车可以拒载,则此种招揽是邀请;如果不能拒载,则认为是要约。

(5)从是否具有拘束力角度来区分。要约人有受要约表示内容约束的意思,当相对人作出承诺时,合同即告成立,要约人反悔的,则构成违约;要约邀请人并无使自己受要约邀请内容约束的意图,相对人作出的意思表示仅为要约,此时要约邀请人处于承诺人地位,他有权决定是否要缔结此合同。

要注意的是,在区分要约和要约邀请时,不宜仅仅考虑一种因素,有时由于情况的复杂性或综合性,需要全面考察各种因素来区分要约与要约邀请。

(三)要约的法律效力

1.要约对要约人的拘束力

要约对要约人的拘束力,也可称为要约的形式拘束力,实质是法律对要约人课加的义务。详言之,要约一经生效,要约人即受到要约的拘束,不得任意撤销或对要约加以限制、变更和扩张。法律之所以要求要约人负有此等义务,是为了保护受要约人的利益,保护受要约人与要约人之间的信赖关系,维护交易安全。例如我国《合同法》第18条规定虽然允许要约人撤销要约,但第19条对此作出了限制,"有下列情形之一的,要约不得撤销:(1)要约人确定了承诺期限或者以其他形式明示要约不可撤销;(2)受要约人有理由认为要约是不可撤销的,并已经为履行合同作

[①] 参见《时间房地产建设集团有限公司诉浙江省玉环县国土资源局土地使用权出让合同纠纷案》,载《最高人民法院公报》2005年第5期。

了准备工作"。

2.要约对受要约人的拘束力

它也可称为承诺适格,是指在要约发生效力时,受要约人取得依其承诺而成立合同的法律地位。一旦要约人向受要约人发出要约并发生法律效力,就必须给予受要约人承诺的权利,一旦受要约人作出承诺,要约人必须受到约束。因此,与其说是对受要约人的拘束力,不如说是对要约人的拘束力。它具体表现在以下三点:

(1)要约生效以后,只有受要约人才有权对要约人作出承诺,因为要约人选择了特定的相对人,确定了特定的受要约人,只有受要约人才有资格对要约人作出有效的承诺。如果第三人代替受要约人作出承诺,此种承诺只能视为对要约人发出的要约,而不具有承诺的效力。

(2)受要约人无权转让其作出承诺的权利。因为该权利是一种资格,它不能作为承诺的标的,也不能由受要约人随意转让,否则他人作出的承诺对要约人不产生效力。当然,如果要约人在要约中明确允许受要约人有权转让其承诺权,或者受要约人在取得要约人的同意后转让承诺权,则此种转让是有效的。

(3)承诺权是受要约人享有的权利,受要约人可以自行决定是否行使这项权利,这就是说受要约人可以接受该要约也可以拒绝该要约。承诺人在收到要约以后并不负有承诺的义务,即使要约人在要约中明确规定承诺人不作出承诺通知即为承诺,此种规定对受要约人也不产生效力。但如果受要约人按照法律规定或一般商业惯例负有承诺义务或通知义务,则受要约人应为承诺或予以通知。如有的国家法律规定,医生对病人请求治疗的要约,无正当理由的,不得拒绝承诺;有正当理由的,如该医院的医疗设施不能满足病人的要求,医生应及时通知该病人。再如,经常有业务往来并且订有预约的商人依照商业惯例,无论哪一方提出要约,对方承诺与否均应通知要约人,怠于通知的,则其默示行为将视为承诺。

（四）要约生效和存续的时间

要约的生效时间是指要约发生法律效力的时间。要约的形式不同,要约的生效时间亦有所不同。口头要约自相对人了解要约时方能发生法律效力,如果存在客观理解障碍,要约人未以合理方法予以排除的,要约便不能发生法律效力。对于书面要约的生效时间,学说上有两种主流观点:发信主义和到达主义。英美法系国家主要采取发信主义,即要约人将要约置于自己控制范围之外时,要约即告生效,如要约电报、电传、传真的发出等。大陆法系国家大多采用到达主义,到达主义又可称为受信主义,即要约必须于到达受要约人可控制范围内之时,才发生法律效力。我国也采纳了到达主义,《合同法》第 16 条第 1 款规定:"要约到达受要约人时生效。采用数据电文形式订立合同,收件人指定特定系统接受数据电文的,该数据电文进入该特定系统的时间,视为到达时间;未指定特定系统的,该数据电文进入收件人的任何系统的首次时间,视为到达时间。"值得一提的是,送达并不意味着一定要实际交送到受要约人及其代理人手中,只要送达到受要约人所能够控制的地方(如公司的传达室、受要约人的信箱等)即为到达。

要约的存续期间是指要约可在多长时间内发生法律效力。关于要约的期限问题完全由要约人决定,如果要约人没有确定,则只能以要约的具体情况来确定合理期限。

具体来说,如果要约没有明确规定该要约的存续期限,则应区分如下两种情况:(1)以口头形式发出的要约。如果要约中没规定承诺期限,那么受要约人应立即作出承诺,这样才能对要约人产生拘束力,否则要约将会失去效力。(2)以书面形式发出的要约,如果要约人在要约中具体规定了存续期限,则该期限为要约的有效存续期限。如果要约中没有规定存续期限,则应以一段合理时间作为要约存续的期限。合理期限的计算主要考虑以下三项因素:要约到达受要约人的时间;作出承诺所需要的时间;承诺通知到达要约人所需要的时间。

(五)要约的撤回和撤销

1.要约的撤回

要约的撤回是指在要约发出以后,未到达受要约人之前,要约人有权取消要约。一般情况下,要约是可以撤回的,只要撤回的通知先于或同时与要约到达受要约人。允许要约人撤回要约,是充分尊重要约人的自由意志和利益的体现。由于撤回是在要约到达受要约人之前作出的,因此要约尚未生效时即被撤回,亦不会损害受要约人的利益。我国《合同法》第 17 条规定也承认了这一点,即"要约可以撤回。撤回要约的通知应当在要约到达受要约人之前或者与要约同时到达受要约人"。

2.要约的撤销

要约的撤销是指在要约到达受要约人并生效以后,要约人取消该要约,从而使该要约的效力归于消灭。如我国《合同法》第 18 条规定:"要约可以撤销。撤销要约的通知应当在受要约人发出承诺通知之前到达受要约人。"

撤销与撤回的共同点是其目的都是取消要约,并且都只能在承诺作出之前实施。但两者存在一定的区别,主要有以下两点:其一,撤回发生在要约未到达受要约人并生效之前,而撤销则发生在要约已到达并生效但受要约人尚未作出承诺的期限内。其二,由于撤销要约时要约已经生效,因此对要约的撤销必须有严格的限定,如因撤销要约而给受要约人造成损害的,要约人应负赔偿责任。而由于要约的撤回是发生在要约生效之前,所以法律对要约的撤回并没有这些严格的限制。

我国《合同法》第 19 条对要约的撤销作了一定的限制:

1.要约人确定了承诺期限。要约规定了承诺期限,则表明要约人在承诺期限内放弃了撤销权,不撤销该要约。例如,"请于 7 月 8 日前答复,逾期不候"。该要约表明了承诺的期限,7 月 8 日就是承诺期限的最后一天,这种要约是不可撤销的。

2.以其他形式明示要约不可撤销。例如,"在你方答复之前,我方将保持要约中列举的条件不变","我方不可撤销该要约"等。

3.受要约人有理由认为要约是不可撤销的,并已经为履行合同做了准备工作。这一规定保护了受要约人的信赖利益。受要约人有理由认为要约是不可撤销的,这是从受要约人的主观来考虑,包括可能导致受要约人合理信赖要约人不会撤销要约的各种情形。已经为履行合同做了准备工作,这是从客观方面来考虑,例如购买原材料,筹备货款,租用场地,购买车船机票等到要约人指定的地点去实施履行行为等。

受要约人在收到要约以后,基于对要约的信赖,已为履行合同支付了一定的费用,如果要约人撤销该要约,则受要约人有权要求要约人承担赔偿责任。

(六)要约失效

要约失效是指要约丧失了法律效力,不再对要约人和受要约人产生拘束。要约失效以后,受要约人也丧失了作出承诺的资格或权利,即使他向要约人表示了承诺,也不能促成合同的成立。

要约失效的原因主要有以下几种:

1.拒绝要约的通知到达要约人。受要约人没有接受要约所规定的条件,并将这一意思表示传达给要约人。拒绝的方式有多种,既可以是明确表示拒绝,也可以是在规定的时间内不作答复而拒绝。一旦拒绝,则要约失效。

2.要约人依法撤销要约。在受要约人发出承诺通知之前,要约人可以根据法律的规定撤销要约。

3.承诺期限届满,受要约人未作出承诺。要约中明确规定了承诺期限的,则承诺人必须在该期限内作出承诺,超过了该期限,则要约自动失效。

4.受要约人对要约的内容作出实质性变更。受要约人对要约的实质内容作出限制、更改或扩张,既表明受要约人已拒绝了要约,同时受要约人又向要约人提出了一项反要约,在这一反要约中,原要约人成了承诺人。如果受要约人作出的承诺通知并没有更改要约的实质内容,只是对要约的非实质性内容予以变更,且要约人又没有在合理期间内表示反对,则此种承诺不应视为对要约的拒绝。但是如果要约人事先声明不得对要约作任何内容改变,则受要约人更改要约的非实质性内容,也会产生拒绝要约的效果。

所谓的实质性变更根据《合同法》第30条的规定,是指有关合同标的、数量、质量、价款或者报酬、履行期限、履行地点和方式、违约责任和解决争议方法等的变更。

三、承诺

(一)承诺的概念及构成要件

承诺是指受要约人同意要约内容的意思表示,换言之,即承诺人所作出的同意接受要约的条件并基于此缔结合同的意思表示。承诺的法律效力在于承诺一经作出并送达于要约人,合同便告成立。

由于承诺一旦生效,将导致合同的成立,因此承诺必须符合一定的条件。在法律上,承诺应具备以下条件,才能产生法律效力:

1.承诺必须由受要约人向要约人作出。由于要约是向受要约人发出的,因此只有接受要约的特定人即受要约人才有权作出承诺。如果受要约人是不特定的人,则不特定的人中任何人都可以作出承诺。承诺可以由受要约人本人作出,也可以由受要约人委托的代理人作出。

承诺应当向要约人作出,对要约人本人及其代理人之外的第三人作出同意表示的,不发生承诺的效力。

2.承诺必须在规定的期限内到达要约人。承诺到达要约人才能生效,但承诺也有一定的期限限制。承诺的期限通常都是在要约中规定的,如果要约规定了承诺期限,则应当在规定的承诺期限内到达;在没有规定期限时,如果要约是以对话方式作出的,承诺人应当即时作出承诺,如果要约是以非对话方式作出的,承诺应当在合理的期限内作出并到达要约人。合理的期限的长短应当根据具体情况来确定,一般应当综合考虑要约发出的时间、要约到达的时间和作出承诺所必要的时间、承诺通知到达所需要的时间。未能在合理期限内作出承诺并到达要约人,不能成为有效承诺。

3.承诺的内容必须与要约的内容一致。在承诺中,受要约人必须表明其愿意按照要约的全部内容与要约人订立合同。也就是说,承诺对要约同意的内容必须与要约的内容一致,才构成意思表示的一致,从而使合同成立。承诺的内容与要约的内容一致,并不意味着承诺与要约的内容完全一样,丝毫不能变动。当代绝大多数国家法律允许承诺更改要约的非实质性内容,如果要约人未及时表示反对,则承诺有效。我国合同法也采用这一观点,承诺的内容与要约的实质内容相一致,而不得对要约的内容作出实质性更改,否则,不构成承诺,应视为对原要约的拒绝并作出一项新的要约。

承诺对要约的内容作出非实质性更改的,除要约人及时表示反对或者要约表明承诺不得对要约的内容作出任何变更的以外,该承诺有效,合同的内容以承诺的内容为准。

4.承诺的方式必须符合要约的要求。受要约人必须将承诺的内容通知要约人,受要约人应采取何种方式通知,原则上应根据要约的要求来确定。如果要约规定承诺必须以某种特定的方式作出,那么承诺人作出承诺时,必须符合所规定的承诺方式,在此情况下,承诺的方式成为承诺生效的特殊要件。如果要约没有特别规定承诺的方式,则该承诺为不要式的行为。

在我国,承诺原则上应采取通知方式,但根据交易习惯或者要约表明可以通过行为作出承诺的除外。也就是说,在一般情况下,承诺应采用通知的方式,但如果根据交易习惯或者要约的内容可以采用行为方式作出承诺,则受要约人可通过一定的行为作出有效的承诺。例如,甲乙两公司之间存在着长期的交易关系,通常当甲公司向乙公司发出要约,表明需要一定数量的机床时,乙无须作出承诺通知,仅须将货直接发至甲公司,根据这样的交易习惯,乙公司对甲公司的要约可以采用行为的方式作出承诺。

行为方式的承诺,绝不同于单纯的缄默或不行动。缄默或不行动均指受要约人没有作任何意思表示,他人无法确定其具有承诺的意思,所以不属于承诺。在实践中,有的当事人在要约中规定沉默视为承诺,这种规定对受要约人不具有约束力。如:甲方向乙方以信函方式提出要约:"我书店将向您出售一套司法考试用书,您如不同意,请在 3 天内答复,否则视为接受。"对含有这种规定的要约,受要约人保持沉默,则构成对该要约的拒绝,而非发生要约上所规定的法律效果。因为只在法律有特别规定时,沉默这一消极的行为才构成意思表示,要约人单方面的规定并不能赋予沉默行为以法律上的效力。

(二)承诺的生效时间

根据我国《合同法》第 25 条的规定,"承诺生效时合同成立",一旦承诺生效,合同便宣告成立,承诺的法律效力在于使合同成立。可见,承诺生效的时间对确定合同生效的时间具有重要的意义。

判断承诺生效的时间有发信主义和到达主义两种标准,它们的区别主要表现在以下三点:[①]

第一,在合同成立的时间上。根据到达主义,要约人只有在收到承诺人的承诺通知时,承诺才能生效。在此之前,由于邮局、电报局及其他信差的原因而导致承诺通知丢失或延误,一律由承诺人承担此后果。同时因承诺通知的丢失或延误,承诺通知也不生效。

但是根据送信主义,一旦承诺人将承诺信丢进信箱或把承诺的电报稿交给了电报局,则承诺生效,不论要约人是否收到,都应受到承诺的拘束。至于承诺的通知因邮局或电报局的原因而丢失或延误,则应由要约人负责。由于在成立时间上

---

①　王利明:《合同法研究》,中国人民大学出版社 2002 年版,第 239～240 页。

的不同,所以根据送信主义所成立的合同,应比到达主义成立的合同,在时间上要早。

第二,在承诺的撤回上。根据到达主义,承诺人发出承诺通知以后,可以撤回承诺的通知。只要撤回的通知先于或与承诺通知同时到达要约人,则撤回有效。而根据送信主义,承诺在承诺通知发送时即已生效,承诺人不可能再撤回他的承诺通知,即使承诺人的撤回承诺的通知先于或与承诺通知同时到达要约人,撤回也是无效的。承诺人只有一种撤回的可能性,即在发信之前撤回承诺,所以实际上发信主义已经剥夺了承诺人撤回的权利。

第三,在承诺的迟延方面。根据发信主义,只要受要约人将承诺的信件投入信箱或将承诺的电报移交给电报局则承诺已经发生效力,如因邮局、电报局的原因造成承诺延误,也不阻碍合同的成立。因此,根据送信主义,承诺迟延不影响合同的成立。根据到达主义,承诺必须在要约规定的期限内作出,在有效期届满后作出的承诺不能发生承诺之效力,因此不能使合同成立。

从上述比较可以看出,大陆法系的规定侧重于保护交易安全,而英美法系的规定侧重于效率的实现,两者孰优孰劣难以定论。根据《合同法》第 26 条的规定,我国现行立法采纳了到达主义。所谓到达是指承诺的通知到达要约人可支配的范围内,如要约人的信箱、代理人处、营业场所等。无论要约人是否实际阅读和了解承诺通知,都不影响承诺发生法律效力。承诺通知到达于要约人时,合同即宣告成立。如果根据交易习惯或者要约的要求,承诺不需要通知,可以采用行为方式,则受要约人作出承诺的行为时,承诺生效,合同即成立。用此理论来分析引例中所提及的问题,我国对于非对话的、对特定人发出的承诺意思表示的生效时间采取到达主义,承诺到达要约人时就生效了,到达应当理解为承诺的意思表示到达要约人可支配的范围之内,而不管其"总经理"是否知悉。该案例中 5 月 8 日承诺的信件到达了要约人甲商场,已经进入了要约人可支配的范围,所以承诺就生效了。

(三)承诺迟延和承诺撤回

1.承诺迟延

承诺迟延是指受要约人未在承诺期限内发出承诺。承诺的期限通常是由要约规定的,如果要约中未规定承诺时间,则受要约人应在合理期限内作出承诺。超过承诺期限作出承诺的,根据《合同法》第 28 条,"受要约人超过承诺期限发出承诺的,除要约人及时通知受要约人该承诺有效的以外,为新要约",该承诺原则上不产生效力,但要约人可承认其有效,在这种情况下,要约人应及时通知受要约人。要约人亦可不承认迟延的"承诺",则该迟到的"承诺"为新要约,原要约人则处于承诺人的地位。

值得注意的是,还有一种特殊的迟延情形,即受要约人在承诺的期限内发出承诺,按照通常情形能够及时到达要约人,但因其他原因承诺到达要约人时超过承诺期限。此时,根据《合同法》第 29 条的规定,除要约人及时通知受要约人因承诺超过期限不接受该承诺的以外,该承诺有效。例如,一般信件异地传递时间是 3 天。甲方以信件向乙方发出要约的时间是 3 月 1 日,承诺期限是 15 天,乙方接到要约的时间是 3 月 4 日,经过考虑,乙方于 14 日向甲方邮寄接受要约的信件,表示承诺的信件本应于承诺期限的最后一天,即 3 月 16 日到达甲方,但由于自然灾害或者邮局人员的工作失误,3 月 17 日承诺才送达甲方。那么,甲方如果不接受迟到的承诺,必须及时发出否认的通知,否则承诺生效、合同成立。

迟发的承诺和迟到的承诺之间有一个法律规定的空白点,即当受要约人没有迟发,但必然迟到的承诺应当如何认定效力?《合同法》第 28 条、第 29 条都未作出规定。例如,甲方在要约中确定的承诺期限是 15 天,受要约人在第 14 天以平信或者挂号信方式承诺,平信通常 3 天才能到达,挂号信则需 4 至 5 天才能到达,所以该承诺在通常情形下不能按时到达,应如何处理?本书认为应认定为新要约,但要约人及时承认该承诺的除外。因为只有这样,才符合法律规定承诺期限的初衷。

2.承诺撤回

承诺撤回是指受要约人在承诺通知发出以后,在承诺生效之前撤回其承诺,是承诺人阻止承诺发生法律效力的一种意思表示。

由于各国法律对承诺生效的时间规定不同,因此,对撤回承诺的做法不同。大陆法系的多数国家采取到达主义,所以允许承诺人撤回承诺,但撤回承诺的通知必须于承诺生效前到达要约人;而英美法系国家对承诺生效采取发信主义原则,承诺一经发出即告生效,所以不存在承诺撤回的问题。我国合同法允许承诺撤回,根据《合同法》第 27 条的规定,"承诺可以撤回。撤回承诺的通知应当在承诺通知到达要约人之前或者与承诺通知同时到达要约人",撤回的通知必须在承诺生效之前到达要约人,或与承诺通知同时到达要约人,撤回才能发生法律效力。如果承诺通知已经到达要约人,合同则已告成立,受要约人当然不能再撤回承诺。

四、合同成立的相关问题

(一)合同成立的其他方式

一般情况下,合同的成立要经过要约和承诺两个阶段,但是这并不排除采用其他方式达成合同。其他成立合同的方式主要有以下几种:

1.合同确认书

根据《合同法》第 33 条的规定,"当事人采用信件、数据电文等形式订立合同的,可以在合同成立之前要求签订确认书。签订确认书时合同成立"。当事人通过信件或数据电文等形式订立合同时,可以约定只有再行签订确认书后合同才成立。那么确认书与承诺之间是什么样的关系呢?确认书实际上与承诺有密切的联系,双方就合同的基本内容达成合意后,一方要求以其最后的确认书为准,这表明他所发出的确认书才是其对要约所作出的最终的、明确的承诺。确认书是承诺的重要组成部分,是判断是否作出承诺的要素。如果一方是以信件、数据电文等方式订约,并提出要以最后的确认书为准,则在他未发出确认书以前,双方达成的合意只不过是一个初步协议,对双方并无真正的拘束力。

不是以任何形式所订立的合同,当事人都可以要求再签订确认书,并以此为准。确认书仅适用于当事人采用信件、数据电文等形式订立合同的情况。因为在这种情形下,当事人身处两地,没有在同一份文件上共同签字,任何一方都有权提出签订确认书,以确认书作为最后的标准。

当然,双方在达成初步协议以后,在签订确认书的过程中,一方过错,致使另一方遭受了信赖利益的损害,则有过错的一方应承担缔约过失责任。在承诺人已作出承诺之后,如果他又提出签订确认书的问题,则这并非合同成立的形式问题,实际上是想要推翻或否认已经成立的合同,这一行为已构成违约,应承担相应的违约责任。

2.交叉要约

交叉要约是指合同当事人以订立合同为目的,同时相互提出两个独立但内容一致的意思表示,交叉要约通常发生在以书面方式为意思表示的情况。例如,甲向乙以信件方式发出以一定价格购买某商品的要约,在该要约未到达乙的时候,乙向甲也发出以相同交易条件出售某商品的信件要约,双方当事人都有订立合同的愿望,要约的内容也一致。

关于交叉要约是否可以成立合同,主要有两种不同的观点:一种观点认为,交叉要约本身不能成立合同,因为严格来说,双方当事人都处于要约人的地位,而没有真正的承诺人。况且,有可能当事人又拒绝对方所提出的要约。英美法传统观点亦持此观点,它认为,双方当事人缔约的基本条件是要经过要约和承诺阶段,仅有要约而无承诺,如果能构成合同,不但不合学理,甚至会引发商业上的许多问题。另一种观点认为,双方当事人已发生了相同的意思表示,法律则可推定他们已经相互作出了承诺,可以成立合同。我国合同法对此没有作出规定,本书认为交叉要约虽然在表面上看似双方意思表示的内容相同,但双方未就具体内容进行协商,未意识到另一相同意思表示的存在,双方的合意尚未形成,而且一方当事人有可能会撤销其要约,如果盲目地肯定交叉要约可以成立合同的效果,则相当于剥夺了当事人的撤销要约权,极易引发纠纷。

3.同时表示

同时表示是当事人以订立合同为目的,采用口头方式同时作出内容相同的意思表示。例如,对于第三人制作的合同,当事人双方同时表示同意。同时表示的法律效力与交叉要约相似,本书认为不产生合同成立的效果。

4.意思实现

意思实现是指依照商业惯例或交易的性质或要约人预先声明,承诺无须通知,在相当时期内发生可推断其承诺意思的客观事实时,合同成立。受要约人虽然没有作出明确承诺的意思表示,但依据其客观事实,可推断其有承诺的意思。

我国合同法本来采用承诺须通知的原则,但为简化、便利合同的成立,承认合同因承诺意思的实现而成立这一例外。但合同因意思实现而成立,不必通知,关系当事人的利益极大,所以一般仅限于以下特别情形:(1)依交易习惯,承诺无须通知,例如向宾馆订房间、向酒店订酒席。(2)依事物性质,承诺无须通知,例如附有"拆封视为购买"标签的现物要约。(3)依要约人要约时预先声明,承诺无须通知,例如嘱托即刻发货之要约。①

(二)合同成立的时间、地点

1.合同成立的时间

合同成立的时间取决于承诺实际生效的时间。可以说,承诺在何时生效,当事人就应当在何时受合同关系的拘束,享受合同上的权利和承担合同上的义务,因此承诺生效时间在合同法中具有极为重要的意义。

由于我国合同法采用到达主义,因此承诺生效的时间以承诺到达要约人的时间为准,即承诺何时到达要约人,则承诺便在何时生效。在确定承诺生效时间时,需要注意以下几种情况:

(1)在确定承诺是否在要约规定的期限内发出时,要根据要约方式的不同来具体判断。要约是以信件或者电报发出的,承诺期限自信件载明的日期或者电报交发之日开始计算。信件未载明日期的,自投寄该信件的邮戳日期开始计算。要约以电话、传真等快速通信方式作出的,承诺期限自要约到达受要约人时开始计算。

(2)采用数据电文形式订立合同的,如果要约人指定了特定系统接受数据电文的,则受要约人的承诺的数据电文进入该特定系统的时间,视为到达时间;未指定特定系统的,该数据电文进入要约人的任何系统的首次时间,视为到达时间。

(3)以直接对话方式作出承诺的,应以收到承诺通知的时间为承诺生效时间,如果承诺不需要通知的,则受要约人可根据交易习惯或者要约的要求以行为的方式作出承诺,一旦实施承诺的行为,则应视为承诺的生效时间。

(4)对于要式合同,必须履行特定的形式合同才能成立。然而,在实践中,当事人虽未履行特定的形式,但已经实际履行了合同,对方表示了接受,则可以从当事人实际履行合同义务的行为和对方当事人接受的行为中推定当事人已经形成了合同关系。因此,我国合同法规定,法律、行政法规规定或者当事人约定采用书面形

---

① 陈小君:《合同法》,高等教育出版社 2003 年版,第 68 页。

式订立合同,当事人未采用书面形式,但一方已经履行主要义务,对方接受的,该合同成立。

采用合同书形式订立合同,在签字或者盖章之前,当事人一方不得以未采取书面形式或未签字盖章为由,否认合同关系的实际存在。如果合同必须以书面形式订立,则应以双方在合同书上签字或盖章的时间为承诺生效时间。如果合同必须经批准或登记才能成立,则应以批准或登记的时间为承诺生效的时间。

2.合同成立的地点

合同成立的地点和时间常常是密切联系在一起的。由于合同的成立地是确定法院管辖权及选择法律的适用等问题的重要考虑因素,因此明确合同成立的地点十分重要。

合同的签订地不等同于合同的成立地,不可将两者混为一谈。合同成立地只有一个,而合同签订地,可能因当事人分处异地而有两个甚至多个。合同签订地中,可能其中之一是合同成立地,也有可能合同成立地在合同签订地之外的地方。

从原则上说,合同成立的地点是由承诺生效的地点来决定的,它因合同为不要式或要式而有所区别。不要式合同应以承诺发生效力的地点为合同成立地点,而要式合同则应以完成法定或约定形式的地点为合同成立地点。根据我国《合同法》第 35 条的规定,当事人采用合同书形式订立合同的,双方当事人签字或者盖章的地点为合同成立的地点。根据我国《合同法》第 34 条第 2 款的规定,采用数据电文形式订立合同的,收件人的主营业地为合同成立的地点;没有主营业地的,其经常居住地为合同成立的地点。当事人另有约定的,按照其约定。

对合同成立时间、地点可以归纳如下:

承诺方式	成立时间	条文	成立地点	条文
通知	送达时间	第 26 条第 1 款	送达地	第 34 条第 1 款
意思实现	作出行为时	第 26 条第 1 款	行为作出地	第 34 条第 1 款
数据电文	进入系统时	第 26 条第 2 款、第 16 条第 2 款	收件人主营业地或经常居住地	第 34 条第 2 款
合同书	签字或者盖章时	第 32 条	签字或者盖章地	第 35 条
确认书	签订确认书时	第 33 条	签订地	无
行为替代书面形式	受领时	第 36 条、第 37 条	受领地	第 36 条、第 37 条

第二节 格式条款

一、格式条款的概念

格式条款是指当事人为了重复使用而预先拟定,并在订立合同时未与对方协商的条款。格式条款具有如下特征:

1.格式条款是由一方为了反复使用而预先制定的

格式条款是在订约之前就已经预先拟定出来,而不是建立在双方当事人反复协商的基础上,这是格式条款本质的特征之一。格式条款亦具有可反复使用性,但这只是格式条款的经济功能,并非其本质的法律特征。因为有的格式条款可能仅仅使用一次,并没有反复使用;而相反,有的经过双方当事人自由协商的普通合同条款,却在当事人之间被多次重复使用。当然,格式条款的制定其重要的功能还是在于它可以被重复使用,这有益于降低交易费用,节约交易成本。例如在许多公共事业服务活动中,公共事业部门与相关主体之间此类的交易活动是不断重复进行的,则可以通过格式条款的方式将既定的要求事先拟定出来,便可使订约基础明确,避免大量的时间、精力的浪费,从而大大降低交易的成本。

2.格式条款的内容是定型化的

定型化是格式条款的内容的主要特点。所谓定型化,是指格式条款具有相对的稳定性和不变性,它对于一切要与起草人订合同的不特定的相对人来说,都可以适用,而不因相对人的不同有所区别。相对人对合同的内容只能表示完全的同意或拒绝,而不能加以修改、变更。所以,也可以说,格式条款的另一重要的特征在于它是订立合同时当事人不能协商的条款。格式条款内容的定型化还表现为,在格式条款的适用过程中,要约人和承诺人双方的地位也是相对固定的,而不像一般合同在订立过程中,要约方和承诺方的地位可以因情况改变而发生变化。

3.格式条款的相对人一般为弱势者

格式条款的相对人在订约中居于附从地位,因为他们并不参与协商过程,只能对一方制定的格式条款概括地予以接受或不接受,而不能就合同所规定的内容进行讨价还价,因而相对人在合同关系中处于附从地位。正是由于格式条款具有这一特性,使得合同自由受到限制,因而也极易造成对格式条款的相对人不公平的后果。因为格式条款的制定者通常是一些大公司、大企业或从事公共事业服务的部门,它们有可能垄断一些经营与服务事业,如房地产开发商、水电等供应部门,而相对人通常则是势单力薄的个体,他们与格式条款的制定者进行交易时往往别无选择,只能被迫接受其提出的不合理格式条款。法律是维护公平正义的工具,面对格式条款的此等弊端,法律采用相应的措施加以规制,从而维护双方当事人之间利益的平衡。

二、合同法对采用格式条款订立合同的特别规制

根据我国相关法律的规定,对采用格式条款订立合同的特别规制主要有以下几个方面:

1.提供格式条款的一方应当遵循公平原则确定当事人之间的权利和义务。这体现了对相对人加以保护、实现公平正义的思想。法律要求有关格式条款事先得经过批准方能采用,或甚至由国家主管机构直接拟定相关的格式条款。在格式条款的内容上,法律为防止提供格式条款的一方滥用权利,规定提供格式条款的一方任意免除其责任、加重对方责任的,不发生其预期的法律效果。

2.要求提供格式条款的一方应尽到提醒对方注意和说明解释的义务。根据我国《合同法》第39条规定,"采用格式条款订立合同的,提供格式条款的一方应当遵循公平原则确定当事人之间的权利和义务,并采取合理的方式提请对方注意免除或者限制其责任的条款,按照对方的要求,对该条款予以说明",提供格式条款的一方应采取合理的方式提请对方注意免除或限制其责任的条款,并按照对方的要求,对该条款予以说明。尤其是在免责条款存在的情况下,提供格式条款的一方很可能利用免责条款,改变双方当事人之间的责任分配,而不合理地减轻甚至免除自己依法应承担的责任,让相对人承担加重的责任。所以法律要求提供格式条款的一方应主动提醒对方当事人此等条款的存在,当对方当事人存有困惑时,应详细解释该条款的内涵,使之能了解、明白。《合同法解释二》第6条对"合理的方式"做出解释,即提供格式条款的一方对格式条款中免除或者限制其责任的内容,应在合同订立时采用足以引起对方注意的文字、符号、字体等特殊标识,并按照对方的要求,对该条款予以说明。另外,《合同法解释二》第9条规定了提供格式条款的一方当事人违反《合同法》第39条"提示和说明义务"的法律后果,即对方当事人可向人民法院申请撤销该格式条款,人民法院应当支持。

3.规定某些不公平的格式条款无效。我国《合同法》第40条以列举的方式规定了格式条款无效的情形,它包括三种情形:其一,提供格式条款一方免除其责任、加重对方责任、排除对方主要权利的,该条款无效。其二,格式条款具有《合同法》第52条规定的情形的,即一方以欺诈、胁迫的手段订立合同,损害国家利益;恶意串通,损害国家、集体或者第三人利益;以合法形式掩盖非法目的;损害社会公共利益;违反法律、行政法规的强制性规定的,该条款无效。其三,格式条款具有《合同法》第53条规定的情形的,即规定对造成对方人身伤害而免责的或因故意或者重大过失造成对方财产损失而免责的,该条款无效。

4.对格式条款的理解发生争议,应当按照格式条款的特殊解释规则予以解释,从而保障相对人的利益。下面将详细介绍格式条款的解释规则。

三、格式条款的解释

格式条款的解释是指基于有关的原则,根据一定的事实,对格式条款的含义作出说明。格式条款有时会存在模糊、内涵不明确、存有多种含义的情形,当事人从各自的利益出发会有不同的理解,因而发生争议,这时便涉及如何对该格式条款加以解释的问题。正如前述提到的,格式条款具有其特征,与普通条款差别较多,所以格式条款解释所遵循的原则也具有其特殊性,具体体现为以下几点:

1. 应当遵循通常理解加以解释

通常理解,对于格式条款,应当以合同当事人一般的、合理的、正常的理解进行解释。该解释规则是合同解释客观原则的体现。合同解释的客观原则是指探求当事人真意时,应依客观表示的规范意义加以确定。在格式合同解释中,该客观原则表现为解释资料客观化原则,就是说,除当事人有特别约定外,在进行解释时,不将合同缔结时的特殊环境以及当事人的特殊意思表示列入考虑因素,不可仅探求个别当事人的特殊意图,而应将该合同类型的一般共同真意作为解释依据。如果仅是某个可能订约的相对人不能理解某个条款所涉及的术语或知识,则仍可以通俗的、日常的、合理人的理解加以解释。

然而,"合同解释毕竟以个性化为本制裁特征,因而对格式合同条款之统一解释也只能是指以该条款所预定适用的特定或不特定某地域或某职业团体的平均的、合理的理解可能性为基础进行解释"。这一原则要求,对格式合同相对人群体中有特殊地位、知识、技能的人,仍应适用一般理解的解释,唯此才能真正实现格式条款的保障交易迅捷安全进行的优势。[①]

2. 对条款制作人作不利解释原则

该原则来自罗马法的"有疑义应为表意者不利之解释"的原则,之后它一直为许多国家的判例和学说所接受。运用此项原则解释格式条款,主要是为了限制制定格式条款的一方利用其优势地位损害另一方当事人的合法利益。详言之,当格式条款有两种以上解释时,作出不利于提供格式条款方的解释。适用不利解释的原因在于格式条款一般作为一个行业或大企业的合同条款,经过多方专家和律师的精心研究起草而成,肯定经过仔细措辞,以尽可能地保护自己的利益,对方当事人通常没有能力修改和完全理解这些条款。因此,一旦格式条款的含义不清,双方当事人对条款用词的含义或解释出现争议,这时法院应当采取不利于格式条款提供方的解释,方显公正。[②]

---

① 邢培泉:《论格式条款之解释》,载《经济经纬》2006 年第 6 期。
② 王丽萍、李燕:《格式条款解释研究》,载《法制与社会发展》2001 年第 6 期。

3.格式条款与非格式条款不一致的,应采用非格式条款

该原则来自"特别规定优于普通规定"的法律解释原则。格式条款是格式条款制定者为了重复使用而预先拟定的,它是制定者根据通常情况可能遇到的问题进行规划的,是一般的普通规定的条款。非格式条款不是由一方当事人预先拟定的,而是由合同当事人之间通过特别商定而作出的条款,它可以是在缔约当时根据具体、个别情况而确定的条款,是特别规定的条款。如果格式条款与非格式条款不一致,可视为制定格式条款的当事人以非格式条款取代了格式条款,这是对当事人双方意思表示尊重的体现。因此,在同一合同中,特别商定的条款的效力优于格式条款的效力。

第三节　缔约过失责任

一、缔约过失责任的概念和特征

(一)缔约过失责任的概念

缔约过失责任是德国法学家耶林于 1861 年在《缔约上过失,缔约无效与不成立时之损害赔偿》一文中首先提出的,他指出:"从事契约缔结的人,是从契约交易外的消极义务范畴进入契约上积极义务的范畴,其因此而承担的首要义务,系于缔约时善尽必要的注意。法律所保护的,并非仅是一个业已存在的契约关系,正在发生中的契约关系亦应包括在内,否则,契约交易将暴露在外,不受保护,缔约一方当事人不免成为他方疏忽或不注意的牺牲品。契约的缔结产生了一种履行义务,若此种效力因法律上的障碍而被排除时,则会产生一种损害赔偿义务。因此,所谓契约无效者,仅指不发生履行效力,非谓不发生任何效力。简言之,当事人因自己的过失致使契约不成立者,对信其契约为有效成立的相对人,应赔偿基于此信赖而产生的损害。"简言之,缔约过失责任是指在合同订立过程中一方因违背依诚信原则所应负的义务,致使对方信赖利益损失而应承担的责任。

(二)缔约过失责任与其他责任的区别

缔约过失责任不同于违约责任,它发生在缔约人进入缔约阶段后、合同生效之前,而违约责任产生于合同生效后,所以缔约过失责任将合同责任范围拓展到合同有效成立之前,它"强调契约并非仅仅是当事人主观意志的合意,应将社会利益的

衡量纳入契约的法律价值判断之中"。① 同时,缔约过失责任又有侵权责任无法涵盖的内容,它能弥补侵权法对当事人利益保障之不足。第一,侵权责任赔偿的是一方因对方侵权行为而造成的损失,但一方因对方违反某些诚实信用原则所产生的义务,如告知、通知、协助义务而造成信赖利益损失,在侵权法上得不到赔偿,只能借助缔约过失责任请求赔偿。第二,侵权行为法只要求当事人尽到一般社会共同生活的注意义务,而由于缔约过失责任主体之间存在特殊的信赖关系,所以法律要求他们承担依诚信原则产生的特殊注意义务,其注意程度高于侵权行为法所要求的程度,这实际上减轻了受害人的举证责任,便于受害人获得赔偿。第三,一些国家侵权法规定,只要雇主对雇员尽了必要的选任监督义务及相当的注意,雇主可以免责,仅由实施侵权行为的雇员单独承担责任。而雇员的财力通常弱于雇主,他对侵权责任的承担往往缺乏充分的保障。但若根据缔约过失责任,雇员代表雇主对进入交易的对方负有依诚信产生的义务,雇员过错违反该义务造成对方损失,应由雇主承担责任,从而保障受害人有充分的求偿权。由此看出,缔约过失责任有它独立存在的价值,它与违约责任、违反后合同义务责任(即合同终止后,当事人违反依诚信原则所应负的义务而承担的责任)一起构成合同责任,与侵权责任并列,从而完善了民事责任体系。②

二、缔约过失责任的构成要件

1. 缔约过失责任主要发生在合同订立阶段。这是缔约过失责任与违约责任的基本区别。缔约过失责任不是发生在合同成立以后,只有在合同尚未成立,或者虽然成立,但因故未生效,或因不符合法定的生效要件而被确认为无效或被撤销时,缔约人才应承担缔约过失责任。缔约过失始于当事人为订立合同而进行磋商之时,因为这时他们之间已产生一种特殊信赖关系,双方之间应负有诚信的义务,应尽到交易上必要的注意,一方违反这一义务给对方造成损失,应承担赔偿责任。

2. 一方当事人违反了依据诚实信用原则所产生的义务。该义务有如下四个特点:首先,该义务是一种法定义务,是由法律规定并强制当事人遵守的义务,不由当事人任意约定。其次,它是由诚信原则派生出来的,如告知、保护、协助、保密及通知义务。再次,它是合同附随义务的一种,是发生在合同生效前的附随义务。当然,合同附随义务还包括履行合同中的附随义务和合同终止后的附随义务。作为一种附随义务,它不同于合同义务,不是当事人订立合同的主要目的。最后,它发生在特定的缔约当事人之间。只有在特定的缔约当事人之间才产生特定的信赖关

---

① 钱玉林:《缔约过失责任与诚信原则的适用》,载《法律科学》1999 年第 4 期。

② 杨垠红、朱晓勤:《论先合同过错责任》,载《学会》2002 年第 4 期。

系,法律才有必要要求一方对其违反该义务而造成对方信赖利益的损失承担赔偿责任。

3.缔约过失行为造成了他人信赖利益的损失。也就是说,缔约过失行为与信赖利益损失之间存在因果关系,即一方当事人的过失行为与另一方遭受的信赖利益损失之间存在必然的联系。否则,即使出现了信赖利益的损害,当事人也不应承担责任。所谓信赖利益的损失主要是指一方对对方实施某种行为产生了合理的信赖(如相信其会订立合同),并为此而支付了一定的费用或丧失了一些利益,而因对方违反诚信原则使该费用或丧失的利益不能得到补偿。

三、缔约过失责任的类型

(一)我国《合同法》及其司法解释规定的缔约过失责任类型

我国《合同法》第42条、第43条以及《合同法解释二》第8条规定了承担缔约过失责任的如下情形:

1.假借订立合同,恶意进行磋商。我国《合同法》借鉴了《国际商事合同通则》的规定,即"(1)当事人可自由进行谈判,并对未达成协议不承担责任;(2)但是,如果一方当事人以恶意进行谈判,或恶意终止谈判,则该方当事人应对因此给另一方当事人所造成的损失承担责任;(3)恶意,特别是指一方当事人在无意与对方达成协议的情况下,开始或继续谈判"。如甲就某项合同的订立与乙进行谈判,目的在于阻止乙与丙订立合同,或者使乙丧失其他商业机会。所谓假借,是指行为人根本无意与对方签订合同,与对方进行谈判只不过是个借口,其真实目的是损害对方的利益。只有行为人在主观上具有恶意,才承担此种缔约过失责任。所谓恶意是指行为人主观没有缔约的意图,且有给对方造成损害的故意。

2.故意隐瞒与订立合同有关的重要事实或者提供虚假情况。故意隐瞒重要事实,是一种消极的不作为,即不告知对方与订立合同有重大关系的事实。故意提供虚假情况,是一种积极的作为,即故意向对方告知错误的情况,妨碍其作出正确的判断。这些都违背了当事人在缔约过程中依据诚实信用原则应履行的重要事实告知义务。在订约过程中,一方当事人故意实施上述行为,实际上已构成欺诈,因此给对方造成损失的,应当承担赔偿责任。

3.泄露或不正当地使用商业秘密。这特别强调了对商业秘密的保护。在谈判过程中,一方当事人可能会接触或了解到另一方当事人的商业秘密,包括客户名单、产品的技能、市场营销计划等各种商业秘密,依据诚实信用原则,当事人应负有保密义务,不得向外泄露,不得自己使用或让他人不正当地使用,否则应当承担损害赔偿责任。

4.未按照法律规定或者合同约定办理申请批准或者未申请登记。《合同法解释二》第 8 条列举了缔约过失责任的一个新类型,即依照法律、行政法规的规定经批准或者登记才能生效的合同成立后,有义务办理申请批准或者申请登记等手续的一方当事人未按照法律规定或者合同约定办理申请批准或者未申请登记的,属于合同法第 42 条第 3 项规定的"其他违背诚实信用原则的行为",人民法院可以根据案件的具体情况和相对人的请求,判决相对人自己办理有关手续;对方当事人对由此产生的费用和给相对人造成的实际损失,应当承担损害赔偿责任。

5.其他违背诚实信用原则的行为。《合同法》第 42 条第 3 项的这一兜底性条款为现实生活中复杂多样的违背诚信的缔约过失行为预留了规制的可能。可见,我国《合同法》采用的列举和概括相结合的表述方法具有进步意义,既在一定程度上限制了法官的自由裁量权,又避免了因单纯列举产生遗漏的缺陷。

(二)对其他违背诚实信用原则行为的列举

1.对于有效的可撤销要约,要约人变更、撤销要约时应承担缔约过失责任。因为要约一经合法有效作出,在其有效期限内对要约人具有约束力,要约人变更、撤销要约给受要约人造成损害的,应承担赔偿责任。

2.因一方过错使合同不具备法定的成立要件时,过错方应赔偿对方因信赖合同得以成立而受到的损失。例如,在订立合同时,由于一方当事人法律知识的欠缺或疏忽大意,致使合同缺少必备条款,导致合同不成立。

3.合同无效或被撤销(包括与限制民事行为能力人,没有代理权、超越代理权或代理权终止后的行为人订立的合同,善意相对人行使撤销权的情况)时的情形。因为合同无效或被撤销,合同自始无效,当事人之间不产生合同权利、义务关系,过错方根据《合同法》第 58 条规定承担的赔偿责任实际上是缔约过失责任。对某些合同,法律规定或者合同约定必须履行必要的手续,但由于当事人一方的疏忽大意未履行,导致合同不发生效力,则过错方应承担缔约过失责任。

4.可变更可撤销的合同,当事人诉请人民法院或仲裁机构变更合同时,依据《民法通则》第 115 条"合同变更不影响当事人要求赔偿损失的权利"的规定,过错方应承担赔偿责任,由于可变更可撤销的原因出现在订立合同过程中,所以过错方所承担的责任实则为先合同过错责任。

5.限制民事行为能力人、无代理权人(包括没有代理权、超越代理权或代理权终止后的情形)、无处分权人订立的合同属于效力待定的合同,因为效力待定的原因出现在缔约阶段,一般出于缔约方缔约能力瑕疵,所以若由于权利人拒绝追认而使合同无效的,无效原因可追溯自缔约阶段过错[①],因此限制民事行为能力人的监护人、无代理权人、无处分权人应承担缔约过失责任。

---

① 叶建丰:《缔约过失概念析》,载《政法论丛》1999 年第 6 期。

6. 合同生效前未尽提请对方注意义务的情形。如根据《合同法》第 39 条的规定,"订立格式合同时,提供格式条款的一方有义务提请对方注意免除或者限制责任的条款",若提供格式条款方未尽此义务,对于对方在其免除或限制责任范围内的损失仍应给予赔偿。

7. 合同生效前未尽通知义务造成对方损失的情形。例如,受要约人应要约来看出租房,该房屋已被毁,但要约人却疏于通知,则要约人应承担受要约人因此遭受的交通费、误工费等损失。

四、缔约过失责任的赔偿范围

缔约过失责任的形式以损害赔偿为主,赔偿范围主要是信赖利益的损失,它主要包括:缔约费用;准备履行或已履行合同所支付的费用;上述费用的利息损失;因信赖合同有效而丧失其他订约机会的损失;因当事人违反先合同义务造成对方人身的伤害;为救济损害、减少损失而支付的必要费用等。在具体确定时需要注意以下四个问题:

首先,信赖利益损失应以合理信赖为基础,采用社会标准,即一个通情达理的人在正常情况下信赖合同得以成立因此受到的损失。非基于合理信赖而支付的费用不予赔偿。例如,甲和乙是老友,他们开始洽谈交易,乙仅表示同意考虑一下,而甲自信凭这交情,该合同能成立,并进行大量的准备工作,在这种情形下,他所支付的费用不能视为合理信赖利益的损失。

其次,从公平出发,借鉴美国《第二次合同法重述》第 349 条(以信赖权益为依据的损害赔偿)的规定,即"受损害的一方有权依其信赖权益得到赔偿,包括准备履行或履行合同的过程中支出费用,减去违约方能够用具有合理的确定性的证据证明的该受损害的一方在合同得到履行时也会蒙受的损失"[①],在进行信赖利益赔偿时,应防止将本应由自己承担的损失转嫁给没有违反先合同义务的对方,即信赖利益赔偿应扣除违反先合同义务方能以确切证据证明的假如其未违反先合同义务时受害方亦会遭受的损失。例如,甲向乙订购服装,乙买布制衣时发现布价大幅度上涨使其交易亏本,但乙为履约仍高价买入布料,后来得知甲是无代理权人,乙行使撤销权,要求信赖利益赔偿。若甲赔偿乙全部信赖利益损失,等于将甲若有代理权时本应由乙自己承受的经营风险损失转嫁于甲,这显然有失公平。

再次,在计算信赖利益损失时可以适用过失相抵、损益相抵、减轻损失的原则来平衡双方之间的利益。过失相抵原则是指若信赖利益损失中含有受害人未尽注意义务的因素,可以适当减轻对方的责任。损益相抵原则是指赔偿权利人基于损

---

① 王军:《美国合同法》,中国政法大学出版社 1996 年版,第 334 页。

害发生的同一赔偿原因获得利益时,应将所得到的利益从所受损害中扣除。① 例如,甲为履行合同而购进布料后因合同无效,甲出售该布料,适逢市场价格上扬,甲的获利应从信赖利益赔偿额中扣除。减轻损失原则即非违反先合同义务方有责任及时采取措施防止损害扩大,否则无权就扩大的损失要求赔偿。

最后,在确定"丧失其他订约机会的损失"时应注意:第一,信赖人应提供证据证明这种机会曾经真实地存在过,不是当事人主观臆断的产物。第二,这个机会能导致信赖人与第三人订立合同的结果。第三,这一机会在确定赔偿时已确实不存在,这时应根据不同情况确定损失范围:若第三人就相同标的与"第四人"订立了合同,可以以"第四人"依此合同获得的利润为参照;若第三人尚未与其他人签订相同标的合同并且不打算签订同种合同时,可以参照同行业签订相同标的的物的合同通常可获得的利润来计算。

司法考试真题链接

1. 甲有一块价值 1 万元的玉石。甲与乙订立了买卖该玉石的合同,约定价金 1.1 万元。由于乙没有带钱,甲未将该玉石交付与乙,约定 3 日后乙到甲的住处付钱取玉石。随后甲又向乙提出,再借用玉石把玩几天,乙表示同意。隔天,知情的丙找到甲,提出愿以 1.2 万元购买该玉石,甲同意并当场将玉石交给丙。丙在回家路上遇到债主丁,向丙催要 9000 元欠款甚急,丙无奈,将玉石交付与丁抵偿债务。后丁将玉石丢失被戊拾得,戊将其转卖给乙。关于乙对该玉石所有权的取得和交付的表述,下列选项正确的是:(2009 年司法考试真题)

　　A. 甲、乙的买卖合同生效时,乙直接取得该玉石的所有权

　　B. 甲、乙的借用约定生效时,乙取得该玉石的所有权

　　C. 由于甲未将玉石交付给乙,所以乙一直未取得该玉石的所有权

　　D. 甲通过占有改定的方式将玉石交付给了乙

2. 某酒店客房内备有零食、酒水供房客选用,价格明显高于市场同类商品。房客关某缺乏住店经验,又未留意标价单,误认为系酒店免费提供而饮用了一瓶洋酒。结账时酒店欲按标价收费,关某拒付。下列哪一选项是正确的?(2007 年司法考试真题)

　　A. 关某应按标价付款　　　　　　B. 关某应按市价付款

　　C. 关某不应付款　　　　　　　　D. 关某应按标价的一半付款

3. 甲公司通过电视发布广告,称其有 100 辆某型号汽车,每辆价格 15 万元,广告有效期 10 天。乙公司于该则广告发布后第 5 天自带汇票去甲公司买车,但此时

---

① 王利明、杨立新:《侵权行为法》,法律出版社 1996 年版,第 329 页。

车已全部售完,无货可供。下列哪一选项是正确的?(2007 年司法考试真题)

    A.甲构成违约　　　　　　　　　B.甲应承担缔约过失责任

    C.甲应承担侵权责任　　　　　　D.甲不应承担民事责任

  4.下列哪些情形构成意思表示?(2007 年司法考试真题)

    A.甲对乙说:我儿子如果考上重点大学,我一定请你喝酒

    B.潘某在寻物启事中称,愿向送还失物者付酬金 500 元

    C.孙某临终前在日记中写道:若离人世,愿将个人藏书赠与好友汪某

    D.何某向一台自动售货机投币购买饮料

第六章　合同的效力

【引　例】

公民甲与房地产开发商乙签订一份商品房买卖合同,乙提出,为少缴纳契税可将部分购房款算作装修费用,甲未表示反对。后发生纠纷,甲以所付装修费用远远高于装修标准为由请求法院对装修费用予以变更。

第一节　合同效力概述

一、合同效力的概念

（一）合同效力的概念

合同效力是指已经成立的合同在当事人之间产生了一定的法律约束力,即合同生效后所发生的法律效力。此处所说的法律效力并不是指合同能够像法律那样对任何人都产生约束力。虽然 19 世纪时曾有过合同神圣——合同在当事人之间相当于法律的观念,但现今这一观念已被放弃,合同本身并非法律,它只是当事人之间的合意,其约束力并非来源于当事人的意志,而是来源于法律的赋予。因为只有当事人的意志符合国家的意志和社会利益时,国家才赋予当事人的意志以法律约束力;当事人的意志不符合国家意志的,该合意将会被宣告无效或被撤销。合同生效后,合同当事人应全面履行合同。如果当事人履行不符合约定或法律规定,则当事人可以借助国家强制力请求违约方强制履行或承担其他违约责任。可见,合同生效与合同成立是两个不同但又密切相关的概念,前者介入了国家意志,是国家意志的体现,后者则侧重于当事人之间的合意,合同成立是合同生效的前提,但合同成立并不一定生效。下面将详细说明两者的关系。

（二）合同成立与生效的关系

合同的成立与生效常常是密切联系在一起的。当事人订立合同,就是意图在他们之间产生合同上的约束关系，以此实现他们所期待的利益。如果当事人订立的合同，在内容和形式上都符合法律规定，则此等合同一旦成立便会依法产生约束力，正如我国《合同法》第44条所规定的"依法成立的合同，自成立时生效"。由此可见，合同生效是合同成立所追求的效果。但是，如果当事人虽然进行磋商，但最终没有订立合同，合同没有成立则合同生效就无从谈起，所以合同成立是合同生效的基础。

合同的成立与合同生效又是两个不同的概念，应将两者区分开来。合同成立着重的是当事人是否就合同必备条款达成了一致的意思表示，一旦当事人根据特定合同的性质要求而就必备条款达成了合意，合同便宣告成立。合同的成立只是解决了当事人之间是否存在合意的问题，并不能表明已经成立的合同是否可以产生法律上的约束力。即使合同已经成立，但不符合法律规定的生效要件，则仍然不能产生法律效力。依法成立的合同从合同成立时起就具有法律效力，而违反法律强制性规定的合同即使成立也不发生法律效力。由此可见，合同成立后并不是当然生效的，合同是否生效，主要取决于其是否符合国家的意志和社会公共利益，而非取决于当事人的意思表示。

合同的成立和生效的要件也是不同的。就合同的成立要件来说，主要包括存在双方或多方缔约当事人；缔约当事人就合同的基本内容或者说是主要条款达成合意；一般要经过要约和承诺两个阶段。至于当事人是否具有相应的缔约能力，当事人的意思表示是否真实，是否受到欺诈与胁迫，当事人的合意是否有违法律规定或有悖于社会公共利益，则是合同效力是否发生要考虑的因素。如果当事人订立的合同违反了法律、行政法规的强制性规定或损害了社会公共利益，则该合同自始无效，即该合同自订立之时起就没有发生法律效力。

合同不成立或合同无效时，处理的方式不同。一般而言，当事人欠缺合意而导致合同不成立时，当事人之间不存在法律责任承担，但当事人违反诚信义务应承担缔约过失责任的除外。而且法律为鼓励交易的达成，亦采取推定及其他方法来补救使合同得以成立。对于合同无效，法律则采取不同的对待。无效合同，法律不允许采取其他措施来补救，而无效合同的违法性，决定了法律不仅要使这些行为不发生法律效力，让当事人承担返还财产、赔偿损失等民事责任，而且若当事人因无效合同获利，严重侵害了为法律所保护的国家利益或社会公共利益，当事人可能还会因此承担其他法律责任。

二、合同效力的内容

合同的效力包括对内的效力和对外的效力。

（一）对内的效力

对内的效力是指生效的合同在合同当事人之间所发生的法律效力。根据《合同法》第 8 条的规定，"依法成立的合同，对当事人具有法律约束力。当事人应当按照约定履行自己的义务，不得擅自变更或者解除合同"，合同的效力主要体现在对当事人的约束力上。它包括合同权利和义务两个方面。

1. 从合同权利方面来说，合同当事人依据法律规定或合同约定所享有的权利受到法律保护。该权利包括请求债务人履行债务的权利、履行中的抗辩权、接受并保有债务人的给付的权利，以及在一方当事人违约时而获得救济的权利等。当事人合理行使这些权利而获得的利益，亦受到法律的保障。

2. 从义务方面来说，一方面，通过合同约定而给当事人课加的义务具有法律的强制性。根据《合同法》第 60 条的规定，"当事人应当按照约定全面履行自己的义务"，当事人拒绝履行、不适当履行、迟延履行或受领迟延，都视为违背了法律，在本质上属于违法行为。另一方面，当事人违反合同义务的，则应当承担相应的违约责任。也就是说，如果一方当事人不履行其应负的合同义务，另一方当事人可以借助国家的强制力要求履行义务或者承担赔偿责任等。法律责任为合同义务的履行提供了后盾和保障，如果没有合同责任的存在，合同义务则难以对当事人产生真正的约束力。

（二）对外的效力

对外的效力是指合同对合同当事人之外的第三人产生的法律效力。根据合同相对性的原则，只有合同当事人才能享有基于合同所产生的权利并承担根据合同所产生的义务，当事人一方只能向对方当事人行使权利并要求其承担义务，不能要求第三人履行合同上的义务，第三人也无权向合同当事人主张合同上的权利。从这个意义上说，合同不对第三人产生约束力。但是合同相对性观念已被突破，依法成立的合同还对第三人产生了约束力，以排除第三人的非法干预和侵害。因为在实际生活中，合同的履行常常受到第三人的不当影响，例如第三人采用非法手段诱导债务人不履行合同义务从而损害合同债权人的利益，此时有必要赋予合同当事人排除第三人非法干预和侵害的权利，对侵害债权的行为加以惩治，从而保证合同的正常履行和交易目的的正常实现。

合同对第三人的拘束力还表现在为合同的保全，法律允许债权人在特定的情况下行使代位权和撤销权，例如我国《合同法》第 73 条规定，"因债务人怠于行使其到期债权，对债权人造成损害的，债权人可以向人民法院请求以自己的名义代位行使债务人的债权，但该债权专属于债务人自身的除外。代位权的行使范围以债权人的债权为限。债权人行使代位权的必要费用，由债务人负担"；第 74 条规定，"因债务人放弃其到期债权或者无偿转让财产，对债权人造成损害的，债权人可以请求人民法院撤销债务人的行为。债务人以明显不合理的低价转让财产，对债权人造成损害，并且受让人知道该情形的，债权人也可以请求人民法院撤销债务人的行为。撤销权的行使范围以债权人的债权为限。债权人行使撤销权的必要费用，由债务人负担"。这些保护措施都可对第三人产生约束力，对于保障债权的实现具有重要的意义。

三、合同的生效要件

合同生效要件是判断合同是否具有法律效力的标准。根据《民法通则》第55条的规定，合同的一般生效要件包括以下几项：

（一）行为人具有相应的民事行为能力

这一要件在学理上又被称为主体适格原则。合同是一种法律行为，以当事人的意思表示为基础，并以此产生一定的法律效果为目的的，因此，行为人是否具备正确理解自己的行为性质和后果、独立地表达自己的意思的能力，对于该行为能否产生法律效力是至关重要的。只有缔约者能够正确理解其缔结合同行为的性质及可能产生的后果，他才具有缔约的相应的民事行为能力。主体是否适格的考察有利于保护当事人的利益，维护正常的交易秩序。缔结合同的主体可以为自然人，也可以为法人，亦可以为其他组织。

1. 自然人的缔约能力

根据我国《民法通则》的规定，年满18周岁且能完全辨认自己行为的人，则是完全民事行为能力人。16周岁以上不满18周岁的自然人，以自己的劳动收入为主要生活来源的，视为完全行为能力人。完全行为能力人可以自主地进行民事活动，具有完全的缔约能力。

10周岁以上的未成年人和不能完全辨认自己行为的精神病人是限制民事行为能力人。他们只能实施某些与其年龄、智力、精神状况相适应的民事活动，其他的活动必须由其他法定代理人代为实施，或在征得其法定代理人同意后才能实施。限制民事行为能力人的缔约能力也受到一定的限制。他们只能从事与其年龄、智力、精神状况相适应的缔约行为。

10周岁以下的未成年人和完全不能辨认自己行为的精神病人是无行为能力人，不能独立进行民事活动，他们所需要从事的民事活动应由其监护人代理进行。无行为能力人不具有缔约能力。

但限制民事行为能力人和无民事行为能力人在纯获法律上的利益而不承担法律义务的合同中，可以作为合同当事人，具有缔约能力。因为法律限制无民事行为能力人和限制民事行为能力人的缔约能力，是为了保护他们不因智力、精神状况等因素影响而处于不利地位，而在纯获利益的合同中，无行为能力人和限制行为能力人只取得利益,而不承担义务,不会遭受不利的后果,所以法律无限制的必要。

2.法人的行为能力

法人的行为能力是一种特殊的行为能力,过去我国的司法实践认为,法人应当在其核准登记的生产经营和业务范围内活动,其缔约能力也以此为限,法人在其经营范围和业务范围外所缔结的合同,属于无效合同。这一做法存在着不合理性,所以它已逐渐改变。

20世纪之前奉行严格的越权无效规则,法人从事章程所规定的目的事业外的行为均无效,即使全体股东的事后追认也不能使之发生效力,除非该行为是包括于权能之内的行为或附随于权能的行为。但是自20世纪以来,这一规则有了新发展,许多大陆法国家的公司法均规定,公司的缔约行为超越章程范围时,如不能证明相对人为恶意则合同仍为有效,在此情况下,仅发生有关负责人对公司的民事责任。我国也逐渐采用了这一观点。1993年5月最高人民法院印发的《全国经济审判工作座谈会纪要》中指出:合同约定,仅一般违反行政管理性规定,例如,一般地超越经营范围,违反经营方式等,而不是违反专营专卖及法律禁止性规定,合同的标的物也不属于限制流通物的,可按照违反有关行政管理规定进行处理,而不因此确认合同无效。这实际上是对法人民事行为能力限制的一种放宽,可以说,超越经营范围所订立的合同违反了行政法的规定,应承担一定的行政责任,但不能因此就认定合同本身无效。这为承认超越经营范围所订立的合同效力开了一个口。

我国《合同法》亦承继了这一观点,合同法在关于"合同的效力"的规定中没有将法人超越经营范围而订立的合同规定为无效合同。而且其第50条承认法定代表人超越权限所订立的合同在多数情形下是有效的,也就表明若法定代表人超越经营范围的权限限制而订立相关合同,合同有效。

但需要强调的是,越权订立合同的行为如果违反了国家强制性规定,则应认定无效。

3.其他组织

其他组织是指不具有法人资格但可以以自己的名义进行民事活动的组织,又可称为非法人组织。其缔约能力,应区分两种情况看待,未领取营业执照的非法人组织,不得以自己的名义独立从事民事活动,而只能以法人的名义订约;拥有营业执照的非法人组织,可以对外签订合同。因为依据我国现行法律的规定,允许领取营业执照的非法人组织对外从事经营活动,民事经营活动的范围是很广的,其中最为重要的是缔约活动,倘若无订立合同的能力则之后的交易等就无法进行,所以这实际上是允许非法人组织对外订立合同。当然,非法人单位如果不能独立清偿民事债务,则应当由设立该组织的法人或投资人等承担。

(二)意思表示真实

意思表示真实是指表意人的表示行为应当真实地反映其内心的效果意思。表示行为是指表意人将其内心的效果意思表达于外部的行为,效果意思是指表意人内心所想要发生一定法律效果的意思。意思表示真实是合同生效的重要构成要件。因为从本质上,合同是当事人之间的一种合意,基于意思自治原则,当事人只受自己真实的意思表示约束,法律赋予这种真实的意思表示以及在此意思表示基础上形成的合意以法律效力。

在大多数情况下,行为人表示于外部的意思同其内心真实意思是一致的。但有时会出现不相符合的情况,这称为"意思表示不真实"或"非真实的意思表示"。在意思表示不真实的情况下,对于如何确定行为人所作出的不真实的意思表示的效力,各国立法和学说有意思主义、表示主义和折中主义三种不同的观点。意思主义主张,应以行为人的内在意思为判断标准。因为内心意思是意思表示的来源,外在的表示是以内心的意思为基础的,没有内在的意思,外在的表示则为无本之木,因而这种外在表示应为无效,从而保护表意人的自由意志和合法利益。表示主义认为应以行为人外部表示为依据,因为行为人内心真实意思是什么,外人无法推测,只有通过表见于外部的行为才能推知表意人的意思。所以应赋予由外部状态所推定的当事人的意思表示以法律效力,从而保护交易相对人的信赖,维护交易安全。折中主义认为,在意思表示不真实时,应考虑行为人的内心意思和外部表示,结合具体情况,作出判断,这样才可以兼顾双方当事人的利益。也就是说,以意思主义为原则,以表示主义为例外,或以表示主义为原则,以意思主义为例外。

本书认为折中说较为合理,在意思表示不真实的情况下,既不能仅考察行为人表示于外部的意思,而不考虑行为人的内心意思;也不能仅以行为人的内心意思为标准,而不考虑行为人的外部表示。因为意思主义仅以内心意思为依据,而人的内心真实意思是难以探求的,一般要通过见诸外部的行为才能推知表意人的意思,从这一角度说,表示主义有其合理性。但表示主义过于强调外在行为给相对人的一种信赖性,把保护第三人利益放在首位,而忽视了对表意人真意的考察。折中说则较为科学,因为它结合具体情况,采用主客观相配合的方法,既注意到了表意人的内在真意,又考量了外在的行为表示,调和了双方当事人的利益,有利于交易的顺利进行。

当某一意思表示被认定为不真实时,其所产生的合同效力应如何认定?一般来说,如果当事人作出的意思表示违反了法律、行政法规的强制性规定或社会公共利益,那么应当确认此种意思表示无效,由此产生的合同也应认定无效。但如果不真实的意思表示并未违反现行法律、行政法规强制性规定或社会公共利益,那么原则上可将此种意思表示不真实的合同作为可撤销的合同对待,这样更有利于保护相对人的利益,维护交易安全和交易秩序。

(三)不违反法律或社会公共利益

合同之所以能产生法律效力,其原因在于当事人的表示符合法律的规定。对合法的意思表示,法律赋予其法律上的约束力,而不合法的合同法律不予以保护,也就无法产生当事人预期的法律效果。这里的法律主要是指法律的强制性规定,而不包括任意性规定。因为合同领域,强调的是当事人意思自治,合同法的大多数规定为任意性规定,当事人可以通过合意加以变更,当事人的特别约定可以排除任意性法律的适用。合同不违反法律,主要是指合同的内容合法,即合同的全部条款应符合法律、行政法规的强制性规定,这样,合同的内容才能产生法律效力。如果仅仅是部分条款违法,部分条款无效不影响其他部分的效力的,则可以仅确认该部分条款无效。

规定合同不违反社会公共利益,旨在以社会公共利益的强大包容性来弥补成文法规定的不足,而且将社会公共利益作为衡量合同生效的要件,有利于维护全体社会成员的共同利益,维护社会公共伦理道德。

(四)必须具备法律所要求的形式

合同自由中就包括了当事人有选择合同的形式的自由。但是,如果法律对合同的形式作出了特殊规定,当事人必须遵守法律规定。例如,依照法律规定,有一些合同当事人在签订合同后还必须办理批准、登记等手续,方为有效。

四、附条件和附期限的合同

合同所附条件和期限,又称为附款,设置附款的目的在于将当事人的动机转化为合同条件,引导当事人为特定的行为,从而在当事人之间分配一定的风险,实现双方利益的平衡。

(一)附条件的合同

1.条件的特征

并不是合同中约定的任何条件都可以成为附条件合同中的"条件"。该"条件"应符合下列几个特征:

(1)应该是尚未发生的事实。既成的事实不能被设定为条件,因为既成的状况不具有借助条件来控制合同效力的意义。假设条件在订立合同时已经成就,如果是停止条件,相当于合同没有条件;如果是解除条件,以法律行为为无效。如果在合同订立时,已经确定条件不能成就,当条件为停止条件时,合同为无效;当条件为解除条件时,则相当于合同未附条件。

(2)应该以是否发生尚不确定的事实为条件,一定会或者一定不会发生的事实不能作为条件。如果以一定成就的事实作为条件,等于只是延缓了合同生效的时间或合同失效的时间,因此这一事实非条件,而是期限。如果以必定不能发生的事实作为条件,则该条件若为停止条件,合同无效;该条件若为解除条件,合同相当于无条件。例如双方约定"如果太阳从西边出来,我则将所有财产赠与对方",这里的"太阳从西边出来"在客观上是不可能发生的事实,所以不能作为附条件合同中的条件。

（3）必须是合法的事实,违法或违反社会公共利益的事实不能作为条件,如约定"如杀死赵某某,赠金 10 万元",这一违法事实不得作为条件,再如约定"终身不结婚,可得赠金 100 万元",这一事实亦不得作为条件。

（4）应是当事人约定的事实。法律规定或者行为性质决定的事项,不能作为条件。例如,房屋买卖合同中,在房地产部门办理过户登记手续后房屋买卖才生效,这里过户登记是房屋买卖发生效力的法定条件而非约定性条件,因此不能将办理过户手续看作是合同所附条件。再如,政府机关对有关事项或合同审批或者批准的权限和职责,源于法律和行政法规的规定,不属于当事人约定的范畴。当事人将上述权限和职责约定为合同所附条件,不符合法律规定。①

2.条件的种类

（1）生效条件和解除条件

根据我国《合同法》第 45 条的规定,合同中所附的条件可以分为生效条件和解除条件。

生效条件,也可称为延缓条件、停止条件,是指限制合同发生效力的条件。如果合同附有生效条件,则合同在成立以后还不能立即发生法律效力,只有在生效条件成就时,合同才能产生效力,合同才在当事人之间产生实际约束力。解除条件,也可称为消灭条件,是指限制合同失效的条件。如果合同附有解除条件,则合同成立时已经实际发生效力,当解除条件成就时合同则失去法律效力。

在附条件的合同成立以后,在条件未成就以前,任何一方当事人均不得为了自己的利益,以不正当的手段促成或阻止条件的成就,而应让作为条件的事实自然发生,不应在其中介入人为的不正当的原因。所谓的不正当手段包括行为人违反法律规定、道德规范或诚信原则,采取作为或不作为的方式促成或阻止条件的成就。当事人采用此等不正当的手段的,法律对此给予否定的评价,即当事人为自己的利益不正当地阻止条件成就的,视为条件已成就;不正当地促使条件成就的,视为条件不成就。例如,房屋租赁合同中,双方约定如果甲方的亲戚出国回来需要居住,则房屋租赁合同终止,乙应及时搬离。乙方听说甲的亲戚已回国欲前来住宿,则采用恐吓手段阻止该亲戚到来,乙的行为已构成以不正当的手段阻止条件成就,应视为条件成就。

---

① 参见青岛市崂山区国土资源局与青岛南太置业有限公司国有土地使用权出让合同纠纷案(最高人民法院〔2004〕民一终字第 106 号)。

（2）肯定条件与否定条件

根据约定条件是为发生还是为不发生的客观事实,可以将所附条件分为肯定条件与否定条件。

肯定条件,又可称为积极条件,是指以发生某种客观事实为其条件的内容,所附事实发生,则条件成就;所附事实不发生,则条件不成就。例如甲和乙的女儿约定如果乙的女儿各门期末考试成绩都在 80 分以上,甲就同意乙的女儿参加其主办的培训班,该培训合同就是附肯定条件的合同。

否定条件,又可称为消极条件,是指以不发生某种客观事实为内容的条件,所附事实不发生,则条件成就;所附事实发生,则条件不成就。例如甲和乙约定如果明天不下雨,甲就借乙 3 万元钱,该借款约定则为附否定条件的合同。

（二）附期限的合同

附期限的合同是指当事人在合同中约定一定的期限,并将该期限的到来作为合同发生效力或丧失效力的根据。

合同中所附的期限与合同中所附的条件一样,都是合同的附款,都能对合同效力的发生或消失起到限制作用,但作为条件的事实是否发生是不确定的,而期限却为确定的事实,其到来具有必然性。在附期限的合同中,合同是否生效受到一定时间或期间的到来的限制,因而只有尚未到来且必然到来的时间或期间,才可以作为附期限的合同中的期限。

期限可以分为两种:一是生效期限,又可称为延缓期限或始期,在附生效期限的合同中,合同的效力自期限到来时才发生,在期限到来之前,合同虽已成立但尚未生效。例如,双方当事人约定合同自某年某月某日起发生法律效力。二是终止期限,也可称为解除期限或终期,在附解除期限的合同中,合同的效力自期限到来时消灭,在期限到来之前,合同一直发生效力。

所附的期限可以是准确确定的期限,也可以是不完全确定的期限。例如,甲乙双方约定,合同成立后的第一场大雨下过之后,甲向乙出售一套雨后登山设备。

第二节　无效合同

一、无效合同的概念和特征

无效合同,是相对于有效合同而言的,它是指合同虽然已经成立,但因欠缺法定生效要件,使得当事人订立的合同不能被法律赋予法律效力的一种状态。无效合同是法律对合同的否定评价,是国家意志对合同自由的一种限制,它具备以下几个特征:

1. 无效合同具有违法性。无论何种无效合同,都具有违法性。所谓违法性,是指法律给予否定性的评价,典型表现为违反了法律、行政法规的强制性规定以及国家或社会公共利益。这里强调的是违反法律或行政法规的强制性规定,而非仅是违反了法律和行政法规的任意性规定。对社会公共利益的考量,是因为社会公共利益体现了全体社会成员的共同利益,对它的违反可谓是冒天下之大不韪,即使没有违反法律的明文规定,亦是无效的,国家强制力是不会保障此等合同的。

2. 无效合同体现了国家的干预。合同被确认无效,是国家对私人合同自由进行控制的手段,从而满足国家某种经济社会政策需要。国家干预主要体现在,有关国家行政机关可以对一些无效合同进行查处,追究无效合同有关当事人的行政责任;在当事人请求确认合同无效之前,法院和仲裁机构可以主动依职权审查合同是否无效。依法被确认为无效的合同,当事人即使愿意继续履行该合同或追究一方的违约责任,法律也不允许,因为合同已被宣告无效,体现了国家强制力的因素,当事人的意愿不能使之有效。

3. 无效合同自始无效、当然无效。"自始无效"是指该合同自始不发生法律约束力,合同一旦被确认无效,便产生溯及力,使合同自订立之时起就不具有法律效力,也不因为之后法律的修改或废止使之转化为有效合同。"当然无效"是指任何人都可以主张合同是无效的,即使当事人不愿主张,其他无须与合同有密切关系的人均可以要求宣告该合同是无效的。

4. 无效合同具有不得履行性。所谓无效合同的不得履行性,是指当事人在订立无效合同以后,不得根据合同的约定实际履行,已经履行的,应返还财产或折价补偿,尚未履行的,不得履行,也不承担不履行合同的违约责任。

值得注意的是,合同存在无效的原因,并不等于合同全部无效,有时可能只是部分无效。根据我国《合同法》第56条的规定,当合同仅有部分存在无效的原因,且该部分又不影响其余部分时,其余部分仍然有效。详言之,在由若干部分组成或在内容上可以分为若干部分的合同中,如果有效部分和无效部分可以独立存在,一部分无效并不影响其他部分的效力,那么无效部分被确认无效后,有效部分继续有效存在。但是,如果无效部分与有效部分有牵连关系,确认部分内容无效将影响其他部分的效力,或者根据合同的性质或诚实信用原则,剩余的有效部分对于当事人已无意义,则合同应被全部确认为无效。

二、无效合同的类型

根据我国《合同法》第52条的规定,无效合同的类型主要包括以下几种:

(一)一方以欺诈、胁迫的手段订立的,损害国家利益的合同

欺诈和胁迫行为损害的可能是国家利益,也可能是集体利益或第三人的利益。

因损害对象的不同,我国合同法将因欺诈、胁迫而订立的合同分为两类,一类是无效合同,即以欺诈、胁迫的手段订立的损害国家利益的合同。另一类是可撤销的合同,即以欺诈、胁迫的手段订立的损害集体利益或第三人利益的合同,受欺诈方或受胁迫方有权请求人民法院或仲裁机构变更或者撤销该合同。

1. 欺诈

法律上的欺诈是指一方当事人故意实施某种欺诈他人的行为,并使他人陷于错误认识并为意思表示而订立合同。判断某一行为是否构成欺诈,主要从以下四个方面进行考虑:

(1)从主观上看,欺诈方具有欺诈的故意。欺诈的故意是指希望通过陈述虚构的事实或隐瞒真实情况让他人陷入错误认识,并使他人基于此等错误而作出意思表示的故意。如果当事人没有欺诈的故意,只是由于自身认识的错误或不足,而给对方提供错误的信息,导致对方作出错误的意思表示的,亦不构成欺诈。

(2)从客观上看,欺诈方实施欺诈行为。欺诈行为是指欺诈人将自己的欺诈故意见诸外部的行为。它通常表现为欺诈人故意陈述虚假的事实,有时也表现为故意隐瞒真实情况。沉默是否构成欺诈行为? 大陆法系国家一般认为,只有在法律上、合同上或交易习惯上有说明事实真相的义务时,沉默才属于欺诈行为。英美法通常允许当事人对事实保持沉默,但它认为,如果当事人已经开口说明事实,则应将全部事实说清,保留而不说明清楚,则构成欺诈。而且,如果起初当事人已如实陈述了全部事实,但以后情况发生了重大变化,当事人对变化了的情况沉默不语的,也构成欺诈。我国法律虽然没有明文规定沉默是否构成欺诈,但从理论上分析,如果沉默违反说明事实真相的义务,则沉默构成欺诈。

(3)被欺诈的一方因欺诈而陷于错误认识。错误是指对合同内容及其他重要情况存在认识的缺陷。例如误将铜制品认为是金制品,误将赝品当作真品,不知当事人没有履行能力等。欺诈方的行为与被欺诈一方的错误之间存在因果关系,即该错误不是因为被欺诈一方自身的原因,而是受欺诈所导致的。欺诈人即使有欺诈的故意和行为,但如果被欺诈人未陷于错误认识,则也不发生欺诈的法律后果。

(4)被欺诈人因错误而作出了意思表示。被欺诈一方基于他人的欺诈行为而作出意思表示,该意思表示并不反映其内心真实的意思。如果受欺诈人虽然陷于错误的认识,但是并非是基于错误认识而作出意思表示,也不构成欺诈。

2. 胁迫

胁迫是一方以直接施加损害或将来要发生的损害相威胁,使对方产生恐惧,并基于这种恐惧而订立合同的行为。可见胁迫行为包括两种情况:(1)胁迫者以将要发生的损害相威胁。只要受胁迫者在当时情况下相信损害将要发生,就可以构成胁迫。(2)胁迫者以直接面临的损害相威胁。

判断一合同是否是因胁迫而订立的,可以考察以下几个要件:

(1)胁迫人具有胁迫的故意。所谓胁迫的故意,是指胁迫者意识到自己的行为将会给受胁迫者造成心理上的恐惧,仍实施这种胁迫行为,并且希望通过这种胁迫行为使受胁迫者作出某种意思表示。胁迫的故意有别于胁迫的动机,例如胁迫者企图通过威胁使他人低价出售其房屋而获得利益,获得利益是胁迫者的动机,使他人与之订立低价买卖房屋合同的意图则为胁迫的故意。

(2)胁迫者实施了胁迫行为。胁迫者可以直接施加损害来威胁他人,也可以用将要发生的损害相威胁。对于胁迫行为的危害程度,在罗马法上要求是重大危害,例如对于生命、身体或者自由之类的危害。到了19世纪,法律仍认为,只有真正实行监禁或者危及生命安全,才视为胁迫,凡是以殴打、焚烧房屋、夺走或破坏财物相威胁,都不视为胁迫。[①] 但是到了近现代民法,危害不以重大为限,甚至不论以危害是否可能实现,只要使受胁迫人发生恐惧,即可构成胁迫。例如巫婆运用所谓的巫术对无知村民以诅咒相威胁,要求他们赠送金钱等财物。我国法律虽无明文规定,但也应持此观点,即不问危害是否属于重大,无论危害是否可能实现,只要达到使受胁迫人发生恐惧的程度就足以构成。关于受危害的对象,大陆法系和英美法系大都认为,应限于受胁迫人本人,可扩展到与之有一定关系的人,如其父母、配偶、儿女等,只要足以使受胁迫人感到恐惧即可。我国亦采用这一观点,根据《民通意见》第69条规定,"以给公民及其亲友的生命健康、名誉、荣誉、财产等造成损害,或者以给法人的荣誉、名誉、财产等造成损害为要挟,迫使对方作出违背真实的意思表示的,可以认定为胁迫行为",受危害的对象可以是公民及其亲友,亦可以是法人。

(3)受胁迫者因胁迫而产生恐惧,并因此订立了合同。受胁迫人因为害怕面临的损害或即将面临的损害而从内心里产生一种恐惧感,在这种恐惧感的支配下,他迫不得已地与胁迫人订立了合同。如果受胁迫人并没有对胁迫行为产生恐惧,或者虽然发生了恐惧,但并非由于胁迫行为而引致的,或者不是由于恐惧才与对方订立合同的,这些情形都不构成胁迫。

(4)胁迫行为是非法的。胁迫行为非法包括行为内容的非法和行为目的的非法。内容违法的行为,如以侵害对方合法的人身、财产利益相要挟。目的违法的行为,如以检举揭发对方的犯罪事实相威胁进行敲诈勒索。

(二)恶意串通,损害国家、集体或第三人利益的合同

恶意串通的合同是指双方当事人非法串通在一起,通过共同订立某种合同,来损害国家、集体或第三者利益的行为。例如,在招标投标过程中,投标人之间恶意串通,以压低标价从而损害招标人的利益;或者投标人与招标人恶意串通,以达到排挤其他投标人的目的等等。

---

① 王家福主编:《中国民法学·民法债权》,法律出版社1991年版,第347页。

恶意串通合同的主要特点包括：

1.当事人出于恶意。即当事人双方都希望通过订立合同损害国家、集体或者第三人的利益，也就是说，当事人明知其行为会损害国家、集体或者第三人的利益，仍为之。

2.当事人之间互相串通。互相串通，可以表现为事先共谋的方式，即双方当事人事先达成协议，也可以是一方当事人作出意思表示，对方当事人明知其目的非法而用默示的方式接受。相关当事人具有上述主观上的串通后，在具体实施上，可以是双方当事人分工相互配合，也可以是双方共同实施某一行为。

3.损害国家、集体或者第三人的利益。所造成的利益损失可以是积极利益的损失，即既有利益的丧失；也可以是消极利益的损失，即应该增加的利益而没有增加。

（三）以合法形式掩盖非法目的的合同

以合法形式掩盖非法目的，又可称为隐匿行为，是指当事人订立的合同在形式上是合法的，但在内容上和目的上是非法的。订立合同的行为就其外表来看是合法的，但是外表行为只不过是当事人借以达到非法目的的手段。例如，为了逃避债务或被法院查封而与他人订立赠与合同，将自己的大量财产赠与他人。

这一合同具有如下几个特点：其一，仅从外观上看，这一合同是合法的，外观上它并不违反法律、行政法规的强制性规定。其二，合法的合同行为仅仅是一个表象，用以掩盖其非法的目的。换言之，当事人所追求的目的是违法的，但他们以合法的外观行为作为伪装。其三，当事人具有规避法律规定的故意。当事人明知其目的违法，而试图通过外部伪装来实现这一不合法的目的。例如，引例中的合同就是此种无效合同，当事人不得主张变更。该合同具有合法的形式，但其目的是在于逃税，逃税是一种违法行为，所以该合同是《合同法》第52条第3项所规定的无效合同的类型之一，是一种以合法形式掩盖非法目的的行为。

需要指出的是，如果当事人所掩盖的目的是合法的，并不违法，则应按照行为人的真实意图处理，使被掩盖的行为发生法律效力。

（四）损害社会公共利益的合同

这一规定体现了对全体社会成员共同利益的特别保障。违反社会公共利益或公序良俗的合同无效，这是各国立法普遍确认的原则。社会公共利益是一个内涵不确定、外延较宽泛的范畴，它包含了公共秩序和善良风俗的概念。按史尚宽先生的看法，"公共秩序，谓为社会之存在及其发展所必要之一般的秩序，而个人之言论、出版、信仰、营业之自由，乃至私有财产、继承制度，皆属于公共秩序。善良风俗，谓为社会之存在及其发展所必要之一般道德，非指现在风俗中善良者而言，而系谓道德律，即道德的人民意识"。凡是订立合同危害国家公共安全和秩序、损害公共秩序、善良风俗的,无论当事人是否主张无效,法院和仲裁机构都可以主动宣告合同无效。例如,以从事犯罪或帮助犯罪作为内容的合同,规避课税的合同,危害社会秩序的合同,对婚外同居人所作出的赠与和遗赠等违反道德的合同,赌博合同,违反人格尊严的合同,危害家庭关系的合同,限制经济自由的合同,违反公平竞争的合同,违反劳动者保护的合同等,均应无效。①

(五)违反法律、行政法规的强制性规定的合同

无效合同都具有违法性,而违反法律、行政法规的强制性规定的行为,在违法性方面较之于其他无效合同更为显而易见,所以此类合同属于最明显的无效合同。此处所说的法律是指由全国人大及其常委会制定的法律,行政法规是指由国务院制定的法规,违反这些全国性的法律和法规的强制性规定的行为是当然无效的。

三、无效的免责条款

(一)免责条款的概念和特征

免责条款是指当事人在合同中事先确立的限制或者排除某一方合同当事人未来责任的条款。它一般具有如下几个特征:

1. 免责条款一般是当事人明示约定的条款。免责条款是当事人经协商后约定的,而非是法律规定的,例如不可抗力免责是法定免责事由。免责条款一般仅限于当事人的明示约定,默示的方式或推定的方式不能订立免责条款。

2. 免责条款的主要目的是事先限制或排除一方当事人未来的民事责任。这是一种事先的限制或排除责任的方式,而不同于事后的限制或排除,事后当事人约定减轻或免除一方当事人的责任,则属于当事人处分其权利的行为。

3. 免责条款所针对的是合同履行过程中所产生的责任。免责条款具有一定的附从性,它以一定的合同关系存在为前提,与合同履行过程中所发生的责任相联系。

(二)无效免责条款的类型

根据《合同法》第53条的规定,"合同中的下列免责条款无效:(一)造成对方人身伤害的;(二)因故意或者重大过失造成对方财产损失的",无效的免责条款分为

---

① 梁慧星:《市场经济与公序良俗原则》,载梁慧星主编:《民商法论丛》第1卷,法律出版社1994年版,第57~58页。

两类:其一,为对人身造成伤害的免责条款,无论该侵害行为是故意的,还是过失的,规定此类行为免责的条款一律无效,这彰显了人文主义精神,体现了对人的生命权、健康权、身体权的尊重和重视。其二,为对财产权侵害的免责条款,采用了限制无效的原则。仅规定对故意或重大过失责任的事先免责条款为无效。可见,在人身权的保障与财产权的保障上,法律采取了不同的标准。

此外,对于一些特殊的合同关系,法律还专门规定了免责条款无效的情形,例如,《消费者权益保障法》规定,经营者不得通过格式合同、店堂告示等免除责任。

第三节 可撤销的合同

一、可撤销合同的概念和特征

可撤销合同,又称为可撤销、可变更的合同,是指当事人在订立合同时,因意思表示存在瑕疵或不真实,撤销权人有权通过行使撤销权而使已经生效的合同归于无效。可撤销合同的法律特征表现在如下几点:

1.可撤销的合同主要是意思表示不真实的合同,例如当事人存在重大误解而订立的合同,一方当事人乘人之危而订立的合同,其意思表示不具有违法性,没有损害国家或社会公共利益,所以在这一点上,它不同于无效合同。但是可撤销合同并不仅是意思表示不真实的合同,还包括合同当事人之间权利义务显失公平的合同。

2.欲撤销合同,得由撤销权人主动行使撤销权。法律赋予撤销权人是否主张撤销的权利的选择权,撤销权人可以自由决定是否撤销合同,法院对此采取不告不理的态度。而无效合同是当然无效,无论当事人是否主张合同无效,法院或仲裁机构都可以主动干预,宣告合同无效。

3.对于可撤销合同,撤销权人可以请求予以撤销,也可以不要求撤销。可撤销合同在未被撤销以前仍然是有效的,而无效合同是自始无效的,当事人亦不得履行。而且当撤销权人仅要求变更合同内容的情况下,合同仍然是有效的,法院不得作出撤销的判决。而在无效合同中,当事人无权在变更合同与要求确认无效之间随意作出选择。

二、可撤销合同的类型

(一)因重大误解订立的合同

重大误解是指合同当事人因自己的过错而对与合同有关的情势发生误解,致使该行为结果与自己的内心意思相悖,并造成较大损失的情形。

重大误解常见的类型有:(1)对行为性质的误解,例如误把借用当作赠与,误把出租当作出售;(2)对对方当事人的误解,例如把甲公司误认为乙公司而与之订立合同;(3)对标的物的种类、质量、规格、数量的误解,例如误把镀金制品当纯金制品,误把藏玉的石头当普通的石头;(4)对价金的误解,例如误以人民币计价当作美元计价;(5)对标的物的包装、履行方式、履行地点、履行期限等内容的误解,例如误将异地履行当作本地履行。而对行为动机的误解,在行为动机未作为合同条件提出时,他人难以了解,法律也难以作出评价,因此原则上不属于重大误解的范围。但是,如果当事人在订立合同时已经把动机作为合同条件提出,且对此误解会造成较大损失时,则应当将其视为对合同内容的重大误解。

因为重大误解将对当事人的权利义务产生重大的影响,所以重大误解的构成要件是较严格的,主要有以下几个要件:

1. 当事人是对合同的内容等发生了重大误解。当事人对关涉合同的重要内容发生误解,方为重大误解。若仅仅是对合同一些次要的、不重要的条款发生误解且对当事人的权利义务影响不大,则不作为重大误解处理。

2. 误解是由表意人自己的过失造成的,不能是表意人的故意行为所造成的,否则不能构成误解。如果表意人在订立合同时故意保留其真实的意思,或者明知自己对合同发生了误解而仍然与对方签订合同,则表明表意人希望追求其意思表示所产生的效果,不能以重大误解来处理。如果误解是因为受他人的欺诈行为造成的,则构成欺诈而非重大误解。

3. 表意人因为误解作出了意思表示。表意人作出了意思表示,这种意思表示是由误解造成的,误解与表意行为之间存在因果关系。误解与表示错误不同,在表示错误情形下,当事人的内心意思不存在缺陷,只是表示发生错误,如错将标的物的数量50架,写为500架。而在误解的情形下,当事人内心真实意思发生了缺陷,而外部表示与内心意思是不一致的。

4. 误解方因此遭到较大损失。

(二)显失公平的合同

显失公平是指双方当事人在订立合同的过程中,一方当事人利用自身的优势或者利用对方没有经验,致使双方权利义务的分配明显不对等,使一方明显处于不利的地位。

我国合同法规定,在订立合同时显失公平的,当事人可以行使撤销权。这体现了法律对公平原则的贯彻和实现,尤其是对程序公平的一种保障。法律要求当事人在为订立合同而进行协商过程中,双方应是平等的,能够自由地表示其内心真实的意思,而不受其他不当的影响。一方借助其优势地位,利用对方在某方面没有经验、比较轻率而与之订立明显有利于自己的合同,使双方利益明显失衡,此类合同违背了公平原则，所以法律允许当事人予以撤销。

显失公平的合同主要具有以下法律特征：

1.这种明显不公平主要发生在合同订立时，合同已经成立、生效后，因客观情势发生变更使得当事人利益严重失衡时，可能发生情势变更原则的运用，而非主张显失公平的运用。

2.双方当事人利益严重失衡，一方获得的利益超过了法律所允许的限度。正如《国际商事合同通则》所指出的，"即使价值和价格之间相当失衡，或其他因素扰乱了履行与对应履行之间的平衡，尚不足以允许宣告合同无效或修改合同。这种不平衡必须是非常严重的，以至于破坏了正常人所具有的道德标准"。[①] 如若标的物的价格仅比当时当地的同类物品交易价格有所上涨，应属于当事人应当预见的商业交易风险，不应认定为利益严重失衡，双方显失公平。[②]

3.一方当事人在订立合同时利用了自身的优势或利用了对方的缺乏经验、轻率等。所谓利用自身优势主要是指一方利用其在经济上的强势地位，使对方不得不委屈于对自己明显不利的条件而签订合同。没有经验主要是指缺乏一般的生活经验或交易经验，轻率是指订立合同过程中马马虎虎，不认真，例如没有仔细核对合同的价目或数量，盲目听信对方的口头陈述。

（三）因欺诈、胁迫而订立的合同

前面已经提到过，因欺诈、胁迫订立的合同应分为两类，一类是以欺诈、胁迫的手段订立合同而损害国家利益的，应作为无效合同处理，另一类是一方以欺诈、胁迫的手段订立合同但没有损害国家利益，或是损害了集体或是损害了第三人的利益，对于这类合同应作为可撤销合同还是应作为无效合同对待，存在着两种不同的观点：

一种观点为撤销主义说。这种观点主张欺诈、胁迫合同作为可撤销的合同对待即可，无须当作无效合同处理。理由在于，一方因受欺诈、胁迫而订立合同，主要是意思表达不真实或存在着瑕疵的问题，而非具有违法性。一方在受到欺诈、胁迫的情况下进行意思表示是不自由的，所作出的意思表示是不真实的，为了充分地维护当事人的意志自由，同时为制裁实施欺诈、胁迫的一方，法律赋予被欺诈人、受胁迫人以撤销权，由被欺诈人、受胁迫人决定瑕疵意思表示的效力，让他们能在充分考虑其利害得失以后，作出是否撤销合同的决定。

另一种观点为无效主义说。这种观点认为欺诈、胁迫合同应属于无效合同。这一观点认为确认此类合同无效有利于有关行政机关或司法机关对此进行干预，

---

① 国际统一私法协会：《国际商事合同通则》，法律出版社 2005 年版，第 63 页。

② 参见福建三木集团股份有限公司与福建省泉州市煌星房地产发展有限公司商品房预售合同纠纷案（最高人民法院〔2004〕民一终字第 104 号）。

从而维护社会公共秩序和公共道德,而且这能够更有力地制裁实施欺诈、胁迫行为的人,有效地防止欺诈、胁迫行为的发生。

我国大多数民法学者认为撤销主义更为合理,这一观点亦为我国立法所肯定。理由主要有三:首先,撤销主义更能充分尊重被欺诈方、受胁迫方的意愿,将选择权交予他们,充分体现了民法的意思自由原则。其次,有时某些欺诈、胁迫行为给被欺诈人、受胁迫方所造成的损失可能是轻微的,受害人可能仍认为该合同对自己是有利的,并愿意接受该合同的约束。再次,在许多情况下,对于受害人来说,责令实施欺诈、胁迫行为的当事人承担违约责任,要胜于责令实施欺诈、胁迫行为的当事人承担合同被宣告无效后的责任。

欺诈不同于显失公平。其一,欺诈是一方故意制造假象使对方陷入错误,对方在此错误的基础上作出不真实的意思表示;而在显失公平的情况下,一方并没有欺诈他人,只是利用了对方的无经验、轻率等。其二,在欺诈的情况下,受害人在主观上并没有选择的自由,受欺诈人订立对其不利的合同是因对方的欺诈行为所导致的;而在显失公平的情况下,受害人在主观上具有一定的选择自由,而由于自己的无经验、轻率等而与对方订立合同,可以说,在许多情况下受害人自身存在一定的过错。

欺诈亦有别于重大误解:首先,在欺诈的情况下,受欺诈的一方陷入错误认识是由于欺诈行为造成的,而非是自己的过错造成的。在重大误解的情况下,误解方陷入错误认识源于自己的过失,并非受到他人的欺诈。其次,在欺诈的情况下,不管欺诈是否给受欺诈方造成较大的损失,受欺诈方都有权基于对方欺诈的事实而行使撤销合同的权利。在重大误解的情况下,误解方遭到较大损失则是重大误解的构成要件,误解方未受较大损失的,则不能行使撤销权。

(四)因乘人之危而订立的合同

乘人之危,是指行为人利用他人的危难处境或紧迫需要,迫使对方作出违背其真实意志的意思表示,订立明显对其不公的合同。乘人之危所订立的合同具有如下特征:

1. 一方乘对方处于危难或急迫境地,逼迫对方。所谓危难是指急欲避免或摆脱重大不利的状态,它不仅包括经济上的窘迫,还包括生命、健康、尊严等处于不利的状态。所谓急迫是指情况紧急,为保障重大利益的迫切需要对方提供金钱、劳务、技能等。不法行为人主观上具有乘人之危的故意,客观上实施了乘人之危的行为,该行为一般表现为积极行为,即直接向对方提出某种索求,但有时也可表现为消极行为,即以不作为的方式拒绝对方的合理请求。

2. 受害人由于危难或急迫而被迫订立了合同。也就是说,受害人作出的意思表示与不法行为人利用其所处的危难或急迫状态有因果关系,例如,为抢救重病的儿子,不得不接受的士司机的高价路费。

3.乘人之危的结果使合同当事人利益严重失衡。不法行为人所取得的利益超出了法律允许的限度,对方当事人因此遭受重大损失。这一重大损失通常表现为财产上的损失,也表现为其他利益的损失,如人格利益遭受损失。

根据《民法通则》第58条的规定,一方乘人之危,迫使对方在违背真实意思的情况下订立的合同为无效合同。此规定主要是考虑到乘人之危的行为人主观上具有恶意,违背了社会公共道德和诚实信用原则,因此应当通过确认合同无效,以加强对行为人的制裁。但《合同法》第54条修改了《民法通则》的上述规定,将此类合同归入到可撤销的合同范围之中,给予受害人更大的选择自由。《合同法》的规定与《民法通则》的规定不一致的,根据特别法优先于普通法原则,优先适用合同法。

三、撤销权的行使

可撤销合同的撤销权是指撤销权人依其单方的意思表示即可使合同效力自始消灭的权利。撤销权是一种形成权,通常只由因意思表示不真实而受有损害的一方当事人享有。具体言之,在因重大误解而订立的合同中,误解人享有;在显失公平的合同中,由受到重大不利的一方当事人享有;在因欺诈、胁迫而订立的合同中,由被欺诈方、受胁迫方享有;在乘人之危的情形中,由身处危难境地的人享有。

根据《合同法》第54条的规定,因重大误解订立的合同;在订立合同时显失公平的合同;一方以欺诈、胁迫的手段或者乘人之危,使对方在违背真实意思的情况下订立的合同,受损害方有权请求人民法院或者仲裁机构变更或者撤销。所以在我国,撤销权的行使,必须通过诉讼或仲裁的方式,由法院或仲裁机构对合同是否符合撤销条件进行审查,在符合条件时才支持当事人的请求,宣告合同被撤销。撤销权人主动向对方作出撤销的意思表示的,不能直接发生撤销合同的后果。

撤销权人可以在撤销合同与变更合同中作出选择,不主张撤销仅请求变更合同也是撤销权人享有的一项权利。根据我国《合同法》的规定,如果当事人仅提出了变更合同的请求而没有要求撤销合同,该合同仍然是有效的,法院或仲裁机构不得撤销该合同。尽管变更权与撤销权存在着密切联系,但两者是有差别的。当事人行使撤销权,将会使合同溯及既往地消灭,即自始不发生效力;而当事人行使变更权,并不会导致合同效力的消灭,而只是对合同的部分条款作一变动,不会动摇该合同的效力。

由于撤销权的行使会使合同效力归于消灭,所以为了稳定交易关系,使合同当事人之间的权利义务关系不处于不确定的状态,法律要求撤销权人必须在规定的期限内行使撤销权,否则无权再行使此等权利。我国《合同法》规定,享有撤销权的当事人应当自知道或者应当知道撤销事由之日起一年内行使撤销权,该一年的期限是除斥期间的规定。享有撤销权的当事人可以以明示或默示的方式放弃该权利,换言之,撤销权人在知道撤销事由后明确表示或者以自己的行为放弃撤销权的,撤销权不可撤回地消灭。

第四节　效力待定的合同

一、效力待定合同的概念和特征

效力待定合同是指合同虽然已经成立,但由于其欠缺合同生效的某些要件,因此其效力能否发生尚未确定的合同。效力待定的合同一般须经有权人加以追认才能产生当事人预期的法律效力,如果权利人在规定的期间内不予追求,则合同归于无效。

效力待定合同具有如下特征:

1.效力待定合同,其效力处于一种不确定的状态,既非完全有效,亦非完全无效。此类合同在被追认之前,其效力不同于有效合同,因为它的效力尚不确定,亦不是无效合同,因为无效合同是自始无效的;它也非可撤销合同,因为可撤销合同在被撤销之前是具有法律效力的。

2.效力待定合同已经成立,但因欠缺某些合同生效要件而没有完全发生法律效力。效力待定的合同严格区分了合同成立与合同生效。合同成立强调的是当事人意思表示的合意,只要当事人就合同的基本内容达成一致的意思表示,则合同即告成立。但合同生效渗入了国家意志的考量,它是在合同成立的基础上,再符合一定的生效要件,法律才可赋予其法律效力。效力待定的合同正处于合同已经成立但尚未完全生效这一阶段,虽有当事人的合意,但不完全具备合同的全部生效要件,所以法律尚未赋予其完整的效力。

3.效力待定合同是否可发生法律效力,尚无法确定,有待于其他行为或事实的发生加以确定。能够使效力待定合同效力得以确定的法律事实包括两类:其一是事件,如无权处分合同中,因无权处分人通过继承、受赠等方式取得所有权或相应的处分权,该效力待定合同成为有效合同。其二是行为,行为主要包括真正权利人追认权的行使和善意相对人撤销权的行使。前者使效力待定合同发生法律效力,后者则使此类合同归于无效。

效力待定合同不同于无效合同及可撤销合同,它们的区别在于:其一,引发的原因不同。此类合同并不具有违法性,当事人并未违反法律的强制性规定及社会公共利益,而且此类合同当事人也不存在意思表示不真实,其效力尚未确定主要是因为欠缺某些生效要件,如有关当事人缺乏缔约能力、没有相应的处分能力、不具备订立合同的资格等造成的。其二,法律效力不同。效力待定的合同可以因为权利人的承认而发生法律效力,这样既有利于促成更多的交易,也有利于维护相对人的利益;而无效合同是自始无效、当然无效的,当事人不得履行这样的合同;可撤销合同当事人具有选择权，如果权利人请求撤销合同，则合同效力自始归于消灭，如果权利人请求变更合同，则合同仍有效但当事人须对合同权利义务作出变更。

效力待定合同亦不同于其他普通的有效合同，其最突出的特点是此类合同须经过权利人的承认才能生效。所谓承认，是指权利人表示同意无缔约能力人、无代理权人、无处分权人与他人订立有关合同。权利人的承认与否决定着效力待定合同的效力。在权利人尚未承认以前，效力待定合同虽然已经订立，但并没有实际生效。所以，当事人双方都不应作出实际履行，尤其是相对人如果知道对方不具有代订合同的能力和处分权，则不应当作出实际履行，否则构成恶意，将导致其不能依善意取得制度而取得财产。

二、不适格主体订立的合同

（一）限制民事行为能力人依法不能独立订立的合同

根据我国法律规定，限制民事行为能力人可以实施某些与其年龄、智力和健康状况相适应的民事行为，其他民事活动由其法定代理人代理，或在征得其法定代理人同意后实施。因此限制民事行为能力人可以订立纯获利益的合同或与其年龄、智力、精神状况相适应的合同，在此之外，此类主体订立合同得由法定代理人代理进行，或者得到法定代理人的事先允许。此类主体未征得法定代理人的同意，而独立签订了其依法不能独立订立的合同，则由于其缔约资格的缺陷而使该合同效力待定。

对于此等效力待定合同，法定代理人可以加以追认，追认后，合同发生完全的法律效力。法律没有明确规定行使追认权的期间，但为了避免这一法律关系长期处于一种不确定的状态，相对人的权利得不到保障，法律赋予相对人催告权。相对人可以催告法定代理人在一个月内予以追认。在这一期间内，法定代理人应作出明确的表态，或追认该合同或拒绝追认。这一期间为除斥期间，期间届满，法定代理人仍未作表示的，追认权消灭，法律推定其拒绝追认。

追认权的设置保护了限制行为能力人的利益，让他们有机会通过事后的补救实现订立合同的目的。但是在订立合同时，难以从外观很准确地判断某人是否处于限制行为能力状态，而且有时限制行为能力人亦会采取隐匿的手段使相对人相信其有缔约能力。所以为了平衡双方当事人的利益，给予相对人合理的保护，法律在赋予限制行为能力人的法定代理人撤销权的同时，亦赋予善意的相对人撤销权，即在合同被追认之前，善意相对人有撤销的权利。所谓善意相对人是指在订立合同时不知道或不应当知道与其订立合同的当事人处于限制行为能力状态，而相信其为具备适格的缔约能力的人。相反，如果该相对人是恶意的，他明知或应当知道当事人不具有相应的缔约能力，而仍然与之订立合同，或者甚至想利用这一状况，则他无权撤销该合同,只能等待限制行为能力人的法定代理人的决定。撤销权的行使将使双方的权利义务关系发生重大的改变,所以法律要求善意的相对人应当以通知的方式作出撤销。

(二)无民事行为能力人依法不能独立订立的合同

我国《合同法》虽然没有对无民事行为能力人订立合同的效力作出明文的规定,但实则可以类推适用限制行为能力人订立合同的情形。无民事行为能力人在缔约方面可能遇到的问题与限制行为能力人类似,对于无民事行为能力人订立的"纯获法律上利益"的合同,或与其年龄、智力、精神状况相适应的合同,或事先征得法定代理人同意的合同,大多数国家与地区立法都承认其效力,因为此类合同并不会损害无民事行为能力人的利益,所以本书承认此类合同的效力较为合理;而对于无民事行为能力人不能独立订立的合同,大多数国家立法规定其为效力待定合同,少数规定其为可撤销合同(如日本)。① 考虑我国具体情况,本书认为可以类推适用《合同法》关于限制行为能力人订立合同的规定。

三、无权代理人订立的合同

(一)无权代理人订立的合同

无权代理是指行为人没有代理他人的资格却以他人的名义进行民事活动的行为,简言之,是指欠缺代理权的代理。广义的无权代理主要有三种情况:根本无权代理、超越代理权范围所为的代理、代理权消灭以后的代理。这些行为虽然具有代理行为的表面特征,但由于行为人不具备有效的代理权,因而并不符合有权代理的要件。

无权代理人以本人名义与他人订立合同,是一种效力待定的合同,而不是绝对无效的合同。此类合同的瑕疵是可以通过本人的行为予以修补的,本人的追认可以使无权代理行为发生法律效力。法律没有将此类合同打入绝对无效合同范围,是因为:其一,无权代理行为并非都对本人不利,有些无权代理活动有利于本人实益的增加。如果一概认定无权代理而订立的合同无效,则当本人愿意订立这样的合同时,却还要进行新一轮的磋商、谈判,这无疑将会增加合同交易成本,不符合效率原则。其二,无权代理行为也具有代理的某些特征,只是实际上没有代理权限,但如果本人事后予以追认,实则属于事后补授代理权,可以使代理行为有效。当然,如果本人认为无权代理行为对其不利,自然可以不予追认。可见,这一灵活的

---

① 余延满:《合同法原论》,武汉大学出版社 1999 年版,第 237 页。

做法更有利于维护本人及相对人的利益,更有利于实现双赢。

对于此类效力待定合同,法律赋予本人追认权来确定该合同效力。本人予以追认的,本人成为合同的当事人,受到合同约定的约束;本人不予追认的,该合同对本人不发生法律约束力,无权代理人则应承担相应的责任。详言之,本人一旦作出追认,便具有溯及既往的效力,使因无权代理所订立的合同从成立之时开始即产生法律效力。然追认权是一种形成权,当事人可以行使亦可以不行使,由于其行使与否决定其合同关系或其他责任的确定与否,所以法律要求当事人在一定期限内作出,即在相对人催告后的一个月内作出,本人未作表示的,亦为拒绝追认。

本人拒绝追认的,则无权代理行为自始无效,因无权代理所订立的合同不能对本人产生法律效力,而由行为人承担责任。我国《合同法》没有对责任作出进一步详细的规定,依学理解释,该责任包括两种类型:一为合同有效情形下的责任。无权代理人借代理为伪装的意思表示,则成为自己的意思表示,该合同的主体发生变更,即为该无权代理人与相对人。因此,该无权代理人作为合同当事人应承担合同的履行责任,若他没有履行能力或履行不符合约定,则应承担违约责任。二为合同无效情形下的责任。如果无权代理人没有缔约资格或其他原因导致合同无效,合同不发生法律效力,无权代理人应承担缔约过失责任。

为了保护相对人特别是善意相对人的权益,法律亦赋予相对人以催告权,赋予善意的相对人以撤销权。相对人有权催促本人在合理的一定期限内明确表示其是否追认无权代理行为,催告的意思必须向本人或其法定代理人作出。作为善意的相对人,他还有权在本人作出追认的意思表示之前,行使撤销权,因撤销涉及当事人之间权利义务的消灭,对当事人有重大的影响,所以法律要求撤销应当以通知的方式作出。

(二)表见代理人订立的合同

有可能存在这样一种情形,无权代理人的外观行为使善意相对人产生一种确信,相信该无权代理人有代理权,此时,无权代理人与相对人之间产生的法律关系则不同于前面所提到的无权代理而产生的法律关系,而是一种新的法律关系,即表见代理法律关系。

表见代理不同于一般的无权代理,它是指无权代理人的行为客观上使相对人相信其有代理权,且相对人主观上是善意且无过失的,因而该行为的法律效果直接由被代理人承担。表见代理的构成要件有以下几点:(1)无权代理人并没有获得本人的有效授权。在表见代理的情况下,行为人或者根本没有代理权,或者超越了代理权限,或者代理权已经终止,而以本人的名义实施民事行为。正是从这个意义上说,表见代理与广义的无权代理有相似之处。(2)表见代理人的行为使相对人有理由相信其有代理权。代理人虽然没有代理权,但其行为从表面上可以使他人产生一种合同的信赖,相信行为人具有合理代理权,即具有权利的外观。所谓权利外观,是指本人的授权行为已经在外部形成了一种表象,即能够使第三人有合理理由相信无权代理人已经获得了授权。①（3）相对人主观上须为善意且无过失。所谓主观善意,是指相对人不知道或不应当知道无权代理人实际上没有代理权。所谓无过失,是指相对人的这种不知道并不是因为自身的疏忽大意或懈怠造成的。相对人若存有过失,则不构成表见代理。②（4）无权代理行为的发生与本人存在一定的关系。法律要求本人直接对表见代理人的行为承担责任,在一定程度上考虑到表见代理行为的发生大多与本人自身的过错行为有一定的关系,例如,由于本人自身疏于管理,而让他人有机可乘,冒用其公章、空白合同等与相对人订立合同。（5）无权代理人与相对人所订立的合同,本身并不包含无效和应被撤销的内容。

在构成表见代理的情况下,这种无权代理的行为被视为有效,本人应受无权代理人订立的合同的约束,但这种无权代理的性质将会影响无权代理人与本人之间的内部关系。

（三）由代表行为订立的合同

代表行为有别于无权代理行为,它是一种具有特殊性质的代理行为。法人或其他组织的法定代表人、负责人以该法人或组织的名义从事经营活动、订立合同时,无须再获得该法人或组织的特别授权,因为法律推定他们全权代表该法人或组织,其所有行为包括越权行为的后果均应由该法人或组织承担,除非相对人知道或应当知道该法定代表人或负责人订立合同的行为超越了权限。我国《合同法》对此亦作出类似的规定,法人或者其他组织的法定代表人、负责人超越权限订立的合同,除相对人知道或者应当知道其超越权限的以外,该代表行为有效。

四、无处分权人订立的合同

（一）无处分权人订立的合同的概念与特征

无权处分的行为是指无处分权人以处分他人财产为目的而订立的合同。无处分权人订立的合同具有以下特征:

1. 无处分权人实施了处分他人财产的行为。此处所说的"处分"是指法律上的处分,包括处分财产所有权、债权或其他财产权利,如出售或赠与财产、转让债权、

---

① 王泽鉴:《债法原理》（第 1 册）,中国政法大学出版社 2000 年版,第 358 页。
② 我国司法实践亦认可此观点。如中国银行合肥市桐城路分理处诉安徽合肥东方房地产有限责任公司借款、抵押担保合同纠纷案（最高人民法院〔2000〕经终字第 220 号）。法院认为构成表见代理应同时具备行为人具有代理权的客观表象和相对人善意无过失两个方面的要件,相对人存在疏忽懈怠的重大过失的,不构成表见代理。

免除债务,也包括限制财产权或在财产上设定抵押等负担的行为,但不包括事实上的处分。

2.行为人无处分权,却以自己的名义实施了处分行为。无处分权包括两种情形,其一为根本没有处分权,其二为虽然有处分权,但处分权受到一定的限制,如共有人对共同共有的财产的处分权。无处分权人是以自己的名义来处分他人的财产,如果是以他人的名义来处分他人的财产,则构成无权代理行为,而非无处分权的行为。

3.行为人在处分他人财产时与相对人订立了合同。无权处分行为涉及两种法律关系,三方主体。两种法律关系包括行为人处分财产的行为和为实现处分结果而实施的与相对人订立合同的行为,三方主体包括无处分权人、权利人和相对人。

(二)无处分权人订立合同的法律关系

此类合同属于效力待定合同,可以通过权利人追认使之发生法律效力。这里的追认是指权利人作出的同意该处分行为的意思表示。这种意思表示可以直接向相对人作出,也可以向处分人作出。但如果相对人要求追认,则权利人应向相对人为意思表示,否则相对人可能行使撤销权。此类合同也可以通过无处分权人事后取得处分权来使合同发生法律效力,例如在与相对人签订合同之后,权利人将该财产赠与无处分权人使之成为财产所有权人,无处分权人取得财产所有权的行为使该合同自始有效。

若权利人不予追认或行为人在合同成立之后未取得处分权,三方主体间的法律关系应区分不同的情形对待,下面以处分财产所有权的行为为例加以分析:(1)如果无权处分合同的相对人主观上是善意的,不知道或不应当知道对方无处分权,而且已经根据合同受领了标的物,则依善意取得制度,该相对人有权取得该物的所有权。这时便会产生一个矛盾,在权利人不予追认或行为人在合同成立之后未取得处分权时,无处分权人与相对人订立的合同无效,但根据善意取得原则,相对人却可以获得物之所有权。本书认为,物权制度具有优先性,合同的无效不得对抗善意取得的效力。权利人有权要求无处分权人返还已经收取的价款。(2)如果无权处分合同的相对人主观上是善意的,但尚未根据合同取得标的物,则不得适用善意取得制度,相对人尚未取得标的物的所有权。此时无处分权人与相对人之间的合同归于无效,相对人可以要求无处分权人承担缔约过失责任。(3)如果相对人主观存在恶意,明知对方没有处分权,则无权取得标的物的所有权。若相对人已经受领了标的物,则权利人可以行使物上返还请求权。

第五节　合同无效或被撤销的法律后果

合同被确认无效或者被撤销后,合同自始不发生法律约束力,不能产生当事人预期达到的合同目的。合同被确认无效或被撤销,具有溯及既往的效力,即合同自成立之日起就是无效的,而不是从确认合同无效或被撤销之时起无效。

一旦合同被确认无效或被撤销,合同关系便不复存在,当事人无权基于该合同而主张任何权利。合同被确认无效或被撤销以后,虽不能产生当事人所预期的法律效果,但并不是不产生任何法律后果。由于无效合同具有违法性,可撤销合同当事人存在意思表示不真实的缺陷,所以这两类合同都可能损害到合同一方当事人的利益,第三人的利益,集体的利益,甚至是国家的利益。因此,法律要求对合同被确认无效或被撤销负有责任的当事人承担相应的法律后果,从而保护交易活动参与者的合法权益,保护集体和国家的利益,维护良好的交易秩序。我国《合同法》所规定的合同无效或被撤销的法律后果主要有以下几项:

（一）返还财产

一方当事人在合同被确认无效或被撤销以后,对其已交付给对方当事人的财产享有返还请求权,已经受领对方所交付的财产的当事人则有义务将该财产返还对方。根据《合同法》第58条的规定,合同无效或者被撤销后,因该合同取得的财产,应当予以返还;不能返还或者没有必要返还的,应当折价补偿。关于这一点,应注意以下几个问题:

1.从返还财产的目的来看,返还财产旨在使双方当事人的财产关系回复到合同订立前的状态,而不是使当事人处于合同被履行后的状态,即不可能满足当事人订立合同所欲达到的目的,仅是使当事人回复到合同订立前的原始状态。

2.如果原物尚存在,则物之所有权人基于物上返还请求权,可以要求受领人返还原物,该返还财产具有物权的效力,可以优先于其他普通债权。但如果原物已经不存在,返还财产请求权则为不当得利返还请求权,仅具有债权的效力,与债务人的其他普通债权一样平等受偿。

3.返还财产的范围区分原物返还抑或不当得利返还而有不同。返还原物仅限于原物及因原物所产生的孳息。原物存在时,应返还原物,不能以货币或其他形式的实物来代替该原物。不当得利返还目的在于将受益人所获得的一切不正当的利益返还于受损害方,所以返还的范围包括实际受有的利益、因原物的占有或权利的取得而获得的收益,因原物被毁损而取得的保险金或赔偿金等。受领人主观是善意还是恶意会对返还利益的范围有所影响。

4.返还财产存在单方返还与双方返还两种情形。单方返还一般适用于一方当事人故意违法的情形和一方当事人已履行合同主要义务而另一方尚未履行的情形。在前一种情形下,故意违法方应将从非故意方处所取得的财产返还于对方,而非故意方则将从对方处获得的财产上缴国库。在后一种情形下,已接受履行的当事人应当将财产返还于对方。双方返还主要适用于合同被撤销的情形,双方当事人应各自将从对方处获得的财产返还于对方。

5.当事人行使返还财产的请求权原则上不应当考虑对方是否具有过错的问题。这就是说,一方如果接受了对方交付的财产,只要该财产仍然存在或能够返还,则负有返还财产的义务,而不论其在主观上是否存在过错。

6.如果财产不能返还或者没有必要返还,则采用折价补偿的方法。所谓不能返还包括事实上不能返还和法律上不能返还。事实上不能返还主要是指因某些客观事实而致使财产无法返还,如特定的标的物被大火完全烧毁;法律上不能返还主要是基于法律规定使得财产不能被返还,如第三人依善意取得制度已取得财产的所有权。没有必要返还主要有三种典型的情形:第一种情形是受让、使用知识产权的问题,知识产权是无形的,当事人无法返还已使用的部分,只能按获得利益的标准进行折价补偿。第二种情形是接受劳务的情形,已受有的劳务在性质上无法返还,则可以根据提供相关劳务的报酬标准予以补偿。第三种情形是返还财产虽有可能但在经济上极不合理,此时亦不宜适用返还财产方式,而应以折价补偿来替代。

（二）赔偿损失

合同被确认无效或被撤销以后,也会产生损害赔偿的责任,根据《合同法》第58条的规定,有过错的一方应当赔偿对方因此所受到的损失,双方都有过错的,应当各自承担相应的责任。从其法律性质上看,该责任属于缔约过失责任的范畴。

该损害赔偿的构成要件如下:

1.有损害事实的存在,当事人因合同无效或被撤销而遭受了一定的损失。

2.赔偿责任人具有过错。责任人的过错可以分为两种情形:其一为一方有过错,另一方无过错,则过错方对违法后果的责任承担,不影响他还应对无过错方承担赔偿责任。其二为双方均有过错,则适用过错相抵原则,根据双方过错程度的大小来确定各自应承担的责任范围。

3.过错行为与损失结果之间存在因果关系。

（三）非民法上的法律后果

在合同被确认无效或被撤销以后,当事人除应承担相应的民事责任以外,还可能因其违法行为而应承担行政甚至刑事的责任,如当事人恶意串通,损害国家、集体或者第三人利益的,因此取得的财产收归国家所有或者返还集体、第三人。当事人还可能被吊销营业执照、被责令停产整顿等。正如我国《民法通则》第134条第2款所作的规定,人民法院审理民事案件,除适用第1款的民事责任方式规定外,还可以予以训诫、责令具结悔过、收缴进行非法活动的财物和非法所得,并可以依照法律规定处以罚款、拘留。

司法考试真题链接

1. 甲公司在城市公园旁开发预售期房,乙、丙等近百人一次性支付了购房款,总额近8000万元。但甲公司迟迟未开工,按期交房无望。乙、丙等购房人多次集体去甲公司交涉无果,险些引发群体性事件。面对疯涨房价,乙、丙等购房人为另行购房,无奈与甲公司签订《退款协议书》,承诺放弃数额巨大的利息、违约金的支付要求,领回原购房款。经咨询,乙、丙等购房人起诉甲公司。下列哪一说法准确体现了公平正义的有关要求?(2011年司法考试真题)

  A. 《退款协议书》虽是当事人真实意思表示,但为兼顾情理,法院应当依据购房人的要求变更该协议,由甲公司支付利息和违约金

  B. 《退款协议书》是甲公司胁迫乙、丙等人订立的,为确保合法合理,法院应当依据购房人的要求宣告该协议无效,由甲公司支付利息和违约金

  C. 《退款协议书》的订立显失公平,为保护购房人的利益,法院应当依据购房人的要求撤销该协议,由甲公司支付利息和违约金

  D. 《退款协议书》损害社会公共利益,为确保利益均衡,法院应当依据购房人的要求撤销该协议,由甲公司支付利息和违约金

2. 关于意思表示法律效力的判断,下列哪些选项是正确的?(2011年司法考试真题)

  A. 甲在商场购买了一台液晶电视机,回家后发现其妻乙已在另一商场以更低折扣订了一台液晶电视机。甲认为其构成重大误解,有权撤销买卖

  B. 甲向乙承诺,以其外籍华人身份在婚后为乙办外国绿卡。婚后,乙发现甲是在逃通缉犯。乙有权以甲欺诈为由撤销婚姻

  C. 甲向乙银行借款,乙银行要求甲提供担保。丙为帮助甲借款,以举报丁偷税漏税相要挟,迫使其为甲借款提供保证,乙银行对此不知情。丁有权以其受到胁迫为由撤销保证

  D. 甲患癌症,其妻乙和医院均对甲隐瞒其病情。经与乙协商,甲投保人身保险,指定身故受益人为乙。保险公司有权以乙欺诈为由撤销合同

3. 下列哪些情形属于无效合同?(2012年司法考试真题)

  A. 甲医院以国产假肢冒充进口假肢,高价卖给乙

  B. 甲乙双方为了在办理房屋过户登记时避税,将实际成交价为100万元的房屋买卖合同价格写为60万元

  C. 有妇之夫甲委托未婚女乙代孕,约定事成后甲补偿乙50万元

D. 甲父患癌症急需用钱,乙趁机以低价收购甲收藏的 1 幅名画,甲无奈与乙签订了买卖合同

4. 甲用伪造的乙公司公章,以乙公司名义与不知情的丙公司签订食用油买卖合同,以次充好,将劣质食用油卖给丙公司。合同没有约定仲裁条款。关于该合同,下列哪一表述是正确的?(2013 年司法考试真题)

A. 如乙公司追认,则丙公司有权通知乙公司撤销

B. 如乙公司追认,则丙公司有权请求法院撤销

C. 无论乙公司是否追认,丙公司均有权通知乙公司撤销

D. 无论乙公司是否追认,丙公司均有权要求乙公司履行

5. 杜某拖欠谢某 100 万元。谢某请求杜某以登记在其名下的房屋抵债时,杜某称其已把房屋作价 90 万元卖给赖某,房屋钥匙已交,但产权尚未过户。该房屋市值为 120 万元。关于谢某权利的保护,下列哪些表述是错误的?(2014 年司法考试真题)

A. 谢某可请求法院撤销杜某、赖某的买卖合同

B. 因房屋尚未过户,杜某、赖某买卖合同无效

C. 如谢某能举证杜某、赖某构成恶意串通,则杜某、赖某买卖合同无效

D. 因房屋尚未过户,房屋仍属杜某所有,谢某有权直接取得房屋的所有权以实现其债权

第七章 合同的履行

【引 例】

2000年1月10日,A公司与B公司签订棉纱买卖合同。合同约定:"A公司供给B公司21支棉纱100吨,1.83万元/吨,总计价款183万元,合同签订之日B公司预付货款50万元,A公司应于同年1月20日送货至B公司,B公司验货付款100万元,余款同年3月底前付清。"合同签订后,B公司交付了50万元预付款,A公司按约将货送至B公司指定地点。此时B公司没有筹集到足够的钱款,却要求卸车验货。A公司拒绝卸货,等候3日,B公司仍未筹到100万元,A公司将货拉回。此后,B公司诉至法院要求A公司返还50万元预付款,并偿付违约金7.5万元。A公司辩称其不构成违约,并要求B公司赔偿运输费用等经济损失2.6万元。

第一节 合同履行的原则和规则

一、履行的原则

合同的履行是指合同当事人按照合同的规定履行各自义务的行为。合同履行的前提是合同有效存在,不是依法有效存在的合同,不会对合同当事人产生法律上的约束力,就谈不上合同的履行问题。合同履行的原则是指债务人履行合同时应当遵守的基本准则。

《合同法》第60条规定:"当事人应当按照约定全面履行自己的义务。当事人应当遵循诚实信用原则,根据合同的性质、目的和交易习惯履行通知、协助、保密等义务。"虽然不同类型的合同有不同的特点,但此条规定了合同履行一般原则中的两项原则。

合同履行的原则通常包括以下几项:

(一)全面履行原则

全面履行原则又可称为适当履行原则或正确履行原则,是指按照合同当事人的约定,由适当的履行主体在适当的时间、适当的地点,以适当的方式,按照合同中约定的数量和质量,全面完成合同中约定的义务。

这项原则包括五个方面的具体要求:一是履行主体适当,即除非当事人另有约定或法律另有规定,当事人应亲自履行合同义务或接受他方义务的履行,不能任意由第三人代为履行合同义务或代为接受义务的履行。二是标的适当,即当事人所交付的标的物或所提供的服务应符合有关法律的规定、合同的约定或相关的交易习惯。三是履行的时间适当,即合同约定了履行期限的,当事人应当按照合同的约定履行,不得迟延履行或受领;合同未约定履行期限的,当事人可随时提出或要求履行,但必须给对方合理的准备时间。四是履行地点适当,即当事人应当在合同约定的地点履行自己的义务,若当事人未在合同约定的地点履行,即使其他条件都符合合同要求,也不能发生清偿的效力。五是履行方式适当,当事人应当按照合同约定的方式或根据合同的性质所要求的方式履行自己的义务。

(二)经济合理原则

经济合理原则是指合同当事人在履行合同过程中,应讲求经济效益,力求以最小的成本取得最佳的合同利益。在市场经济环境中,交易主体是追求自身利益最大化的理性主体。因此,如何以最小的缔约成本和履约成本获得最大的合同履行利益,是合同当事人共同追求的目标,所以交易主体在合同履行中遵循经济合理原则是不言而喻的。这项原则在合同法中有很多体现,如《合同法》第119条规定:"当事人一方违约后,对方应当采取适当措施防止损失的扩大;没有采取适当措施致使损失扩大的,不得就扩大的损失要求赔偿。当事人因防止损失扩大而支出的合理费用,由违约方承担。"第390条规定:"保管人对入库仓储物发现有变质或者其他损坏,危及其他仓储物的安全和正常保管的,应当催告存货人或者仓单持有人作出必要的处置。因情况紧急,保管人可以作出必要的处置,但事后应当将该情况及时通知存货人或者仓单持有人。"

(三)诚实信用原则

诚实信用原则可简称为诚信原则,从字面上理解,它要求人们在进行民事活动时诚实不欺诈、信守诺言,不损害他人的利益或社会的整体利益;从内涵上来说,它要求人们在不损害他人或社会利益的前提下,追求自身的利益,实现当事人之间利益的平衡和当事人与社会之间利益的平衡。它原本是一种道德原则,上升为法律原则后,体现为对一种实质上的利益平衡和公平正义的追求。鉴于其内涵的模糊性和外延的不确定性,法官可利用诚信原则进行创造性的司法活动,在法无明文规定或法律规定模糊时据此作出公正判决。它在债法中发挥着十分重要的作用,正如台湾地区学者邱聪智所言,债的关系,以当事人之间信赖关系为基础,而社会生活关系本极为复杂琐碎,非有限条文及当事人意思可预先完全容纳,有此情形,其有着问题之妥善解决,非诉诸诚实信用之运用,难勘圆满达成。[①] 在合同法中它主要是要求合同当事人不仅应按法律的规定、合同的约定履行义务,而且还应在法律没有规定或规定模糊、合同也未约定或约定不明的情况下,根据诚信原则合理地履行义务,以实现对方当事人订立合同的目的。

诚信原则在合同法中体现最为典型的是附随义务。附随义务(Nebenpflicht)是大陆法系合同关系发展过程中有关义务的一个相当重要的理论。它是由德国学者在探讨合同给付义务及其履行时首先提出的,是指合同当事人依据诚实信用原则,根据合同性质、目的和交易习惯所应当承担的非由法律规定或合同约定的通知、协助、保密等义务,由于这种义务是附随于主给付义务的,因此,称为附随义务。

合同法规定的附随义务包括:(1)通知义务,如一方当事人由于客观情况发生根本变化而难以继续履行合同或因不可抗力不能履行合同时,应及时通知对方当事人,以便对方当事人可以及时采取措施从而避免损害或防止损害的扩大;(2)协助义务,是指当事人在履行合同过程中要互相配合、积极合作,一方当事人在全面履行自己的义务的同时,应根据实际情况合理地配合对方当事人的义务履行,使其义务能顺利履行,双方当事人的利益都可以得到充分的实现,如债务人履行合同时,债权人应创造必要的条件,为债务人履行义务提供便利;(3)保密义务,一方当事人无论是在缔约过程中还是在履约过程中获知对方当事人的商业秘密,他应负有保守此等秘密的义务,即使是在履约完成之后,如企业的员工不得任意使用或泄露或让他人使用其所掌握的与企业相关的秘密,即使是在离职之后,也应当在合理的时间内继续负有保守相关秘密的义务;(4)防止损失扩大,是指在合同履行过程中当事人遭受损失的,双方都应积极采取适当的措施防止损失的进一步扩大,即使这一损害后果不是自己造成的;(5)保护义务,一旦当事人进入磋商阶段,一方应对对方的人身或财产安全尽到合理的注意义务,防止对方遭受不应有的损害,若损害已发生应积极救护阻止损害的扩大。

从合同缔约、订立到履行完毕过程来看,诚信原则可以体现为以下几方面:

1.依诚信原则进行合同磋商和缔约。在有关当事人为订立合同而进行磋商时,虽然他们之间尚未形成合同关系,但他们之间的关系显然不同于普通陌生人之间的关系,在他们之间产生一种源于希望订立合同的愿望而坦诚沟通的信赖关系,所以诚信原则要求一方对相对方尽到一些先合同义务,如提供缔结合同所必需的信息,对所得知的相关商业秘密尽到保守义务,不得任意撤销要约等。

2.依诚信原则履行合同。合同有效成立后,双方当事人应按照合同的约定严格履行合同义务,在合同没有约定或约定不明时,根据合同的性质、当事人期望达到的目的、交易习惯等适当地履行,这是诚信原则的基本要求。例如:(1)如果债务

---

① 邱聪智:《新订民法债编通则》(下),中国人民大学出版社 2004 年版,第 254 页。

人所提供的标的物存在质量差异,但没有超出合同约定的允许范围,则债务人不得故意选择质量较差的标的物进行交付。(2)如果债务人给付的数量存在轻微的不足,但并未使债权人遭受严重或明显的损害,债权人不得以此为借口拒绝此等履行,亦不得同时行使抗辩权拒绝支付相应的款项。(3)如果合同中约定了履行的期限但没有明确限定具体的时间,债务人应尽量选择方便债权人受领的时间履行,而不得故意选择不恰当的时间要求债权人受领其履行,如特地深夜上门提出履行或在营业时间之外要求企业接受其履行。(4)如果合同中约定由卖方代为托运但未明确约定具体的运输方式和运输路线,债务人应本着最有利于债权人的原则在可供选择的多种运输方式和路线中作出合理的选择。

3.依诚信原则尽到合同履行完毕后的义务。合同约定的权利义务终止后,并不意味着合同当事人之间不存在其他义务,当事人还应遵循诚信原则,根据相关的交易习惯等履行通知、协助、保护、保密等义务。如租赁合同终止后,如果承租方继续居住而出租方未表示异议,则他们之间的承租关系继续有效,只是这种承租合同是不定期的租赁合同。

(四)情势变更原则

情势变更原则是指合同有效成立以后,若非因双方当事人的原因而构成合同基础的情势发生重大变更,致使继续履行合同将导致显失公平,则当事人可以请求变更或解除合同。实际上,这项原则亦是源于诚实信用原则,但它已形成一套独立的理论或一项独立制度,从作为上位原则的诚信原则中脱离而出,以诚信原则的特殊下位规范[①]的姿态在合同法中独立发挥着积极的作用。

1.情势变更原则的适用条件

(1)必须存在情势变更的客观事实。情势是指作为合同成立基础或环境的一切客观事实;情势变更是指此等事实在客观上发生了异常的变动。情势变更是一个很难确定其具体内涵的概念,可以参考国外相关学说判例作一探讨。国外相关学说判例主要有两种观点,其一为"客观行为基础",它包括等价关系的失衡和目的的无法达到。前者的典型表现为因国家政策调整或通货膨胀等致使一方给付与对待给付之间的不等价,这正是我国情势变更原则的主要适用情形。与后者相对应的是我国合同法所规定的"不能实现合同目的"的情形,但我国合同法对此规定了法定解除权,而非适用情势变更原则。其二为"主观行为基础",德国学者认为它主要是指合同当事人共同的动机错误。而我国合同法将此作为意思表示瑕疵来处理,当其构成重大误解时,当事人方可主张撤销合同。

(2)情势变更发生在合同成立生效以后,履行终止以前。一方面,当情势的变

---

① 邱聪智:《新订民法债编通则》(下),中国人民大学出版社 2004 年版,第 254～257 页。

更发生在合同订立时，如果当事人已认识到该事实，但仍以对自己不利的已变更的情势作为合同的内容，则表明当事人自愿承担由此产生的风险，因此事后的救济是没有必要的；如果当事人未认识到这一事实，该情势的变更导致合同的履行对一方当事人显失公平，则可以运用重大误解的规则来解决这一问题。另一方面，如果在合同履行完毕后才发生情势变更，由于此时合同关系已经消灭，之后所发生的情势变更与合同无关，所以不应适用情势变更原则。

（3）情势变更的发生是双方当事人缔约时所不可预见的。如果当事人在订约时能够预见，则表明他愿意承担这一事件发生的风险，因此不适用情势变更原则；如果当事人对情势变更事实上应当可以预见而没有预见，那么他仍然不可主张适用情势变更原则。

（4）情势变更的发生不可归责于双方当事人。也就是说，双方当事人对于情势变更的发生没有过错，当事人无法控制情势变更的发生。不可归责于当事人的事由可分为不可抗力、意外事件和其他事件三种，如国家经济政策的调整、全球性或区域性的金融危机、罢工等。

（5）因情势变更而使原合同的履行显失公平。情势变更发生后通常造成当事人之间的利益失衡，如果继续履行合同，显然会造成双方当事人之间利益的明显不公平，有悖于诚实信用原则和公平原则。这里有一个"度"的衡量，即情势变更必须造成当事人之间的利益极不均衡，如果仅是对当事人之间的利益造成轻微的影响，就不能适用这一原则。

2.情势变更原则适用的法律后果

情势变更原则的效力主要体现在以下两个方面：

（1）当事人可以要求变更合同，从而使原合同可以在公平的基础上得以继续履行。这主要表现为增减履行标的的数额，运用此方法时，必须解决好增减的限度问题，这就需要确定合理的标准来准确评估双方的价值比例关系，消除显失公平现象；同时还应避免发生使一方当事人免受损害的同时，另一方当事人却承担了不必要的经济负担的情形。此外，还有延期或分期履行、拒绝先为履行、变更标的物等方法。

（2）当事人可以请求解除合同，从而彻底消除显失公平的现象。如果采用变更的方式不足以消除显失公平的后果，或者一方当事人认为合同的变更有悖于订约目的，那么就只有通过解除合同的方式来消除显失公平的后果。

二、履行的规则

（一）约定不明合同的履行规则

如果合同约定不明，则势必给当事人履行合同造成困难，为了鼓励交易、节约交易成本，法律会采取措施尽量予以补充，以使合同具有可履行性。

根据《合同法》第 61 条、第 62 条的规定，约定不明合同的履行规则有如下几点：

1. 当事人协议补充规则

根据《合同法》第 61 条的规定，"合同生效后，当事人就质量、价款或者报酬、履行地点等内容没有约定或者约定不明确的，可以协议补充"。由此可以看出，这项原则是指当事人对没有约定或者约定不明确的合同内容可以通过协商的办法订立相关的补充协议，使合同的内容具体化和明确化，为当事人履行合同提供明确依据，减少纠纷的发生。

2. 参考合同有关条款或交易习惯规则

约定不明合同在履行中形成纠纷时，先由当事人协议补充，当事人不能达成补充协议的，可以按《合同法》第 61 条后段规定的"按照合同有关条款或者交易习惯确定"的原则进行确定。其中，按照合同有关条款确定是指结合合同的其他方面内容加以判断，从而使合同的内容具体化和明确化。因为合同是一个整体，如果当事人在某一具体条款对自己的相关意图作了明确表示，当在其他条款中涉及这一问题时，就可以根据该条款加以确定。按照交易习惯确定是指按照人们在同样或类似的交易中通常奉行的惯例来确定合同中未明确约定的内容，使合同得以准确地履行。因为在长期的国内交易或国际交易中，人们都已形成了许多被默示遵守的交易习惯或规则，当合同未对交易习惯或规则所涉及的事项作出具体约定时，人们完全可以根据这些交易习惯或规则来全面地履行合同。

3. 法定补充规则

当事人对于合同有关内容约定不明确，在适用上述规则仍不能确定时，可以适用法定补充规则。法定补充规则，又可称为合同的补缺规则，是用以弥补当事人所欠缺或模糊、不确定的意思，从而使合同内容具有明确性、可履行性的法律条款。这一规则主要适用于欠缺合同主要条款或合同条款约定不明确，但并不影响效力的合同。法定补充规则是法律对长期经济活动中形成的一些规则的总结，体现了法律对商业习惯、交易惯例和经济活动一般准则的确认。

《合同法》第 62 条规定："当事人就有关合同内容约定不明确，依照本法第六十一条的规定仍不能确定的，适用下列规定：(1)质量要求不明确的，按照国家标准、行业标准履行；没有国家标准、行业标准的，按照通常标准或者符合合同目的的特定标准履行。(2)价款或者报酬不明确的，按照订立合同时履行地的市场价格履行；依法应当执行政府定价或者政府指导价的，按照规定履行。(3)履行地点不明确的，给付货币的，在接受货币一方所在地履行；交付不动产的，在不动产所在地履行；其他标的，在履行义务一方所在地履行。(4)履行期限不明确的，债务人可以随时履行，债权人也可以随时请求履行，但应当给对方必要的准备时间。(5)履行方式不明确的，按照有利于实现合同目的的方式履行。(6)履行费用的负担不明确的,由履行义务一方负担。"此即法定补充规则的法律依据。

(二)执行政府定价或指导价合同的履行规则

买卖标的的价格通常由当事人按照市场供需等情况的变化加以商定,但在执行政府定价或指导价的合同中,当事人必须按照政府定价或指导价确定价格,而不能另行约定价格。合同在履行过程中,如果遇到政府定价或指导价作调整,此时合同履行的基本规则为侧重于保护按约履行合同的一方当事人,而作出不利于违约方的处理。根据《合同法》第63条的规定,具体可以包括以下三个方面:

1.双方当事人均如期履行合同的,在履行中遇到政府定价或指导价作调整时,应按交付时的政府定价或指导价计价,即按新价格执行,交付货物时,货物提价的,按已提高的价格执行;降价的,按已降低的价格执行。例如,甲公司与某石油公司签订购油合同,在签订合同时90♯汽油的政府指导价是1800元/吨,但在履行合同给付义务时,汽油的价格发生了变动,如果此时汽油价格上涨到2500元/吨,那么当事人应按交付时的2500元/吨计价;如果此时汽油价格下降到1500元/吨,那么当事人应按交付时的1500元/吨计价。

2.在当事人逾期交付标的物的情形下,标的物的政府定价或指导价提高的,按原定的价格执行;价格降低的,按已降低的价格即新价格执行。例如,甲公司向某石油公司签订购油合同,签订合同时90♯汽油的价格是2000元/吨,但在履行合同给付义务时,石油公司因暂时缺货故推迟交货的时间,如果交货时汽油价格上涨到2300元/吨,那么当事人仍应按2000元/吨计价;如果交货时汽油价格下降到1600元/吨,那么当事人应按1600元/吨计价。这表明了法律对违约的一种否定评价,将违约者置于一种不利的地位。

3.在当事人逾期受领标的物或逾期付款的情形下,标的物的政府定价或指导价提高的,按已提高的价格即新价格执行;价格降低的,按原定的价格执行。例如,甲公司向某石油公司签订购油合同,签订合同时90♯汽油的价格是2000元/吨,但在履行合同给付义务时,甲公司因自身原因未能及时受领货物而导致逾期提货,如果此时汽油价格上涨到2300元/吨,那么当事人应按2300元/吨计价;如果此时汽油价格下降到1600元/吨,那么当事人仍应按2000元/吨计价。这同样体现了法律对违约行为的否定态度,违约者显然应承受市场风险所带来的损失。

(三)债务人提前履行债务或部分履行债务的处理规则

1.债务人提前履行债务的处理规则

债务的提前履行必将涉及期限利益得失的问题。期限利益是指在履行期限届满以前,因债务人履行或者债权人要求履行而使相对人失去的利益。依据我国《合同法》第71条的规定,债权人可以拒绝债务人提前履行债务,因为在债权人享有期限利益的情形下,为了保护自己的期限利益不受损害,债权人有权拒绝债务人提前履行债务,以给自己受领标的物提供一个充分的准备时间。但如果债务人的提前履行不损害债权人利益,即债务人此等行为不会影响债权人的期限利益,则债权人不得拒绝债权人的履行。此外,若债务人提前履行债务给债权人增加了费用,增加的费用应当由债务人负担。如甲向乙购买500台机床,合同约定乙在2007年1月11日将机床送到甲租用的仓库内,乙却提前3天送货,导致甲多支付了仓库租金和其他相关费用,这部分多付的租金和费用就是增加的费用,应当由乙来承担。

2.债务人部分履行债务的处理规则

债务人的部分履行将涉及债权人期待利益的实现,期待利益是指债权人所能期待的在债务人履行合同以后可以得到的积极利益。由于部分履行债务往往会使债权人的合同目的不能真正实现,所以债权人可以拒绝债务人部分履行债务,以使自己的期待利益得到完全的实现。但如果部分履行不损害债权人利益,则法律不允许债权人滥用拒绝权,债权人不得拒绝债务人的部分履行。因为增加费用的产生与债务人的部分履行行为之间具有因果关系,故由此增加的费用应由债务人承担。我国《合同法》第72条亦对此作出规定:"债权人可以拒绝债务人部分履行债务,但部分履行不损害债权人利益的除外。债务人部分履行债务给债权人增加的费用,由债务人负担。"

部分履行的构成要件是:(1)部分履行是在履行期限内的履行,如果在履行期限之前履行就是提前履行,在履行期限之后履行就是迟延履行。(2)部分履行的合同标的物是可分的,如买卖合同的标的物是500千克苹果,苹果的分次履行不影响其性质和作用,所以部分履行是可实施的,但如果买卖合同的标的物是整套设备,债务人就不得将整套设备拆开分次履行,因为这样会影响设备功能的实现。(3)部分履行有两种情况:一是债务人在履行期限内将应当一次履行的债务采用分批履行的办法全部履行,二是债务人虽然没有分批履行但履行标的物的数量不够。

(四)涉及第三人合同的履行规则

根据合同相对性原则,合同仅约束合同当事人,而对合同当事人之外的第三人并不产生约束力。但是随着社会经济关系的复杂化和多样化,合同相对性原则逐渐被突破。它表现为合同一般只能为合同当事人设立权利和义务,但是在某些特殊的情况下,合同的效力也会涉及第三人。也就是说,合同当事人约定合同债务人向第三人履行义务或者由第三人向合同债权人履行义务。这样的合同也被称为涉他合同,它包括为第三人设定权利的合同和为第三人设定义务的合同。

在为第三人设定权利的合同中,第三人可以接受为其所设立的权利,也可以放弃该权利。第三人放弃权利的,该权利由合同当事人享有。在为第三人设立义务的合同中,合同当事人的约定不会对第三人产生约束力,第三人不履行该义务或履行的义务不符合要求的,由债务人向债权人承担违约责任。我国《合同法》第64条和第65条对此作了规定:当事人约定由债务人向第三人履行债务的,债务人未向第三人履行债务或履行债务不符合约定,视同债务人对债权人违约,由债务人向债权人承担违约责任。当事人约定由第三人向债权人履行债务的,第三人未向债权人履行债务或履行债务不符合约定,视同债务人对债权人违约,应当由债务人向债权人承担违约责任。

第二节　双务合同履行中的抗辩权

抗辩权是指双务合同的一方当事人在法定条件下对抗另一方当事人的请求权或否认对方权利主张,拒绝履行债务的权利。按照抗辩权功能的不同可将抗辩权分为消灭抗辩权和延缓抗辩权。前者行使的效果是使请求权归于消灭,使请求权永久地不能行使,所以它又可称为永久抗辩权,如时效届满的抗辩权。后者行使的效果是仅使请求权效力延期,使请求权在一段时间内不能行使,而不会使对方请求权归于消灭,所以又可称为一时抗辩权,如同时履行抗辩权。一时抗辩权是当事人在合同履行中行使的一项可有效保障当事人利益、预先防范损失的权利,它对于摆脱我国经济流转中不良债权的长期困扰,具有重要的现实意义。

《合同法》第 66 条、第 67 条、第 68 条对双务合同履行中的抗辩权作出了明确的规定,它包括同时履行抗辩权、先履行抗辩权和不安抗辩权。当事人可以根据对方违约的不同情形,选择适当的抗辩权,从而维护自身的合法权益,避免损失。

一、同时履行抗辩权

(一)同时履行抗辩权的概念和性质

同时履行抗辩权,又可称为不履行抗辩权,是指在双务合同中,双方当事人未约定哪一方先为履行的,一方当事人在对方未为对待给付时,可以拒绝履行自己的义务的权利。《合同法》第 66 条对此作出了规定:"当事人互负债务,没有先后履行顺序的,应当同时履行。一方在对方履行之前有权拒绝其履行要求。一方在对方履行债务不符合约定时,有权拒绝其相应的履行要求。"这里的同时履行是指合同没有约定,法律也没有规定,根据交易习惯也不能确定双务合同的哪一方当事人应先履行义务时,双方当事人应当同时履行合同义务。

同时履行抗辩权在性质上属于延期抗辩权,而不是永久抗辩权;它的法理基础是诚实信用原则;其法律根据是双务合同的牵连性,即在双务合同中,给付与对待给付具有不可分离的关系,所以当一方不履行其合同义务时,另一方有权拒绝履行自己的义务。

同时履行抗辩权是大陆法系的概念,大陆法系国家往往在民法中规定这一制度,如《日本民法典》第 533 条的规定和《德国民法典》第 320 条的规定。英美法系中没有同时履行抗辩权的概念,但有相对应的制度即"对流条件"(concurrent conditions),它指合同中的条件,一方当事人对其允诺内容的履行是以对方当事人履行其允诺为条件的;换言之,它们是使合同得到同时履行(performed simultaneouly)的共同条件(mutual conditions),如果一方当事人已做好履行准备或提出履行,则另一方当事人亦须履行,否则构成违约。① 《美国合同法精义诠解》第 267 条规定将下列四种情形视为对流条件的前提:第一,为双方当事人规定了同一履行时间;第二,只为一方当事人规定了履行时间;第三,没有为任何一方当事人规定履行时间;第四,规定当事人应在一段时间内履行。如果合同中对履行时间作了上述规定,则任何一方当事人在对方履行其义务前,可以拒绝履行自己的义务。②

(二)同时履行抗辩权的构成要件

1. 必须发生在同一双务有偿合同中,双方互为给付义务。首先,双方当事人应当因同一合同互负债务,在履行上存在关联性,像单务合同(如借用合同、赠与合同)双方当事人之间没有互为给付的关系,就不存在同时履行抗辩权的问题;其次,当事人互负的债务应基于同一双务合同,如甲向乙购买 5 吨钢铁,同时甲又卖给乙 10 台机床,那么甲就不能以乙未交钢铁为由拒交机床;再次,互负的两项债务间应有对价关系,所谓对价关系是指一方履行与他方对待履行互为条件,相互依存,具有牵连性。如当事人约定了定金条款,一方当事人未交付定金,由于对定金的约定是主合同的从债务,它与主债务间没有对价关系,所以一方当事人就不能以对方不支付定金作为抗辩理由不履行主债务。

2. 必须没有履行时间的先后顺序,当事人应为同时履行。在双务合同中,按法律的规定、当事人的约定或交易习惯,双方当事人的履行顺序,大多是有先后之别的。当法律对当事人的履行顺序没有规定,或当事人没有约定或者约定不明确,且依交易习惯也不能确定时,当事人应当同时履行合同。但这种同时履行也不意味着分秒不差地同时履行,例如"一手交钱,一手交货"的交易是同时履行,但非当事人在履行时间上完全一模一样。

3. 双方债务必须均已届清偿期。履行期限到来之前,对方的请求权尚未成立,一方有权拒绝对方的履行请求,但这并非是行使同时履行抗辩权的效果。

4. 对方当事人必须未履行债务或未提出履行债务。只有在对方当事人未履行或未提出履行债务时,一方当事人才可以行使同时履行抗辩权,拒绝履行己方债务。若对方当事人履行了自己的债务,同时履行抗辩权就消灭了。如果对方已作

① 《元照英美法词典》,法律出版社 2003 年版,第 277 页。
② 陈安:《涉外经济合同的理论与实务》,中国政法大学出版社 1994 年版,第 191 页。

出履行但为部分履行,且数量严重不足或质量存在严重缺陷,被请求方有权拒绝受领并行使同时履行抗辩权以拒绝自己的履行;如果对方履行的数量仅有轻微不足或质量存在很小的偏差,被请求方不得以同时履行抗辩权来拒绝履行全部义务,而应为相应的履行。

5.对方当事人的对待给付必须是可能履行的。如果对方当事人的债务已丧失了履行的可能性,如作为合同标的物的房屋已完全烧毁,那么双方通过行使同时履行抗辩权也就无法实现债务履行的目的,此时可能发生合同的解除,而不存在行使同时履行抗辩权的问题。

(三)举证责任和法律效力

一方当事人行使同时履行抗辩权时,无须证明对方当事人未履行或提出履行合同义务;而对方当事人如果主张自己已履行了合同义务,则应负举证责任。但如果行使同时履行抗辩权的一方当事人主张对方当事人仅进行了部分履行或履行不适当,则他应负举证责任。

行使同时履行抗辩权的效力表现为使一方当事人在对方当事人未及时履行义务时,可以暂时也不履行自己的义务,但这并不能消灭对方当事人的请求,也不能消灭自己所负的债务,只是暂时停止履行义务;当对方当事人提出履行时,同时履行抗辩权的效力终止,当事人必须履行自己的义务。

从引例来看,解决本案的关键在于判断 A 公司是否可以主张同时履行抗辩权,如果可以主张,则不构成违约。A 公司与 B 公司签订的棉纱买卖合同是一个双务合同,双方基于这一合同产生了具有相互依存关系的权利和义务。B 公司未按合同约定筹足货款,A 公司拒绝交付货物,是基于 B 公司未履行债务,A 公司有权根据《合同法》第 66 条的规定行使同时履行抗辩权,当事人行使同时履行抗辩权致使合同延迟履行的,由对方当事人承担延迟履行的责任。

二、先履行抗辩权

(一)先履行抗辩权的概念和性质

先履行抗辩权,又可称为后履行抗辩权或先违约抗辩权,是指双务合同约定有履行的先后顺序的,负有先履行义务的一方当事人未依照合同约定履行债务,后履行义务的一方当事人可以因此拒绝对方当事人履行请求权的一种抗辩权。《合同法》第 67 条对此作出了规定:"当事人互负债务,有先后履行顺序,先履行一方未履行的,后履行一方有权拒绝其履行要求。先履行一方履行债务不符合约定的,后履行一方有权拒绝其相应的履行请求。"先履行抗辩权在性质上也属于延期抗辩权,而非永久抗辩权。

（二）先履行抗辩权的适用条件

1.当事人必须基于同一双务合同互负债务。关于这点的理解与同时履行抗辩权相同，在此不赘述。

2.当事人义务的履行必须存在先后顺序。这种履行不是同时履行，而是一方履行在先，一方履行在后，这是它与同时履行抗辩权的最大区别。这一履行先后顺序可以是由法律规定的，或当事人约定的，或由交易习惯确定的。当先履行方不履行或不适当履行时，后履行方才可行使先履行抗辩权。可见，并非合同双方当事人都享有先履行抗辩权，先履行抗辩权仅赋予后履行义务的一方当事人。

3.先履行一方必须不履行合同义务或者履行合同义务不适当。在异时履行合同中，先履行方应先履行其合同义务，若履行期限届至时，先履行方未履行则构成违约，后履行方有权拒绝先履行方的履行请求。若先履行方的履行不符合合同的约定，则后履行方仅可以拒绝相应的履行请求，即与先履行方履行债务不符合约定部分的相应部分。先履行抗辩权的行使实质上是对先履行方违约的抗辩，是在不终止合同效力的条件下，后履行方为保护自己的利益而采取的事前预防措施，既可以防止自己在履行义务后合法权益受到损害，又有利于降低成本。

4.先履行方应先履行的债务必须是可能履行的。如果先履行方的债务已经无法被履行，这时可能发生合同的解除，则后履行一方行使先履行抗辩权就没有意义。

（三）先履行抗辩权的法律效力

先履行抗辩权的效力，在于阻止先履行方请求权的行使，它不能消灭先履行方的请求权；而当先履行方完全履行了己方的合同义务时，先履行抗辩权就消灭了，当事人必须履行自己的合同义务。后履行方因行使先履行抗辩权致使合同迟延履行的，先履行方自己承担由此所导致的损失。

三、不安抗辩权

（一）不安抗辩权的概念和性质

不安抗辩权，又可称为保证履行抗辩权，是指当事人互负债务，且履行有先后顺序的，先履行方有确切证据证明后履行方丧失履行债务能力时，有中止履行合同义务的权利。《合同法》第68条对此作出了规定："应当先履行债务的当事人，有确切证据证明对方有下列情形之一的，可以中止履行：（1）经营状况严重恶化；（2）转移财产、抽逃资金，以逃避债务；（3）丧失商业信誉；（4）有丧失或者可能丧失履行债务能力的其他情形。当事人没有确切证据中止履行的，应当承担违约责任。"不安抗辩权的性质与同时履行抗辩权、先履行抗辩权一样都属于延期抗辩权,而非永久抗辩权。

(二)不安抗辩权的适用条件

1.必须基于同一双务合同而互负债务,这两个债务之间存在对价关系。对此理解与同时履行抗辩权、先履行抗辩权一样,在此不赘述。

2.当事人义务的履行必须存在先后顺序。对这一点的理解与先履行抗辩权相似,但在不安抗辩权中,仅是先履行方才有权行使,这点恰好与先履行抗辩权相反。也就是说,负有先履行义务的一方当事人,在对方当事人有不能为对待给付的现实危险时,有权暂时中止履行己方给付的行为,以免因对方当事人之后不能为对待给付而遭受不合理的风险或损失。

3.先履行义务的一方当事人必须有确切证据证明对方当事人丧失或可能丧失履行合同义务的能力。根据我国《合同法》的规定,后履行方丧失或可能丧失履行合同义务的能力的情形包括:

(1)后履行一方经营状况严重恶化。这种情况并不是当事人恶意造成的,而是在经营中力所不能及,或者经营不善而造成经营状况严重恶化的后果。此时后履行一方很有可能无力清偿债务,因此先履行一方可以行使不安抗辩权。

(2)后履行一方转移财产、抽逃资金,以逃避债务。这种行为的恶意是十分明显的。此时先履行一方如果仍按合同约定先履行给付义务,就有可能使自己的债权不能实现,造成自己的损失,因此先履行一方可以行使不安抗辩权。

(3)后履行一方严重丧失商业信誉。商业信誉是商家的生命,也是其经济能力的具体表现,是履约能力的具体体现。严重丧失商业信誉的商家,它的履约能力必然受到影响,构成先期履约危险,因此先履行一方可以行使不安抗辩权。

(4)后履行一方有丧失或者可能丧失履行债务能力的其他情形。即只要后履行一方表现出丧失或者可能丧失履行债务能力的情形,先履行一方就可以行使不安抗辩权。这是一条弹性规定,扩大了不安抗辩权的适用范围,以适应市场经济发展的需要。

(三)行使不安抗辩权当事人的附随义务

《合同法》为了兼顾合同双方当事人利益,实现公平保护,在赋予先履行方不安抗辩权的同时,又要求其承担两项附随义务:

1.通知义务。行使不安抗辩权的先履行方应当及时通知对方,因为不安抗辩权的行使只取决于权利人一方的意思,而无须征得对方的同意。为了避免对方因为不知道先履行一方中止履行的情形而遭受不必要的损失,法律要求先履行方在行使不安抗辩权时应及时通知对方当事人,这样也便于对方在获知后采取对应措施,或及时履行合同或提供充分担保,从而消灭不安抗辩权。

Law

2.举证义务。为了防止不安抗辩权的滥用,主张行使不安抗辩权的先履行方应当举出对方存在不能履行债务或者不能履行债务可能的情形之确切证据,这是行使权利方应当负有的义务。能否恰当地举证对先履行方至关重要,因为有确切证据证明的,不安抗辩权主张成立,先履行方有权中止履行合同义务;没有确切证据证明的,不安抗辩权主张不能成立,先履行方的行为构成违约。

(四)法律效力

《合同法》第69条规定:"当事人依照本法第68条的规定中止履行的,应当及时通知对方。对方提供适当担保时,应当恢复履行。中止履行后,对方在合理期限内未恢复履行能力并且未提供适当担保的,中止履行的一方可以解除合同。"此条规定了行使不安抗辩权的法律效力。

1.暂时中止履行合同债务。不安抗辩权在性质上也是一种延期抗辩权,所以它仅是使合同义务暂时中止履行或延期履行,而并非终止或消灭合同义务。如果后履行一方提供了适当担保或作了对待履行,不安抗辩权就消灭了,当事人就应当恢复履行自己的债务。

2.解除合同。也就是终止或消灭合同关系或合同之债。在先履行方行使不安抗辩权后,对方仍未在合理期限内恢复履行能力且未提供适当担保的,先履行方有权解除合同,消灭对方的请求权。

第三节 合同权利的保全

一、债的保全的概念

债的保全是债权人为防止债务人的财产不当减少而危害其债权,对债的关系以外的第三人所采取的法律措施或手段。它是债对于第三人发生的效力,是债的对外效力的重要表现。由于债的相对性,债的关系原则上不对第三人发生效力,但为保障债权人权利的实现,在某些情况下,债也对第三人发生法律效力。债的保全制度就是其中的典型情形。

在履行债务的过程中,债务人在自己的全部财产范围内负责清偿其债务,从而保障债权的实现。换言之,债务人是以其全部财产作为全部债务履行的担保,债务人的所有财产或总财产则构成债务人的责任财产。债务人责任财产的变动与债权人债权的实现具有密切的关系,债务人责任财产发生减少,则会影响到债权人债权的实现。因此,为了保障债权的顺利实现,法律赋予债权人保全债权的权利,维持债务人的责任财产,防止债务人减少责任财产而危害债权的正常实现。

债权人保全债权的权利主要有代位权与撤销权两项。债权人代位权设置的目的是保持债务人的责任财产,主要适用于债务人的财产本应增加而因债务人的懈怠却未能增加的情形;设置债权人撤销权的目的是恢复债务人的责任财产,主要适用于债务人以积极行为去减少本不应该减少的责任财产的情形。总之,债的保全能够对保障债权的正常实现起到积极预防的作用。

二、债权人的代位权

(一)代位权的概念和性质

债权人代位权,是指当债务人怠于行使自己的权利而危及债权人债权的实现时,债权人为了保全其债权可以以自己的名义代替债务人直接向第三人主张权利的权利。概言之,债权人的代位权就是债权人代债务人之位以自己名义行使债务人权利的权利。它具有以下几层含义:

1.债权人以自己名义行使债务人的权利。代位权不同于一般的权利,其主要内容是行使债务人的权利,而非行使债权人自己的权利。债务人权利的行使对象是第三人,所以债权人行使代位权也必然涉及第三人,表现为冲破债的相对关系,债权人向第三人主张权利。

2.在债务人不积极行使权利而危及债权人权利时,才得行使代位权。债权人的代位权是为保全债权而设立的,当债务人怠于行使自己的权利而导致其本应增加的财产未能够增加时,债权人恐其行为会造成债务的无法清偿,才行使代位权以保障自身合法利益的实现。如果债务人已积极行使了自己的权利,债权人的债权不会受到不合理的威胁,则此时法律没有必要赋予债权人以代位权。

3.债权人以自己的名义对债务人的义务人行使权利。债权人的代位权是债权人代债务人的地位对债务人的义务人即次债务人行使权利,因而债权人的代位权是债权人以自己的名义行使这一权利的,而不是作为债务人的代理人来行使的。所以,债权人代位权不同于债务人的代理人的代理权,代位权的行使无须债务人的授权。

近现代许多国家的法律都对债权人的代位权作出规定。例如,《日本民法典》第423条规定:"债权人为保全自己的债权,得行使属于其债务人的权利。但专属于债务人一身的权利,不在此限。""债权人,在其债权的期限未届至期间,非依裁判上代位,不得行使前项的权利。但保存行为,不在此限。"《法国民法典》第1166条规定:"债权人得行使其债务人的一切权利和诉权,但权利和诉权专属于债务人个人者,不在此限。"我国则在《合同法》第73条作了规定:"因债务人怠于行使其到期债权,对债权人造成损害的,债权人可以向人民法院请求以自己的名义代位行使债务人的债权,但该债权专属于债务人自身的除外。""代位权的行使范围以债权人的债权为限。债权人行使代位权的必要费用,由债务人负担。"

关于债权人的代位权的性质,学者的观点不一,有的主张为形成权①,理由主要是,债权人行使代位权,即以单方的行为,使得债务人与第三人的法律关系发生变更。有的主张为管理权,②主要理由是,代位权是债权人以自己的名义行使债务人的权利,所以其行使权利的内容是他人的权利。本书认为,两种观点都有其合理之处,而管理权与形成权并非是以同一标准作出的权利分类。从权利的作用上说,债权人的代位权可为形成权,它不同于请求权、支配权、抗辩权;从权利的内容上说,债权人的代位权可为管理权。因此债权人代位权具有管理权和形成权的双重性质。

(二)代位权的成立要件

根据《最高人民法院关于适用〈中华人民共和国合同法〉若干问题的解释(一)》(以下简称《合同法司法解释(一)》)的规定,债权人行使代位权应符合如下条件:

1.债权人对债务人的债权合法

债权人享有合法的债权是行使代位权的最为基础的条件。若债权人对债务人享有的债权不合法,更毋庸说代位行使权利了。

2.债务人怠于行使其到期债权,对债权人造成损害

它指债务人不履行其对债权人的到期债务,又不以诉讼方式或者仲裁方式向其债务人主张其享有的具有金钱给付内容的到期债权,致使债权人的到期债权未能实现。若债务人对第三人享有财产权利,且其积极行使权利,则债务人的行为并未对债权的实现造成危险,债权人的代位权就不能成立。

3.债务人的债权已到期

若债务人的债务履行期未届至,或者虽到履行期但履行期限未届满,则债务人是否能履行债务尚不确定,债权能否顺利被清偿还难以预料,债务人即使存在怠于行使权利的行为,但这一行为与债权实现之间有无直接关系尚无法确定,在这种情况下,债权人当然不能任意代位行使债务人的权利。

4.债务人的债权不是专属于债务人自身的债权

债权人代位权是为保障债务人的责任财产的增加而设立的,因而其标的须为已有效存在的债务人对第三人享有的财产权,具有专属性的权利不能作为代位权的标的。专属于债务人自身的债权,包括基于扶养关系、抚养关系、赡养关系、继承关系产生的给付请求权和劳动报酬、退休金、养老金、抚恤金、安置费、人寿保险、人

---

① 参见王家福主编:《中国民法学·民法债权》,法律出版社 1991 年版,第 178 页;张俊浩主编:《民法学原理》,中国政法大学出版社 2001 年版,第 600 页。

② 参见杨立新:《论债权人代位权》,载《法律科学》1990 年第 2 期;郑玉波:《民法债编总论》,台湾三民书局 1993 年版,第 314 页;史尚宽:《债法总论》,中国政法大学出版社 2000 年版,第 445 页。

身伤害赔偿请求权等权利。

（三）代位权的行使

债权人代位权的行使主体是债权人自身，即应由债权人以自己的名义行使代位权，凡是债务人的债权人，只要符合债权人代位权的适用条件，均有权行使代位权。如果两个或者两个以上债权人以同一个次债务人为被告提起代位权诉讼，则人民法院可以合并审理。

债权人代位权行使的范围，仅以行使代位权的债权人的债权为限。当债务人享有数项权利时，如果债权人就某一项权利行使代位权已足以满足清偿其债权的需要，则他不得再对债务人的其他权利行使代位权。由于债权人行使代位权排除了债务人意思的介入，所以债权人在行使时，应尽到合理的注意义务，不得任意处分债务人的权利。

债权人代位权的行使方式，各国立法例主要有两种，即直接行使方式和诉讼方式。在我国，根据《合同法》的规定，债权人代位权的行使，应依诉讼的方式为之，而不能采用债权人直接行使的方式。根据《合同法司法解释（一）》的规定，在代位权诉讼中，债权人为原告，次债务人为被告，债务人可作为第三人，债权人未将债务人列为第三人的，人民法院可以追加债务人为第三人。在代位权诉讼中，债务人未参加诉讼或未被告知参加诉讼的，该判决的效力是否亦及于债务人，对此学者有不同观点，但多数学者认为其效力应及于债务人。[①]　这样，才能有力地保障债权人的合法利益，才能实现设立代位权的宗旨。

（四）代位权行使的效力

根据《合同法司法解释（一）》的规定，债权人向次债务人提起的代位权诉讼经人民法院审理后认定代位权成立的，由次债务人向债权人履行清偿义务，债权人与债务人、债务人与次债务人之间相应的债权债务关系即予消灭。同时，相应的诉讼费由次债务人负担，并可以从实现的债权中优先支付。另外，由于债权人行使代位权，性质上是代债务人行使对次债务人的权利，这并不影响次债务人原有的法律地位和利益。所以，次债务人对于债务人享有的在代位权行使前发生的抗辩，均可以用来对抗债权人，但其对抗债权人的抗辩权却不能对抗债权人的代位权的行使。

---

①　郑玉波：《民法债编总论》，台湾三民书局1993年版，第319页。

三、债权人的撤销权

（一）撤销权的概念和性质

债权人的撤销权是指当债务人实施减少其财产的行为从而危及债权人债权的实现时，债权人可以请求法院撤销该行为以维持债务人的责任财产的权利。债权人的撤销权亦是债权的保全方式之一，其设立是为了防止因债务人的积极行为而使其责任财产减少，导致不能实现债权的危险。撤销权行使的对象是债务人与第三人间的行为，从而破坏债务人与第三人间业已成立的法律关系，这必然会引发第三人的权利义务关系的变动。因此，债权人的撤销权是对债的相对性的突破，也是债的关系对第三人效力的一种表现。

债权人的撤销权起源于罗马法，由于它是由裁判官保罗所创设的，所以又可称为保罗诉权或保利安之诉（actio pauliana）。优士丁尼的《法学阶梯》中亦有明文的规定。这一制度为后世所承继，法国民法典在第 1167 条，日本民法典在第 424 条，我国台湾地区“民法”在第 244 条都作出了规定。我国《民法通则》没有规定债权人的撤销权，但《民通意见》第 130 条规定：“赠与人为了逃避应履行的法定义务，将自己的财产赠与他人，如果利害关系人主张权利的，应当认定赠与无效”，初显了撤销权的实质。《合同法》则进一步明确规定了债权人的撤销权。该法第 74 条规定：“因债务人放弃其到期债权或者无偿转让财产，对债权人造成损害的，债权人可以请求人民法院撤销债务人的行为。债务人以明显不合理的低价转让财产，对债权人造成损害，并且受让人知道该情形的，债权人也可以请求人民法院撤销债务人的行为。”“撤销权的行使范围以债权人的债权为限。债权人行使撤销权的必要费用，由债务人负担。”

关于撤销权的性质，理论上一直存在着争议，归纳而言，主要有请求权说、形成权说、责任说、折中说四种不同的学说。请求权说认为，撤销权的实质是对于因债务人的行为而受有利益的第三人请求返还其所得利益，所以此说又可称为债权说，依此说行使撤销权的诉讼为给付之诉。形成权说认为，撤销权是根据债权人的意思表示而使债务人与第三人之间的法律行为的效力溯及地消灭，这一说又可称为物权说。这一性质下的请求撤销之诉是形成之诉。责任说认为，债权人无须请求受益人返还其所得的利益，就可将其视为债务人的责任财产，申请法院径行对其强制执行。折中说认为，债权人的撤销权兼具形成权与请求权双重性质，因为撤销权的行使既可以发生撤销债务人与第三人间的行为之法律效果，又可以使债务人财产达到恢复原状的效果。上述诸多学说，以折中说为通说。

（二）成立条件

债权人撤销权的成立要件包括客观要件与主观要件两个方面。

1.客观要件

撤销权成立的客观要件是指债务人客观上实施了危及债权人的债权实现的行为，它包括以下因素：

（1）债务人在债权成立后实施了法律上的行为。债务人实施的行为可以是合同行为也可以是单方法律行为，可以是有偿或是无偿，可以是法律行为亦可以是其他减少其财产或增加其负担的行为，例如诉讼上的和解行为。但债务人实施的事实行为、无效民事行为、身份行为、非以财产为标的的行为等，因为这些行为无法撤销或无须撤销，所以债权人对债务人的此类行为无法行使撤销权。

（2）债务人的行为致使其财产减少，且有害于债权的实现。债务人所为的不以财产为标的的行为，与债务人责任财产没有直接关系，债权人不得主张撤销；债务人的行为虽以财产为标的，但不使其财产发生减损，如债务人放弃受赠权或受遗赠权，债权人对此类行为亦不得主张撤销。

如果债务人的行为虽然会使其财产减少但并不会对债权的清偿产生不利的影响，债权人当然无权干涉债务人的行为自由。只有当债务人减少其财产的行为足以对债权人债权的充分清偿造成威胁时，债权人才有权介入债务人的行为中去，主张撤销该行为。债务人的行为是否危及债权，可以从两方面加以考察：一方面债务人是否因该行为而导致无力清偿债权。对于债务人无力清偿的判断，各国立法有不同的规定，例如德国、奥地利民法以支付不能为判断要件，而瑞士民法则以债务超过作为判断标准。

一般而言，当债务人为某一行为，使其资产不足以满足清偿一般债权的要求时，债务人即为无力清偿。这是一个客观的判断标准，而非以债权人的个人认识为参照的主观标准。如果债权人的债权附有担保物权，债权人只能在担保物的价值不足清偿的债权数额限度内行使撤销权。如果担保物的价值足以清偿其债权，则债务人的行为不构成对债权的威胁，债权人不能行使撤销权。

2.主观要件

对于撤销权主观要件的适用，依债务人的行为是无偿或有偿而有所不同。当债务人的行为是无偿行为时，撤销权的成立不以债务人和第三人的恶意为要件，即无须具备主观要件，只需具备客观要件，债权人即可行使撤销权。因为债务人无力清偿时仍为无偿行为，这显然会危及债权的实现，况且无偿行为的撤销，仅使受益人失去无偿所得的利益，并没有损害受益人原有的其他利益，因此法律理应先考虑保护受债务人无偿行为威胁的债权人利益而不应先保护无偿取得利益的第三人。当债务人的行为是有偿行为时，主观要件的恶意又包括两个方面，即债务人的恶意和第三人的恶意。

对于债务人有无恶意,从各国民事立法来看,主要存在两种不同的判断标准,即意思主义和观念主义。前者认为,恶意是指债务人在实施行为时有诈害的意思,例如德国、奥地利、瑞士民法的规定;后者认为,恶意是指债务人明知其行为有害于债权人的权利而仍进行,例如法国、日本民法的规定。我国《合同法》的规定是以债务人是否以明显不合理的低价转让为判断依据,属于观念主义。受益人的恶意是以其知道其所为的行为有害于债权为判断依据,而不要求受益人与债务人有串通危及债权的合意。至于受益人恶意的证明,应由债权人负举证责任。

(三)撤销权行使的方式

债权人的撤销权应由债权人以自己的名义行使。凡是债务人为有害债权行为前有效成立的债权,债权人均可行使撤销权。在我国,债权人的撤销权行使,须由债权人以自己的名义通过诉讼方式为之,因为撤销权的行使涉及第三人权利义务关系的重大变动,与第三人有重大利害关系,为了防止债权人滥用撤销权损害第三人的合法权益,我国法律要求债权人以诉讼的方式行使撤销权,以协调三方的利益。

债权人行使撤销权的被告应为何人,理论上存在着争议。有的主张以受益人为被告;有的主张以受益人或转得人为被告;有的主张以行为当事人为被告,在单独行为中以该当事人为被告,在双方法律行为中,债务人及相对人为被告,而转得人不应为被告;有的主张以债务人和受益人为共同被告,如果存在转得人,转得人亦为共同被告;有的主张折中说,当撤销权诉讼为形成之诉时,以行为当事人为被告,当撤销之诉兼有给付之诉性质时,受益人或转得人也是被告。根据我国《合同法》及其司法解释的规定,债权人只以债务人为被告,但当事人未将受益人或者受让人列为第三人的,人民法院可以追加该受益人或者受让人为第三人。

债权人行使撤销权的范围应以债权人的债权额为限,因为撤销权行使的目的是为了保全债权。关于这一点的分析,与代位权的分析相似,在此不赘述。

撤销权的行使受到除斥期间的限制。为了避免债权人、债务人、受益人、转得人之间的法律关系长期处于不确定的状态,法律要求债权人必须在一定期间内行使撤销权,否则,除斥期间届满后,债权人的撤销权即归于消灭。根据《合同法》第75条的规定,撤销权自债权人知道或者应当知道撤销事由之日起一年内行使。自债务人的行为发生之日起5年内没有行使撤销权的,该撤销权消灭。

(四)行使的效力

债权人撤销权行使的效力可及于债务人、受益人及债权人。

1.对债务人的效力。债务人的行为一经被撤销,视为自始无效,并产生无效行为的后果。已经履行的行为发生返还财产、赔偿损失等责任,没有履行的则不再履行。

2.对受益人的效力。债务人的行为被撤销,使得受益人受领债务人的财产的行为丧失了合法根据,故受益人对此负有返还不当得利的义务。通常应返还原物,若原物不能返还的,应当折价赔偿;受益人已向债务人支付对价的,可以要求债务人返还。

3.对债权人的效力。行使撤销权的债权人可以请求受益人将所得利益返还债务人,归入债务人的责任财产之中,行使撤销权的债权人没有从受领的给付物中优先受偿的权利。撤销权行使的效力及于全体债权人,受益人返还的财产应作为债务人的所有债权的一般担保,而不是对某一债权人的担保。因此,当行使撤销权的债权人依强制执行程序请求受偿时,全体债权人可以申请参与并按比例受偿。

债权人行使撤销权所支付的律师代理费、差旅费等必要费用,债权人可以要求债务人负担;如果第三人存在过错,应当适当分担。

司法考试真题链接

1.某热电厂从某煤矿购煤 200 吨,约定交货期限为 2007 年 9 月 30 日,付款期限为 2007 年 10 月 31 日。9 月底,煤矿交付 200 吨煤,热电厂经检验发现煤的含硫量远远超过约定标准,根据政府规定不能在该厂区燃烧。基于上述情况,热电厂的哪些主张有法律依据?(2008 年司法考试真题)

  A.行使顺序履行抗辩权   B.要求煤矿承担违约责任

  C.行使不安抗辩权   D.解除合同

2.甲公司与乙公司签订服装加工合同,约定乙公司支付预付款 1 万元,甲公司加工服装 1000 套,3 月 10 日交货,乙公司 3 月 15 日支付余款 9 万元。3 月 10 日,甲公司仅加工服装 900 套,乙公司此时因濒临破产致函甲公司表示无力履行合同。下列哪一说法是正确的?(2009 年司法考试真题)

  A.因乙公司已支付预付款,甲公司无权中止履行合同

  B.乙公司有权以甲公司仅交付 900 套服装为由,拒绝支付任何货款

  C.甲公司有权以乙公司已不可能履行合同为由,请求乙公司承担违约责任

  D.因乙公司丧失履行能力,甲公司可行使顺序履行抗辩权

3.甲对乙享有 2006 年 8 月 10 日到期的 6 万元债权,到期后乙无力清偿。乙对丙享有 5 万元债权,清偿期已届满 7 个月,但乙未对丙采取法律措施。乙对丁还享有 5 万元人身损害赔偿请求权。后乙去世,无其他遗产,遗嘱中将上述 10 万元的债权赠与戊。对此,下列哪些选项是正确的?(2010 年司法考试真题)

  A.甲可向法院请求撤销乙的遗赠

  B.在乙去世前,甲可直接向法院请求丙向自己清偿

  C.在乙去世前,甲可直接向法院请求丁向自己清偿

  D.如甲行使代位权胜诉,行使代位权的诉讼费用和其他费用都应该从乙的
   财产中支付

4.甲公司在 2011 年 6 月 1 日欠乙公司货款 500 万元,届期无力清偿。2010 年 12 月 1 日,甲公司向丙公司赠送一套价值 50 万元的机器设备。2011 年 3 月 1 日,甲公司向丁基金会捐赠 50 万元现金。2011 年 12 月 1 日,甲公司向戊希望学校捐赠价值 100 万元的电脑。甲公司的 3 项赠与行为均尚未履行。下列哪一选项是正确的?(2012 年司法考试真题)

A.乙公司有权撤销甲公司对丙公司的赠与

B.乙公司有权撤销甲公司对丁基金会的捐赠

C.乙公司有权撤销甲公司对戊学校的捐赠

D.甲公司有权撤销对戊学校的捐赠

5.杜某拖欠谢某 100 万元。谢某请求杜某以登记在其名下的房屋抵债时,杜某称其已把房屋作价 90 万元卖给赖某,房屋钥匙已交,但产权尚未过户。该房屋市值为 120 万元。关于谢某权利的保护,下列哪些表述是错误的?(2014 年司法考试真题)

A. 谢某可请求法院撤销杜某、赖某的买卖合同

B. 因房屋尚未过户,杜某、赖某买卖合同无效

C. 如谢某能举证杜某、赖某构成恶意串通,则杜某、赖某买卖合同无效

D. 因房屋尚未过户,房屋仍属杜某所有,谢某有权直接取得房屋的所有权以实现其债权

第八章　合同的变更、
　　　　转让及终止

【引　例】

甲公司对外负债 200 万元,另有 50 万元的货款未予追回(欠款人为丁公司)。1997 年 3 月,甲公司经全体股东同意分立为乙、丙两家公司。乙公司与丙公司约定,由乙公司享有原甲公司对丁公司的 50 万元债权。同年 5 月,丙向法院起诉丁,要求其归还 50 万元货款,丁辩称丙无权起诉,只有乙才可以提出请求。

第一节　合同的变更

一、合同变更的概念及类型

(一)合同变更的概念

合同的变更有广狭义之分。广义的合同变更,包括合同的主体变更、合同的客体变更与合同的内容的变更。因为合同的客体的变更与合同的内容的变更是联系在一起的,客体变更必然发生内容的变更,而内容的变更也就引起客体的变更。如,在交付标的物的合同中,应交付的标的物的数量的增减,也就是合同债务范围的变更,这也引起了合同客体的变更。所以,合同的变更主要是指合同内容的变更与合同主体的变更。合同主体的变更即合同内容并不发生改变,仅是一方当事人将合同的全部或部分权利义务转让给第三人,又称合同的转让。合同内容的变更是指当事人不变,只合同的内容发生变化。狭义的合同变更仅指合同的内容的变更。本节仅讨论合同内容的变更,即狭义的合同变更。

(二)合同变更的类型

合同的变更,从原因与程序上看,主要有以下几类:

1.法定变更,即基于法律的直接规定变更合同。例如债务不能履行,而债务人又不具有免责事由,则履行合同的债务变为损害赔偿债务。

2.裁判变更,即基于法院判决或仲裁机构的裁决使合同内容发生变更。例如在合同因重大误解而成立的情况下,有权人可诉请变更或撤销合同,法院裁决变更合同;又如在情势变更使合同履行显失公平的情况下,当事人可以请求法院变更合同内容。

3.依法律行为或其他行为变更,其可以分成依单方行为变更和依双方行为变更两种。前者如形成权人行使形成权使合同变更,后者如当事人各方协商同意变更合同。

二、合同变更的条件

(一)原已存在有效的合同关系

合同的变更是改变原合同关系,没有原合同关系就没有变更的对象,因而合同变更的前提条件是有既存的合同关系。同时这种合同关系必须是有效的,因为无效的合同自其成立时起就不具有法律效力,并不发生变更问题。

(二)合同内容发生变化

我国法律对合同变更采取狭义说,仅指合同内容的变更,不包括合同主体的变更,因此,合同内容发生变化是合同变更不可或缺的条件。合同内容的变更主要包括以下几种:

1.标的物的变更,包括标的物数量的增减、标的物品质的改变等。

2.价金的变更,即价款或酬金的增减、利息的变化等。

3.履行条件的变更,包括履行期限的变更、履行地点的改变、履行方式的改变、结算方式的改变等。

4.所附条件和期限的变更,如期限的延长或缩短、所附条件的增添或除去等。

5.其他内容的变更,如担保的设定或撤销、违约金的变更、裁判机构的变更。

(三)合同的变更应以当事人的约定或法律的规定或法院、仲裁机构的裁决为依据

当事人协商一致变更合同是以新的合意来变更原来的合同,是合同自由原则的体现,这是合同变更的主要形式。这种变更协议由于是属于一个新的合同,应当符合有关合同成立和生效的规定,否则不能发生变更合同的效果。根据法律的直接规定而变更合同,法律效果可以直接发生,不以当事人协议或法院的裁决为必经程序。此外,我国法律对合同因意思表示不真实而导致变更或者因适用情势变更

而导致变更的,均需法院、仲裁机构的裁决。

（四）当事人应遵守法定形式

对合同的变更法律明确要求采取一定方式的,当事人须遵守此种要求。例如,我国《合同法》第 77 条第 2 款规定,法律、行政法规规定变更合同应当办理批准、登记等手续的,其合同的变更须办理该手续。

三、合同变更的效力

（一）合同的变更原则上仅向将来发生效力

合同变更原则上仅对合同未履行的部分发生效力,对已履行的部分没有溯及力,已经履行的债务不因合同的变更而失去法律效力,但法律另有规定或当事人另有约定的除外。这样任何一方均不得因合同的变更而要求对方返还已经所为的给付。

（二）合同变更对权利义务的影响

合同的变更,以原合同关系的存在为前提,变更部分不超出原合同关系之外,原合同关系有对价关系的仍保有同时履行抗辩权。原合同债权所有的利益与瑕疵仍继续存在,然而在增加债务人负担的情况下,未经保证人书面同意,保证不发生效力;若未经物上保证人同意,物的担保不及于扩张的债权价值额。

（三）合同的变更不影响当事人要求赔偿损失的权利

根据《民法通则》第 115 条的规定,合同变更或解除,不影响当事人要求赔偿损失的权利。至于何种类型的合同变更与损害赔偿并存,应视具体情况而定。例如基于情势变更原则而变更合同,不存在损害赔偿;因重大误解而成立的合同予以变更,在相对人遭受损失的情况下,误解人应赔偿相对人的损失。

第二节　合同的转让

一、合同转让概述

（一）合同转让的概念

合同转让,即合同的主体变更,是指在债的内容与客体保持不变的情形下,债的主体发生变更。它实际上是合同权利义务的转让,合同当事人一方依法将合同权利、义务全部或部分地转让给第三人,使第三人成为合同的新债权人、债务人。它包括债权的让与、债务的承担和债权债务的概括移转。

(二)合同转让的特征

1.合同转让是以合同权利义务关系的存在为前提

合同转让是合同主体的变更,这就决定了它必然以合同权利义务的存在为前提,因而合同变更不同于合同的发生。合同发生是指原来不存在合同权利义务关系而新产生合同权利义务关系。合同转让就其受让人来说,因也是在自己原不享有合同权利或不负担合同义务的情况下而新取得合同权利或负担合同义务,所以可以说是产生了合同权利或合同义务,但该合同权利义务并非新发生的,而是原来就已存在的,只不过从一主体移转到另一主体。因此依合同转让而成为债权人或债务人的,可称为合同的继受主体,而非合同的原始主体。

2.合同转让为合同主体的变更

合同主体包括债权人与债务人,不论是债权人一方发生变更还是债务人一方发生变更都为合同转让。债权人一方变更,债务人一方不变的,为债权让与;债务人一方变更而债权人一方不变的,为债务承担。若因债权人一方或债务人一方所参与的债都发生债权主体或债务主体变更而发生合同转让,则为债的概括移转。

3.合同转让不改变合同的内容与客体

合同转让仅为广义的合同变更中的主体变更,因而合同转让并不改变当事人间的权利义务关系,合同权利义务并未发生改变,所以合同转让与合同变更(狭义的合同变更)不同。合同变更是债权人与债务人间的权利义务的内容与标的发生改变,但债权人与债务人并没有发生改变。

4.合同转让前后权利义务保持同一性

合同转让并不引起新的债权债务关系的出现。合同转让后的债权债务与移转前的债权债务保持其同一性。因此,合同转让不同于合同的更改。合同的更改,又称为合同的更新或合同的更替,是指在原合同的基础上成立一个新合同以代替原合同。例如,将赠与关系更改为买卖关系。一般认为,合同的内容变更后与原来的内容具有同一性的,为合同的变更;若无同一性,则为合同的更改。但有些学者主张,我国民法上无规定合同的更改之必要,关于合同的变更也不必要求变更后的合同须与原合同有同一性;即使不具有同一性,亦不妨成立合同的变更。①

(三)合同转让的原因

合同转让的原因是指引起合同主体变更的法律事实。引起合同主体变更的具

---

① 王家福:《中国民法学·民法债权》,法律出版社 1991 年版,第 65 页。

体原因是多种多样的,但从其性质来看,可分为三种:

1.法律的直接规定

基于法律的直接规定而发生的合同转让,称为合同的法定转让。在这种情形下,一般多是合同权利义务的概括移转。例如,在法定继承中,被继承人的包括合同权利义务在内的遗产均由其法定继承人承受;企业法人发生分立或合并时,其属于原企业的合同权利义务由新的企业承担。

2.法院的裁决

债也可因法院的裁决而发生移转,基于此种原因发生的合同转让称为裁判上的移转。

3.法律行为

合同转让亦可因法律行为而发生。这是现实生活中最常出现的合同转让方式,它包括双方法律行为和单方法律行为。如果通过双方法律行为转让合同,合同转让须有让与人与受让人间的合意才能发生。如果通过单方法律行为转让合同,合同转让不需要双方的合意,只需一方的行为即可发生。例如,因遗赠发生的合同转让。依法律行为而发生的合同转让,既可以是仅将合同权利或合同义务的全部或一部让与他人承受,也可以是将其全部合同权利义务一并让与他人概括承受,即概括移转。

二、债权的转让

(一)债权让与的概念和方式

债权让与即合同权利主体发生变更,它有广义与狭义之分。广义的债权让与,是指债权人的债权由第三人承受,即第三人加入债的关系而成为新的债权人。这种意义上的债权让与既包括因法律规定或裁判而发生的债权让与,也包括因当事人之间的合意而发生的债权让与。狭义的债权让与仅指基于法律行为而发生的债权转让,而不包括依法律的直接规定而发生的债权转让。它常依合同的方式为之,所以狭义的债权让与一般是指在不改变合同内容的前提下,债权人通过与第三人的协议将其债权转让给第三人。债权人与第三人订立的关于转让债权的协议称为债权让与合同(或契约)。让与债权的一方当事人称为让与人,受让债权的一方当事人称为受让人。

债权让与可分为全部让与和部分让与。债权的全部让与是指债权人将其合同债权全部转让给第三人,转让生效后,受让人成为合同债权人。债权的部分让与是指债权人将债权的一部分转让给第三人,转让生效后,原债权人与受让第三人共同成为合同债权人。如果转让协议中约定了转让的合同债权份额,则原债权人与受让人按照约定的份额享有合同权利,成立按份债权;若协议中没有约定让与的合同债权份额,则原债权人与受让人连带享有债权,成立连带债权。

（二）债权让与的条件

这里主要讨论基于让与人与受让人之间的转让协议而发生的债权让与的情形,因为它是现实生活中最为普遍的情形。债权让与合同的发生须具备以下条件才能生效:

1.存在有效的债权

债权让与合同的目的是转让债权,因而必须以有效债权的存在为基本前提。转让人不享有有效债权的,其让与合同当然无效。债权是否有效,应以何时为准,应具体分析。例如,让与的债权为可撤销的债权的,在所让与的债权未被撤销前,该债权为有效,因此,在其未被撤销前让与的,该让与合同有效。让与的债权为将来发生的债权的,虽然在让与合同成立时该债权尚不存在,但这并不等于它将来不能有效成立,若当事人约定债权人取得债权时债权移转于受让人,则该让与合同也应为有效。对于超过诉讼时效的债权,即自然债权是否可让与,理论界颇有争议,存在不同的观点。通说认为,自然债权也可以进行让与。

2.当事人之间就债权让与达成合意

让与人与受让人应订立债权让与合同进行债权的转让。该债权让与合同应具备合同成立和生效的要件。如让与合同存在无效的因素,则让与合同自始无效。让与合同存在有可撤销或可变更的事由的,若当事人请求撤销该合同,则让与合同溯及成立时无效。值得注意的是,债权让与是权利的处分行为,要求让与人对该债权具有处分能力和处分权限。无处分权人让与他人债权的,除非经真实债权人追认,其行为无效。

3.所让与的债权应具有可让与性

债权为一种资本化的财产权,一般有很强的可流通性,具有可让与性。债权人可以将其债权让与他人,但是并非所有的债权都具有可让与性。根据法律规定或当事人约定,某些债权虽具有可让与性,但债权人不得转让该债权。按照《合同法》第79条的规定,下列情形下的债权不得让与:

（1）依债权性质不得让与的债权。这类债权主要包括:其一,以特定身份为基础的债权。例如,亲属间的扶养请求权,抚恤金请求权,受遗赠人的给付遗赠请求权等。其二,以与特定债权人相联系的债权。例如,以特定人为对象提供劳务的债权,不得转让。对特定人提供家教服务的债权。其三,基于当事人间特别信赖关系的债权。例如,雇佣、委托、借用关系中的债权,原则上不得让与,因为这类债权具有强烈的人身信任关系。其四,属债权的从权利原则上不得单独让与。因为从权利随主权利的转移而转移,性质上不能与主权利分离而单独为让与。但当从权利可以与主权利分离而单独存在时,该从权利可以让与,如已产生的利息债权可以与本金债权相分离而单独让与。其五,不作为债权原则上不得让与。

（2）合同当事人约定不得转让的债权。在不违反法律的强行性规定的前提下，债权人与债务人可以约定任何一方不得转让其债权。当事人关于不得让与债权的意思表示，可以于债权成立时为之，也可以在债权成立后为之，但须在债权让与之前作出。在债权让与后才作出的禁止让与债权约定，此意思表示无效。当事人可以约定禁止向任何人转让债权，也可以约定禁止向特定人或特定范围的人转让债权。

在当事人禁止转让债权的约定发生何种效力问题上，有三种立法例。一为此种特殊约定在当事人之间有效，但对于第三人为无效，如德国法；二为此种特殊约定有效，但不得对抗善意第三人，如日本法；三为此种特殊约定无效，如法国法。我国法律对此没有明确规定，学者对此所持观点不同。本书认为，采日本立法例为宜，当事人间订有这种特殊约定的，其约定有效，债权不得让与，但这一约定不能对抗善意第三人。

（3）依照法律规定不得转让的债权。这里的"法律"应作广义的解释，它包括我国民法和其他强行性法律规范的规定。例如，我国《担保法》规定，最高额抵押的主合同债权不得转让；我国《民事诉讼法》规定，被扣押的财产不得让与。对于依法律规定应由国家批准的合同债权，其让与仍应经原批准机关批准，否则不能发生让与的效力。

4.当事人应通知债务人

债权让与合同为转让人与受让人间的意思表示一致的协议，因此，债务人不是债权让与合同的当事人，未经通知无从知晓债权让与的相关内容。从法律行为的一般原理上说，债务人的意思不能影响债权让与合同的效力。但因债权转让合同所转让的债权与债务人有一定关系，在转让生效后，债务人应向受让人履行债务，所以债权让与合同是涉及债务人的合同，债权人应及时通知债务人。《合同法》第80条第1款规定："债权人转让权利的，应当通知债务人。未经通知，该转让对债务人不发生效力。"依此规定，债权让与虽不以债务人的同意为生效要件，但以通知债务人作为对债务人发生效力的要件，换言之，债务人未收到债权让与通知的，则该让与对债务人不发生效力，债务人向原债权人为清偿的，其清偿有效。

（三）债权让与的效力

债权让与的效力是指债权让与在让与人、受让人及债务人之间所发生的法律效果，可分为内部效力与对外效力两个方面。

1.债权让与的内部效力

它是指债权让与在转让人与受让人间发生的法律效果。

（1）合同主权利及非专属于债权人的从权利转让于受让人。债权让与的基本效力是受让人取得受让的债权，即债权从转让人转移于受让人所有。除法律另有规定或者当事人另有约定外，自债权让与合同成立之时起债权转移于受让人，受让人即成为新的债权人。《合同法》第 81 条规定:"债权人转让权利的,受让人取得与债权有关的从权利,但该权利专属于债权人自身的除外。"依此规定,主债权发生转移时,从权利随之一并转移于受让人。例如,担保权、利息债权、违约金债权、损害赔偿请求权等随主债权转移于受让人也转移于受让人。但专属于原债权人自身享有的从权利,例如撤销权、解除权等形成权,不因债权的转移而当然地转移于受让人。

(2)让与人应使受让人能够行使债权。债权的转让人负有使受让人能够行使债权的义务,因此,让与人应将所有足以证明债权合法有效的文件,如债权证书、票据、往来电报等交付受让人;让与人应向受让人告知主张债权所必要的资料,如债务人的住所、债务人的联系方式、债务人可能主张的抗辩、债务的履行方式等;有担保权的,让与人应将担保文书一并交付给受让人;占有担保物的,应将相关占有部分或全部移转给受让人。这些义务的性质属于依诚信原则所产生的合同从给付义务或附随义务。

(3)让与人对让与的债权负瑕疵担保责任。让与人对其所让与的债权应负瑕疵担保责任,使受让人所受让的债权不被第三人追索。但是,除让与合同另有约定外,让与人不对债务人的履行能力负担保责任。在让与合同成立时,受让人知道债权有瑕疵而受让的,让与人不负瑕疵担保责任。

2.债权让与的对外效力

它是指债权让与对债务人、第三人发生的法律效果。如上所述,债权让与自当事人双方的意思表示一致时起成立,只有在向债务人为债权让与的通知时,才能对债务人发生效力。债权让与的通知可以是口头、书面或其他方式。债务人收到债权让与的通知,有异议的,可以向对方提出,并要求向原债权人即让与人清偿债务;债务人未提出异议的,债权让与即对其发生效力。这一效力主要体现在以下几个方面:

(1)债务人应向受让人履行债务。债权让与对债务人生效后,如果是债权的全部让与,债务人应向受让人清偿债务,而不再向让与人清偿债务。债务人仍向让与人清偿的,除构成向第三人履行外,其清偿无效,不能对抗受让人,而只能依不当得利向受清偿的让与人要求返还。

(2)债务人对原债权人的抗辩权可以向受让人行使。受让人的地位不能优于让与人,其权利不能大于让与人原有的权利,因此,凡债务人可以对抗原债权人即让与人的抗辩权,同样也可以用来对抗受让人。《合同法》第 82 条明确规定:"债务人接到债权转让通知后,以债务人对让与人的抗辩,可以向受让人主张。"《合同法司法解释(一)》进一步规定,债权人转让合同权利后,债务人与受让人之间因履行合同发生纠纷诉至人民法院,债务人对债权人的权利提出抗辩的,可以将债权人列为第三人。这样的抗辩权包括基于被让与的债权而产生的实体法上的抗辩权,如合同未成立、无效的抗辩,同时履行的抗辩和不安抗辩,还包括基于被让与的债权而产生的程序法上的抗辩权,如债权已过诉讼时效的抗辩等。

（3）债务人可以主张以其债权与让与的债权抵销。《合同法》第83条规定:"债务人接到债权转让通知时,债务人对让与人享有债权,并且债务人的债权先于转让的债权到期或者同时到期的,债务人可以向受让人主张抵销。"

三、债务的承担

（一）债务承担的概念

债务承担指的是债务主体的变更,即在不改变合同内容的前提下,原债务人的债务移转于新债务人承担。

债务承担可因法律的直接规定而发生,也可因法律行为而发生。依当事人之间的合意而发生的债务承担最为常见。因此,一般所说的债务承担仅指依当事人间的合意,将债务人的债务移转于承担人即新债务人承担。当事人间关于移转债务的合意即为债务承担合同。

债务承担包括免责的债务承担与并存的债务承担。免责的债务承担是指由第三人即承担人代替债务人承担其全部债务,成为合同的新债务人,而原债务人脱离合同关系。并存的债务承担,是指第三人加入债的关系与债务人共同承担债务,原债务人并不脱离合同关系,仍为债务人。狭义的债务承担仅指免责的债务承担。

（二）债务承担的要件

《合同法》第84条规定:"债务人将合同的义务全部或者部分转移给第三人的,应当经债权人同意。"依此,债务承担须具备以下要件:

1.存在有效的债务。债务承担合同所转移的应是有效的债务,若债务并不存在或无效或已消灭,则债务承担合同不能有效。所移转的债务为将来发生的债务的,仅在该债务有效成立时,债务承担合同才能发生法律效力。处于诉讼中的债务也可以由第三人承担,这时,法院针对该债务的判决对承担人具有拘束力。

2.存在以债务承担为目的的有效合同。例如当事人间订立的合同不是以移转债务为目的或者虽以由第三人承担债务为目的,但合同存在无效的事由的,均不能发生债务承担的后果。债务承担合同可由债权人与第三人订立,也可由债务人与第三人订立。由债务人与第三人订立债务承担合同的,须经债权人同意方能有效。因为合同关系通常建立在债权人信任债务人的履行能力的基础上,如果未经债权人同意而将债务转移于第三人,债权人对第三人是否具有足够的履行能力并不了解,所以为了保护债权人的利益,各国民法均以债权人同意作为其债务承担合同的生效要件。

3.所移转的债务应具有可移转性。下列三种类型的债务不具有可移转性:(1)

性质上不能移转的债务,如与债务人人身具有不可分割的关系;(2)债权人与债务人约定不得移转的债务;(3)法律直接规定不能移转的债务。有的债务从性质上虽然不能移转,但若经债权人同意也并非绝对不可以移转,例如,在特定人提供劳务的合同中,劳务提供的债务经债权人同意可以移转。

(三)债务承担的效力

1.债务全部移转的,承担人取代原债务人的地位而为新债务人。原债务人脱离债的关系,而不再负担债务。债务人的债务部分转移给第三人的,第三人加入合同关系,与原债务人共同承担债务。

2.新债务人可援用原债务人基于合同权利义务关系所享有的抗辩权。《合同法》第85条规定:"债务人转移义务的,新债务人可以主张原债务人对债权人的抗辩。"但原债务人对债权人享有同种类债权可主张抵销的,新债务人不得以此主张抵销。因为债务承担为无因行为,新债务人基于债务承担合同所取得的对于原债务人的抗辩事由,不得以之对抗债权人。

3.非专属于原债务人的从债务一并移转于承担人承担。《合同法》第86条规定:"债务人转移义务的,新债务人应当承担与主债务有关的从债务,但该从债务专属于原债务人自身的除外。"例如,附随于主债务的利息债务、违约金债务等除当事人另有约定外,也一并由新债务人承担。又如,担保债务并不能随主债务的移转而移转,第三人为原债务人提供担保的,在债务承担时除担保人同意继续担保者外,债务移转时,担保随之消灭。

四、债权债务的概括移转

(一)债权债务概括移转的概念

债权债务的概括移转是指原合同当事人一方将其合同权利义务一并移转给第三人,由第三人概括地继受这些权利义务。

债权债务的概括移转,可以是基于当事人之间的法律行为而产生的,被称为意定概括移转;也可以是基于法律的规定而产生的,被称为法定概括移转。

债权债务的概括移转,可以是合同权利义务全部由出让人移转至承受人,即全部移转;也可以是合同权利义务的一部分由出让人移转至承受人,即部分移转。部分债权债务概括移转时,出让人和承受人有约定其各自享有的债权和承担的债务的份额的,双方按约定的比例享有权利和承担义务;双方没有约定或约定不明的,视为连带之债。

(二)债权债务概括移转的类型

1.合同承受。它是指合同一方当事人将其合同上的权利和义务全部移转给第三人,由承受人在移转范围内享受合同权利并负担合同义务。合同承受须有合同一方当事人和第三人合意,并取得对方当事人的同意。

2.企业的合并与分立。企业合并指两个或两个以上的企业合并为一个企业,包括吸收合并和新设合并两种。企业分立是指一个企业分立为两个以及两个以上的企业。《合同法》第90条规定:"当事人订立合同后合并的,由合并后的法人或者其他组织行使合同权利,履行合同义务。当事人订立合同后分立的,除债权人和债务人另有约定的以外,由分立的法人或者其他组织对合同的权利和义务享有连带债权,承担连带债务。"运用此规定可以很好地解决引例中的纠纷。甲公司分立为乙、丙两家公司,就对外关系言之,乙、丙两个公司对外概括承受甲原有的债权债务,对原有债权享有连带债权,对原有债务负担连带债务。所以丙有权作为连带债权人之一要求丁归还50万元货款。而乙、丙之间的协议仅在两人之间发生法律效力,不得对抗第三人。

（三）债权债务概括移转的效力

根据《合同法》第89条的规定,涉及合同权利转让的部分可准用债权让与的有关规定,涉及合同义务移转的部分则可准用债务承担的有关规定。债权让与和债务承担产生的法律效力,如从权利或从债务的一并移转,抗辩权的随之移转等,也同样适用于合同的概括移转。但债权债务的概括移转不等于债权让与和债务承担的简单相加。在债权让与和债务承担中,由于第三人并非原合同的当事人,因而与原债权人或原债务人利益不可分离的权利并不随之移转于受让人或承担人。但在债权债务概括移转的情形下,由于承受人完全取代了原当事人的法律地位,合同内容亦全部移转于新当事人,所以依附于原当事人的一切权利和义务,如解除权和撤销权等,都移转于承受人。

第三节　合同权利义务的终止

一、合同的解除

（一）合同解除的概念和特征

合同解除是指在合同有效成立以后,当具备解除条件时,因当事人一方或双方的意思表示,使合同自始或仅向将来消灭的行为。在我国现行的民事立法中,合同解除是导致合同关系终止的原因之一,它主要包括协议解除、约定解除、法定解除和司法实践中所认可的基于情势变更制度的裁决解除。

合同解除具有如下法律性质：

1.合同解除以有效成立的合同为标的

合同有效成立之后,在履行过程中所遇到的情形是复杂多变的,由于某些主客观情况的变化使得合同履行成为不必要或者不可能,如果继续让合同发生法律效力,约束当事人双方,对其中一方甚至双方有害无益,甚至会妨碍市场经济的顺利发展;只有允许有关当事人解除合同,或者赋予法院适用情势变更原则的权力,才会使局面改观。这正是我国合同法设置解除制度的目的。由此可见,合同的解除制度是要解决有效成立的合同提前消灭的问题。

2.合同解除必须具备解除的条件

合同一经有效成立,就具有法律效力,当事人双方都必须严格遵守,全面履行,不得任意变更或解除,这是我国合同法的重要原则。当主客观情况发生变化使合同履行成为不必要或不可能时,合同继续存在已失去积极意义,将造成不利的后果,此时应允许解除合同。这不仅是解除制度存在的依据,而且表明合同解除必须具备一定的条件。否则,就会导致解除制度的滥用,不利于当事人订立合同目的的实现。我国法律对合同解除的条件作了比较详尽的规定,如《合同法》第94条规定了适用于一切合同的解除条件,学说称为一般法定解除条件;其第148条和第219条规定了仅仅适用于特别合同(如买卖、租赁诸合同)的解除条件,学说称之为特别的法定解除条件。此外,合同法还承认了约定解除。

3.合同解除原则上必须有解除行为

解除的条件只是合同解除的前提,由于我国法律并未采取当然解除主义,因此当解除的条件具备时,合同并不必然解除,欲使它解除,一般还需要解除行为。解除行为是当事人的行为,不过,适用情势变更原则的解除则由法院根据具体情况而裁决,不需要解除行为。解除行为有两种类型:一是当事人双方协商同意,二是解除权人一方发生解除的意思表示。

4.解除的效果是使合同关系消灭

合同解除的法律效果是使合同关系消灭,但其消灭是溯及既往,还是仅向将来发生,各国立法不尽相同。在我国,解除的效力如何,法律尚无直接规定,有人认为解除无溯及力。本书认为,不能一概而论,应该根据具体情况来判断是否使合同解除具有溯及力,在某些情况下,合同解除具有溯及力;而在某些情况下,合同解除仅向将来发生法律效力。

（二）合同解除与有关制度的辨析

1.合同解除与合同终止

合同解除与合同终止之间的关系,不同国家和地区立法不同,其观点亦不同。德国立法曾把合同终止作为合同解除的一种类型,后来将二者区分开来。合同终止是由当事人一方为意思表示,使继续性合同关系向将来消灭的行为,它是与合同解除并列的一种法律制度。合同终止的原因不限于违约,终止的效果是继续性合同自终止之日起向将来消灭,因此它不发生恢复原状的问题。而合同解除仅以违约为发生原因,在效力上溯及合同成立之时,它必然发生恢复原状。因此,合同解除与合同终止是截然不同的制度。这一区分为其他大陆法系国家立法所仿效。

在我国,合同解除与合同终止的关系如何呢?合同终止概念的含义不尽一致:有时与合同消灭同义,这种意义上的合同终止便成为合同解除的上位概念;有时为合同解除的一种类型;有时则是与合同解除并列的概念。本书认为,根据我国现行法律规定,合同终止是合同解除的上位概念,合同解除是导致合同权利义务关系终止的原因之一。

2.合同解除与合同撤销

合同解除和合同撤销虽然都是合同权利义务关系消灭的制度,但两者并不相同。其一,从适用范围来看,合同撤销的适用范围比较广泛,不仅适用于欠缺有效要件的合同领域,而且适用于有瑕疵的意思表示及民事行为场合;而合同解除仅仅适用于有效成立的合同提前消灭的情况。其二,从引起两者的原因来看,撤销的原因是由法律直接规定的,而解除的原因可以是法律直接规定的(如不可抗力造成合同不能履行),也可以是当事人约定的。其三,从发生的效力看,合同撤销具有溯及力,《合同法》第56条规定,被撤销的合同自始没有法律约束力;而合同解除则可以有溯及力或没有溯及力,如当事人有特别约定或法律有特别规定及解除的对象是继续性合同时,合同解除无溯及力。

3.合同解除与附解除条件

附解除条件是指解除条件成就时,民事权利义务关系终止。就此看来,合同解除与它有共性,但二者更有差异:其一,附解除条件原则上可以附加于一切民事法律行为及意思表示,并不限于合同,但合同解除则只适用于合同领域。其二,在民事法律行为中附解除条件,目的是限制民事法律行为的效力,满足当事人特定的需要,它相当于当事人对民事法律行为加一附款;合同解除不是合同的附款,它的发生可以基于当事人的约定,也可以基于法律的规定。其三,解除条件成就,附解除条件的民事法律行为当然且自动地消灭,无须当事人进行意思表示或采取某种行为;在合同解除的情况下仅仅具有解除的条件还不能使合同消灭,必须有解除行为才能使合同实际解除。其四,解除条件成就,附解除条件的民事法律行为一般是向将来失去效力;合同解除则既有向将来发生效力的,也有溯及合同成立之时的。

(三)合同解除的类型

1.单方解除和协议解除

单方解除是指解除权人行使解除权将合同解除的行为。它不必经过对方当事人的同意,只要解除权人将解除合同的意思表示直接通知对方,或经过人民法院或仲裁机构向对方主张,即可发生合同解除的效果。在德国民法上,合同解除指的就是单方解除,解除权产生的原因即一方发生违约行为。在我国,合同解除不仅包括单方解除,还包括协议解除,并且单方解除的条件也不以一方违约为限。协议解除是指当事人双方通过协商合意解除合同的行为。其解除行为并不是对解除权的行使。理论认为协议解除具有与一般解除相同的属性,同时也有其特点,如解除的条件为双方当事人协商同意,解除行为是当事人的合意行为,但当事人的合意不得损害国家利益和社会公共利益。

2.法定解除和约定解除

法定解除是指法律直接规定合同的解除条件,解除权人在条件具备时行使该权利解除合同的行为。有的法律规定可适用于所有合同的解除条件,称为一般法定解除;有的法律仅规定适用于特定合同的解除条件,称为特别法定解除。约定解除是指当事人在合同中约定为一方或双方保留解除权的解除。保留解除权的合意即解约条款,它可以在当事人订立合同时约定,也可以在以后另订立保留解除权的合同时约定。合同当事人约定的解除权产生条件,遵循合同自由原则。只要其约定不违反法律或行政法规禁止性规定,不损害国家利益或社会公共利益,均可发生法律效力。我国《合同法》第 93 条第 2 款承认了约定解除,值得肯定。因为约定解除是根据当事人的意思表示产生的,其本身具有较大的灵活性,在复杂的事物面前,它可以更确切地适应当事人的需要。当事人采取约定解除的目的虽然有所不同,但主要是考虑到由于主客观上的各种障碍出现时,可以从合同的约束下解脱出来,给废除合同留有余地,以维护自己的合法权益。作为一个市场主体,为了适应复杂多变的市场情况,有必要把合同条款规定得更细致、更灵活、更有策略性,其中应包括保留解除权的条款,使自己处于主动而有利的地位。[①]

(四)合同解除的条件

因解除有法定解除与约定解除之分,所以合同解除的条件有法定解除的条件和约定解除的条件之别(约定解除及其条件在前面已述)。就法定解除而言,它有一般法定解除和特别法定解除的条件之分。特别法定解除的条件因合同的种类和性质而千差万别,难以在此一一详述,本节仅讨论一般法定解除的条件。合同法规定的一般法定解除条件大致有三大类型:一是不可抗力致使不能实现合同目的,二是实际违约行为,三是预期违约。

1.不可抗力致使不能实现合同目的

不可抗力致使不能实现合同目的,该合同已无法履行,应予以消灭。但通过什么途径消灭,不同国家和地区其立法并不一致。德国法通常通过风险负担的方式来解决,当发生不可抗力使合同目的不能实现时,合同当然且自动消灭,由债务人

---

① 崔建远:《合同法》,法律出版社 2003 年第 3 版,第 193 页。

承担风险。英美法系通过合同落空原则(frustration)来解决,合同落空是合同解除的原因之一,当由于后发的环境变化而使合同履行成为不可能或合同的商业目的被剥夺时,发生合同落空。[①] 根据我国《合同法》第 94 条第 1 项的规定,允许当事人通过行使解除权的方式解除合同。在发生不可抗力解除合同时,当事人双方应当互通情况,互相配合,采取积极的措施,尽量避免或减轻损失。

2.实际违约行为

(1)迟延履行

迟延履行是指债务人能够履行,但在履行期限届满时却未履行债务的现象。当根据合同的性质和当事人意思表示,履行期限在合同的内容上并非十分重要时,即使债务人在履行期限届满后履行,也不致使合同目的不能实现。在这种情况下,原则上不允许债权人立即解除合同,但若债权人向债务人发出履行催告,并规定了一个宽限期,债务人在该宽限期届满时仍未履行的,债权人有权解除合同。根据合同的性质和当事人的意思表示,履行期限在合同的内容上特别重要,在这一期限内债务人未履行合同,就会使当事人无法实现其期待目的。在这种情况下,债务人未在履行期限内履行,债权人可以不经催告而径直解除合同。

(2)拒绝履行

拒绝履行是指债务人能够履行却无正当理由不履行合同义务。拒绝履行一般表现为债务人明确表示不履行其债务,有时也以其行为表示不履行债务的意思,如债务人将应交付的特定物又转让于他人。拒绝履行作为合同解除的条件,应具备三个要件:一是债务人存在过错,二是债务人无正当理由拒绝履行,三是债务人具备履行能力而不履行。当债务人拒绝履行时,债权人可否不经催告而径直解除合同,我国理论界与司法界意见不一致。本书认为,根据《合同法》第 94 条第 2 项的规定,债权人可径直解除合同。

(3)不完全履行

不完全履行是指债务人虽然以适当履行的意思进行了履行,但其履行不符合法律的规定或者合同的约定。不完全履行可分为量的不完全履行(标的物的数量有所短缺)和质的不完全履行(标的物存在质量方面的瑕疵)。在发生量的不完全履行时,一般情况下只能要求债务人补充履行,使之符合合同目的,但在某些情况下,如果债务人不进行补充履行,或者补充履行也不能达到合同目的,债权人就有权解除合同。当发生质的不完全履行时,通常应多给债务人一定的宽限期,使之消除缺陷或另行给付。如果在此期限内未能消除缺陷或另行给付,债权人可解除合同。《合同法》第 94 条第 4 项关于"其他违约行为致使不能实现合同目的"可以解

---

① Marnah Suff, *Essential Contract Law*, second edition, Wuhan University Press, 2004, p. 107.

除合同的规定,可以认为法律认可将不完全履行致使不能实现合同目的作为解除条件。

3.预期违约

预期违约导致法定解除的发生,主要包括两种类型:

(1)根据《合同法》第94条第2款的规定,在履行期限届满之前,当事人明确表示或以自己的行为表明不履行合同主要义务的,对方当事人可以解除合同。在履行期限届满之前是指合同当事人所约定的或法律所规定的履行期限尚未届至。当事人不履行合同主要义务可以采取明示的方式,即明确表达他将不履行合同主要义务,也可以采取默示的方式,即以行为表明他将不履行合同主要义务。

(2)根据《合同法》第68条、第69条的规定,先履行义务人有确切证据证明对方:经营状况严重恶化;转移财产、抽逃资金,以逃避债务;丧失商业信誉;有丧失或者可能丧失履行债务能力的其他情形的,可以中止履行,并及时通知对方。对方在合理期间内未恢复履行能力并且未提供适当担保的,中止履行的一方可以解除合同。

(五)合同解除的程序

合同解除的条件只是解除的前提,即使条件具备,合同也不当然且自动地解除,还必须经过一定的程序。解除的程序应有三种,即协议解除的程序、行使解除权的程序和法院裁决的程序。

1.协议解除的程序

协议解除的程序,是当事人双方经过协商同意,将合同解除的程序。合同的解除取决于当事人双方意思表示一致,而不是基于当事人一方的意思表示,是以一个新的合同解除原合同,并不需要有解除权。由于协议解除程序是通过合同的方式,所以要使合同解除有效成立,必须有要约和承诺两个阶段,解除合同的要约的内容是要消灭既存的合同关系,解除合同的承诺是完全同意要约内容的意思表示。

协议解除是否必须经过法院或仲裁机构的裁判?法国民法规定,凡是解除都必须经过法院的裁判,这种程序比较复杂。我国法律未作这样的要求,允许当事人进行选择,当事人可以通过法院或仲裁机构作出裁判,也可以直接达成解除合同的协议。

采取协议解除程序,何时发生解除的效力? 一般情况下,双方当事人达成解除合同的合意之时就是合同解除生效之时,或者以双方当事人约定的解除生效的日期为合同解除生效日期。若合同解除需经有关部门批准,有关部门批准该解除的日期即为合同解除的日期。

2.行使解除权的程序

行使解除权的程序必须以当事人享有解除权为前提。解除权是一种形成权,它一经行使即发生解除合同的法律效果,它不需要经过对方当事人的同意,只需解除权人单方的意思表示,就可以解除合同。解除权人主张解除合同的,应当通知对方。合同自通知到达对方时解除。对方有异议的,可请求人民法院或者仲裁机构确认解除合同的效力。法律、行政法规规定解除合同应当办理批准、登记等手续的,依照其规定。

解除权的行使存在一定的期间的限制。若法律规定了或者当事人约定了解除权行使期限,当事人在期限届满前不行使的,该权利消灭。若法律没有规定或者当事人没有约定解除权的行使期限,经对方催告后权利人在合理期限内不行使的,该权利消灭。

3.法院裁决的程序

这里所说的法院裁决的程序,不是指在协议解除的程序和行使解除权的程序中当事人诉请法院来解除合同,而是指在适用情势变更原则解除合同时,由法院裁决合同解除的程序。当发生情势变更时,当事人无解除行为,合同是否可以解除,是由法院根据案件的具体情况和情势变更原则的法律要件加以判断裁决的。因此,对这种类型的合同解除只能适用法院裁决的程序。

（六）合同解除的效力

1.合同解除与溯及力

合同解除有溯及力是指解除使合同关系溯及既往地终止,合同如同自始未成立。合同解除无溯及力是指合同解除仅仅使合同关系向将来消灭,解除之前的合同关系仍然有效。在《合同法》颁布之前,合同解除是否具有溯及力存在着很大的争议,《合同法》颁布之后对合同解除是否具有溯及力作了比较灵活的处理,应根据具体情况分析有无溯及力。根据《合同法》第97条的规定,合同解除后,尚未履行的,终止履行;已经履行的,根据履行情况和合同性质,当事人可以要求恢复原状、采取其他补救措施,并有权要求赔偿损失。判断违约解除有无溯及力,至少应考虑两个方面:

其一,当事人是否请求恢复原状。合同解除后,当事人可以要求恢复原状,也可以不要求恢复原状,这取决于当事人自己的意志。

其二,根据合同的性质与种类判断合同解除是否具有溯及力。

(1)非继续性合同的解除原则上有溯及力

非继续性合同又称为一时性合同,是指履行为一次性行为的合同。就非继续性合同的性质而言,当它被解除时能够恢复原状,已完成的给付可以返还于给付人。恢复原状是解除有溯及力的效果及标志。非继续性合同作为解除的标的,为解除具有溯及力提供了一种可能性。这种可能性能否变成现实性,还要受其他因素制约,如溯及力的运用是否可以给予非违约方充分的救济。

(2)继续性合同的解除原则上无溯及力

继续性合同是不能通过一次给付完结履行,履行必须在一定继续的时间内完成的合同。如租赁合同、仓储合同、借用合同、保管合同等均属此类。继续性合同常以使用、收益标的物为目的,已经被受领方享用的标的物效益,不能返还的,也就无法恢复原状。在这种情形下,给付人只能请求对方返还相应的价金,在双方为相应的给付时,承认溯及力除了增加不必要的迂回曲折外,并没有给当事人带来实益,因此规定这些合同的解除无溯及力为宜,除非当事人有相反的约定。此外,委托合同的解除不能有溯及力,主要是因为委托合同解除溯及合同成立当初消灭,会使受托人进行的代理行为全部失去法律根据,从而变成无效。这样,就会损害到通过该代理人的行为而与委托人成立法律关系的第三人的合法利益,危害社会交易秩序的稳定性。所以为保护善意第三人的合法权益,稳定社会经济秩序,不宜主张委托合同的解除具有溯及力。

2.合同解除与恢复原状

恢复原状是合同解除有溯及力所具有的直接效力,是双方当事人基于合同所产生的债务全部免除的必然结果。在合同尚未履行时,解除具有溯及力,合同的债权债务关系全部溯及地消灭,当事人当然恢复原状,不存在适用恢复原状义务的必要。所以恢复原状义务只发生于合同部分或全部履行的情况。由于合同自始失去效力,所以当事人受领的全部给付丧失合法的依据,应返还于给付人。

恢复原状在效力及范围上有自己的特性。在效力方面,由于我国法律未承认物权行为独立性和无因性理论,因此给付人请求受领人返还给付物的权利是所有物返还请求权,它优先于普通债权得到满足。在范围方面,它以给付时的价值额为标准进行返还,受领人获得利益多少,在所不问。[1]

3.尚未履行的债务免除与不当得利返还

合同解除无溯及力时,解除前的合同关系仍有效,因此解除前所为的给付是有法律根据的,只是自合同解除之时起尚未履行的债务被免除。这样,就产生了如下的问题:当事人一方已经部分或全部履行了债务,对方却未履行对待给付,或者虽然也履行了债务,但双方各自的履行在数量上不对等。对于这一问题,如果采用物上返还请求显然不妥,因为给付人在合同解除后仍未取得给付物的所有权。较为合理的做法是运用不当得利制度加以解决,即受领人将其多获得的利益按不当得利规则返还于对方当事人。不当得利返还在效力方面不属于物权的效力,而属于债的效力,其返还的范围与受领人主观为善意抑或恶意有关,受领人主观为善意时,其返还范围仅以现存的利益为限,而主观为恶意时,则不受此限。

4.合同解除与赔偿损失

《民法通则》第115条规定,合同解除不影响当事人要求赔偿损失的权利。《合同法》第97条规定,合同解除后,已经履行的,根据履行情况和合同性质,当事人可

---

[1] 陈小君:《合同法》,高等教育出版社2003年版,第222页。

以要求恢复原状、采取其他补救措施,并有权要求赔偿损失。据此,当事人在合同解除前已获得的损害赔偿请求权不因合同解除而丧失。

二、合同终止的其他原因

(一)清偿

1. 清偿的概念

清偿是指债务人按照合同约定向债权人履行义务,实现合同目的的行为。清偿与履行的意义相同,因为从债务人方面说,清偿也就是其按照合同约定的条件全面正确地履行自己的义务,而合同履行的结果就是清偿债务,实现债权。但二者侧重点不同,履行是从合同的动态方面而言,而清偿是从合同的消灭方面而言。

清偿为实现债的目的的行为,是债消灭的最主要和最常见的原因。债务人履行债务的行为为清偿行为,第三人为满足债权人目的而为给付的行为,也属清偿。此外,依强制执行或实现担保权而使债权满足的,亦为清偿。

2. 清偿人

清偿人在一般情况下是债务人为之,但不以债务人为限,具体包括以下两类:

(1)债务人

债务人负有清偿义务,必须为清偿,否则债权人的利益难以得到满足。这里的债务人,包括连带债务人、保证债务人在内。如果债务履行行为为法律行为,则债务人应有完全民事行为能力;如果债务履行行为为事实行为,则债务人无行为能力的限制。

当然,债务人基于自身时间、精力等限制,可以委托其代理人为其进行清偿,除法律规定、当事人约定或者性质上须由债务人本人履行的债务除外。

(2)第三人

第三人清偿,是指第三人为消灭债务,以自己的名义向债权人为清偿。债务清偿无非在于满足债权人的利益,若第三人的给付能够使债权人利益得到满足,同时又对债务人并无不利的,原则上第三人的清偿应为有效。

第三人充当清偿人,与债务人的代理人清偿是不同的。第三人为清偿时,是第三人以自己的名义清偿;而债务人的代理人清偿时,则是以债务人的名义为清偿。因而第三人清偿时,应向债权人说明。如果第三人误认为他人债务为自己的债务而为清偿,则不属于债的清偿,可依不当得利的规定请求返还。

第三人为清偿时,必须符合以下条件:其一,合同性质适宜第三人清偿。并非所有的债务均可以由第三人清偿。具体而言,下列两种债务不得由第三人清偿:一是债权人与债务人有特别约定,不得由第三人清偿的债务。二是依债的性质须由债务人亲自履行,不得由第三人清偿的,如以债务人本身的技能为标的的债以及基于债权人与债务人的特别信任而成立的债,原则上须由债务人履行,不得由第三人清偿。其二,第三人的给付行为必须达到债的清偿的效果。第三人代为清偿需要按法律规定或当事人约定的时间、地点、方式进行;第三人代为清偿虽不以债务人或债权人的同意为前提,但债权人必须未拒绝其清偿,或未因债务人异议而拒绝其清偿。其三,第三人必须具有为债务人清偿的意思。这有别于债务承担,因为在债务承担中,承担人是为自己的债务清偿,缺乏为债务人清偿的意思,就不构成第三人清偿。

第三人清偿的法律效力在于:第三人清偿全部债务的,债务人免除其债务,债的关系消灭;第三人清偿部分债务的,债务部分消灭,未消灭的债务部分仍归债务人。此外,第三人清偿后,在第三人与债务人之间通常还会发生求偿的关系,但如果第三人以赠与为目的而代债务人清偿,则第三人对债务人无求偿权。

3.清偿受领人

清偿受领人,即受领清偿利益的人。清偿须向有受领权的人为之,并在其受领后,债的关系消灭。清偿受领人包括:

(1)债权人以及债权人的代理人。债权人是当然的清偿受领人;债权人的代理人也可以基于代理关系受领清偿。

(2)破产财产的管理人。在我国,依照《破产法(试行)》及《民事诉讼法》的有关规定,在破产还债程序中,由清算组织受领清偿。

(3)收据的持有人。收据的持有人所持收据应为真实的,其持有原因在所不问。

(4)行使代位权的债权人。债权人在符合法律规定的条件时,得行使代位权。当债务人的债务人向债权人清偿债务时,债权人有权接受清偿。

(5)债权人与债务人约定受领清偿的第三人。

4.清偿标的

(1)债务人依债的内容为给付行为。在债的关系成立后,债务人应依债的内容为给付行为。由于债的内容并不一致,有应交付财物的,有应移转权利的,有应提供劳务的,有应完成工作成果的,也有的以不作为为债的标的。无论债的内容如何,债务人均应依债的内容履行债务,以满足债权人的利益。

(2)代物清偿。代物清偿是指债务人以他种给付代替其所负担的给付,从而使合同关系消灭的现象。它必须符合以下条件:

其一是必须有债务存在,而不论原合同标的如何。不仅如此,无因管理、不当得利和侵权行为所产生的债务也可为代物清偿。

其二是必须以他种给付代替原定给付。给付的形态有支付金钱、交付财物、移转权利、提供劳务、提交成果、不作为等。以一种给付代替他种给付,才为代物清偿。即使在同一形态的给付中,也可成立代物清偿,如以大米代替玉米,以牛代替马等。

其三是必须有当事人之间的合意。由于代物清偿改变了原债中的给付,因而须以债权人、债务人合意才能成立,否则不产生代物清偿的法律后果。

其四是必须清偿受领人现实地受领他种给付。债权人与债务人所达成的代物清偿契约为要物契约,须清偿人现实地为给付行为并经清偿受领人受领的,才发生代物清偿的效力。

代物清偿的效力主要表现在三个方面:其一是合同关系消灭,债权的从权利也随之消灭。其二是当原债基于有偿契约而发生时,产生瑕疵担保责任,即如果代替给付具有权利上或者物的品质上的瑕疵时,适用瑕疵担保责任的有关规定。其三是对代物清偿中差额部分的处理,即在代物清偿中,原定给付与他种给付的价值并不一定相等。如果原定给付的价值高于他种给付的价值,则债务人应一并履行他种给付少于原定给付的差额;如果原定给付的价值低于他种给付的价值,则债权人应补偿或者退回他种给付超出原定给付的差额。

5.清偿地

清偿地,是清偿人履行债务的场所。在清偿地履行债务的,发生清偿的效果,在清偿地外履行债务的,因不符合债的履行要求,不发生清偿的效果。

清偿地依下列方法确定:

(1)依当事人的约定而确定。当事人可以在合同成立时进行约定,也可以在合同成立后、履行前进行约定。

(2)依法律规定而确定。当法律对于债的履行地点有规定时,应从其规定。根据我国《合同法》第62条的规定,履行地点不明确,给付货币的,在接受给付一方的所在地履行;交付不动产的,在不动产所在地履行;其他标的,在履行义务一方的所在地履行。

(3)依习惯而确定。清偿地还可以依习惯做法而确定。如在车站、码头寄存物品的,依习惯在寄存场所履行债务。

(4)依债务的性质而确定。如不动产权利转移的,应在不动产权利登记机关所在地办理登记手续,转移权利。

6.清偿期限

清偿期限为债务人履行债务的期限。关于清偿期限的确定,若当事人有明确约定的,从其约定;若法律有明确规定的,从其规定。对于有确定的履行期限的债务,债务人应在期限到来之前履行。提前清偿的,债权人有权拒绝受领,但如果期前清偿对债权人并无不利、债务人放弃期前利益的,债权人依诚实信用原则也应受领。对于没有明确的履行期限的债务,债务人可以随时履行,债权人也可以随时要求债务人履行,但应当给对方必要的准备时间。

7.清偿费用

清偿费用是指清偿所需的必要费用。如物品交付的费用、金钱邮汇的费用,通常清偿费用包括运送费、包装费、汇费、登记费、通知费用等。关于清偿费用的承担,若当事人有约定的,则从其约定;若法律有规定的,则从其规定。当关于清偿费用的负担不明确时,由履行义务的一方负担。但是在合同成立后,由于债权人一方变更住所或者其他行为导致履行费用增加时,增加的费用应由债权人一方负担。

8.清偿抵充

清偿抵充是指债务人对同一债权人负担数宗同种类债务,而债务人的履行不足以清偿全部债务时,决定该履行抵充某宗或某几宗债务的现象。因为在数宗债务中,可能附利息,也可能不附利息;可能附担保,也可能不附担保;可能附期限,也可能不附期限。这时债务人的履行消灭哪一宗债务,对于债权人和债务人以及担保人来说都会有不同的法律后果。我国现有立法未对清偿抵充作出规定,但一般而言,如果当事人之间就债务人的履行,系抵充何宗债务有约定的,从其约定;如果当事人之间没有约定,则清偿人有权单方面指定其履行系清偿何宗债务。如果清偿人没有指定,则可以依下列顺序抵充债务:(1)债务中有已届清偿期和未届清偿期的,应尽先抵充已届清偿期的债务。(2)均已届清偿期的债务,或者均未届清偿期的债务,以债务无担保者或者担保最少者先抵充;担保相等的,以债务人因清偿获益最多者尽先抵充;获益相等者以先到期的债务尽先抵充。(3)债务人因清偿获益相等而清偿期均相同者,各按比例抵充一部分。

（二）免除

免除,又可称为债务免除,是指债权人抛弃债权,从而使债务全部或部分消灭的意思表示。至免除成立后,债务人自不再负担被免除的债务,债权人的债权也就不再存在,债即消灭,因此免除债务也为债消灭的原因之一。根据《合同法》第105条的规定,"债权人免除债务人部分或者全部债务的,合同的权利义务部分或者全部终止"。可见,债务免除是债权人的单方行为,无须征得债务人的同意,债权人向债务人作出免除债务的意思表示就可发生免除的效力。

免除债务的行为为无因行为,债权人或者其代理人免除债务的原因何在,在所不问。债务免除为无偿行为,其不以债权人取得相应的对价为条件。债务免除是不要式行为,即债务免除的意思表示无须特定形式,口头形式或书面形式均可。

债务免除的成立必须具备以下条件:其一是免除的意思表示应向债务人作出,从该意思表示到达债务人时起生效,而债权人向第三人为免除债务的意思表示,不发生免除的法律效力,但向债务人的代理人所为的免除债务的意思表示发生免除的效力。其二是债权人必须有处分能力,对于法律禁止抛弃的债权,债权人免除债务的意思表示无效,不发生债消灭的效果。其三是不应损害第三人利益,免除债务会损害第三人利益的,债权人不能免除。

免除的效力是使债消灭。债权人免除债务人的全部债务的,债务人的全部债务消灭,有债权证书的,债务人可以请求返还债权证书;债权人免除债务人的部分债务的,债务人的部分债务消灭。主债务因免除而消灭的,从债务也随之消灭。保证债务的免除不影响被担保债务的存在,被担保债务的免除则使保证债务消灭。债权人免除连带债务人中某一债务人的债务的,其他人的债务是否也免除呢? 对此可参考《法国民法典》第 1285 条的规定,即"债权人为连带债务人中的一人的利益而以契约免除或解除其债务时,其他连带债务人的债务亦被免除或解除,但债权人明示保留其对其他连带债务人的权利者,不在此限"。"前款的后一种情形,债权人所能请求清偿的债权,仅为减去其已免除债务人原应负担部分后的债权。"

(三)抵销

1.抵销的概念及其分类

抵销,是指当事人双方互负同种类的给付,将两项债务相互冲抵,使其债务在对等额内消灭。抵销债务,也就是抵销债权。用于抵销的债权,为主动债权或能动债权,亦即抵销权人的债权;被抵销的对方当事人的债权,为被动债权或反对债权,亦即被抵销人的债权。

用抵销方式消灭债,可方便当事人双方,节省交易成本。因为在当事人双方相互负有同种类给付的债务时,若各方均须履行自己的债务,双方就要相互交换给付,势必增加给付的费用。同时,抵销还具有公平的作用。因为双方互负同种类债务时,若其中一方的资力恶化,另一方向其履行,就有可能得不到相反的履行,这样就会损害另一方的利益,从而显得不公平。但若实行抵销,则另一方即使不能履行债务,他方的利益也可得到保障。正是由于抵销可以起到方便与公平的作用,所以成为法律所确认的独立的债权消灭原因之一,也是自罗马法以来一直为各国民法所承认的一项制度。

抵销可分为法定抵销与合意抵销。法定抵销,是指在具备法律所规定的条件时,依当事人一方的意思表示所为的抵销。我们通常所说的抵销即是指法定抵销。《合同法》第 99 条规定:"当事人互负到期债务,该债务的标的物种类、品质相同的,任何一方可以将自己的债务与对方的债务抵销,但依照法律规定或者按照合同性质不得抵销的除外。当事人主张抵销的,应当通知对方。通知自到达对方时生效。抵销不得附条件或者期限。"此即为我国法定抵销的明确规定。合意抵销是指根据当事人双方意思表示一致所为的抵销,又称为契约上抵销。《合同法》第 100 条规定:"当事人互负债务,标的物种类、品质不相同的,经双方协商一致,也可以抵销。"此处规定的就是合意抵销。合意抵销对于标的物的种类、品质没有特别要求,对于双方所负债务是否届履行期限也无要求,只要不违背法律的强制性规定和禁止性规定,原则上都可以合意抵销。

2.抵销的要件

一般而言,抵销应当具备以下要件:

(1)须双方互享债权、互负债务。由于抵销是通过冲抵债务,使双方的债权在同等数额内消灭,为此抵销必须以当事人双方相互享有对立的债权、负有对立的债务作为前提。若当事人一方对另一方仅有债权而不负债务，或者仅负债务而不享有债权，当然也就不可能发生抵销。抵销人用以抵销的债权应是自己所享有的债权，对于他人的债权，即使他债权人同意，也不得用以抵销。此外，用以抵销的两个债务必须均具有合法性，如果一个是合法债务，另一个是不合法债务，则不得主张抵销，因为不合法的债务不受法律保护。

（2）须双方债务的给付为同一种类。抵销的功能之一就在于节约交易费用，免去不必要的交易行为。如果双方互负债务的标的物种类不同，双方各有其经济目的，即不得抵销，否则会导致一方当事人或双方当事人的交易目的难以实现。为此，只有给付的种类相同时，当事人双方的经济目的才一致，通过抵销才可满足当事人双方的利益需要。在实践中，适于抵销的一般为金钱和种类物。

（3）须双方的债务均届清偿期。抵销具有相互清偿的功能，因而当事人双方所负的债务均须到清偿期才可抵销。对未届清偿期的债务，若允许债权人以其债权与对方的债权相抵销，也就等于请求债务人提前清偿。当然，当事人自愿放弃期前利益，并且对对方当事人并无损害的，则法律自无限制的必要，自然也应允许抵销。此外，如果两项债务都没有规定清偿期，则因为债权人都可随时要求债务人履行，则可以抵销。

（4）须双方的债务均为可抵销的债务。一般而言，多数债务都可以抵销，但有些债务或因双方约定或因性质使然或因法律规定而不能抵销。具体而言，不得抵销的债务包括以下几种：其一是依双方约定不得抵销的债务不得抵销；其二是依债的性质不得抵销的债务，如不作为的债务、提供劳务的债务、抚恤金债务、抚养费债务等，不得抵销；其三是依法律规定不得抵销的债务，如禁止强制执行的债务、故意侵权而产生的债务、约定应向第三人给付的债务等。

3.抵销的效力

抵销的效力主要表现在以下方面：

第一，双方当事人所负债务全部或者部分消灭。双方的债务数额相等的，双方的债权债务全部消灭；双方的债务数额不等的，数额少的一方的债务全部消灭，另一方的债务了与对方债务相等的数额内消灭，其余额部分仍然存在，债务人对此部分债务余额仍负有清偿责任。

第二，因抵销双方债务的消灭为绝对消灭，除法律另有规定外，任何人不得主张撤销抵销。若对已经抵销的债务再为清偿的，发生不当得利。

第三，抵销具有溯及效力。尽管我国法律中并没有明确规定抵销的溯及力，但通常认为，抵销具有溯及力。具体而言，债务自得为抵销时就消灭，不再发生利息债务；自得为抵销时起，不再发生迟延责任；在得抵销的情形发生后，就一方当事人所发生的损害赔偿及违约金责任，因抵销的溯及力而归于消灭。

（四）混同

混同，是指债权与债务同归于一人，使债的关系消灭的事实。法律上的混同，有广义与狭义之分。广义的混同，包括权利与权利的混同；义务与义务的混同；权利与义务的混同。这里所说的混同仅为狭义上的混同，即权利与义务的混同。

混同的原因大致可分为两种：一是概括承受，即债权债务概括转移于债权人或者债务人。例如，企业合并，合并的企业之间原互有债权债务的，合并后债权债务同归于一个企业，从而导致债的消灭。债权债务的概括承受为混同的主要原因，概括承受是发生混同的最主要原因。二是特定承受，指因债权让与或债务承担而承受权利义务。例如，债务人从债权人处受让债权，债权债务就因同归于一人而发生混同。

《合同法》第 106 条规定："债权和债务同归于一人的，合同的权利义务终止，但涉及第三人利益的除外。"因此，混同的效力是导致债的关系绝对消灭，并且主债消灭，从债也随之消灭，如利息债权、违约金债权、担保债权等同归消灭。但在涉及第三人利益的情形下，虽发生混同，债也不消灭。例如，债权为他人质权的标的时，为保护质权人的利益，债权不因混同而消灭。

（五）提存

1. 提存的概念

提存，是指债务人于债务已届履行期时，将无法给付的标的物提交给提存机关，以消灭合同债务的制度。

提存涉及提存人（债务人）、提存机关和债权人三方当事人，涉及三方法律关系，即提存人与提存机关、提存机关与债权人、提存人与债权人之间的关系。其中提存人与债权人之间的法律关系为私法上的债权债务法律关系。而提存机关与提存人之间以及提存机关与债权人之间的关系，有不同的观点。我们认为，提存虽然发生在提存人与提存机关之间，但提存关系的建立是为债权人利益的，因此，提存人与提存机关之间的关系性质具有为第三人利益合同的性质；而由于提存后，提存标的物就归债权人所有，提存机关仅仅是为债权人保管标的物，因此债权人与提存机关之间的关系性质具有保管合同的性质。

2. 提存的条件

提存必须具备以下条件：

（1）提存人具有行为能力。提存人是债务人或债务人的代理人，由于提存是法律行为，因而他必须具备相应的行为能力。

（2）提存的合同之债合法有效且已届履行期。无效债权不能履行，当然也不能提存；而合同债务虽然有效，但未届履行期时，债务人也不能提存，否则就属于提前履行，构成违约。

（3）标的物适于提存。提存标的物是提存人交付提存机关保管的物，原则上债务人交付的物应适于提存。适于提存的标的物有：货币；有价证券、票据、提单、权利证书；贵重物品；担保物（金）或者其代替物以及其他适宜提存的物。此外，根据《合同法》第 101 条第 2 款的规定，标的物不适于提存或者提存费用过高的，债务人依法可以拍卖或者变卖标的物，提存所得的价款。

（4）有法定的提存原因。提存的目的在于消灭合同权利义务关系，是以向提存机关交付标的物来代替向债权人的履行，因此，只有在法定情形下才可提存，而不能由债务人任意提存。根据《合同法》第 101 条的规定，有下列情形之一，难以履行债务的，债务人可以依法办理提存：

其一是债权人无正当理由拒绝受领。在债务人现实地履行债务时，债权人无正当理由，以书面或者口头形式拒绝受领，债务人可以将标的物提存。如果债务人未现实地提出给付，则不构成提存原因。此外，在债务人履行不适当的情况下，债权人拒绝受领有正当理由，债务人也不能提存。

其二是债权人下落不明。债权人下落不明，是指债权人离开住所没有音讯，包括债权人不清、债权人地址不详、债权人失踪又无财产代管人等情况，债务人通过正常途径无法得知，从而无法向债权人履行的情形。如果债权人虽然下落不明，但债务人仍可履行债务的，如债务人可向债权人的代理人或第三人履行，那么债务人就不能提存。

其三是债权人死亡未确定继承人或者丧失民事行为能力未确定监护人。

其四是法律规定的其他情形。除以上原因外，凡法律规定其他可以提存的情形，当事人提存的，就是有合法的提存原因。

3.提存的程序

提存必须按法定程序进行：第一，先由提存人提出提存申请，并提交身份证明、据以履行义务的文书、存在提存原因的证明、提存受领人情况等相关材料。第二，提存机关在收到提存申请后，根据申请人的申请审查是否受理提存，经审查认为符合提存条件的，提存机关作出予以提存的决定，验收提存物并登记存档，指定提存人将提存物交有关的保管人保管，制作提存证书并交给提存人，若经过审查不符合提存条件，提存部门应当拒绝办理提存。第三，标的物提存后，提存机关应按规定将提存的事实通知提存受领人，通知无法送达的，应公告送达。

4 提存的效力

因提存涉及三方当事人及三方面的法律关系，因而提存在不同的当事人之间产生不同的效力。

（1）在债务人与债权人之间。债务人在将标的物提存后，无论债权人受领与否，依法均发生债消灭的效力，债务人不再负清偿责任；提存物的所有权转归债权人，标的物毁损、灭失的风险由债权人承担；提存期间，标的物的孳息归债权人所有。

（2）在提存人与提存机关之间。提存机关有保管提存标的物的权利和义务。提存机关应采取适当的方法妥善保管提存标的物，对于不宜保存的、提存受领人到期不领取或者超过保管期限的提存物品，提存机关可以拍卖，保存其价款。提存人可以凭法院的判决、裁定或者提存之债已经清偿的公证证明，取回提存物。提存受领人以书面形式向提存机关表示抛弃提存物的，提存人可以取回提存物，但应负担提存费用，提存人未支付提存费用前，提存机关有权留置价值相当的提存标的。

（3）在提存机关与提存受领人之间。根据《合同法》第 104 条的规定，债权人可随时领取提存物，但债权人对债务人负有到期债务的，在债权人未履行债务或提供担保前，提存机关根据债务人的要求应拒绝其领取提存物。债权人领取提存物的权利，自提存之日起 5 年内不行使而消灭，提存物扣除提存费用后归国家所有。提存机关未按法定或者当事人约定条件给付提存标的物，给当事人造成损失的，提存机关应负赔偿责任。此外，标的物在提存后，其意外灭失的风险责任由债权人承担，因而在提存后因不可归责于提存机关的原因致使提存标的物毁损灭失的，提存机关不负责任，但如果由于提存机关的故意或者重大过失所致，债权人有权请求提存机关赔偿。

司法考试真题链接

1.喜好网球和游泳的赵某从宏大公司购买某小区商品房一套，交房时发现购房时宏大公司售楼部所展示的该小区模型中的网球场和游泳场并不存在。经查，该小区设计中并无网球场和游泳池。下列哪些选项是正确的？（2008 年司法考试真题）

A.赵某有权要求退房

B.赵某如要求退房，有权请求宏大公司承担缔约过失责任

C.赵某如要求退房，有权请求宏大公司双倍返还购房款

D.赵某如不要求退房，有权请求宏大公司承担违约责任

2.关于合同解除的表述，下列哪一选项是正确的？（2009 年司法考试真题）

A.赠与合同的赠与人享有任意解除权

B.承揽合同的承揽人享有任意解除权

C.没有约定保管期间保管合同的保管人享有任意解除权

D.居间合同的居间人享有任意解除权

3.甲向乙借款 300 万元于 2008 年 12 月 30 日到期，丁提供保证担保，丁仅对乙承担保证责任。后乙从甲处购买价值 50 万元的货物，双方约定 2009 年 1 月 1 日付款。2008 年 10 月 1 日，乙将债权让与丙，并于同月 15 日通知甲，但未告知丁。对此，下列哪些选项是正确的？（2010 年司法考试真题）

A.2008 年 10 月 1 日债权让与在乙丙之间生效

B.2008 年 10 月 15 日债权让与对甲生效

C.2008 年 10 月 15 日甲可向丙主张抵销 50 万元

D.2008 年 10 月 15 日后丁的保证债务继续有效

4.甲公司对乙公司享有 10 万元债权,乙公司对丙公司享有 20 万元债权。甲公司将其债权转让给丁公司并通知了乙公司,丙公司未经乙公司同意,将其债务转移给戊公司。如丁公司对戊公司提起代位权诉讼,戊公司下列哪一抗辩理由能够成立?(2011 年司法考试真题)

A.甲公司转让债权未获乙公司同意

B.丙公司转移债务未经乙公司同意

C.乙公司已经要求戊公司偿还债务

D.乙公司、丙公司之间的债务纠纷有仲裁条款约束

5.甲将其对乙享有的 10 万元货款债权转让给丙,丙再转让给丁,乙均不知情。乙将债务转让给戊,得到了甲的同意。丁要求乙履行债务,乙以其不知情为由抗辩。下列哪一表述是正确的?(2012 年司法考试真题)

A.甲将债权转让给丙的行为无效

B.丙将债权转让给丁的行为无效

C.乙将债务转让给戊的行为无效

D.如乙清偿 10 万元债务,则享有对戊的求偿权

第九章　违约责任

【引　例】

　　甲为经营针织品的外贸公司,乙为文登市某刺绣厂。2006 年 2 月,乙的业务员王某带样品到甲处推销纯棉提花枕套,甲向乙订购了该类枕套 2 万件。双方签订了买卖合同,甲预付一半货款,并将枕套样品封存。2 月底,乙向甲交付了全部 2 万件枕套。收到货物后,甲携带样品与日本商人签订了 2 万件提花枕套的买卖合同。次日,甲向日方交货,日方收货时发现甲实际交付的提花所用线与样品不同,拒绝收货,要求甲及时补正并赔偿延期造成的损失。甲派人鉴定,发现情况属实。遂将乙告上法庭,要求乙赔偿因履行不当造成的所有损失。

第一节　违约责任概述

一、违约责任的概念和特征

　　违约责任又称为违反合同的民事责任,是指合同当事人不履行合同义务或者履行合同义务不符合约定时所应承担的民事责任。违约责任在合同法中占有极其重要的地位,违约责任的约定可以对当事人形成一定的威慑力,促使当事人积极合理地履行合同义务,同时也为非违约方提供必要的救济,所以合同法总则对违约责任规定了相当多的条款。

　　违约责任具有以下法律特征:

　　1.违约责任是一种财产责任,是民事责任的一种形式。违约责任具有经济内容,当合同一方当事人不履行或者不完全履行合同义务时,就应以经济利益为内容的违约责任加以补救。随着人类社会法律文明的演进,违约责任经历了一个从兼具人身性和财产性的双重属性到仅具财产性的发展过程,早期的债奴制度已被废除。在我国合同法上,违约责任包括支付违约金、损害赔偿、强制履行以及解除合同等形式,这些责任形式均属于财产责任范畴。我国通说亦认为违约责任不包括非财产的损害赔偿,但有学者主张在某些合同如提供服务的合同中,违约行为可能同时造成当事人精神上的损害,当事人可以就精神损害要求赔偿。

2.违约责任是合同当事人不履行或不完全履行债务时产生的民事责任。违约责任虽是民事责任的一种形式,但它是以合同债权债务关系的存在为前提,这是它不同于其他民事责任如侵权责任的重要特征。合同责任的发生是以合同有效成立为条件,而侵权责任的发生不以加害人与受害人之间存在合同关系为条件。

3.违约责任具有一定的任意性。合同当事人可以在法律允许范围内,对一方的违约责任作出事先安排,如可事先约定违约金的数额或幅度,可事先确定损害赔偿的数额或计算方法。如我国《合同法》第114条规定,当事人可以约定一方违约时应当根据违约情况向对方支付一定数额的违约金,也可以约定因违约产生的损失赔偿额的计算方法。而侵权责任则为一种法定责任,当事人无法事先约定。

4.违约责任具有相对性。违约责任一般只能发生在特定的当事人之间,而不涉及合同关系以外的人。因为违约责任是合同一方当事人违反双方之间的合同约定而对另一方当事人所承担的民事责任,而不是向第三人承担的法律责任,第三人也不对合同当事人负违约责任。违约责任的相对性作为债的相对性的重要体现之一,构成了近代合同法的基石。但在社会发展的推动下,这一规则出现了例外。现代合同基于公平正义的考虑,承认在某些情形下对合同相对性的突破,如第三人利益的合同,附保护第三人利益的合同等。

5.违约责任主要具有补偿性,同时也具有一定的制裁性。法律确定违约责任的重要目的之一是补偿非违约方因违约行为所遭受的损害,保护非违约方的合法权益的实现,因此违约责任具有补偿性,一般通过支付违约金、赔偿金和其他方式来体现,使受害人的实际损失得到合理的补偿。为了维护交易秩序,保障市场经济正常发展,违约责任还应具备制裁违约的功能,以促使债务人履行债务,保证债权实现。

二、违约责任的构成要件

不同的归责原则,其构成要件不同。归责原则是指确定当事人责任所依据的原则。对于我国《合同法》确立的归责原则,学术界存在着很大争议,本书主张以严格责任为基础,以过错责任为补充的归责原则。

(一)严格责任原则下违约责任的构成要件

严格责任原则下,无论当事人是否存在过错,当事人一旦存在违约行为,即应承担违约责任,除非有免责的事由。据此,其构成要件主要有两个:其一为违约行为,其二为无免责事由。

1.违约行为

《合同法》第107条规定:"当事人一方不履行合同义务或者履行合同义务不符合约定的,应当承担实际履行、采取补救措施或者赔偿损失等违约责任。"这里的"不履行合同义务或者履行合同义务不符合约定"就是违约行为,所以违约行为是违约责任的基本构成要件。

违约行为是指合同当事人不履行或者不适当履行合同义务的客观事实。违约行为的发生以合同关系有效存在为前提。违约行为是构成违约责任的最为重要的条件,无违约行为即无违约责任。违约行为主要具备两个特征:第一,违约行为的行为人是合同当事人,这是由合同相对性规则决定的。第二,违约行为违反了合同约定的义务或法律规定的义务。当事人一旦违反其在合同中明确约定的义务,则构成违约行为。当合同没有明确约定时,如果当事人违反了法律明文规定的义务或根据诚实信用原则产生的附随义务,也会构成违约行为。

就违约行为发生的时间而言,违约行为可以分为预期违约和实际违约。预期违约是指在合同有效成立之后至履行期限届满之前,当事人一方明确表示或者以自己的行为表明不履行合同的主要义务。实际违约是指合同履行期限届满后发生的违约。根据违约行为的性质和特点,可以将违约行为分为履行不能、迟延履行、不完全履行、拒绝履行和受领迟延。关于违约行为的形态将在本章第二节中详细介绍。

2.不存在法定和约定的免责事由

仅有违约行为这一积极要件还不足以构成违约责任,违约责任的构成还需要具备另一消极要件,即不存在法定或约定的免责事由。《合同法》第117条规定:"因不可抗力不能履行合同的,根据不可抗力的影响,部分或全部免除责任,但法律另有规定的除外。当事人迟延履行后发生不可抗力的,不能免除责任。"这里的"不可抗力"就是最主要的法定的免责事由。不可抗力是指当事人无法预见、无法避免和无法克服的客观事件,如风暴、强台风等。除法定的免责事由外,当事人还可以约定免责事由,当约定的免责事由发生时,相关当事人亦可以不承担违约责任,当然,这要求当事人所约定的免责事由是合法有效的。

(二)过错责任原则下违约责任的构成要件

在过错责任原则下,只有当事人存在过错时,其违约行为始引致违约责任。据此,其构成要件与严格责任原则下违约责任的构成要件相比,则多了过错这一要件。故下面主要阐述过错。

过错是指违约人有违约故意或者过失。我国《合同法》主要适用严格责任原则,但《合同法》中有具体规定时,适用过错责任原则。例如:

1.《合同法》第189条规定:"因赠与人故意或者重大过失致使赠与的财产毁损、灭失的,赠与人应当承担损害赔偿责任。"因为赠与是无偿付出,所以只有故意或者重大过失致使赠与财产灭失的,赠与人才承担责任。这种责任多为嗣后履行不能产生的违约责任。

2.《合同法》第 222 条规定:"承租人应当妥善保管租赁物,因保管不善造成租赁物毁损、灭失的,应当承担损害赔偿责任。"保管不善表明承租人存在过错,他未尽必要的注意义务,所以承租人所承担的责任是过错责任。

3.《合同法》第 265 条规定:"承揽人应当妥善保管定作人提供的材料以及完成的工作成果,因保管不善造成毁损、灭失的,应当承担损害赔偿责任。"承揽人责任的承担是以其未尽妥善保管义务为前提,可见,承揽人所负的责任是以其存在过错为前提的。

4.《合同法》第 303 条第 1 款规定:"在运输过程中旅客自带物品毁损、灭失,承运人有过错的,应当承担损害赔偿责任。"在运输过程中,旅客随身携带的物品是由旅客自己保管的,毁损或者丢失让承运人承担责任显然不公平,所以此条明确规定承运人有过错的,才承担责任,无过错的,不承担责任。

5.《合同法》第 320 条规定:"因托运人托运货物时的过错造成多式联运经营人损失的,即使托运人已经转让多式联运单据,托运人仍然应当承担损害赔偿责任。"因托运人最了解其委托运输的货物的性质,所以因其过错而导致承运人损失的,应承担过错责任。

6.《合同法》第 374 条规定:"保管期间,因保管人保管不善造成保管物毁损、灭失的,保管人应当承担损害赔偿责任,但保管是无偿的,保管人证明自己没有重大过失的,不承担损害赔偿责任。"由于此类保管合同的无偿性,所以法律不会课加保管人过重的义务,保管人仅就其重大过失所造成的损失承担违约责任。

7.《合同法》第 406 条第 1 款规定:"有偿的委托合同,因受托人的过错给委托人造成损失的,委托人可以要求赔偿损失。无偿的委托合同,因受托人的故意或者重大过失给委托人造成损失的,委托人可以要求赔偿损失。"在无偿的委托合同中,受托人仅就其重大过失所导致的损失承担责任的分析,同《合同法》第 374 条的分析。

8.《合同法》第 425 条第 2 款规定:"居间人故意隐瞒与订立合同有关的重要事实或者提供虚假情况,损害委托人利益的,不得要求支付报酬并应当承担损害赔偿责任。"居间人仅提供媒介或报告服务,无法很深入地了解各方面的情况,所以法律规定居间人仅在其故意隐瞒与订立合同有关的重要事实或者提供虚假情况时,对委托人所遭受的损失承担赔偿责任。

第二节　违约行为形态

本节主要介绍根据违约行为发生的时间不同而划分的两类违约行为形态,即预期违约和实际违约。

一、预期违约

(一)预期违约的概念和特征

预期违约(anticipatory breach of contract)又可称为先期违约、事先违约、预期毁约,是指在合同规定的履行期到来之前,当事人一方以明示或者默示的方式表示其将不履行合同,由此在当事人之间发生一定的权利义务关系的一项合同法律制度。

预期违约制度是英美法系从判例中发展而来的制度。这项制度的确立有利于使非违约方在对方有违约的先兆时及时采取补救措施,或解除合同,另订其他补救合同,或直接要求赔偿损失,从而实现其所期望的经济利益。它可以使双方当事人的实际损失降低到较低限度,符合法律的公平正义原则。所以,不仅美国的《统一商法典》明确规定了预期违约制度,而且 1980 年《联合国国际货物销售合同公约》也规定了预期违约制度。我国《合同法》亦吸收和借鉴了英美法中的预期违约制度,在第 108 条作出了规定:"当事人一方明确表示或者以自己的行为表明不履行合同义务的,对方可以在履行期届满之前要求其承担违约责任。"

预期违约行为具有以下几个特征:(1)预期违约行为发生在合同有效成立之后,履行期限届至之前。(2)预期违约行为表现为未来不履行义务,而不表现为现实地违反义务。(3)预期违约行为侵害的是期待债权,而不是现实的债权。因为合同当事人享有期限利益,在合同履行期到来前,债权人不能请求债务人提前履行债务,以提前实现自己的债权。(4)预期违约在救济方式上也有别于实际违约。在明示毁约中,即使对方已明确表示不履行合同义务,但由于合同履行期限尚未届满,所以债权人为了争取对方继续履行合同,可以对对方的毁约表示置之不顾,等待对方的履行,履行期限到来后对方仍不履行,那么预期违约转化为实际违约,此时债权人可主张采用实际违约的救济方式。

(二)预期违约的种类及构成要件

1.明示毁约。它是指当事人一方明确表示他将不履行合同的主要义务。其构成要件包括:

第一,毁约方必须是在合同有效成立后且合同履行期到来以前,作出拒绝履行义务的表示。如果在履行期到来后才提出毁约,就构成实际违约。

第二,毁约方必须向对方作出不履行债务的明确表示。毁约方所作的意思表示必须明确包括不履行合同义务的清晰确定的意图,而不能仅仅是表示履行的困难和不太愿意履行,希望提高报酬。表示的方式既可以是口头的,也可以是书面的,在性质上是一种将不履行合同义务的意思通知。表示的内容既可以是直接拒绝履行合同义务,如通知其不打算履行,也可以是以其他借口拒绝履行合同义务,如以合同不成立、无效为借口不履行合同的义务。

第三,毁约方表示的内容必须是不履行合同的主要义务。由于毁约方不履行的是合同的主要义务,这会使另一方当事人订立合同所期望达到的目的无法实现,导致其合同目的落空,严重损害其期待利益,因此毁约方应当承担违约责任。如果仅仅是拒绝履行合同的部分内容,并且不妨碍债权人订立合同所追求的目的,就不能构成预期违约。

第四,明示毁约必须无正当理由。如果提出毁约有正当理由,就不能构成明示毁约。正当理由可以包括:合同关系根本未成立;合同本身具有无效因素;债务人享有法定的解除权;债务人因合同具有显失公平的原因而享有撤销权;因不可抗力致使合同不能履行等。

2. 默示毁约。它是指当事人一方有足够的证据表明对方将不履行或不能履行合同的主要义务,而对方当事人又未提供必要担保的。其构成要件包括:

第一,一方预见另一方在履行期到来时,将不履行或不能履行合同的主要义务。一方是根据另一方的行为或资产情况作出合理判断的,我国《合同法》提供了几个考虑因素,如经营状况严重恶化,转移财产、抽逃资金以逃避债务,丧失商业信誉等。

第二,一方有确切的证据对自己的预见加以证明。一方预见另一方在履行期到来时不会或不能履约,毕竟只是一种主观臆断,为了防止滥用权利,主张对方毁约的一方当事人必须提供确切有效的证据来证明自己判断的恰当性。

第三,被认为存在预期违约可能的一方不能在合理期间内提供充分的担保。若一方认为另一方将不履行或不能履行合同的,在行使违约救济之前,必须通知对方并要求该方提供履行担保,并且只有在对方在合理期间内未提供担保的情况下,一方当事人才可要求对方承担默示毁约的责任。[①]

(三)预期违约责任的承担

既然预期违约行为是一种严重的违约行为,那么实施这种行为的债务人就应承担由此产生的违约责任,即非违约方可以在履行期届满前直接要求毁约方实际履行或承担违约责任,也可以在履行期届满后再要求毁约方实际履行或承担违约责任。

---

① 当前有学者对于债务人是否需要提供担保提出了质疑,他们认为提供担保只影响默示预期违约的效力,而不应成为其构成要件,因为我国《合同法》第108条及第94条均未要求债务人提供担保。参见李开国主编:《合同法》,法律出版社2005年版,第263页。

二、实际违约

实际违约包括以下几种违约行为形态:

(一)履行不能

履行不能是指债务人由于某种原因不能履行其债务。根据不同的标准,可将履行不能分为以下不同的类型。(1)根据履行不能发生时间的不同,履行不能可以分为自始不能和嗣后不能。前者是指债务成立时即不能履行,且这种履行不能是永久的;后者是指债务成立后才发生履行不能。(2)根据是否可归责于债务人的标准,履行不能可以分为主观不能和客观不能。前者是指因可归责于债务人的事由而引致的履行不能,后者则指因不可归责于债务人的事由而引致的履行不能。(3)根据导致履行不能的事实性质的不同,履行不能可以分为法律不能与事实不能。前者是指因法律上的原因而使债务人不能履行,后者是指债务在事实上发生履行不能。(4)根据履行不能持续的时间不同,履行不能可以分为一时不能和永久不能。前者是指合同履行期限届满时因暂时的阻碍而导致的履行不能,后者是指合同履行期限届满时而发生的永远都无法履行合同的履行不能。(5)根据履行不能的范围大小不同,履行不能可以分为全部不能和部分不能。前者是指合同债务全部不能履行,后者是指仅是合同部分债务无法履行。

(二)拒绝履行

拒绝履行亦可称为履行拒绝、给付拒绝,是指履行期届满时,债务人无正当理由表示不履行合同义务的行为。拒绝履行的构成须包括以下几个要件:第一,它以合法有效的债务存在为前提。如果是对方误认为有而实际并不存在的债务,或者合同被确认为无效或被撤销,债务人在对方提出履行请求时予以拒绝,属于正当行使权利,不构成拒绝履行。第二,必须有拒绝履行的意思表示。该意思表示可以采用明示或默示的方式。第三,债务人在履行期到来后才作出拒绝履行的意思表示。如果债务人拒绝履行的意思表示是在履行期到来前作出,则属于预期违约的范畴。第四,拒绝履行必须无正当理由。如果因债务履行期限尚未届至,或合同约定的条件尚未成就,或债务人行使同时履行抗辩权等而拒绝履行,则存在正当理由,并不能构成拒绝履行。

(三)迟延履行

迟延履行是指债务人无正当理由,在合同规定的履行期届满时,仍未履行合同债务;合同中未约定履行期限的,在债权人提出履行催告后仍未履行债务。其构成要件包括以下五点:第一,它亦是以合法有效的债务存在为前提。第二,履行必须是可能的。否则,就是履行不能,不会产生迟延履行的问题。第三,债务人违反了履行期限的规定。判断是否迟延的最重要的标准是看债务人履行债务是否超过了履行期限,超过履行期限的才构成迟延履行。第四,履行期届满,债务人没有履行债务。如果债务人仅履行了部分债务,可能构成部分履行、部分履行迟延。第五,债务人迟延履行必须无正当理由。

(四)不完全履行

不完全履行又可称为不完全给付或不适当履行,是指债务人虽然以完全给付的意思为给付,但给付不符合债务本旨。构成不完全履行应符合如下几个要件:第一,必须有给付行为。不完全履行是部分给付,否则,构成履行不能或履行迟延。第二,履行的内容不符合合同约定或法律规定。第三,不完全履行的原因可归责于债务人。

不完全履行主要包括:(1)数量瑕疵的不完全履行,如交付的标的物在数量上不足,还有部分未交付。(2)质量瑕疵的不完全履行,如债务人所作的履行不符合合同规定的质量标准,甚至因交付的产品有缺陷而造成他人人身、财产的损害。(3)履行地点不当的不完全履行,如债务人在合同履行中擅自变更其履行地点。(4)履行方法不当,如本应一次履行完却分期或分批履行。

(五)受领迟延[①]

受领迟延是指债权人对于债务人的履行应当受领而不为或不能受领。其构成要件如下:(1)须有合法有效的债权的存在。(2)债务人的履行需要债权人的协助。如果债务的履行不需要债权人的协助,则债务人完全可以自行履行义务而消灭债务,不发生受领迟延的问题。(3)债务已届履行期。在合同约定的履行期限届满前,债务人一般不得提前履行,若提前履行,债权人可以拒绝其履行,因而不发生受领迟延问题。若合同未约定履行期限,债务人提出履行应给对方一个合理的准期间,未提出一个合理的履行期限而径行向债权人履行的,债权人可以拒绝其履行,亦不发生受领迟延问题。(4)须债务人已经实际或提出履行。只有债务人已实际履行或提出履行时,标的物方处于可受领状态,债权人未及时受领的,则构成迟延受领。(5)债权人不为或不能受领。债权人不为受领表现为拒绝受领或债务人需要协助时未提供协助。债权人不能受领是指因可归责于债权人自身的原因而客观上无法受领。(6)债权人的迟延受领无正当理由。

---

① 我国学说大多不把提前履行作为违约的一种形态,但提前履行仍可构成违约责任,因为它剥夺了债权人的期限利益且可能导致额外费用或其他损失的发生。当然,如若债权人接受了提前履行,则可视为变更了合同的履行时间,不以违约处理。

第三节　违约责任的承担

违约责任的形式是指违约方承担违约责任的具体方式。根据我国《合同法》，它主要包括：实际履行、采取补救措施、支付违约金、赔偿损失等形式。

一、实际履行

（一）概念和特征

实际履行又可称为继续履行、强制实际履行、特定履行，是指当事人一方不履行合同义务或者履行合同义务不符合约定时，另一方当事人可要求其在合同履行期届满后继续按照原合同的约定完成合同义务。它具有以下特征：

1. 实际履行是一种违约责任的形式。实际履行是在当事人未能按照合同约定履行义务时，由法律强制其实际履行义务，因此属于违约责任的范畴。但它是一种独立的违约责任形式，不需要以其他违约责任是否能够适用为前提条件。

2. 实际履行的内容是强制违约方按照合同的约定继续完成其合同义务。现实生活是复杂、多变的，不履行或不完全履行合同的现象在所难免，如果实现合同履行的目的对于合同当事人来说是至关重要的，任何的金钱赔偿都无法加以弥补的，此时实际履行就不失为一项有效保障合同当事人利益的措施。

3. 实际履行可以与违约金、赔偿损失、定金罚则并用，但不能与解除合同并用。解除合同导致合同关系不复存在，债务人也不再负履行义务，因此解除合同与实际履行是完全对立的补救方法，两者不能并用。

（二）金钱债务违约的实际履行

金钱债务又叫货币债务。当事人未履行金钱债务的违约行为，即未支付价款或报酬的行为，包括完全未支付价款或报酬、不完全支付价款或报酬、迟延支付价款或报酬。《合同法》第109条规定："当事人一方未支付价款或者报酬的，对方可以要求其支付价款或者报酬。"由于金钱是具有可代替性的种类物，不存在履行不能的问题，无论当事人违约行为的形态如何，非违约方都有要求违约方支付相应价款或报酬的权利。

（三）非金钱债务违约的实际履行

非金钱债务如提供货物、提供劳务、完成工作，不同于金钱债务，其债务标的往往更具有特定性和不可替代性，所以非金钱债务的履行更加强调实际履行原则。当事人未履行非金钱债务的违约行为，包括拒绝履行、迟延履行和不完全履行非金钱债务，非违约方一般有权请求违约方实际履行。

（四）对非金钱债务违约的实际履行的适用条件

对于非金钱债务的违约,债权人向债务人提出实际履行的请求的,必须符合下列几种条件:

1. 实际履行必须客观可行。如果实际履行合同义务存在法律上或者事实上不能,如标的物是特定物,因债务人的过失导致标的物的灭失,那么在这种情况下,强制债务人履行义务是不可能的。

2. 实际履行不违反合同的性质及法律规定。一般而言,基于人身信赖关系而产生的合同、提供个人服务的合同都是不可强制履行的,否则将对他方人身权利构成侵害或妨害。对于此类合同,非违约方只能采用支付违约金或赔偿损失等救济方法。实际履行亦不得违反法律规定。如债务人已进入破产清算程序,如果强制其履行与某一债权人签订的合同,则相当于赋予这一债权人不同于其他债权人的特权,使其优先于其他债权人得以受偿,这显然有悖于破产法的规定。

3. 实际履行应具有经济上的合理性。也就是说,实际履行的费用不宜过高,不宜让债务人因此而遭受重大的损失。所谓经济上不合理,一般指造成经济上的重大浪费和损失。如果采取实际履行的方式需要花费大量的人力、财力,而采取损害赔偿等方式可以充分弥补债权人的损失,例如债权人可以用赔偿金从市场上购买与合同标的近似的替代物,这时没有必要采用实际履行的方式。

4. 债权人应在合理期限内请求实际履行。法律没有明文规定合理期限的,可根据标的物的性质和商业习惯而定。例如,如果标的物是季节性商品的,债权人应在一个较短时间内及时提出请求;如果标的物是非季节性商品的,债权人提出请求的时间要求应稍微宽松些。

二、采取补救措施

采取补救措施主要适用于质量不符合约定的情况。根据《合同法》第111条的规定,质量不符合约定的,应当按照当事人的约定承担违约责任。对违约责任没有约定或者约定不明确,依照本法第61条仍不能确定的,受损害方根据标的的性质以及损失的大小,可以合理选择要求对方承担修理、更换、重作、退货、减少价款或者报酬等违约责任,即可以合理选择法律推定的责任形式,具体包括:

1. 修理。它必须满足两个要件,其一有修理的可能性,其二债权人需要对方加以修理,它主要适用于买卖合同、承揽合同等。

2. 更换。适用更换的情形是:没有修理的可能性,或修理费用过高或耗时过长,它多适用于买卖合同。

3. 重作。当标的物具有不可更换性时,当事人为获得令其满意的标的物时,他会要求对方重新制作标的物,如在建设工程承包合同、承揽合同中,工作成果不符合相关要求时,由债务人重作工作成果。

4.退货。退货就意味着解除合同,只有在卖方提供的标的物存在较严重的瑕疵致使合同目的不能实现时,买方才可选择退货的救济方式。

5.减少价款或者报酬。

三、赔偿损失

(一)赔偿损失的概念和特征

赔偿损失也称违约损害赔偿,是指合同当事人由于不履行合同义务或者履行合同义务不符合约定,给对方造成损失时,由违约方以支付一定金钱的方式弥补对方所遭受的损失的一种违约责任形式。这是世界各国所一致认可的也是最重要的一种违约救济方法,是违约责任中的一种重要形式。《合同法》第112条规定了赔偿损失适用的场合,即:"当事人一方不履行合同义务或者履行合同义务不符合约定的,在履行义务或者采取补救措施后,对方还有其他损失的,应当赔偿损失。"第113条规定了赔偿损失的方法,此外,在第119条、第120条和第121条也有相关规定。

一般而言,违约损害赔偿具有以下几个特征:

1.它是违约方违反合同义务所产生的责任形式。违约赔偿损失的前提是当事人之间存在合法有效的合同关系,并且违约方违反了合同约定的义务或法律规定的义务。

2.它原则上仅具有补偿性而不具有惩罚性。违约赔偿损失的目的主要是弥补债权人因违约方的行为而受到的损失,它具有补偿性。这一补偿性是符合等价交换的交易原则的,因为任何人造成他人财产损害,都必须以等额的财产予以补偿,损害与赔偿之间具有等价性。但在一定情形下,惩罚性赔偿亦会被适用。

3.它具有一定的随意性。《合同法》允许合同当事人事先对违约赔偿损失的计算方法予以约定,或者直接约定违约方付给非违约方一定数额的金钱,体现了合同自由的原则。

4.它以赔偿非违约方受到的实际全部损失为原则。这一原则即完全赔偿原则,非违约方因合同当事人一方的违约行为所遭受的直接财产损失和可得利益的损失,都应当得到赔偿。

(二)损害赔偿的种类

1.约定损害赔偿和法定损害赔偿。约定损害赔偿是指在合同当事人订立合同时预先约定一方违约时损失赔偿额的计算方法。在这种情况下,合同当事人一方违约造成损失的,其赔偿数额的计算方法不是基于法律规定,而是按照合同当事人的约定。法定损害赔偿是指合同当事人一方违约时,对于因此给非违约方所造成的损失,直接根据法律的规定来确定赔偿损失数额的责任。如《合同法》第 113 条第 2 款规定,经营者对消费者提供商品或者服务有欺诈行为的,依据《消费者权益保护法》的规定承担损害赔偿责任。

2.信赖利益的赔偿与期待利益的赔偿。这是英美法系中常用的对损害赔偿的一种分类。期待利益,它是合同中估算损失的传统基础。期待利益的赔偿目的是在金钱可能补偿的前提下,使请求赔偿人处于与合同得以履行相同的地位。信赖利益即实际的支付和花费。信赖利益的赔偿是使请求赔偿人处于合同订立前的状态,它是侵权法中常用的估算损失的方法,当合同成功履行所能获得的利益难以估算时,使用信赖利益赔偿将会比使用预期利益赔偿更恰当。[①]

3.直接损失赔偿和间接损失赔偿。关于直接损失与间接损失的划分标准存在着分歧,一般采用的标准是根据损害与违约行为之间的直接和间接因果关系来区分。如果损害是由违约行为直接引起的,并没有介入其他因素,那么就是直接损失;如果损害并不是因为违约行为直接引起的,而是介入了其他因素,那么就是间接损失。

(三)确定赔偿的原则

1.完全赔偿原则。它是指违约方应赔偿非违约方因其违约行为而遭受的全部损失。违约方赔偿的范围不仅包括对方因其违约而引起的现实财产的减少,而且包括对方因合同履行应当得到而未得到的利益。前者即为积极损失,后者即为消极损失。这是对受害人利益实行全面的、充分的保护的有效措施。从公平和等价交换原则看,非违约方因违约行为而遭受的损害,违约方应以自己的财产赔偿全部损害。当然,这种赔偿应限制在法律规定的合理范围内。

消极损失具有以下特点:(1)未来性。可得利益不是现实的利益,而是一种未来的利益,它必须是经过合同违约方履行后才能获得的利益,而在违约发生时当事人并未实际享有。(2)期待性。可得利益是当事人订立合同时可以预见的利益,可得利益的损失也是合同当事人能够预见到的损失。(3)一定的现实性。尽管可得利益并非订立合同时就可实际享有的利益,但这种利益并不是臆想的,它具备实现的条件,如果合同当事人并未违约,则非违约方可以得到此等利益。积极损失也即实际损失,是现存利益的损失,它与消极损失的区别在于:(1)前者是现实的利益损失,包括现有财产的减少、相关费用的支出。后者是非现实利益的损失,是未来期待的利益。(2)前者较后者更为确定,一般而言,违约方对全部的积极损失应予赔

---

① Marnah Suff, *Essential Contract Law*, second edition, Wuhan University Press, 2004, p. 116.

偿,法律没有作出明确的赔偿限制,而消极损失在一定程度上具有不确定性,法律规定了一些原则对此加以限制。(3)两者追求的目的不同。前者的赔偿目的是使受害人的状态似处于合同订立前的状态,违约使非违约方所处的现实状态与订约时其所处的状态之间的差距即为违约方应赔偿的积极损失的范围。后者是使受害人处于合同如同被履行后其应处的状态,违约使非违约方所处的现实状态与若合同被履行后其应处的状态之间的差距即为违约方应赔偿的消极损失的范围。

2.合理预见原则。合理预见原则,又叫可预见性原则,是指违约方所承担的赔偿责任范围不得超过他在订立合同时应当预见的损失范围之原则。它是两大法系所共同认可的限制赔偿范围的原则,我国《合同法》亦作出规定,其第113条规定:"赔偿损失不得超过违反合同一方订立合同时预见到或者应当预见到的因违反合同可能造成的损失。"这一原则主要包括以下内容:(1)预见的主体是违约方;(2)预见的时间是合同订立时;(3)预见的内容是违反合同可能造成的财产损失的范围;(4)判断违约方能否预见的标准采用主观和客观相结合的标准,即通常以处于类似情形下的合理人的预见能力为标准,并结合合同相关当事人的具体情况作出综合性的判断。

3.减轻损害原则(principle of mitigation)。它也可以表述为采取适当措施避免损失扩大原则,是指在一方违约行为发生并造成损害后,受害人必须采取合理措施以防止损害的扩大,否则,受害人应对扩大部分的损害承担责任,违约方亦有权请求从损害赔偿金额中扣除本可避免的损害部分。这一原则要求非违约方负有减轻损害的义务,并以此限制违约方的赔偿责任。《合同法》第119条对此作出了明确规定:"当事人一方违约后,对方应当采取适当措施防止损失的扩大;没有采取适当措施致使损失扩大的,不得就扩大的损失要求赔偿。当事人因防止损失扩大而支出的合理费用,由违约方承担。"减轻损害原则的构成要件是:(1)损害的发生由违约方所致,受害人对此没有过错;(2)受害人未采取合理措施防止损害扩大;(3)受害人的不当行为造成损害扩大。但是受害人不必采取超出合理范围以外的措施来减轻损失,如在 British Westinghouse v. Underground Electric Railway Co. (1912)一案中,法院认为原告没有必要采取危险的法律行为来减轻自己的损失,但他亦不得采取可能增加其损失的措施。[①]

4.损益相抵原则。它是指受害人基于损害发生的同一原因而减少支出或获得利益时,应从所受损害中扣除其减少的支出或所受的利益,从而确定损害赔偿范围。这是确定赔偿责任范围的重要规则。《德国民法典》第324条规定:"其因免除给付义务所节省的或由其劳力移作他用而取得的,或故意怠于取得的利益,应扣除

---

① Marnah Suff, *Essential Contract Law*, second edition, Wuhan University Press, 2004, p. 122.

之。"虽然我国《民法通则》和《合同法》都没有明确规定损益相抵原则,但基于诚实信用原则和公平原则的考虑,有必要确立这一原则。主要理由有二:其一,可以防止受害人获得双重利益,也就是说,受害人因他人的违约行为而受有利益时,他不得就受益部分再请求赔偿。其二,违约损害赔偿的目的是补偿受害人所遭受的损失,并非使受害人反而因此而受益。由于同一违约行为既使受害人遭受损失,又使受害人获得利益,如不将利益予以扣除,就等于让受害人因违约行为而受益,这是违反违约损害赔偿的本意和目的的。所以根据这一规则,当违约既使受害人遭受了损害,又使受害人获得了利益时,法院应责令违约方赔偿受害人全部损害与受害人所得利益的差额,这才是净损失、真实损失。

损益相抵原则的构成要件包括:(1)违约损害赔偿之债已经成立。这是适用损益相抵原则的前提条件。只有违约损害赔偿之债成立时,才有必要确定损害赔偿范围,而损益相抵恰恰是限制损害赔偿范围的考虑因素之一。(2)违约行为同时造成了损害和收益。损害和收益是同一违约行为的不同结果。

5.过失相抵原则。它亦可称为与有过失原则,通常是指就损害的发生或者扩大,请求赔偿方有过失时,法院可以减轻赔偿数额或免除赔偿责任。它亦是诚实原则和公平原则在合同法中的体现。该原则可以适用于所有的损害赔偿请求权,包括违约损害赔偿、侵权损害赔偿、缔约过失的损害赔偿。正如《民法通则》第131条所规定的"受害人对于损害的发生也有过错的,可以减轻侵害人的民事责任"。

过失相抵原则的构成要件:(1)请求赔偿方存在过失。如果请求赔偿方可以预见到其行为的危险性,且这种危险性是可以回避或缩减的,却未预见或没有采取措施避免这种危险性,则请求赔偿方存在过失。(2)请求赔偿方的行为促成了损害发生或扩大。请求赔偿方的行为和赔偿义务人的行为共同促成的损害的发生或扩大,但哪一原因在先,哪一原因在后,抑或同时存在,在所不问。

6.经营欺诈惩罚性赔偿原则。损害赔偿的一般特征是补偿性,但在某些情形下法律会要求对恶意违约方进行一定的惩罚,例如针对交易中的欺诈行为,特别是出售假冒伪劣商品产生的欺诈行为,《消费者权益保护法》第49条明确规定:"经营者提供商品或者服务有欺诈行为的,应当按照消费者的要求增加赔偿其受到的损失,增加赔偿的数额为消费者购买商品的价款或接受服务的费用的一倍。"这就在法律上确立了经营欺诈惩罚性损害赔偿制度。

经营欺诈惩罚性赔偿原则的构成要件:(1)经营者提供商品、服务有欺诈的行为。常见的欺诈行为有:出售假冒伪劣商品的行为;加工承揽过程中偷工减料、偷换原材料的行为;在修理服务中偷换零件、虚列修理项目、增报修理费的行为等。(2)消费者因欺诈行为受到损害。首先,受损害者只能是消费者;其次,存在消费者受到损害的事实。(3)消费者要求经营者承担惩罚性赔偿责任。

(四)赔偿损失与其他责任形式的关系

1.与实际履行的关系。实际履行是实现合同目的的有效方式,即通过实际履行使一方订立合同的目的得以实现,而在此过程中非违约方可能早已受有损失,这是实际履行方式所难以救济的,这时损害赔偿则能为非违约方所遭受的损失提供补偿,所以实际履行与赔偿损失可以并用,以全面地保护非违约方的合法权益。

2.与解除合同的关系。解除合同使双方之间的权利义务关系终止,但它并不影响当事人请求其因合同解除而受到的各种损失,如期待利益的损失、已支付相关费用的损失等,所以解除合同与赔偿损失可以并用。我国《合同法》亦予肯定,其第115条规定:"合同的变更或者解除,不影响当事人要求赔偿损失的权利。"

3.与修理、重作、更换的关系。修理、重作、更换实际上是对瑕疵给付的补正,修理、重作、更换后,非违约方仍有损失的,违约方还应承担损害赔偿责任。从引例来看,合同生效后,当事人应该依照约定的或法定的标的物质量标准及时履行合同义务,违反该义务,造成标的物价值减损的,构成不完全履行,它是实际违约行为的一种情形,应当承担违约责任。甲可以请求乙采取补救措施,交付符合样品质量要求的枕套,并承担因不完全履行给甲造成的损失。

四、支付违约金

(一)违约金的概念和特征

依据我国《合同法》,违约金是指不履行或者不完全履行合同义务的违约方按照合同约定,支付给非违约方一定数量的金钱。它具有以下特征:

1.违约金条款既具有从合同的性质又具有其独立性。违约金的存在以主合同存在为必要条件,当主合同不成立、无效或被撤销时,约定的违约金条款亦不发生法律效力。主合同消灭,约定的违约金责任也随之消灭。但约定违约金也具有相对独立性,如当合同因一方根本性违约而解除时,非违约方仍可请求违约方支付约定的违约金。

2.约定违约金的主体只能是合同当事人。根据合同自由原则,合同当事人可以对违约发生时的赔偿问题进行协商,他们可以约定一方违约时应根据违约情况向对方支付一定数额的违约金。

3.违约金的数额是由当事人预先确定的。违约金必须在签订合同时或在违约发生前先予确定,当出现拒绝履行、迟延履行或不完全履行等违约行为时,非违约方可以按照合同对违约金的约定得到补偿。

4.违约金救济是一种违约后生效的责任承担方式。违约金条款是否适用,取决于合同当事人是否违约。当合同一方当事人违约时,违约金条款才能适用;合同当事人没有违约行为,违约金条款就不能适用。

(二)违约金分类

1.约定违约金和法定违约金。合同双方当事人在合同中约定的违约金属于约定违约金。《合同法》第114条第1款明确规定,当事人可以约定一方违约时应当根据违约情况向对方支付一定数额的违约金,也可以约定因违约产生的损失赔偿额的计算方法。而直接由法律规定的违约金,属于法定违约金。我国《合同法》仅承认约定违约金,而没有规定法定违约金。

2.惩罚性违约金和赔偿性违约金。惩罚性违约金是由合同约定或法律规定由违约方支付一笔金钱,作为对违约行为的惩罚。而赔偿性违约金是合同双方预先估计的损害赔偿总额,违约方在承担违约金责任后,不再承担实际履行或损害赔偿等违约责任。对于我国合同法上的违约金究竟是何种性质,理论上一直存在着争议。本书认为,从《合同法》第114条的规定来看,违约金既有赔偿性违约金的性质,又有惩罚性违约金的性质,具体如何定性,要根据个案情况来分析:如果违约未给对方造成损害,那么此时违约金为惩罚性;如果违约给对方造成损害,那么此时违约金为赔偿性。在违约方迟延履行的情形下,若非违约方在寻求违约金的赔偿外还要求违约方实际履行合同义务的,则迟延履行违约金具有惩罚性。

3.对违约金责任的限制。对违约金的约定是合同自由的体现,但合同自由并非是绝对的、毫无限制的自由,为了维护双方利益的平衡,法律运用诚实信用原则和公平原则,对违约金责任作了必要的限制。《合同法》第114条第2款规定:"约定的违约金低于造成的损失的,当事人可以请求人民法院或者仲裁机构予以增加;约定的违约金过分高于造成的损失的,当事人可以请求人民法院或者仲裁机构予以适当减少。"但当事人不能主动调整违约金的数额。

(三)违约金与其他责任形式的关系

1.与损害赔偿的关系。通常情况下,两者可以并用。违约金可视为约定的损害赔偿,如果违约金不足以弥补损害,那么当事人仍可以请求赔偿,这是完全赔偿原则所要求的。但违约金的适用不以损害发生为必要。

2.与实际履行的关系。通常情况下,两者可以并用。《合同法》第114条规定,当事人就迟延履行约定违约金的,违约方支付违约金后,还应当履行债务。实际履行原则旨在实现当事人订立合同的目的,当事人不可以承担违约金来拒绝实际履行。

3.与解除合同的关系。解除合同与承担违约金责任不存在冲突,当一方已有违约行为时,即使合同被解除,也应承担违约金责任。

第四节　免责事由

免责事由又称免责条件,是指法律规定或者合同中约定的当事人对其不履行或者不适当履行合同的行为免于承担违约责任的条件。它通常包括不可抗力、债权人过错和免责条款。

一、不可抗力

(一)不可抗力的概念和特征

不可抗力是当事人不能预见、不能避免并且不能克服的客观情况。可以说,不可抗力是当事人不可抗拒的外来力量,是不受当事人意志左右、支配的自然现象或社会现象。

不可抗力的特征有:

1. 不可抗力是当事人不能预见的事件

当事人订立合同时不能预见不可抗力事件将会发生。这是构成不可抗力的主观要件。能否为当事人所预见应以合理人的注意来衡量,即以一个处于合同当事人地位的普通的、通情达理人的预见程度来判断。只有尽到了合理的注意义务而仍不能预见,才能具备不可抗力的主观要件。如果某一客观事件的发生当事人能够预见,而由于疏忽大意或其他原因没有预见,则这一事件不能构成不可抗力。

2. 不可抗力是当事人不能控制的事件

不可抗力必须是合同当事人不能避免并且不能克服的阻碍合同履行的事件,也就是说,对于某一事件是否发生、何时发生和产生怎样的后果,当事人都无法进行人为的控制,它不为当事人的意志所左右。如果当事人对于某一事件的发生能够避免或者虽然不能避免但能克服,那么,就不存在履行合同的不可克服的障碍了。

3. 不可抗力具有客观性、外在性

当事人可以约定不可抗力的范围,但不可抗力本身是当事人意志和行为以外的客观事件,或者说,不可抗力是独立于当事人意志和行为以外的事件。不可抗力的范围较广,包括自然灾害和社会原因引起的事件。

4. 不可抗力是阻碍合同履行的客观事件

合同法理论中的不可抗力与合同履行具有密切的联系。不可抗力对合同履行的阻碍有三种情形:其一,导致合同全部不能履行;其二,导致合同部分不能履行;其三,导致合同不能如期履行。不可抗力作为一种外来事件,对合同的正常履行发生了直接的影响。

（二）不可抗力事件的范围

构成不可抗力的事件繁多，法律不可能对不可抗力的范围一一列举。当事人可以自由在合同中订立不可抗力条款，将法律对不可抗力的规定具体化。当事人在合同中没有约定不可抗力条款的，法院可以根据事实认定是否构成不可抗力。

一般而言，不可抗力事件的范围包括自然灾害和社会事件。自然灾害比较容易判断，如火灾、水灾、旱灾、风灾、地震、风暴、强台风等等。而我国学说对于哪些社会事件可以构成不可抗力并没有定论。本书认为可以构成不可抗力的社会事件包括但不以下列列举为限，在判断时可以根据不可抗力的特征作出综合判断。

1. 法律的颁布和实施

通常来说，法律的制定和颁布需要经过一个相当严格的程序，无法受个别当事人的意志所支配，而且法律一旦生效之后，则具有普遍适用的效力，因此，对合同当事人来说，具有"不可克服性"和"不可避免性"。因法律的颁布和实施一般要经过较长时间的酝酿，如果当事人知道法律将颁布、实施而在合同中订立法律将要禁止的内容，有"预先规避法律"之嫌，此时对此不宜按不可抗力处理。

2. 政策的贯彻和实施

政策与法律不同，具有个案性、针对性，往往根据当时的政治、经济形势颁布，对合同当事人来讲，一般是不可预见的。当政策致使合同不能履行时，应视为因不可抗力致使合同履行效力消灭。

3. 罢工、骚乱的出现

罢工、骚乱属于偶发的阻碍合同履行的事项，罢工、骚乱是否能构成不可抗力，各国观点不同，大多数国家认为它们可以构成不可抗力。在法国，对此类情况的处理，大多数判例认定，当劳资争端由于政府的某个决定（如冻结工资调整的决定）而引起时，纠纷的解决显然取决于政府而非老板，因此这类罢工在合同订立时是不可预见的，在履行合同时是不可抵御的。[①] 在我国实践很难找到罢工、骚乱构成不可抗力的情形，但理论界普遍认为它们可以构成不可抗力。

（三）不可抗力免责的问题

根据《合同法》第117条的规定，"因不可抗力不能履行合同的，根据不可抗力的影响，部分或者全部免除责任，但法律另有规定的除外。当事人迟延履行后发生不可抗力的，不能免除责任。本法所称不可抗力，是指不能预见、不能避免并不能克服的客观情况"，不可抗力导致合同全部不能履行的，当事人可以全部免责；导致合同部分不能履行的，当事人就该部分不能履行免责；导致合同不能如期履行的，

---

① 参见尹田：《法国现代合同法》，法律出版社1995年版，第316页。

当事人就迟延免责。

主张不可抗力免责的一方当事人负有通知义务和举证责任。《合同法》第118条规定："当事人一方因不可抗力不能履行合同的,应当及时通知对方,以减轻可能给对方造成的损失,并应当在合理期限内提供证明。"从而避免对方当事人因此遭受不必要的损失。对方当事人在接到通知后,应积极采取措施减少或避免损害。

二、债权人过错

债权人过错是指债务人不履行合同或不适当履行合同可归责于债权人的原因。将债权人的过错作为免责事由体现了法律对债权人过错的谴责和非难。违约责任虽然实行严格责任,但是债权人的过错可以成为违约方全部或者部分免除责任的依据。如在约定检验期间的买卖合同中,买受人就标的物数量或者质量不符合约定的情形怠于通知出卖人,出卖人不承担违约责任。如《合同法》第302条规定:"承运人应当对运输过程中旅客的伤亡承担损害赔偿责任,但伤亡是旅客自身健康原因造成的或者承运人证明伤亡是旅客故意、重大过失造成的除外。"再如,《合同法》第311条规定:"承运人对运输过程中货物的毁损、灭失承担损害赔偿责任,但承运人证明货物的毁损、灭失是因不可抗力、货物本身的自然性质或者合理损耗以及托运人、收货人的过错造成的,不承担损害赔偿责任。"该条规定列举了三种免责事由,其中包括了债权人过错这一免责事由。《合同法》第370条规定:"寄存人交付的保管物有瑕疵或者按照保管物的性质需要采取特殊保管措施的,寄存人应当将有关情况告知保管人。寄存人未告知,致使保管物受损失的,保管人不承担损害赔偿责任;保管人因此受损失的,除保管人知道或者应当知道并且未采取补救措施的以外,寄存人应当承担损害赔偿责任。"寄存人未告知的过错使保管人可以免除赔偿责任。

三、免责条款

免责条款是指合同当事人约定的排除或者限制其将来可能发生的违约责任的条款。一方当事人基于他方所应承担的民事责任而享有的权利属于民事权利,民法是私法,强调的是意思自治原则,民事主体可以依法放弃民事权利,免除他人的民事义务、民事责任。因此,当事人在订立合同时,可以通过协商约定具体的免责条款。当事人纵然有违约行为,但其行为属于免责条款约定的情形,则他无须承担违约责任。但是,并非任何任意约定的免责条款都受法律保护,法律亦有一定的限制性规定,如我国《合同法》规定合同中的免除造成对方人身伤害、因故意或者重大过失造成对方财产损失的违约责任的免责条款无效,当事人对此类损害仍应当承担赔偿责任。这是法律人文主义的体现,它加强了对人身权的重视和保障,否定了恶意者对法律责任的逃脱。

司法考试真题链接

1. 张某、方某共同出资，分别设立甲公司和丙公司。2013 年 3 月 1 日，甲公司与乙公司签订了开发某房地产项目的《合作协议一》，约定如下："甲公司将丙公司 10% 的股权转让给乙公司，乙公司在协议签订之日起三日内向甲公司支付首付款 4000 万元，尾款 1000 万元在次年 3 月 1 日之前付清。首付款用于支付丙公司从某国土部门购买 A 地块土地使用权。如协议签订之日起三个月内丙公司未能获得 A 地块土地使用权致双方合作失败，乙公司有权终止协议。"

《合作协议一》签订后，乙公司经甲公司指示向张某、方某支付了 4000 万元首付款。张某、方某配合甲公司将丙公司的 10% 的股权过户给了乙公司。

2013 年 5 月 1 日，因张某、方某未将前述 4000 万元支付给丙公司致其未能向某国土部门及时付款，A 地块土地使用权被收回挂牌卖掉。

2013 年 6 月 4 日，乙公司向甲公司发函："鉴于土地使用权已被国土部门收回，故我公司终止协议，请贵公司返还 4000 万元。"甲公司当即回函："我公司已把股权过户到贵公司名下，贵公司无权终止协议，请贵公司依约支付 1000 万元尾款。"

2013 年 6 月 8 日，张某、方某与乙公司签订了《合作协议二》，对继续合作开发房地产项目做了新的安排，并约定："本协议签订之日，《合作协议一》自动作废。"丁公司经甲公司指示，向乙公司送达了《承诺函》："本公司代替甲公司承担 4000 万元的返还义务。"乙公司对此未置可否。

关于 2013 年 5 月 1 日张某、方某未将 4000 万元支付给丙公司，应承担的责任，下列表述错误的是：（　　）（2014 年司法考试真题）

A. 向乙公司承担违约责任

B. 与甲公司一起向乙公司承担连带责任

C. 向丙公司承担违约责任

D. 向某国土部门承担违约责任

2. 顺风电器租赁公司将一台电脑出租给张某，租期为 2 年。在租赁期间内，张某谎称电脑是自己的，分别以市价与甲、乙、丙签订了三份电脑买卖合同并收取了三份价款，但张某把电脑实际交付给了乙。后乙的这台电脑被李某拾得，因暂时找不到失主，李某将电脑出租给王某获得很高收益。王某租用该电脑时出了故障，遂将电脑交给康成电脑维修公司维修。王某和李某就维修费的承担发生争执。康成公司因未收到修理费而将电脑留置，并告知王某如 7 天内不交费，将变卖电脑抵债。李某听闻后，于当日潜入康成公司偷回电脑。关于张某与甲、乙、丙的合同效

力,下列选项正确的是(　　)(2015 年司法考试真题)

　　A. 张某非电脑所有权人,其出卖为无权处分,与甲、乙、丙签订的合同无效

　　B. 张某是合法占有人,其与甲、乙、丙签订的合同有效

　　C. 乙接受了张某的交付,取得电脑所有权

　　D. 张某不能履行对甲、丙的合同义务,应分别承担违约责任

　　3. 赵某从商店购买了一台甲公司生产的家用洗衣机,洗涤衣物时,该洗衣机因技术缺陷发生爆裂,叶轮飞出造成赵某严重人身损害并毁坏衣物。赵某的下列哪些诉求是正确的? (　　)(2015 年司法考试真题)

　　A. 商店应承担更换洗衣机或退货、赔偿衣物损失和赔偿人身损害的违约责任

　　B. 商店应按违约责任更换洗衣机或者退货,也可请求甲公司按侵权责任赔偿衣物损失和人身损害

　　C. 商店或者甲公司应赔偿因洗衣机缺陷造成的损害

　　D. 商店或者甲公司应赔偿物质损害和精神损害

第十章　转移财产类的合同

【引　例】

2013 年 2 月 10 日,甲公司与乙公司签订一份购买 1000 台 I 型热水器的合同,约定由乙公司于 3 月 10 日前办理托运手续,货到付款。乙公司如期办理了托运手续,但装货时多装了 50 台 II 型热水器。甲公司于 3 月 13 日与丙公司签订合同,将处于运输途中的前述合同项下的 1000 台 I 型热水器转卖给丙公司,约定货物质量检验期为货到后 10 天内。3 月 15 日,上述货物在运输途中突遇山洪暴发,致使 100 台 I 型热水器受损报废。3 月 20 日货到丙公司。4 月 15 日丙公司以部分货物质量不符合约定为由拒付货款,并要求退货。

(1)如乙公司在办理完托运手续后即请求甲公司付款,甲公司应否付款? 为什么?

(2)乙公司办理完托运手续后,货物的所有权归谁? 为什么?

(3)对因山洪暴发报废的 100 台热水器,应当由谁承担风险损失? 为什么?

(4)对于乙公司多装的 50 台 II 型热水器,应当如何处理? 为什么?

(5)丙公司能否拒付货款和要求退货? 为什么?

第一节　买卖合同

一、买卖合同的概念和特征

买卖合同是指出卖人转移标的物的所有权于买受人,买受人支付价款的合同。依约定应交付标的物并转移标的物所有权的一方称为出卖人或卖方,应支付价款的一方称为买受人或买方。在我国,可以成为财产出卖人的主要有:财产所有权人、财产经营权人、抵押权人、质押权人、留置权人、人民法院、行纪人等。买卖的标的物应当是法律规定可以流通的物。

买卖合同具有以下法律特征：

1.买卖合同是卖方转移标的物所有权、买方支付价款的合同。

买卖合同的出卖人负有交付标的物并转移其所有权于买受人的义务，买受人负有向出卖人支付价款的义务，这两项义务互为对价，构成买卖合同当事人所负担的主合同义务。这一特征使买卖合同区别于同属转移财产所有权但并不支付价款的赠与合同，以及转移财产使用权的合同，如租赁合同、借用合同。

2.买卖合同是诺成合同。

除法律另有规定或当事人另有约定外，买卖合同自双方当事人意思表示一致之时起成立，即双方达成协议之日起成立，并无须一方当事人交付标的物作为合同的成立要件，因此，买卖合同为诺成合同。

3.买卖合同一般为不要式合同。

买卖合同采用口头形式、书面形式，还是其他形式，一般由当事人双方协商确定，因此，买卖合同为不要式合同。当然，在法律有明确规定或当事人明确约定的情况下，买卖合同应当采用法律规定或当事人约定的形式。

4.买卖合同是有偿、双务合同。

买卖合同是典型的有偿合同，任何一方要从对方取得物质利益，均须向对方支付相应的物质利益。同时买卖合同又是典型的双务合同，卖方负有转移买卖标的物所有权的义务，买方则负交付贷款的义务。

二、买卖合同的分类[①]

（一）一般买卖合同与特种买卖合同

依照《合同法》的规定，买卖合同可分为一般买卖合同与特种买卖合同。《合同法》第130条至第166条所规定的买卖合同即为一般买卖合同，是因当事人双方的意思表示一致而成立，出卖人负有转移标的物所有权的义务，买受人承担支付价款的义务，别无其他特殊情形。特种买卖合同是在一般买卖合同之外，在成立上，或内容上，或效力上，有其他特殊情形的买卖合同，如《合同法》第167条规定的分期付款买卖合同、第168条至第169条的凭样品买卖合同、第170条至第171条的试用买卖合同、第172条的招标投标买卖合同、第173条的拍卖合同以及第175条的互易合同。

---

① 参见崔建远：《合同法学》，法律出版社2014年版，第322～323页；韩世远：《合同法学》，高等教育出版社2010年版，第384～385页。

（二）自由买卖合同与竞争买卖合同

自由买卖合同是指双方当事人依其意思且没有第三人竞争参与缔约过程的买卖合同。一般买卖合同大都属于自由买卖合同。竞争买卖合同，指有多数主体参与缔约过程竞争的买卖合同。招标投标买卖合同和拍卖合同属于此类。

（三）即时清结买卖合同与非即时清结买卖合同

即时清结买卖合同也称即时买卖合同，是指当事人双方在买卖合同成立的同时，即履行了转移标的物所有权、支付价款等全部义务。现实买卖合同即属此类。非即时清结买卖合同也称非即时买卖合同，是指当事人双方或一方，在买卖合同成立的同时，没有即时履行其全部义务，而于日后履行的买卖合同。如期货交易合同、预约买卖合同、分期付款买卖合同等属于此类。

（四）特定物买卖合同与种类物买卖合同

特定物买卖合同，是指以具体指定标的物作为买卖物的买卖合同。在此类合同中，标的物灭失构成合同的不能履行，当事人可以解除合同，而不继续履行。种类物买卖合同，是指仅以种类、品质和数量指定标的物作为买卖物的买卖合同。在此类合同中，出卖人不得以不能履行为由主张解除合同，除非所有标的物、不特定物均已灭失。

三、买卖合同当事人的权利义务

由于买卖合同是典型的双务有偿合同，一方当事人所负担的合同义务是对方当事人享有的合同权利，所以在论及买卖合同当事人的权利义务时，仅从当事人所负担的合同义务阐述。

（一）出卖人的义务

依照《合同法》的规定，买卖合同可分为一般买卖合同与特种买卖合同。《合同法》第130条至第166条所规定的买卖合同即为一般买卖合同，是因当事人双方的意思表示一致而成立，出卖人负有转移标的物所有权的义务，买受人承担支付价款的义务，别无其他特殊情形。特种买卖合同是在一般买卖合同之外，在成立上，或内容上，或效力上，有其他特殊情形的买卖合同，如《合同法》第167条规定的分期付款买卖合同、第168条至第169条的凭样品买卖合同、第170条至第171条的试用买卖合同、第172条的招标投标买卖合同、第173条的拍卖合同以及第175条的互易合同。

1.交付标的物的义务

在买卖合同中,出卖人应将买卖合同的标的物交付给买受人。出卖人交付标的物,在标的物有从物时,若当事人无另外的约定,应当随同交付从物。《合同法》第135条至第141条对买卖合同的卖方交付义务作了较为详细的规定。交付是指将标的物的占有转移,交付可分为现实交付和拟制交付。现实交付,是指出卖人将标的物置于买受人的实际控制之下,即转移标的物的直接占有。拟制交付又分为简易交付、占有改定、指示交付。简易交付是指买卖合同订立前,买受人已实际占有标的物的,自合同生效之时起即为交付。占有改定是指由双方当事人签订协议,使买受人取得标的物的间接占有,以代替标的物直接占有的交付方式。指示交付,是指在出卖物由第三人占有时,出卖人将对于第三人的返还请求权让与买受人,以代替标的物的实际交付。

出卖人应当按照合同约定的标的物的品名、数量、规格、质量、地点将标的物交付给买受人,其中交付期限、交付地点、交付方式尤为重要。(1)交付期限。出卖人应当按照约定的期限交付标的物。约定交付期间的,出卖人可以在该交付期间内的任何时间交付,但应当在交付前通知买受人。出卖人提前交付标的物的,应取得买受人的同意,否则买受人有权拒收,但出卖人的提前交付不损害买受人利益的除外,出卖人提前交付给买受人增加的费用,则应由出卖人负担。出卖人在约定的时间内未交付标的物的,则构成迟延履行,应承担相应的违约责任。当事人未约定标的物的交付期限或者约定不明确的,可以协议补充;不能达成补充协议的,按照合同有关条款或者交易习惯确定;仍不能确定的,可以随时交付,但应当给买受人必要的准备时间。(2)交付地点。出卖人应当按照约定的地点交付标的物。当事人未约定交付地点或者约定不明确,可以协议补充;不能达成补充协议的,按照合同有关条款或者交易习惯确定;仍不能确定的,适用下列规定:标的物需要运输的,出卖人应当将标的物交付给第一承运人;标的物不需要运输的,出卖人和买受人订立合同时知道标的物在某一地点的,出卖人应当在该地点交付标的物;不知道标的物在某一地点的,应当在订立合同时出卖人营业地交付标的物。(3)交付方式。如出卖人代办托运的,出卖人应以约定的运输方式和运输路线进行交付;没有约定或约定不明确的,应以有利于实现合同目的的履行原则确定交付方式。如合同约定分期交付的,出卖人应按约定的批量分批按时交付。如合同约定包装方式的,出卖人应当按照约定的包装方式交付标的物。对包装方式没有约定或者约定不明确的,可以协议补充;不能达成补充协议的,按照合同有关条款或者交易习惯确定;仍不能确定的,应当按照通用的方式包装,没有通用方式的,应当采取足以保护标的物的合理包装方式。

2.转移标的物所有权的义务

买受人进行交易的主要目的就是取得标的物的所有权,因此将标的物的所有权转移给买受人,是出卖人的另一项主要义务。标的物所有权的转移方法,依法律的规定而定。《合同法》第 133 条规定:"标的物的所有权自标的物交付时起转移,但法律另有规定或者当事人另有约定的除外。"法律规定标的物所有权的转移需办理登记、审批手续的,如船舶、航空器、车辆等特殊类型的动产以及不动产的买卖,当事人必须办理法律规定手续后才发生所有权的转移。引例中陈某与李某办理了房屋过户手续,李某应为房屋的所有权人,法院应予以支持。虽然刘某主张该房屋是自己先买的,而且已经交付给自己居住,从而认为房屋所有权已经发生了转移,一般说来,标的物所有权自交付时起转移,但《城市私有房屋管理条例》对房屋所有权的转移时间作了特别规定。由于陈某与李某已经到房管部门办理了过户手续,尽管房屋被刘某占有未交给李某,但房屋的所有权已经转移给李某,李某有权让刘某搬走,实现其对房屋的所有权。

在当事人另有约定中,较为典型的是所有权保留制度,即当事人可以约定出卖人先行交付标的物,在买受人未履行支付价款或者其他义务之前,标的物的所有权仍归出卖人所有,以担保买受人合同义务的履行。

3. 物的瑕疵担保义务

物的瑕疵担保义务是指出卖人就出卖的标的物的价值、效用、品质所存在的瑕疵对买受人所承担的一种担保责任。依据《合同法》第 153 条的规定,出卖人应当按照约定的质量要求交付标的物。出卖人提供有关标的物质量说明的,交付的标的物应当符合该说明的质量要求。这一义务即被称为物的瑕疵担保义务,又称为质量担保义务。实践中,在出卖人应对标的物的瑕疵负担保责任时,买受人可以根据标的物的性质以及损失的大小,合理选择请求修理、更换、减少价款或者解除合同,并可以主张损害赔偿等。

4. 权利瑕疵担保义务

权利瑕疵担保义务,是指出卖人必须承担将买卖标的物上的权利全部转移于买方的义务,即保证标的物上不存在任何第三人向买受人主张权利,《合同法》第 150 条对此作出了规定。如果在买卖合同订立时,买受人知道或者应当知道第三人对买卖的标的物享有权利的,则出卖人不负担该项义务。买受人有确切证据证明第三人可能就标的物主张权利的,可以在出卖人未提供适当担保时,行使合同履行的抗辩权,中止支付相应的价款。如果权利瑕疵业已存在且不能去除的,买受人可依债务不履行采取主张支付违约金、解除买卖合同或要求损害赔偿等救济措施。

5. 交付有关单证和资料

在买卖合同的履行中,出卖人交付的单证一般有两类:一类是提取标的物的单证,另一类是标的物的辅助单证和资料。这里指交付提取标的物以外的单证,辅助单证和资料虽不如提取标的物的单证那样重要,但对于买卖合同的顺利履行也是必不可少的,这类单证和资料对于买受人行使对标的物的占有、使用、处分的权利有着十分重要的意义。我国《合同法》第 136 条明确规定,出卖人应当按照约定或者交易习惯向买受人交付提取标的物单证以外的有关单证和资料。在交易实践中,与买卖合同标的物相关的其他单证和资料主要包括:产品合格证、产品说明书、保修单、发票、检验单证、检疫单证、保险单、质量保证书、装箱单等。

(二)买受人的义务

1.支付价款的义务

按照约定的数额支付价款是买受人最重要的义务。出卖人的交货义务关系着买受人权利的实现,而买受人的付款则关系着出卖人权利的实现。买受人支付价款应按照合同约定的数额、时间、地点进行。

(1)价款数额的确定。价款数额一般由单价与总价构成,总价为单价乘以标的物的数量。买受人应当按照约定的数额支付价款。对价款没有约定或约定不明确的,可以协议补充;不能达成补充协议的,按照合同有关条款或者交易习惯确定。如仍不能确定,该标的物有国家规定价格的按规定价格执行;没有国家规定价格的,按照订立合同时履行地的市场价执行。若标的物的价款执行政府定价的,在合同约定的交付期限内政府价格调整时,按照交付时的价格计价。逾期交货的,遇价格上涨时,按照原价格执行;价格下降时,按照新价格执行。逾期提货的或者逾期付款的,遇价格上涨时,按照新价格执行;价格下降时,按照原价格执行。

(2)价款的支付时间。价款的支付时间,依双方当事人约定。买受人应当按照约定的时间支付价款。对支付时间没有约定或者约定不明确的,可以协议补充;不能达成补充协议的,按照合同有关条款或者交易习惯确定。若上述方法仍无法确定的,则依照同时履行的原则,买受人应当在收到标的物或者提取标的物单证的同时支付价款。价款支付迟延时,买受人除继续支付价款外,还须承担支付迟延的罚息。

(3)价款的支付地点。价款的支付地点由双方当事人约定。买受人应当按照约定的地点支付价款。对支付地点没有约定或者约定不明确的,可以协议补充;不能达成补充协议的,按照合同有关条款或者交易习惯确定;仍不能确定的,买受人应当在出卖人的营业地支付,但约定支付价款以交付提取标的物的单证为条件的,在交付标的物或者交付提取标的物单证的所在地支付。

2.及时检验标的物并通知出卖人的义务

买受人对出卖人交付的标的物应当及时检验,并对发现的产品瑕疵及时告知出卖人。对于买受人的检验通知期间,需分情况区别对待。

如果当事人约定检验通知期间的,买受人应当在检验期间内将标的物的数量或者质量不符合约定的情形通知出卖人。买受人怠于通知的,视为标的物的数量或者质量符合约定。但是依照《买卖合同解释》第18条的规定,如果约定的检验通知期间过于短暂,依照标的物的性质和交易习惯,买受人在检验期间内难以完成全面检验的,应当认定该约定期间为买受人对外观瑕疵提出异议的期间。对于隐蔽瑕疵不能适用该约定期间。约定的检验期间短于法律、行政法规规定的检验期间的,以法律、行政法规规定的检验期间为准。

如果当事人没有约定检验通知期间的,对于数量瑕疵和外观瑕疵,买受人应当在收货的同时检验并通知。[①] 对于隐蔽瑕疵,买受人应当在发现或者应当发现瑕疵之日起的合理期间内通知出卖人。"合理期间"由法院根据买卖合同的具体情况合理确定。[②] 同时,买受人还应当自收到标的物之日起两年内通知出卖人。但是,对标的物有质量保证期的,适用质量保证期,不适用该两年的规定。须注意的是:约定的质量保证期间短于法律、行政法规规定的质量保证期间的,以法律、行政法规规定的质量保证期间为准。

买受人违反及时检验通知义务的,如在前述检验期间、合理期间、两年期间经过后,买受人主张标的物的数量或者质量不符合约定的,人民法院不予支持,即买受人无权对出卖人主张违约责任。但是出卖人自愿承担违约责任后,不得以上述期间经过为由翻悔。

3.接受标的物的义务

《合同法》第146条规定:"出卖人按照约定或者依照本法第一百四十一条第二款第二项的规定将标的物置于交付地点,买受人违反约定没有收取的,标的物毁损、灭失的风险自违反约定之日起由买受人承担。"可见,买受人负有接受交付的义务。若出卖人不按合同约定条件交付标的物,如多交付的,买受人在接受时可以接受多交的部分,也可以拒绝接受多交的部分。买受人接受多交部分的,按照合同的价格支付价款;买受人拒绝接受多交部分的,应当及时通知出卖人。如出卖人提前交付、交付的标的物有瑕疵的,买受人有权拒绝接受,并向出卖人作出拒绝接受的意思表示。买受人对于拒绝接受的标的物,负有暂时保管的义务。

四、动产多重买卖所有权的转移规则

若买卖合同的标的物为动产,理论上,可将动产区分为特殊动产和普通动产,所谓特殊动产是指船舶、航空器、机动车等动产;除船舶、航空器、机动车等之外的动产即属于普通动产。当出卖人就同一标的物(即动产)进行多重买卖时,各个买

---

① 《买卖合同解释》第15条规定:"当事人对标的物的检验期间未作约定,买受人签收的送货单、确认单等载明标的物数量、型号、规格的,人民法院应当根据合同法第一百五十七条的规定,认定买受人已对数量和外观瑕疵进行了检验,但有相反证据足以推翻的除外。"

② 《买卖合同解释》第17条规定:"人民法院具体认定合同法第一百五十八条第二款规定的'合理期间'时,应当综合当事人之间的交易性质、交易目的、交易方式、交易习惯、标的物的种类、数量、性质、安装和使用情况、瑕疵的性质、买受人应尽的合理注意义务、检验方法和难易程度、买受人或者检验人所处的具体环境、自身技能以及其他合理因素,依据诚实信用原则进行判断。合同法第一百五十八条第二款规定的'两年'是最长的合理期间。该期间为不变期间,不适用诉讼时效中止、中断或者延长的规定。"

受人均要求转移标的物所有权时,究竟该如何处理? 依照《买卖合同解释》的规定,视动产的具体种类而定。

(一)普通动产多重买卖

若标的物是普通动产,依照《买卖合同解释》第9条的规定,若出卖人就同一普通动产与两个以上的买受人分别订立买卖合同,在买卖合同均有效的情况下,买受人均要求实际履行合同,实现所有权转移的,应当按照以下情形分别处理:(1)先行受领交付的买受人请求确认所有权已经转移的,人民法院应予支持;(2)均未受领交付,先行支付价款的买受人请求出卖人履行交付标的物等合同义务的,人民法院应予支持;(3)均未受领交付,也未支付价款,依法成立在先合同的买受人请求出卖人履行交付标的物等合同义务的,人民法院应予支持。

(二)特殊动产多重买卖

若标的物是特殊动产,依照《买卖合同解释》第10条的规定,出卖人就同一船舶、航空器、机动车等特殊动产订立多重买卖合同,在买卖合同均有效的情况下,买受人均要求实际履行合同的,应当按照以下情形分别处理:(1)先行受领交付的买受人请求出卖人履行办理所有权转移登记手续等合同义务的,人民法院应予支持;(2)均未受领交付,先行办理所有权转移登记手续的买受人请求出卖人履行交付标的物等合同义务的,人民法院应予支持;(3)均未受领交付,也未办理所有权转移登记手续,依法成立在先合同的买受人请求出卖人履行交付标的物和办理所有权转移登记手续等合同义务的,人民法院应予支持;(4)出卖人将标的物交付给买受人之一,又为其他买受人办理所有权转移登记,已受领交付的买受人请求将标的物所有权登记在自己名下的,人民法院应予支持。

五、买卖合同中的保留所有权条款

(一)保留所有权买卖的概念

在买卖合同中,当事人可以约定出卖人先行交付标的物,在买受人未履行支付价款或者其他义务之前,标的物的所有权仍归出卖人所有,以担保买受人合同义务的履行,此种买卖属于保留所有权买卖。保留所有权买卖仅适用于动产买卖,不适用于不动产买卖,因为,不动产买卖仍以过户登记为所有权移转的生效要件。需要注意的是,所有权保留条款并非买卖合同的生效条件,是所有权变动的条件。在买受人履行约定的义务之前,即所附条件成就前,买卖标的物的所有权仍归出卖人,买受人享有期待权。

（二）出卖人的取回权

根据《买卖合同解释》第 35 条的规定，买受人具有下列行为之一的，出卖人享有取回权：(1)未按约定支付价款的；(2)未按约定完成特定条件的；(3)将标的物出卖、出质或者作出其他不当处分的。取回的标的物价值显著减少，出卖人有权要求买受人赔偿损失的。但是，在下列两种情形下，出卖人不享有取回权：一是买受人已经支付标的物总价款的 75% 以上的；二是买受人实施无权处分后，受让人或第三人已经善意取得标的物所有权或者其他物权的。出卖人取回标的物的目的在于通过买受人回赎标的物，实现期待利益（如得到全部价款），因此，取回并不意味着出卖人解除了与买受人之间的买卖合同。当然，如果符合合同解除条件，出卖人享有解除权，又愿意解除合同，也可以解除该买卖合同。

（三）买受人的回赎权

出卖人行使取回权取回买卖标的物后，买受人在回赎期内享有回赎权。回赎期由买卖双方当事人约定，不能约定的，由出卖人指定一个合理的期间。回赎的内容是：买受人消除自己的违约行为，换言之，消除出卖人取回标的物的事由。如买受人依约支付了相应的价款、完成了特定的条件、将无权处分的财产追回的，出卖人的取回权消灭，应当将标的物返还买受人。

（四）出卖人的再次出卖权

根据《买卖合同解释》第 37 条的规定，买受人在回赎期间内没有回赎标的物的，出卖人可以另行出卖标的物，即出卖人享有再次出卖权。出卖人另行出卖标的物的，出卖所得价款依次扣除取回和保管费用、再交易费用、利息、未清偿的价金后仍有剩余的，应返还原买受人；如有不足，出卖人要求原买受人清偿的，应予支持，但原买受人有证据证明出卖人另行出卖的价格明显低于市场价格的除外。

六、买卖合同中标的物的风险承担与利益承受

（一）买卖合同中标的物的风险承担

1.概念

标的物的风险负担，是指在买卖合同生效后，合同履行完毕前，标的物由于不可归责于双方当事人的事由毁损、灭失所造成的损失，该损失应由谁来负担的法律制度。如风险由出卖人负担，则失去了向买受人请求支付价款的权利；如风险由买受人负担，则买受人仍应向出卖人支付价款。"不可归责于"双方当事人，主要指由于不可抗力、意外事件、第三人的原因毁损、灭失。如果合同当事人对标的物毁损、

灭失具有过错,应按违约责任或侵权处理,不再属于买卖合同风险负担问题。原则上,只有特定物的买卖才存在风险负担移转的问题,种类物买卖虽有风险负担问题,但不存在风险负担移转的问题。因此,《买卖合同解释》第14条规定:"当事人对风险负担没有约定,标的物为种类物,出卖人未以装运单据、加盖标记、通知买受人等可识别的方式清楚地将标的物特定于买卖合同,买受人主张不负担标的物毁损、灭失的风险的,人民法院应予支持。"

2.风险负担及转移的原则规定

在标的物风险负担上大体有两种不同的观点。一种观点认为,风险随所有权的转移而转移,所有权归何方所有就由何方负担标的物灭失的风险,即所有人负担风险的原则。① 另一种观点主张,风险随标的物的交付而转移,交付前风险由出卖人负担,交付后风险由买受人负担,即交付转移风险的原则。② 我国有的学者认为,交付转移风险原则较为合理。因为标的物归谁占有,谁才有最大的便利去维护其安全和防止风险的发生。③ 依我国《民法通则》《合同法》和《买卖合同解释》的规定,买卖标的物的所有权一般自交付时起转移。标的物毁损、灭失的风险,在交付之前由出卖人负担,交付之后由买受人负担,法律另有规定或者当事人另有约定的除外。

这里的另有规定或约定主要包括两种情况:一是在交付前标的物风险即由买受人负担,二是交付后的一段时间内标的物的风险仍由出卖人负担。在具体应用风险负担原则时,应注意:

(1)当事人未约定交付地点或者约定不明确的,标的物需要运输的,出卖人将标的物交付给第一承运人后,标的物毁损、灭失的风险由买受人负担。"标的物需要运输的",是指标的物由出卖人负责办理托运,承运人系独立于买卖合同当事人之外的运输业者的情形。

(2)出卖人根据合同约定将标的物运送至买受人指定地点并交付给承运人后,标的物毁损、灭失的风险由买受人负担,但当事人另有约定的除外。

(3)债务人依照法律规定提存标的物后,提存物毁损、灭失的风险由债权人承担。据此,出卖人依法提存后,风险移转由买受人承担。

---

① 《法国民法典》即采用所有人负担风险的原则。该法第1138条第二款规定:"自物件应交付之日起,即使尚未现实移交,债权人即成为所有人,并负担物件受损的风险,但如交付人迟延交付,物件受损的风险由交付人负担。"这种立法体例源于罗马法,依罗马法,自合同订立时,买受人负担风险。

② 《德国民法典》即采用交付转移风险的原则。该法第446条规定:"自交付买卖标的物之时起,意外灭失或意外毁损的危险责任转移于买受人。"

③ 孙美兰:《论国际货物买卖中货物损失风险的转移》,载梁慧星主编:《民商法论丛》(第8卷),法律出版社1997年版,第665页。

3.风险负担的例外规则

(1)在途货物买卖。出卖人出卖交由承运人运输的在途标的物,除当事人另有约定外,毁损、灭失的风险自合同成立时起由买受人负担。但是,在途货物买卖中,若出卖人在合同成立时知道或者应当知道标的物已经毁损、灭失却未告知买受人,合同成立时不发生风险移转的效果。在途货物买卖的标的物系特定物,当然自合同成立时起,风险移转;在途货物买卖的标的物若为种类物,在特定化于该买卖合同中之前,即使合同已经成立,风险也不移转。

(2)一方违约。第一,买受人迟延受领。因买受人的原因致使标的物不能按照约定的期限交付的,买受人应当自违反约定之日起负担标的物毁损、灭失的风险。第二,买受人迟延提货。买卖双方当事人对交付地点没有约定或者约定不明确,标的物不需要运输的,出卖人和买受人订立合同时知道标的物在某一地点的,出卖人应当在该地点交付标的物;不知道标的物在某一地点的,应当在出卖人订立合同时的营业地交付标的物。因此,当出卖人在交付期限届至时将标的物置于该交付地点,买受人违反约定没有收取的,标的物毁损、灭失的风险自买受人违反约定之日起由买受人承担。第三,房屋买卖合同的买受人受领迟延。根据《商品房买卖合同解释》第11条的规定,除非法律另有规定或者当事人另有约定,买受人接到出卖人的书面交房通知,无正当理由拒绝接收的,房屋毁损、灭失的风险自书面交房通知确定的交付使用之日起由买受人承担。第四,出卖人根本违约。出卖标的物的质量不符合要求,致使不能实现合同目的的,买受人有权拒绝接受标的物或者解除合同。如果买受人拒绝接受标的物或者解除合同的,标的物毁损、灭失的风险由出卖人承担。

(二)买卖合同中的利益承受

利益承受是指标的物于买卖合同订立后所生的孳息的归属。标的物于合同订立后所生孳息的归属与标的物的所有权转移以及风险承担是密切相连的,遵循同一原则。因此在利益承受上,也是以交付时间作为界限,即标的物在交付之前产生的孳息,归出卖人所有,交付之后产生的孳息,归买受人所有。但当事人合同另有约定的,依其约定。

七、互易合同

互易合同是指当事人约定易货交易,是财产所有权的交换的合同。与买卖合同一样同属于有偿转移财产所有权类的合同,不同的是,互易合同中取得某一财产所有权的一方当事人以另一财产的所有权为对待给付;买卖合同中买方取得财产所有权是以支付金钱为代价的。所以,我国合同法规定互易合同参照买卖合同的有关规定。

八、特种买卖合同

(一)分期付款买卖合同

分期付款买卖合同是指标的物交付给买受人后,买受人将其应付的总价款按照一定期限分批向出卖人支付的买卖。其基本特征在于:买受人受领标的物后分期支付价款。依照《买卖合同解释》第38条的规定,所谓"分期付款",是指买受人将应付的总价款在一定期间内至少分三次向出卖人支付。在分期付款买卖中,出卖人须先交付标的物,买受人于受领标的物后分若干次付款,出卖人有收不到价款的风险。为了保护出卖人的利益,当买受人未支付到期价款的金额达到全部价款的五分之一时,出卖人可要求买受人支付全部价款或者解除合同;损害买受人利益的,买受人也可以主张买卖合同无效。出卖人解除合同的,可以向买受人要求支付该标的物的使用费。使用费的支付,有约定的依约定,没有约定或约定不明确的,可以参照当地同类标的物租金标准。在交易实践中,当事人双方还常常出现以下特别约定:一是所有权保留条款,即在标的物分期付款买卖合同中,买受人虽先占有、使用标的物,但在双方当事人约定的特定条件成就之前,出卖人仍保留标的物所有权,待条件成就后,再将所有权转移给买受人。二是解除合同时扣留已受领价金条款。扣留已受领价金原则上不得超过标的物的使用费以及标的物受损赔偿额。[①] 三是解除合同时损害赔偿金额条款。在解除合同时,当事人双方除了应将其从对方取得的财产返还给对方外,有过错的一方还应赔偿对方因解除所受的损失。

(二)样品买卖合同

样品买卖合同,又称货样买卖合同,是指当事人双方约定一定的样品,出卖人交付的标的物应与样品具有同一品质的买卖。其基本特征在于以样品来确定买卖的标的物,出卖人交付的货物必须与样品具有同一品质。其中,样品通常是由当事人选定的用以决定标的物品质的货物。

凭样品买卖的当事人应当封存样品,并可以对样品质量予以说明。出卖人交付的标的物应当与样品及其说明的质量相同。这是出卖人对标的物的质量所作的特别担保。若出现合同约定的样品质量与文字说明不一致,双方当事人发生纠纷

---

① 《买卖合同解释》第39条规定:"分期付款买卖合同约定出卖人在解除合同时可以扣留已受领价金,出卖人扣留的金额超过标的物使用费以及标的物受损赔偿额,买受人请求返还超过部分的,人民法院应予支持。当事人对标的物的使用费没有约定的,人民法院可以参照当地同类标的物的租金标准确定。"

又不能达成合意的,根据《买卖合同解释》第 40 条的规定,样品封存后外观和内在品质没有发生变化的,应当以样品为准;外观和内在品质发生变化,或者当事人对是否发生变化有争议而又无法查明的,应当以文字说明为准。此外,《合同法》第 169 条规定:"凭样品买卖的买受人不知道样品有隐蔽瑕疵的,即使交付的标的物与样品相同,出卖人交付的标的物的质量仍然应当符合合同种物的通常标准。"可见现行法律除了"标的物与样品相同"这项特殊规则外,还确立了"通常标准"规则。因为在买卖合同中,出卖人的质量瑕疵担保责任是一项法定责任,当事人不能以约定来排除适用。[①]

(三)试用买卖合同

1.试用买卖合同的概念

试用买卖合同,是指当事人双方约定,于合同成立时,出卖人将标的物交付买受人试验或检验,并以买受人在约定期限内对标的物的认可为生效条件的买卖合同。试用买卖合同的基本特征在于:一是试用买卖合同约定由买受人试验或检验标的物,二是以买受人对标的物的认可为买卖合同生效的条件。在确认试用买卖合同时应特别注意双方约定的内容,若买卖合同中约定有以下情形之一的,则不应认定属于试用买卖合同:第一,约定标的物经过试用或者检验符合一定要求时,买受人应当购买标的物;第二,约定第三人经试验对标的物认可时,买受人应当购买标的物;第三,约定买受人在一定期间内可以调换标的物;第四,约定买受人在一定期间内可以退还标的物。

2.对买受人认可的确定及其法律效力

因试用买卖合同的生效是以买受人对标的物的认可为条件,因此,确定买受人的认可有着重要意义。试用买卖的当事人可以约定标的物的试用期间。[②] 买受人应在试用期内做出是否认可的意思表示。认可的方式可以是口头的,也可以是书面的,甚至可以是默示的。从《合同法》和《买卖合同解释》的规定看,在下列情形下,买受人虽然未明确认可的表示,也视为认可:(1)试用期间届满,买受人对是否购买标的物未作表示的;(2)在试用期内买受人已经支付一部分价款的(另有约定的除外);(3)在试用期内,买受人对标的物实施了出卖、出租、设定担保物权等非试用行为的。试用期满,若买受人对标的物表示认可(包括推定认可),买卖合同即生效,双方当事人应按约定履行合同义务;若买受人拒绝认可的,该买卖合同不发生效力,买受人应返还标的物,但无须支付使用费。

---

① 柳经纬:《债权法》,厦门大学出版社 2005 年版,第 165 页。

② 对试用期间没有约定或约定不明确的,可以协议补充;不能达成补充协议的,按照合同有关条款或者交易习惯确定;如仍不能确定,由出卖人确定。

Law

（四）招标投标买卖合同

招标投标买卖合同，是指由招标人向数人或公众发出招标通知或招标公告，在诸多投标中选择自己最满意的投标人并与之订立买卖合同的方式。招标投标买卖一般分为以下阶段：

一是招标阶段。招标是指招标人采取招标通知或招标公告的形式，向不特定的数人或公众发出的投标邀请。招标的法律性质为要约邀请，邀请投标人投标即发出要约邀请。但是，如果招标人在招标公告中已明确表示将与报价最优者订立合同，这一招标行为则已具备要约性质。

二是投标阶段。投标是指投标人按照招标文件的要求，在规定的期间内向招标人提出报价行为。投标的法律性质为要约。拟投标人必须在招标通知或招标公告规定的期限内，到指定地点索取招标文件，按该文件的规定和要求编制好有关文件、资料，做好参加投标的各项工作。

三是开标、定标阶段。开标是指招标人在召开的投标人会议上，当众启封标书，公开标书内容的行为。定标是招标人对有效标书进行评审，选择自己满意的投标人，决定其中标。该定标的法律性质为承诺。中标人在接到中标通知后，在约定的期间与地点同招标人签订合同书。至此，合同即告有效成立。

（五）拍卖合同

拍卖是指以公开竞价的方法，将标的物的所有权转移给最高应价者的一种买卖。拍卖一般分为以下阶段：

一是拍卖的表示。拍卖的表示是指拍卖人发出的对标的物进行拍卖的意思表示，它包括拍卖公告和拍卖师在拍卖开始时所作的拍卖表示。拍卖的表示在性质上属于要约邀请。

二是应买的表示。应买的表示是指参加竞买的竞买人发出的购买的意思表示。在拍卖时，是由参加购买的应买人竞争，由出价最高者购买。竞买人的应价在性质上属于要约，竞买人一经应价，不得撤回，当其他人有更高应价时，其应价即丧失效力。只有在拍卖人声明拍卖标的物无保留价时，拍卖的表示属于要约，竞买人的应价为承诺。即在无更高应价时，竞买人一经应价，买卖合同即告成立。

三是卖定的表示。《拍卖法》第51条规定："竞买人的最高应价经拍卖师落槌或者以其他公开表示卖定的方式确认后，拍卖成交。"因此，拍卖人关于卖定的表示应属于承诺，拍卖人作出卖定的表示，则买卖成交，竞争买卖结束。拍卖经拍板成交后，买受人和拍卖人应当签署成交确认书，签署成交确认书并不是订立合同，而是对经拍卖成立的买卖的一种确认。

第二节　供用电、水、气、热力合同

一、供用电、水、气、热力合同概述

供用电、水、气、热力合同,统称为供用合同,是指供方向用方提供电、水、气、热力,用方利用这些资源并支付报酬的合同。提供电、水、气、热力一方为供应人,利用电、水、气、热力一方为利用人。这类合同也是由一方向另一方提供商品,另一方支付价款的合同,所以也可以将其视为一种特殊的买卖合同。《合同法》之所以将其作为独立于买卖合同的一类合同加以规定,是由于这些合同具有与买卖合同不同的重要特征,表现在:

第一,公用性。供应人提供的电、水、气、热力的消费对象是一般的社会公众,而不是特殊的个人或群体。因此,供应人对于提出供应要求的利用人,负有强制缔约的义务,非有正当事由,一般不能拒绝利用人订立合同的要求。其目的在于使一切人均可以平等地享有与供应人订立合同,利用电、水、气、热力资源的权利。

第二,合同标的物的特殊性。供用电、水、气、热力合同的标的物为电、水、气、热力,这类商品不仅与人民生活息息相关,是人们日常生活和工作所必需的物质保障,而且又是国民经济中的重要能源。同时,这些商品是由相关单位垄断供用的,为此,为保障人们生产和生活的需要,必须对其予以特别规制。

第三,继续性。在供用电、水、气、热力合同中,由于能源的供应与使用是连续的,合同的履行方式始终处于一种持续状态,因此,这类合同为继续性合同。对于供应人一方而言,为向利用人供应资源,需要花费相当的代价铺设管道或架设电线,这显然不能只是为了一时的利用。对于利用人而言,一般也是为了长期生活的便宜才利用这些管网设施提供的资源。

第四,合同终止的非溯及性

公共供用合同的标的物均为可消耗物,与其他买卖合同终止可将标的物返还不同,电、水、气、热力在一次利用之后,即不可能返还。所以,供用电、水、气、热力合同因各种原因终止之时,其效力仅能向将来发生,而无法溯及既往。

二、供用电合同的概念和特征

依据《合同法》第 176 条的规定,供用电合同是供电人向用电人供电,用电人支付电费的合同。同时第 184 条又规定,供用水、供用气、供用热力合同,参照供用电合同的有关规定。因此,下面仅对供用电合同进行阐述。

供用电合同具有以下法律特征：

1.合同一方主体的特殊性。供电人作为供用电合同的一方主体,应当是供电企业或者依法取得供电营业资格的非法人单位。其他任何单位和个人都不得作为供电人。用电方未经供电方授权,不得向其他单位或个人转供电力。

2.合同的标的物是一种无体物——电力。供用电合同实质上是一种买卖合同,它与一般买卖合同的主要区别在于:电力是一种特殊的、无形的物质,不是有形物,且具有危险性。

3.供用电合同一般按照格式条款订立。电力事业是具有社会公益性的公用事业,关系到整个社会的公共安全、经济发展。电力这种特殊商品本身又具有网络性和自然垄断性。这就使得电力企业对电能质量及电网的管理具有一定的强制标准。为保证安全用电而按照技术标准和行业规程拟定的条款,用电人仅有同意或不同意的权利,而不能更改其内容。

4.电力的价格实行统一定价原则。电力的价格一般是由电网经营企业提出方案,报国家有关物价行政主管部门核准,国家对电价实行统一政策、统一定价,并实行分级管理。供用电双方都应遵守国家的电价制度,不得擅自提高或降低电价。

5.供用电合同为诺成、双务、有偿合同。供用电合同自双方达成协议时起生效,而不以电力的实际供应为合同的生效要件,同时按照约定和国家规定安全供电及交付电费是供用电各方的一项基本义务。

三、供电合同的效力

(一)供电人的主要义务

1.按照国家规定的供电标准和合同约定安全供电的义务

依据《合同法》第179条的规定,供电人应当按照供电合同规定的供电电量、供电时间供电,并保证供电的质量符合国家规定的标准,安全供电是供电方的主要义务。供电人未按照国家规定的供电质量标准和约定安全供电,造成用电人损失的,应当承担损害赔偿责任。

2.供电人负有因故限电、停电的事先通知义务

供电人应当连续供电,不得中断。有正当理由需对用电人限电、停电的,供电人应事先通知对方。计划检修停电应当在 7 日前通知用电人;遇有紧急检修停电时,供电人应在 6 小时前通知用电人;执行电力分配机关指令的限电、停电应在 24 小时前通知用电人。未事先通知中断供电的,给用电人造成损失的,应当承担损害赔偿责任。

3.对事故断电的抢修义务

因不可抗力或意外事故造成供电设施毁坏,以致电力无法继续正常供应时,供

电人应当按照国家有关规定及时抢修。未及时抢修,造成用电人损失的,应当承担损害赔偿责任。

（二）用电人的主要义务

1.用电人有按时交付电费的义务

供电合同是有偿合同,电费是用电人取得电力的对价,是供电人出卖电力应得到的价款,因此,用电人应当按照国家有关规定和当事人的约定及时交付电费。用电人逾期不交付电费的,应当按照约定支付违约金。经供电人催告,用电人在合理期限内仍不交付电费和违约金的,供电人可以按照国家规定的程序中止供电。在用电人补交电费及其迟延利息、支付违约金之后,供电人应恢复供电。

2.用电人有安全用电的义务

用电人能否安全用电,关系着其他用电人能否正常用电,关系到整个社会的用电安全,所以,用电人应当按照国家有关规定和当事人的约定安全用电。因特殊原因需要超负荷用电时,用电人应事先通知供电人。用电人未按照国家有关规定和当事人的约定安全用电,造成供电人损失的,应当承担损害赔偿责任。

3.用电人有正确使用供电设施的义务

保持用电设施处于安全状态,是保证用电安全的前提条件。因此,对于已经安全装设的用电线路和保险装置,用电人不得随意拆换,也不得在已检修合格的用电设施中再随意拉线,连接用电设施。用电人擅自改变供电设施的,应当恢复原状,给供电人造成损失的,应当赔偿。

第三节　赠与合同

一、赠与合同的概念和特征

赠与合同是指当事人一方将自己所有的财产无偿转移给另一方所有,另一方表示接受的合同。其中转让财产的一方为赠与人,接受财产的一方为受赠人,此处的财产称作赠与物。

赠与合同具有以下法律特征:

（一）赠与合同为转移财产所有权的合同

赠与合同以赠与人将财产给予受赠人所有为内容,因此,赠与的结果发生财产所有权的转移。这是赠与合同与买卖合同、互易合同的相同之处,也是与租赁合同、借用合同的不同之处。同时,赠与是一种合同,要求双方当事人间存在合意,故赠与是双方法律行为,而非单方法律行为,在这一点上,赠与合同与遗赠显然不同,遗赠是被继承人在生前作出的将其财产在其死亡后赠与他人的单方意思表示。

(二)赠与合同为诺成合同

关于赠与合同是诺成合同还是实践合同,在各国立法上有不同规定,苏联、东欧一些国家在民法典上一般将赠与规定为实践合同;《德国民法典》(第 516 条)、《日本民法典》(第 549 条)则将赠与规定为诺成合同。我国学者中也曾有不同的主张,但《合同法》最终将赠与合同规定为诺成合同,即自双方当事人意思表示一致时成立。同时,也规定赠与人在一定情形下享有撤销赠与的权利。

(三)赠与合同为单务、无偿和不要式合同

在赠与合同中,仅赠与人负有给付赠与财产的义务,受赠人并无对待给付义务,受赠人取得赠与的标的物无须付任何代价,故赠与合同为单务、无偿合同。这是赠与合同与买卖合同、互易合同等的根本区别。我国《合同法》未对赠与合同的形式作特别规定,因此,赠与合同为不要式合同。

(四)赠与合同为经受赠人同意接受赠与而成立的合同

赠与属于一种施惠行为,不过为了尊重人的意愿,不得强制其接受施惠,所以赠与合同必须经受赠人同意方能成立。倘若一方当事人的施惠,并未经他方同意,则不成立赠与合同,可能成立其他法律关系,如债务的免除。若仅有债权人一方表示免除,而未经债务人同意的,则直接发生免除的法律效果,不构成赠与。若经过债务人同意而发生免除债务,则可以成立赠与,此时免除可视为赠与合同的履行行为。[①]

二、赠与合同的效力

赠与合同为单务合同,故赠与合同的效力主要是表现为赠与人所负担的合同义务。赠与人的义务主要有:

(一)依照约定交付赠与物的义务

赠与人的主要义务就是依照合同约定的期限、地点、方式和标准将标的物交付给受赠人,并将赠与物的权利转移于受赠人。这是因为赠与合同是以使赠与财产的所有权归于受赠人为直接目的。赠与物的所有权一般经交付即转移于受赠人,但赠与的财产需要办理登记手续的,赠与物的所有权经登记方转移。

---

① 刘春堂:《民法债编各论》(上),台湾三民书局 2008 年版,第 195 页。

赠与合同系无偿合同,赠与人只在因故意或重大过失致使赠与的财产毁损、灭失的,赠与人才承担损害赔偿责任。

(二)瑕疵担保义务

因赠与合同是无偿合同,原则上不要求赠与人承担赠与物的瑕疵担保义务。《合同法》第191条规定:"赠与的财产有瑕疵的,赠与人不承担责任。"但在附义务的赠与中,赠与的财产有瑕疵的,赠与人在附义务的限度内承担与出卖人相同的违约责任。此外,赠与人故意不告知赠与物瑕疵或保证其无瑕疵,因此给受赠人造成损失的,应当承担损害赔偿责任。

三、赠与合同的终止

(一)赠与合同的撤销

1.赠与合同的任意撤销

赠与合同的任意撤销是指在赠与财产的权利转移之前,得由赠与人依其意思任意撤销赠与。赠与人行使撤销权的时间界限是赠与合同成立之后,赠与财产权利发生转移之前。但是具有救灾、扶贫等社会公益、道德义务性质的赠与合同或者经过公证的赠与合同,赠与人不得任意撤销赠与合同。赠与合同被撤销后,赠与人当然无须交付赠与物,受赠人也无权主张赠与人承担违约责任。

2.赠与合同的法定撤销

赠与合同的法定撤销是指在具备法定事由时由享有撤销权的人撤销赠与。法定撤销与任意撤销的区别在于:法定撤销只要具备法定事由,不论何种赠与合同,也不论赠与财产的权利是否转移,撤销权人均可撤销;而任意撤销不需要有法定事由,但受到法律的限制。

根据《合同法》第192条的规定,赠与人可以撤销的法定事由主要有以下三种情形:

(1)受赠人严重侵害赠与人或者赠与人的近亲属的。

(2)受赠人对赠与人有扶养义务而不履行的。

(3)受赠人不履行赠与合同约定的义务的。

赠与人的撤销权,自知道或者应当知道撤销原因之日起一年内行使。超过这一期间,赠与人不得再行使撤销权。因受赠人的违法行为致使赠与人死亡或者丧失民事行为能力的,其继承人或其法定代理人可以撤销赠与。赠与人的继承人或者法定代理人的撤销权,自知道或者应当知道撤销原因之日起六个月内行使。

(二)赠与合同的法定解除

赠与人的经济状况显著恶化,严重影响其生产经营或者家庭生活的,可以解除赠与合同,不再履行赠与义务。赠与合同的解除,不发生溯及既往的效力,赠与人已履行的赠与,无权要求受赠人返还。

赠与人享有不再履行赠与义务的权利,学理上称为穷困抗辩权,或拒绝履行抗辩权。其构成要件有:其一,须赠与人的经济状况显著恶化。此时要求赠与人继续履行赠与义务,无疑是雪上加霜,有悖中国扶危济困的道德传统。其二,赠与人经济状况的恶化,须已严重影响其生产经营或家庭生活。只有在赠与人经济状况恶化到严重影响其生产经营或家庭生活时,才可以拒绝履行赠与义务。其三,须在赠与物财产权转移之前,发生上述情形。抗辩权是在相对人请求履行时行使,若赠与物财产权已经转移至受赠与,表明合同履行已经完毕,已无履行请求,自然谈不上不再履行义务抗辩权的行使。

第四节　借款合同

一、借款合同的概念和特征

借款合同,是指借款人向贷款人借款,到期返还借款并支付利息的合同。其中向对方借款的一方称为借款人,出借钱款的一方称为贷款人。借款合同的标的物是金钱。借款合同依据贷款人的不同可以区分为金融机构借款合同和民间借款合同。

借款合同的法律特征主要有:

第一,借款合同的标的物是金钱。借款合同不同于传统民法中的借贷合同,借贷合同的标的为可消耗物,包括金钱和其他可消耗物。以金钱为标的的借贷合同称为借款合同,而以其他可消耗物为标的的借贷合同则称为消费借贷合同。

第二,借款合同是转移钱款所有权的合同。[①] 借款人取得钱款的占有后,并不仅仅限于拥有某一权能的行使,而是包括了占有、使用、收益和处分等权能。借款人既能使用该钱款,又可以处分该钱款。除非当事人另有约定,借款人将该钱款借给或赠与第三人,均无不可。在还款时,借款人只需归还同等数量的货币,而不必归还原货币。

借款合同与借用合同的主要区别表现在:第一,标的物不同。借款合同的标的物为金钱,而借用合同的标的物为不可消耗物。第二,所转移的权利不同。借款合同所转移的是金钱的占有、使用和处分权;而借用合同所转移的是标的物的占有和

---

① 崔建远:《合同法》,法律出版社 2003 年版,第 362 页;柳经纬:《债权法》,厦门大学出版社 2005 年版,第 195 页。

使用权。第三,是否有偿不同。借款合同通常是有偿的,而自然人间借款合同也可以无偿。而借用合同一般是无偿的。第四,返还责任不同。借款合同返还的是等值的货币,而借用合同则需要返还借用物本身。

二、金融机构借款合同

(一)金融机构借款合同的概念和特征

金融机构借款合同,又称为贷款合同或信贷合同,是指办理贷款业务的金融机构作为贷款人一方,向借款人提供贷款,借款人到期返还借款并支付利息的合同。

作为借款合同的一种,金融机构借款合同当然具有借款合同的一般特征。但金融机构借款合同与民间借款合同相比,又具有如下法律特征:

1.贷款人具有特定性

金融机构借款合同中的贷款人必须是经过中国人民银行及其分支机构批准,依法成立的政策性银行、商业银行、信用合作社或其他金融机构。其他单位和个人不得充当贷款人签订金融机构借款合同。民间借款合同的贷款人是非金融机构,可以是自然人、法人或其他组织。

2.合同的有偿性

金融机构发放贷款,除法律规定外,都必须收取一定的利息。贷款的利息是借款人取得和使用借款的代价。而贷款的利率由国家规定,中国人民银行统一管理。所以,金融机构借款合同为有偿合同。民间借款合同既可以是有偿合同,也可以是无偿合同。《合同法》第 211 条规定:"当事人对支付利息没有约定或者约定不明确,视为不支付利息。"

3.合同的要式性

依据合同法的相关规定,金融机构借款合同应当采用书面形式,当事人未采用书面形式订立借贷合同的,当事人双方就该合同关系的存在产生争议的,推定合同关系不成立。如果一方当事人已经履行主要义务,对方接受的,则合同成立。[①] 而民间借款合同则不同,根据《合同法》第 197 条的规定,自然人间的借款合同,当事人约定采用口头形式的,可以采用口头形式。可见,自然人间的借款合同是不要式合同。再如,依据 2015 年 9 月 1 日实施的《最高人民法院关于审理民间借贷案件适用法律若干问题的规定》(以下简称《民间借贷司法解释》)第 2 条的规定,出借人向法院起诉时,可以借据、收据、欠条等债权凭证以及其他能够证明借贷法律关系存在的证据,予以证明。可见,并未要求书面形式订立民间借款合同。

---

① 王利明、崔建远:《合同法》,北京大学出版社 2004 年版,第 273 页。

4.合同的诺成性

金融机构借款合同的成立,只要贷款人和借款人双方协商一致即可成立,无须交付标的物。贷款人交付贷款是这类合同生效之后,贷款人需要承担的合同义务,所以金融机构借款合同为诺成合同。而自然人间的借款合同则是实践合同,该合同从贷款人提供借款时生效。

(二)金融机构借款合同的效力

金融机构借款合同的效力,是指生效的金融机构借款合同所具有的法律约束力,由于该合同是双务合同,一方当事人的权利即另一方当事人的义务;一方当事人的义务即另一方当事人的权利。

1.贷款人的主要义务

第一,按照约定的日期、数额向借款人提供贷款。贷款人最主要的义务就是按照约定的时间和数量向借款人提供贷款,未履行此项义务,造成借款人损失的,应负赔偿损失的责任。贷款人在提供贷款时,不得预扣利息。《合同法》第200条规定:"借款的利息不得预先在本金中扣除。利息预先在本金中扣除的,应当按照实际借款数额返还借款并计算利息。"贷款人预扣利息的行为是违约行为,但合同法对此处理的原则是让借款人按照实际得到的借款数额承担返还本金和计算利息的责任。①

第二,有检查、监督借款使用情况的义务。为了保证贷款的正常使用,促使借款人认真履行合同,贯彻国家信贷政策,维护贷款人的合法权益,金融机构应按照法律的规定通过信贷管理和结算管理,监督借款人是否按照合同约定的目的和用途使用贷款。

2.借款人的主要义务

第一,按照约定的用途使用借款。是否按约定的用途使用借款与借款人能否按期偿还借款、依约支付利息有着很直接的关系,贷款人是根据借款用途来确定借款人的偿还能力而同意贷款的,如果借款人擅自改变借款用途,可能导致当事人预期的收益变得不确定,增加了贷款人的经营风险。尤其是有些借款还是依据国家的宏观经济政策、信贷政策和产业政策发放的,如果借款人不按照约定用途使用借款,就会造成国家的政策调控失灵。因此,我国法律规定借款人须按照借款用途使用借款,不得挪作他用。借款人未按照约定的借款用途使用借款的,贷款人可以停止发放借款、提前收回借款或者解除合同。

第二,按照合同约定的期限和方式返还借款。借款人应当按照合同约定的期限和方式偿还借款。借款人未按照约定的期限返还借款的,应当按照约定或者国

---

① 吴合振等:《合同法理论与实践应用》,人民法院出版社1999年版,第470页。

家有关规定支付逾期利息。但是,借款人可以在还款期限届满之前向贷款人申请展期,贷款人同意并办理了相应手续的,则应依据新确定的期限返还借款。

借款人提前偿还借款的,除非当事人另有约定,借款人有权按照实际借款的期间计算利息。合同法既考虑到借款人的利益,也兼顾到贷款人的利益,规定若提前还款损害贷款人利益的,贷款人有权拒绝借款人提前还款的要求。

第三,按照合同约定的期限支付利息。利息是金融机构借款合同作为有偿合同的最直接的表现,因此,借款人有义务按照约定的期限支付利息。双方当事人对支付利息的期限没有约定或者约定不明确的,可以协议补充,不能达成补充协议的,按照合同有关条款或者交易习惯确定。若仍不能确定的,借款期间不满一年的,应当在返还借款时一并支付;借款期间在一年以上的,应当在每届满一年时支付,剩余期间不满一年的,应当在返还借款时一并支付。借款人不按规定期限支付利息的,应负违约责任。

第四,容忍义务。根据合同约定,借款人应就借款的使用情况接受贷款人的检查和监督。为了配合贷款人的检查、监督,借款人应当定期向贷款人提供有关财务会计报表等资料。

三、民间借款合同①

(一)民间借贷的概念和特征

依据《民间借贷司法解释》第 1 条第 1 款的规定,民间借贷是指自然人、法人、其他组织之间及其相互之间进行资金融通的行为。第 2 款规定,"经金融监管部门批准设立的从事贷款业务的金融机构及其分支机构,因发放贷款等相关金融业务引发的纠纷,不适用本规定。"据此,民间借贷的法律特征表现为:

1.民间借贷合同的主体是自然人、法人和其他组织。凡是自然人、法人和其他组织之间进行的借贷活动,都属于民间借贷。其中包括企业法人,以及不具有法人资格、作为其他组织出现的企业。不过,法人或其他组织一定不属于金融机构。

2.民间借贷的性质是资金融通。民间借贷是一种资金融通行为,而不是其他民事活动。特别需要强调的是,《民间借贷司法解释》首次从法律上确认法人之间、其他组织之间以及它们相互之间为生产、经营需要订立的民间借贷合同的有效性,法人、其他组织之间的借贷行为属于民间借贷的资金融通,具有合法性,受到法律保护。

---

① 参见杨立新:《〈最高人民法院关于审理民间借贷案件适用法律若干问题的规定〉解读》,http://www.360doc.com/content/16/0314/10/1417717_542045040.shtml,访问时间:2015 年 11 月 1 日。

3. 民间借贷的法律表现形式是民间借贷合同。民间借贷是资金融通的法律行为,其法律表现形式是民间借贷合同,民间借贷的内容是自然人与自然人、法人与法人、其他组织与其他组织之间,以及他们相互之间,在借贷活动中发生的权利义务关系,这是民间借贷合同的债权债务关系。

(二)民间借款合同的生效时间

1. 自然人之间借款合同的生效时间

自然人之间借款合同是实践性合同,自然人达成借款合同之时,合同成立但并未生效。根据《合同法》第21条的规定,自然人之间的借款合同,自贷款人提供借款时生效。为此《民间借贷司法解释》第9条作出了具体的解释,具言之,以现金支付的,自借款人收到借款时,借款合同生效;以银行转账、网上电子汇款或者通过网络贷款平台等形式支付的,自资金到达借款人账户时,借款合同生效;以票据交付的,自借款人依法取得票据权利时,借款合同生效;出借人将特定资金账户支配权授权给借款人的,自借款人取得对该账户实际支配权时,借款合同生效;出借人以与借款人约定的其他方式提供借款并实际履行完成时,借款合同生效。

2. 其他民间借款合同的生效时间

首先,其他民间借款合同的效力。除自然人之间民间借款合同以外,法人之间、其他组织之间以及它们相互之间为生产、经营需要订立的民间借款合同,除存在《合同法》第52条、《民间借贷司法解释》第14条①规定的情形外,应当认定该民间借款合同为有效。其次,法人或者其他组织在本单位内部通过借款形式向职工筹集资金,用于本单位生产、经营,且不存在《合同法》第52条、《民间借贷司法解释》第14条规定的情形,应当认定该民间借款合同有效。可见,对法人、其他组织之间的借贷仍然有所限制,主要体现在借款合同的有效要件上,既要求拆借资金的目的是生产、经营需要,而非其他目的;又要求拆借的是自有资金,以及向其他企业拆借的资金(不进行牟利)、向银行借贷的资金(不意图获取高利);还要求不得违反法律、司法解释的强制性规定。符合上述要件要求的,合同有效;不符合上述要件要求的,合同无效。

其次,其他民间借款合同的生效时间。除自然人之间借款合同外,法人之间、其他组织之间,以及自然人与法人、其他组织相互之间发生的借款合同,依照《民间借贷司法解释》第10条的规定,除非法律、行政法规另有规定或者当事人另有约定

---

① 《民间借贷司法解释》第14条规定:"具有下列情形之一,人民法院应当认定民间借贷合同无效:(一)套取金融机构信贷资金又高利转贷给借款人,且借款人事先知道或者应当知道的;(二)以向其他企业借贷或者向本单位职工集资取得的资金又转贷给借款人牟利,且借款人事先知道或者应当知道的;(三)出借人事先知道或者应当知道借款人借款用于违法犯罪活动仍然提供借款的;(四)违背社会公序良俗的;(五)其他违反法律、行政法规效力性强制性规定的。"

的，为诺成性合同。即，原则上，除了自然人之间的借款合同之外，法人之间、其他组织之间，以及自然人与法人、其他组织相互之间的借款合同是诺成性合同。其中例外的情形主要有：一是法律、行政法规规定为实践性合同的，应当认定为实践性合同，以贷款人提供借款的时间认定为借款合同生效时间。二是当事人另有约定，即约定为实践性合同的，也应当认定为实践性合同；或者当事人约定的是附条件或者附期限的借款合同，则应当适用附条件或者附期限的法律行为规则，确定生效时间。

（三）民间借款合同的无效情形

民间借款合同符合合同法第 52 条关于无效规定的情形的，应认定民间借款合同无效。此外，依照《民间借贷司法解释》第 14 条的规定，具备以下情形之一的，民间借贷合同应也当认定无效。第一，套取金融机构信贷资金又高利转贷给借款人，且借款人事先知道或者应当知道的。此类民间借款合同须同时具备以下三个要件：以套取金融机构信贷资金转贷给借款人；转贷的目的在于牟取高利；借款人事先知情。

第二，以向其他企业借贷或者向本单位职工集资取得的资金又转贷给借款人牟利，且借款人事先知道或者应当知道的。这属于以向其他企业拆借或者向本单位职工集资所得资金的非法转贷行为，若转贷是为了借款人牟利（只要是牟利即可，不要求高利），且借款人事先知情的，具备上述要件的民间借款合同应认定无效。

第三，出借人事先知道或者应当知道借款人借款用于违法犯罪活动仍然提供借款的。若出借人事先知道或者应当知道借款人的借款用途是为了违法犯罪活动，却仍然为其借款，相当于为违法犯罪活动提供资金，该民间借款合同当然属于无效合同。

第四，违背社会公序良俗的。民间借款合同违背公共秩序或者善良风俗，当然属于无效的借款合同。例如通奸双方就通奸报酬达成的"借款协议"或者出具的"借据""借条"等，属于违背公序良俗的民间借款合同，当然无效。

第五，其他违反法律、行政法规效力性强制性规定的。《民间借贷司法解释》第 14 条第 4 项和第 5 项实际上是对《合同法》第 52 条规定损害社会公共利益以及违反法律、行政法规的强制性规定的合同无效的进一步强调。值得注意的是，此处要求违反法律、行政法规的"效力性"强制性规范，符合我国合同法的理论发展和司法实践。

（四）对利率、利息等的特别规则

随着我国利率市场化改革进程的推进，以基准贷款利率的四倍作为利率保护上限的司法政策的变革势在必行。民间借贷利率上限究竟如何进行调整，采纳何

种模式,固定利率上限标准如何予以确定,这一系列审判实践中的问题亟待回答。对此,《民间借贷司法解释》作出如下规范:

1. 关于无利息约定与利息约定不明确

借贷双方没有约定利息,为无息借款,出借人无权主张借款人支付借期内利息。

但是,利息约定不明的,须区分自然人之间的借款合同和其他民间借款合同之间的界限。自然人之间借贷对利息约定不明,出借人主张支付利息的,人民法院不予支持。除自然人之间借贷的外,其他民间借贷双方对借贷利息约定不明,出借人主张利息的,人民法院应当结合民间借贷合同的内容,并根据当地或者当事人的交易方式、交易习惯、市场利率等因素确定利息。

2. 关于最高利率限额

借贷双方约定的利率未超过年利率24％,出借人有权请求借款人按照约定的利率支付利息,但如果借贷双方约定的利率超过年利率36％,则超过年利率36％部分的利息应当被认定无效,借款人有权请求出借人返还已支付的超过年利率36％部分的利息。理论上将上述的规定形象地称为"两线三区":两条线是24％和36％;三个利息债务区是合法利息之债区、自然利息之债区和违法利息之债区。即,将我国民间借款合同的利息之债分为三种形态:一是合法利息之债。最高利率限额为24％,在该限额之下(包括本数)的,为合法利息之债,依法予以保护。二是自然利息之债。超过24％但未超过36％利率之间的利息,为自然利息之债,债务人予以清偿的,法律不予制止,债权人请求强制履行的,法律不予支持。三是违法利息之债。超过36％的那部分利息,即为违法利息之债,不仅不予保护,而且债务人已经实际支付了违法利息的,亦有权请求返还。

3. 关于本金与利息

本金的认定,应当以借条、借据、欠条等借贷凭证载明的借款金额为准,凡是借条、借据、欠条上载明的借款金额,一般应当认定为本金数额。预先在本金中扣除利息的,人民法院应当按照实际出借的金额认定为本金。

除借贷双方另有约定的外,借款人可以提前偿还借款,并按照实际借款期间计算利息。

4. 关于复利

借贷双方对前期借款本息结算后将利息计入后期借款本金并重新出具债权凭证,如果前期利率没有超过年利率24％,重新出具的债权凭证载明的金额可认定为后期借款本金;超过部分的利息不能计入后期借款本金。约定的利率超过年利率24％,当事人主张超过部分的利息不能计入后期借款本金的,人民法院应予支持。依此计算,借款人在借款期间届满后应当支付的本息之和,不能超过最初借款本金与以最初借款本金为基数,以年利率24％计算的整个借款期间的利息之和。出借人请求借款人支付超过部分的,人民法院不予支持。

5.关于逾期利率

对于民间借款合同的逾期利率,《民间借贷司法解释》第 29 条规定的规则是,借贷双方对逾期利率有约定的,从其约定,但以不超过年利率 24％为限。对于当事人未约定逾期利率或者逾期利率约定不明的民间借贷合同,人民法院可以区分以下两种情况处理:

其一,既未约定借期内的利率,也未约定逾期利率,出借人主张借款人自逾期还款之日起按照年利率 6％支付资金占用期间利息的,人民法院应予支持。

其二,约定了借期内的利率但未约定逾期利率,出借人主张借款人自逾期还款之日起按照借期内的利率支付资金占用期间利息的,人民法院应予支持。

6.关于逾期利率与违约金的竞合

依照《民间借贷司法解释》第 30 条的规定,借贷双方对逾期还款的责任,既约定了逾期利率,又约定了违约金或者其他费用,构成违约金与逾期利息的竞合,贷款人既可以选择主张逾期利率或者选择违约金或者其他费用,也可以一并主张逾期利息和违约金或者其他费用,但无论选择何种形式,均以最高利率为限,即总计不超过 24％的最高利率限额。超出的部分,法律不予保护。

第五节　租赁合同

一、租赁合同概述

(一)租赁合同的概念

租赁合同是出租人将租赁物交付承租人使用、收益,承租人支付租金并于期限届满时归还原物的合同。租赁合同中交付租赁物供对方使用、收益的一方为出租人,使用租赁物的一方为承租人。交付使用的物为租赁物,租金则为使用租赁物的代价。

(二)租赁合同的特征

租赁合同具有以下法律特征:

1.租赁合同的标的物只能是依法可租赁的非消耗物

租赁合同终止后,承租人必须把租赁的财产返还给出租人,这一性质决定了该标的物只能是非消耗物。租赁物必须是特定化了的物,可以是动产,也可以是不动产。而且租赁合同的标的物应该是现行法律、行政法规规定允许租赁的物。租赁合同的这一特征,使它与以消耗物为标的物的消费借贷合同区别开来。

2.租赁合同是转移财产使用权的合同

这是租赁合同区别于买卖等转移财产所有权合同的最根本特征。租赁合同以承租人使用、收益为直接目的,承租人仅取得租赁物的使用收益权,并不享有对租赁物的处分权。租赁期限届满,承租人需将原物归还给出租人。

3.租赁合同是诺成、双务、有偿合同

租赁合同的成立,只需出租人与承租人双方意思表示达成一致即可,不以租赁物的实际交付为合同的生效要件,故租赁合同为诺成合同。出租人承担交付租赁物供承租人使用、收益的义务,承租人取得租赁物的使用权须负担交付租金的义务,因此,租赁合同为双务、有偿合同。

4.租赁合同具有临时性

租赁合同的临时性特征是针对租赁合同的期限而言,出租人只是将其财产的使用权临时性转移给承租人,因此,租赁合同有一定期限的限制,具有临时性的特征,非永久性使用。各国和地区法律大都规定了租赁合同的最长存续期限。[①] 我国《合同法》第 214 条规定,租赁期限不得超过 20 年。超过 20 年的,超过部分无效。租赁合同租赁期间届满,当事人可以续订租赁合同,但约定的租赁期限自续订之日起不得超过 20 年。

(三)租赁合同的分类

租赁合同根据不同的标准,可以作不同的分类,常见的有:

1.动产租赁合同与不动产租赁合同

以租赁合同的标的物为标准,可将租赁合同分为动产租赁合同和不动产租赁合同。以动产为标的物的租赁合同,为动产租赁合同;以不动产为标的物的租赁合同,为不动产租赁合同。动产租赁一般并无特别的程序上的要求,而不动产租赁法律上一般有特殊的要求。如登记备案等。

2.定期租赁合同与不定期租赁合同

以租赁合同是否定有期限为标准,可将租赁合同分为定期租赁合同和不定期租赁合同。定期租赁合同指双方在合同中定有明确期限的租赁。不定期租赁合同则包括当事人在合同中未约定租赁期限的租赁,约定租赁期限为 6 个月以上却未采取书面形式的租赁,以及默示更新后的租赁。[②] 不定期租赁除法律另有规定外,

---

① 例如,日本民法规定,租赁契约的存续期间不得超过 20 年,如果所订租赁契约比这个期间长的,要缩短为 20 年。意大利民法典规定,租赁不得超过 30 年,如果约定期间超过 30 年或者永久的,则将被减至 30 年。德国也规定 30 年。我国台湾地区"民法"规定,租赁契约之期限不得逾 20 年,逾 20 年者,缩短为 20 年。

② 《合同法》第 236 条的规定:"租赁期间届满,承租人继续使用租赁物,出租人没有提出异议,原租赁合同继续有效,但租赁期限为不定期。"

双方当事人均可随时终止合同。这是区分定期与不定期租赁合同的主要意义所在。

3.一般租赁合同与特殊租赁合同

以法律对租赁合同有无特别规定为标准,可将租赁合同分为一般租赁合同与特殊租赁合同。一般租赁合同指合同法上所规定的财产租赁合同;特殊租赁合同指特别法上所规定的租赁合同,如城市房地产法、海商法、民用航空器法所规定的租赁合同,包括房屋租赁合同、船舶租赁合同、航空器租赁合同等。特殊租赁合同应依特别法优于普通法的原则适用特别法,特别法无规定时,则适用普通法。

（四）租赁合同订立的形式

租赁合同一般包括租赁合同的当事人、租赁物（名称、数量、用途等）、租赁期限、租金、租赁物维修等条款。《合同法》第215条规定:"租赁期限六个月以上的,应当采用书面形式。未采用书面形式的,视为不定期租赁合同。"可见,租赁合同是不要式合同,合同采用何种形式,可由当事人自由决定。但是,双方欲成立六个月以上的定期租赁合同,则必须采用书面形式加以订立。此外,对于特殊的租赁合同,法律规定应依法办理登记手续的,应当依法办理登记手续。

二、租赁合同的效力

（一）出租人的义务

1.交付租赁物的义务

承租人承租租赁物的目的在于对租赁物的占有、使用和收益,而租赁合同是诺成合同,无须将标的物的交付作为合同的成立要件,因此为实现承租人的上述目的,出租人应按照合同约定时间交付租赁物,此义务构成了出租人于租赁合同成立后的一项基本义务。依据《合同法》第216条的规定,出租人不仅应使租赁物在交付时符合约定的使用、收益状态,而且在租赁关系存续期间也应保持租赁物的这种符合约定的使用、收益的状态。

2.瑕疵担保义务

租赁合同的出租人如同买卖合同的出卖人一样,负瑕疵担保责任。出租人的瑕疵担保责任包括物的瑕疵担保责任和权利的瑕疵担保责任。

第一,物的瑕疵担保义务。

租赁物的瑕疵担保,是指出租人应担保所交付的租赁物能够为承租人依约正常使用、收益。如果出租人于交付租赁物前或交付时,租赁物存在瑕疵的,承租人可以请求解除合同或者减少租金。如果租赁物可由出租人修理完善之后交付使用,或另换同类财产（符合租赁目的）交付使用,承租人可要求先行修理或更换租赁物。若承租人在订立合同时或租赁物交付时,明知租赁物存在瑕疵的,出租人可不负物的瑕疵担保责任。但是,若租赁物危及承租人的安全或者健康的,即使承租人订立合同时明知该租赁物质量不合格,仍然可以随时解除合同。

第二,权利的瑕疵担保义务。

权利的瑕疵担保,是指出租人应担保不因第三人对承租人主张权利而使承租人不能依约定为使用、收益。如因第三人主张权利,致使承租人不能对租赁物使用、收益的,承租人可以要求减少租金或者不支付租金。因此给承租人造成损失的,出租人还应负赔偿责任。需要注意的是,第三人主张权利须发生在租赁物交付之前,若发生在交付之后,则承租人的权利本身具有对抗第三人的效力,第三人的权利对于承租人仍为使用、收益不发生影响,故不发生出租人的担保责任问题。

3.维修租赁物的义务

《合同法》第 220 条规定:"出租人应当履行租赁物的维修义务,但当事人另有约定的除外。"修缮既是为了保持租赁物符合使用、收益状态,又是出租人的一项权利,在出租人对租赁物进行修缮时,承租人应积极配合,不得妨碍其修缮。要使出租人负担修缮租赁物的义务,须具备下述条件:

首先,租赁物有修缮的必要。所谓租赁物有修缮的必要,是指租赁物发生毁损等情势,如不修缮则不能继续对租赁物进行使用、收益。如出租之房屋因时日长久,遇雨渗漏,承租人无法继续居住,或者出租之汽车驻车制动器损坏等。若租赁物虽有损毁但并不妨碍承租人正常使用、收益的,则租赁物无修缮的必要。

其次,租赁物有修缮的可能。所谓有修缮的可能是指损坏的租赁物在事实上能够修复,修缮成本也合理。若租赁物已经没有修缮的可能,或修缮本身耗费过大,从经济上考虑并不合算的,则无修缮的必要。如租赁物为房屋,而房屋被大火烧塌,除非重建,否则不能够继续供人居住的,即为无修缮的可能。

再次,承租人已为修缮的通知。承租人对于租赁物损坏的情况,应当及时通知出租人。现实占有租赁物并对其使用收益的承租人,对租赁物的状态应当是最为了解。而出租人则可能对此一无所知。因此,如发生租赁物损坏需要修缮而出租人又不知情时,承租人应当发出修缮的通知。

最后,当事人无另外的约定。当事人对租赁物发生损坏时的修缮问题另有约定的,应当依其约定处理。由于承租人占有租赁物,双方当事人可以约定由承租人负责租赁物的修缮工作,如此既可省去通知手续,节省时间,而且也可免去互相推诿的麻烦。

出租人负有修缮租赁物的义务时,出租人应当及时履行修缮义务,出租人不履行这一义务的,承租人可以要求其在合理期限内维修。出租人仍不履行的,承租人可以自行维修,维修费用由出租人负担。因维修租赁物影响承租人使用的,应当相应减少租金或者延长租期。

（二）承租人的义务

1.支付租金的义务

租金是承租人取得租赁物的代价，收取租金是出租人将租赁物转移给承租人使用收益的根本目的。支付租金也就成为承租人的一项主要义务。承租人应当依照约定的数额、期限和方式支付租金。当事人对支付期限没有约定或者约定不明确且事后又未能达成补充协议的，可依交易习惯支付；仍不能确定的，依我国《合同法》第226条规定，租赁期间不满一年的，应当在租赁期间届满时支付；租赁期间在一年以上的，应当在每届满一年时支付，剩余期间不满一年的，应当在租赁期间届满时支付。如果承租人无正当理由未支付或者延迟支付租金的，出租人可以要求承租人在合理期限内支付。此期限为宽限期，承租人逾期不支付的，出租人可以解除合同。

2.依约定方法或租赁物的性质使用租赁物的义务

承租人在占有租赁物后，应当依照约定的方法使用租赁物；对使用租赁物的方法没有约定或者约定不明确的，当事人双方应就租赁物的使用方法进行协商，协商不成的，应当按照租赁物的性质使用。确定承租人是否依约定的方法使用租赁物，是确定租赁物的损耗是否正常的标准，而损耗正常与否又直接关系着承租人的责任。如果承租人按照约定的方法或者租赁物的性质使用租赁物，租赁物损耗也是正常的，承租人不承担损害赔偿责任。如果承租人未依照约定的方法或者租赁物的性质使用租赁物，致使租赁物受到损失的，此时的损耗不属于正常损耗，出租人可以解除合同并要求赔偿损失。

3.妥善保管租赁物的义务

由于承租人在租赁期间虽对租赁物无所有权，但承租人实际占有租赁物，因此应由承租人对租赁物尽到妥善保管的义务。如果承租人保管不善，致使租赁物毁损、灭失的，应当承担损害赔偿责任。承租人未经出租人同意，不得擅自对租赁物进行改善或者增设他物，否则，出租人可以要求承租人恢复原状或赔偿损失。

4.不得随意转租或转让租赁权

（1）转租

转租是指承租人不退出租赁合同关系，而将租赁物出租给次承租人使用、收益。在转租中，次承租人与承租人之间是一种租赁关系，而承租人与出租人间的租赁关系仍然存在。转租分为合法转租与不合法转租。承租人经出租人同意转租的，为合法转租。此时出租人和承租人的租赁关系继续有效，因次承租人的过错给租赁物造成损害的，承租人应向出租人赔偿损失。不合法转租，是指未经出租人同意所进行的转租。承租人未经出租人同意转租的，出租人有权解除合同，并得请求损害赔偿。当出租人解除租赁关系时，出租人可以直接向次承租人请求返还租赁物。若出租人不解除合同，次承租人的租赁权基于承租人的租赁权而发生和存在，在承租人有租赁权期间,次承租人对租赁物的占有和使用及收益并非不法,出租人不能依所有权直接向次承租人请求返还租赁物。

(2)租赁权的转让

租赁权的转让是指承租人将租赁权转移给第三人,承租人退出租赁关系,而租赁关系存在于受让第三人与出租人之间。可见,转租与租赁权的转让是不同的。租赁权的转让并不是仅仅为权利的转让,而是包括义务在内的一种法律地位的转让。《合同法》第88条规定:"当事人一方经对方同意,可以将自己在合同中的权利义务一并转让给第三人。"依此规定,租赁权的转让也须经出租人同意,只有经出租人同意,承租人才得以转让租赁权,此为合法转让,否则则为不合法转让。在承租人不合法转让的情形下,出租人得解除合同,并得请求损害赔偿。

5.返还租赁物的义务

租赁关系终止后,承租人应当返还租赁物。返还的租赁物应当符合按照约定或者租赁物性质使用后的状态。承租人在租赁期间未经出租人同意,对租赁物进行改建、改装或者增加附着物的,于返还租赁物时,出租人有权要求予以拆除,恢复租赁物的原状。承租人的上述行为经出租人同意的,可不恢复租赁物的原状,并得向出租人请求偿还用益费用。承租人不及时返还租赁物的,应当负违约责任。

三、租赁合同的特殊效力

1.租赁权的物权化

随着社会经济的发展,民法学界逐渐地承认在房屋等财产的租赁关系中,租赁物所有权在租赁期间内的变动并不影响承租人的权利,原租赁合同对受让的第三人仍然有效,该第三人不得解除租赁合同。此即"买卖不破租赁"原则。这一原则突破了传统的合同相对性原则,使租赁权具有对抗第三人的效力。理论上称为"租赁权的物权化"。依照我国《合同法》第229条的规定,租赁物在租赁期间发生所有权变动的,承租人的租赁权可以对抗租赁物的新所有权人,承租人与出租人原来在租赁合同中所作的其他约定,租赁物的新所有权人也应一并遵循。如此规定对于保护承租人的利益,以及稳定社会关系都具有十分重要的意义。

2.房屋承租人的优先购买权

房屋承租人的优先购买权,是指当出租人出卖房屋时,承租人在同等条件下,依法享有优先于其他人购买房屋的权利。根据《合同法》第230条的规定,出租人出卖租赁房屋的,应当在出卖之前的合理期限内通知承租人,承租人享有以同等条件优先购买的权利。若出租人在出卖之前不履行通知义务,致使承租人的优先购买权受到损害,承租人有权请求法院确认出租人与第三人间的买卖合同无效。

在房屋租赁合同中,承租人在租赁期间死亡的,其生前共同居住的人可以按照原租赁合同租赁该房屋,共同居住的人取得了租赁权后,同样享有对该房屋的优先购买权。

第六节 融资租赁合同

一、融资租赁合同的概念和特征

融资租赁是出租人根据承租人提出的条件和要求,与供货商订立购买合同,买进承租人所需的设备,并与承租人订立租赁合同,在约定的期间内将租赁物交由承租人使用,出租人以收取租金的形式分期收回货款、利息和其他费用的合同①。融资租赁与一般租赁不同,融资租赁具有融资、担保和使用功能,是一种贸易与信贷相结合,融资与融物相结合的综合性交易。融资租赁合同是指出租人根据承租人对出卖人、租赁物的选择,向出卖人购买租赁物,提供给承租人使用,承租人支付租金的合同。融资租赁合同具有以下法律特征:

（一）由三方当事人和两个合同构成

融资租赁合同由买卖合同(出租人与供货商签订)和租赁合同(出租人与承租人签订)构成,这两个合同互相对应、互相衔接,并互为存在的条件,两个合同的标的物是同一的。在合同的履行中,出卖人从出租人处得到货款,却直接向承租人发货,而租赁物的设备、规格、型号及交付时间均由买卖合同确定,所以买卖合同履行与否,将对租赁合同的履行产生直接影响。故买卖合同的履行是租赁合同履行的前提。在理论与实践中,均将买卖合同作为租赁合同的附件,买卖合同成为租赁合同的组成部分。

（二）承租人对租赁物享有使用权

融资租赁合同中租赁物的所有权在租赁期间内属于出租人,承租人以支付租金的方式取得租赁物的使用权,承租人不得擅自处分、变卖租赁物,故体现了租赁物的所有权与使用权相分离的特征。

（三）当事人的中途解除权受到严格限制

合同不得随意解除,是合同法的一般原则,但在融资租赁合同中,强调这一原则有其特殊意义。就出租人而言,其出租的租赁物是由承租人选定的,若允许承租

---

① 李国安:《国际融资租赁法律问题研究》,载《国际经济法论丛》(第1卷),法律出版社1998年版,第319页。

人中途解约,出租人很难通过另行出卖或出租的方式来收回残存资金的相当金额,必将给出租人带来损失。就承租人而言,其向出租人支付的租金远比一般租赁合同的租金高得多,若允许出租人中途解约,收回租赁物,承租人欲再购进同种租赁物是相当困难的,这对承租人是不公平的。[1] 故禁止在租赁期间届满之前解除合同,除非法律另有规定或当事人另有约定。

(四)融资租赁合同是诺成合同和要式合同

融资租赁合同的成立只需当事人达成一致的意思表示即可,交付标的物,是当事人在合同成立生效后应履行的一项义务。故融资租赁合同是诺成合同。我国《合同法》第 238 条第 2 款规定:"融资租赁合同应当采用书面形式。"融资租赁合同的内容一般包括租赁物名称、数量、规格、技术、性能、检验方法、租赁期限、租金构成及其支付方式、币种、租赁期间届满租赁物的归属等相关条款。因此,融资租赁合同是要式合同。

二、融资租赁合同与一般租赁合同的比较

融资租赁合同与一般租赁合同相比,二者有共同之处,如两者的标的物都是特定物;当事人之间转移的是财产的使用权,而不是所有权;转移财产使用权是有期限的;承租人均要支付租金等。但两者间的区别也是显著的,融资租赁合同不可能简单地划归一般租赁合同,它应该是一种新型的、独立的合同形式。[2]

第一,融资租赁合同是以融资为目的,融物为手段的合同,在承租人直接租入租赁物的同时,解决了购置租赁物所需的资金。一般租赁合同是以融物为目的。这是融资租赁合同与一般租赁合同的最本质区别。

第二,在融资租赁合同中,出租人是根据承租人的要求,从承租人选定的制造商或批发商购入承租人选择的租赁物,这一点与传统租赁合同是不同的,在一般租赁合同中,出租人出租的财产一般是根据自己的意愿拥有或购买的。

第三,在融资租赁合同中,承租人不得中途解约,租赁物因意外事故毁损灭失的危险及维修义务由承租人承担,并且出租人享有瑕疵担保免责的权利。而一般租赁合同情况则不同,出租人负有租赁物的瑕疵担保责任和维修义务,并负担租赁物因意外事故毁损灭失的风险等。而承租人则在不继续使用租赁物时可以解除合同。

第四,融资租赁合同是要式合同,必须采用书面形式加以订立。而一般租赁合

---

[1]　俞宏雷:《论融资租赁合同的中途解除》,载《法学》1996 年第 10 期。
[2]　柳经纬:《债权法》,厦门大学出版社 2005 年版,第 189 页。

同是不要式合同,除非双方当事人欲订立6个月以上租期的定期租赁合同,法律要求须采用书面形式加以明确。

此外,融资租赁合同包含买卖合同和租赁合同,是卖方、出租人和承租人三方合同;一般租赁合同的当事人只有两个:承租人和出租人。融资租赁合同的租金是租金、融资费用以及其他费用的综合;一般租赁合同的租金是租赁物的使用费。融资租赁合同的租赁期限一般都是长期的,只稍低于设备的使用寿命(一般约占租赁物估计寿命的75%以上)。租赁期满后,承租人有廉价购买租赁物的选择权。一般租赁合同的租赁期限则相对较短,且承租人在租赁期间届满时应返还租赁物。

三、融资租赁合同当事人的权利和义务

(一)出租人的权利和义务

在融资租赁合同中,出租人的权利主要有:

1.在租赁期间,享有租赁物的所有权。根据《合同法》的规定,出租人在融资租赁期间享有租赁物的所有权,承租人在租赁期间只享有使用权和收益权。故出租人有权要求承租人保持租赁物的完整性,有权在不损害承租人利益的前提下转让租赁物或就租赁物设定抵押等。

2.收取租金的权利。按照合同的约定向承租人收取租金是出租人最主要的权利,也是出租人参与融资租赁关系收回融资成本和获取利润的唯一途径。融资租赁合同中的租金并非是承租人使用租赁物的代价,而是融资的代价。因此,只要承租人接受了出卖人交付的标的物,不论其是否使用,出租人均有权要求承租人按照约定交付租金。

3.免除相应责任的权利。出租人不应对承租人承担设备的任何责任,除非承租人由于依赖出租人的技能和判断以及出租人干预选择供应商或设备规格而受到损失。在通常情况下,作为出租人的租赁公司并不承担租赁物的瑕疵担保责任,不负担租赁物在租赁期间毁损灭失的风险,免除其在租赁期间对租赁物的维修义务。这主要是由于租赁物是由承租人选择并由承租人直接从出卖人处取得,因选择错误而发生的责任如果由出租人来承担,未免有失公平。

4.收回租赁物的权利。在以下三种情况下,出租人有权收回租赁物:其一,在融资租赁合同期满后,如承租人没有选择留购或续租的,出租人有权收回租赁物;其二,对于融资租赁合同期满后,租赁物的归属,如果当事人没有约定或约定不明,又不能达成补充协议,也不能通过合同条款或交易习惯加以确定时,出租人可以依法收回租赁物;其三,合同因解除而终止时,出租人也有权收回租赁物。

出租人的义务主要有以下几项:

1.购买租赁物的义务。出租人应当按照承租人对出卖人和租赁物的选择,以

自己的名义与出卖人签订买卖合同而购买租赁物。这是出租人最基本的义务,也是融资租赁合同的目的得以实现的前提。出租人不履行购买租赁物的义务,应当向承租人负赔偿责任。另外,未经承租人同意,出租人不得变更与承租人有关的合同内容。

2.交付租赁物的义务。融资租赁合同是移转标的物的使用权的合同,因此,出租人在依约购得租赁物以后,必须将租赁物提供给承租人占有、使用和收益。但是,在融资租赁合同中出租人所负有的交付义务,并不是现实交付的方式,而是观念意义上的交付。因为在融资租赁中是由出卖人将租赁物现实交付给承租人,承租人只要于受领后向出租人发出已受领的通知,即视为出租人已履行其租赁物的交付义务。若出卖人交付的标的物存在瑕疵,承租人可依约定直接向出卖人主张索赔,此时,出租人有协助承租人向出卖人索赔的义务。

3.在租赁期间,确保承租人对租赁物的占有和使用的义务。承租人进行融资租赁交易的目的就在于获得租赁物的使用权,为此,出租人应当确保承租人对租赁物能够占有和使用,并排除出租人本人及他人对承租人租赁权的侵犯。无论出租人转让其合同中的权利、义务,还是将租赁物出售、抵押,都必须以保证承租人的租赁物使用权为前提。否则,给承租人的使用权造成侵害的,出租人应承担损害赔偿责任。

(二)承租人的权利和义务

在融资租赁合同中,承租人的权利主要有:

1.对租赁物和出卖人的选择权。这是融资租赁合同中承租人特有的权利。租赁物的买卖合同虽然是由出租人和出卖人签订的,但承租人是租赁物的直接占有、使用和收益者,租赁物的情况和出卖人的信誉以及其所提供的服务,关系到承租人的切身利益。由承租人依靠自身的专业知识、技能和经验选择租赁物的名称、规格、型号、性能、数量以及出卖人,更有利于实现合同的目的。

2.在租赁期间,对租赁物享有占有、使用和收益权。承租人承租设备的目的即是通过使用租赁设备而取得一定收益。所以,承租人在租赁期间,对租赁设备享有占有、完全充分的使用权[①]以及获得因使用而产生的收益权。

3.享有对出卖人的请求权。这是融资租赁合同的又一个特征,也是承租人权利的体现。出租人通过合同,将出租人对出卖人的请求权让与承租人,承租人因此取得对出卖人的直接请求权。租赁设备如有瑕疵,或因出卖人原因迟延交付,承租人可行使买卖合同中买受人的一切权利,如对物的瑕疵担保请求权、损害赔偿请求

---

① 有的学者也称之为"独占使用权",参见刘景一:《合同法新论》,人民法院出版社 1999年版,第 701 页。

权等。

4.租赁期间届满时,对租赁物归属的选择权。① 出租人和承租人可以约定租赁期间届满租赁物的归属。对租赁物的归属没有约定或约定不明确的,租赁期间届满时,承租人享有三种选择权:退租、续租、留购。其中,留购情形较为常见。实践中,由于租赁物是基于承租人的选择而购买,对出租人或第三人的意义并不大,且由于融资租赁合同租金构成的特殊性,在融资租赁合同期间届满时,出租人的投资和利润的全部或大部分已收回,租赁物经折旧后其价值已所剩无几,故此时承租人只需支付较小的代价即可取得租赁物的所有权,这对于承租人和出租人双方均有利。

承租人的义务主要有:

1.对租赁物按时接受和验收的义务。在融资租赁合同中,出卖人直接向承租人交付租赁物,承租人对出卖人交付的租赁物应当进行接受,承租人无正当理由不得拒绝接受租赁物。承租人对其无故迟延受领或拒收而给出卖人造成的损失必须承担责任。承租人在接受租赁物后,应当及时对租赁物进行验收,并将验收的结果通知出租人。

2.支付租金的义务。支付租金是承租人最主要的义务,承租人应当按照合同约定的币种、数量、支付方式和时间向出租人支付租金。租金是出租人向承租人提供融资的对价,有着其特殊的构成。因此,在出租人依约购买了租赁物并交付承租人之后,承租人就应以租金的形式补偿出租人因该项融资租赁交易所投入的成本和资金,而不得以未对租赁物进行使用收益或不继续对租赁物进行使用收益为由免除该项义务。若承租人不按照约定支付租金的,经催告后在合理期限内仍不支付租金的,出租人可以要求承租人支付全部租金;也可以解除合同,收回租赁物。

3.妥善保管、使用和维修租赁物的义务。第一,承租人应妥善保管设备,负责租赁物的安全,防止租赁物毁损灭失。因第三人的行为妨害租赁物时,得基于其占有权请求排除妨碍,或请求出租人基于其所有权排除妨碍。第二,承租人应当按照合同的约定或租赁说明书中规定的操作与使用的有关规程,以合理的方式使用设备并使之保持交付时的状态。未经出租人同意,不得将租赁物移转使用地点,不得改变租赁物的形状或装配其他附件,但合理损耗及各方商定的对设备的任何改装除外。第三,承租人还应当对租赁物负维修的责任,以维持租赁物的正常使用,维修的费用应由承租人负担。

4.返还租赁物的义务。如果承租人选择退租而放弃留购或续租的权利,在融资租赁合同期间届满时,承租人有义务将租赁物返还出租人。

---

① 1988年国际司法协会制定的《国际融资租赁公约》第9条第2款规定:"当租赁协议终止时,承租人除非行使购买权或行使凭另一租期的租赁协议而持有设备的权利,否则应以前款规定的状态把设备退还给出租人。"

（三）出卖人的权利和义务

在融资租赁合同中,出卖人的权利主要就是向出租人收取价款。但与一般买卖合同不同,出卖人收取价款往往以履行交付出卖物义务为前提。除当事人另有约定外,出卖人只有向承租人交付标的物并经验收后方可向出租人主张价款。

出卖人的义务主要是按照约定及时向承租人交付标的物,并对标的物的瑕疵负担保责任。当出卖人不履行合同义务时,根据出租人、出卖人、承租人间的约定,由承租人直接向出卖人主张索赔。出卖人对交付的标的物负瑕疵担保责任。

四、融资租赁合同的解除

根据 2014 年 3 月 1 日实施的《最高人民法院关于审理融资租赁合同纠纷案件适用法律问题的解释》的相关规定,融资租赁合同解除的原因主要有:

1.出租人与出卖人订立的买卖合同解除、被确认无效或者被撤销,且双方未能重新订立买卖合同的;

2.租赁物因不可归责于双方的原因意外毁损、灭失,且不能修复或者确定替代物的;

3.因出卖人的原因致使融资租赁合同的目的不能实现的;

4.未经出租人同意,承租人将租赁物转让、转租、抵押、质押、投资入股或者以其他方式处分租赁物的;

5.承租人未按照合同约定的期限和数额支付租金,符合合同约定的解除条件,经出租人催告后在合理期限内仍不支付的;

6.合同对于欠付租金解除合同的情形没有明确约定,但承租人欠付租金达到两期以上,或者数额达到全部租金百分之十五以上,经出租人催告后在合理期限内仍不支付的;

7.因出租人的原因致使承租人无法占有、使用租赁物的;

8.承租人违反合同约定,致使合同目的不能实现的其他情形。

第七节　借用合同

一、借用合同的概念和特征

（一）借用合同的概念

传统的借贷合同是指当事人双方约定一方将金钱或物品转移于他方,他方在约定的期限内将同等种类、数量、品质的物返还的合同。以金钱为标的的货币借贷合同称为借款合同;以实物为标的的实物借贷合同分为使用借贷合同和消费借贷合同,我国学者普遍将使用借贷合同称为借用合同,而仅将消费借贷合同称为借贷合同。① 目前我国《合同法》未规定借用合同和借贷合同,仅规定了借款合同。借用合同是指出借人将某项财物无偿交给借用人使用,借用人在使用后按照约定将原财物返还给出借人的合同。借用合同的当事人是借用人和出借人,其中,交付财物由对方无偿使用的是出借人;取得借用标的物使用权的是借用人。借用合同的标的物即借用物。

（二）借用合同的特征

1.借用合同是以使用他人财物为目的,转移的是标的物的使用权,且标的物是不可消耗的特定物。借用合同标的物的这一特性决定了借用物要被保持原状地使用,并在使用后归还。这一特征使得借用合同与消费借贷合同根本区别开来。

2.借用合同是一类无名合同。虽然借用合同在现实生活中普遍存在,是民事主体之间相互提供帮助的重要形式,但由于我国《合同法》及其他法律均没有明确规定该合同,因此借用合同属于无名合同。

3.借用合同是无偿、实践合同。借用人借用出借人的财物无论持续的时间多长,均不必支付代价。这与租赁合同的有偿性完全不同。通说认为,借用合同自出借人将财物交付借用人时成立,即借用合同表现出实践性的特征。

4.借用合同是单务、不要式合同。借用合同自成立之后,出借人无须承担任何义务,借用人在合同成立之后,承担妥善使用和到期返还标的物等义务。故借用合同是单务合同。法律对借用合同的形式没有作强制性的形式规定,借用合同双方当事人可以采用口头形式,也可以采用书面形式订立合同。故借用合同是不要式合同。

二、借用合同的效力

（一）借用人的义务

借用合同生效之后,其效力主要体现为借用人的义务:

1.正当使用借用物的义务。借用人应按借用合同约定的用途或依借用物的性质所许可的方法使用借用物,这是合同法上的诚实信用原则对借用人的基本要求。

2.妥善保管和修缮借用物的义务。在借用人占有借用物的期间,借用人应像

---

① 郭明瑞、房绍坤:《新合同法原理》,中国人民大学出版社 1999 年版,第 466～467 页。

对待自己的物品一样妥善保管借用物,若因借用人保管不善导致借用物毁损灭失的,借用人需承担损害赔偿责任。此外,借用人还负有维修借用物的义务,由于借用合同是无偿合同,因正常维护借用物所支出的费用,应由借用人承担。

3.自己使用借用物的义务。借用人未经出借人的同意,不得将借用物出借或出租给第三人。这是基于出借人对借用人的相知与信任,借用人必须自己使用借用物。

4.返还借用物的义务。借用合同到期或没有约定期限的,借用人使用完毕后,应及时将借用物返还出借人,借用人返还的借用物应符合合同约定的或达到正常能够使用的状态。

（二）出借人的义务

由于借用合同是单务合同,对于出借人而言,借用合同的效力表现为:出借人于约定的使用期限届满时请求借用人归还借用物的权利。借用合同是无偿合同,故出借人对出借物一般不负瑕疵担保责任。但出借人因故意或重大过失未告知借用物的瑕疵,致使借用人因此而受损害的,出借人应负担赔偿责任。①

第八节　消费借贷合同

一、消费借贷合同的概念和特征

消费借贷合同,是指出借人将一定量的可消耗物交给借用人使用、消费,借用人依约定期限还给出借人同数量、同品质的可消耗物的合同。消费借贷的当事人是贷与人和借用人,将可消耗物转移他方的是贷与人,取得标的物的处分权的是借用人。消费借贷与使用借贷的区别在于,前者的标的物为可消耗物,如食品等;后者的标的物为耐用品,即不可消耗物,如房屋、汽车、工具等。

消费借贷合同的法律特征可归纳为如下几个方面:

1.消费借贷合同是以对标的物的消费为目的,转移的是可消耗物的所有权。消费借贷是将借用物为消费使用,因此原物即已消灭,故需要转移标的物的所有权。使用后到期返还时,只能返还种类、品质、数量相同的物,而非原物。

2.消费借贷合同可以是有偿的,也可以是无偿的。合同双方当事人可以约定消费借贷的利息,也可以约定为无利息借贷,如果当事人对利息没有约定或约定不明确的,应视为无利息消费借贷。

---

① 柳经纬:《债权法》,厦门大学出版社 2005 年版,第 187 页。

3.消费借贷合同是不要式合同。消费借贷合同的形式,法律并无强制性规定,当事人可以采用口头形式,也可以采用书面形式订立合同,但当事人另有约定的除外。

4.消费借贷合同可以是诺成合同,也可以是实践合同;可以是单务合同,也可以是双务合同。若按约定须采用书面形式订立消费借贷合同,则该合同是诺成合同,从而表现出双务合同的特征;若采用口头形式订立消费借贷合同,则该合同是实践合同,从而表现出单务合同的特征。

二、消费借贷合同当事人的义务

（一）贷与人的义务

1.有偿消费借贷合同。贷与人须承担标的物的瑕疵担保责任。因标的物有瑕疵,贷与人应负担保责任时,借用人可以终止合同或请求减少报酬。[①] 在诺成性消费借贷合同中,贷与人还须承担依约定的种类、数量、品质、期限、方式等交付标的物的义务。

2.无偿消费借贷合同。无论是诺成还是实践的消费借贷合同,贷与人均不承担标的物的瑕疵担保责任,只需依诚实信用原则如实告知标的物的实际情况。在无偿、诺成性消费借贷合同中,贷与人须承担依约定的种类、数量、品质、期限、方式等交付标的物的义务。

（二）借用人的义务

不论消费借贷合同是有偿还是无偿合同,借用人均负返还与出借物种类、数量、品质相同之物的义务。借用人到期无法按照约定的要求返还的,经贷与人同意可以等值金钱或其他物品替代。若借用人不能依约返还出借物构成违约的,须承担违约责任。[②]

在有偿消费借贷合同中,借用人还承担支付约定利息的义务。

司法考试真题链接

1.甲将其1辆汽车出卖给乙,约定价款30万元。乙先付了20万元,余款在6个月内分期支付。在分期付款期间,甲先将汽车交付给乙,但明确约定付清全款后甲才将汽车的所有权移转给乙。嗣后,甲又将该汽车以20万元的价格卖给不知情

---

① 黄立:《民法债编各论》(上),中国政法大学出版社2002年版,第368页。
② 吴合振等:《合同法理论与实践应用》,人民法院出版社1999年版,第487～488页。

的丙,并以指示交付的方式完成交付。下列哪一表述是正确的?(2012 年司法考试真题)

  A. 在乙分期付款期间,汽车已经交付给乙,乙即取得汽车的所有权

  B. 在乙分期付款期间,汽车虽然已经交付给乙,但甲保留了汽车的所有权,故乙不能取得汽车的所有权

  C. 丙对甲、乙之间的交易不知情,可以依据善意取得制度取得汽车所有权

  D. 丙不能依甲的指示交付取得汽车所有权

  2. 甲有件玉器,欲转让,与乙签订合同,约好 10 日后交货付款;第二天,丙见该玉器,愿以更高的价格购买,甲遂与丙签订合同,丙当即支付了 80% 的价款,约好 3 天后交货;第三天,甲又与丁订立合同,将该玉器卖给丁,并当场交付,但丁仅支付了 30% 的价款。后乙、丙均要求甲履行合同,诉至法院。下列哪一表述是正确的?(2013 年司法考试真题)

  A. 应认定丁取得了玉器的所有权

  B. 应支持丙要求甲交付玉器的请求

  C. 应支持乙要求甲交付玉器的请求

  D. 第一份合同有效,第二、三份合同均无效

  3. 甲将自己的一套房屋租给乙住,乙又擅自将房屋租给丙住。丙是个飞镖爱好者,因练飞镖将房屋的墙面损坏。下列哪些选项是正确的?(2009 年司法考试真题)

  A. 甲有权要求解除与乙的租赁合同

  B. 甲有权要求乙赔偿墙面损坏造成的损失

  C. 甲有权要求丙搬出房屋

  D. 甲有权要求丙支付租金

  4. 甲欲将 300 册藏书送给乙,并约定乙不得转让给第三人,否则甲有权收回藏书。其后甲向乙交付了 300 册藏书。下列哪一说法是正确的?(2009 年司法考试真题)

  A. 甲与乙的赠与合同无效,乙不能取得藏书的所有权

  B. 甲与乙的赠与合同无效,乙取得了藏书的所有权

  C. 甲与乙的赠与合同为附条件的合同,乙不能取得藏书的所有权

  D. 甲与乙的赠与合同有效,乙取得了藏书的所有权

  5. 甲将其父去世时留下的毕业纪念册赠与其父之母校,赠与合同中约定该纪念册只能用于收藏和陈列,不得转让。但该大学在接受乙的捐款时,将该纪念册馈赠给乙。下列哪一选项是正确的?(2007 年司法考试真题)

  A. 该大学对乙的赠与无效,乙不能取得纪念册的所有权

  B. 该大学对乙的赠与无效,但乙已取得纪念册的所有权

  C. 只有经甲同意后,乙才能取得纪念册的所有权

  D. 该大学对乙的赠与有效,乙已取得纪念册的所有权

第十一章　提供服务类的合同

【引　例】

　　育才中学委托威龙服装厂加工 500 套校服,约定材料由服装厂采购,学校提供样品,取货时付款。为赶时间,威龙服装厂私自委托顺达服装厂加工 100套。育才中学按时前来取货,发现顺达服装厂加工的 100 套校服不符合样品要求,遂拒绝付款。威龙服装厂拒绝交货。

第一节　承揽合同

一、承揽合同的概念和特征

　　承揽合同是承揽人按照定作人的要求完成工作,交付工作成果,定作人给付报酬的合同。其中,完成工作成果的一方称为承揽人,接受工作成果并支付工作报酬的一方,称为定作人。这里的工作成果既可以是体力劳动成果,又可以是脑力劳动成果,既可以是物,又可以是其他财产。

　　承揽合同是双务、有偿、诺成、不要式的合同,此外承揽合同还具有以下法律特征:

　　第一,承揽合同的标的是完成工作并交付工作成果。承揽合同的标的具有特定性,它是定作人要求承揽人完成并交付工作成果,同时,该工作成果又是由承揽人提供的特定的具体劳动决定。这种特定的劳动成果用来满足定作人的特殊需要,不能用其他一般财产代替。承揽合同具有完成工作的内容,但定作人的目的不是要工作过程,而是要工作的成果,这是与其他单纯提供劳务的合同的不同之处。只有在工作及其成果都符合合同的要求时,才能达到定作人的目的。

　　第二,承揽人独立完成工作。在承揽合同中,定作人之所以将某项工作任务交给承揽人承担,是与承揽人的技术水平、设备状况、信誉等因素分不开的,而承揽人的技术水平、设备状况、信誉等因素决定着工作成果的质量,最终决定着定作人的特殊物质利益能否得到保障的程度。因此要求承揽人以自己的设备、技术和劳力独立地为定作人完成工作任务。承揽人不经定作人同意，不得将所接受的工作任务转移给第三人，只有在定作人同意的情况下，才可将部分工作移交第三人承担。因此承揽合同的定作人一般与第三人没有关系。这一点与委托合同存在明显不同。委托合同中受托人为完成委托工作，往往需要与第三人发生联系，从而产生委托人与第三人的相关问题。引例中威龙服装厂将其承揽的主要工作未经育才中学同意，擅自交由第三人顺达服装厂完成。因此育才中学可以威龙服装厂擅自外包为由解除合同，或者根据合同支付400套校服的酬金，如不支付，威龙服装厂有权提起同时履行抗辩。《合同法》第253条规定：承揽人应当以自己的设备、技术和劳力，完成主要工作，但当事人另有约定的除外。

第三，承揽人承担工作中的风险责任。承揽人在履行合同期间，对定作人的原材料及定作物负有管理、保护的责任，不仅要对完成工作的数量、质量、期限等负全部责任，而且要对因不可抗力或其他非因当事人双方的过错致使不能完成工作成果或工作物毁损灭失的风险承担责任。

第四，承揽人对定作物可行使留置权。依照《合同法》第264条之规定，在定作人没有按照约定支付工作报酬或者其他费用时，承揽人有权留置所完成的工作成果。留置权是指权利人对合法占有的义务人之财物，在权利人的债权未获得清偿以前享有的扣留权。[①] 扣留期限届满，义务人如不履行合同义务，权利人有权依法变卖扣留财产，并从价款中优先受偿。承揽人留置定作物的这一担保方式是承揽合同的一个重要特征。在转移财产所有权的买卖合同中，卖方在交付标的物之前买方未交货款的，只可能产生履行抗辩权，而不存在留置权问题。

第五，定作人的任意变更和解除权。因为承揽合同是为定作人的特殊需要而订立的，如果定作人于合同成立之后由于各种原因需要变更或不再需要承揽人完成工作，则允许定作人中途变更或解除合同，但因变更或解除合同给承揽人造成损失的，定作人应当负赔偿责任。

二、承揽合同的种类

依承揽具体内容的不同，承揽合同有以下几个主要类型：

1. 加工合同。加工合同是承揽人按照定作人的具体要求，使用定作人提供的原材料或半成品，加工制作出成品，定作人接受该成品并支付报酬的合同。如用定作人提供的衣料加工成服装，用定作人提供的木料加工成家具，为定作人装裱字画等。

---

① 刘景一：《合同法新论》，人民法院出版社1999年版，第715页。

2.定作合同。定作合同是指承揽人按照定作人的具体要求,使用自己的原材料和技术制作出成品,定作人接受该成品并支付报酬的合同。如定作服装、定作家具等。定作合同与加工合同的区别在于:定作合同中原材料是由承揽人自备的,而不是由定作人提供的。

3.修理合同。修理合同是指承揽人按照定作人的要求,以自己的技术、工作修复损坏的生产工具、生活用具和设备等,定作人为此支付报酬的合同。如修理汽车、电视机、手表等。

4.复制合同。复制合同是指承揽人按照定作人的要求,制作与定作人提供的样品相同或类似的成品,定作人接受该复制成品并支付报酬的合同。如文件资料的复印,对画稿的临摹等。

5.测试合同。测试合同是指承揽人按照定作人的要求,利用自己的设备、技术等条件,对定作人指定的项目进行测试,定作人接受测试结果并支付报酬的合同。

6.检验合同。检验合同是指承揽人按照定作人的要求,利用自己的技术和仪器、设备等条件,对定作人指定的项目进行检验,定作人接受检验结果并支付报酬的合同。

此外,还存在包装、出版、印刷、设计、翻译、鉴定、测绘、广告等其他承揽合同。

三、承揽合同的效力

(一)承揽人的义务

1.完成承揽工作的义务

承揽人的主要义务就是按照合同的约定,以自己的技术、设备和劳力完成所承揽的工作。当事人对于开始工作的期限有约定的按照约定,没有约定的,承揽合同成立后,承揽人一般即应着手工作,不得拖延。承揽人无正当理由未按时开始工作的,定作人可以请求其立即着手工作。

承揽合同的订立通常是建立在定作人对承揽人完成工作的条件和能力的信任基础之上的,因此,除当事人另有约定外,承揽人应当以自己的设备、技术和劳力,完成主要工作。这里的"主要工作",是指对工作成果的质量起决定性作用的那部分工作,多数情况下是技术要求较高的部分。而"辅助工作"则是指主要工作以外的工作。在经过定作人许可的情况下,承揽人可以将其承揽的主要工作交由第三人完成;在未经定作人许可的情况下,也可以将辅助工作交由第三人完成。承揽人将其承揽的主要工作或辅助工作交由第三人完成的,都应当就该第三人完成的工作成果向定作人负责。

2.接受定作人提供材料或依约提供材料的义务

承揽工作中所需要的材料可以由定作人提供,也可以由承揽人自己准备。

依据当事人的约定由定作人提供材料的,承揽人应当及时接受定作人交付的材料,并及时对材料进行验收,如发现定作人提供的材料不符合约定的,应及时通知定作人更换或补齐或者采取其他补救措施。承揽人发现定作人提供的图纸或者技术要求不合理的,应当及时通知定作人。提供的材料符合约定的,承揽人应接受并开始工作,同时对定作人提供的材料负有妥善保管的义务。承揽人不得擅自更换定作人提供的材料,不得更换不需要修理的零部件。承揽人对定作人提供的材料必须合理使用。因承揽人的行为,导致定作人提供的材料浪费的,承揽人须负赔偿责任。

依据当事人的约定由承揽人自己提供材料的,材料要符合合同约定的质量标准。合同中对材料的质量标准没有约定的,可以按照《合同法》第 61 条以及第 62 条第 1 款的规定补充确定,仍无法确定的,可以按照定作物的性质及定作的目的来决定。定作人对承揽人选用的材料有权进行检验,如果依定作物的性质应当由定作人对材料进行检验,而定作人未在合理时期内对承揽人提供的材料进行检验的,则视为定作人对材料的质量没有异议。

3. 交付工作成果的义务

承揽合同签订的目的在于定作人取得定作物的相关权利,因此,承揽人应按期将所完成的工作成果交付给定作人,并转移定作物的权利。承揽人交付工作成果应当按照合同中约定的数量、时间、方式和地点为之。交付可以采取承揽人送货、定作人自提以及委托运输部门或邮政部门代为运送等方式。工作成果的交付地点可以参照适用《合同法》关于买卖合同的相关规定。[①] 但按照合同约定承揽工作的性质不需要特别交付的,例如维修房屋,则于承揽人完成工作之日即为交付之日。

定作人订立承揽合同的目的是取得工作成果的所有权,因此承揽人负有转移工作成果所有权的义务,但转移权利因材料的来源不同而不尽相同。由定作人提供材料的,材料及工作成果的所有权自始归定作人,不存在所有权的转移问题,交付仅为了转移占有;由承揽人提供材料的,材料及工作成果的所有权归承揽人,则承揽人须经交付将工作成果所有权转移给定作人;由双方当事人提供材料的,则需要依据提供的材料是否构成工作成果的主要部分进行分析,一般认为,只有在承揽人提供的材料构成工作成果的主要部分时,当事人之间方须进行所有权的转移。

4. 工作成果的瑕疵担保义务

承揽人负有对工作成果的瑕疵担保义务。承揽人所完成的工作成果应符合合

---

① 《合同法》第 141 条规定:"出卖人应当按照约定的地点交付标的物。当事人没有约定交付地点或者约定不明确,依照本法第六十一条的规定仍不能确定的,适用下列规定:(一)标的物需要运输的,出卖人应当将标的物交付给第一承运人以运交给买受人;(二)标的物不需要运输,出卖人和买受人订立合同时知道标的物在某一地点的,出卖人应当在该地点交付标的物;不知道标的物在某一地点的,应当在出卖人订立合同时的营业地交付标的物。"

同中约定的质量标准和要求。若不符合标准和要求的,或使工作成果的价值减少或不符合通常效用的,承揽人应承担瑕疵担保责任,定作人可要求承揽人承担修理、重作、减少报酬、赔偿损失等违约责任。如工作成果依其性质在短期内难以发现瑕疵,或者是工作成果存在隐蔽瑕疵的,定作人可于验收受领后的相当期限内请求承揽人承担责任。

5. 接受检查监督的义务

承揽人在工作期间,定作人可以对承揽人的工作进行必要的检验和监督,承揽人不得拒绝其检验和监督。如果发现承揽人使用不合格的材料,承揽人有义务调换;如果发现定作物质量违反约定的,承揽人有义务依照定作人的要求采取补救措施。当然定作人不能因监督检查而妨碍承揽人的正常工作,若因此给承揽人造成损失的,应当承担赔偿损失的责任。

6. 保密义务

定作人对承揽的工作提出保密要求的,承揽人有义务为其保密,在工作完成后,承揽人应将涉密的图纸和技术资料等一并返还定作人,不得留存,不得以任何方式泄露秘密,否则应承担违约责任。因其违反此义务给定作人造成损失的,定作人还可以向其请求损害赔偿。

(二)定作人的义务

1. 支付报酬的义务

向承揽人支付报酬是定作人最基本的义务。这里的"报酬"包括承揽人的工作报酬、承揽人提供材料时的材料费、定作人提供材料时或其迟延接受时承揽人的保管费用等。定作人应当按照约定的期限支付报酬。对支付报酬的期限没有约定或者约定不明确,依照《合同法》第61条的规定仍不能确定的,定作人应当在承揽人交付工作成果时支付;工作成果部分交付的,定作人应当相应支付。定作人迟延交付报酬的,应向承揽人支付迟延期间的利息。定作人拒不支付报酬的,承揽人对定作人享有所有权的工作成果可以依法留置,并以留置权担保其报酬请求权。

2. 协助义务

承揽工作需要定作人协助的,定作人有协助的义务。按照承揽合同的约定应由定作人提供材料、设计图纸、技术要求、样品、工作场所及承揽人完成工作所需的生活条件和工作环境的,定作人应当及时提供。如提供的材料有误、不符合要求,应及时更换、补齐。定作人不履行协助义务,构成违约行为的,承揽人可以确定合理期限催促其履行。如其逾期仍不履行的,承揽人有权解除合同。

3. 受领工作成果的义务

定作人在受领工作成果的同时,有义务对工作成果进行验收,并接受符合合同约定的工作成果。定作人不得无故迟延受领,定作人如无正当理由受领迟延的,承揽人可请求其受领并支付相应的报酬和费用,包括违约金、保管费用等,也可以向公证机关提存工作成果。因受领迟延而发生工作成果毁损灭失的风险,应由定作人承担。

四、承揽合同中的风险负担

(一)材料的风险负担

材料的风险负担是指在承揽合同中,定作人或者承揽人所提供的材料一旦由于不可归责于双方当事人的事由毁损、灭失所造成的损失由何方负担。承揽合同中,材料毁损、灭失的风险负担原则上由材料的所有人负担,当事人另有约定的除外。即材料系由定作人提供的,发生意外灭失风险的责任由定作人承担;材料系由承揽人提供的,发生意外灭失风险的责任由承揽人承担。这一点与各国民法典的规定相一致,承揽人不承担定作人提供材料的意外风险。①

(二)工作成果的风险负担

工作成果的风险负担,是指承揽人已完成的工作成果一旦由于不可归责于双方当事人的事由毁损、灭失,工作成果本身所遭受的损失由何方负担。工作成果的风险负担应视工作成果是否需要实际交付而定。若工作成果须实际交付的,工作成果的风险在交付以前由承揽人承担,在交付以后由定作人承担,但因定作人的受领迟延导致工作成果未交付的,则工作成果的风险应由定作人承担。若工作成果无须实际交付的,工作完成之前发生的风险由承揽人承担,工作完成后发生的风险由定作人负担。但不管何种交付方式,若当事人对风险的承担有特别约定的,则按照合同的约定来承担风险。

第二节 建设工程合同

一、建设工程合同的概念和特征

建设工程合同,通常又称为基本建设工程合同,是指承包人进行工程建设,发包人支付价款的合同。建设工程合同依其内容不同,又分为工程勘察、设计、施工、监理合同。建设工程合同是在承揽合同的基础上发展起来的,两者具有一定的相

---

① 如《德国民法典》第644条第1款第3项规定:"承揽人对定作人所供给材料的意外灭失或意外毁损,不负其责任。"

同的特征,如两者均为诺成合同、双务合同及有偿合同;都是当事人一方按照另一方的要求完成一定工作成果,并由另一方支付报酬的合同。因此,我国《合同法》第287条对建设工程合同的法律适用问题作出了规定,建设工程合同没有规定的,适用承揽合同的有关规定。但作为一种独立的合同类型,建设工程合同与承揽合同相比较仍有其特殊之处,表现在:

1.建设工程合同的标的是建设工程项目。建设工程合同的标的只能是基本建设工程而不能是其他的事物。通常是建筑物、地下设施、附属设施的建筑,以及对线路、管道、设备进行的安装建设等。正由于建设工程合同的标的是基本建设工程,而基本建设工程本身有着特殊的要求和意义,建设工程合同才成为与承揽合同不同的一类合同。

2.建设工程合同的主体应具备相应的条件。建设项目往往投资多,具有工作量大、技术复杂、综合性强等特点,因此,建设工程合同的双方当事人的主体资格是有限制的,发包人只能是经过批准建设工程的法人,承包人也只能是具有从事勘察、设计、建筑、安装资格的法人。承包人未取得建筑施工企业资质或者超越资质等级的或者没有资质的实际施工工人借用有资质的建筑施工企业名义的,那么其所订立的建设工程施工合同无效。[①] 承揽合同的主体则没有限制,可以是公民个人,也可以是法人。故个人为建设个人住房而与其他公民或建筑队签订的合同,不属于建设工程合同,而是承揽合同。

3.建设工程合同具有较强的计划性和国家管理性。有的建设工程合同的标的物为国家的基本建设项目,由于基本建设项目本身的特殊性和在国民经济中的重要地位和作用,因此需要国家对建设项目实行计划控制。对于国家重大建设工程合同,应当按照国家规定的程序和国家批准的投资计划、可行性研究报告等文件订立。建设工程因涉及基本建设规划,承包人所完成的工作成果不仅具有不可移动性(其标的物一般为不动产),而且须长期存在并发挥效用,事关国计民生。因此,国家实行严格的监督和管理。对于承揽合同国家一般不予特殊的监督和管理。

4.建设工程合同的要式性和程序性。建设工程合同应当采用书面形式(《合同法》第270条)。这是国家对基本建设进行监督管理的需要,也是由建设工程合同履行的特点所决定的。因此,建设工程合同是要式性合同。建设工程合同应按照国家规定的程序进行,未经立项,没有计划任务书,则不能签订勘察设计合同;没有完成勘察设计工作也不能签订施工合同。总之各阶段的工作之间有一定的严密程序。而承揽合同是不要式合同,且并未对其程序作出特别的要求。

---

① 参见 2005 年 1 月 1 日实施的最高人民法院《关于审理建设工程施工合同纠纷案件适用法律问题的解释》第 1 条的规定。

二、建设工程合同的订立

(一)建设工程合同订立的方式

建设工程合同的订立,可以采取协议的方式,也可以采用招标投标方式。建设工程采用招标投标,有利于缩短工期,节省投资,有利于施工企业改进经营管理,确保工程质量,有利于建筑市场合理有序的竞争局面的形成和培育,有利于减少和防止国有资产的流失,故建设工程合同一般采用招标投标方式订立。① 法律规定必须采用招标投标方式订立建设工程合同的,任何单位和个人不得将此类项目化整为零或者以其他任何方式规避招标。建设工程必须进行招标而未招标或者中标无效的,建设工程施工合同无效。依据《合同法》和《招标投标法》的规定,招标投标活动应当遵循公开、公平、公正和诚实信用的原则。

建设工程合同主要采取两种形式:(1)建设工程总承包合同。建设工程总承包合同是指发包方与承包方就整个建设工程从勘察、设计到施工签订总承包协议,由承包方对整个建设工程负责。(2)建设工程分别承包合同。建设工程分别承包合同是指由发包方分别与勘察人、设计人、施工人签订勘察、设计、施工合同,各承包方分别对建设工程的勘察、设计、建筑、安装阶段的质量、工期、工程造价等负责。发包人不得将应当由一个承包人完成的建设工程肢解成若干部分发包给几个承包人,以保证工程的建设质量。

(二)建设工程合同的主要内容

1.勘察、设计合同的主要内容

勘察、设计合同是勘察合同和设计合同的统称,系指工程的发包人或承包人与勘察人、设计人之间订立的,由勘察人、设计人完成一定的勘察设计工作,发包人或承包人支付相应价款的合同。根据《合同法》的规定,勘察、设计合同的内容大致包括:

(1)建设工程名称、规模、投资额、建设地点。

---

① 1992年12月30日建设部《工程建设施工招标投标管理办法》第2条规定,凡政府和公有制企业、事业单位投资的新建、改建、扩建和技术改造工程项目的施工除某些不适宜招标的特殊工程外,均应实行招标投标。

2000年1月1日《中华人民共和国招标投标法》第3条第1款规定:"在中华人民共和国境内进行下列工程建设项目包括项目的勘察、设计、施工、监理以及与工程建设有关的重要设备、材料等的采购,必须进行招标:(一)大型基础设施、公用事业等关系社会公共利益、公众安全的项目;(二)全部或者部分使用国有资金投资或者国家融资的项目;(三)使用国际组织或者外国政府贷款、援助资金的项目。"

（2）勘察人的勘察范围、进度、质量，设计人的设计要求、进度、质量、设计文件份数。

（3）勘察费、设计费的支付。

（4）建设单位提供基础资料的内容、技术要求及期限。

（5）双方相互协作条款。

2. 建设施工合同的主要内容

建设施工合同是指发包人（建设单位）和承包人（施工单位）为完成商定的建筑施工工程，明确相互权利义务关系的协议。根据《合同法》的规定，建设施工合同的内容大致包括：

（1）工程名称、地点。

（2）工程范围的内容。

（3）设计文件、技术资料等的提供。

（4）材料和设备的供应和进场期限。

（5）建设工期、中间交工工程的开工和竣工时间。

（6）工程造价、拨款和结算时间。

（7）工程质量要求及交工验收的办法。

（8）工程质量保修范围和质量保证期。

（9）双方相互协作条款。

3. 建设工程监理合同的主要内容

建设工程监理制度开始于1988年，是我国保证工程质量的一项重要制度。建设工程监理，有利于保证工程质量，工期和成本的控制，实现建设速度与效益并举。目前，我国的建设工程监理包括政府监理、社会监理和建设单位自行监理三类。政府监理是指政府建设主管部门对建设单位的建设行为实行的强制性监理和对社会监理单位实行的监督管理，政府机构的监理行为是其履行职责的表现。社会监理是指社会监理单位（如工程建设监理公司或工程建设监理事务所）接受建设单位的委托，对工程建设实施的监理，社会监理的运用最为普遍。建设单位自行监理是指建设单位委派本单位和工作人员对工程建设亲自监督检查，建设单位自行监理是尽自身管理义务的表现。政府监理和建设单位自行监理均无须进一步采用合同形式予以约定。故建设工程监理合同主要是针对社会监理而言。

我国《合同法》规定，建设工程实行监理的，发包人应当与监理人采用书面形式订立委托监理合同。发包人与监理人的权利和义务以及法律责任，应当依照本法委托合同以及其他有关法律、行政法规的规定。建设工程监理合同的内容大致包括：（1）工程名称。即发包人委托监理单位实施监理的工程的名称。（2）工程地点。即所监理的工程所在的具体位置、地点。（3）监理职责。即监理单位应对发包人承担的义务。（4）监理费用及其支付方式。监理合同双方应明确约定监理单位取得监理酬金的数额、时间、方式等。

Law

(三)建设工程合同的分包

建设工程合同的分包是指总承包人或者勘察、设计、施工承包人经发包人同意,将自己承包的部分工作交由第三人完成的行为。在建设工程合同分包中,分包人就其完成的工作成果与总承包人或者勘察、设计、施工承包人向发包人承担连带责任。在分包的过程中,还需注意:

(1)禁止承包人将工程分包给不具备相应资质条件的单位。

(2)禁止分包单位将其承包的工程再分包。

(3)禁止承包人将建设工程主体结构的施工任务分包。

转包与分包不同,转包是指承包人在承包工程后,又将其承包的工程建设任务转让给第三人,转让人退出承包关系,受让人成为承包合同的另一方当事人的行为。实践中,常见的转包行为有两种形式:一种是承包单位将其承包的全部建设工程转包给别人,另一种是承包单位将其承包的全部建设工程肢解以后以分包的名义分别转包给他人即变相的转包。由于转包容易使不具有相应资质的承包者进行工程建设,以致造成工程质量低下、建设市场混乱,所以我国法律、行政法规均作了禁止转包的规定。不论何种形式,都是法律所不允许的,即承包人转包工程的行为无效。[①]

三、建设工程合同的效力

(一)工程勘察、设计合同的效力

1. 发包人的主要义务

第一,按照约定向承包人提供开展勘察、设计所需的基础资料、技术要求,并对提供的时间、进度和资料的可靠性负责。逾期不提供相关资料或提供的资料有误,致使勘察人、设计人不能按照约定完成工作的,勘察人、设计人不承担责任。

第二,按照约定和国家规定向勘察人、设计人支付勘察费、设计费。发包人未按合同约定的方式、标准、期限支付勘察费、设计费的,应当承担迟延付款的违约责任。

第三,按照约定提供必要的协作条件。勘察人和设计人进入现场作业或配合

[①]　2005 年 1 月 1 日实施的最高人民法院《关于审理建设工程施工合同纠纷案件适用法律问题的解释》第 4 条规定:"承包人非法转包、违法分包建设工程或者没有资质的实际施工人借用有资质的建筑施工企业名义与他人签订建设工程施工合同的行为无效。"第 8 条第 4 款又规定:承包人将承包的建设工程非法转包、违法分包的,发包人请求解除建设工程施工合同的,应予支持。

施工时,发包人应协助其工作并负责提供必要的工作条件和生活条件。

第四,维护勘察成果、设计文件。勘察成果和设计文件是工程项目建设的重要依据,发包人不得擅自修改。同时勘察成果和设计文件凝聚了勘察人和设计人的智慧创作,未经勘察人、设计人的同意不得擅自将勘察成果、设计文件转让给第三人使用,否则,构成对勘察人、设计人权利的侵犯。

2.勘察人、设计人的主要义务

第一,按照约定按期完成勘察、设计工作并向发包人提交勘察成果、设计文件。勘察人应当按国家规定和合同约定的标准、规范和技术条例,进行工程测量、工程地质和水文地质等勘察工作,并按照约定的进度和质量提交勘察成果。设计人应当按照批准的设计任务书或上一阶段设计的批准文件、有关设计技术协议文件、设计标准、设计规范、规程、定额等进行设计工作,并按约定的进度和质量完成设计任务。

第二,保证勘察成果、设计文件的质量。勘察人、设计人对其完成和交付的勘察成果、设计文件应负瑕疵担保责任。勘察设计的质量不符合要求,包括勘察设计的质量没有达到合同的要求或者勘察设计的质量不符合法律、法规的强行性标准,给发包人造成损失的,由勘察人、设计人继续完善勘察、设计;减收或者免收应得的勘察、设计费并赔偿损失。

第三,按照约定提供协助的义务。设计人对其所承担设计任务的建设项目应配合施工单位,进行设计交底,解决施工过程中有关设计的问题,负责设计变更和修改预算,参加试车考核及工程竣工验收等。

(二)工程施工合同的效力

1.发包人的主要义务

第一,按照约定做好施工前的准备工作。施工前的准备工作是整个工程建设的重要组成部分,关系到工程建设能否顺利进行乃至工程质量的优劣。准备工作一般包括:办理正式工程和临时设施范围内的土地征用、租用;申请施工许可证执照和占道、爆破及临时铁道专用线接岔许可证;确定建筑物或构建物、道路、线路、上下水道的定位标桩、水准点和坐标控制点;接通现场水源、电源和运输道路,清理施工现场的障碍物;组织有关单位对施工图等技术资料进行审定,并将其提交给承包人等。发包人未按照约定做好施工前准备工作的,承包人可以顺延工程日期,并有权要求赔偿损失。

第二,做好施工中的协助工作。一方面,发包人按照约定的分工范围和时间向承包人提供材料和设备。发包人未按照约定的时间和要求提供原材料、设备,或提供的材料和设备存在瑕疵,致使承包人停工等料或者导致工程质量下降的,发包人应承担责任。另一方面,发包人应派驻地代表,对工程进度、工程质量进行必要的监督,检查隐蔽工程,办理中间交工工程验收手续,负责签证,解决应由发包人解决的问题及其他需要协助的事项。

第三,做好竣工后的验收工作。在工程完成时,发包人应当按照约定组织竣工验收,对验收合格的工程应及时接收。发包人对未经验收的工程提前使用和擅自动用的,发现质量问题的,由发包人自行负责。

第四,按照约定支付工程价款。发包人对竣工验收合格的工程,应当按照合同约定向承包人支付工程价款。发包人未按照约定支付价款的,承包人可以催告发包人在合理期限内支付价款。发包人逾期不支付的,除按照建设工程的性质不宜折价、拍卖的以外,承包人可以与发包人协议将该工程折价,也可以申请人民法院将该工程依法拍卖。该工程折价或者拍卖的价款应优先清偿建设工程的价款。①

2.承包人的主要义务

第一,做好施工前的准备工作。承包人应按照约定做好开工前的准备工作,具体包括:施工场地的平整,施工界区内的用水、用电、道路以及临时设施的施工;编制施工组织设计(或施工方案);按照双方商定的分工范围,做好材料和设备的采购、供应和管理;向发包人提出应由发包人供应的材料、设备的计划。

第二,严格按照施工图与说明图进行施工,以确保工程质量。承包人应按照合同约定的开工时间按时开工。承包人应按照约定提出开工通知书、施工进度报告、施工平面布置图表等。在施工过程中承包人应提供月份作业计划、月份施工统计报表、工程事故报告等。在施工中,承包人须严格按照施工图及说明书进行施工,承包人对于发包人提供的施工图及其他技术资料,不得擅自修改。

第三,接受发包人的监督检查。工程的进度、质量对发包人的利益影响较大,故承包人有义务接受发包人对工程进度和工程质量的必要监督,在不妨碍正常作业的情况下,对发包人的监督检查应予以支持和协助,不得拒绝。在隐蔽工程隐蔽

---

① 参见2002年6月27日施行的《最高人民法院关于建设工程价款优先受偿权问题的批复》关于优先受偿权的行使条件、行使方式、行使范围及优先顺序等内容的规定。

《合同法》出台后,理论界对于建设工程价款优先受偿的权利的性质,有三种不同的观点:第一种观点认为,其性质为留置权。认为建设工程合同属于特殊承揽合同的性质,它是一方按照合同约定占有对方的财产,对方不按照合同约定支付价款,占有人有权留置该财产。此观点是错误的。因为留置权本身是法定的,不存在约定的留置权,且通常以动产为标的,而建筑工程作为不动产,不能作为留置权的标的。第二种观点认为其性质为法定抵押权。此观点欠妥。因为此项权利与《担保法》对抵押权的界定显然不同,抵押物只有经过登记,才具有公示作用,才具有对抗第三人的效力。如果解释为法定抵押权,却不需要登记,如何对抗第三人呢?且根据我国担保法的规定,抵押权只有通过约定才能产生。第三种观点认为其性质为优先权。所谓优先权,是指由法律直接规定的特种债权的债权人享有的优先受偿的权利。优先权是法定的,不需要登记就可以对抗第三人。《最高人民法院关于建设工程价款优先受偿权问题的批复》第4条已明确采纳了"优先权"的概念,并明确规定建设工程的承包人的优先受偿权优于抵押权和其他债权。这一解释与我国《破产法》第37条、《海商法》第21条等法律规定的优先权概念相一致。将工程价款优先受偿权的性质确定为优先权是有依据的,同时也避免了法律规定上的冲突。

之前,承包人应当通知发包人检查。

第四,按期交工,并对建设工程质量承担瑕疵担保责任。承包人应当按照合同约定的时间如期完工并交付工程。承包人于竣工后、交工前应负责保管工程并清理施工现场,依照约定提交竣工验收技术资料,并通知发包人验收工程,办理工程竣工结算和参加竣工验收工作。承包人对承建的工程质量负有瑕疵担保责任。在工程质量保证期内,工程的所有权人或使用权人发现工程瑕疵的,有权要求施工人在合理的期限内修理或者返工、改建。

第三节　运输合同

一、运输合同的概念

(一)运输合同的概念和法律特征

运输合同,又称运送合同,是指承运人将旅客或者货物从起运地点运输到约定地点,旅客、托运人或者收货人支付票款或者运输费用的合同。运输合同具有以下法律特征:

1.运输合同的标的是运送行为。运输合同属于提供劳务类合同,以运输货物或者旅客为直接目的,其标的不是被运输的货物或者旅客,而是运送行为本身。与承揽合同不同,运输合同提供的是运输服务,而不是完成某项工作成果。

2.运输合同通常是有偿合同。在运输合同中,承运人负有将旅客或货物运送到约定地点的义务,旅客或托运人负有按照规定支付票款或运费的义务,双方义务互为对价关系,故运输合同是有偿合同。但作为例外情形,运输合同也有无偿的情况,如允许未达到一定高度的小孩免费搭乘等。

3.运输合同多为格式合同。运输合同的承运人为从事客货运输营业的人。合同的主要条款、当事人的权利义务及责任基本上是由专门法规调整。合同的格式、旅客的车票、行李单、包裹单、货运单、提单等是统一印制的,运费一般也是执行统一的规定,因而,运输合同多为格式合同。当然,这并不排除有的运输合同不采用格式合同的形式,而由双方协商订立。

4.强制缔约性。根据《合同法》第289条的规定,从事公共运输的承运人不得拒绝旅客、托运人通常、合理的运输要求。法律之所以这样规定,其目的是衡平作为弱者的社会公众与往往处于垄断经营地位的运输单位之间的利益。这表明,对从事公共运输的承运人而言,运输合同的缔结过程具有强制性,法律限制了从事公共运输的承运人可以自由承诺或不承诺的选择权利,只要旅客或托运人决定签订运输合同,公共运输的承运人无正当理由不得拒绝签订合同和提供服务。

(二)运输合同的分类

运输合同范围广泛,种类繁多,采用不同的标准,可对运输合同作不同的分类:

1.以运输的对象为标准,可将运输合同分为旅客运输合同和货物运输合同。旅客运输合同也称客运合同,又可分为铁路客运、公路客运、水路客运和航空客运合同。货物运输合同又可分为普通货物运输,特种货物、危险货物运输合同。

2.以运输工具为标准,运输合同可分为铁路运输合同、公路运输合同、航空运输合同、水上运输合同、海上运输合同及管道运输合同等。

3.以运输方式为标准,运输合同可分为单一运输合同和联合运输合同。单一运输是以一种运输工具进行的运送。联合运输是以两种以上的运输工具进行的同一运送行为。

除上述分类外,还可按照运输的距离为标准,将运输合同分为短途运输合同、中途运输合同和长途运输合同等。

二、客运合同

(一)客运合同的概念和特征

客运合同,又称旅客运输合同,是承运人与旅客关于承运人将旅客及其行李安全运送到目的地,旅客为此支付运费的协议。客运合同为运输合同的一种,当然具备运输合同的一般特征,同时,客运合同又具有如下法律特征:

1.客运合同的标的为运输旅客的行为。旅客本身是运输合同的一方当事人。客运合同与旅游合同有许多相似之处,但其内容不尽相同。旅游合同的标的除了将旅游者运至一定地点的行为外,还包括向旅游者提供食宿、导游服务。

2.客运合同通常采用票证形式。客运合同的订立,往往是通过旅客的购票行为和承运人的售票行为结合而成,各种车票、船票、机票即客运合同的表现形式。此时,客运合同自承运人向旅客交付客票时成立。但有时,按照当事人的约定或者依照交易习惯旅客先上车、船后买票(或补票),于此情形下,客运合同是自旅客上车、船时成立。

(二)客运合同的效力

1.旅客的主要义务

第一,支付票价和行李运费的义务。旅客的这一义务往往于合同订立时即已履行完毕,但旅客于检票时须向承运人提交有效客票才能乘运。旅客无票乘运、超程乘运、越级乘运或者持失效客票乘运的,应当补交票款,承运人可以按照规定加收票款。旅客不交付票款的,承运人可以拒绝承运。

第二，按照规定携带行李的义务。携带行李是旅客的一项权利，但旅客在运输过程中应当按照旅客运输规则的规定限量携带行李，超过限量携带行李的，应当办理托运手续。旅客不得随身携带或者在行李中夹带易燃、易爆、有毒、有腐蚀性、有放射性以及有可能危及运输工具上人身和财产安全的危险物品或者其他违禁物品。旅客违反上述规定的，承运人可以将违禁物品卸下、销毁或者送交有关部门。旅客坚持携带或者夹带违禁物品的，承运人应当拒绝运输（《合同法》第 296 条至第 297 条）。

第三，爱护运输工具和有关设施的义务。旅客应正确使用承运人提供的运输工具和相关设施，由于旅客的原因损坏运输设施的，旅客应承担赔偿责任。

2.承运人的主要义务

第一，按约定运送的义务。承运人应当按照客票载明的时间和班次运输旅客。承运人迟延运输的，应当根据旅客的要求安排改乘其他班次或者退票。承运人擅自变更运输工具而降低服务标准的，应当根据旅客的要求退票或者减收票款；提高服务标准的，不应当加收票款。旅客因自己的原因不能按照客票记载的时间乘坐的，应当在约定的时间内办理退票或者变更手续。逾期办理的，承运人可以不退票款，并不再承担运输义务。

第二，安全运送的义务。承运人应免费运送旅客携带的一名儿童。承运人负有安全地将旅客（包括其携带的儿童、行李）送达目的地的义务。对旅客（包括正常购票的旅客，按照规定免票、持优待票或者经承运人许可搭乘的无票旅客）在运输过程中的伤亡，承运人应承担损害赔偿责任，但伤亡是旅客自身健康原因造成的或者承运人证明伤亡是旅客故意、重大过失造成的除外。承运人在运输过程中对旅客自带物品的毁损、灭失有过错的，应当承担损害赔偿责任。

第三，告知和提供方便条件的义务。在旅客运输合同履行过程中，旅客对于该合同有关的事项或疑问，承运人应如实予以告知。承运人应当向旅客及时告知有关不能正常运输的重要事由和安全运输应当注意的事项。在运输途中，承运人有义务为旅客提供必要的设施和生活服务。如供水、供餐、供电、供卫生间等。

第四，救助的义务。承运人在运输过程中，应当尽力救助患有急病、分娩、遇险的旅客。如果承运人对患有急病、分娩、遇险的旅客不予救助，应当承担相应的民事责任。

三、货运合同

（一）货运合同的概念和特征

货运合同，又称货物运输合同，是指承运人将托运人交付运输的货物运送到约定地点，托运人支付运费的合同。与客运合同相比，货运合同具有以下法律特征：

1. 货运合同往往涉及第三人。货运合同由托运人与承运人双方订立,托运人与承运人为合同的当事人,但托运人既可以为自己的利益托运货物,也可以为第三人的利益托运货物。实践中,收货人往往是托运人以外的第三人,此时的收货人虽不是合同的当事人,却是合同的利害关系人。而客运合同的当事人一般只有承运人和旅客双方。

2. 履行过程的特殊性。虽然货运合同与客运合同都是以承运人的运送行为为标的,但是,客运合同中承运人将旅客运输到目的地,义务即履行完毕;而货运合同中,承运人将货物运输到目的地,还须将货物交付给收货人,其义务方为履行完毕。

(二)货运合同的效力

1. 托运人的主要义务

第一,如实申报的义务。申报有关货物运输情况是承运人履行义务的前提。故托运人办理货物运输,应当向承运人准确表明收货人的名称或者姓名或者凭指示的收货人,货物的名称、性质、重量、数量,收货地点等有关货物运输的必要情况。因托运人申报不实或者遗漏重要情况,造成承运人损失的,托运人应当承担损害赔偿责任。

第二,支付运费和其他相关费用的义务。托运人或者收货人应当承担按照约定支付运费的义务,国家对运费本身在较长时期内均有稳定的规定,运输合同应当执行统一规定的运费。承运人不得违反国家规定收取运费。另外,对货物运输中的杂费,也属于托运人或收货人应交付款额范围之列。除当事人另有约定外,托运人或者收货人不支付运费以及其他应交的运输费用,承运人对相应的运输货物享有留置权。货物在运输过程中因不可抗力灭失,未收取运费的,承运人不得要求支付运费;已收取运费的,托运人可以要求返还。

第三,按照约定提供托运货物的义务。托运人应当按照合同约定的时间和标准提供托运的货物,货物运输需要办理审批、检验等手续的,托运人应当将办理完有关手续的文件提交承运人。

第四,包装的义务。对于一般货物,托运人可按照约定的方式包装货物。对包装方式没有约定或者约定不明确的,应当按照国家包装标准或者行业包装标准进行,没有国家或行业包装标准的,应当按照能够使货物安全运输的方法进行包装。对于危险物品,如易燃、易爆、有毒、有腐蚀性、有放射性等危险物品的托运,托运人应当按照国家有关危险物品运输的规定对危险物品妥善包装,作出危险物标志和标签,并将有关危险物品的名称、性质和防范措施的书面材料提交承运人。托运人违反上述义务的,承运人可以拒绝运输,也可以采取相应措施以避免损失的发生,因此产生的费用由托运人承担。

2. 承运人的主要义务

第一,将货物安全送达目的地的义务。承运人应按照约定的要求配发运输工具,将托运人的货物及时安全地运送到目的地并交付给收货人。承运人对运输过程中货物的毁损、灭失承担损害赔偿责任,但承运人证明货物的毁损、灭失是因不可抗力、货物本身的自然性质或者合理损耗以及托运人、收货人的过错造成的,不承担损害赔偿责任。至于货物的毁损、灭失的赔偿额,当事人有约定的,按照其约定;没有约定或者约定不明确的,当事人可以协议补充,不能达成补充协议的,按照合同有关条款或者交易习惯确定。仍不能确定的,按照交付或者应当交付时货物到达地的市场价格计算。法律、行政法规对赔偿额的计算方法和赔偿限额另有规定的,依照其规定。

第二,及时通知的义务。承运人将货物运输到目的地后,承运人知道收货人的,应当及时通知收货人,以便收货人提取货物。在收货人领取之前承运人负有妥善保管货物的义务。若因承运人通知迟延导致货物毁损的,承运人应承担赔偿责任。若因收货人不明或收货人拒绝受领货物的,承运人应当请求托运人在相当的期限内就运输货物的处分给予指示。托运人在相当的期限内未给予指示或者其指示事实上不能实行时,承运人可以对托运货物予以提存。

3.收货人的主要义务

第一,及时提货的义务。收货人应当及时提货,提货时应当将提单或者其他提货凭证交还给承运人。收货人逾期提货的,应当向承运人支付保管费等费用。收货人无正当理由拒绝受领货物,承运人可以提存运输的货物,由提存所产生的权利义务及费用由收货人享受和承担。

第二,验货的义务。收货人提货时,有对货物及时进行验收的义务。收货人应当按照约定的期限检验货物。对检验货物的期限没有约定或者约定不明确的,当事人可以协议补充,不能达成协议的,按照合同有关条款或者交易习惯确定。仍不能确定的,应当在合理期限内检验货物。收货人在约定的期限或者合理期限内对货物的数量、毁损等未提出异议的,视为承运人已经按照合同约定履行了义务。

第三,按照约定支付运费的义务。运费通常是由托运人在发站向承运人支付,但若合同约定由收货人在到站支付或者托运人未支付的,则收货人应当支付。在运输中发生的其他费用,应由收货人支付的,收货人也必须支付。

四、联运合同

联运合同,义称联合运输合同,是指当事人约定由两个或两个以上的承运人通过衔接运送,用同一凭证将货物运送到指定地点,托运人支付运输费用而订立的协议。联运合同包括单式联运合同和多式联运合同。

(一)单式联运合同

单式联运合同,是指当事人约定由两个以上承运人以同一种运输方式将货物运至约定地点,托运人支付运费的货物运输合同,两个以上承运人以同一运输方式联运的,与托运人订立合同的承运人应当对全程运输承担责任。损失发生在某一运输区段的,与托运人订立合同的承运人和该区段的承运人承担连带责任。

(二)多式联运合同

多式联运合同是指多式联运经营人与托运人订立的,约定以两种或者两种以上的不同运输方式,采用同一运输凭证将货物运输至约定地点的货物运输合同。签订多式联运合同须注意以下问题:

1.联运单据的签发和转让。多式联运单据是确认当事人权利、义务的重要依据,也是确定当事人联运合同关系的凭证。多式联运经营人收到托运人交付的货物时,应当签发多式联运单据。按照托运人的要求,多式联运单据可以是可转让单据,也可以是不可转让单据。因托运人托运货物时的过错造成多式联运经营人损失的,即使托运人已经转让多式联运单据,托运人仍然应当承担损害赔偿责任。

2.联运合同承运人的责任承担。多式联运经营人负责履行或者组织履行多式联运合同,对全程运输享有承运人的权利,承担承运人的义务。多式联运经营人可以与参加多式联运的各区段承运人,就多式联运合同的各区段运输约定相互之间的责任,但该约定不影响多式联运经营人对全程运输承担的义务。货物的毁损、灭失发生于多式联运的某一运输区段的,多式联运的经营人的赔偿责任和责任限额,适用调整该区段运输方式的法律规定。

第四节　保管合同

一、保管合同的概念

保管合同,又称寄存合同,是指一方当事人保管另一方当事人交付的物品,并按约定的期限返还该物品的合同。其中委托保管的一方称为寄存人,为他提供保管劳务的一方称为保管人。理论上,将保管合同分为一般的保管合同和仓储保管合同,但合同法的保管合同单指一般的保管合同,不包括仓储保管合同。本节介绍内容专对一般保管合同而言。保管合同具有如下法律特征:

第一,保管合同是以对物品的保管为目的。保管合同订立的直接目的是由保管人保管物品,而非以保管人获得保管物品的所有权为目的。因此,保管合同只需转移保管物的占有由保管人实际控制,不转移保管物的所有权。保管合同的标的表现为保管人的保管行为,保管人只对保管物进行保护、看管以及维持保管物的现状。除当事人事先约定外,保管人不得对保管物进行利用和改造。保管合同的这一特征使得保管合同与买卖、租赁、借用、赠与等合同区别开来。

第二,保管合同是实践合同。保管合同的成立不仅需要当事人双方一致的意思表示,且还需寄存人实际交付保管的物品于保管人,可见,保管合同为实践合同,交付保管物是保管合同的成立要件。作为例外,当事人可以约定保管合同自双方意思表示一致时成立,此时保管合同为诺成合同。

第三,保管合同是不要式合同,可以是无偿也可以是有偿合同,是双务合同。法律和行政法规对保管合同的形式未作要求,故保管合同是不要式合同。在通常情形下,保管合同为无偿合同,但当事人可以对保管费用加以约定,在明确约定保管费的前提下,该保管合同即为有偿合同。不管保管合同是有偿合同还是无偿合同,保管合同的双方当事人均负一定的义务,在无偿保管合同中,保管人仍须负担保管人因保管所支出的必要费用。故保管合同为双务合同。

二、保管合同的效力

(一)保管人的义务

1.交付保管凭证的义务。根据《合同法》第 368 条的规定:"寄存人向保管人交付保管物的,保管人应当给付保管凭证,但另有交易习惯的除外。"保管凭证起到证明保管合同成立的作用,也是寄存人届时领取保管物的书面凭证。因此,除另有交易习惯外,寄存人在寄存保管物品后,保管人须开具交付凭证。

2.保管保管物的义务。妥善保管是保管人承担的一项最基本的义务。法律规定保管人此项保管义务的含义主要表现在:第一,妥善保管保管物的义务。保管人应当妥善保管保管物,即对保管物应尽到相当的注意,应当与处理自己事务或保管自己物品的注意程度相同。若合同约定了保管场所或者方法的,除紧急情况或者为了维护寄存人利益以外,保管人不得擅自改变保管场所或者方法。保管期间,因保管人保管不善造成保管物毁损、灭失的,保管人应当承担损害赔偿责任,但如果保管是无偿的,保管人证明自己没有重大过失的,不承担损害赔偿责任。第二,亲自保管的义务。保管合同的成立往往基于寄存人对保管人的信任,故保管人应当亲自为寄存人提供保管劳务,除当事人另有约定以外,保管人不得将保管物转交第三人保管。保管人将保管物品擅自转由第三人保管,造成保管物损失的,保管人应当承担损害赔偿责任。第三,不得使用或者许可第三人使用保管物的义务。保管合同只转移保管物的占有权能,而未转移使用权能,因此,保管人不得使用或者许可第三人使用保管物,但当事人另有约定保管人可以使用的情形除外。

3.危险通知的义务。当保管物因第三人或自然原因面临可能会失去的危险时,保管人应当及时将危险通知寄存人。若第三人对保管物主张权利的,除依法对保管物采取保全或者执行以外,保管人应当履行向寄存人返还保管物的义务;若第三人提起诉讼或者对保管物申请扣押时,保管人应当及时通知寄存人,以便寄存人能够及时参加诉讼或对扣押提出异议,或请求其他保护方法。

4.及时返还保管物的义务。在保管合同期限届满或者终止时,保管人应及时将保管物归还寄存人。当事人对保管期间没有约定或者约定不明确的,保管人可以随时要求寄存人领取保管物;约定保管期间的,保管人无特别事由,不得要求寄存人提前领取保管物。但寄存人可以随时领取保管物,若因此给保管人造成损失的,寄存人应予以补偿。保管人在返还保管物时,应当将原物及其孳息一并归还寄存人。保管货币的,可以返还相同种类、数量的货币。保管其他可替代物的,可以按照约定返还相同种类、品质、数量的物品。

(二)寄存人的义务

1.支付保管费和偿还必要费用的义务。在无偿保管合同中,寄存人不承担给付保管费的义务。在有偿保管合同中,寄存人应当按照约定的期限向保管人支付保管费。当事人对支付期限没有约定或者约定不明确的,可以协议补充,达不成补充协议的,可以按照合同的有关条款或交易习惯加以确定,若无法确定的,寄存人应当在领取保管物的同时支付保管费。不论是有偿保管还是无偿保管,寄存人均应支付在保管期间保管人为保管寄存物而支出的必要费用。寄存人未按照约定支付保管费以及其他费用的,除当事人另有约定外,保管人可以留置保管物,并在宽限期后行使留置权以实现自己的利益。

2.告知和声明的义务。若寄存人交付的保管物有瑕疵或者按照保管物的性质需要采取特殊保管措施的,寄存人应当将有关情况告知保管人。保管物本身的性质是指保管物为易燃、易爆、有毒、放射性等危险物品或易腐烂物品的情形。寄存人未告知,致使保管物受损失的,保管人不承担损害赔偿责任。保管人因此受损失的,除保管人知道或者应当知道并且未采取补救措施的以外,寄存人应当承担损害赔偿责任。若寄存人寄存货币、有价证券或者其他贵重物品的,应当向保管人声明,由保管人验收或者封存。寄存人未声明的,该物品毁损、灭失后,保管人可以按照一般物品予以赔偿。

第五节　仓储合同

一、仓储合同的概念

仓储合同,又称仓储保管合同,是指当事人双方约定由保管人储存存货人交付的仓储物,存货人为此支付仓储费的合同。其中,为他人储存货物收取仓储费的是保管人;货物被储存并支付仓储费的是存货人。仓储合同与保管合同具有相似的地方,如两者均是双务合同、不要式合同、只转移保管物的占有、保管人不得使用或

许可第三人使用保管物、由保管人提供保管劳务等。但与保管合同相比,仓储合同具有以下法律特征:

1. 仓储合同的保管人具有特定性。仓储合同的保管人可以是法人、个体工商户、合伙或其他组织,但必须是经国家核准专门设立从事保管业务活动的组织。①保管人具有能够满足储藏和保管物品需要的设施。这是仓储合同主体上的重要特征,也是法律对仓储合同主体的限制。而法律对保管合同的主体一般没有限制。

2. 仓储合同是诺成合同。根据《合同法》第 382 条的规定,仓储合同自成立时生效,而仓储合同自双方意思表示一致时即成立,可见仓储合同不以交付保管的货物为成立要件,是诺成合同。而保管合同在没有特别约定的前提下,为实践合同,交付保管物是保管合同的成立要件。

3. 仓储合同是有偿合同。仓储保管人为存货人提供保管劳务,存货人则应向保管人支付保管报酬,故仓储合同为有偿合同。而保管合同一般为无偿合同,在当事人对保管合同没有约定有偿保管的情形下,均视为无偿保管,无偿是保管原则,有偿只是例外。

二、仓储合同的效力

(一)保管人的义务

1. 给付仓单的义务。仓单是表示一定数量的货物已交付的法律文书,是提取仓储物的凭证,属于有价证券的一种。存货人交付仓储物的,保管人应当给付仓单。仓单应记载下列事项:(1)存货人的名称或者姓名和住所;(2)仓储物的品种、数量、质量、包装、件数和标记;(3)仓储物的损耗标准;(4)储存场所;(5)储存期间;(6)仓储费;(7)仓储物已经办理保险的,应记载其保险金额、期间以及保险人的名称;(8)仓单的填发人、填发地和填发日期。保管人应当在仓单上签字或者盖章,仓单方有效。仓单的效力表现在:其一,受领保管物的效力。在合同约定的领取期限内,提货人出示仓单,保管人应向其返还货物。其二,转移保管物的效力。仓单的性质为记名式的物权证券,可以通过背书转让。我国《合同法》规定,存货人或者仓单持有人在仓单上背书并经保管人签字或者盖章的,可以转让仓储物的所有权。

2. 验收入库的义务。保管人应当按照约定的时间和仓储量,向存货人提供仓位,接受存货人交付储存的货物。在接受仓储物时,应当按照约定的项目、方法、期限对入库仓储物进行验收。保管人验收时发现入库仓储物与约定不符合的,应当

---

① 根据 1985 年《仓储保管合同实施细则》第 3 条的规定,仓储保管合同的保管人必须是经工商行政管理机构核准,依法从事仓储保管业务的法人。

及时通知存货人,要求寄存人予以改正,寄存人在合理期限内不予以改正的,保管人可以拒收仓储物并可以解除合同,并要求赔偿因此造成的损失。保管人验收后,如果出现仓储物的品种、数量、质量不符合约定,保管人应当向存货人或仓单持有人承担损害赔偿责任。

3.保管仓储物的义务。保管仓储物是保管人的主要义务,此义务的含义主要表现在:其一,亲自保管的义务。保管人应将仓储物置于自己的控制之下,利用自己的场所,通过自己的工作,直接完成保管任务,除非遇到特殊情况,并经存货人的同意,才能将仓储物转交第三人保管。其二,妥善保管的义务。保管人应当按照合同约定的储存条件和保管要求,妥善保管仓储物。保管期间,因保管人保管不善造成仓储物毁损、灭失的,保管人应当承担损害赔偿责任。但因仓储物的性质、包装不符合约定或者超过有效储存期造成仓储物变质、损坏的,保管人不承担损害赔偿责任。

4.危险通知义务。保管人对入库的仓储物,一旦发现有变质或者其他损坏,危及其他仓储物的安全和造成正常保管的危险时,应当催告存货人或者仓单持有人作出必要的处置。保管人没有及时履行通知义务的,保管人应对仓储物损失的扩大承担赔偿责任。如果危险情况紧急的,保管人可以作出必要的处置,并在事后将该情况及时通知存货人或者仓单持有人。

5.返还仓储物的义务。在仓储合同的保管期限届满或因其他原因合同终止的,保管人应将仓储物返还给存货人或仓单持有人。但在仓储期间届至之前,保管人不得要求返还。仓储合同当事人对储存期间没有约定或者约定不明确的,存货人或者仓单持有人可以随时提取仓储物,保管人也可以随时要求存货人或者仓单持有人提取仓储物,但应当给对方必要的准备时间。

(二)存货人的义务

1.说明的义务。存货人储存的是易燃、易爆、有毒、有腐蚀性、有放射性等危险物品或者易变质物品的,应当向仓储保管人说明该物品的性质,并提供有关资料。存货人未尽说明等义务的,保管人可以拒收仓储物,也可以采取相应措施以避免损失的发生,因此产生的费用由存货人承担。造成保管人或他人物品毁损、人身伤亡的,存货人应承担赔偿责任。

2.交付仓储费和偿还必要费用的义务。仓储合同是有偿合同,支付仓储费是存货人或仓单持有人的主要义务。保管人为寄存人提供了保管劳务,存货人或仓单持有人须按照仓储合同约定的数额、时间、方式、地点等向保管人支付仓储费。保管人在保管期间为保管仓储物所支出的必要费用,存货人或仓单持有人也应偿还,但如果当事人在合同中明确约定仓储费包括了必要费用的,存货人或仓单持有人不再另行承担。这一必要费用一般包括搬运费、修缮费、保险费、转仓费等。存货人或仓单持有人不按照约定支付上述费用的,保管人可以留置相应的仓储物。

3.领取仓储物的义务。仓储合同对储存期间有明确约定的,储存期间届满,存货人或者仓单持有人应当凭仓单提取仓储物。存货人或者仓单持有人逾期提取的,应当加收仓储费。存货人或者仓单持有人也可以提前领取仓储物,但仓储费和必要费用仍应照常承担。仓储合同当事人对储存期间没有约定或者约定不明确的,存货人或者仓单持有人在通知并给对方必要准备时间的前提下,可以随时提取仓储物。存货人或者仓单持有人不提取仓储物的,保管人可以催告其在合理的期限内提取,超过合理期限仍未提取的,保管人可以向提存机关提存。因此产生的费用和风险由存货人或者仓单持有人承担。

第六节　委托合同

一、委托合同概述

(一)委托合同的概念和特征

委托合同,又称委任合同,是指一方委托他方处理事务,他方允诺处理事务的合同。委托他方处理事务的人为委托人,允诺为他方处理事务的人为受托人。委托合同具有以下法律特征:

第一,委托合同是以处理他人事务为宗旨的合同。委托合同的宗旨在于通过受托人处理委托人事务来实现委托人追求的结果。因此,委托合同的标的是受托人处理委托事务的行为。委托合同成立后,受托人在委托的权限内以委托人的名义处理委托的事务,与相对人发生民事法律关系,其法律后果直接由委托人承担。受托人处理委托事务的费用也应由委托人负担。

第二,委托合同的订立以委托人和受托人之间的相互信任为前提。委托人之所以选定特定的受托人为其处理事务,是基于其对受托人办事能力和信誉的了解,相信受托人能够处理好委托的事务。而受托人之所以接受委托,也是基于其对委托人的了解和信任,愿意为委托人服务,能够完成受托事务的自信。因此,委托合同强调当事人之间的信任关系。法律要求受托人应当亲自处理委托事务。除经委托人同意或在紧急情况下受托人为维护委托人的利益需要外,受托人不得转委托。

第三,委托合同既可以是有偿合同,也可以是无偿合同。当事人可以对委托事务的报酬予以约定,当事人对受托人处理委托事务的报酬没有约定或没有特殊的交易习惯时,除个别事项由法律特别规定为商事委托是有偿外,委托人无支付报酬的义务。但不论是有偿还是无偿的委托合同,对于受托人处理委托事务的费用,委托人都应当预付或事后予以补偿。

第四,委托合同是诺成合同及不要式合同。委托合同的成立无须以交付标的物为要件,只要双方意思表示一致时,合同即告成立,因此,委托合同为诺成合同。委托合同原则上是不要式合同,当事人可以根据实际情况选择适当的形式,但法律规定或依委托事项的性质应采用书面形式的,当事人应采用书面形式,如委托不动产买卖等。

(二)委托合同与代理的区别

我国合同法长期以来没有建立独立的委托合同制度,导致理论上常常将委托和代理混为一谈,认为委托是代理产生的前提,代理是委托的必然结果。应当看到,委托和代理是有着紧密的联系,有时,委托合同本身就含有代理权的授予,委托合同成为代理权产生的根据。而当事人签订委托合同的目的,通常也在于授予受托人以代理权。但二者的区别是明显的,主要表现在:

首先,委托合同是委托人和受托人之间的协议,属于对内关系;而代理属于对外关系,代理人要与相对人(即第三人)进行民事活动,不对外也就无所谓代理。

其次,委托合同的成立是委托人和受托人双方意思表示一致的结果,需受托人作出承诺的意思表示;而代理除法定代理、指定代理的代理权产生于法律规定或指定外,委托代理的代理权产生则是被代理人有单方授权行为,代理人不必为承诺的意思表示。

再次,委托合同中受托人受托处理或管理的行为可以是法律行为,也可以是事实行为;而代理人的代理行为限于法律行为,不包括事实行为。

最后,受托人在处理委托人的事务时,既可以以委托人的名义也可以以自己的名义;而代理人在对外进行代理行为时必须以被代理人的名义进行。

二、委托合同的效力

(一)受托人的义务

1. 依照委托人的指示处理委托事务的义务。这是受托人的基本义务。《合同法》第399条规定:"受托人应当按照委托人的指示处理委托事务。需要变更委托人指示的,应当经委托人同意;因情况紧急,难以和委托人取得联系的,受托人应当妥善处理委托事务,但事后应当将该情况及时报告委托人。"可见,委托人有指示时,受托人应尽可能地遵守其指示处理委托事务。[①]　在情势紧急时,受托人无法与委托人取得联系的,应于变更后及时报告委托人。如果因受托人怠于报告而给委托人造成损失的,受托人应负赔偿责任。

2. 亲自处理委托事务的义务。委托合同的订立以委托人和受托人之间的相互信任为前提,因此,受托人应亲自处理受托事务。除非委托人同意,受托人不得将受托事务转托由第三人处理。受托人擅自转委托的,除在紧急情况下,为了维护委托人的利益需要转委托以外,受托人应当对转委托的第三人的行为承担责任。转委托经委托人同意的,若由委托人就委托事务直接指示次受托人,由次受托人直接就委托事务向委托人负责。若由受托人向次受托人发布指示的,受托人仅对次受托人的选任及其对次受托人的指示承担责任。

3. 报告义务。受托人应当按照委托人的要求,报告受托事务的处理情况。受托事务终了或者委托合同终止时,受托人应当报告受托事务的结果。受托人此项义务的具体内容由当事人根据实际需要约定。如果没有约定,报告的内容大致包括处理事务的过程、进展、方法、费用、损益和结果等。受托人作事务结果的报告时,不以有委托人的请求为前提,并应提交相关的证明文件。

4. 财产移交的义务。受托人因处理委托事务所取得的财产,应当转交给委托人。这些财产,包括物品、金钱、孳息及其权利等,不论是以委托人名义还是以受托人自己名义取得的,也不论是由次受托人还是由受托人自己在处理事务时直接取得的,受托人均应将其交付予委托人。

5. 损害赔偿的义务。受托人在处理受托事务时,应尽到必要的注意义务。如因受托人未尽合理的注意义务(即主观上存在过错)致委托人损害的,应承担赔偿责任。受托人过错的构成与受托人是否尽到注意义务、委托合同有偿与否有关。有偿的委托合同,因受托人的过错给委托人造成损失的,委托人可以要求赔偿损失。无偿的委托合同,因受托人的故意或者重大过失给委托人造成损失的,委托人可以要求赔偿损失。此外,受托人超越权限给委托人造成损失的,也应承担赔偿损失的责任。

（二）委托人的义务

1. 支付费用的义务。这里的"费用"是指受托人处理委托事务所支出的合理费用,并非受托人从事委托事务的报酬。不论是有偿的委托合同还是无偿的委托合

---

① 通说认为,委托人的指示分为三种:其一为命令性的指示。此时受托人绝对不得变更委托人的指示,即使受托人的变更指示对委托人有利,也不得自行变更。其二为指导性的指示,即委托人虽有指示,但明示或者默示地给了受托人一定程度的酌情裁量权。其三为任意性的指示。此时,受托人享有独立裁量的权利,对受托的事务处理可因势而定。一般认为,民法中所称的指示,多指指导性的指示而言,也包括命令性的指示。

同,委托人都负有支付此项费用的义务。委托人履行此项义务可以采用预付费用的方式,也可以采用偿还费用的方式。委托人是否预付费用,应依据委托事务的性质以及受托人是否要求预付来决定。若受托人为处理委托事务垫付了必要费用,委托人应当偿还该费用及其利息。

2.支付报酬的义务。无偿的委托合同,委托人无支付报酬的义务。有偿的委托合同,受托人完成委托事务的,委托人应当向受托人支付报酬。因不可归责于受托人的事由,委托合同解除或者委托事务不能完成的,委托人仍应当向受托人支付相应的报酬。对于因可归责于受托人的事由而致委托合同解除或委托事务不能完成的,受托人无权请求支付报酬。

3.赔偿受托人损失的义务。委托人应对自己的委托负责,如因其指示不当或其他过错致使受托人蒙受损失的,委托人应予以赔偿。若受托人在处理委托事务时,由于不可归责于自己的事由受到损害时,即使委托人没有过错,受托人也得请求委托人赔偿其所受的损失。如果委托人经受托人同意,将委托事务委托给受托人之外的第三人处理,因此给受托人造成损失的,受托人可以向委托人要求赔偿损失。

三、间接代理制度

(一)隐名代理

依据《合同法》第 402 条的规定,受托人以自己的名义,在委托人的授权范围内与第三人订立的合同,此时,虽然未表明被代理人的身份,但若第三人在订立合同时知道受托人与委托人之间有代理关系的,受托人的行为构成隐名代理,该合同直接约束委托人和第三人。委托人因此自动介入受托人与第三人所订立的合同中,取代了受托人的合同地位。但在有确切证据证明该合同只约束受托人和第三人的,则不适用隐名代理的规则。

(二)委托人的介入权和第三人的选择权

1.委托人的介入权。受托人以自己的名义与第三人订立合同时,第三人不知道受托人与委托人之间存在代理关系的,受托人因第三人的原因对委托人不履行义务的,受托人应当向委托人披露第三人,委托人因此可以行使受托人对第三人的权利。因为此时第三人不履行合同,将影响委托人利益的实现。但第三人与受托人订立合同时如果知道该委托人就不会订立合同的除外,因为在这种情况下,意味着第三人不愿与委托人发生债权债务关系,若让委托人主张权利有违第三人订立合同的本意。

2.第三人的选择权。受托人因委托人的原因对第三人不履行义务,受托人应当向第三人披露委托人,第三人因此可以选择受托人或者委托人作为相对人主张其权利,但第三人不得变更选定的相对人,即如果选择受托人,在权利不能实现时,不能再向委托人主张权利;如果选择委托人,在权利不能实现时,不能再向受托人主张权利。第三人选定委托人作为其相对人的,委托人可以向第三人主张其对受托人的抗辩以及受托人对第三人的抗辩。

四、委托合同的终止

委托合同终止的原因包括一般原因和特殊原因。委托合同终止的一般原因,主要有委托事务处理完毕、委托合同履行已不可能、委托合同中约定的合同存续期限届满、委托合同约定的解除条件成就等。委托合同终止的特殊原因主要表现在:

1.因合同解除而终止。在委托合同中,合同的当事人双方均享有任意解除权。一方因解除合同给对方造成损失的,除不可归责于该当事人的事由外,应当赔偿对方的损失。

2.因委托人或者受托人死亡、丧失民事行为能力或破产而终止。委托人或者受托人死亡、丧失民事行为能力或破产时,委托合同当然终止。但双方当事人另有约定或者根据委托事务的性质不宜终止的除外。因委托人死亡、丧失民事行为能力或者破产,致使委托合同终止将损害委托人利益的,在委托人的继承人、法定代理人或者清算组织承受委托事务之前,受托人应当继续处理委托事务。因受托人死亡、丧失民事行为能力或者破产,致使委托合同终止的,受托人的继承人、法定代理人或者清算组织应当及时通知委托人。因委托合同终止将损害委托人利益的,在委托人作出善后处理之前,受托人的继承人、法定代理人或者清算组织应当采取必要措施。

第七节　行纪合同

一、行纪合同概述

(一)行纪合同的概念和特征

行纪合同是指行纪人以自己的名义为委托人从事贸易活动,委托人支付报酬的合同。行纪合同具有如下法律特征:

第一,行纪人具有主体限定性。行纪合同中的行纪人只能是经批准经营行纪业务的自然人、法人或其他组织,未经法定手续批准或核准经营行纪业务的其他组织或个人不得经营行纪业务,不能成为行纪合同的行纪人。

Law

第二,行纪人以自己的名义为委托人的利益办理委托事务。行纪合同是由行纪人为委托人服务的,行纪人是为了委托人的利益而不是为自己的利益进行活动。行纪人所提供的服务不是一般的劳务,应是与第三人为一定的法律行为。行纪人在与第三人进行民事法律行为时,是以自己的名义而非以委托人的名义,由此产生的权利义务由行纪人承受。

第三,行纪合同是双务合同、有偿合同、诺成合同和不要式合同。行纪人负有为委托人办理受托事务,而委托人负有给付报酬的义务,二者互为对价,故行纪合同为双务、有偿合同。行纪合同的成立无须交付标的物,也无须采用特定的形式,故行纪合同是诺成合同、不要式合同。

(二)行纪合同与委托合同的区别

行纪合同和委托合同,都是以接受委托并为委托人提供服务的合同,二者类似,因此,我国《合同法》第423条规定:"本章没有规定的,适用委托合同的有关规定。"但行纪合同和委托合同毕竟是两种有名合同,其区别主要在于:(1)行纪合同所谓的委托事务是特定的,仅限于买卖、寄售等贸易活动,且一般为法律行为;而委托合同中的委托事务除了贸易活动外,还可以是其他法律行为,也可以是事实行为。(2)行纪合同中的行纪人只能以自己的名义进行活动,行纪人与第三人之间所为的法律行为并不能直接对委托人发生效力;委托合同的受托人处理委托事务,可以以自己名义,也可以以委托人名义,所以受托人与第三人间订立的合同有时可对委托人直接发生效力。(3)行纪合同为有偿合同,委托合同可以是有偿合同也可以是无偿合同。

二、行纪合同的效力

(一)行纪人的义务

1.负担行纪费用的义务。我国《合同法》第415条明确规定:"行纪人处理委托事务支出的费用,由行纪人负担,但当事人另有约定的除外。"行纪费用是指行纪人在处理委托事务时所支出的费用。我国行纪费用是以行纪人负担为原则,但当事人另有约定的除外。因为行纪人是以营利为目的进行行纪活动的,行纪人处理委托事务支出的费用,相当于为获取利润而支出的成本,行纪人通过向委托人收取报酬来弥补。

2.承担与第三人订立的合同中约定的义务。由于行纪人是以自己的名义代委托人进行交易,与第三人签订合同的,该合同的一方当事人为行纪人而非委托人,因此我国合同法明确规定行纪人对该合同直接享有权利、承担义务。第三人履行义务时,应当向行纪人直接给付,行纪人再将所取得的利益转交委托人。因第三人不履行义务致委托人受到损害的,除双方另有约定以外,行纪人应当承担损害赔偿责任。

3.妥善保管和合理处置委托物的义务。《合同法》第416条规定:"行纪人占有委托物的,应当妥善保管委托物。"这是由于行纪合同为有偿合同,因此行纪人在实施行纪行为的过程中,对其占有的买进或者卖出的委托物,负有妥善保管的义务。如因行纪人保管不善,造成物品的灭失、毁损等,行纪人应当承担赔偿责任。

委托人委托出卖的物品,在交付给行纪人时存在瑕疵或者容易腐烂、变质的,行纪人应及时通知委托人,经委托人同意,行纪人可以处分该物品。若无法与委托人及时取得联系的,行纪人可以自行合理处分该物品。

4.按照委托人的买卖价格指示处理事务的义务。根据我国合同法的规定,对于委托人所指定的卖出委托物的价格或买入价格,行纪人有遵从指示的义务。(1)行纪人以低于指定价格卖出或者高于指定价格买入的,依据合同法的规定,此时应当经委托人同意。未经委托人同意,行纪人补偿其差额的,该买卖对委托人发生效力。(2)行纪人以高于指定价格卖出或低于指定价格买进委托物的,依据合同法的规定,行纪人可以要求增加报酬。增加报酬有约定的,依其约定;没有约定或者约定不明确,依《合同法》第61条的规定仍不能确定的,该利益属于委托人。

(二)委托人的义务

1.支付报酬的义务。行纪人按照合同约定完成或部分完成委托事务的,委托人应当按照约定向其支付相应的报酬。这是委托人的一项基本义务。报酬的数额应由双方当事人约定,没有约定的,应按照《合同法》第61条的规定来确定。行纪人全部完成或部分完成委托事务,委托人应当支付报酬却逾期不支付的,行纪人享有留置委托物,并依照法律的规定对委托物折价或从拍卖、变卖该财产所得的价款中优先受偿的权利。

2.受领或取回标的物的义务。根据合同法的规定,行纪人按照行纪合同的约定买入委托物的,委托人应当及时受领。经行纪人催告,委托人无正当理由拒绝受领的,行纪人可以提存委托物。委托物不能卖出或者委托人撤回出卖,委托人应该将委托物取回或处分。若经行纪人催告后仍不取回或处分的,行纪人有权就该委托出卖物提存。

三、行纪人的介入权

行纪人的介入权,是指行纪人根据委托人的指示,实施行纪行为时,有权以自己作为相对人,即自己可以作为买受人或者出卖人进行交易活动。行纪人介入合同,无须委托人的承诺,仅依行纪人的意思表示即发生效力,故行纪人的介入权为形成权。

根据合同法的规定,行纪人行使介入权的要件包括:(1)所受委托的物品须为有市场定价的有价证券或其他商品;(2)委托人未作出反对行纪人介入的意思表示;(3)行纪人尚未对委托事务作出处理,即行纪人尚未对第三人卖出或向第三人买进。

因为行纪人的介入,一方面,在委托人和行纪人之间产生了买卖合同,法律关于买卖合同的规定,均可适用。另一方面,行纪人的介入同时也是行纪人对行纪合同的履行,因此,行纪人仍有报酬请求权。

第八节　居间合同

一、居间合同的概念和特征

居间合同,又称中介合同或中介服务合同,是指双方约定一方为他人报告订立合同的机会或者提供订立合同的媒介服务,另一方支付报酬的合同。其中,报告订约机会或提供交易媒介的一方为居间人,给付报酬的一方为委托人。居间合同具有以下法律特征:

1.居间合同的标的是居间人为委托人报告订约机会或为订约媒介。在居间合同中,居间人接受委托人的委托,寻找和介绍第三人与委托人订立合同,居间人并不以任何一方的名义或者以自己的名义订立合同,居间人不是委托人订立合同的代理人,也不是为委托人的利益而充当与第三人订立合同的当事人。居间合同的这一特征是其与委托合同、行纪合同的重要区别所在。

2.居间合同为双务、有偿、诺成、不要式合同。居间合同中的居间人为委托人提供居间服务,委托人向居间人支付报酬或佣金,两者互为对价,故居间合同是双务、有偿合同。居间合同只需双方当事人意思表示一致即成立,无须居间人现实提供居间服务为成立要件。且其订立也不需采用特定的形式,故居间合同为诺成、不要式合同。

3.报酬义务的给付具有不确定性。在居间合同中只有居间人的居间活动达到目的,委托人才负有给付报酬的义务。居间人若未促成合同成立的,不得要求委托人支付报酬,而居间人的居间活动能否达到目的,委托人与第三人之间的交易能否成功并不确定,故报酬义务的给付具有不确定性。居间合同因此被视为一种委托人的给付义务附延缓条件的合同。[①]

---

①　马俊驹、余延满:《民法原论》,法律出版社 2005 年第 2 版,第 748 页。

二、居间合同与委托合同、行纪合同的区别

居间合同与委托合同、行纪合同十分相似,均为一方当事人接受另一方当事人的委托,提供一定服务的合同,但三者都是独立的有名合同,存在明显的区别:

1.受托一方的法律地位不同。居间合同中的居间人只是介绍人,向委托人报告订约机会,或为订约媒介,居间人本人不参与委托人与第三人订立合同的过程,因此,居间人不以委托人的名义也不以自己的名义与第三人订立合同。委托合同的受托人办理委托事务时,原则上是以委托人的名义进行活动,受托人通常处于代理人的地位,委托人是合同的一方当事人,直接承受合同的权利和义务。行纪合同中的行纪人只能以自己的名义进行活动,行纪人与第三人之间所为的法律行为并不能直接只是间接地对委托人发生效力。

2.受托人处理事务的内容不同。居间合同中的居间人是为委托人报告订约机会或为订约媒介,居间人本身的行为不产生法律后果。委托合同中的受托人按照委托人的要求实施具有法律意义的行为,委托事务除了贸易活动外,还可以是其他法律行为,也可以是事实行为。行纪合同中行纪人的委托事务是特定的法律行为,仅限于买卖、寄售等贸易活动,且一般为法律行为。

3.有偿与否不同。居间合同虽为有偿合同,但居间人取得报酬的权利具有不确定性,居间人只有在促成合同成立时才得以请求报酬,并且可以从委托人和其相对人双方处取得报酬。委托合同可以是有偿合同,也可以是无偿合同。行纪合同为有偿合同,行纪合同中的行纪人和有偿的委托合同中的受托人只能从委托人处取得报酬。

三、居间合同的效力

(一)居间人的义务

1.报告订立合同机会或提供合同媒介服务的义务。这是居间人在居间合同中承担的主要义务,由于居间合同的订立,是通过居间人向委托人报告订立合同的机会或提供订立合同的媒介服务,以实现与第三人缔结合同,因此居间人应当就有关订立合同的事项向委托人如实报告。我国《合同法》第425条第1款明确规定居间人的此项义务。若居间人违背了如实报告义务的,故意隐瞒与订立合同有关的重要事实或者提供虚假情况,损害委托人利益的,依据《合同法》第425条第2款的规定,居间人不得要求委托人支付报酬,并应当承担造成委托人损害的赔偿责任。

对于相对人,在报告订约机会的居间服务中,居间人不负有向相对人报告委托人有关情况的义务,但在媒介订约的居间服务中,居间人则负有将委托人有关情况

向相对人报告的义务。居间人违反此义务,给相对人造成损害的,相对人有权拒绝支付约定的报酬,并要求居间人承担赔偿责任。

同时居间人对在为委托人提供居间服务时所知悉的委托人的有关商业秘密以及其他信息,成交机会以及后来的订约情况等,负有依照合同约定保密的义务。

2.负担居间活动费用的义务。居间活动的费用主要是指居间人报告订约机会或提供媒介服务所支出的通信、交通、调查等费用。当居间活动不成功,未促成委托人与第三人订立合同时,居间人无权要求支付报酬,但委托人应支付居间活动支出的必要费用。在居间人促成合同成立的情形下,从事居间活动支出的费用,应由居间人自行负担,因为居间活动的费用已通过收取报酬来获得补偿。

(二)委托人的义务

1.支付报酬的义务。在居间人报告订约机会的居间合同中,如居间人促成委托人与第三人订立合同的,应当由委托人向居间人按照合同约定支付报酬。对居间人的报酬没有约定或者约定不明确,依照《合同法》第 61 条的规定仍不能确定的,根据居间人的劳务合理确定。在居间人提供媒介服务的居间合同中,居间人在委托人与第三人之间传达双方的意思,为合同的成立而付出了劳动、时间、物力等,这对委托人和第三人而言是平等的,故居间人促成合同成立的,由该合同的双方当事人平均负担报酬。当然并不因此否认委托人与第三人就居间人的报酬负担依然作出约定的效力。

2.负担居间活动费用的义务。居间人的报酬请求权以取得居间结果为前提,若居间人未促成委托人与第三人订立合同,自然无法要求支付报酬,但居间人在履行其居间服务时,往往已经支出必要费用,此时,居间人可以请求委托人支付其为从事居间活动支出的必要费用。我国《合同法》第 427 条则规定,在居间人未促成合同成立的,可以请求委托人支付从事居间活动支出的必要费用。

第九节　培训合同

一、培训合同的概念和特征

培训是为提高人们的知识、技能、技术水平,以适应经济和社会发展的需要而开展的各种有组织、有计划的教育与训练活动。培训合同是指接受培训的一方为适应经济和社会发展需要而与培训机构在平等、自愿的基础上约定,对受培训者进行专门职业能力和智力开发的明确双方权利义务的协议。培训合同作为提供服务的一类合同,具有以下法律特征:

1.培训合同主体的特殊性。培训合同的一方主体是依法从事培训业经营的培训机构,主要包括各类社会组织和个人单独或联合举办的实施技能开发的组织实体。培训实体应当是经过一定法律的批准程序或者办理了工商登记手续或其他法定的登记手续,从事培训或附带从事培训的经营主体。① 培训实体可以是政府,如市、县劳动和社会保障部门等,也可以是如就业训练中心、职业学校、技工学校等各类社会组织和个人单独或联合举办的实施培训的组织实体。

2.培训合同形式的附和性。培训往往以"培训班"的形式出现,因此,培训机构为了重复使用而经常预先拟定好格式条款,格式条款具有要约的广泛性、持久性和细节性,条款的单方事先决定性和不变性,因此,接受培训的一方只能概括地表示接受或不接受,而无对合同条款进行协议的自由。当然,具有附和特性的培训合同,并不排斥非格式条款的存在,如当事人可以另行约定违约责任或解决争议的办法等。

3.培训合同的双务、有偿、诺成、无名及不要式性。培训合同的培训方的主要义务是依照约定提供培训服务,而接受培训方则应依约定支付报酬,因此培训合同是双务和有偿合同。同时培训合同的成立,并不要求交付标的物或者完成其他给付,只需经双方当事人意思表示一致即告成立,故培训合同为诺成合同。此外,培训合同又为无名和不要式合同,因为法律和行政法规并未对培训合同作出规定,故对培训合同的形式也不存在法律的要求。

4.培训合同标的的智能性和履行标准的复杂性。培训合同是为了实现一定培训目的而签订的有关实施培训行为的协议,其标的是提供一定的培训服务的特定行为,这是一种传授知识、技术或技能的行为而非一般劳务。培训合同履行标准的复杂性是由于培训服务本身的非标准性和无形性以及培训对象的非标准性决定的。衡量培训机构履行合同是否全面适当,除了考察其是否设置了应有的科目课程,是否完成预定的教学任务等硬指标外,还要对培训师的培训能力、受培训者培训前后的发展状况等进行考察。

二、培训合同的效力

(一)培训方的义务

1.培训机构在招生宣传时的诚信义务。培训作为一种服务,与旅游、零售等其他服务一样,给予顾客一定的承诺并切实履行,既是优质服务的一种标志,也是塑

---

① 如职业培训机构必须根据劳动部 1994 年 12 月发布的《职业培训实体的管理规定》第 8 条的要求成立,应具备稳定的经营来源;与办学规模相适应的办学场所;与专业(工种)设置相适应的培训设备和实习场所;与办学任务相适应的师资和管理人员;必要的教学文件、教材、教具、教学仪器、图书资料和管理制度等;职业培训机构的开办在程序上还应征得有关部门同意。

造培训品牌的必要手段。因此,培训机构在招生时应如实地向社会及学员介绍办学条件、培训性质、培训内容以及培训期限、费用等。发布招生广告时,应由有关部门出具刊播广告的证明。

2.配备合格的培训教员。培训的质量,在很大程度上取决于教员的素质和能力,即取决于教员在实施培训活动中对自己所承担的各项培训工作的适应范围和承受水平。这就要求培训方所配备的教员应具备扎实的专业知识和熟练的规范的实际操作技能,有从事培训工作和教学工作的经验和能力。如培训教员不符合合同约定条件,影响培训质量的,培训方应当减收或者免收培训费。

3.依约组织培训活动并按期完成培训任务。该项义务要求培训方在合同约定的期限内完成培训任务,保证学员能够从事合同约定的专业技术工作或者掌握合同约定的专业技能。

(二)受培训者的主要义务

1.缴纳费用的义务。这是受培训者的主要义务。受培训者应当按照约定的时间和数额缴纳培训费用。

2.按时参加培训和遵守纪律的义务。受培训者参加培训的目的在于掌握培训任务所要求的知识和技能,因此,培训合同成立后,受培训者应当按照约定的时间、地点等参加培训活动。同时,在培训过程中,受培训者必须遵守培训机构合理的规章制度,爱护工具、仪器、机器及其他教学设施。

3.保密义务。在受培训过程中如知悉培训机构的商业秘密的,负有保守该商业秘密的义务。

第十节　旅游合同

一、旅游合同的概念和特征

旅游合同是旅行社提供旅游服务,旅游者支付旅游费用的合同。旅游合同具有以下法律特征:

第一,旅游合同的主体的特定性。旅游合同的主体一方只能是旅游经营者——旅行社。旅行社是以营利为目的,从事招徕、组织、接待旅游者,为其提供旅游服务的企业。根据《旅游法》①第 28 条的规定,设立旅行社应当具备的条件有:

---

① 　2013 年 4 月 25 日第十二届全国人民代表大会常务委员会第二次会议通过《中华人民共和国旅游法》,2013 年 10 月 11 日正式实施。

有固定的经营场所,有必要的营业设施,有符合规定的注册资本,有必要的经营管理人员和导游,法律、行政法规规定的其他条件。在我国,旅游业为特许经营行业,旅行社从事旅游业务须经过旅游行业政府主管部门的许可,并经过工商行政管理部门注册登记。旅行社若从事出境或边境旅游业务,应当取得相应的经营许可,且还须经过政府主管部门的特别批准。

第二,旅游合同的标的是提供旅游服务。旅游合同的标的是旅行社提供旅游服务,旅行社所经营的旅游业务,包括为旅游者代办出境、入境手续,招徕、接待旅游者,为旅游者安排食宿等有偿服务的经营活动。可见,旅游合同的标的是提供一揽子有偿服务的组合。

第三,旅游合同是不要式合同,旅行社组织和安排旅游活动,应当与旅游者订立合同。当事人可以采用书面形式,也可采用口头形式订立合同,但是,包价旅游合同是要式合同。对此,旅游法作了特别规定,要求采用书面形式订立包价旅游合同。所谓包价旅游合同是指旅游者在旅游活动开始前即将全部或部分旅游费用预付给旅行社,由旅行社相应地为旅游者安排旅游途中的吃、住、行、游、娱等活动的合同。

第四,旅游合同是双务、有偿、诺成、不要式和继续性合同。旅游合同双方当事人都负担着合同义务,旅行社要向旅游者提供合同约定的旅游服务行为,旅游者要向旅行社支付合同约定的旅游服务费用,任何一方从另一方取得利益,都必须向对方付出一定代价,所以旅游合同是双务、有偿合同。旅游合同一经当事人意思表示一致即告成立,故为诺成合同,同时又是不要式合同,当事人可以采用书面形式,也可以采用口头形式。另外,旅游服务并非一次给付即可完成,故旅游合同为继续性合同。

二、旅游合同当事人的义务

(一)旅行社的义务

1.按照约定的标准向旅游者提供旅游服务的义务。[①] 这是旅行社最主要的义务。旅行社应当按照合同约定的内容全面履行其合同义务,不得擅自变更旅游合

---

①　参照我国大陆和台湾地区的旅游合同范本,这些旅游服务通常包括以下几个方面:代办出国或出游手续、安排提供交通工具、提供旅程中之餐膳、安排住宿、安排游览项目、指派导游随团服务、举办说明会等。

"旅游营业人于团体成行前,应举办说明会,向游客作必要之善说明,例如当地风俗习惯、特殊法令、气候、语言、货币之介绍等,是为旅游营业人之附随义务。"(参见孙森焱:《旅游契约之研究》,载《东吴大学法律学报》1998年第1期)。

同的内容。旅行社组织、接待旅游者,不得指定具体购物场所,不得安排另行付费旅游项目。但是,经双方协商一致或者旅游者要求,且不影响其他旅游者行程安排的除外。旅行社招徕旅游者组团旅游,因未达到约定人数不能出团的,组团社可以解除合同。但是,境内旅游应当至少提前 7 日通知旅游者,出境旅游应当至少提前 30 日通知旅游者。因未达到约定人数不能出团的,组团社经征得旅游者书面同意,方可委托其他旅行社履行合同。组团社对旅游者承担责任,受委托的旅行社对组团社承担责任。若旅游者不同意的,可以解除合同。因未达到约定的成团人数解除合同的,组团社应当向旅游者退还已收取的全部费用。

2. 依照合同的约定委派正规的随团人员的义务。旅行社组织团队出境旅游或者组织、接待团队入境旅游,应当按照规定安排领队或者导游全程陪同。根据旅游法的要求,旅游团的随团人员——导游人员和领队人员必须取得相应的执业资格,方能从事导游和领队工作。导游必须是参加导游资格考试成绩合格,与旅行社订立劳动合同或者在相关旅游行业组织注册,并经过申请取得导游证的人员。领队则是取得导游证,具有相应的学历、语言能力和旅游从业经历,与旅行社订立劳动合同,并经过申请取得领队证的人员。导游和领队应当严格执行旅游行程安排,不得擅自变更旅游行程或者中止服务活动,不得向旅游者索取小费,不得诱导、欺骗、强迫或者变相强迫旅游者购物或者参加另行付费旅游项目。

3. 保证旅游者的人身和财产安全的义务。旅行社除了完成约定的旅游服务外,基于诚实信用原则,对于游客还产生保护、照顾、忠实告知以及协助等附随性义务。旅行社应对可能危及旅游者人身、财产安全的事项和须注意的问题,向旅游者做出真实的说明和明确的警示,并采取合理必要措施防止危害发生,旅游者人身、财产权益受到损害时,应当采取合理必要的保护和救助措施,避免旅游者人身、财产权益损失扩大。若由于可归责于旅行社的事由导致旅游者人身或财产损害,旅行社应负损害赔偿责任。游客在旅游途中发生疾病,旅行社有照顾的义务。如果旅游者在行程单安排的购物场所所购物品系假冒伪劣商品时,旅游者提出索赔的,旅行社应当积极协助旅游者进行索赔,自索赔之日起超过 60 日,旅游者无法从购物点获得赔偿的,旅行社应当先行赔付。

(二)旅游者的义务

1. 交纳旅游费用的义务。游客的主要义务是根据合同约定的时间、数额及方式向旅行社支付旅游费用,这里的费用包括劳务报酬和服务费用等。除约定的免费服务项目外,旅行社增加的其他旅游项目,旅游者接受的,还应另外支付服务费用。

2. 文明旅游的义务。旅游者在旅游的过程中,应遵守国家和地方的法律法规和有关规定,不在旅游行程中从事违法活动,不参与色情、赌博和涉毒活动;遵守公共秩序和社会公德,尊重当地的民族风俗习惯;尊重旅游服务人员的人格,举止文明,不在景观、建筑上乱刻乱画,不随地吐痰、乱扔垃圾。

3.附随义务。游客的附随义务主要是依照诚实信用原则和团体旅游的特点而产生的。[①] 此义务的履行是为了保障旅游的顺利进行。旅游者在旅游过程中应当服从旅行社作出的合理旅程安排,应当遵守法律规定和团队纪律,不得擅自活动,不得影响随团其他成员的安全及干扰他人的休息和安宁。旅游者不遵守规定的行为给旅行社造成损失的,旅游者应对旅行社承担赔偿责任。

👉 司法考试真题链接

1.甲大学与乙公司签订建设工程施工合同,由乙为甲承建新教学楼。经甲同意,乙将主体结构的施工分包给丙公司。后整个教学楼工程验收合格,甲向乙支付了部分工程款,乙未向丙支付工程款。下列哪些表述是错误的?(2006年司法考试真题)

A.乙、丙之间分包合同有效

B.甲可以撤销与乙之间的建设工程施工合同

C.丙可以乙为被告诉请支付工程款

D.丙可以甲为被告诉请支付工程款,但法院应当追加乙为第三人

2.甲将10吨大米委托乙商行出售。双方只约定,乙商行以自己名义对外销售,每千克售价2元,乙商行的报酬为价款的5%。下列哪些说法是正确的?(2009年司法考试真题)

A.甲与乙商行之间成立行纪合同关系

B.乙商行为销售大米支出的费用应由自己负担

C.如乙商行以每千克2.5元的价格将大米售出,双方对多出价款的分配无法达成协议,则应平均分配

D.如乙商行与丙食品厂订立买卖大米的合同,则乙商行对该合同直接享有权利、承担义务

3.甲委托乙购买一套机械设备,但要求以乙的名义签订合同,乙同意,遂与丙签订了设备购买合同。后由于甲的原因,乙不能按时向丙支付设备款。在乙向丙说明了自己是受甲委托向丙购买机械设备后,关于丙的权利,下列哪一选项是正确的?(2008年司法考试真题)

A.只能要求甲支付　　　　　B.只能要求乙支付

C.可选择要求甲或乙支付　　D.可要求甲和乙承担连带责任

---

① 宁红丽:《旅游合同研究》,载《民商法论丛》(22),金桥文化出版(香港)有限公司2002年版。

4. 甲委托乙代销电视机,乙分别与丙、丁签订了买卖合同,但没有说明是代甲销售。后乙将与丙、丁签订合同的事实告知甲。甲分别以自己的名义向丙和丁送交了约定数量的电视机。丙接收了电视机,丁拒收电视机并要求乙履行合同。后丁反悔,直接向甲履行了付款义务。下列哪些选项是正确的?（2008 年司法考试真题）

　　A. 如丙迟延履行付款义务,甲可以要求乙承担连带责任

　　B. 乙可以自己是受托人为由拒绝对丁履行交货义务

　　C. 丁拒收电视机并要求乙履行合同意味着选择乙作为相对人

　　D. 丁拒收电视机后又向甲付款的行为不发生合同履行的效力

5. 刘某与甲房屋中介公司签订合同,委托甲公司帮助出售房屋一套。关于甲公司的权利义务,下列哪一说法是错误的?（2015 年司法考试真题）

　　A. 如有顾客要求上门看房时,甲公司应及时通知刘某

　　B. 甲公司可代刘某签订房屋买卖合同

　　C. 如促成房屋买卖合同成立,甲公司可向刘某收取报酬

　　D. 如促成房屋买卖合同成立,甲公司自行承担居间活动费用

6. 甲公司与没有建筑施工资质的某施工队签订合作施工协议,由甲公司投标乙公司的办公楼建筑工程,施工队承建并向甲公司交纳管理费。中标后,甲公司与乙公司签订建筑施工合同。工程由施工队负责施工。办公楼竣工验收合格交付给乙公司。乙公司尚有部分剩余工程款未支付。下列哪一选项是正确的?（2015 年司法考试真题）

　　A. 合作施工协议有效

　　B. 建筑施工合同属于效力待定

　　C. 施工队有权向甲公司主张工程款

　　D. 甲公司有权拒绝支付剩余工程款

第十二章 技术合同

【引 例】

　　甲公司委托乙公司开发一种浓缩茶汁的技术秘密成果,未约定成果使用权、转让权以及利益分配办法。甲公司按约定支付了研究开发费用。乙公司按约定时间开发出该技术秘密成果后,在没有向甲公司交付之前,将其转让给丙公司。

第一节 技术合同概述

一、技术合同的概念和特征

　　技术合同是当事人就技术开发、转让、咨询或者服务订立的确立相互之间权利和义务的合同(《合同法》第322条)。技术合同是以技术为标的的合同的总称,具体包括技术开发合同、技术转让合同、技术咨询合同和技术服务合同等。技术合同具有以下法律特征:

　　第一,技术合同的标的是提供技术行为。提供技术行为包括提供现存的技术成果、对尚未开发的技术进行开发、提供与技术有关的辅助性帮助等行为,即技术开发、技术转让、技术咨询或技术服务行为。因此,技术合同实质上属于特种买卖合同,其标的所涉及的对象不是一般商品,而是技术。

　　第二,技术合同是要式和诺成合同。由于技术合同的内容非常复杂,所涉及的内容方方面面且较为重大,故技术合同应采用书面形式。技术合同的成立,除法律规定必须经有关主管部门批准外,一律自双方当事人达成合意时起即告成立,因此技术合同为诺成合同。

　　第三,技术合同的履行具有特殊性。技术合同的履行常因涉及与技术有关的其他权利归属,如发明权、科技成果权、专利权等,故技术合同既受合同法约束,又受知识产权制度的规范。技术合同表现出法律调整的多样性。合同法中实际履行制度有时无法适用,如技术开发难度较大,开发失败,则合同义务无法履行,若强求履行,对双方当事人均不利。

二、技术合同的订立

(一)订立技术合同的基本原则

技术合同除应遵循合同的一般原则外,还应遵循有利于科学技术进步等特殊原则,即《合同法》第 323 条的规定:"订立技术合同,应当有利于科学技术的进步,加速科学技术成果的转化、应用和推广。"当事人通过技术合同明确相互之间的权利、义务和责任,应当鼓励科技人员加大科研力度,多出科研成果,并尽可能地将科学技术成果运用于生产实践、转化为现实的生产力,提高质量、降低成本、改善经营管理、提高经济效益和社会效益,使先进的科学技术成果能够在工农业生产、国防以及其他各行业应用和推广。

(二)技术合同的内容

技术合同的条款由当事人约定。一般应当包括:项目名称;标的内容、范围和要求;履行的计划、进度、期限、地点和方式;技术情报和资料的保密;风险责任的承担;技术成果的归属和分享;验收标准和方法;价款或者报酬及其支付方式;违约金或者损失赔偿额的计算方法;争议的解决办法;名词和术语的解释。与履行合同有关的技术背景资料、可行性论证和技术评价报告、项目任务书和计划书、技术标准、技术规范、原始设计和工艺文件,以及图纸、表格、数据和照片等,可以根据当事人的协议作为合同的组成部分。此外,技术合同涉及专利的,应当注明发明创造的名称、专利申请人和专利权人、申请日期、申请号、专利号以及专利权的有效期限。

三、技术合同的价款、报酬和使用费的支付

技术合同的价款、报酬和使用费如何支付,可由当事人在合同中约定。技术合同价款的支付有如下方式:(1)一次总算,一次总付。当事人将合同价款一次算清并全部一次性支付。这种支付方式的价款等费用是固定的数额,支付的期限也是明确的。(2)一次总算,分期支付。当事人将合同价款一次算清但分期分批支付。(3)提成支付方式。当事人约定提成支付的,可以按照产品价格、实施专利和使用技术秘密后新增的产值、利润或者产品销售额的一定比例提成,也可以按照约定的其他方式计算。提成支付的比例可以采取固定比例、逐年递增比例或者逐年递减比例。当事人约定采用提成支付方式的,还应当在合同中约定查阅有关会计账目的办法。(4)提成支付附加预付"入门费"方式。指受让方首先在一定期限内向转让方另外支付一部分固定的费用作为该项技术的入门费,其余价款则采用提成方

式分期支付。

四、技术合同的无效

技术合同的无效是指因合同欠缺技术合同生效要件,而不产生法律效力。《合同法》第 52 条和第 53 条所列的合同无效的一般情形适用于技术合同。除此之外,《合同法》第 329 条还特别规定:"非法垄断技术、妨碍技术进步或者侵害他人技术成果的技术合同无效。"非法垄断技术、妨碍技术进步主要是指一方当事人利用合同条款限制另一方在合同技术的基础上进行新的研究开发,限制另一方从其他渠道吸收技术,或者阻碍另一方根据市场的需要,按照合同的方式充分实施专利和非专利技术等情形。由于其不利于技术进步、技术成果的转化应用和推广,违背技术合同应遵循的原则,应当受到法律的禁止,合同当然无效。侵害他人技术成果的技术合同主要是指当事人一方侵害另一方或者第三方的专利权、专利申请权、专利实施权、非专利技术使用权和转让权或者发明权、发现权以及其他科技成果权而订立的技术合同,应认定合同无效。无效的合同,从订立时起就没有法律约束力。合同部分无效,不影响其余部分的效力的,其余部分仍然有效。在处理无效技术合同时,应着重贯彻赔偿损失的原则和保护技术权益的原则。

第二节 技术开发合同

一、技术开发合同的概念、特征

(一)技术开发合同的概念

技术开发合同是指当事人之间就新技术、新产品、新工艺或者新材料及其系统的研究开发所订立的合同,包括委托开发合同和合作开发合同。委托开发合同是指当事人一方委托另一方进行研究开发所订立的合同。合作开发合同是指当事人各方就共同进行研究开发所订立的合同。

在这里所指的新技术、新产品、新工艺、新材料及其系统,是指当事人在订立技术合同时尚未掌握的产品、工艺、材料及其系统等技术方案,但在技术上没有创新的现有产品改型、工艺变更、材料配方调整以及技术成果的检验、测试和使用除外。

(二)技术开发合同的特征

1.技术开发合同的标的是具有创造性的技术成果。技术开发合同的标的是一种创造性技术成果,即新技术、新产品、新工艺、新材料及其系统。这种新技术成果是当事人在订立合同时尚未掌握的,是不存在的,只有经过研究开发者的创造性科技活动才能取得。

2.技术开发合同具有高风险。新技术成果的研究开发属于探索性的技术生产活动,本身存在失败的风险。因此,《合同法》规定,在技术开发合同履行过程中,因出现无法克服的技术困难,导致研究开发失败或者部分失败的,该风险责任的承担由当事人约定。没有约定或者约定不明确的,风险责任由当事人合理分担。

3.技术开发合同是要式、双务、有偿、诺成合同。技术开发合同的履行期限较长且存在一定的风险,为了明确当事人之间的权利和义务,《合同法》规定技术开发合同应当采用书面形式,故技术开发合同为要式合同。技术开发合同的履行具有协作性。技术开发合同的双方当事人都互相负有一定的义务,每一方从他方取得利益都需支付一定代价,因此技术开发合同为双务、有偿合同。技术开发合同自双方当事人意思表示一致时起即可成立,并不以交付实物为合同成立的生效要件,故为诺成合同。

二、技术开发合同的效力

(一)委托开发合同的效力

1.委托方的主要权利和义务

委托方的主要权利有:(1)在委托开发合同中,委托方有检查研究开发方履行合同和研究开发经费使用情况的权利,但不得妨碍研究开发方的正常工作。(2)委托方接受研究开发成果的权利,有免费实施该项专利的权利。(3)研究开发方就其发明创造转让专利申请权的,委托方有优先受让专利申请权的权利。(4)如果研究开发方不能按计划实施研究开发工作,委托方有要求其实施研究开发计划并采取补救措施的权利,如果研究开发方逾期两个月不实施研究开发计划,委托方有权解除合同。(5)如果研究开发方将委托方支付的研究开发经费用于履行合同以外的目的时,委托方有权制止并要求其退还相应的经费用于研究开发工作,如果研究开发方逾期两个月仍不退还经费用于研究开发工作,委托方有权解除合同。

委托方的主要义务有:(1)按约定支付研究开发经费和报酬。(2)按约定提供技术资料、原始数据,并按约定完成协作事项。(3)按期接受研究开发成果。

2.研究开发方的主要权利和义务

研究开发方的主要权利有:(1)研究开发方有接受委托方支付的研究开发经费和享受科研补贴的权利。(2)研究开发方有要求委托方补充必要的背景资料和原始数据(但不得超过履行合同所需要的范围)的权利。(3)委托方逾期两个月不支付研究开发经费或者报酬时,研究开发方有解除合同的权利。(4)委托方逾期两个月不提供技术资料、原始数据和完成协作事项时,研究开发方也有权解除合同。

（5）委托方逾期六个月不接受研究开发成果时，研究开发方有处分研究开发成果和请求委托方赔偿损失的权利。（6）委托开发所完成的发明创造，除合同另有约定的以外，研究开发方享有申请专利的权利。

研究开发方的主要义务有：（1）按照约定制订和实施研究开发计划。（2）合理使用研究开发经费，专款专用，不得浪费。（3）按期完成研究开发工作，交付研究开发成果，提供有关的技术资料和必要的技术指导，帮助委托方掌握研究开发成果。（4）受托人不得对第三人泄露技术开发成果的内容，也不得向第三人提供该项技术成果。引例中乙公司在研究开发工作完成后且交付成果前，擅自转让给第三人，未尽到其应尽之义务。《合同法》第 341 条规定："委托开发或者合作开发完成的技术秘密成果的使用权、转让权以及利益的分配办法，由当事人约定。没有约定或者约定不明确，依照本法第六十一条的规定仍不能确定的，当事人均有使用和转让的权利，但委托开发的研究开发人不得在向委托人交付研究开发成果之前，将研究开发成果转让给第三人。"

（二）合作开发合同的效力

合作开发合同当事人的权利主要有：第一，合作开发合同当事人有权成立由双方代表组成的指导机构，有权对研究开发工作中的重大问题进行决策、协调和组织研究开发活动。第二，当事人一方逾期两个月不进行投资或者不履行其他约定义务的，另一方或者其他各方有权解除合同。第三，合作开发所完成的发明创造，在其申请专利的权利属于合作各方共有的条件下，如果一方转让其共有专利申请权，另一方或者其他各方有优先受让其共有的专利申请权的权利。第四，合作开发各方中一方声明放弃其共有的专利申请权的，在发明创造被授予专利权后，放弃专利申请权的一方可以免费实施该项专利。第五，合作开发各方中一方声明放弃其共有的专利申请权的时候，另一方或者其他各方均有单独申请或者共同申请的权利。第六，合作开发所完成的非专利技术成果的使用权、转让权以及利益的分配办法，在合同没有约定的情况下，当事人均有使用和转让的权利。

合作开发合同各方当事人的义务主要有：第一，按照合同约定进行投资，包括以技术进行投资。投资是指合作开发当事人以资金、设备、材料、场地、试验条件、技术情报资料、专利权、非专利技术成果等方式对研究开发项目所作的投入。采取资金以外的形式进行投资的，应当折算成相应的金额。第二，按照合同约定分工参与研究开发工作。参与研究开发工作，包括按照约定的计划和分工共同进行或者分别承担设计、工艺、试验、试制等研究开发工作，直至完成研究开发项目。在合作开发过程中，每一方所负责完成的每一部分工作对于另一方或者其他各方来说，都是非常重要的，直接关系到整个研究开发项目的成功与失败。因此，任何一方当事人，对合同中约定的应尽义务，必须认真履行，以切实保证合作开发项目的完成。第三，与其他各方协作配合。合作开发合同各方必须在约定分工的基础上与其他各方协作配合,共同完成研究开发项目。因为,合作开发各方的协作配合是完成该项研究开发任务的重要保证,所以我国法律明确规定,合作开发各方必须互相协作配合,这是合作开发各方的主要义务之一。第四,合作开发合同的当事人各方应保守技术情报、资料和技术成果的秘密。

三、技术开发合同中技术成果的分配

(一)委托开发合同技术成果的分配

委托开发合同技术成果分配按如下规则进行:

1.发明创造权的分配。委托开发完成的发明创造,除当事人另有约定的以外,申请专利的权利属于研究开发人。研究开发人取得专利权的,委托人可以免费实施该专利;研究开发人转让专利申请权的,委托人享有以同等条件优先受让的权利。

2.技术秘密成果的分配。委托开发完成的技术秘密成果的使用权、转让权以及利益的分配办法,由当事人约定。没有约定或者约定不明确,双方当事人可以协议补充,不能达成补充协议的,按照合同的有关条款或者交易习惯确定,仍不能确定的,当事人均有使用和转让的权利,但委托开发的研究开发人不得在向委托人交付研究开发成果之前,将研究开发成果转让给第三人。

(二)合作开发合同技术成果的分配

合作开发合同技术成果的分配按如下规则进行:

1.发明创造权的分配。合作开发完成的发明创造,除当事人另有约定的以外,申请专利的权利属于合作开发的当事人共有。当事人一方转让其共有的专利申请权的,其他各方享有以同等条件优先受让的权利;合作开发的当事人一方声明放弃其共有的专利申请权的,可以由另一方单独申请或者由其他各方共同申请。申请人取得专利权的,放弃专利申请权的一方可以免费实施该专利;合作开发的当事人一方不同意申请专利的,另一方或者其他各方不得申请专利。

2.技术秘密成果的分配。合作开发完成的技术秘密成果的使用权、转让权以及利益的分配办法,由当事人约定。没有约定或者约定不明确,双方当事人可以协议补充,不能达成补充协议的,按照合同的有关条款或者交易习惯确定,仍不能确定的,当事人均有使用和转让的权利。

四、委托开发合同与合作开发合同的区别

合作开发合同与委托开发合同都是当事人之间就新技术、新产品、新工艺和新

材料及其系统的研究开发所订立的合同,但二者有以下明显的区别:

1.当事人之间权利义务的关系不同。合作开发合同的双方当事人享有和承担着类似的权利和义务;委托开发合同的双方当事人权利和义务是相对的,委托人的主要义务也就是开发人所享有的权利,而开发人的主要义务即委托人所享有的权利。

2.当事人进行研究开发工作的方式不同。合作开发合同的当事人共同参加研究开发工作,当然各方可以共同进行全部的研究开发工作,也可以约定进行分工,分别承担不同阶段或不同部分的研究开发工作;委托开发合同的当事人一方进行物质投资和经费投入,只有一方从事研究开发工作。

3.研究开发成果归属不同。合作开发合同,当事人订立合同的目的是相同的,即取得研究开发成果,因而研究开发取得的成果是共有的;而委托开发合同研究开发的成果是归委托人所有。

第三节　技术转让合同

一、技术转让合同的概念和特征

技术转让合同是指当事人就专利权转让、专利申请权转让、专利实施许可、技术秘密的转让所订立的合同。

技术转让合同具有以下特征:

1.技术转让合同为双务合同、有偿合同、诺成合同、要式合同。在技术转让合同中,让与人须转让其技术成果的所有权、使用权或专利申请权,受让人须向让与人支付价金或使用费,故其为双务合同。合同当事人任何一方取得利益均须支付代价,故为有偿合同。技术转让合同并不以技术成果的实际交付为成立生效要件,而自当事人意思表示一致时起即成立生效,所以技术转让合同为诺成合同。技术转让合同须以书面形式订立,有的还要求特定手续,因此,技术转让合同应为要式合同。

2.技术转让合同标的应当是现有的、特定的技术使用权或转让权。技术转让合同是以转让特定和现有的专利权、专利申请权、专利实施权、技术秘密使用权和转让权为内容,不包括转让尚待研究开发的技术成果或传授不涉及专利或技术秘密成果权属的知识、技术、经验和信息。

3.技术转让合同双方当事人可以在合同中对实施专利的期限、实施专利或者使用技术秘密的地区和方式作出约定式的限制,但是,不得以合同条款限制技术竞争和技术发展。

4.合同内容可以合法地确定当事人实施专利或者使用技术秘密的范围。

5.技术转让合同的时效具有长期性。技术转让合同的有效期一般较长。如果当事人双方在订立合同时,约定的期限过短,一方面会使让与人觉得无利可图,不愿转让技术,另一方面受让人怕影响其吸收、消化和掌握该技术,达不到受让技术的目的。

二、技术转让合同的类型

技术转让合同包括专利权转让合同、专利实施许可合同、技术秘密转让合同及专利申请权转让合同等四种类型。

专利权转让合同,是指专利权人作为让与人将其发明创造专利的所有权或持有权移交受让人,受让人支付约定价款的合同。

专利实施许可合同,是指专利权人或者其授权的人作为让与人许可受让人在约定的范围内实施专利,受让人支付约定使用费的合同。

技术秘密转让合同,是指受让人在合同成立以后,可以在约定的地区内,以约定的方式使用技术秘密,但双方必须严格遵守约定的保密义务的合同。

专利申请权转让合同,是指让与人将其就特定的发明创造申请专利的权利移交受让人,受让人支付约定价款的合同。

三、技术转让合同当事人的义务

(一)让与人的义务

专利权转让合同、专利实施许可合同中,让与人应保证其专利权是通过合法的转让合同获得或者是自己提出专利申请,经专利机关审查已授予了专利权。技术秘密转让合同中,让与人要证明自己不但是该专有技术的合法所有者,而且在合同订立时尚未被他人申请专利权。专利申请权转让合同中,让与人应保证其提供的技术成果是自己或与他人合作通过创造性劳动获得或者是通过合法的委托开发合同获得。技术转让合同中,让与人应当保证自己所提供的技术完整、无误、有效,并能够达到约定的目标。

(二)受让人的义务

专利实施许可合同中,受让人应当按照约定实施专利,不得许可约定以外的第三人实施该专利;并按照约定支付使用费。技术秘密转让合同中,受让人应当按照约定使用技术,支付使用费。技术转让合同中,受让人还应当按照约定的范围和期限,对让与人提供的技术中尚未公开的秘密部分,承担保密义务。

四、技术转让合同的违约责任

让与人未按照约定转让技术的,应当返还部分或者全部使用费,并应当承担违约责任;实施专利或者使用技术秘密超过约定的范围的,违反约定擅自许可第三人实施该项专利或者使用该项技术秘密的,应当停止违约行为,承担违约责任;违反约定的保密义务的,应当承担违约责任。受让人按照约定实施专利、使用技术秘密侵害他人合法权益的,由让与人承担责任,但当事人另有约定的除外。

受让人未按照约定支付使用费的,应当补交使用费并按照约定支付违约金;不补交使用费或者支付违约金的,应当停止实施专利或者使用技术秘密,交还技术资料,承担违约责任;实施专利或者使用技术秘密超过约定的范围的,未经让与人同意,擅自许可第三人实施该专利或者使用该技术秘密的,应当停止违约行为,承担违约责任;违反约定的保密义务的,应当承担违约责任。

五、后续改进技术成果的权益分配

后续改进是指在技术转让合同的有效期内,一方或双方对作为合同标的的专利或技术秘密所作的革新和改良。在技术转让合同中,当事人可以按照合理的原则,约定实施专利、使用技术秘密的后续改进技术成果的分享办法。在合同没有约定或者约定不明的情况下,当事人可以协议补充;不能达成补充协议的,按照合同中有关条款或交易习惯确定;依照合同有关条款或交易习惯仍不能确定的,一方后续改进的技术成果,其他各方无权分享,而由后续改进方享有。

第四节　技术咨询合同
和技术服务合同

一、技术咨询合同和技术服务合同概述

(一)技术咨询合同概述

技术咨询合同是指就特定技术项目提供可行性论证、技术预测、专题技术调查、分析评价报告等所订立的技术合同。提供咨询的一方是受托人,接受咨询报告并支付报酬的一方是委托人。技术咨询合同的法律特征主要表现在:

1.技术咨询合同是受托人向委托人提供技术项目决策参考的软科学技术的合

同。技术咨询合同是受托人向委托人提供咨询报告或者问题解答方案的合同,其技术问题解答或咨询报告是一种技术方案。

2.技术咨询合同有其特殊的风险责任承担原则。技术咨询合同中的咨询报告实施风险,除当事人另有约定外,由委托人承担,受托人可免于承担责任。咨询报告实施风险是指委托人按照受托人符合约定要求的咨询报告和意见作出决策所造成的损失。

3.技术咨询合同的目的在于:受托人为委托人进行科学研究、技术开发、成果推广、技术改造、工程建设、科技管理等项目提出建议、意见和方案,供委托人在决策时参考,从而使科学技术的决策和选择真正建立在民主化和科学化的基础之上。因此,技术咨询合同的履行结果并不是某些立竿见影的科技成果,而是供委托人选择的咨询报告。

(二)技术服务合同概述

技术服务合同是指当事人一方以技术知识为另一方解决特定技术问题所订立的技术合同,不包括建设工程合同和承揽合同。可见,技术服务不是一方只向对方提出决策建议,而是由服务方实际、直接、具体地处理特定技术问题。技术服务合同当事人不只是提供技术,还运用技术知识解决具体技术问题。

技术服务合同在实践中包括技术辅助服务合同、技术中介合同和技术培训合同。其中技术辅助服务合同是指当事人一方利用科技知识为另一方解决特定专业技术问题所订立的合同。技术中介合同是指双方当事人约定中介人依据委托人的要求,为委托人与第三人订立技术合同提供机会或促成技术合同订立,由委托人向中介人支付约定报酬的合同。可见,技术中介合同是技术居间合同。技术培训合同是指双方当事人约定,受托人为委托人的指定人员进行特定技术培养和训练的合同。技术培训合同是国际上公认的技术服务合同形式。就技术中介合同、技术培训合同,其他法律、行政法规另有规定的,依照其规定。

二、技术咨询合同和技术服务合同的效力

(一)技术咨询合同的效力

1.委托人的义务

委托人的义务主要有:其一,阐明咨询的问题,并按照合同的约定向受托人提供有关技术背景资料及有关材料、数据。必要时还应当依合同约定为受托人作现场调查、测试、分析等工作提供方便。其二,按时接受咨询顾问的工作成果并按约定支付报酬。委托人迟延支付报酬的,应当承担迟延履行的违约责任;不支付报酬的,应当退还咨询报告和意见,补交报酬,赔偿损失。

2.受托人的义务

受托人的义务主要有:按期提出咨询报告或者解答委托人提出的问题,受托人提出的咨询报告应达到约定的要求。

(二)技术服务合同的效力

1.委托人的义务

委托人的义务主要有:其一,技术服务合同的委托人应当按照约定提供工作条件,完成配合事项;其二,在技术辅助服务合同中,委托人应当按照合同约定的期限接受受托人的工作成果;其三,委托人应按照合同的约定支付报酬。

2.受托人的义务

受托人的义务主要有:受托人应当按照约定完成服务项目,解决技术问题,保证工作质量,并传授解决技术问题的知识。

三、技术咨询合同和技术服务合同的违约责任

(一)技术咨询合同的违约责任

委托人的违约责任:技术咨询合同的委托人未按照约定提供必要的资料和数据,影响工作进度和质量,支付的报酬不得追回,未支付的报酬应当支付。委托人不接受或者逾期接受工作成果的,支付的报酬不得追回,未支付的报酬应当支付,还应支付违约金或赔偿损失。

受托人的违约责任:技术咨询合同的受托人未按期提出咨询报告或者提出的咨询报告不符合约定的,应当承担减收或者免收报酬等违约责任。

(二)技术服务合同的违约责任

委托人的违约责任:技术服务合同的委托人不履行合同义务或者履行合同义务不符合约定,影响工作进度和质量,应当承担违约责任。委托人不接受或者逾期接受工作成果的,支付的报酬不得追回,未支付的报酬应当支付,还应支付违约金,也可以要求委托人支付保管费。

受托人的违约责任:技术服务合同的受托人未按照合同约定完成服务工作的,应当承担免收报酬等违约责任。

四、新技术成果的权属

技术咨询合同、技术服务合同的履行过程,事实上也是当事人之间互通技术信

息、交流工作成果的过程,这一过程为双方当事人创造出更新的技术成果提供了条件和机会。① 因此,在技术咨询合同、技术服务合同履行过程中,当事人可以约定新技术成果的归属。如当事人没有约定的,受托人利用委托人提供的技术资料和工作条件完成的新的技术成果,属于受托人。委托人利用受托人的工作成果完成的新的技术成果,属于委托人。

司法考试真题链接

1. 甲乙丙三人合作开发一项技术,合同中未约定权利归属。该项技术开发完成后,甲、丙想要申请专利,而乙主张通过商业秘密来保护。对此,下列哪些选项是错误的?（2010 年司法考试真题）

A. 甲、丙不得申请专利

B. 甲、丙可申请专利,申请批准后专利权归甲、乙、丙共有

C. 甲、丙可申请专利,申请批准后专利权归甲、丙所有,乙有免费实施的权利

D. 甲、丙不得申请专利,但乙应向甲、丙支付补偿费

2. 甲公司与乙公司签订一份专利实施许可合同,约定乙公司在专利有效期限内独占实施甲公司的专利技术,并特别约定乙公司不得擅自改进该专利技术。后乙公司根据消费者的反馈意见,在未经甲公司许可的情形下对专利技术做了改进,并对改进技术采取了保密措施。下列哪一说法是正确的?（2012 年司法考试真题）

A. 甲公司有权自己实施该专利技术

B. 甲公司无权要求分享改进技术

C. 乙公司改进技术侵犯了甲公司的专利权

D. 乙公司改进技术属于违约行为

3. 甲公司向乙公司转让了一项技术秘密。技术转让合同履行完毕后,经查该技术秘密是甲公司通过不正当手段从丙公司获得的,但乙公司对此并不知情,且支付了合理对价。下列哪一表述是正确的?（2013 年司法考试真题）

A. 技术转让合同有效,但甲公司应向丙公司承担侵权责任

B. 技术转让合同无效,甲公司和乙公司应向丙公司承担连带责任

C. 乙公司可在其取得时的范围内继续使用该技术秘密,但应向丙公司支付合理的使用费

D. 乙公司有权要求甲公司返还其支付的对价,但不能要求甲公司赔偿其因此受到的损失

---

① 崔建远:《合同法》,法律出版社 2003 年版,第 440 页。

4.工程师王某在甲公司的职责是研发电脑鼠标。下列哪些说法是错误的?（2012年司法考试真题）

  A.王某利用业余时间研发的新鼠标的专利申请权属于甲公司

  B.如王某没有利用甲公司物质技术条件研发出新鼠标,其专利申请权属于王某

  C.王某主要利用了单位物质技术条件研发出新型手机,其专利申请权属于王某

  D.如王某辞职后到乙公司研发出新鼠标,其专利申请权均属于乙公司

5.甲公司聘请乙专职从事汽车发动机节油技术开发。因开发进度没有达到甲公司的要求,甲公司减少了给乙的开发经费。乙于2007年3月辞职到丙公司,获得了更高的薪酬和更多的开发经费。2008年1月,乙成功开发了一种新型汽车节油装置技术。关于该技术专利申请权的归属,下列哪些选项是错误的?（2010年司法考试真题）

  A.甲公司   B.乙

  C.丙公司   D.甲公司和丙公司共有

第三编

侵权之债

第十三章　侵权责任法概述

第一节　侵权责任法的概念和特征

一、侵权责任法的概念

侵权责任法源于罗马法中的私犯和公犯,私犯是侵害私人法益,公犯是侵害公共利益。大陆法系国家沿袭罗马法的立法体例,把侵权行为作为债发生的原因之一,在债法中对此加以规定。日本最早接受欧洲大陆法的影响,将其翻译成不法行为法。我国过去的众多民法教材,也将侵权责任法称为"损害赔偿法"。赔偿固然是承担侵权责任的最常见、最重要的民事责任方式,但我国《民法通则》除规定赔偿损失为承担民事侵权责任的方式之外,还规定了停止侵害、排除危险、返还财产、恢复原状、消除影响、恢复名誉和赔礼道歉等多种侵权责任方式。

侵权行为法是英美法系的概念,20世纪90年代,我国学者受到英美法的影响将其翻译成侵权行为法。后来又有学者提出应当改为侵权责任法。如有学者认为,侵权归责原则从过错责任原则发展到危险责任、无过错责任原则,事实上最重要的变化是加害事由的变化,由此导致的侵权法关注的重点也由"行为"转向了"责任",尤其是在危险责任原则中。

《中华人民共和国侵权责任法》(以下简称《侵权责任法》)从法律层面上认同了侵权责任法这一术语。所谓侵权责任法是调整侵权责任关系的法律规范的总和。正如张新宝教授对侵权行为法的定义:调整有关因侵害他人财产、人身的行为而产生的相关侵权责任关系的法律规范的总和。①

从这一定义可以看出,第一,从调整对象上看,侵权责任法是调整有关因侵害他人财产、人身的行为而产生的相关侵权责任关系的法律规范的总和;第二,从功能上看,侵权责任法的基本功能是对受害人的损害提供救济;第三,侵权责任法不是一个独立的法律部门,而是民法的组成部分。

---

① 张新宝:《中国侵权行为法》,中国社会科学出版社1998年第2版。

侵权责任法有广义和狭义之分。所谓狭义的侵权责任法,即形式意义上的侵权责任法,指民法典或债法典中集中就侵权行为及其责任所作的规定,如《侵权责任法》。广义的侵权责任法,即实质意义上的侵权责任法,指所有关于侵权行为及其责任的成文法和不成文法,除狭义的侵权责任法外,还包括能作为侵权行为法渊源的单行法规、立法和司法解释及判例等。

二、侵权责任法的特征

侵权责任法作为我国民法中重要的组成部分,与民法中的其他法律制度如物权法、债法、人身权法、知识产权法、亲属法、继承法相比较,具有以下法律特征:

(一)对象的复杂性

侵权责任法所涉及的面非常广,侵权行为的发生不仅存在于普通的民事关系(包括财产关系和人身关系)领域,而且广泛地发生在其他诸如劳动关系、自然资源管理与环境保护关系等领域,甚至可以说,有人类活动的地方就有可能存在侵权行为,就有产生侵权责任的可能。

在现实生活中,还存在大量的侵权行为和行政违法行为、犯罪行为的竞合。许多行政违法行为、犯罪行为都是侵权行为。如《侵权责任法》第4条规定:"侵权人因同一行为应当承担行政责任或者刑事责任的,不影响依法承担侵权责任。因同一行为应当承担侵权责任和行政责任、刑事责任,侵权人的财产不足以支付的,先承担侵权责任。"

此外,针对一些特殊侵权行为我国制定了一些特别法律制度,如医疗事故法、交通事故法、产品责任法等,但对于特殊侵权行为仍主要由民法来规范,因而其内容具有复杂性。

(二)性质的强制性

侵权责任法以保护民事主体的民事权利为己任,其主要功能就在于对民事权利的保护。对民事权利的法律保护就必然体现出对侵权行为的制裁的特点。如《侵权责任法》第1条规定:"为保护民事主体的合法权益,明确侵权责任,预防并制裁侵权行为,促进社会和谐稳定,制定本法。"该规定明确将制裁侵权行为作为其立法目的之一。因此,侵权责任法的规范绝大多数是强行性的规范,而不是任意性的规范,不允许当事人对侵权行为的归责原则、责任构成等强行规定内容协议改变,更不允许侵权行为人拒绝承担侵权责任。

第二节　侵权行为的一般条款

张新宝教授对侵权行为一般条款作出了较早的研究。[①] 所谓侵权行为一般条款是指法律对一般侵权行为仅作一般规定，而不规定一般侵权行为的具体表现，根据这一规定便可以判断具体的造成损害的行为是否构成侵权行为。换言之，可以直接依据一般条款作出判决。

对侵权行为一般条款的规定有两种不同的立法模式。第一种立法模式，即对侵权行为一般条款的概括仅指一般侵权行为，不包括特殊侵权行为，有学者称之为"小"的侵权责任一般条款。而且，这种侵权行为适用的是过错责任原则，是需要原告证明的过错责任原则，而不是过错推定原则。这主要体现在大陆法系中，如《德国民法典》第823条和第826条、《法国民法典》第1382条到第1386条。我国《民法通则》第106条第2款规定的是一般侵权行为，采用的是大陆法系的通常做法。第二种立法模式即为侵权行为一般条款规定的是全部侵权行为，而不是仅仅规定一般侵权行为，这就是《埃塞俄比亚民法典》以及《欧洲统一侵权行为法草案》的做法，有学者称之为"大"的侵权责任一般条款。

从多数大陆法系国家侵权行为立法观察，在一般意义上说，侵权行为的一般条款并不是关于概括所有的侵权行为请求权的条款，而是事关一般侵权行为的概括性条款。[②] 不难发现，这两种立法模式仍然主要是从侵权责任或侵权行为之债的角度来表述侵权行为，将侵权行为与侵权责任相混淆，认为侵权行为一般条款概括的一般侵权行为的侵权责任构成要件是四个要件，即违法行为、损害事实、因果关系和主观过错。

1992年1月1日施行的《荷兰民法典》第6:162条规定："侵权行为是指对权利的违犯和违反法律上的义务或不成文法的利益的作为或不作为行为，但有合法或正当理由的除外。""对他人实施了可归责的侵权行为的人有义务对该侵权行为对他人造成的损害进行赔偿"，"加害人因自己的过错造成的损失或者依据法律或社会观念对损害负有责任时，加害人对侵权行为承担责任"。该法典明显地将侵权行为与侵权责任相区别，真正实现了侵权行为的一般条款化。

针对侵权行为的一般条款化，田土城教授认为，可以概括为：一般侵权行为是指违反法定义务，侵害他人人身和财产权益的一切不法或有悖善良风俗的行为。其中，"违反法定义务"旨在强调侵权法保护的对象，即侵权行为的客体主要是绝对

---

① 张新宝：《侵权行为法的一般条款》，载《法学研究》2001年第4期。

② 王利明、杨立新等：《民法学》，法律出版社2005年版，第761页。

权;"他人的人身和财产权益"旨在强调侵权法不仅保护法定权利,还保护尚未上升为法定权利的合法利益;"不法或有悖善良风俗"旨在强调侵权行为的本质特征在于不法性和应受责难性。[1]

《侵权责任法》第 2 条规定:"侵害民事权益,应当依照本法承担侵权责任。本法所称民事权益,包括生命权、健康权、姓名权、名誉权、荣誉权、肖像权、隐私权、婚姻自主权、监护权、所有权、用益物权、担保物权、著作权、专利权、商标专用权、发现权、股权、继承权等人身、财产权益。"《侵权责任法》第 6 条第 1 款规定:"行为人因过错侵害他人民事权益,应当承担侵权责任。"杨立新教授认为,《侵权责任法》既规定了大的侵权责任一般条款,又规定了小的侵权责任一般条款,形成了大小搭配的双重侵权责任一般条款体制,形成了别具特点的中国特色。《侵权责任法》第 2 条规定作为大的侵权责任一般条款,用以确定侵权责任的范围和《侵权责任法》保护的民事权益范围。《侵权责任法》第 6 条第 1 款规定作为小的侵权责任一般条款,为《侵权责任法》分则没有具体规定的一般侵权责任设置法律适用规则,提供请求权的法律基础。

第三节　侵权责任法的渊源

侵权责任法的渊源是指侵权责任法律规范的表现形式。侵权责任法作为民法的一个重要组成部分,民法的渊源自然也是侵权责任法的重要渊源。但侵权责任法的渊源并不限于民法渊源,如《民法通则》等,还包括宪法渊源;不仅包括规范性的立法文件,还包括解释性的法律文件。民事习惯和民法学说虽然不是审判侵权案件直接援引的依据,却可以成为解释相关法律、完善现行立法的重要资料。我国侵权责任法的渊源由以下内容构成。

（一）宪法渊源

我国宪法中保护公民基本权利的规定,如关于公民的财产权和人身权的规定,都是我国侵权责任法的重要渊源。宪法是国家的根本大法,具有最高法律效力。《侵权责任法》的原则和规则都应当依据宪法的原则来制定,不得违反宪法的原则。在司法实践中,最高人民法院曾多次引用宪法确定侵权责任法的具体适用,如关于对工伤事故事先免责条款的效力问题和关于侵害受教育权是否可以请求损害赔偿的司法解释,都从宪法是根本大法的角度表明宪法是侵权责任法的最高法律渊源。

---

[1]　田土城:《侵权行为的一般条款研究》,载中国人民大学复印资料《民商法学》2006 年第 8 期。

(二)民法渊源

《民法通则》是我国民法的基本形式,是我国侵权责任法的重要法源。它规定了侵权责任法的一般性原则和侵权行为种类及相应的民事责任。《民法通则》规定的基本原则、主体制度、民事权利、民事法律行为和时效制度等也都是我国侵权责任法的渊源。

《民法通则》虽然采取大陆法系的立法方式,但它并没有将侵权责任规定在债法中,而是单独设立民事责任制度,对侵权民事责任作出了专门规定。《侵权责任法》从一般规定到责任构成和责任方式、从减免责任情形和特殊责任主体到具体的侵权责任等法律规定都是侵权责任法的渊源。《侵权责任法》遵从了《民法通则》这一传统,将侵权责任独立而不是规定在债法之中。实际上,《侵权责任法》也是我国民法典制定过程中第三个主要步骤,第一个是 1999 年的《合同法》、第二个是 2007 年的《物权法》。

(三)其他法律渊源

其他法律渊源包括单行法律中关于侵权责任的法律规范,还包括国务院各部委等发布的行政规章以及地方各级人民代表大会和地方人民政府在职权范围内所制定的地方法规规章等关于侵权责任的规定,这些法律、法规和规章中关于侵权责任的规定也是侵权责任法的渊源。

在《民法通则》和《侵权责任法》以外的一些立法文件中,也会体现若干侵权责任法的规范。这些立法文件有的是单行的民事法规如著作权法,有的则是其他法律部门的单行立法文件。如《国家赔偿法》《环境保护法》《反不正当竞争法》《产品质量法》《道路交通安全法》《未成年人保护法》《妇女权益保护法》《医疗事故处理条例》《工伤保险条例》《食品安全法》等,都是我国侵权责任法的渊源。

其他行政规章和地方法规渊源中,如教育部的《学生伤害事故处理办法》就是侵权责任法的渊源之一。

(四)司法解释渊源

最高人民法院对于在审判过程中如何具体应用法律、法令所作的指导性文件、解释、批复和复函等司法解释也是侵权责任法的重要渊源。

最高人民法院涉及侵权行为案件的司法解释包括两种主要情形:一是规范性解释,比如《关于贯彻执行〈中华人民共和国民法通则〉若干问题的意见(试行)》《关于确定民事侵权精神损害赔偿责任若干问题的解释》《关于审理人身损害赔偿案件适用法律若干问题的解释》等。这些规范性解释中的侵权责任内容就是我国侵权责任法的渊源。二是针对具体侵权责任案件所作的批复、复函等,比如《关于雇工合同应当严格执行劳动保护法规问题的批复》《关于对行政侵权赔偿案件执行中有关问题的复函》等，这类批复、复函也是我国侵权责任法的重要渊源。

第四节　侵权责任法与其他法律的关系

一、侵权责任法与刑法

刑法是规定犯罪与刑罚的法律，是公法的重要组成部分，是国家直接干预社会关系行使统治权力的手段和工具。我国侵权责任法与刑法既有联系，又有明确的区别。

侵权责任法与刑法的联系主要体现在以下几个方面：首先，有些犯罪行为本身也是侵害他人民事权益的行为，刑事责任与侵权责任重合。其次，有关过错、因果关系以及构成要件等方面的理论，二者可以相互借鉴。最后，二者都必然体现我国法治的基本原则。

侵权责任法与刑法的区别主要体现在以下几个方面：首先是目的不同，刑法的根本目的是打击犯罪分子、镇压敌对阶级和势力的反抗、保护人民利益、维护社会正常秩序。刑法具有鲜明的惩罚性，用刑罚的手段采取剥夺人身自由、生命、财产、政治权利等方式惩罚犯罪。侵权责任法的目的主要不在于制裁而在于填补受害人所受到的损失。其次是调整对象不同，刑法调整的是刑事关系，而侵权责任法调整的是民事关系。最后是法律性质不同，刑法是国家强制法，当违法犯罪事实出现时，绝大多数情况下由国家依职权主动查处，进行侦查、起诉直至追究犯罪分子的刑事责任。而侵权责任法虽然也体现强制性，但在适用上具有一定程度的任意性。当侵害民事权益的事实出现时，一般需要受害方提起民事诉讼。

二、侵权责任法与行政法

侵权责任法与行政法的联系主要表现在侵权行为和行政违法行为的竞合产生侵权责任和行政责任的竞合上，如在国家赔偿责任上，行政侵权行为就具有侵权行为和违法行政行为两种属性。

侵权责任法与行政法的主要区别表现在两个方面。一是调整对象不同，侵权责任法调整的是平等主体之间的人身与财产关系，属于平等的横向关系；而行政法调整的是不平等的纵向关系，关注的是行政管理行为。二是责任性质不同，行政法确立的责任是行政责任，主要体现出惩罚性，如罚款；侵权责任法所确立的责任则是民事责任，主要体现出补偿性。

三、侵权责任法与合同法

侵权责任法与合同法的联系最为密切,因为侵权责任法与合同法都是民法的重要组成部分,甚至都被认为是债的发生根据,侵权责任法与合同法所产生的责任都是民事责任。

侵权责任法与合同法仍然存在较大区别。首先是法律属性不同。从总体而言,侵权责任法属于强行法规范,大部分情况不允许当事人自由协商。合同法中尽管也存在强行法规范,但绝大部分属于任意性规范,体现的是民法的意思自治原则。这是侵权责任法与合同法的主要区别。其次,保护的利益不同。侵权责任法所保护的是诸如人身权、财产权之类的绝对权,而合同法保护的无疑是诸如债权之类的相对权。尽管学者一直在争论侵害债权的问题,但似乎《侵权责任法》并没有确立这一保护对象。

四、侵权责任法与保险法

侵权责任法与保险法的联系在于,两者都是以一定的方式补偿受害人所受的损失(尤其是财产损失),尤其是保险法通过设置如医疗责任保险、产品质量责任保险等责任保险的方式将侵权责任的损失分散给了社会。

但侵权责任法与保险法的区别也是很明显的,如保险责任仅限于财产赔偿责任,侵权责任除财产赔偿责任外,还包括消除影响、恢复名誉和赔礼道歉等;在侵权责任法中是因为侵权行为产生损害而产生侵权责任,而在保险法中是因为出现保险事故而产生赔偿责任。

第十四章 侵权责任的
归责原则

【引　例】

　　吴某出差,到某旅馆住宿。夜间,天花板上的吊灯突然脱落,正好砸到吴某身上,致吴某受伤。吴某花去医疗费 3890 元,要求旅馆赔偿损失,但旅馆不同意,认为吊灯是装修队安装的,旅馆没有过错。装修队认为,吊灯脱落是使用多年的螺丝磨损严重而造成,装修队不承担责任。双方相互推诿,吴某诉诸法院。

　　本案,旅馆和装修队的说辞似乎都有道理,似乎都不需承担责任。但如果明确了处理本案的前提:应该适用什么归责原则,那么作出最终的判断也就十分清楚了。《民法通则》第 126 条规定:"建筑物或者其他设施以及建筑物上的搁置物、悬挂物发生倒塌、坠落造成他人损害的,它的所有人或者管理人应当承担民事责任,但能够证明自己没有过错的除外。"本案的归责原则是过错推定责任原则。如果作为吊灯所有人和管理人的旅馆不能证明自己无错,则推定其有过错,并承担损失赔偿责任。

第一节　侵权责任归责原则概述

一、侵权责任归责原则的概念

　　"归责"就是确定责任的归属,"原则"则是标准与根据,"归责原则"则是确定责任归属所依据的法律标准和规则,追究行为人法律责任的依据或理由。侵权责任归责原则,是为确定侵权行为人应否对其行为承担民事责任的根据和法律准则。归责原则从结果责任原则发展到过错责任原则、无过错责任原则(英美法系称危险责任原则)是法律为实现公平观念使然。结果责任原则是"有损害就有责任",过错责任原则是"有过错才有责任",而危险责任原则则是"有异常危险就有责任"。结果责任原则立足于行为的损害事实——损害结果,过错责任原立足于行为的意识因素——过错性,而危险责任原则立足的是行为的客观属性——异常危险性。行为的损害结果、行为的过错性、行为的异常危险性都是追究行为人的法律责任的核心根据与理由。

由于整个侵权法基本上就是要解决侵权行为的责任问题,因此侵权法的归责原则在整个侵权责任法中居于核心地位。一定的归责原则不仅决定着侵权责任构成要件、举证责任的负担,还影响着侵权行为的分类、免责条件、损害赔偿的原则和方法、减轻责任的根据等。因此,侵权责任归责原则体现着侵权责任法的价值取向,是侵权责任法的统帅。

二、侵权责任归责原则的发展

侵权责任归责原则的发展历史与侵权责任法的发展历史紧密相关,侵权责任法的历史发展经历了一个从严到宽、从单一化到多元化、从不合理到合理的发展过程。在侵权责任法的发展史上,归责原则不断发展、演进。

最早的侵权责任归责原则是加害责任原则,也称作客观归责原则或结果责任原则。该原则是以损害的客观后果作为归责标准,即只要行为人致他人财产或人身损害,不管其主观上是否有过错,都要承担损害赔偿责任。也就是说,一个人只要被确认是造成损害发生的人,加害事实本身就足以构成使他承担责任的充分理由。该原则是早期人类社会的归责观念,是早期社会惩罚侵权行为的原始方式。这一原则,在大陆法系和英美法系有着共同的反映。现代的过错责任原则在法国民法典中的确立,实现了侵权责任法立法史上革命性的变革。以法国为代表的国家曾经采纳的单一过错责任原则的模式(包括一般的过错责任原则和推定的过错责任原则)风靡一时。但是,随着科学技术巨大进步、生产力水平迅速提高、社会结构日益复杂化,单一的归责原则已不能解决日益复杂的侵权责任问题,在现代世界各国,由于侵权责任法所规范的对象的复杂性和多层次性,逐渐出现了无过错责任原则或者称之为严格责任的归责原则。如德国民法坚持过错责任原则,但是同时承认危险责任(即无过失责任)。各国也均颁布了许多特别法,在特别法上采取不问过错责任原则,如医疗事故赔偿法、产品责任法、航空法等,在这些领域内实行无过错责任原则,扩大了侵权责任法的适用范围,使归责原则本身也呈现出由过去单一的过错责任原则转变为以过错责任原则为主,而以不问过错责任原则为辅的归责体系。在英美侵权责任法中,通行的也是过错责任和严格责任。这就是,除了产品侵权责任、危险活动责任和动物致害责任之外的其他侵权行为类型,基本上都适用过错责任原则。

为适应实际需要,侵权责任归责原则的多元化趋势日益明显,如在传统的过错责任原则依然在发挥作用的同时,使用过错推定原则以减轻受害人的举证责任。类同的是英美法系国家普遍采用"事实本身证明"的规则,既保护了受害人的利益,同时也维护了过错责任原则体系内部的和谐。一些国家的法律和理论以及我国的侵权法理论,还认为公平责任原则也是侵权责任法的归责原则。

侵权责任法的单一原则向多元化发展,逐渐形成了侵权责任法的完整的归责原则体系。值得注意的是在英美法国家,采取具体案件具体处理的方法,规定了庞大的侵权行为类型,诸如:对人身或财产的侵害,对人身或财产的非故意侵害,对人身、财产侵害的严格责任,毁损名誉,破坏家庭关系,侵害合同关系或商务关系,滥用法律程序,等等。从而可以更灵活地适用各归责原则解决各种现实问题。归责原则是侵权责任法的核心问题,必须适应社会发展,就各个意外事故斟酌其危害性,及其他相关因素加以调整,使其更能公平、有效率地发挥其预防危害、填补损害的机能。

三、我国侵权责任归责原则体系

理论上对我国侵权责任归责原则体系的争论一直不曾停息,有一元论(即认为只有一个归责原则)、二元论(即认为存在两个归责原则,至于是哪两个归责原则,学者们又有不同观点)、三元论、四元论等多种学说。《侵权责任法》确认的归责原则主要有过错责任原则(包括一般的过错责任原则和过错推定责任原则)和无过错责任原则。至于《侵权责任法》第24条规定的公平分担损失,是依据衡平思想的补偿,仅在有限的情况下适用,不能构成归责事由。

1. 过错责任原则

过错责任原则是我国侵权责任法的基本归责原则,适用于一般侵权行为,调整一般侵权行为的责任归属问题。过错责任原则的性质是主观归责原则,即以行为人的主观过错作为确定其责任的必要条件,有过错即有责任,无过错即无责任。

过错推定原则从本质上说也是过错责任原则,过错推定责任是过错责任的一种特殊形态。过错推定仍然以过错作为归责的最终要件,其价值判断标准和责任构成要件都与一般的过错责任原则的要求相一致,过错推定责任原则所具有的制裁、教育、预防、确定行为标准等功能方面,也与过错责任基本相同。过错推定责任原则是为弥补传统的过错责任原则不足而产生的一项原则。因此,过错责任原则表现为两种形式:一是一般过错原则,二是过错推定原则。这个主张目前还是通说,而且在全国法院中也是采用这样的主张。在我国《侵权责任法》中,过错推定已广泛适用于一些特殊的侵权行为,而且随着社会经济的发展,过错推定的适用范围也将不断扩大。

2. 无过错责任原则

无过错责任原则是一个独立的归责原则,尽管有反对的意见,但是通说并不否认它是一个独立的归责原则。它调整的范围与过错责任原则、过错推定原则不同,无过错责任原则独立地调整部分特殊侵权行为的责任归属,如产品侵权责任、高度危险作业等,因此具有独立存在的价值。

无过错责任原则性质上是客观归责原则,即以损害事实和加害行为与损害事实之间的因果关系作为构成责任的充分条件,这一原则也被称为严格责任原则。无过错责任原则适用于法律特别规定的场合,加害人承担责任是看其行为与损害结果之间的因果关系,而不论加害人主观上是否有过错,加害人也不能以自己主观上没有过错为由而进行抗辩。

四、研究侵权责任归责原则需注意的问题

1.侵权责任归责原则与民法基本原则的关系

一方面,侵权责任归责原则受民法基本原则的指导,接受民法基本原则的一般制约和统率,其与民法基本原则是一般与特殊的关系。另一方面,侵权责任法的归责原则是民法基本原则在侵权责任法领域的具体化,[①]是民法基本原则在侵权责任法中的具体体现,它体现着民法平等、公平、公正、正义、诚信、等价和保护民事主体合法权利等原则和精神,侵权责任法的归责原则是对民法基本原则的具体应用。但是,归责原则并不同于民法的基本原则,它具有自身的特点,侵权责任归责原则主要反映侵权法的特殊性,其效力仅及于侵权法,而不能及于其他民法领域。

2.侵权责任归责原则与侵权责任法各规范的关系

侵权责任归责原则是侵权责任法的核心规则,是贯穿于侵权责任法之中,对各个侵权行为规则起着统率作用的立法指导方针,侵权责任法的一切规则都建筑在归责原则的基础之上。因此侵权责任法的归责原则是侵权责任法各具体规范的统帅和灵魂,是侵权责任法各规范适用的一般准则,规定着各侵权责任法规范的具体适用,所有的侵权责任法的规范都必须接受侵权责任法归责原则的统一调整。

3.侵权责任归责原则与损害赔偿原则的区别

损害赔偿原则是在研究损害赔偿责任范围时使用的一个概念,是在处理侵权损害赔偿纠纷,确定赔偿范围时所依据的准则。归责原则与赔偿原则是侵权责任法的两种不同的原则,它们密切联系又相互区别,具体表现为:

(1)归责原则的作用是为了确定侵权行为人应否负赔偿责任。归责原则主要解决责任的承担问题。归责原则是确定责任归属的最终依据,它通常是从过错等因素出发,来确定责任的承担。归赔偿原则的作用是在确定了行为人应当承担赔偿责任以后,决定侵权行为人应当具体承担的责任的大小,解决的是损害赔偿的范围问题。赔偿原则是在确定责任以后的决定损害赔偿范围的依据,它往往要从客观事实出发来确定责任范围。

---

① 王利明等:《民法·侵权行为法》,中国人民大学出版社1993年版,第18页。

Law

（2）由于侵权行为的责任形式不限于损害赔偿，因此通过归责原则确定的责任不仅包括损害赔偿责任，还可包括其他责任形式。而损害赔偿原则仅仅是用于指导确定赔偿范围的准则。

（3）归责原则包括过错责任原则、无过错责任原则等。赔偿原则则包括全部赔偿原则、损益相抵原则、过失相抵原则、财产赔偿原则和衡平原则，它们所包含的内容是不一样的。

需要说明的是，传统侵权法将侵权责任完全等同于赔偿责任，因此，学界也几乎在这一前提下研究归责原则，将侵权责任归责原则等同于侵权赔偿责任归责原则；在不区分具体的侵权责任形式下，探讨侵权责任归责原则。

4. 归责与责任的区别

责任，是指行为违反法律，其行为人所应承担的法律后果。当侵权行为发生以后，责任并非自然形成，必须有一个确定责任的过程。责任的成立与否，取决于行为人的行为及其后果是否符合责任构成要件，而归责只是为责任是否成立寻求根据，而并不以责任的成立为最终目的。① 从一般意义上说，归责是一个过程，而责任则是归责的结果。如果将侵权行为的损害事实作为起点，将责任作为终点，那么，归责就是连接这两个点的过程。②

第二节　过错责任原则

一、过错责任原则的概念

过错责任原则，学界又常称之为过失责任原则，是以行为人主观上的过错作为确定和追究行为人民事责任依据的归责原则。过错责任原则是一般情形下适用的归责原则，系因"故意或过失"不法侵害他人权利时，应就所产生的损害负赔偿责任。③

过错责任原则的性质是主观归责原则，过错责任要求在确定侵权行为人的责任时，必须以行为人主观上有无过错为归责的依据，而不是依行为的客观方面来确定。过错责任原则以行为人主观过错作为价值判断标准，判断行为人对其造成的损害是否应该承担赔偿责任，即过错责任原则以行为人的过错作为归责的根据和责任的最终构成要件。也就是说，该原则要求将行为人的过错作为归责的最终

---

① 王利明：《侵权行为法归责原则研究》，中国政法大学出版社1992年版，第18页。
② 杨立新：《侵权法论》，人民法院出版社2005年版，第117页。
③ 王泽鉴：《侵权行为法》，中国政法大学出版社2001年版，第12页。

的决定性要件,将行为人的过错作为最后的或最基本的因素来加以考虑,坚决贯彻"无过错即无责任"的精神。

因此,在适用过错责任原则的场合,加害行为人仅在有过错的情况下对自己的致害行为负责,行为人主观上没有过错,就不承担民事责任。在确定赔偿责任的构成要件时,相对于损害事实及其因果关系等构成要件而言,行为人主观上的过错是损害赔偿责任构成的必要条件之一,缺少这一条件,即使加害人的行为造成了损害,也不承担民事赔偿责任。

二、过错责任原则的产生与发展

过错责任原则的萌芽出现在罗马法时代。公元前287年通过的《阿奎利亚法》首次确立了过错责任原则。通过之后罗马法学家的解释和裁判官判决的补充、注释,过错责任原则逐渐充实完备起来。随着19世纪罗马法的复兴,过错责任原则逐渐作为一般的归责原则彻底取代了加害责任原则。这也是资本主义经济发展的必然要求,资本主义商品经济的迅速发展,要求充分发挥经营者的生产积极性和创造性,要求经营者有自由的政治和法律权利。加害责任原则不问行为人主观上有无过错,只要其行为造成他人损害,即必须承担赔偿责任。这种动辄被追究责任的归责原则显然不利于自由经济的发展。而过错责任原则要求行为人只要尽到一定的注意义务,即可免负责任,最大限度地满足了这种需求。因此,为最大限度地保障经营者的主动性和创造性,为谋求社会经济发展的秩序和社会生活的平衡,过错责任原则得以广泛确立。这一时期自然法学的复兴和理性哲学的创立也为过错责任原则的重新确立提供了理论根据。他们认为行为只有基于作为意志的过错才能归责于行为人。

在此背景下,从19世纪开始,过错责任原则相继在法国、英国、日本、德国等大多数资本主义国家取得了主导地位。过错责任原则作为一般的归责原则,最早出现在1804年《法国民法典》中,该法第1382条和第1383条分别规定了作为和不作为的过失责任。在以后的时间里,各国民法陆续接受并采用了这一归责原则,1886年的《日本民法典》(第709条)、1900年的《德国民法典》(第823条)、1911年的《瑞士债务法》(第41条)等都明确规定采取过错责任原则。英美法上的过失责任则由法院判例创设之。[①] 在英美法的侵权责任法的初期采取程序诉讼制度,具体的侵权行为的赔偿要进行具体的诉讼程序,没有过失的概念。而在其后的"间接侵害诉讼"中包含了过失的影子,出现了欠缺注意的过失的含义。直至晚近,英美法才在

---

① 王泽鉴:《侵权行为法》,中国政法大学出版社2001年版,第13页。

法院的判例中创设出过失的概念,接受了过错责任原则。[①] 我们还需要注意的是,大陆法系学者在研究过错的判断标准时几乎都集中在过失的判断标准上,而忽视了过错中的"故意"内容,因而也将过错责任原则几乎等同于过失责任原则。众所周知,过失责任原则并不是归责原则,然而,传统上学界仍然将过错责任原则称为"过失责任原则"。

自 19 世纪以来,过失责任原则成为各国侵权责任法的归责原则,成为近现代法律制度上的重要原则,其发展反映了人类社会的进步。

三、确立过错责任原则的意义和价值

首先,过错责任原则是平衡个体行动自由价值与社会安全价值的有力工具。结果责任原则限制了人们的行动自由,是过错责任原则得以产生与发展的原因。从经济学角度考虑,"有损害结果即有责任",行为人就不得不时时谨小慎微。时时谨小慎微就扼杀了行为人的主动性,极大限制了私权主体的行动自由。这对行为人而言十分不公,对社会的发展也十分不利。17 世纪,人类开始步入了理性的时代。黑格尔所言,"行动只有作为意志的过错才能归责于我……我的意志仅以我知道自己所做的事为限,才对所为负责。"换言之,没有过错思想支配下的行为造成了损害,行为人不负责任。在这种情况下,过错责任原则用过错这个价值判断标准作为侵权损害赔偿责任构成的必要条件,只要行为人尽到一定的注意义务,即使是对他人造成损害也可以不必承担责任,因而该原则鼓励资产阶级大胆地放开手脚改革创新,在客观上推动了生产力的发展和社会的进步。

其次,实行过错责任原则有利于社会道德观念的树立和个人尊严的维护。依据过错责任原则,一个人因其行为给他人造成损害,只有当他对于这一行为有过错时才承担责任,也就是说,行为人负担赔偿责任是基于其行为在道德上存在的可受非难性,即如果他的行为是因其过错所致,则其行为在道德上存在可受非难性,因此必须赔偿;如果他的行为不是因其过错所致,则其行为在道德上不存在可受非难性,也就无须赔偿。这一方面体现了社会正义的要求,另一方面也为民事主体的行为确定了标准,它要求行为人尽到对他人的谨慎和注意义务,努力避免损害的发生,也要求每个人充分尊重他人的权益,尽量做到正当作为和不作为,从而为行为人确定了自由行为的范围,并体现了对个人尊严的尊重。过错责任原则维护人的自由,尊重个人的选择,肯定人们区别是非的能力,"个人基于其自由意思决定,从事某种行为,造成损害,因其具有过失,法律予以制裁,使负赔偿责任,最足表现对个人尊严的尊重"[②]。

---

①　王泽鉴:《侵权行为法》,三民书局 1999 年版,第 13 页。

②　王泽鉴:《侵权行为法》,中国政法大学出版社 2001 年版,第 14 页。

另外,实行过错责任原则有利于侵权责任法各规范功能的有效发挥,过错责任原则在惩罚、补偿和预防等方面均有较好的作用。由于过错责任原则以过错作为归责的必备要件,因此,适用过错责任原则的过程,就是对行为人的行为进行法律评价和道德评价的过程,法律通过过错责任原则惩罚具有主观过错的行为人,补偿受害人的损失,保护受害者利益。不仅如此,过错责任原则还具有极强的教育和行为指导功能,通过赋予过错行为人以侵权责任,教育行为人行为时应该谨慎、小心,尽到必要的注意义务,努力避免损害的发生,从而达到预防损害发生的目的。

四、过错责任原则的一般适用

我国《民法通则》第106条第2款确立了过错责任原则。《侵权责任法》第6条规定:"行为人因过错侵害他人民事权益,应当承担侵权责任。根据法律规定推定行为人有过错,行为人不能证明自己没有过错的,应当承担侵权责任。"该条款进一步明确了过错责任原则及其适用的特殊情形(过错推定)。过错责任原则适用于一般的侵权责任,调整一般侵权行为,特殊侵权行为不适用一般的过错责任原则,也就是说,只有在法律有特别规定的情况下才不适用过错责任原则。在适用过错责任原则确定行为人责任时应该注意以下几个问题:

1. 过错程度与责任范围的关系

过错责任原则是将过错作为确定行为人承担民事赔偿责任的根据,而不是将其作为确定赔偿范围的根据。在一般情况下,赔偿责任的大小取决于损害的大小,过错程度对于赔偿责任的范围一般并不发生绝对的或者很大的影响。但在某些情况下,行为人的过错程度也可以作为确定责任范围的依据,如在混合过错的情况下,通常会考虑加害人和受害人之间的过错程度并对其进行比较,通过适用过错相抵规则确定加害人的责任范围;在共同侵权的情况下,数人的过错程度成为决定他们所应承担的责任范围的依据,各共同侵权人承担与各自的过错程度相适应的民事责任;在无意思联络的共同致害行为中,也需要考虑各侵害人的过错程度,依据每个行为人过错程度确定各自的责任范围;在确定精神损害赔偿责任的时候,过错的轻重也会影响损害赔偿责任的范围,故意侵权的通常承担较重的赔偿责任,而过失侵权的则一般承担较轻的赔偿责任。

但也有学者认为,过错责任原则不仅是将过错作为确定行为人承担民事赔偿责任的根据,也是作为确定赔偿范围的根据。因为过错的两种情形——故意与过失中,故意的主观恶性非过失所能比,故意与过失应当承担不同的法律责任,如同刑法中的故意与过失一样。

2. 过错程度与责任构成的关系

在适用过错责任原则时,一般情况下,只要行为人有过错就构成侵权责任。但在某些情况下有一般的过错并不足以构成行为人的侵权责任。例如,在侵害债权的情况下,只有故意实施侵害债权行为的行为人才必须承担侵权责任;在侵害姓名权的场合中,只有故意侵害他人姓名权才能构成侵权责任。而在某些过失案件中也常常区分重大过失和一般过失来决定行为人是否应该承担责任。例如,在紧急抢救的情况下,医生对一般过失所致损害不承担责任,仅对重大过失所致损害负赔偿责任。从以上情况可以看出,过错程度有时候对侵权责任构成也具有决定的作用。不过,这些情况一般在法律上都有明文规定,没有法律上的明文规定是不能依据过错程度来确定侵权赔偿责任的。

3.举证责任问题

一般情况下,过错责任原则贯彻的是"谁主张,谁举证"原则,根据"谁主张,谁举证"的民事诉讼原则,侵权责任要件的举证责任全部都要由主张赔偿的受害人承担,加害人不承担举证责任。受害人在主张加害人承担民事责任时,要举证证明加害人对损害的发生具有主观过错,如果不能举证证明,则其主张不成立。虽然过错责任原则贯彻"谁主张,谁举证"的原则,但是在特定的情况下,适用过错责任原则时也采用"举证责任倒置"的方法,由加害人负责举证证明其主观上无过错,即所谓的过错推定责任原则。过错推定责任原则是过错责任原则的特殊适用方式。

五、过错责任原则的特殊适用——过错推定责任原则

1.过错推定责任原则的概念

推定是指根据已知的事实推出未知事实的一种判断方法或判断过程。过错推定责任原则是指在加害行为发生后,为了保护相对人或受害人的合法权益,法律规定加害人如果不能证明其没有过错,则推定其有过错,加害行为人只有在证明自己没有过错的情况下才可以不承担责任,只要不能证明自己没有过错,就应当承担赔偿责任的原则。我国《民法通则》第126条规定了过错推定责任原则的适用。《侵权责任法》第85条规定:"建筑物、构筑物或者其他设施及其搁置物、悬挂物发生脱落、坠落造成他人损害,所有人、管理人或者使用人不能证明自己没有过错的,应当承担侵权责任。所有人、管理人或者使用人赔偿后,有其他责任人的,有权向其他责任人追偿。"依据这些规定,受害人只要证明加害人的不法行为造成的损害事实,在加害人自己不能证明自己没有过错的情况下,就可以从这些事实中推定加害人有过错。

过错推定是实行过错责任原则的一种特殊情况,是在实行过错责任原则时,对法律有规定的场合,对行为人的过错实行推定的方式来确定。过错推定没有脱离

过错责任原则的轨道,而只是适用过错责任原则的一种方法。① 从实质上说,过错推定责任原则仍然是过错责任原则。过错推定责任的构成要件还是过错责任的四个构成要件。过错推定责任原则的基础仍然是过错,其特殊性就在于举证责任的不同。一般的过错责任的举证责任在受害人,过错推定责任则免除了受害人对加害人的过错所承担的举证责任,实行举证责任倒置,即将举证的责任由受害人转移给了加害人,由加害人就自己没有过错承担举证责任。加害人必须证明自己没有过错,如果加害人证明不了自己没有过错,则推定其有过错,因而要承担侵权赔偿责任。尽管过错推定责任原则在这些方面与一般的过错责任原则有所区别,但其本质并没有改变,过错推定责任原则除了在某些方面与一般的过错责任原则有所不同以外,其性质还是过错责任原则。

2.适用过错推定责任原则的意义

适用过错推定责任原则的意义在于有效地保护受害人的合法权益。一方面,随着政治、经济、科学技术与人们知识水平的不断发展,过错概念本身也随之不断变化发展着。而在许多情况下,由于科技和知识水平的限制,受害人很难确定致害行为人是否具有过错,因此,借助过错推定责任原则认定行为人具有过错可以更好地保护受害人的合法权益;另一方面,在适用过错责任原则时,在某些特殊情况下,受害人难以举出证据来证明加害人有过错,但是,这时如果因为受害人证明不了加害人有过错而不判令加害人承担责任显然是不公正的,而从加害人的角度来看,加害人更了解损害发生的原因,让其承担举证责任更有利于查清事实,从而决定责任的归属,因此,此时适用过错推定责任原则也可以有效地保护受害人权益。适用过错推定责任原则,从损害事实中推定行为人有过错,就可以使受害人免除举证责任而处于有利的地位,而行为人则因负举证责任而加重了责任,因而有利于保护受害人的合法权益。

3.过错推定责任原则的适用

过错推定责任原则调整部分特殊侵权行为,只能适用于法律有特别规定的情况,在法律无特别规定时,仍然适用一般过错责任原则。过错推定责任原则作为一项归责原则主要适用于《民法通则》规定的几种特殊侵权行为,即《民法通则》第121条规定的国家赔偿责任、第125条规定的地下工作物致害责任、第126条规定的建筑物及其他地上设施致害责任、第133条规定的法定代理人的侵权责任以及法人侵权、雇主责任和事故责任。在过错推定责任中,举证责任发生了倒置,受害人无须就加害人的过错负举证责任,加害人只有证明自己没有过错或者存在法律规定的抗辩事由才可以免责。法律对过错推定责任的免责事由作出了严格的限

---

① 王利明:《侵权行为法归责原则研究》,中国政法大学出版社1991年版,第30页、第69页。

定,主要包括受害人的过错、第三人的过错、不可抗力等。

4.过错责任原则和过错推定责任原则的区别

过错责任原则和过错推定责任原则都是以加害人有过错作为承担民事责任的根据,过错推定责任原则是过错责任原则的一种特殊形式,其仍然以过错责任原则为基础,其本质还是过错责任原则的性质,只是在某些方面与一般的过错责任原则有所不同而已,具体来说两者的不同之处有:

(1)举证责任不同

一般的过错责任原则贯彻"谁主张,谁举证"原则,举证责任由原告承担,而过错推定责任原则在证明主观过错要件上实行举证责任倒置,原告不承担举证责任,由被告承担举证责任。过错推定责任原则的本质是诉讼中举证责任的倒置,旨在重点保护受害人的利益,只有当加害人能证明自己无过错时,才无须负侵权责任。

(2)调整范围不同

两原则调整的范围完全不同。一般的过错责任原则调整侵权行为的范围是一般侵权行为,而过错推定责任原则调整的范围是法律有特别规定的部分特殊侵权行为。

(3)过错程度对责任的影响不同

适用过错责任原则时,在某些情况下需要考虑加害人的过错程度,根据加害人的过错程度确定其责任的承担与轻重,如在混合过错中严格区分受害人的过错与加害人的过错,根据双方当事人的过错程度确定双方各自应承担的责任。而在过错推定责任中,过错程度对责任的承担及轻重没有影响。因为在过错推定的情况下,加害人的过错是被推定的,过错本身具有一定的或然性,难以确定加害人的过错程度,所以也就无法对加害人与受害人双方的过错程度进行比较。在适用过错推定责任原则的特殊侵权行为中,即使能够证明受害人对于损害的发生也有过错,也不能因此而免除加害人的责任,除非损害完全是由受害人故意引起的。

第三节　无过错责任原则

一、无过错责任原则的概念

我国民事立法对无过错责任原则的条文化表述是在《民法通则》第 106 条第 3 款:"无过错,但法律规定应当承担民事责任的,应当承担民事责任。"基于该条文,若将无过错责任原则理解为"按照法律规定,没有过错也要承担责任的原则"是没有问题的。很多学者也是这样给无过错责任原则下定义的,如"无过错责任,是指基于法律的特别规定,加害人对其行为造成的损害没有过错也应当承担民事责任"①。其实从无过错责任原则的字面出发强调"没有过错"并不能准确地反映无过错责任原则的真实含义。正如学者所指出的"无过失责任的用语消极地指明'无过失亦应负责'的原则,危险责任的概念较能积极地凸显无过失责任的归责原因"②。实际上,"无过失责任,即侵权行为的成立不以行为人的故意或过失为要件,德国法则称之为危险责任"。③ 所谓危险责任,"即持有或经营某特定具有危险的物品、设施或活动之人,与该物品、设施或活动所具危险的实现,致侵害他人权益时,应就所产生损害负赔偿责任,赔偿义务人对该事故的发生是否具有故意或过失,在所不问"④。无过错责任仅仅是不考虑加害人的过错因素,是不考虑过错的责任,而不是没有过错的责任,至于加害人是不是有过错,是不一定的。无过错责任原则指的是以损害事实、加害行为以及二者之间的因果关系为根据确定加害人责任的归责原则,也就是说,加害人有无过错对确定民事责任没有影响。无过错责任原则的基本内涵,就是以加害行为的损害结果来确定责任,它是一种不以加害人的主观过错为责任构成要件的归责标准。无过错责任原则也常常被称为严格责任原则或者风险责任原则,在此,我们可以将其定义为:在法律有特别规定的情况下,以已经发生的损害结果为价值判断标准,不问行为人主观上是否有过错,只要其行为与损害后果间存在因果关系,就应承担侵权责任的归责原则。《侵权责任法》第7条规定:"行为人损害他人民事权益,不论行为人有无过错,法律规定应当承担侵权责任的,依照其规定。"该规定即对无过错责任原则的规定。

二、无过错责任原则的发展

无过错责任原则起源于19世纪,以过错责任原则为基础的侵权责任法在19世纪正处于其鼎盛时期,无过错责任原则在这一时期兴起与资本主义经济的高度发展和法哲学理念的演变紧密相关。进入19世纪以后,随着社会化大生产的迅速发展和大型危险性工业的不断兴起,面对现代化机器大工业生产所带来的高度危险和巨大的事故损害,过错责任原则的缺陷日益显现,无过错责任原则基于自身的独特优势逐渐产生并不断发展起来。

现代工业社会是事故频发的时代,在自由资本主义时期,随着工业革命和社会化大工业的发展,具有高度危险性的工业企业大规模兴建,资本主义经济的迅猛发展必然带来许多无法预防的高度危险,工业事故、交通事故在这一时期急剧增加,

---

① 王利明:《民法》,中国人民大学出版社2000年版,第552~553页。
② 王泽鉴:《侵权行为法》,中国政法大学出版社2001年版,第16页。
③ 王泽鉴:《侵权行为法》,中国政法大学出版社2001年版,第16页。
④ 王泽鉴:《侵权行为法》,中国政法大学出版社2001年版,第16页。

公害和商品瑕疵致人损害的情况也日益严重。这些事故一般具有以下特点：一是发生频繁、损害巨大、受害者众多；二是事故多由难以发现的先进工业技术缺陷引起，难以防范，而且由于含有高技术成分，受害人对加害人是否有过错难以证明；三是造成事故的活动皆是社会发展或人民生活所必需的，是合法而必要的，而且加害人通常并无过错，其行为不具有可受非难性，例如，世界航空业认可航空事故比例为千分之一，因此在大多数情况下，航空公司对航空运输中的飞机失事事故是没有任何过错的。

在这一时期，对于事故责任实行的是过错责任原则，受害人必须证明事故的责任人在主观上有过错才能获得赔偿。然而，因为这类事故具有以上特点，要求受害人举证证明加害人主观上有过错是非常困难的，而且过错责任原则强调人的意志，这些事故通常是人的意志所难以控制的，因此，在适用过错责任原则的情况下，受害者常常无法获得赔偿。过错责任原则事实上剥夺了工人的一切保护，如果坚持过错责任原则，作为弱者的受害人的利益则得不到有力保护，社会公平将难以实现，社会秩序也难以安定下来。

为顺应社会需求，社会本位逐渐取代个人本位，法律开始强调对弱者利益的保护，强调对社会利益的保护，人们开始寻找一种新的办法来加强对受害者利益的保护，于是，反映社会本位法哲学思想的无过错责任原则便应运而生。依据无过错责任原则，作为既得利益者的企业无论其是否有过错，都应当为其经营风险带来的损害承担责任。因此，各国先后通过立法和判例，逐步确立了无过错责任原则，民事立法一方面坚持实行过错责任原则，另一方面例外地就特殊损害事故承认无过错责任，即在特定情况下，即使致人损害的一方没有过错，也应承担赔偿责任。到19世纪中后期，无过错责任作为一种归责原则，无论在民法理论中，还是在立法和判例上均得以确立。1838年普鲁士王国的《铁路企业法》首先确认了无过错责任原则；1884年德国制定的《劳工伤害赔偿法》也确立了事故责任的无过错责任制度，并陆续通过一系列单行立法逐步扩大无过错责任原则的适用；1898年法国制定的《劳工赔偿法》规定了工业事故的无过错责任；英国、美国也都先后用特别立法或者判例等方法，确认了这一原则，并通过各种单行立法逐渐扩大其适用范围，使之成为一个通行的归责原则。

三、无过错责任原则的理论基础和意义

过错责任原则的基本思想是对过错行为进行制裁。依据过错责任原则，加害人之所以要对其行为所产生的损害负赔偿责任，是因为其主观上具有可受非难性。无过错责任原则的基本思想不是对不法行为进行制裁，企业的经营、汽车的使用、商品的生产销售、原子能设备的持有等虽然具有危险性，却是现代社会所必需的经济活动，为法律所允许，不能作为违法性判断的客体。无过错责任原则的基本思想

是基于分配正义对不幸损害进行合理分担,即在发生损害的情况下,根据公共利益权衡冲突双方的利益,公平地分配损失。史尚宽教授认为,无过错责任原则"系以特定危险的实现为归责理由。换言之,即持有或经营某特定具有危险的物品、设施或活动之人,于该物品、设施或活动所具危险的实现,致侵害他人权益时,应就所生的损害负赔偿责任"。① 从这一意义上,无过错责任原则的称谓并不科学,与其称为无过错责任原则,不如称为危险责任原则。危险责任原则的"基本思想不在于对具有'反社会性'行为的制裁,而在于对危险事故所致之不幸损害之合理分配,即所谓'分配正义'"。②

根据无过错责任原则将意外灾害的损害由受害人转向特定企业、设备的所有人、持有人的合理性理由主要有四:理由一,特定企业、物品和设施的所有人、持有人是这些危险源的制造者,企业在生产中为了自己的利益而制造了危险,应当承担因风险导致损害而产生的责任;理由二,在一定程度上也只有该所有人或持有人能够防止或者控制这些危险;理由三,获得利益者承担风险是公平正义的要求,管理者因支配其物而获得利益,理应赔偿因此而给他人造成的损失;理由四,企业具有分散负担的能力,企业虽然负担危险责任,但是,由于法律常常事先规定了其损害赔偿的最高限额,损害赔偿责任的范围是可以预计的,企业可以通过商品服务的价格体系和保险制度对其予以分散。

无过错责任原则强调对个体公民生命财产的保护,对生产经营者提出了更高的要求。确立无过错责任原则,让事故原因的控制者承担责任,可以促使从事高度危险业务者及危险行为人、产品制造销售人员、环境污染制造者和动物饲养人等行为人,提高工作质量,高度负责,谨慎小心,不断改进生产技术及安全措施,尽力保障周围人员、环境的安全,以有效地防止事故的发生,从而切实保护人民群众人身、财产安全,更好地保护民事主体的合法权益。适用无过错责任原则的意义还在于通过加重行为人的责任,可以在造成损害的情况下,迅速查清事实,赔偿受害人的人身、财产损失,使受到损害的权利及时得到救济。无过错责任旨在使处于优势地位的一方承担更多的责任,以保护处于弱势地位的不特定的民事主体的利益。适用无过错责任原则,使无辜的损害由国家和社会合理负担,切实保护了受害人的利益。

四、无过错责任原则的适用范围

无过错责任原则虽然也是以损害事实作为侵权责任归责的标准,但其与结果

---

① 王泽鉴:《侵权行为法》(第一册),中国政法大学出版社 2001 年版,第 16 页。

② 王泽鉴:《民法学说与判例研究》(第二册),中国政法大学出版社 1998 年版,162 页。

责任原则有本质区别,表现为两个方面:一是无过错责任原则只作为过错责任原则的例外和补充,仅适用于法律有特别规定的情形;二是适用无过错责任原则的法定特殊情形一般是高度危险作业、工业事故和高技术领域的事故。

无过错责任原则仅适用于法律有特别规定的情形,其适用范围法定化的原因在于,此种责任在性质上与一般的法律责任不同,无过错责任以损害事实为根据,在法无明文规定的情况下,给加害人施加此种责任,是苛刻且不公平的,也会妨害整个侵权法规范的职能的发挥。因此,无过错责任原则必须在有法律明确规定的情形下才能采用,其责任的承担必须完全基于法律的特别规定,不得由法官或当事人任意扩大其适用范围。

无过错责任传统上是建立在形体化的特定的危险来源之上,如航空器、原子核设施,被称为危险持有人或设施责任,其后该种责任形式逐渐扩张于生产和提供具有缺陷的产品和服务,被称为行为责任。就目前发展来看,无过错责任原则并不仅仅局限于高度危险作业、产品侵权责任等传统领域,其适用范围有逐渐扩大之势。

我国《民法通则》第106条第3款规定了无过错责任原则,《民法通则》第121条至第127条、第133条,其他法律、行政法规和最高人民法院的有关司法解释规定了一系列无过错责任原则的具体适用类型。再如《侵权责任法》第41条规定:"因产品存在缺陷造成他人损害的,生产者应当承担侵权责任。"第65条规定:"因污染环境造成损害的,污染者应当承担侵权责任。"第69条规定:"从事高度危险作业造成他人损害的,应当承担侵权责任。"

综观以上规定,在我国,适用无过错责任原则的范围可以确定为:产品侵权责任、高度危险作业致害责任、环境污染致害责任、动物致害责任、机动车致害非机动车驾驶人或行人的交通事故责任、工伤事故责任等。

五、适用无过错责任原则时应注意的问题

1. 无过错责任的构成要件

适用无过错责任原则,其责任构成必须具备两个要件:损害事实、侵权行为与损害事实之间的因果关系。具备以上两个要件,行为人就应当承担赔偿责任。对构成无过错责任的两个要件受害人即原告应当举证证明,对此,加害人不承担举证责任。

过错责任的构成,最终取决于行为人有无过错;无过错责任的构成,不要求具备主观过错要件,无论行为人主观上是否有过错,都要承担侵权责任,受害人不需要证明行为人主观有过错,行为人也不能以自己主观上没有过错来抗辩,法院在确定行为人是否要承担侵权责任时也不必考虑行为人主观上的过错问题。值得注意的是,因果关系要件对无过错责任的构成至关重要,因果关系是决定行为人责任的基本要件,无过错责任的构成,最终取决于行为人的行为与损害结果之间有无因果

关系,只要行为人的行为与损害结果之间存在因果关系,行为人就要承担侵权责任,无因果关系就不构成侵权责任。

2.无过错责任免责事由

无过错责任并非绝对,也有其免责事由。我国《民法通则》规定的免责条件有:不可抗力、受害人的故意、第三人的过错等。但并非这些免责条件可以适用于所有适用无过错责任的案件,其具体适用须以法律的具体规定为依据。

无过错责任原则不以行为人主观上有过错为侵权行为的构成要件,无论行为人主观上有无过错,都要承担侵权责任。但这并不意味着无过错责任原则不考虑受害人的过错和第三人的过错,它们有时也可以成为行为人责任减免的事由。一般来说,在无过错责任中,行为人能够证明损害是由于受害人故意或者重大过失引起的,即免除赔偿责任,即受害人的故意或者重大过失通常可以作为行为人的免责事由。原因是在适用无过错责任的场合,原告必须证明损害事实的存在以及损害事实和加害人行为间的因果关系,按照某些学者的理解,在受害人故意或重大过失造成自身损害的情况下,可以否定行为人的行为与损害结果之间因果关系的存在,因此不构成无过错责任。值得注意的是,在无过错责任中,受害人的一般过失是不能作为抗辩事由的。

3.加害人过错与无过错责任的范围

在适用无过错责任原则时,法律一般不问加害人的过错,其过错的有无对于侵权责任的构成没有意义。但是,在适用无过错责任原则的侵权行为中,并不是所有的加害人都没有过错,在很多情况下,受害人都能够证明或从损害事实中推定出加害人的故意或者过失。加害人的过错对于侵权责任的赔偿范围具有较大影响。如果加害人确实没有过错,或者没有证据证明加害人的过错,加害人的赔偿责任按照法律的一般规定确定,其所要承担的责任范围仅限于法律所要其承担的侵权赔偿责任。如果加害人对于损害的发生或者扩大具有过错,那么,将有可能扩大其赔偿责任的范围,如在产品侵权责任中,如果产品制造人对于缺陷产品是明知的,却继续销售该缺陷产品,那么,他对因此造成的损害就应当承担更多的赔偿责任,如对其责以惩罚性赔偿责任,赔偿受害人损失的两倍或者三倍。

司法考试真题链接

1.甲饲养的一只狗在乙公司施工的道路上追咬丙饲养的一只狗,行人丁避让中失足掉入施工形成的坑里,受伤严重。下列哪些说法是错误的?(2009年司法考试真题)

A.如甲能证明自己没有过错,不应承担对丁的赔偿责任

B.如乙能证明自己没有过错,不应承担对丁的赔偿责任

C. 如丙能证明自己没有过错,不应承担对丁的赔偿责任

D. 此属意外事件,甲、乙、丙均不应承担对丁的赔偿责任

2. 甲公司铺设管道,在路中挖一深坑,设置了路障和警示标志。乙驾车撞倒全部标志,致丙骑摩托车路经该地时避让不及而驶向人行道,造成丁轻伤。对丁的损失,下列哪一选项是正确的?（2007 年司法考试真题）

A. 应由乙承担赔偿责任

B. 应由甲和乙共同承担赔偿责任

C. 应由乙和丙共同承担赔偿责任

D. 应由甲、乙和丙共同承担赔偿责任

3. 甲系某品牌汽车制造商,发现已投入流通的某款车型刹车系统存在技术缺陷,即通过媒体和销售商发布召回该款车进行技术处理的通知。乙购买该车,看到通知后立即驱车前往丙销售公司,途中因刹车系统失灵撞上大树,造成伤害。下列哪些说法是正确的?（2011 年司法考试真题）

A. 乙有权请求甲承担赔偿责任

B. 乙有权请求丙承担赔偿责任

C. 乙有权请求惩罚性赔偿

D. 甲的责任是无过错责任

4. 小学生小杰和小涛在学校发生打斗,在场老师陈某未予制止。小杰踢中小涛腹部,致其脾脏破裂。下列哪一选项是正确的?（2007 年司法考试真题）

A. 陈某未尽职责义务,应由陈某承担赔偿责任

B. 小杰父母的监护责任已转移到学校,应由学校承担赔偿责任

C. 学校和小杰父母均有过错,应由学校和小杰父母承担连带赔偿责任

D. 学校存在过错,应承担与其过错相应的补充赔偿责任

Law

第十五章 侵权责任的构成要件

【引 例】

原告吴柏和被告牛顿是同学,利用午休时间与其他几位同学在学校操场上踢足球,吴柏为守门员。牛顿射门时,足球经过吴柏之手抵挡之后,打在吴柏左眼上造成伤害。医院诊断:左眼外伤性视网膜脱离,经行左网膜复位术,鉴定为十级伤残。吴柏将牛顿及学校诉至法院,请求人身赔偿损害。

本案的核心在于牛顿及学校是否构成侵权、是否具备侵权责任的构成要件。足球运动具有群体性、对抗性及人身危险性的特征,参与者无一例外地处于潜在的危险之中,既是危险的潜在制造者,又是危险的潜在承担者。牛顿的行为不违反运动规则,不存在过错,学校对原告的伤害也没有过错,因而不具备侵权责任的构成要件,牛顿与学校不构成侵权。

第一节 侵权责任构成要件概述

一、侵权责任构成要件的概念

侵权责任的构成要件,是指侵权行为人承担侵权民事责任所应当具备的条件。侵权责任的基本责任方式是损害赔偿,除此之外,侵权责任还包括其他民事责任方式,如停止侵害、排除妨害、消除危险等。在侵权责任中,损害赔偿责任是其中最为重要的责任方式,而其他侵权责任方式并不需要与侵权损害赔偿责任适用同等要求。例如,以停止侵害、排除妨害、消除危险等责任方式承担侵权责任时,一般来说,只要具备了权利侵害的事实,就可以请求权利侵害人停止侵害、排除妨害、消除危险,并非一定要到造成损害才可以请求。侵权责任构成要件,顾名思义,应当是指所有侵权责任形式的构成要件,然而我们通常所说的侵权责任构成要件实际上往往指代的是侵权损害赔偿责任的构成要件,而不是其他方式的侵权责任构成要件。

二、侵权责任构成要件与侵权责任归责原则的关系

在民法中,侵权责任的构成要件是指行为人承担侵权责任的条件,是判断行为人是否应该承担责任的根据。侵权责任构成要件与侵权责任归责原则是两个密切相关的概念。侵权责任归责原则是侵权责任构成要件的前提和基础,侵权责任构成要件则是侵权责任归责原则的具体体现。侵权责任构成要件是由侵权责任归责原则所决定的,其目的在于实现归责原则的功能和价值。

侵权责任构成要件与侵权责任归责原则间的密切联系具体表现为两个方面:一方面,侵权责任归责原则是认定侵权责任的一般原则,要具体认定某一行为是否构成侵权责任,需要司法审判人员在归责原则的指导下,结合侵权责任构成要件对行为人的行为和损害结果作综合、全面的评价;另一方面,侵权责任归责原则决定了侵权责任构成要件的内容。在传统的侵权责任法中,奉行单一的过错责任原则,各种侵权行为的构成要件都是一样的。

在当代的侵权责任法中,过错责任原则之外的特殊情形越来越多,所以,各种侵权责任的构成要件就不尽相同了。例如,当适用过错责任原则时,侵权民事责任构成必须具备行为人的主观过错要件,而且不仅以过错为构成要件,还以过错为归责的最终构成要件;当适用无过错责任原则和公平责任原则时,侵权责任构成就不需具备行为人主观过错这一要件,并以因果关系和公平考虑的各种因素为归责的最终要件,如因高度危险作业而致受害人健康权、生命权的损害或丧失,依据《民法通则》第 123 条的规定,行为人不具备主观上的过错亦构成侵权民事责任。由于归责原则不是单一的,因此,侵权法中不存在适用于所有案件的统一的责任构成要件,而且,在运用不同的责任构成要件时,要正确认识不同的构成要件所赖以依据的归责原则,以及这些归责原则所要实现的功能。

三、侵权责任构成要件的划分

根据侵权责任归责原则的不同,侵权责任可以划分为一般侵权责任与特殊侵权责任。从我国立法和司法实践出发,我们主张采用过错责任原则确定的责任为一般侵权责任;采用无过错责任原则或公平责任原则确定的责任为特殊侵权责任。基于对侵权责任所作的一般侵权责任和特殊侵权责任的划分,在构成要件上,侵权责任的构成要件也可以划分为一般侵权责任的构成要件和特殊侵权责任的构成要件。

(一)一般侵权责任的构成要件

一般侵权责任的构成要件,是指在采取过错责任原则的情况下,侵权行为人承

担民事责任所必须具备的条件。

大陆法系国家有两种不同的关于一般侵权责任构成要件的学说和立法,即三要件说和四要件说。三要件说以法国民法典和法国学理为代表,认为一般侵权责任的构成要件是过错、损害事实和因果关系;四要件说以德国民法典和德国学理为代表,认为一般侵权责任的构成要件为过错、行为的不法性、损害事实和因果关系。与此相对应,我国民法学界也有两种不同的关于侵权责任构成要件的学说和主张:主张三要件说的学者认为,违法行为不足以作为侵权责任的构成要件,侵权责任构成只需具备损害事实、因果关系、过错这三个要件;主张四要件说的学者认为,侵权责任构成必须具备行为的违法性、违法行为人要有过错、要有损害事实的存在、违法行为与损害事实之间有因果关系这四个要件,在一般情况下,具备以上四个要件即构成一般侵权责任。

学者对侵权责任构成要件的主要分歧在于违法行为或者违法性是否为侵权责任构成的必备要件。对此,三要件说否定之,四要件说肯定之。究其原因,"三要件说和四要件说的不同,在于对过错这一概念的理解不同。三要件说认为不法融于过错之中,过错涵盖不法;而四要件说认为,主观不法与客观不法是两个不同的概念,故在侵权责任的构成中,为两个不同的构成要件"①。

四要件说曾在我国理论研究占据主流地位。然而,解释"违法"一词的最终结果是,要么与侵权责任构成的"过错"或者"损害"要件同质,要么用"违反法律"来解释"违法"。② 违法性要件虽曾为最高司法机关的司法解释所采用,但"违法性"在审判实践中几乎被忽略,因为对"违法"要件难以作出实务判断。王利明教授也认为,我国《侵权责任法》放弃了违法性要件。③ 我们赞同这一观点,认为一般侵权责任的构成要件为:损害事实、因果关系、主观过错。构成一般侵权责任必须具备以上三个要件,缺一不可。采取三要件说,不仅可以避免"违法性"在理论上的困境,也符合审判实践。

(二)特殊侵权责任的构成要件

由于特殊侵权责任是基于无过错责任原则和公平责任原则,因此,与一般侵权责任需要具备上述四个要件相比,特殊侵权责任则不要求具备主观过错要件,但是仍然需要具备以下三个要件,即行为的违法性、损害事实的存在、行为和损害事实之间有因果关系。

---

① 江平:《民法学》,中国政法大学出版社 2000 年版,第 755 页。
② 刘清生:《论侵权责任构成要件"违法性"之伪》,载《西南交通大学学报(社会科学版)》2010 年第 3 期。
③ 王利明:《我国〈侵权责任法〉采纳了违法性要件吗?》,载《中外法学》2012 年第 1 期。

第二节　过错

一、过错的概念

在一般侵权责任的构成要件中,过错要件具有重要的地位。然而,"何为过错"在理论界经历了漫长的发展过程。罗马法中过错分为两种形态:故意和过失。故意(dolus)是对善意的违反,指处心积虑地损人利己的意图。过失(Culpa)是对勤谨注意义务的违反。根据优士丁尼法的规定,过失又分为重过失(Culpa lata)、轻过失和最轻过失(Culpa levissima)三个等级。王泽鉴教授也认为,学者往往是在讨论过错责任原则的前提下才讨论过错概念的。归纳起来,过错学说经历了以下三个阶段:

1. 主观过错说。首先出现的过错的学说判断标准是主观标准。所谓过失是指行为人对于特定(或可以特定)损害结果的发生,应当预见且可能预见但未为预见的心理态度。预见可能性的判断标准就建立在行为人主观心理状态上。由于这一理论侧重的是行为人对损害的发生是否有预见的可能,因此被称为"预见可能性说",又因该理论所强调的是行为人心理状态的非难性,根据行为人的个人的主观能力而判断,因此又被称为"主观过失说"。主观过错说是19世纪大陆法系国家民法的主导观点,以德国立法和学理为代表,我国大陆及台湾地区学理在过错的概念上也多采此说。该说把行为人行为的违法从主观和客观两方面加以区分,创造了"主观的不法"和"客观的不法"的概念。认为过错和不法行为是两个不同的问题,主观的不法即为过错,包括故意、过失,客观的不法是对行为的描述和评价。过错不包括行为人的外部行为,与行为人的外部行为有严格的区别,因而过错和违法行为是两个不同的归责要件。该说认为过错作为主观概念,本质上是一种应受谴责的心理状态,"其基本思想是:每个具有意志能力和责任能力的人均具有意志自由,故应该对自己所选择的行为的后果负责"①。主观过错说强调过错来源于行为人应受非难的主观状态,从而奠定了责任自负的基础,突出了侵权法的教育和预防职能。这种学说得到广泛的赞同,成为很多国家民法学的理论基础。

2. 客观过错说。采用主观标准难以对每个行为人的预见能力做准确的判断,给民事归责带来了一定的困难,也没有真正解决行为准则问题。为此,对过错的判断标准提出了客观化的要求。所谓过错客观化是指以善良管理人在社会生活中所应注意的义务作为判断过错的根据。根据这一理论,过错的判断就变为:凡行为人的损害行为违反了善良管理人所应注意的义务,除有法律规定的无责任能力情况

---

① 江平:《民法学》,中国政法大学出版社2000年版,第756页。

外,即认为过错成立。客观过错说在法国法系中有广泛的影响,以法国学者安德烈·蒂克为典型代表,在他看来,"过错是指任何与善良公民行为相偏离的行为"。对此持相似观点的还有法国学者普兰尼奥尔,他认为过错是对事先存在的义务的违反。英美法的过错概念也接近于这种学说,认为过错主要是指行为人违反了法定的注意义务。该说认为,过错与违法行为属于一个归责要件,过错作为客观概念,并不是指行为人的主观心理态度具有应受非难性,而在于反映其意志的外部行为具有应受非难性,应该从某种客观的行为标准来判定行为人有无过错,如果行为人的行为不符合某种行为标准(如不符合一个合理的人或善良家父的行为标准),即为有过错。自21世纪以来,适应归责客观化的需要,客观过错说得到了较大的发展,并成为西方国家侵权法中的主导学说。最近我国也有主张这种理论的学者,认为我国对过错的判断标准应当客观化,应摒弃现行的主观过错说,采用客观过错说,主张过错是指行为人未尽到一般人所能尽到的注意义务,也即违背了社会秩序要求的注意。显然,客观过错已经远离了行为人的主观意识这一本质了。

3.综合说。该说主张过错是综合概念,认为过错既是一种心理状态又是一种行为活动。过错首先是行为人进行某种行为时的心理状态,但是这种心理状态必须要通过行为人的具体行为体现出来,因此,判断行为人有无过错,需要和其行为联系在一起,以其行为为判断的前提和基础。如果没有具体的行为,不管人们持怎样的心理状态,都不存在法律上的过错。综合说认为过错是行为人通过违背法律和道德的行为表现出来的主观心理状态,是对行为人在进行某种行为时所具有的心理状态以及行为本身的一种法律评价和道德谴责。

在我国民法学界主观过错说占主导地位,除了少数学者坚持过错是一种行为,是客观概念外,绝大多数学者认为过错就其本质属性而言是人的主观心理状态,因而是主观概念。实质上,客观过错说和综合说也并不是说过错的本质是客观的,不是主观的,而是主张在判断过错的标准或方式方面,应当以一种客观的衡量标准,通过人的外部行为来判断行为人主观上的心理状态,并不是说这种过错已经离开了行为人的主观世界,而成为客观上的形态。究其实质,过错永远不能离开行为人的主观世界而成为客观的实在形态,过错的有无始终是说行为人在主观上是含有一种可归责的应受非难的心理状态,过错的本质就是行为人决定其行为时所持的主观心理状态。本书赞同主观过错说。

根据此种观点,过错是指违法行为人对自己的行为及其后果所具有的一种应受非难的主观心理状态,包括故意和过失。行为人的过错是构成一般侵权责任的主观要件,也是一般侵权行为与特殊侵权行为相区别的重要标志。值得注意的是,"故意(Vorsatz)或过失(Fahrlassigkeit)在德国民法上合称为过咎(Verschuldensprinzip),在台湾地区多译为过失责任原则,解释上当然包括故意在内。……在英美法上,侵权行为(Torts)有须以故意为要件的,亦有须以过失为要件的,台湾地区不作此区别。"①

二、过错的形态

(一)故意

故意是指行为人已经预见到自己行为的损害后果,而仍然希望或者放任该损害后果发生的主观心理状态,是一种典型的可归责的心理状态。具体来说,故意包括两方面的内容:一是行为人预见到行为的后果。所谓预见到行为的后果,是指行为人理解了自己行为的性质,预见到自己的行为将对他人造成损害。例如,明知将石头抛向人群会将人击伤,却仍将石头抛出;明知毁坏他人汽车会给他人造成财产损失却仍将他人汽车轮胎扎坏。至于是否明确地认识到其行为的具体后果,例如造成损害的程度、范围等,并不影响故意的成立。二是希望或放任结果的发生。所谓希望,是指行为人通过一定的行为努力追求行为后果,努力造成行为后果的发生。所谓放任,是指行为人虽然不希望其行为后果发生,但并不采取避免损害后果发生的措施,以至于造成损害后果。

理论上对如何确定故意有"意思主义"和"观念主义"之争。意思主义强调故意必须有行为人对损害后果的希望,观念主义强调的是行为人认识或预见到行为的后果。本书认为,确定行为人是否存在主观故意,必须同时符合以下两个条件:一是行为人应当认识到或者预见到行为的后果,二是行为人希望或者放任该后果的发生。

(二)过失

过失是指行为人对自己行为的结果应当预见或者能够预见而没有预见或者虽然预见到了却轻信能够避免以致造成损害结果的一种主观心理状态。过失包括疏忽和懈怠。行为人对自己行为的结果,应当预见或者能够预见而没有预见,为疏忽。例如,将玻璃酒瓶扔向窗外可能会砸伤行人,某人却于得意之际顺手将酒瓶扔出,结果砸伤了行人,该行为人即有疏忽的过失。行为人对自己行为的结果虽然预见了却轻信可以避免,为懈怠。例如,汽车司机明明知道车辆刹车不灵,但自信技术好仍然出车,途中因刹车不灵撞伤行人,该司机即有懈怠的过失。

疏忽和懈怠都是过失,都是行为人因没有尽到自己的注意义务而导致损害后果发生。客观过失学说借鉴英美法系理论认为,民法上的过失是指加害人对应负的注意义务的违反,是行为人违反了其对他人应尽的注意义务,是行为人对受害人

① 王泽鉴:《侵权行为法》(第一册),中国政法大学出版社 2001 年版,第 252~253 页。

应负注意义务的疏忽和懈怠。因此,过失的核心在于行为人违反了对他人的注意义务并造成对他人的损害,行为人对受害人应负的注意义务的违反,是行为人负过失责任的基本依据。注意义务包括一般注意义务(即法律规定不得侵犯他人的财产和人身的注意义务)和特殊注意义务(即行为人在实施行为时应尽到的对他人的特定注意义务)。两种注意义务都要求行为人在已经或应该预见到自己的行为已经处于一种即将对他人造成损害后果的危险状态时,采取合理的作为或不作为来排除此种危险状态。

三、认定过错的标准与过错的认定

(一)认定过错的标准

认定过错的标准是指应用何种尺度和方法来判定行为人是否具有过错。对行为人过错的判断主要有两种标准:主观标准和客观标准。

1. 主观标准说

主观标准说认为,对过错的认定主要是通过分析判断行为人的主观心理状态来确定其有无过错,即如果行为人在主观上无法预见自己行为引起的后果,他对此结果则不负任何责任;如果能够预见或应当预见而没有预见此种结果,则应该承担责任。这一认定标准在适用中可以具体分为三个步骤:一是判断行为人对其行为的损害结果的发生有无预见或认识;二是如果有预见或认识,则进一步确定行为人对此种结果所持的态度,是希望其发生、放任其发生,还是轻信能够避免;三是如果没有预见或认识,则需要进一步确定行为人是否应当预见或认识,如果应当预见、认识而未预见、认识,则构成疏忽大意的过失,如果不能要求其应当预见、认识,则无过失。

2. 客观标准说

客观标准说认为,应该通过某种客观的外部行为标准来衡量行为人的行为,进而确定行为人是否有过错。就过失而言,该说认为过失是一种不注意的心理状态,是行为人对自己注意义务的违反。因此,该说主张以注意义务作为衡量行为人是否有过失的客观标准。综观各国民法,对于注意义务通常确立三种不同的标准:

一是普通人的注意,也就是抽象第三人的标准,即用一个正常的、一般的第三人的标准来衡量行为人的行为。这种注意义务是按照一般人在通常情况下只用轻微的注意即能够注意到作为标准,如果在通常情况下一般人也难以注意到,那么,行为人尽管没有注意到也不能认为行为人有过失。相反,如果一般人在一般情况下能够注意到但行为人却没有注意到则为有过失。抽象第三人的标准一般适用于对一般注意义务的认定。在我国司法实践中,一般情况下是以一个合理的、谨慎的人的标准来衡量行为人的行为。如果行为人是按照一个合理的、谨慎的人那样行

Law

为或不行为时，那么他就没有过错；反之，则是有过错的。合理的、谨慎的人的行为标准，是行为人能够达到而且应该达到的行为标准，确立这一标准对于督促人们合理行为，努力避免损害的发生有积极的意义。

二是应与处理自己事务为同一注意。所谓自己事务，包括法律上、经济上、身份上一切属于自己利益范围内的事务。与处理自己事务为同一注意是指以行为人平日处理自己事务所用的注意为标准。如果行为人能证明自己像平日处理自己事务一样行为，应该认定其已经尽到了注意义务，因而没有过失，反之，则应该认定其有过失。"应与处理自己事务为同一注意"标准，要求对每个行为人的预见能力作准确的判断。人们的认识能力因每个人的智力程度、受教育程度、业务技术、专业知识、身体状况、客观环境等多方面因素的影响，因而对行为后果的认识和预见能力各不相同。采用该标准，应当充分考虑到行为人的具体特点。行为人的特点包括两方面：从主观方面看，应该具体分析行为人的生理状况、身体状况、智力程度、业务技术水平、受教育程度、专业知识、生活习惯等，以确定他在当时条件下，是否应该或能够选择合理的行为。从客观方面来看，应该分析行为人在特定的环境下所从事的行为的性质和特点、行为是否具有致他人损害的危险性和危险发生的概率、行为所危及的利益范围等，以决定行为人是否具有过错。

三是善良管理人的注意。这种注意义务与罗马法上的"善良家父之注意"和德国法上的"交易上必要之注意"相当，是以交易上的一般观念，认为具有相当知识经验的人，对于一定事件所用的注意作为标准。其具体做法是将一个合理人或"善良家父"的行为与行为人的行为进行比较，若一个合理人或"善良家父"在行为人造成损害时的客观环境中不会像该行为人那样作为或不作为，那么应该认定行为人有过错。

该标准不问行为人有无尽此注意的知识和经验，以及他向来对于事物所用的注意程度，仅仅依据行为人的职业来确定其应该有的注意程度。因此，依据该标准所用的注意程度比普通人的注意和与处理自己事务为同一注意要求更高。"善良管理人的注意"标准主要适用于对特殊注意义务的认定。衡量行为人是否有过失，应该以行为人是否应注意、能注意而未注意为依据。而应注意和能注意的标准，则应该根据具体的时间、地点和条件来决定，不能作主观抽象的理解。例如，在医疗事故中，对医生、见习医生和护士的应注意和能注意的要求，就应该有所不同，不能一概而论。在确定行为人的特殊注意义务时，要求区分行为人所从事的不同职业活动，对于从事较高专业性、技术性活动的行为，必须按照专业技术人员通常应该有的注意标准提出要求；如果行为人从事的活动属于危险性活动，极易造成危害他人的后果，行为人应该保持更高的注意义务，保持高度谨慎的态度以避免造成对他人的损害。

上述三种注意义务，从程度上分为三个层次，以普通人的注意为最低，以与处理自己事务为同一注意为较高，以善良管理人的注意为最高。

（二）过错的认定问题

对行为人主观过错的认定，主观标准说和客观标准说各有其合理性。在实践中可以综合运用这两种标准，准确判断行为人的主观心理状态。

行为人的过错只有通过违法行为表现出来才对民事责任的认定与追究有实际意义。过错体现了行为人主观上的应受非难性，但这并不意味着将行为人的主观状态孤立化，行为人的过错总是会通过某一违法行为反映出来，实际上，在考察行为人的主观心理状态时，我们也只有通过行为人的行为才能了解与判断，若不借助外部的参照，是不能达到目的的。但是，借助行为人的外部行为并不是不考察行为人的主观心理状态，实际上，在判断过错时考察行为人的外部行为是以分析判断行为人的主观心理状态为目的的。由于过错本质上是一种主观心理状态，判断行为人是否有过错实质上就是分析行为人的主观心理状态，尤其在通过区分故意与过失、直接故意和间接故意、疏忽和懈怠来认定过错时，几乎都是基于对行为人的主观心理状态的直接考察来确定。在某些情况下，行为人的行为就足以表明行为人具有明显的故意，如甲挥拳击伤乙，无须任何证明就可以认定行为人具有致他人损害的故意。然而，主观标准说在认定过错的第三步上，即判断"行为人是否应当预见"时，实际上也需要利用客观标准来判断。

实际上，在对过失的认定上，客观标准说更具有优势。过失作为一种不注意的心理状态，是行为人对自己注意义务的违反。行为人尽到注意义务，说明行为人按照法律和道德所要求的注意付出了一定的意志努力，尽到了对他人合理的注意。而行为人对注意义务的违反，则说明行为人应该注意到或已经注意到自己行为会损及他人利益，却因为注意力不集中、注意的对象不全面等原因没有注意到，或是没有引起足够重视，或应尽特别注意而只尽到一般注意，并由此给他人造成损害。

另外，在确定行为人应具何种注意程度时，学者还提出了三个标准：一是危险或者侵害的严重性。行为的危险性越高，所产生的侵害越重时，其注意程度应当相对提高。二是行为的效益。这是对行为的目的及效用的考虑，行为的效益越重，其注意义务就要相应减低。三是防范避免的负担。即为了除去或者减少危险而采取预防措施和替代行为所需支付的费用或不便。①

四、过错程度与侵权责任的关系

（一）过错程度的划分

众所周知，主观过错程度有轻重之分。行为人的过错程度是由行为人的主观

---

① 　杨立新：《侵权法论》，人民法院出版社 2005 年版，第 199 页。

心理状态决定的,行为人的心理状态不同,其过错程度以及对其谴责的程度也应该不同。

故意是最重的过错。过失可以根据注意义务的大小作进一步的分类,按其程度不同可分为重大过失、轻过失和一般过失。

重大过失包括两种情况,一是指未尽一般人对他人人身、财产的注意义务,即违反普通人的注意义务。也就是说,行为人如果仅用一般人的注意就可以预见,却怠于注意而不做相应的准备来防止损害后果发生,这种心理状态即重大过失。二是指当法律要求负有较高的注意义务时,行为人非但没有遵守这种较高的注意标准,反而连较低的注意标准也未尽到,即为重大过失。例如,行为人应负善良管理人的注意义务,而他不仅未尽此注意义务,就连与处理自己事务为同一注意或普通人的注意义务也未尽到,则为重大过失。

轻过失有具体轻过失和抽象轻过失两种形式。具体轻过失是指行为人违反应该与处理自己事务相同的注意义务。一般来说,如果行为人不能证明自己在主观上已经尽到该种义务,即存在具体轻过失。抽象轻过失是指行为人违反善良管理人的注意义务。这种过失是抽象的,不以行为人的主观意志为标准,而是以客观上应不应当注意作为标准,因而这种注意义务更为严格。

一般过失低于轻过失,是一般的疏忽和懈怠,属于一般的不注意心理状态。①

(二)过错程度与侵权责任的关系

主观过错的轻重与侵权责任的关系表现在两个方面:首先,在法律有特别规定的情况下,主观过错的轻重对侵权责任的承担有着决定性的影响。如:非法干涉他人婚姻自主权、非法干涉他人行使姓名权或名称权等权利的行为人仅就故意负责;建筑物上的悬挂物或者搁置物致人损害时,其所有人就具体轻过失负责;侵害他人身体权、健康权、生命权、名誉权、隐私权等权利的行为人就抽象轻过失负责。其次,主观过错的轻重在某些情况下是确定侵权责任的范围的主要依据。在一般情况下,行为人过错程度如何,对于确定其民事责任范围并无实际意义。侵权民事责任的范围通常取决于损害的有无或者大小,并不因为行为人的故意或过失而有所不同。但是,在某些特殊情况下,如在混合过错、共同过错、第三人有过错等情况下,行为人的过错程度,就成为确定其赔偿责任的主要依据了,它直接影响到过失相抵规则的适用和各行为当事人责任的分担。

除前述情形外,我国是否认"过错程度影响责任大小"的。理由有四:一是认为侵权责任的根本目的在于补偿受害人的损失,"过错程度影响责任大小"造成了对加害人过于宽大而对被害人过于冷漠的结果;二是混淆了民事责任与刑事责任的

---

① 杨立新:《侵权法论》,人民法院出版社 2005 年版,第 200～203 页。

界限;三是"过错程度影响责任大小"造成法官可任意根据过错确定赔偿范围,妄开法官司肆意之端;四是侵权责任既然是财产责任,那么责任的大小不取决于过错程度而以损害大小为依据,从而认为"过错程度影响责任大小"与全部赔偿原则相矛盾。① 然而,不区分"故意"与"过失"而产生的责任,过错责任就失去了区分善恶之能力。不区分"故意"与"过失"而产生的责任,就难以实现制裁故意侵权行为的目的,难以实现侵权行为法的"预防功能"。

第三节 因果关系

一、因果关系概述

(一)因果关系的概念

所谓因果关系,是指社会现象之间的一种客观联系,即如果一种现象在一定条件下必然引起另一种现象发生,前一种现象即是原因,后一种现象即是结果,这两种现象之间的联系,就叫因果关系。

作为侵权责任的一项构成要件,因果关系中究竟何为原因,学者意见不一。主要有三种不同的学说:一是行为原因说。该说认为民法中的因果关系是指行为人的行为及其物件与损害事实之间的因果关系。二是过错原因说。该说认为我国民法上的因果关系是过错与损害之间的关系,只有过错才能成为侵权法上的原因。三是违法行为原因说。该说认为侵权责任构成要件中的因果关系是指违法行为和损害事实之间的因果关系。还有其他关于原因的主张,如主张侵权行为为原因、主张被控行为为原因、主张加害行为为原因等。通说认为,侵权责任构成要件因果关系的原因,应当确定为违法行为。违法行为与损害事实之间构成因果关系,才成立侵权责任构成的因果关系要件。本书采用通说。

侵权责任法中的因果关系指的是侵权人实施的行为和损害后果之间存在的因果上的联系,即违法行为作为原因,损害事实作为结果,在它们之间存在的前者引起后者,后者由前者引起的客观联系。例如,甲故意砸坏乙的汽车,造成乙损失1000元。在这里,甲的不法行为与乙的损失之间存在因果上的联系,甲的不法行为是原因,乙的损失是结果,后者是前者造成的。

民事侵权责任只有在违法行为与损害结果之间存在因果关系时,才能构成,即只有当一项损害结果是由某人的行为或应由其负责的他人的行为或物件引起时,

---

① 王利明:《侵权行为法归责原则研究》,中国政法大学出版社 2003 年版,第 51~52 页。

才可能让该人承担民事责任。如果加害人虽有侵权的违法行为,但受害人的损害与此无关,则不能令其承担赔偿责任。而在实行公平责任和无过错责任的情形下,因果关系是确定责任与责任范围的直接依据。

（二）因果关系的特点

因果关系具有时间性和客观性等特点。时间性是指因果关系都具有严格的时间顺序性,即作为原因的违法行为在前,作为后果的损害事实在后。客观性是指加害行为和损害后果之间的引起与被引起的关系,是一种客观的、不以人的主观意志为转移的关系。因果关系是可以被人们所认知的,但是实践中,以一般人能否认识作为判断有无因果关系的标准是错误的,这种做法违背了因果关系的客观性这一基本特点。由于因果关系的客观性,司法审判人员必须以客观的实际情况为依据,对违法行为和物件、损害结果、特定环境等因素进行详细的分析判断,从而确定因果关系。

二、侵权责任法中因果关系的形态

在侵权责任法中,违法行为和损害后果之间的因果关系十分复杂,既有直接因果关系和间接因果关系之分,又有一因一果、一因多果、多因一果、多因多果等多种表现形式。

（一）直接因果关系和间接因果关系

直接因果关系是指某一违法行为直接引起某一损害结果,其间无其他原因介入时,该违法行为和损害结果之间的因果关系。在直接因果关系中,该违法行为即是导致该损害结果的直接原因。直接原因一般直接作用于损害结果,是必然引起某种损害后果发生的原因,它在损害的产生、发展过程中,表现出某种必然的、一定的趋向。如甲持刀杀伤乙,甲持刀伤人的行为直接导致乙受伤,是乙受伤的直接原因,两者之间存在直接因果关系。

间接因果关系是指某一违法行为不是直接和损害结果相联系,而是通过一定的中介条件,间接地对损害结果产生影响时,该违法行为和损害结果之间的因果关系。间接因果关系中的中介条件包括自然因素、第三人的行为、受害人自身因素等。在间接因果关系中,该违法行为即是导致该损害结果的间接原因,间接原因一般对损害的发生不起直接作用,通常不会引起某种损害后果发生,但因为偶然介入了其他原因,并与这些原因相结合,而造成该种损害结果。如甲当众羞辱乙,乙受辱后服毒自杀,甲当众羞辱乙是乙死亡的间接原因,两者之间存在间接因果关系;又如丙以刀刺入丁的身体,丁受感染后未能及时治疗而死亡,丙以刀刺入丁的身体是丁死亡的间接原因,两者之间也存在间接因果关系。

认定因果关系时常常需要区分直接因果关系和间接因果关系,但是不能简单地认为行为人对间接因果关系概负全责或者概不负责。间接因果关系的情况十分复杂,应该根据具体情况实事求是地分析。如在行为人实施某种行为并造成了某种损害结果以后,第三人以故意或过失的状态进一步实施了某种行为并进一步造成了损害结果的情况下,从公平正义的观念考虑,先前的行为人不应该对以后的行为人所实施的行为负责,以后的行为人也不应该对先前行为人的行为负责,因此,即使先前的行为与最终的损害结果之间有间接因果联系,先前行为人也不应该承担责任。又如,在行为人实施某种行为并造成了某种损害结果以后,偶然地介入了受害人患有某种疾病等自身的因素或者某种非人力的自然因素,从而造成了某种损害结果的情况下,因为行为人的行为与最终的损害结果之间有间接因果联系,行为人应该承担相应责任。

(二)因果关系的不同表现形式

违法行为与损害结果之间的因果关系主要有以下几种表现形式:(1)一因一果。一因一果是指一个原因直接导致一个结果发生,其因果关系清晰明了。(2)一因多果。一因多果是指原因为一个,而结果为两个或两个以上的情况,即一个原因导致多个结果发生,每个结果与原因之间都存在因果关系。(3)多因一果。多因一果指原因有两个或两个以上,但结果只有一个,即两个以上的违法行为引起一个损害结果,如医生开错药方,护士发现后未要求医生改正而照方用药,致病人死亡。

多因一果还可以具体分为三种情况:一是聚合因果关系,它指每个原因都足以导致损害结果发生并共同作用使损害结果发生的情况;二是共同的因果关系,它指几个原因事实结合起来共同导致损害结果发生的情况;三是择一的因果关系,主要指共同危险行为的情况,每一个原因事实都足以导致损害结果发生,但不知是哪一个实际导致的,这实际上是个证明问题。因此,在多因一果的情况下,需要具体区分各种原因作用力的大小来确定行为人的民事责任。(4)多因多果。多因多果指原因和结果均为复数的情况。这种情况十分复杂,常常需要根据实际情况具体分析。一般要分清导致各个结果的主要原因和次要原因,确定各个原因分别导致的结果,作为某个结果的主要原因的行为人要承担主要责任,反之则承担次要责任。在无必要作此区分时,各行为人平均分担民事责任。

三、确定因果关系的理论

因果关系虽然具有客观性,但对它的认识和确定却是人的主观活动的结果。由于因果关系复杂多样,违法行为和损害结果之间的因果关系有时并不是明显的,需要借助科学手段加以认定。在理论上究竟应该如何确定因果关系,学者对此众说纷纭、观点各异,归纳起来主要有以下几种学说:

（一）条件说

该说是由德国学者弗·布里于19世纪70年代首创。该说认为，造成损害的所有条件都具有同等价值，由于缺乏任何一个条件，损害都不会发生，因此，凡是引起损害结果发生的条件，都是损害结果产生的原因，因而都与损害结果之间存在因果关系。这种理论不承认事实上的原因和法律上的原因的区别，将逻辑上导致某结果出现的所有条件都视为法律上的原因，行为人都要承担责任。

（二）原因说

该说由德国学者宾丁·库雷尔首创，后来经过不断发展，被广泛采用。原因说也叫作限制条件说，主张为了正确地确定责任应该严格区分原因和条件，仅仅认为原因与结果之间存在因果关系，而否认条件与结果之间存在因果关系，因而也将法律上的原因与事实上的原因区别开来。该说认为，原因为结果的发生提供了现实性，条件仅仅为结果的发生提供了可能性，原因是必然引起结果发生的因素，是对结果发生有重要贡献的条件，而其他条件对结果的发生只起到背景的作用，无直接的贡献，其仅仅为条件，不具有对结果发生的原因力。原因说有各种不同的主张，主要有三种：一是必要条件说，该说认为在发生结果的各种条件中，只有为结果的发生所必要的、不可缺少的条件才是原因，其他的则为单纯条件，不成为原因；二是优势条件说，该说认为条件分为两种类型，一种是对结果产生积极作用的条件，另一种则是阻碍结果发生的条件，这两种条件在通常情况下保持着均势，只有当这种均势被破坏，积极条件优于消极条件时，才会发生损害结果，这种优势的积极条件就是结果发生的原因；三是最后条件说，该说认为对于结果的产生施加最有力影响的条件就是原因，其他的只作为单纯的条件。

（三）相当因果关系说

该说是19世纪末由德国学者巴尔首创。相当因果关系说也称为适当条件说。该说认为，某一事实仅仅在某一现实情形中发生某种结果，还不能断定它们之间有因果关系，必须依据社会的一般观念，认为在有同一事实存在的情形下也会发生同一结果的时候，才能认定该事实与该结果之间有因果关系。例如，甲将乙打伤，乙在医院治疗时医院失火，乙在火灾中不幸遇难。在这里，甲将乙打伤与乙不幸遇难就现实情形而言是有关系的，但是依一般的情况，医院失火乙遇难属于意外，因此，两者不具有相当因果关系。如果甲将乙打伤，乙受伤后感染破伤风死亡，这时，依通常经验观察，在一般情形下，甲的伤害行为是会导致这种结果的，因此，甲将乙打伤与乙死亡之间具有相当因果关系。

一般认为，相当因果关系是由条件关系及相当性构成，它们是确认因果关系的两个阶段。就条件关系而言，一般采用"若无……则不"的认定检验方式，即"无此行为,必不生此种损害"。"相当性"可以表述为"有此行为,通常即生此种损害",它又可以分为三种:一是主观说,认为应当以行为人行为时所知道的或者应当知道的事实作为判断的基础,不管该事实是否为普通人所能认知;二是客观说,认为应当以行为发生时在客观上所表现的情势及行为所发生的结果为观察对象,依社会上一般人对行为及结果能否预见为标准;三是折中说,认为应当以行为时一般人所预见或可能预见以及虽然一般人不能预见而为行为人所认识或能够认识的特别情势为基础。相当因果关系说是目前各国的通说。

(四)盖然性因果关系说

盖然性因果关系说也叫做推定因果关系说,是在原告和被告之间分配因果关系的举证责任的理论。例如,在公害案件的诉讼中,由原告证明公害案件中的侵权行为与损害后果之间存在某种程度的因果关联的可能性,原告就完成了自己的举证责任,然后由被告反证,证明其行为与原告损害之间无因果关系,不能反证或者反证不成立,即可确认因果关系存在。

(五)法律因果关系说

法律因果关系说是英美法系关于因果关系的主要学说。英美法系的因果关系学说不注重哲学分析,注重的是实证分析,是从大量的案件中总结出来的判断法律因果关系的规则。他们认为,在多个原因或者条件造成一个损害结果的情形下,应该将因果关系中的原因分为两个层次:一是事实上的原因,二是法律上的原因。原告要证明被告的行为与损害结果之间存在着因果关系,不仅要证明有事实上的原因,而且要证明有法律上的原因,确定事实上的原因是认定因果关系的第一步,只有证明行为与损害之间具有法律上的原因,才能认定法律因果关系的存在。

(六)比例因果关系说

比例因果关系是指以加害行为与损害后果之间关联的可能性比例来认定因果关系,即法院判定的是因果关系存在的可能性如何,而非因果关系是否存在。根据比例因果关系说,传统的"全有或全无"因果关系理论已不再适用,仅依据因果关系可能性比例,判断因果关系,并相应于该比例计算被告应赔偿之数额。[1] 日本理论界对此早已展开了热烈的探讨。[2] 欧洲侵权法原则更是作出了实质性的突破,在

---

　① 　陈聪富:《因果关系与损害赔偿》,北京大学出版社 2006 年版,第 196 页。
　② 　参见周江洪:《日本侵权法中的因果关系理论述评》,载《厦门大学法律评论》第 10 辑,厦门大学出版社 2005 年版。

总则中体现了比例因果关系理论。^①

四、因果关系的认定规则

在认定因果关系时,首先应该明确两点:一是作为引起结果发生的原因,必然发生在结果出现之前,因此,只有先于结果出现的现象才可能成为原因,凡是后于结果发生的现象应该排除在因果关系的认定范围之外;二是作为原因的现象应当是一种客观的存在,因此,加害人的心理状态或受害人的主观臆测等均不能成为原因。

在具体的司法实践中认定因果关系时,还应当遵循以下具体规则:

1.在一因一果的因果关系类型中,一个原因行为出现,引起了一个损害结果发生,行为与结果之间具有直接因果关系,这种因果关系极为简单,无须再使用其他因果关系理论判断,直接确认其具有因果关系。在有其他条件介入时,可以确定那些条件并不影响某一行为作为直接原因的,也可以直接认定该行为与损害事实之间具有因果关系。

2.由于行为与结果之间有其他介入的条件使因果关系判断较为困难,无法确定直接原因的,通常可以适用相当因果关系说对因果关系进行判断。具体做法是:在确定因果关系时,分两个步骤,首先,确定行为和损害之间有无事实上的联系,即证明在现实情况下某种行为已经产生了某种结果;其次,证明在通常的情况下也可能发生该结果。该规则的主要作用在于排除两事物间的偶然联系和间接联系。

适用相当因果关系说,关键在于确定违法行为是发生损害事实的适当条件。适当条件是发生该种损害结果的不可缺条件,它不仅是在特定情形下偶然地引起

---

① 详见欧洲侵权法原则第 3:103 条和第 3:105 条。

Article 3:103 Alternative Causes (1) In case of multiple activities, where each of them alone would have been sufficient to cause the damage, but it remains uncertain which one in fact caused it, each activity is regarded as a cause to the extent corresponding to the likelihood that it may have caused the victim's damage. (2) If, in case of multiple victims, it remains uncertain whether a particular victim's damage has been caused by an activity, while it is likely that it did not cause the damage of all victims, the activity is regarded as a cause of the damage suffered by all victims in proportion to the likelihood that it may have caused the damage of a particular victim.

Article 3:105 Uncertain partial harm in the cause of multiple activities, when it is certain that none of them has caused the entire damage or any determinable part thereof, those that are likely to have [minimally] contributed to the damage are presumed to have caused equal shares thereof.

See Ken Oliphant, Barbara C Steininger eds. *European Tort Law: Basic Texts*. Jan Sramek Verlag KG, 2011, pp. 306~307.

损害,而且是一般发生同种结果的有利条件。确认行为是损害结果发生的适当条件的,认定行为与结果之间具有因果关系,否则为不具有因果关系。相当因果关系学说的科学性在于,在事实上某种原因已经引起了这样的损害结果的情况下,它要求确定该原因事实与损害结果之间在通常情形下存在联系的可能性,这种判断要求法官依据一般社会见解,将当时社会所具有的一般知识水平和社会经验作为判断标准,只要一般人认为在同样情况下有发生同样结果的可能性即可。

3.在某些特定案件中,受害人常常处于弱势,在受害人没有办法完全证明因果关系要件的时候,为了保护受害人的利益,可以适用推定因果关系说确定因果关系。其基本做法是:在受害人没有办法完全证明因果关系要件的时候,只要受害人举证证明到一定的程度,就推定行为与损害结果之间存在因果关系,然后由被告负责举证,证明自己行为与损害发生之间没有因果关系。实行因果关系推定,就意味着受害人在因果关系的要件上,不必承担过重的举证证明责任,只是在证明了因果关系的盖然性之后,由法官实行推定。如在医疗事故侵权案件中,受害人只要证明自己在医院就医期间受到损害,并且存在因果关系的可能性,就可以向法院起诉,不必证明医院的医疗行为与损害后果有因果关系。根据"谁主张,谁举证"的一般原则,在确定侵权责任时,证明被告的行为或物件是造成原告损害的举证责任应该由原告负担,被告不承担责任。采用因果关系推定的方式来确定因果关系,对于保护由于特定原因造成的侵权损害的受害人,无疑是有利的。

应当注意的是,推定因果关系一般要在有法律特别规定的场合才能适用,除此之外的其他场合适用这一规则需要特别谨慎。随着社会的发展,因果关系推定说所适用的范围将日益广泛。新设备和新产品的相继问世使得损害原因不能仅通过一般的常识而需要有先进的科学知识才能判断。加害人往往控制了致害原因,而对几十种原因,受害人又经常处于无法证明的状态,因此一些国家在环境污染、产品致人损害、高度危险作业致人损害等案件中都采取了推定因果关系的方法。一般来说,产品致人损害案件、医疗事故侵权案件、环境污染侵权等公害案件、高科技领域中的侵权案件、高度危险作业致人损害案件等都可以采用因果关系推定的方式来确定因果关系。在我国司法实践中,在某些特定的有必要适用推定因果关系的场合,可以有条件地适当地扩大这一规则的适用范围,以更好地保护受害人的权利。对此,多数学者也持肯定态度。

4.英美法系的"法律因果关系说"也是判断因果关系的一种方法,在某些情况下,如果确认因果关系确实有困难,可以依据该理论进行判断。基本做法是:首先确定行为是否是构成损害的事实原因,即确定被告的行为是否在事实上是造成损害发生的原因。其次确定行为是否为损害的法律原因。法律上的原因也叫做近因,是一种自然的、继续的、没有被介入因素打断的原因,没有这种原因,就不会发生原告受害的结果。行为对于损害而言,既是事实原因,又是法律原因的,即可确定行为与损害之间的因果关系。

第四节　损害事实

一、损害事实概述

损害事实是指一定的行为致使权利主体的人身权利、财产权利以及其他利益受到侵害,并造成财产利益和非财产利益的减少或灭失的客观事实。[1] 损害事实不仅有质上的要求,还有量上的要求。所谓质上的要求是指,损害必须是民事权益的损害。《侵权责任法》第 2 条规定:"侵害民事权益,应当依照本法承担侵权责任。本法所称民事权益,包括生命权、健康权、姓名权、名誉权、荣誉权、肖像权、隐私权、婚姻自主权、监护权、所有权、用益物权、担保物权、著作权、专利权、商标专用权、发现权、股权、继承权等人身、财产权益。"所谓量上的要求则是损害必须达到一定的量。

侵权责任以损害事实的存在为构成要件。在侵权责任法上,一个人的行为如果没有造成损害事实,就不会承担侵权责任。同样,一个人也只有在受到损害的情况下,才能够请求侵权赔偿。因此,损害事实的客观存在是构成侵权责任的前提和最基本的条件。

损害事实作为侵权民事责任的构成要件,主要是由民事责任的功能决定的。民事责任的主要功能之一在于补偿受害人所受的损失,使其利益尽可能恢复到如同未曾受到损害的状态。这也是民事责任与刑事责任的重要区别之一。刑法的主要功能是惩罚犯罪,而侵权责任法的主要功能则是救济私权,即给予受到不法损害的合法权利和利益以适当的补偿。在刑法中,对未造成损害后果的犯罪行为也处以刑罚,而在侵权责任法中,则必须遵循"无损害即无责任"的准则,以损害事实的存在作为侵权责任构成的基础。

损害事实也是确定侵权责任赔偿范围的主要依据。侵权责任以损害赔偿为主要形式,主要是一种财产责任,以财产赔偿的方式制裁致害人。既然是对损害进行赔偿,就必须以损害的确定为前提,依据损害的实际大小,确定赔偿责任的范围。

二、损害事实的分类

损害事实是侵权行为的结果,各种损害因行为人所侵害的对象不同而有所区别。以损害的内容为划分标准,违法行为造成的损害可以分为两大类,即财产损害

---

[1]　杨立新:《侵权法论》,人民法院出版社 2005 年版,第 169 页。

和人身利益损害。

（一）财产损害

财产损害表现为财产损失，是指因侵害权利人的财产或人身权利而造成的受害人经济上的损失。凡是权利人遭受的一切物质上的具有财产价值的损失，均可称为财产损害。财产损害通常可用金钱确定。

按照《民法通则》第 117 条的规定，侵占财产和损坏财产是财产损害的主要形式。侵占财产是行为人将他人所有或合法占有的财产转为由自己非法占有，使原所有人和合法占有人丧失所有权或者丧失占有。损坏财产则是破坏所有人或占有人所有或占有之物的价值，使之丧失或者减少。当然，财产损害还包括所有权以外的其他财产利益的丧失或破坏。《侵权责任法》第 20 条规定："侵害他人人身权益造成财产损失的，按照被侵权人因此受到的损失赔偿；被侵权人的损失难以确定，侵权人因此获得利益的，按照其获得的利益赔偿；侵权人因此获得的利益难以确定，被侵权人和侵权人就赔偿数额协商不一致，向人民法院提起诉讼的，由人民法院根据实际情况确定赔偿数额。"

根据侵权行为侵害的对象不同，财产损害可以分为三类：一是侵害财产权利造成的财产损失，即对财产权益本身造成的损害。该损害一般是由于行为人对受害人的物质财富实施违法行为所引起，如毁坏他人房屋，偷盗他人车辆等。二是侵害他人生命健康权所造成的财产损失。该损害一般是由于行为人对受害人的人身实施违法行为所致，如致人伤残后受害者因此而支付医疗费、受害人丧失劳动力而造成工资收入的减少等。三是因侵害他人的姓名、肖像等人格权而造成的财产损失。如因毁损他人名誉，致使他人丧失受聘做某项工作的机会，致受害人经济上蒙受损失，或因侵害某法人的名称权，使其遭受财产利益损失。

财产损害根据损失的形态还可以分为直接损失和间接损失。直接损失又称积极损失、实际损失，是受害人现有财产的减损和既得利益的丧失，也就是加害人的不法行为侵害受害人的财产权利，致使受害人现有财产直接受到的损失，如财物被毁损、被侵占而使受害人财富减少，或致受害人医疗费、修理费等费用支出。间接损失又称消极损失，是受害人可得利益的丧失，即应当得到的利益因不法行为的侵害而没有得到，如利润损失、孳息损失等。此种损失虽不是现实利益的损失，却是对未来财产的减损，其损失的利益是可以得到的，而不是虚构的、臆想的。也就是说，如果没有侵权行为的发生，受害人是可以获得该利益的。间接损失有三个特征：首先，损失的是一种未来的可得利益，而不是既得利益。在侵害行为实施时，它只具有财产取得的可能性，还不是现实的财产利益。其次，这种丧失的未来利益是具有实际意义的，是必得利益而不是假设利益。最后，这种可得利益必须是在一定的范围之内,即侵权行为的直接影响所及的范围,超出该范围,不认为是间接损失。[①]

需要注意的是,《侵权责任法》第19条规定:"侵害他人财产的,财产损失按照损失发生时的市场价格或者其他方式计算。"这里的"其他方式"就是针对《精神损害司法解释》第9条规定的"有特殊纪念意义的物",如有纪念意义的相册、戒指、祖传的物品。这是《侵权责任法》第三稿专门增加的。

(二)人身利益损害

人身利益损害即对受害人的人身权利和利益所造成的损害,人身利益损害包括人格利益损害和身份利益损害。

1.人格利益损害

基于对物质性人格权和精神性人格权的划分,人格利益损害也分为侵害物质性人格权造成的对人格利益的有形损害和侵害精神性人格权造成的对人格利益的无形损害。

(1)对人格利益的有形损害

对人格利益的有形损害即人身伤害,是指加害人的不法行为侵害他人的身体权、健康权、生命权等物质性人格权,致受害人伤残或死亡。此种损害的主要表现形态是受害人的身体、健康损伤和生命的丧失。人身伤害这种对人格利益的有形损害虽然是一种非财产损害,却常常直接引起财产利益的损失,如受害人为医治伤害、丧葬死者所支出的费用,伤残误工的工资损失,护理伤残的误工损失,丧失劳动能力或死亡所造成的其扶养人的扶养费损失等。这种财产利益上的损失,是通过人体伤害、生命丧失等非财产损害引起的,而不是由行为直接造成的财产利益损失。人身伤害本身是指自然人的生命健康权受到侵害,因此不同于财产损害。人格利益的有形的损害一般是可以用金钱估算并准确赔偿的。但是,人身伤害有时亦可导致受害人的精神损害,此时的损害则不能直接用金钱计算。

(2)对人格利益的无形损害

对人格利益的无形损害是侵害精神性人格权所造成的人格利益的损害。人格利益的无形损害与人格利益的有形损害相比,除了有形、无形的区别以外,在主体上也有区别。人格利益有形损害的主体只能是自然人,法人不会产生这种损害;人格利益无形损害的主体,既包括自然人,也包括法人,当法人的名称权、名誉权、信用权等受到侵害,均可造成人格利益的无形损害。

人格利益的无形损害可以表现为纯粹的对人格利益的损害。如自然人因其名誉权受到侵害而使其社会评价降低,自然人的隐私被他人非法披露,自然人的肖像

---

① 杨立新:《侵权法论》,人民法院出版社2005年版,第174页。

或名称被他人非法使用等。人格利益的无形损害也可以表现为受害人的财产损失和精神损害,因为自然人精神性人格权遭受侵害常常引起财产损失和精神损害的后果。

财产利益的损失是有形的,包括人格权本身包含的财产利益的损失和为恢复受到侵害的人格权而支出的必要费用。精神损害是无形的,包括受害人的精神创伤和精神痛苦。精神损害是指行为人侵害公民的姓名权、肖像权、名誉权、荣誉权、隐私权等使公民产生恐惧、悲伤、怨恨、绝望、羞辱等精神痛苦,以及使公民神经受到损伤等。精神损害具有无形性,不能够直接以金钱来计算和衡量。因此,人格利益的无形损害既有可计算的一面,也有不可计算的一面。《侵权责任法》第22条规定:"侵害他人人身权益,造成他人严重精神损害的,被侵权人可以请求精神损害赔偿。"

需要特别指出的是,对人格利益损害的有形、无形之分,主要是基于受侵害的人格权是物质性人格权还是精神性人格权,而不是说其损害的具体表现形态是有形还是无形的。侵害物质性人格权引起的人格利益有形损害,可能造成精神痛苦、感情创伤等无形的损害后果。侵害精神性人格权造成人格利益的无形损害,也会产生财产利益损失等有形损害后果。

2. 身份利益损害

身份利益是身份权人对于特定身份关系的支配性利益,包括作为配偶、父母或亲属的利益。具体的身份利益的损害常表现为以下三种形态:一是亲情关系的损害。例如,侵害配偶权使夫妻间相互依赖共同生活的亲情受到破坏以致最终丧失,侵害亲权使父母与未成年子女之间的亲情受到损害。二是财产利益的损害。身份权的客体大多包含财产利益,如夫妻相互扶养义务,父母对未成年子女的抚育义务,亲属之间的赡养、扶养义务,监护权中的财产管理、用益的权利义务。身份利益的损害,就包括扶养权利的减损或丧失,获得物质利益的权利的减损或丧失等。三是精神痛苦和感情创伤。

无论是何种类型的损害,均可适用损害赔偿责任。当然,对财产损失作出赔偿,旨在恢复财产关系的原状,而对人身伤亡和侵害其他人格权以及精神损害作出赔偿,主要是对加害人予以制裁,同时对受害人予以抚慰。精神损害虽不能以金钱来衡量,但损害事实是可以确定的,抚慰受害人的精神痛苦的物质条件是可以以金钱来衡量和支付的。

三、损害事实的特点

一般说来,作为侵权行为构成要件的损害事实必须具有以下特点:

（一）损害具有可补救性

损害的可补救性是指对损害有进行法律救济的可能，任何人身或财产上的不利益，只有在法律上被认为具有补救的可能性和必要性时，才能产生民事责任。

损害的可补救性包括量和质两方面的内容。从量上来看，损害虽已经产生，但必须达到一定数量，在法律上才是可补救的。对于微量损害，法律即认为没有补救的必要。也就是说，只有在量上达到一定程度的损害才可以在法律上视为可以补救的损害。这是因为人们在社会共同体中生活，彼此之间不可避免地要产生各种摩擦和纠纷，损害的产生在所难免。为了维持社会生活的安定，法律常常要求人们容忍由他人行为造成的轻微损害，即行为人不必对轻微损害后果承担责任。例如，对于邻人因正当施工所产生的正常噪音，应适当容忍。从质上来看，损害应当属于法律认可的补救范围。损害在本质上是对权利和利益的侵害所产生的后果。

损害的可补救性，并不是说损害必须是能够计量的。而且，既然损害是指对权利和利益的侵害，那么，应予补救的损害也就不限于能够计量的损害。

（二）损害具有确定性

损害的确定性是指损害后果和范围在客观上是可以认定的，难以确定和主观臆测的损害不能作为认定侵权责任的损害事实要件。损害的确定性具体来说包括三项内容：一是损害是已经发生的事实。尚未发生的损害不具有确定性。但行为人的行为妨碍他人行使权利时，虽还未造成实际的财产损失，也可构成损害。二是损害是真实存在的，而不是当事人主观臆想出来的。如果仅仅怀疑他人揭露了自己的隐私而感到精神痛苦，此种损害便不具有确定性。三是损害是对权利和利益的侵害。此种侵害能够依据社会一般观念或认识予以认定与衡量。例如，某商店遭受火灾，房屋和其他财物的损害是一个确定的侵害事实，但某人因商店被烧，不能正常地购买生活必需品而影响了正常的工作生活，此种损害就是一个难以确定的事实。

（三）损害对象具有合法性

损害对象的合法性是指损害的对象是他人的合法权益，即损害是侵害合法权益的结果，针对非法权益的损害不属此列。受害人所受的损害能够获得法律上的补救，根据在于其合法权益受到不法侵害。

合法权益也就是法律所保护的权益，既包括法定权利，还包括法定权利之外的合法利益。《民法通则》第5条确定了"公民、法人的合法的民事权益受法律保护"的原则；《民法通则》第106条规定侵权行为所侵害的对象是"财产"或"人身"，在这里，"财产"和"人身"并非仅仅限于财产权和人身权，还包括了财产利益和人身利益。

值得注意的是,保护合法权益,并不是说任何人均可随意侵害非法利益而不承担法律责任。非法利益虽然不受法律的保护,但侵害非法利益的行为同样构成违法。例如,某人无合法授权而拆毁他人的违章建筑,未经许可擅自没收他人非法钱财等,都构成对不法利益的侵害。非法利益不受法律保护,因此,当非法利益受到侵害以后,当事人不得请求赔偿损害,也不能恢复其对不法利益的占有。但是,对不法利益的剥夺与限制必须由国家有关机关依据法定权限进行,任何人未经授权实施这种行为,都将构成对社会秩序和公共利益的侵害,行为人应当承担相应的刑事或行政责任。

☞ 司法考试真题链接

1. 朴某系知名美容专家。某医院未经朴某同意,将其作为医院美容专家在医院网站上使用了朴某照片和简介,且将朴某名字和简介错误地安在了其他专家的照片旁。下列哪一说法是正确的?(2009 年司法考试真题)

    A.医院未侵犯朴某的姓名权

    B.医院未侵犯朴某的肖像权

    C.医院侵犯了朴某的肖像权和姓名权

    D.医院侵犯了朴某的荣誉权

2. 赵某系全国知名演员,张某经多次整容后外形酷似赵某,此后多次参加营利性模仿秀表演,承接并拍摄了一些商业广告。下列哪一选项是正确的?(2008 年司法考试真题)

    A. 张某故意整容成赵某外形的行为侵害了赵某的肖像权

    B. 张某整容后参加营利性模仿秀表演侵害了赵某的肖像权

    C. 张某整容后承接并拍摄商业广告的行为侵害了赵某的名誉权

    D. 张某的行为不构成对赵某人格权的侵害

3. 张某旅游时抱着当地一小女孩拍摄了一张照片,并将照片放在自己的博客中,后来发现该照片被用在某杂志的封面,并配以"母女情深"的文字说明。张某并未结婚,朋友看到杂志后纷纷询问张某,熟人对此也议论纷纷,张某深受困扰。下列哪些说法是正确的?(2008 年司法考试真题)

    A. 杂志社侵害了张某的肖像权

    B. 杂志社侵害了张某的名誉权

    C. 杂志社侵害了张某的隐私权

    D. 张某有权向杂志社要求精神损害赔偿

4. 王某以 5 万元从甲商店购得标注为明代制品的瓷瓶一件,放置于家中客厅。李某好奇把玩,不慎将瓷瓶摔坏。经鉴定,瓷瓶为赝品,市场价值为 100 元,甲商店

系知假卖假。王某下列请求哪些是合法的？（2008年司法考试真题）

  A.要求甲商店赔偿10万元   B.要求甲商店赔偿5万元

  C.要求李某赔偿5万元   D.要求李某赔偿100元

  5.某媒体未征得艾滋病孤儿小兰的同意，发表了一篇关于小兰的报道，将其真实姓名、照片和患病经历公之于众。报道发表后，隐去真实身份开始正常生活的小兰再次受到歧视和排斥。下列哪一选项是正确的？（2007年司法考试真题）

  A.该媒体的行为不构成侵权 B.该媒体侵犯了小兰的健康权

  C.该媒体侵犯了小兰的姓名权 D.该媒体侵犯了小兰的隐私权

  6.甲晚10点30分酒后驾车回家，车速每小时80公里，该路段限速60公里。为躲避乙逆向行驶的摩托车，将行人丙撞伤，丙因住院治疗花去10万元。关于丙的损害责任承担，下列哪一说法是正确的？（2010年司法考试真题）

  A.甲应承担全部责任

  B.乙应承担全部责任

  C.甲、乙应承担按份责任

  D.甲、乙应承担连带责任

第十六章 抗辩事由

【引 例】

甲乙均是某城市出租车公司的司机,某日同时出车。甲上车时被一歹徒劫持,且一直往郊区人烟稀少的地方行驶。甲有生命危险,一直没有得到救援,甲认为乙一定不知他被劫持而没有报警,因此寻机自救。幸好,对面正驶来了一辆"110"警车,甲急中生智将出租车向警车撞去。车停,歹徒被抓,但警车司机受伤。事实上,因乙的报警,该警车是为救援甲而从对面行驶而来的。如果警车司机要求违反交通法规的甲承担赔偿责任,是否可以成立呢?

本案的关键在于厘清该案件的法律性质,是属于交通事故还是紧急避险。显然,本案甲是故意撞车而不是过失,因而不构成交通事故。甲撞车是为了避免生命危险的发生故意而为,构成紧急避险。《民法通则》和《侵权责任法》均规定:"因紧急避险造成损害的,由引起险情发生的人承担责任。如果危险是由自然原因引起的,紧急避险人不承担责任或者给予适当补偿。紧急避险采取措施不当或者超过必要的限度,造成不应有的损害的,紧急避险人应当承担适当的责任。"据此,甲可以紧急避险为由拒绝承担赔偿责任(该赔偿责任应该由引起险情发生的人即歹徒承担)。当然,案件的实情是,甲非常感激警察的救援而主动弥补了受伤警察的损失,但需注意的是,这不是该赔偿损失的责任。

第一节 抗辩事由概述

一、抗辩事由的概念

抗辩事由是指被告针对原告的侵权诉讼请求而提出的、证明原告的诉讼请求不成立或者不完全成立的事实。在《侵权责任法》中,抗辩事由是针对承担侵权责任的请求权而提出来的,所以,有学者认为,抗辩事由又称为免责或者减轻责任的事由。① 从词面含义理解,抗辩即否认责任,而免责则是免除责任,抗辩事由除免责事由外,还包括其他可以不承担责任的所有事由。

抗辩有广义与狭义之分。广义的抗辩,是指在侵权案件中,被告针对原告的指控和请求,提出的一切有关免除或者减轻其民事责任的主张。而狭义的抗辩,仅指被告针对原告的指控和请求,通过提出法定的抗辩事由而免除或者减轻其民事责任的主张。在侵权责任法上,主要讨论狭义的抗辩,即讨论由法律专门规定的在构成要件之外得以减轻或者免除加害人侵权责任的特定事由。

法律规定的抗辩事由包括法律直接规定的抗辩事由以及间接认可的抗辩事由。直接规定的抗辩事由如不可抗力(《民法通则》第 107 条)、正当防卫(《民法通则》第 128 条)、紧急避险(《民法通则》第 129 条)、受害人的过错(《民法通则》第 131 条)、第三人的过错(《民法通则》第 127 条)等。间接认可的抗辩事由如某些条件下的受害人同意、某些条件下的免责条款等。

二、抗辩事由成立的条件

一般认为,抗辩事由成立必须具备两个条件,即对抗性和客观性。

抗辩事由必须具有对抗性,即作为抗辩事由,必须足以对抗原告的指控和诉讼请求,能够导致对方的请求在法律上不成立或不完全成立,以达到免除或减轻被告责任的目的。抗辩事由虽然是对抗对方当事人的侵权诉讼请求,但它具体对抗的是侵权责任构成,从而导致对方当事人的侵权诉讼请求在法律上不成立。

抗辩事由必须具有客观性,即作为抗辩事由,必须是表明某种情况存在的积极的事实,如第三人的过错、不可抗力等。也就是说,抗辩事由必须是已经发生的客观事实而不是加害人一方的主观臆断或尚未发生的情况。单纯否认存在损害事实或指出原告主张的损害范围不确定、计算有误等,均不能成为抗辩事由。

三、抗辩事由的分类

在我国《侵权责任法》中,经常采用的抗辩事由主要有职务授权行为、正当防卫、紧急避险、受害人的同意、自助行为、受害人过错、第三人过错、不可抗力和意外事件等。

对于这些抗辩事由有的学者将其分为两类:一般抗辩事由和特别抗辩事由。一般抗辩事由是指损害虽然是由被告的行为所引起的,但其行为是正当的、合法

---

① 　王利明、杨立新:《侵权行为法》,法律出版社 1997 年版,第 76 页。

的,包括职务授权行为、正当防卫、紧急避险、受害人的同意、自助行为等;特别抗辩事由是指实质损害并不是由被告的行为造成的,而是由其行为以外的原因导致的,包括受害人过错、第三人过错、不可抗力、意外事件等。

在一般抗辩事由存在的情况下,行为人实施的行为已经致人损害,但由于其行为是正当合法的,因此排除了行为人行为的违法性。据此,行为人没有过错,应予免责。在特别抗辩事由存在的情况下,被告根本没有实施致人损害的行为,是外来原因作用于行为人,使行为人不可避免地受到了损害,因此,行为人不应当承担侵权责任。

四、抗辩事由的适用

侵权责任法的抗辩事由是由侵权行为的归责原则和侵权行为构成要件派生出来的。适用不同的归责原则就有不同的责任构成要件,因而也就要求有与归责原则和责任构成要件相适应的特定的抗辩事由。侵权责任法的归责原则多样化,与此相适应,侵权责任法的抗辩事由也有所不同。[①] 因此,不同的抗辩事由具有不同的适用范围,具体的抗辩事由应该在特定的范围内适用,各种一般抗辩事由与特别抗辩事由能否运用于具体案件,应当根据具体案件和法律的具体规定来确定。

第二节　一般抗辩事由

一、职务授权行为

职务授权行为也称为依法执行职务,其作为一种抗辩事由,是指依照法律的授权或规定,行为人在必要时因履行法定职责而损害他人的财产和人身的行为。例如,消防队为制止火灾蔓延将临近房屋拆除;医生做必要的截肢手术;公安人员为拘捕逃犯用武力将其制服而致其伤害等。职务授权行为在实践中通常有以下几种情况:国家工作人员专门的行政执法、司法活动;军人执行军事命令的行为;受国家机关之委托,某些团体或个人在委托授权范围内进行的行政管理活动;在特定条件下,一般公民依法维护公共利益和公共秩序所为的行为,如将正在进行犯罪活动的人扭送公安机关。

职务授权行为作为抗辩事由应当具备三个条件:一是行为人必须具有合法的授权,没有合法授权的行为不是职务行为。授权的目的是保护社会公共利益和公

---

① 杨立新:《侵权法论》,人民法院出版社 2005 年版,第 252 页。

民合法权益,职务授权行为之所以能成为抗辩事由就是因为这种行为有合法的授权。超越法定授权的行为或者行为所依据的法律和法规已经失效或者被撤销不构成职务授权行为。二是必须是依法执行职务即执行职务的行为必须合法。行为合法包括执行职务的程序合法和方式合法。行为人必须在法律规定的范围内履行职责,才能对损害后果不负责任,程序不合法或者方式不合法而致他人损害的行为,不构成职务授权行为,行为人应承担法律责任。三是造成损害结果是执行职务活动所必需的,即损害后果的发生是保证职务执行所必需的。法律要求造成损害是执行职务所不可避免的或必要的,只有在不造成损害就不能执行职务时,执行职务的行为才能作为抗辩事由。如果在执行职务的过程中,造成的损害是可以避免或者减少的,执行职务的行为则不构成或不完全构成抗辩事由。

职务授权行为可以作为一种抗辩事由而免除行为人的侵权责任,是因为这种行为具有法律所要求的正义性和合法性,法律的尊严决定一个行为的性质及其后果之承担。因为职务授权行为是一种合法行为,行为人对造成的损害不负赔偿责任。但是,如果执行职务不正当而造成损害,行为人则应当负赔偿责任。如损害超过了必要限度的职务行为;以损害他人为主要目的的职务行为;违背公共秩序和善良风俗的执行职务行为;违背诚实信用的职务行为等。

应当指出的是,如果执行的行政或军事命令具有十分明显的非正义性,行为人执行此种命令而造成他人损害的,不能否认其责任。国家机关工作人员执行公务造成他人损害时如果其行为违反了有关法律法规的规定,即使行为人的侵权责任可以免除,国家机关仍应承担国家赔偿责任。

二、正当防卫

(一)正当防卫的概念

正当防卫是指公共利益、他人或本人的人身或者其他利益遭受不法侵害时,行为人对于正在进行的不法侵害所采取的必要的防卫措施。正当防卫行为是为了保护社会公共、自身或者他人合法权益,对于正在进行的非法侵害予以适度的还击,以排除或减轻不法侵害可能造成的损害。正当防卫作为一种保护性措施,是一种合法行为,因此,因正当防卫造成的损害,防卫人不负赔偿责任。其理论依据是社会公共利益和帮助扶助弱者等法哲学理念。

(二)构成正当防卫的条件

只有在特定条件下,行为人才可以实施正当防卫并以此作为抗辩事由而不需承担侵权责任。正当防卫作为抗辩事由应当具备以下条件:

1.必须以侵害行为的存在为前提

正当防卫是对正在发生的侵害行为进行的防卫,所防卫的侵害行为必须是现实存在的侵害行为,没有侵权事实不得进行防卫。实施正当防卫应当是在不法侵害行为已经开始并且尚未结束的时间内进行。想象中的侵害、没发生的侵害、实施终了的侵害都不能成为正当防卫的对象。但是,一个不法侵害行为既可能是突发性的也可能是需要经过必要的准备。如果某准备行为已经具有现实危险性,如为了伤害他人而非法制造枪支,也可实施适当程度的防卫。所谓"不法侵害行为已经结束"是指加害人已经完成了一个侵害行为并转入一个相对稳定、现实危险性大大降低或消除的状况。对于已经结束的不法侵害行为的行为人进行事后防卫不属于正当防卫。但是,如果不法侵害行为属于连续性的,则不认为其现实危险性已大大降低或消除,防卫人可以实施适当程度的防卫。

2.侵害必须为不法

正当防卫是对不法侵害行为进行的,正当防卫的对象必须是不法的侵害行为,对于依法执行公务等合法行为不能实施防卫。例如,对逃犯的追捕就不得以正当防卫为借口而拒捕;被扭送到司法机关的在逃犯罪分子不得对实施扭送行为的群众进行防卫;被当众抓获的盗窃犯不得对抓获他的人实施防卫。

3.须以保护合法权益为目的

正当防卫必须具有保护合法权益的目的性,防卫人在进行正当防卫的时候必须以保护公共的、他人的或本人的权益为目的,使公共利益、本人或者他人的人身和其他权利免受正在进行的不法侵害。以加害对方为目的,对其进行挑拨、激怒或引诱,然后以"正当防卫"为借口实施侵害的行为,不具备正当防卫目的之合法性和正当性,应当构成侵权。在相互的非法侵害行为中,如打架斗殴,因为都有侵害他人的不法目的,因此一般不能认为其中一方或双方属于正当防卫。但一方已明确放弃侵害,另一方却穷追不舍继续加害,放弃侵害的一方不得已而进行反击,也可以认定为正当防卫。

4.必须对不法侵害人本人实施

正当防卫是对不法侵害行为的实施者本人进行的,任何防卫都不能对其家属或其他任何第三人实施。正当防卫的目的是及时有效地制止正在进行的不法侵害以保护合法权益,而达到这一目的最直接有效的途径就是对不法侵害行为的直接实施者采取必要的防卫措施。另外,不法侵害他人合法权益是法律允许防卫人采取防卫的根据,第三人并没有实施不法侵害行为的,自然不能对其进行"防卫"。因此,法律要求正当防卫的对象只能是不法侵害行为的实施者。

5.防卫不能超过必要限度

必要限度是为了制止不法侵害所必需的,足以有效制止侵害行为的限度。只要是为了制止侵害所必需,就不能认为是超越了正当防卫的必要限度。正当防卫不能超过必要限度是指防卫的方式和强度应当适当,即防卫所使用的方式和强度必须与侵害强度相适应。防卫的方式和强度是密切联系的,一种比较温和的防卫方式一般所能达到的强度有限,而一种比较激烈的防卫方式则能达到很高的强度。判断正当防卫的方式和强度是否适当常常以是否足以抵抗现实存在的、正在发生的侵害行为为标准。在这个基本标准的范围内,防卫人可以根据当时当地的具体情况选择有利和有效的防卫方式。如对于一个持枪作案的歹徒可以就地射杀。防卫没有超过必要限度,防卫人就不负赔偿责任;防卫超过必要的限度,则可能构成防卫过当。

(三)防卫过当及其责任

民法上的正当防卫要求防卫行为只能与不法侵害相适应,一般不应超过不法侵害的强度。防卫过当即正当防卫超过必要限度,是指防卫人实施的防卫行为因超过必要的强度而造成被防卫人过重的或不应有的人身或财产损失。一般来说,凡是侵害行为本身强度不大,只要用缓和手段就足以制止或者排除的侵害,而采用较强烈的手段,将构成防卫过当。例如,为了阻止偷窃行为而致其轻伤是正当防卫,但重伤或杀死小偷就是防卫过当。有时判断防卫过当还涉及一个利益衡量的问题,即衡量防卫行为所保护的利益与防卫行为所破坏的利益的大小,所防卫的权益应当与防卫反击行为的强度相适应,如果为了一个较小的合法利益而采取损失巨大的防卫方式,或者用较重的反击行为来保护较小的财产利益,均可认为超过了必要限度,是不被法律所认可的。

我国《民法通则》第 128 条规定:“因正当防卫造成损害的,不承担民事责任。正当防卫超过必要的限度,造成不应有的损害的,应当承担适当的民事责任。”《侵权责任法》第 30 条规定:“因正当防卫造成损害的,不承担责任。正当防卫超过必要的限度,造成不应有的损害的,正当防卫人应当承担适当的责任。”按照这些规定,在必要限度内进行正当防卫,即使给被防卫人造成损害,也不承担民事责任。但是如果防卫超过必要的限度,造成不应有的损失,则应当承担适当的民事责任。

在此,“适当的民事责任”应当理解为一种减轻或从减的民事责任。也就是说,防卫过当的赔偿范围应当减除防卫在必要限度内的损害部分,限于超出防卫限度的那部分损害,并在“不应有的”那部分损害的范围内酌情确定赔偿数额。但是,在防卫过程中故意对不法侵害者采取加害行为的,对其超出必要限度的损害应当全部赔偿。这是因为,在这种情况下,防卫人已经明知道会超出必要限度而故意进行,是故意违法行为,应当负担全部责任。

这一规定将防卫过当的民事责任与一般不法侵害行为的民事责任区别开来,主要是基于以下考虑:一是出现防卫过当的前提是侵害人的不法侵害,若无不法侵害就不会造成防卫过当的后果;二是防卫人在防卫过程中,特别是在紧急情况下,对反击行为的节制和后果的预见是受限制的。该规定有利于鼓励公众自觉地同不法侵害行为进行斗争,保护本人、他人的合法民事权益和公共利益。

三、紧急避险

(一)紧急避险的概念

紧急避险是指为了使社会公共利益、自身或者他人的合法权利免遭正在发生的、实际存在的危险,在不得已的情况下采取的造成他人较少损害以避免遭受较大损害的紧急行为。紧急避险是一种合法行为,是在两种合法利益不可能同时得到保护的情况下,不得已而采取牺牲其中较轻利益、保全较大利益的行为。

紧急避险与正当防卫既有相似之处,又有原则区别。其相同点主要有三:一是都是为了保护公共利益、本人或他人的合法民事权益;二是都是对正在发生的侵害或危险采取相应措施;三是都要求在必要限度内进行。其区别主要有三点:一是正当防卫主要针对他人的不法侵害行为,紧急避险的危险既可能是由他人的行为造成的,也可能是由自然原因引起的;二是正当防卫的对象是不法侵害行为人本人,紧急避险施加于第三人,造成第三人人身或财产的损失;三是任何人均不对必要限度内的正当防卫负赔偿责任,紧急避险即使是在必要限度内,受害的第三人原则上也应该获得一定补偿。

(二)紧急避险的构成要件

紧急避险必须具备以下构成要件:

1.危险正在发生,并威胁着公共的、本人或者他人的利益

紧急避险是针对正在发生,并威胁着公共的、本人或者他人的利益的危险采取的紧急措施。虽然有危险发生,但威胁已经消除,或者危险已经发生但不会造成合法利益的损害的,不得采取紧急避险。此外,不能对尚未发生的危险、想象的危险实施避险行为。

2.采取避险措施必须是不得已

所谓不得已,是指采取的措施确实是避免危险所必要的,但也不是说避险人选择的手段只能是唯一的,只要避险人的避险行为所造成的损害小于可能发生的损害,避险措施就是适当的。

3.避险行为不得超过必要的限度

必要的限度是指紧急避险行为所引起的损害应轻于所避免的损害。如果避险行为所保护的利益大于其所造成的损害,则认为紧急避险符合"必要限度"的要求;如果避险行为不仅没有减少损失,反而使造成的损害大于或者等于可能发生的损害,避险行为就超过了必要限度。

（三）紧急避险的法律后果

《民法通则》第 129 条规定："因紧急避险造成损害的,由引起险情发生的人承担民事责任。如果危险是由自然原因引起的,紧急避险人不承担民事责任,或者承担适当的民事责任。因紧急避险采取措施不当或者超过必要的限度,造成不应有的损害的,紧急避险人应当承担适当的民事责任。"《侵权责任法》第 31 条规定："因紧急避险造成损害的,由引起险情发生的人承担责任。如果危险是由自然原因引起的,紧急避险人不承担责任或者给予适当补偿。紧急避险采取措施不当或者超过必要的限度,造成不应有的损害的,紧急避险人应当承担适当的责任。"这些规定是处理紧急避险的主要法律依据。

根据该规定,在一般情况下,如果有引起险情发生的人,应该由引起险情发生的人承担民事责任。险情发生可以由紧急避险人、避险行为的受害人、第三人引起。引起人对自己过错负责的范围应该以紧急避险必要限度或者避险措施得当所造成的损失为标准,超过部分不应负担。

如果危险是由自然原因引起,承担民事责任有两种情况:一是在一般情况下,紧急避险人不承担民事责任,对造成的损失不赔偿;二是在特殊情况下,避险人也可以承担适当的民事责任,即行为人承担公平责任。按照《民法通则》第 132 条公平责任的规定,在当事人双方都没有过错的情况下可以根据实际情况分担民事责任。所谓"实际情况"主要是指当事人双方的经济情况。"适当"则主要是指依据双方的经济状况适当确定,或由双方协议或法院判决。

紧急避险采取措施不当或者超过必要限度,造成不应有的损害的,应当承担适当的民事责任。紧急避险超过必要限度,是指避险行为所造成的损害大于其所保护的公共利益或本人、他人的合法权益。适当责任即不应免除责任,但是可以减轻责任,也可以对过当部分全部负责。在此,还有必要对紧急避险人承担的"适当的民事责任"进行具体分析:如果险情是由自然原因引起的,紧急避险人只是对超过必要限度部分的损害承担适当的民事责任,而受益人应对受害人在紧急避险的必要限度内的损失给予适当补偿;如果险情是由第三人引起的,紧急避险人只是对超过必要限度部分的损害承担适当的民事责任,险情的引起者应对受害人在紧急避险的必要限度内的损失承担全部赔偿责任;如果险情是由避险行为人自己引起的,他应该对避险行为造成的一切损害后果承担民事责任。

此外,最高人民法院《关于贯彻执行〈中华人民共和国民法通则〉若干问题的意见(试行)》第 156 条,对紧急避险的后果分担作出了解释:"因紧急避险造成他人损失的,如果险情是由自然原因引起,行为人采取的措施又无不当,则行为人不承担民事责任。受害人要求补偿的,可以责令受益人适当补偿。"依据该解释,如果既没有第三者的过错,也没有实施紧急避险行为人本身的过错,而遭受损害的人与受益人又不是同一个人时,受益人应当适当补偿受害人的损失。这是因为,受益人的利益能得到保全或者减少损失是靠牺牲受害人的利益实现的。

四、受害人同意

(一)受害人同意的概念

受害人的同意指受害人事先明确表示的容许他人侵害其权利,自愿承担某种损害后果或致损危险且不违背法律和公共道德的意思表示。以受害人的同意作为抗辩事由,行为人在受害人所明确表示的自愿承担的损害结果的范围内对其实施侵害,对该侵害行为不承担民事责任。行为人对受害人实施侵害,超过受害人同意的范围和限度,应对超出范围和限度的损害承担赔偿责任。

(二)构成受害人同意的要件

受害人同意构成一种抗辩事由,应当同时具备以下要件:

1.必须有处分该权利的能力与权限

允许他人侵害其权利的前提是,该权利人对于该项权利有处分的能力与权限,没有处分该权利的能力或权限的人作出的承诺,不构成抗辩事由。

2.必须遵守一般的意思表示规则

受害人承诺的意思表示应当遵守一般的意思表示规则,必须具备一般意思表示的生效要件。受害人的意思表示必须是真实的,凡因欺诈、胁迫、重大误解等原因作出的"同意"接受某种损害后果的意思表示,都是不真实的,不能认定为受害人的同意。

3.必须事先有明确承诺

受害人的同意应当是在侵害行为之前表示出来的意思,而不是事后表示的意思。受害人同意侵害自己的权利应当采用明示的方式,如发表单方面的声明、订立免责条款等。权利人没有明示准许侵害自己的权利的,一般不能采取推定的方式。但在某些条件下,符合法律要求或民事习惯的受害人默示的意思表示也可得到承认。例如,当事人参加某些特别活动本身可以推定为其"同意"。在实践中,人们参加对抗性激烈的体育竞技,如拳击,就意味着受到某种伤害的可能。如果一方将另一方击伤或者碰撞致伤,一般不能认为该伤害是侵权责任法意义上的伤害,而应当认定受害人在参加此等竞技前就作出了"同意"受到伤害的默示承诺。除非证明加害人存在恶意伤害的主观过错,例如故意严重违反比赛规则、不顾裁判人员阻止等,否则不承担责任。

4.必须不违法,不违背社会道德及善良风俗

受害人同意的内容不得违反法律、社会道德及善良风俗,否则不发生免除或减轻加害人民事责任的效果。受害人同意免责的情形主要是在一些不违背法律与公

序良俗的范围内。在一般情况下,承诺侵害自己的财产权利,应当为有效。承诺侵害自己的人身权利,则应区分具体情况:如承诺他人将自己身体致以轻微伤害,属于正当的意思表示;如承诺他人将自己杀害或者致以重伤,则不属于抗辩事由。无论受害人是以何种方式同意,都不得违反法律法规之规定,不得损害社会公共利益,不得违反社会公德。因此,某些片面保护行为人利益的免责条款尽管包含有"受害人同意"的内容,也被确认无效。

五、自助行为

(一)自助行为的概念

自助行为是指权利人为了保护自己的权益,于情势紧急无法及时请求国家机关保护自己的合法权益时,对义务人的财产或人身实施的一种符合必要限度要求的,且为法律或者社会公德所认可的强制性措施。

自助行为属于私力救济,是一种事实行为。由于自助行为造成的损害,行为人不承担侵权责任。但是,如果自助行为超过必要限度或自助行为人趁机损坏义务人的财产、加害其人身,造成不应有的损失的,行为人应当承担相应的民事责任。

(二)构成自助行为的要件

构成自助行为必须具备以下要件:

1. 必须以保护自己合法权利为目的

行为人实施自助行为,其目的是保护自己的合法权益。这与正当防卫和紧急避险的目的和条件不尽相同,后二者可以是为了保护他人合法利益或公共利益。对于非法利益,不得采取自助方式进行保护。

2. 必须是在情势紧迫来不及请求国家机关处理的情况下

自助行为必须在情势紧急而无法求助公力救济的时候实施。如果存在请求国家机关处理的可能,应当请求国家机关来保护自己的合法权益。

3. 自助方法是为了保护其权益所必需

采取自助的方法必须是行为人保护其权益所必需的,即不采取自助行为,其权益保护将难以实现。

4. 必须为法律或者公共道德所认可

自助行为必须是针对义务人的财产或人身实施,不得对第三人实施。例如,对于义务人亲属的人身或财产,不得实施自助行为。

5. 不得超过必要限度

实施自助行为不得超过必要限度。如果是对义务人的财产实施扣押,以足以保护权利人的权益为限;如果是对其人身实施强制,以足以控制义务人使其无法脱逃为限。

一般来说,民事纠纷宜通过当事人之间的平等协商解决,协商不成应努力寻求国家机关的裁判和救济,原则上不鼓励私人之间以强权的方式加以解决。虽然自助行为可以及时地保障权利人的权益,但其只是为促进纠纷的解决创造条件,并没有解决纠纷。自助行为有严格的条件限制,而且只是临时的,行为人实施自助行为以后,必须立即向有关机关请求处理。行为人无故拖延的,应当立即释放义务人或者把扣押的财产归还义务人,造成损害的应赔偿损失。行为人的自助行为如果不被有关国家机关事后认可,则必须立即停止侵害并对受害人负赔偿责任。

第三节 特殊抗辩事由

一、受害人过错

(一)受害人过错的概念

受害人过错即受害人对于损害的发生也有过错。在侵权损害中,损害在一般情况下是由于加害人过错造成的,但是,受害人在侵权损害中也常常存在过错。例如,如果受害人故意挑逗加害人而遭受损害,则受害人对损害的发生具有过错;如果受害人受损害后不及时予以处理导致损害扩大,则受害人对损害的扩大具有过错等。

当受害人的过错是造成损害发生或者扩大的部分或全部原因时,受害人过错可以作为特殊抗辩事由。加害人以受害人有过错作为抗辩事由,对于加害人一方而言,其对损害的民事责任得到减免;对于受害人一方而言,其对损害所主张的赔偿请求将被否定或削减。将受害人过错作为一种抗辩事由,实质上是从"外来原因"的角度来考虑对损害后果的分担。从某种意义来说,它是因果关系理论在抗辩中的延伸和具体运用。受害人的过错行为是损害后果发生或扩大的全部或部分原因,受害人应承担全部或部分损害后果,而加害人也因此减轻或免除民事责任。

(二)受害人过错的法律后果

实践中,基于不同的现实情况,以受害人过错作为抗辩事由的法律后果是不一样的。受害人过错通常表现为三种情形:

1.受害人的过错是损害后果发生的全部原因

如果损害完全是由受害人的过错所致,即受害人的过错是损害发生的唯一原因,加害人对损害的发生没有任何过错,受害人过错则可以构成免责抗辩事由,加害人不承担民事责任。在这里,不管受害人的过错是故意、重大过失还是一般过失,只要受害人的过错是损害发生的全部原因,就应使加害人免责。需要注意的是,加害人引诱、诱惑受害人故意从事某种行为对自己造成损害,应当认为损害是由加害人过错造成的,而不是由受害人过错造成的。在此情况下,加害人只是利用了受害人的行为实施了侵权行为。

2.受害人的过错与第三人的过错共同构成损害后果发生的原因

在这种情况下,虽然受害人的过错不是损害后果发生的全部原因,但对于损害,受害人有过错而加害人无过错,因此加害人可以以受害人过错作为抗辩事由而不承担民事责任。

3.受害人的过错与加害人的过错共同构成损害后果发生的原因

受害人的过错与加害人的过错共同构成损害后果发生的原因,即对于损害后果的发生受害人与加害人都具有过错。我国《民法通则》第131条规定:"受害人对于损害的发生也有过错的,可以减轻侵害人的民事责任。"按照该规定,对于损害的发生,如果受害人也有过错,可以减轻加害人的民事责任,即应由受害人与加害人分担损失。在大陆法系民法理论中,加害人与受害人均有过错的情形称为与有过失,而处理与有过失所致损害的规则是过失相抵。

具体适用过失相抵时主要考虑双方当事人的行为对损害结果发生的原因力与过错程度。在一般侵权中,针对与有过失的情形可以按以下规则处理:

(1)如果损害主要是由加害人的行为造成的,应较少减轻或不减轻加害人的责任。如加害人因故意或重大过失尤其是恶意致人损害,不可以免除或减轻加害人的赔偿责任。

(2)如果损害主要是由受害人的行为造成的,应大部分减轻或免除加害人的责任。按照最高人民法院《关于审理人身损害赔偿案件适用法律若干问题的解释》第2条规定,受害人对同一损害的发生或者扩大有故意、过失的,依照《民法通则》第131条的规定可以减轻或者免除赔偿义务人的赔偿责任。适用《民法通则》第106条第3款规定确定赔偿义务人的赔偿责任时,受害人有重大过失的,可以减轻赔偿义务人的赔偿责任。一般情况下,如果受害人有故意、重大过失而加害人也有一般过错,可以减轻加害人的责任。受害人具有故意或重大过失而加害人只具有轻微过失,可以免除加害人的责任。但是,无民事行为能力人的故意不视为法律上的故意过错。如果无民事行为能力人造成自己损害时也介入了加害人的轻微过失,加害人也应当承担适当的民事责任。①

值得注意的是,在适用无过错责任原则的情况下,法律对受害人的故意、过错或重大过错在确定加害人的民事责任中的作用作了专门规定的,从其规定。例如,《民法通则》第123条规定,受害人故意引起的损害,加害人不承担责任。《侵权责

---

① 王利明、杨立新:《侵权行为法》,法律出版社1997年版,第88页。

任法》第 27 条规定："损害是因受害人故意造成的,行为人不承担责任。"

二、第三人过错

(一)第三人过错的概念

第三人过错作为抗辩事由是指受害人和加害人之外的第三人对受害人损害的发生或扩大具有过错。在侵权案件中,由于受害人和加害人之外的第三人的过错使损害发生或扩大时,加害人可以依此主张减轻或者免除侵权责任,而有过错的第三人应对损害后果承担部分或全部赔偿责任。

以第三人过错作为抗辩事由必须符合以下条件:

1.过错主体是第三人

有过错的不是加害人或者受害人,而是受害人和加害人之外的第三人。也就是说,第三人是过错主体。

2.第三人与当事人没有过错联系

这意味着第三人过错仅是指第三人自己的过错。如果第三人与加害人都有过错,则第三人和加害人之间只要不存在共同的故意或过失,就不能构成共同侵权行为。如果第三人和加害人之间基于共同的意思联络而致受害人损害,他们将作为共同侵权行为人而对受害人负连带的民事责任。根据连带责任的原理,此时,加害人不得主张第三人的过错而减责或免责,而是有义务对全部损害后果承担赔偿责任。在有些情况下,即使第三人和加害人的行为可能构成无意思联络的共同行为,这也不属于共同侵权,行为人应该各自分别按照按份责任对受害人负责。[①] 因此,在以第三人过错为抗辩的情形下,第三人的行为应当是介入性的,第三人的过错应当是孤立的。

3.第三人的行为具有违法性

第三人不仅在主观上具有过错,而且实施了某种损害他人合法民事权益的行为,即其行为有违法性。

4.第三人的行为构成损害发生或扩大的原因

只有在第三人的行为构成损害发生或者扩大的原因时,加害人才得以"第三人过错"为抗辩主张减轻或者免除侵权责任。虽然第三人有过错并实施了具有违法性的行为,但如果该行为与损害的发生或扩大不存在因果关系,加害人也不能以第三人过错主张减轻或免除责任。

---

① 　杨立新:《侵权法论》,人民法院出版社 2005 年版,第 266 页。

5.必须对第三人过错进行举证

加害人以第三人过错作为抗辩事由主张减轻或者免除侵权责任时,应该对第三人的过错进行举证和证明。如果加害人不能举证或者证明不足,则由加害人承担责任。

(二)第三人过错的法律后果

第三人过错的法律后果是减轻或者免除加害人的赔偿责任,有过错的第三人应对损害后果承担部分或全部赔偿责任。以第三人过错为抗辩时,判断免除还是减轻以及在何种程度上减轻加害人的责任的依据,是第三人过错对损害发生所产生的原因力。因此,基于第三人与加害人的过错比例与过错程度的不同,我们提出以下规则:

1.损害的发生是由第三人的过错行为引起的,则应由第三人单独承担责任,加害人应免除责任。《民法通则》第 127 条明确规定:"由于第三人的过错造成损害,第三人应当承担民事责任。"《侵权责任法》第 28 条规定:"损害是因第三人造成的,第三人应当承担侵权责任。"这就是说,如果第三人的过错是损害发生或者扩大的唯一原因,由于损害完全由第三人的过错所致,加害人对此没有过错,其行为与损害之间的因果关系完全中断,因此,应该使其免责,而由第三人承担责任。

需要注意的是,《侵权责任法》第 83 条规定:"因第三人的过错致使动物造成他人损害的,被侵权人可以向动物饲养人或者管理人请求赔偿,也可以向第三人请求赔偿。动物饲养人或者管理人赔偿后,有权向第三人追偿。"第三人过错致使动物造成他人损害,被侵权人也可以向动物饲养人或者管理人请求赔偿。而我国《民法通则》第 127 条规定,如果动物致人损害是"由于第三人的过错造成损害的,第三人应当承担民事责任"。

2.第三人和加害人对于损害的产生或扩大都有过错时,第三人过错主要是减轻加害人责任的事由。在这种情形下,一般根据第三人过错的比例,免除或者减轻加害人的责任,具体规则如下:

(1)如果第三人的过错是损害发生或者扩大的主要原因,应当减轻或免除加害人的大部分民事责任。如第三人具有故意或者重大过失,加害人仅仅具有轻微过失的,第三人过错构成加害人的免责事由;第三人具有故意或者重大过失,加害人具有一般过失的,加害人不能被完全免除责任,但可以减轻大部分责任。

(2)如果第三人的过错是损害发生或扩大的重要原因,应当减轻加害人相应部分的民事责任,即根据第三人和加害人的过错程度作适当比例的调整,一般说来,故意或重大过失者应适当增加承担责任的比例,而过失或一般过失者应适当减轻承担责任的比例。

(3)如果第三人的过错是损害发生或扩大的次要原因,应根据具体情况较少减轻或不减轻加害人的民事责任。如加害人有故意或重大过失,第三人只存在一般过失的情形。

值得注意的是,以第三人过错作为抗辩事由,可以认为是因果关系理论和过错责任理论的延伸,因此它一般地适用于过错责任的侵权案件。在无过错责任领域,法律对第三人的故意或过失在确定加害人的民事责任中的作用作了专门规定的,从其规定。如我国《民法通则》第 127 条规定,如果动物致人损害是"由于第三人的过错造成损害的,第三人应当承担民事责任"。《海洋环境保护法》第 43 条规定:"完全是由于第三者的故意或者过失造成污染损害海洋环境的,由第三者承担赔偿责任。"《水污染防治法》第 41 条规定:"水污染损失由第三者故意或者过失所引起的,第三者应当承担责任。"

三、不可抗力

(一)不可抗力的概念

我国《民法通则》第 153 条规定:不可抗力是指"不能预见、不能避免并且不能克服的客观情况",即凡是基于外来因素而发生的,当事人以最大谨慎和最大努力仍不能防止的事件为不可抗力。[①] 不可抗力是各国立法通行的减轻或者免除当事人违约责任和侵权责任的抗辩事由。不可抗力作为人力所不可抗拒的力量,属于客观事由抗辩,是独立于人的行为之外,并且不受当事人的意志所支配的现象。不可抗力包括自然原因的不可抗力(如达到一定强度的地震、台风、洪水、海啸等)和社会原因的不可抗力(如战争、武装冲突等),自然原因的不可抗力构成不可抗力的主要部分。不可抗力在法律上具有客观性、因果性和相对性等特点。客观性指不可抗力是独立于当事人意志之外的客观情况;因果性指不可抗力是损害结果发生的原因;相对性指相对于现有的科学技术水平,不可抗力是人力无法控制且不可抗拒的。

(二)确定不可抗力的方法

不可抗力是指不能预见、不能避免并且不能克服的客观情况。根据此概念,可以依据以下方法确定不可抗力:

首先,不可抗力是不可预见的。行为人对于某些具有强大强制力的自然或社会现象能否预见是确定不可抗力的条件之一。不可预见是从人的主观认识能力上来考虑不可抗力因素,是指根据现有的技术水平,一般人对某种事件的发生无法预料。能否预见的标准是依一个普通人以一般善意之人的认识能力和关注程度为判

---

① 王利明、杨立新:《侵权行为法》,法律出版社 1997 年版,第 93 页。

断;对于负有特殊义务或责任的人应依一个具有相关专业知识的认识能力和特别关注程度为判断。在实践中,某些具有强大强制力的自然现象,如台风、洪水,虽然不可抗拒,但现代气象预报在大多数情况下可以预报。如果气象部门已经发出预报,行为人未能注意预报,则不符合不可预见性的要求。

其次,不可抗力是不可避免并且不能克服的。不可抗力作为一种客观偶然性,作为一种自然的和不可避免的必然性,是一般人无法抗御的重大外来的强制或强迫。不可避免并且不能克服是指当事人已经尽到最大努力并采取一切可以采取的措施,仍然不能避免某种事情的发生并克服事件造成的损害后果。不可避免和不能克服,表明事件的发生和事件造成损害具有必然性。这一条件要求作为不可抗力的自然或社会现象具有巨大的强制力,足以产生一般人无法抵抗的破坏后果。即使当事人尽到一个一般善意之人乃至专业人员应尽的各种努力,也不能免于损害。

最后,不可抗力是客观的,即属于客观情况。属于客观情况是指外在于人的行为的自然性。不可抗力作为独立于人的行为之外的事件,不包括单个人的行为。作为不可抗力的自然或社会原因,总是客观的,而不是任何单个人的行为造成的,它排除了原告、被告、第三人的过错因素。如第三人的行为对被告来说是不可预见并不能避免,但他并不具有外在于人的行为的客观性的特点,第三人的行为不能作为不可抗力对待。①

总之,判断是否存在不可抗力的标准包括事件的性质及外部特征,当事人的注意程度、预见能力、抗御能力等。该标准既强调不可抗力是一种客观的外部因素,也强调当事人应该以最大的注意预见不可抗力、以最大的努力避免和克服不可抗力。如果已尽了最大注意仍然不能预见、避免或防止某一客观原因导致损害后果的发生,即认定为不可抗力。

(三)不可抗力的法律后果

《侵权责任法》第 29 条规定:"因不可抗力造成他人损害的,不承担责任。法律另有规定的,依照其规定。"不可抗力作为抗辩事由的法律后果是指被告一方以不可抗力作为抗辩事由,达到免除或减轻其民事责任的后果。将不可抗力作为免责事由,要求不可抗力是损害后果发生的原因。由于不可抗力造成的损害是人力不能控制的客观原因造成的,因此,对于该损害,当事人一般不承担民事责任。

以不可抗力作为抗辩事由时,由于不可抗力对损害发生或扩大的原因力不同,其所达到的抗辩效果也不相同,具体说明如下:

1. 不可抗力是损害发生或扩大的唯一原因时,损害完全是由不可抗力引起,被告没有过错,其行为与损害结果之间毫无因果关系,因此当事人应该被免除责任。

---

① 杨立新:《侵权法论》,人民法院出版社 2005 年版,第 269 页。

《民法通则》第 107 条规定的情况,"因不可抗力不能履行合同或者造成他人损害的,不承担民事责任"。《侵权责任法》第 72 条规定:"占有或者使用易燃、易爆、剧毒、放射性等高度危险物造成他人损害的,占有人或者使用人应当承担侵权责任,但能够证明损害是因受害人故意或者不可抗力造成的,不承担责任。被侵权人对损害的发生有重大过失的,可以减轻占有人或者使用人的责任。"第 73 条规定:"从事高空、高压、地下挖掘活动或者使用高速轨道运输工具造成他人损害的,经营者应当承担侵权责任,但能够证明损害是因受害人故意或者不可抗力造成的,不承担责任。被侵权人对损害的发生有过失的,可以减轻经营者的责任。"

2. 不可抗力是损害发生的部分原因时,当事人对不可抗力所致损害的发生或扩大有过错的,不能依不可抗力而免除责任,一般只能根据其原因力的大小,适当减轻当事人的侵权责任。在实践中,不可抗力是损害发生和扩大的部分原因,而损害之发生或扩大还可能与被告、第三人或受害人的过错有关。在此情形下,应本着"部分原因应当引起部分责任"的精神,主张不可抗力的抗辩只能部分减轻行为人的侵权责任,而剩余的部分责任则应由有过错的相关当事人按其行为的过错程度及原因力大小分担。

以上以不可抗力作为抗辩事由的法律后果普遍见于以过错责任为归责原则的侵权案件中。在以无过错责任为归责原则的侵权案件中,由于对当事人的责任要求更为严格,以不可抗力作为抗辩事由的效果也常常不同于上述情形。《民法通则》第 107 条所称"法律另有规定的除外",即在此体现。法律有时特别规定不可抗力不作为免责事由的情形。例如,《邮政法》第 34 条规定:汇款和保价邮件的损失即使是不可抗力造成,邮政企业也不得免除赔偿责任。法律有时特别规定不可抗力虽然可以作为免责事由,但要附加其他条件。例如,《环境保护法》第 41 条第 3 款规定:"完全由于不可抗拒的自然灾害,并经及时采取合理措施,仍然不能避免造成环境损害的,免予承担责任。"其中就对不可抗力作了附加"经及时采取合理措施,仍然不能避免造成环境损害"条件的规定。《海洋环境保护法》第 92 条、《大气污染防治法》第 63 条也都作了类似的规定。因此,在考虑以不可抗力作为免责的抗辩事由时,要注意这些法律有特别规定的情况,避免错误适用法律。

四、意外事件

(一)意外事件的概念

意外事件是指非因当事人的故意或者过失,是当事人不能预见的,由于当事人意志以外的原因,偶然发生的事故。关于意外事件能否作为一种独立的抗辩事由以减轻或免除当事人的民事侵权责任,各国立法和学说均有分歧。主要有两种不同的观点:一种观点是肯定说,认为意外事件和不可抗力一样都应成为抗辩事由;

另一种观点是否定说,认为只有不可抗力才是抗辩事由,意外事件并不是法定的抗辩事由。我国民法没有规定意外事件为抗辩事由,但在司法实践中,通常把意外事件作为抗辩事由对待,认为意外事件造成的损失表明当事人没有过错,因而应该使其免责。

(二)意外事件的构成

意外事件作为免责事由应该具备三个条件:

1. 不可预见性。意外事件应该是不可预见的。确定意外事件的不可预见性的标准一般是主观的,即以当事人的主观意识为标准,判断当事人在当时的环境下是否能够通过合理的注意而预见。

2. 归于行为人自身以外的原因。也就是说,损害是由外在原因而不是当事人的行为所致,即行为人已经尽到了他在当时应当尽到和能够尽到的注意,采取了合理的措施仍然不能防止或避免事故的发生。

3. 仅指偶发事件。意外事件是偶然发生的事件,并不包括第三人的行为。

(三)不可抗力与意外事件的区别

不可抗力和意外事件的区别主要在于:主观上,意外事件的不可预见性是指特定的当事人尽到合理的注意而不可预见;不可抗力则是即使尽到高度的注意和谨慎也不可预见,具有更强的难以预见性。客观上,意外事件虽然具有不可预见性,但它是能够避免和克服的;不可抗力则即使预见到也是不能避免和克服的。此外,意外事件只适用于过错责任,即只有在过错责任中意外事件才能成为免责事由,对于法律明确规定了具体的免责要件而不包括意外事件的责任来说,不能成为免责事由;而不可抗力在除法律另有规定外,应作为免责事由。①

👉 司法考试真题链接

丁某在自家后院种植了葡萄,并垒起围墙。谭某(12岁)和马某(10岁)爬上围墙攀摘葡萄,在争抢中谭某将马某挤下围墙,围墙上松动的石头将马某砸伤。下列哪些选项是正确的?(2007年司法考试真题)

 A. 丁某应当承担赔偿责任

 B. 谭某的监护人应当承担民事责任

 C. 马某自己有过失,应当减轻赔偿人的赔偿责任

 D. 本案应适用特殊侵权规则

---

 ① 杨立新:《侵权法论》,人民法院出版社 2005 年版,第 270～271 页。

第十七章　侵权责任形态

【引　例】

　　浙江省长兴县某镇的李某驾驶一辆两轮摩托车上班,途中撞在一根竖在路中间的电线杆上,经抢救无效身亡。该电线杆为该县电信局所有,多年之前便安装于此,但安装此根电线杆时,电线杆不在路中央。2003年11月,该镇在拓宽这条马路时,因为有争议,因此改路不改线,致使本来在路边的电线杆变成了竖在路中央。李某近亲属起诉,要求该电线杆的所有人、管理人承担赔偿责任。

第一节　侵权责任形态概述

一、侵权责任形态的概念

　　侵权责任形态是指侵权法律关系的当事人所承担侵权责任的不同表现形式,即根据不同的侵权行为类型,侵权责任由侵权法律关系中的不同当事人根据侵权责任承担的基本规则承担责任的基本形式。它与英美侵权法上"责任分担"规则的实质相似,即在于"讨论在两位或者多位当事人之间分配责任的问题"。[①]

　　侵权责任形态的概念具有以下法律特征:

　　第一,侵权责任形态应是为法律所承认的、符合法律规定的侵权责任基本形式。侵权责任形态不是由当事人任意约定的,当事人无权自己创设侵权责任形态,侵权责任形态只能由法律明文加以确认。而且,它也只是行为人承担侵权责任的基本形式,而不是某种具体的责任形式。也就是说,它仅仅规定在发生侵权行为后,侵权责任后果是由直接行为人自己承担,还是由其他人承担,是几个行为人共同承担连带承担,还是按各自过错程度承担相应的责任等等,而对于当事人具体承

---

　　① 　美国法律研究院:《侵权法重述·纲要》,许传玺等译,法律出版社2007年版,第323～324页。

担什么样的责任,如是赔礼道歉还是赔偿损失,承担责任的程度是多少,是50％的责任还是30％的责任,这些并不是侵权责任形态所涉及的问题,而是侵权责任方式或侵权责任具体内容所需要解决的问题。

第二,侵权责任形态研究的是侵权责任后果由何人承担的问题。侵权责任形式关注的对象是侵权行为的后果,而不是侵权行为的表现。具言之,当侵权行为发生并符合侵权责任构成要件时,相关当事人所应当承担的行为后果正是侵权责任形态所关注的。相较之,侵权行为类型则与此不同,侵权行为类型侧重的是侵权行为本身,如是过错的侵权行为还是无过错的侵权行为。对侵权行为类型的考察尚未进入侵权行为的后果这一程度,它并不考虑侵权行为的法律后果由谁承担的问题。侵权责任形态与侵权责任构成也不同,侵权责任的构成要件研究的是侵权行为人承担侵权民事责任所应当具备的条件,只有行为符合侵权责任构成要件后才有可能进一步讨论责任由何者承担的问题。

第三,侵权责任形态是当事人所承担的侵权行为后果的不同形式。要注意区别侵权责任形态与侵权责任方式。虽然侵权责任方式研究的也是侵权行为的法律后果,但是它所研究的对象是侵权行为后果的具体表现形式,即损害赔偿、赔礼道歉、排除妨害、消除影响等责任本身的形式,而不是侵权责任在不同的当事人之间的承担形式,后者则是侵权责任形态的研究对象。虽然侵权责任形态与侵权责任方式不同,但两者亦有一定的联系,侵权责任形态可以看作是侵权责任方式在不同的当事人之间的分配。

二、侵权责任形态的基本形式及其关系

(一)侵权责任形态的基本形式

1.自己责任和替代责任

根据侵权责任是否由行为实施者自身来承担,可以将侵权责任形态分为自己责任和替代责任。行为人对自己实施的行为造成的后果承担侵权责任的,此种侵权责任形态为直接责任。责任人对他人实施的行为或者其所有或管理下的物件造成的损害承担侵权责任的,此种侵权责任形态为替代责任。一般情况下,侵权责任是自己责任,在一些特殊侵权责任中,责任人承担的是替代责任。

2.单方责任和双方责任

根据侵权责任主体是侵权法律关系中的一方当事人还是双方当事人,可以将侵权责任形态划分为单方责任和双方责任。单方责任是指仅由一方当事人承担责任的侵权责任形态,如侵害结果完全是由加害人一方所造成的,加害人一方承担全部责任的情形,或者损害后果完全是由于受害人自身过错引发的,仅由受害人自己承担责任的情形。双方责任是指加害人和受害人均须承担责任的侵权责任形态。

就损害的发生而言,侵权行为人有过错,应承担责任,同时受害人自身也存在过错,便产生过失相抵,此时,该侵权责任形态即为双方责任。

3.单独责任和共同责任

根据侵权责任承担者人数的多少,可以将侵权责任形态分为单独责任和共同责任。如果侵害人仅有一人,且由其自身承担责任,则此种侵权责任形态为单独责任。如果侵害人为复数,且须在数个侵害人之间进行责任分配,则此种侵权责任形态为共同责任。共同责任包括连带责任、按份责任、不真正连带责任和补充责任,例如,数个侵害人的行为构成共同侵权行为或共同危险行为的,应当承担连带责任;数个侵害人没有过错的联系,仅是行为恰巧结合在一起共同造成某种损害后果,此时侵害人承担的是按份责任。

(二)侵权责任形态的相互关系

以上三种侵权责任形态并非并列的关系,而是一种相互包容的关系。首先,侵权责任的自己责任和替代责任是侵权责任形态的最基本形态,它是任何侵权行为都不可或缺、必然要涉及的责任形态。无论何种侵权行为所须承担的责任无非是自己责任或者是替代责任,除此别无选择。其次,侵权责任的单方形态和双方形态也是所有的侵权行为均须面临的选择。就它与前一种责任形态划分的关系如下而言,无论是单方责任还是双方责任,都必然存在是自己责任还是替代责任的选择。在单方责任的情形下,单方当事人承担的责任,抑或是自己责任,抑或是替代责任。在双方责任的情形下,加害人一方所承担的责任可能是自己责任,也有可能是替代责任。如果加害人一方为复数,则还可能发生侵权责任的共同形态,即连带责任、按份责任或者补充责任。再次,侵权责任的单独责任和共同责任仅就侵权行为人承担侵权责任时的责任形态进行划分,而不涉及受害人的问题。当单独责任的加害人是单独一人时,他自己应当承担责任,该责任可以是自己责任或者是替代责任。共同责任则是在行为人为多数人的情形下发生的责任形态,同理,该责任可以是自己责任的共同责任形态,也可以是替代责任的共同责任形态。在双方责任的情形下,如果加害人一方为单数,则该责任亦为单独责任;如果加害人一方为复数,则还可能发生侵权责任的共同形态,即连带责任、按份责任或者补充责任。在单方责任的情形下,仅在加害人一方承担责任时才存在单独责任和共同责任的区分,而如果责任承担者为受害人一方,则不存在单独责任和共同责任的划分问题。

就本章所提及的引例而言,在该案中,构筑物的管理人和所有人对他人的人身、财产安全没有尽到注意义务。原来在路边的电线杆因马路扩建且采用改路不改线的方法,使得该电线杆立于马路中央,造成了重大的安全隐患,对此,作为电线杆的所有人和管理人的电信局、镇政府均有责任,都应承担侵权责任。物件造成损害是特殊侵权行为,其侵权责任形态为对物的替代责任,电信局与镇政府作为共同被告,具有共同的疏忽大意,应当承担共同侵权行为的连带责任。因此,该案所涉及的责任形态包括替代责任和连带责任。

三、侵权责任形态在侵权法中的地位和作用①

现代侵权行为法的理论构架由五个部分组成：第一是侵权行为和侵权行为法的概念，研究侵权行为的概念和特征，研究侵权行为法的基本问题，重点揭示侵权行为一般条款的含义、作用和意义。第二是侵权责任构成，解决的是侵权责任归责原则和侵权责任构成要件，以及侵权责任的抗辩事由、责任竞合和诉讼时效，研究的都是侵权责任是否成立的问题。第三是侵权行为类型，研究侵权行为的各种表现形式，是以侵权责任归责原则为基础，将侵权行为分为不同的表现形式，揭示各种侵权行为的具体内容和法律适用。第四是本书所研究的侵权责任形态，研究侵权责任构成之后，侵权责任在各个不同的当事人之间的分配，说明各种不同的侵权责任形态的具体内容。第五是侵权责任方式，研究侵权责任的具体形式，研究侵权责任方式的具体承担方法。

在侵权行为法的这一体系中，最为核心的问题即为侵权责任构成，它包括了侵权责任归责原则和构成要件。但是，侵权责任究竟由谁承担，怎样承担，也是一个相当重要的问题，而这些正是侵权责任形态所涉及的内容。因此侵权责任形态是侵权法体系中的关键一环，是确定了侵权责任构成之后确定责任如何承担的关键所在。如果用一个形象的词来表现，那么侵权责任形态在侵权行为法理论中的地位就是"承上启下"。承上，是指它连接的是责任构成和侵权行为。侵权责任构成，表现为具体的侵权行为类型，那么接下来就要解决侵权责任究竟应当由谁承担的问题。启下，则是指它连接着侵权责任方式，确定了究竟由谁承担责任之后，要解决的就是用什么样的侵权责任方式来表现对受害人的救济和对侵权行为人的制裁。因此，一个具体的侵权行为实施之后，虽然确定了侵权责任，但是没有确定侵权责任形态的话，即使侵权责任已经构成，由于没有具体落实到应当承担责任的当事人身上，因此导致具体的侵权责任方式和内容无法实现，侵权行为法的救济、补偿功能也就无法实现。这就是侵权责任形态的重要地位。

从以上阐述可以看出，侵权责任形态有如下几种作用和意义：

第一，它连接着侵权责任构成和侵权责任方式。侵权责任构成和侵权责任方式都是侵权行为法的基本概念，侵权责任形态是将这两个基本概念连接起来的基本概念，侵权责任构成、侵权责任形态和侵权责任方式，是侵权责任法的最基本的责任概念。

---

① 以下论述参考杨立新、袁雪石、陶丽琴：《侵权行为法》，中国法制出版社 2008 年版，第405~406 页。

第二,由它落实侵权责任的归属。在侵权责任法中,侵权责任构成解决的是某民事主体的行为是不是构成侵权责任,若构成侵权责任,接下来要解决的问题则是将这个责任落到实处,落实到具体的人。侵权责任形态就是起着这样的作用,它将侵权责任落实到具体的责任人身上,由具体的行为人或者责任人承担侵权责任。

第三,它可以实现补偿和制裁的功能。侵权责任的基本功能就是补偿受害人和制裁侵权行为。如果没有侵权责任形态,那么侵权责任就无法落实,侵权责任的补偿功能和制裁功能也就无法实现。

第二节 直接责任与替代责任

直接责任和替代责任是侵权责任形态中最基本的形态。

一、直接责任

(一)直接责任的概念及其法律特征

直接责任是指行为人为自己实施的行为所造成的损害后果负责的侵权责任形态,它是一般侵权行为的法律后果。承担直接责任的基础行为是一般侵权行为。通常认为,一般侵权行为是相对于特殊侵权行为而言的,一般侵权行为是最基本的侵权行为形态。

直接责任具有以下几个法律特征:第一,违法行为人自己实施了一定的行为;第二,违法行为人自己实施的行为造成了损害后果;第三,对自己所实施的行为引致的损害后果,由自己承担侵权责任。以上三个特征,都与一个重要的概念不可分离,即"自己",因此,可以说直接责任就是"自己的责任",是为自己的行为负责的侵权责任形态。在一般侵权行为中,行为人和责任人是同一人,行为人对自己所做的行为承担后果责任,换言之,自己造成的损害后果,自己承担损害赔偿等侵权责任,没有实施违法行为的人则不承担赔偿责任。即使是在共同侵权行为中,若该共同侵权行为是一般侵权行为,则它的责任形态不会因为侵权行为人是多数而发生变化,这种自己责任形态则表现为所有的共同侵害人均对自己的侵权行为后果承担连带责任。

(二)直接责任的归责原则

直接责任的行为基础是一般侵权行为,它适用过错责任原则。在一般侵权行为中,行为人必须具备过错这一要件,无过错即无责任。直接责任具备如下几个特征:其一,直接责任不仅以过错作为行为的构成要件,而且以过错作为责任的最终构成要件;其二,直接责任实行普通的举证责任,也就是"谁主张,谁举证"原则,受害人欲获得损害赔偿,就必须对加害人的过错问题进行举证,受害人举不出证据的,不能获得赔偿;其三,直接责任体现了民事责任的教育和预防功能,与运用于特殊侵权行为中的替代责任相比,替代责任更倾向于强调对受害人所受损害的赔偿。

二、替代责任

(一)替代责任的概念及其法律特征

替代责任,是指责任人为他人的行为和人之行为以外的自己管领下的物件所致损害负责的侵权责任形态。不同国度不同学者对替代责任有不同的称谓。在大陆法系,一般称之为替代责任或者间接责任;在英美法系,一般称之为转承责任、替代责任、间接责任;在东欧的民事立法中,则称之为延伸责任。

一般而言,替代责任是特殊侵权行为的法律后果。承担替代责任的基础行为是特殊侵权行为,可以说,特殊侵权行为的侵权责任形态基本上就是替代责任。因此,可以对替代责任的适用范围作如下几点概括:[①]

第一,在传统民法中所有的特殊侵权责任都是替代责任。从《法国民法典》开始,确定特殊侵权行为的责任性质,都是替代责任(《法国民法典》将特殊侵权行为称为准侵权行为,其后才称之为特殊侵权行为),并以此作为特殊侵权行为与一般侵权行为的基本区别。在我国台湾地区,将替代责任称为间接责任,以与一般侵权行为的自己责任相对应。[②]

第二,对他人的行为负责是典型的替代责任。在特殊侵权责任中,对他人的行为负责的特殊侵权责任形态,是典型的替代责任。此类行为责任承担的特殊性就在于,侵权责任承担人与侵权行为实施人相分离,责任人没有实施侵权行为,实施侵权行为的是行为人,造成损害的也是行为人,如果按照一般侵权行为的规则,本应由行为人承担责任。然而,由于责任人与行为人之间具有某种特定的关系,同时也由于责任人在主观上存在过失,因此由责任人承担赔偿责任,而不由行为人来承担责任。

第三,对责任人管领下的物件的损害承担赔偿责任也是替代责任。对责任人管领下的物件致害,责任人应当承担责任。对此观点,学者有所争议。有的学者只承认为他人负责的侵权责任是替代责任,而不承认为自己管领下的物件致害负责

---

① 以下概括参见杨立新:《侵权责任法》,法律出版社 2010 年版,第 209~210 页。

② 刘清波:《民法概论》,开明书店 1979 年版,第 234 页。

的侵权责任是替代责任。[①] 这种观点其实有失偏颇。特殊侵权责任所描述的物件致害,不是指责任人使用物件或者以自己的意志支配物件导致他人损害,而是指物件本身对受害人的权利造成侵害,责任人只是对物件的管理等存在一定的过失,才承担赔偿责任。也就是说,如果在人的意志支配下的物件致害,则是一般侵权行为,不是特殊侵权行为;如果没有人的意志支配,完全是由于物件自身致害的,则是特殊侵权行为,此时,责任人为其管领下的物件致害所承担的责任是替代责任。这可以在法国法上得以印证。在法国法,为自己管领下的物件致害负责是典型的替代责任,因为这种侵权责任形态在物件致害的行为上,实际上并不是行为人的行为,只是由于该致害的物件归属于责任人所管领,因而由其承担责任。因此,它的责任形态还是替代责任。

替代责任主要有以下三个法律特征:

1. 责任承担者与侵害行为人或致害物相分离。这种责任人与致害人、致害物相分离的情形,是产生赔偿责任转由责任人替代承担的客观基础,责任人替代行为人或物承担责任。[②] 在适用替代责任的侵权行为中,导致他人人身或财产权益损害的直接原因是责任人以外的其他侵害行为人或者是人之行为以外的物,责任人与致害人不是同一人,责任人与致害物也不存在直接的关联,责任人自身也不存在侵害他人的直接意图。这体现了它与直接责任的明显不同,在直接责任中,行为人对自己行为的后果负责,责任人与行为人是合一的,而在替代责任中,责任人与行为人是分离的。

2. 责任人承担替代责任是以责任人与侵害人或致害物之间的特定关系的存在为前提。这种特定的关系,在责任人与侵害人之间一般表现为雇佣、监护、代理、隶属等身份关系;在责任人与致害物之间则通常表现为所有、占有、管理等物权关系。虽然这些关系并不表现为直接的因果关系,却有着特定的间接联系。如某公司因未注意对受聘驾驶员的考核,让一名技术不够娴熟的司机驾驶大货车,在执行公司任务途中,该司机撞伤一行人,行人所受损失应由该公司承担责任,公司所承担的责任是替代责任,公司与该司机之间存在特定的关系即雇佣关系。如果没有这种特定的间接联系,或者超越了这种特定的间接联系,则丧失了要求责任人承担替代责任的前提。

3. 替代责任的效果是责任人为义务人承担侵权责任。在直接责任中,受害人向加害人要求承担侵权责任,加害人为义务人责任者。而在替代责任中,无论致害

[①]　参见中国社会科学院法学研究所编撰的《中国侵权行为法专家建议稿》,梁慧星主编,法律出版社 2003 年版,第 316～318 页。其中所规定的"为他人侵权之责任"的侵权行为,就是只包括为他人的行为负责的替代责任,包括监护人责任、法人及其他社会组织的责任、替代责任、国家赔偿责任。如果仅指其中的"替代责任",则仅为使用人对被使用人在执行职务活动中给他人造成损害承担民事责任的侵权责任,范围更小。

[②]　参见杨立新:《侵权法论》,人民法院出版社 2004 年版,第 498 页。

的是人还是物,受害人应向未直接实施侵害行为但与致害人或致害物有特定间接关联的责任人要求承担侵权责任,受害人无权要求直接加害人承担侵权责任。

(二)替代责任的理论基础

1.民事赔偿责任的可替代性。民事责任有别于刑事责任,后者是一种具有人身性质的责任,其基本原则是罪责自负,没有罪过的人不因此承担任何刑事责任。而前者主要是一种财产责任,在早期的罗马法中,船东、旅馆业主和马厩的经营人的责任(receptum nautarum cauponum stabulariarum)和堆置或悬挂物件的责任(de positis et suspensis),就是典型的替代责任,它可以作为现代特殊侵权责任的替代责任的起源。正是由于民事责任的财产性质才使责任人能够对船东、客栈主或马厩的经营人所雇佣的人对顾客实施了非法侵害行为(如诈欺或盗窃)或堆置或悬挂物件造成的公共危害承担责任,如果民事责任不是财产性质的责任,则替代责任无从适用。

2.公平正义的价值理论。公平和正义是民法的基本精神,它为替代责任在特殊侵权责任中的运用奠定了重要基础。当行为人的行为造成他人损害而行为人无力赔偿,或者物件造成他人损害时,如果不能要求责任人承担替代责任,那么受害人将无法获得赔偿,其权利无法得到救济。对于受害人而言是相当不公平的,因此基于公平和正义的考虑,应允许受害人请求对造成损害存在间接过失的责任人承担赔偿责任。此外,传统民法将人假想为自利者,自利是指人在自己行为的经济效果只能或利于他人或利于自己的情况下为了自我保存而作有利于自己的选择的倾向。① 而现代民法中,自利观点已向有限的自利观点转变。所谓的"有限的自利"指人类在其活动中不完全考虑自利,出于多种原因也考虑他人利益的现象。加里·贝克尔(Gary S. Becker,1930—)等学者的研究表明:个体决策在更多的情况下受社会规范、道德规范等影响,作为所谓的"制度人",他们并不完全追求自我利益,而是也追求非自我利益的东西,如"公平""社会认可"。② 在有限自利理论的影响下,责任人基于他人利益的考虑,承担一定的赔偿责任,亦是合乎现代民法精神的。

3.获利报偿理论。该理论主张谁享受利益谁就应承担风险,收益与风险相一致,那些从危险源处获得利益的人便负有防止危险发生的义务。法国学者在此理论的基础上通过解释《法国民法典》第1384条"对管理下的物体所致损害的责任",提出了一种公平学说。此说认为,一个从他支配下的某物或某项活动中获得利益的人,应当对该物或该活动过程中(无论是亲自或雇用他人进行的)所导致的损害

---

① 徐国栋:《民法总论》,高等教育出版社2007年版,第142页。
② 参见周林彬、黄健梅:《行为法经济学与法经济学——聚集经济理性》,载《学术研究》2004年第12期。转引自徐国栋:《民法总论》,高等教育出版社2007年版,第142页。

承担责任,事故是在追逐利益的过程中产生的,所以获取利益者就应当对产生的风险负责,这符合社会的公平观念。[①] 根据这一学说,如果行为人的行为或责任人管领下的物为人带来利益的话,不管这种收益是有形的还是无形的,是即期的还是潜在的,按照收益与风险相一致的原则,要求从危险中获取利益者承担由此引发的损害赔偿责任也是合理的。

4.危险控制理论。危险控制理论,即"谁能够控制、减少危险,谁承担责任"的原则。危险责任理论为替代责任存在的合理性提供了一定依据,一般而言,在替代责任中,责任人对致害人或致害物的活动具有他人不可比拟的控制能力,他们最可能了解致害人或致害物的实际情况、预见可能发生的危险和损害,并且最可能采取有效的措施预防损害的发生或者减轻损害造成的后果。所以,要求他们承担责任,有助于促使责任人加强监管,更好地维护社会安全。

(三)构成替代责任的条件

构成侵权责任的替代责任,应当具备以下三个条件:

1.替代责任人与致害人或致害物之间应存在特定关系

在替代责任的赔偿法律关系中,在责任人和致害人、致害物之间,必须具有某种特定的关系。此种特定关系,在责任人与致害人之间,一般表现为监护、隶属、雇佣等身份关系。例如,监护人责任是一种典型的替代责任,在该责任中,致害人实则为无民事行为人或限制民事行为人,却由监护人承担责任,其原因就在于致害人与责任人之间具有亲权关系和监护关系。在用人单位责任中,用人单位之所以对其工作人员因执行工作任务造成的他人损害承担责任,就是因为用人单位与其工作人员之间存在隶属关系。在责任人与致害物之间,则必须具有管领或者支配的关系。例如,在动物致害责任中,动物饲养人或管理人应对动物造成他人损害承担责任,除非是侵权人故意或重大过失造成的,可见,动物饲养人或管理人承担责任的链条关系就在于他对动物的所有、占有、饲养或者管理。再如,建筑物、构筑物或者其他设施及其搁置物、悬挂物发生脱落、坠落造成他人损害,管理人或者使用人应承担侵权责任,该责任课加的依据之一就在于责任人与致害物之间存在所有、管理或者使用的关系。从致害的角度来看,这些关系并不与致害结果有直接的关联,而是因为存在这些关系,而使替代责任人与损害结果之间产生间接的联系。

2.替代责任人的地位具有特定性

在特殊侵权责任中,替代责任人须处于一种特定的地位之中。这种特定地位,表现为在替代责任人与致害人或致害物的特定关系中,相较于致害人或致害物而言,替代责任人则处于一种具有支配性质的地位。这决定了替代责任人为致害人

---

① 王利明:《侵权行为法归责原则研究》,中国政法大学出版社 1996 年版,第 140 页。

和致害物的损害后果承担责任之义务的产生。考察为致害人的损害后果负责的责任人地位,主要是看:双方有无确定特定关系的事实或合同;致害人是否受有责任人的报酬或抚育;致害人的活动是否受责任人的指示、监督或监护等约束;致害人是否向责任人提供劳务或公务。如果责任人是组织,致害人是否为责任人事业或组织的组成部分,是确定责任人特定地位的一个简明的标准。当责任人处于这种特定地位时,责任人应当为致害人或致害物的损害后果负责。[①] 对于致害物而言,责任人应当处于所有人、占有人、管理人、使用人的地位。借助这样的地位,责任人对于致害物具有支配的权利,事实上可以管领致害物。

3.致害人或致害物应处于特定状态

致害人的特定状态,至少有以下两种情形:其一,当致害人属于责任人事业或组织的成员时,致害人的特定状态是执行职务。如《侵权责任法》第 34 条和第 35 条中所规定的"执行工作任务"和"因劳务",都可以作为执行职务的具体表现。也就是说,用人单位承担侵权责任的前提是工作人员的行为与"执行工作"有关。工作人员应当按照用人单位的授权或者指示进行工作。与工作无关的行为,即使发生在工作期间内,用人单位也不承担侵权责任,该责任由工作人员自己承担。例如,一职工在上班时间因私事将一朋友打伤,受害人就应当直接找该职工要求赔偿。[②] 劳务关系是指提供劳务一方为接受劳务一方提供劳务服务,由接受劳务一方按照约定支付报酬而建立的一种民事权利义务关系。接受劳务一方对提供劳务一方造成他人损害,承担赔偿责任的前提是提供劳务一方的行为是因劳务产生,如果提供劳务一方的行为纯属个人的行为,与劳务无关,那么接受劳务一方无须承担责任。比如,某人家里雇的保姆周末休息外出游玩,骑车不慎将一路人撞伤,其行为与劳务无关,保姆应当自己承担赔偿责任。其二,当致害人是被监护人时,其特定状态就是行为人在监护人的监护之下。这里的监护人身份包括三种:第一种是未成年人的亲权人;第二种是丧失亲权监督的未成年人的监护人;第三种是精神病患者的监护人。[③] 致害物的特定状态,是指致害物在责任人的管领、支配之下。如果致害物虽然是属于所有权人所有,但是它并不在所有权人的支配之下,而是交由使用人支配,那么所有权人不能成为致害行为的责任人,使用人才是致害行为的责任人,由使用人承担致害物责任。

(四)替代责任的赔偿关系

替代责任的具体赔偿关系,分为以下两种类型:

---

① 杨立新:《侵权责任法原理与案例教程》,中国人民大学出版社 2008 年版,第 270 页。
② 王胜明:《中华人民共和国侵权责任法释义》,法律出版社 2010 年版,第 170 页。
③ 杨立新:《中华人民共和国侵权责任法精解》,知识产权出版社 2010 年版,第 145 页。

1.不可追偿的替代责任

这种替代责任是指责任人在承担赔偿责任以后,不存在可以追偿因承担赔偿责任而造成的损失的对象,亦即完全由责任人自己承担责任、无法向他人追偿的替代责任。在致害物造成损害的责任中,责任人承担赔偿责任之后,并没有可以追偿的对象,只能由自己承担赔偿损失的后果。例如,监护人对处于自己监护之下的无民事行为能力人或限制民事行为能力人致害所承担的替代责任,用人单位对其无过错的工作人员致害所承担的替代责任,就属于不可追偿的替代责任。

2.可以追偿的替代责任

在具备一定条件的情况下,替代责任人在承担赔偿责任后享有追偿权。享有追偿权的责任人在承担了直接侵害人或侵害物的致害责任后,可以行使自己的追偿权,要求致害人承担因替其承担赔偿责任而遭受的损失。追偿权的产生,要求行为人在实施致害行为的时候,在主观上具有过错。行为人在实施致害行为时有过错的,责任人可以依法向加害人请求赔偿。例如,工作人员实施侵害行为时存在过错的,用人单位在承担替代责任后,可以向该具有过错的工作人员追偿。

在这种可追偿的替代责任赔偿法律关系的诉讼中,替代责任赔偿诉讼法律关系的原告、被告为受害人和责任人,过错行为人可列为无独立请求权的第三人,也可以不列为当事人。追偿责任法律关系如发生争议,可诉诸法院,原告、被告分别为责任人和过错行为人。[①]

第三节　单方责任与双方责任

单方责任分为加害人责任和受害人责任。加害人一方承担责任的,是加害人的单方责任。损害完全是由于受害人的过错造成的,该侵权责任形态则是受害人的单方责任。侵权责任的双方责任形态,就是在构成侵权责任后,确定双方当事人都应当承担民事责任时,侵权责任在双方当事人之间分担的形式。这种责任形态可以分为过失相抵和公平责任。

一、单方责任

单方责任是指仅由一方当事人承担责任的侵权责任形态。换言之,在侵权法律关系中,只有一方当事人承担侵权责任,而另一方当事人不承担侵权责任。它有两种形式,即加害人责任和受害人责任。

---

① 　杨立新:《中华人民共和国侵权责任法精解》,知识产权出版社 2010 年版,第 147 页。

（一）加害人的单方责任

加害人的单方责任是指在侵权法律关系中，仅由加害人一方承担责任的侵权责任形态。在这一侵权责任形态中，只有加害人一方对损害后果承担责任，而受害人不承担责任。它是最常见的一种侵权责任形态。该责任形态的主要特征在于受害人没有过错，受害人对损害结果的发生既无故意亦无过失。如果受害人存在过错，则可能适用比较过失规则，产生有过失结果。所以在加害人单方责任中，受害人所享有的请求权内容比较简单，若受害人为数个人，则受害人可以共同向加害人要求承担侵权责任，加害人有义务赔偿每个受害人所遭受的损失，加害人赔偿了受害人之一的损失后，并不影响他对其他受害人的义务承担。同理，受害人之一放弃其请求的，亦不影响加害人对其他受害人义务的承担，其他受害人仍有权提出赔偿请求。

在适用过错推定和无过错责任的情形下，过错推定可以看作是确定过错的一种不同形式，当适用过错推定责任原则时，若侵权行为是加害人所为的，并且受害人并不存在过错，则也应当构成加害人责任。在适用无过错责任原则时，由于不考察行为人的过错，因此，无法确认加害人过错。但是，如果侵权行为人的行为构成侵权行为，而受害人一方并没有过错的，对这种侵权行为，仅仅是由侵权人单方承担侵权责任时，应适用加害人责任。[①] 总之，在适用过错推定和无过错责任原则时，也可能存在加害人责任形态。

（二）受害人的单方责任

受害人的单方责任是指损害结果的发生是由受害人自身过错造成的，加害人没有过错，应由受害人承担责任的侵权责任形态。在这一侵权责任形态中，受害人自己对损害后果承担责任，而加害人无过错，不承担责任。如果加害人存在过错，则属于与有过失的侵权责任形态。这里所指的受害人过错，也可称为非固有意义上的过失、非真正意义上的过失或对自己的过失。对于受害人过错的性质，学界有以下几种观点：

1. 未预见说

该主张认为，受害人具有过错是因为他违反了一种合理预见的义务，即他应当预见并且能够预见到自己可能遭受损害，而没有采取措施避免损害的发生。英美法系的学者大多持此观点。如在 Jones v. Livox Quarries Ltd. 一案中，法官指出："与有过失并不取决于注意标准，而是取决于可预见性标准……某人没有像一个合

---

① 车辉、李敏、叶名怡：《侵权责任法理论与实务》，中国政法大学出版社 2009 年版，第 282 页。

理谨慎之人那样合理地预见到他可能遭受的损害便构成与有过失。"①

2.不忠实态度说

该主张认为,受害人的过错是指受害人违反诚实信用原则,对其自身采取不忠实态度。"此所谓受害人与有过失,非仅可解为被害人'与有原因'之意而包含在社会观念上应受非难之要素之一,即于此场合,被害人对于自己应采取忠实态度,而不采取即应视为与有过失。""被害人对加害人并不负有照顾其自身权益之法律上义务,仅因受害人就其自身权益之维护而有所疏忽,致造成损害之产生或扩大,基于诚信原则,被害人不得将此项疏失之结果转嫁于加害人,法律上乃据而减免加害人之赔偿责任。"②这种观点是从道德观念的角度来评判受害人的过失,它并不将受害人的过错看作是一种在法律上应受非难的过错。

3.违反社会义务说

该学说主张,受害人负有一种社会义务,即应当对自己利益尽到合理的注意义务。受害人是社会的一员,应当对包括自己在内的社会财富尽必要合理的注意义务,如果受害人自己未加注意,使自己蒙受损害,那么受害人必须忍受该损害。如果不承认这样的规则,受害人的不负责任的行为将会造成社会财富的损失和浪费。

4.未采取合理注意说

此学说主张,受害人没有采取合理的措施来保护自己的人身和财产安全,这不仅仅是涉及受害人自身的事项,它同时也使他人处于负责任的不安全状态之中。正如德国学者宁哈德(LeonHard)所言,他认为受害人负有一种使自己处于安全状态的义务,当单独看待的时候,对这种义务的违反本身并不具有违法性,受害人无须承担侵权责任,但是当这一行为置于他人侵权的情形之下,使得加害人要承担侵权责任时,这就不仅仅是受害人自己的事情了。

上述四种观点均有其合理之处,但相较而言,第四种观点即"未采取合理注意说"更为可取。在现代社会中,"每个人在社会内都有完成而执行某种事业的职务。他不能不完成这种职务,不能不执行这种事业,否则就要发生骚乱或至少要发生一种社会的损害"。社会中的任何人不仅负有不侵害他人的义务,而且负有注意自身财产和人身安全的义务,受害人违反此等注意义务而造成自身损害的,受害人存在过错。但相较于加害人的过错,受害人的过错则倾向于强调受害人本应当预见而且能够预见自己可能遭受的损害,而未预见、未采取措施防范损害的发生。它与加害人的过错有着质上的区别,加害人的过错是指加害人违反了不得侵害他人权利的义务或未尽到法律要求的为他人人身、财产安全积极作为的义务,故这种过错具有一定的违法性、可责难性,该行为具有一定的社会危险性。而受害人的过错只是对自身权益的不注意,导致加害人不承担责任,而由自己承担损害责任,从某种程

---

① 王利明:《侵权行为法归责原则研究》,中国政法大学出版社 1996 年版,第 324 页。

② 何孝元:《损害赔偿之研究》,台湾三民书局 1988 年版,第 49 页。

度上说,这种过错不具有违法性。

二、双方责任

相对于单方责任而言,双方责任是指在侵权法律关系中,双方当事人都对损害后果负有责任,该责任在双方当事人之间进行分担的侵权责任形态。这种侵权责任形态分为两种,一是过失相抵,二是公平责任。过失相抵的基础是与有过失,公平责任的基础是造成损害的双方当事人都不具有过错。

(一)过失相抵

1.过失相抵的概念及其法律特征

过失相抵是指在损害赔偿之债中,因为存在与有过失,从而减轻加害人的赔偿责任。与有过失是指对于侵权行为所造成的损害结果的发生或扩大,受害人也有过错的情形。它也可称为共同过失,世界各国侵权责任法都承认共同过错作为责任减免事由。但在欧洲中世纪的共同法(Gemeines Recht)以及英美法中,长期以来却采取了相反的规定,即所谓的过错赔偿原则(culpa compensatio-Regel)。依据该原则,只要受害人针对其遭受的侵害具有共同过错,则其将丧失所有的损害赔偿请求权。但在今天,此种原则已经遭到抛弃。依据当代损害赔偿法,在受害人具有共同过错的情况下,应当查明基于其共同过错所产生的损害后果份额,并相应扣减受害人的损害赔偿请求权。[①] 例如,《德国民法典》第 254 条规定:(1)损害发生时,受害人的过错共同起了作用的,赔偿义务和须给付的赔偿的范围取决于诸如损害在多大程度上主要由一方或另一方引起等情况。(2)即使受害人的过错限于没有提醒债务人注意债务,既不知道也非应当知道的异常大的损害的危险,或限于没有避开或减轻损害,亦同。准用第 278 条的规定。[②] 我国《侵权责任法》第 26 条也加以承认,即被侵权人对损害的发生也有过错的,可以减轻侵权人的责任。

过失相抵制度是根据衡平观念和诚实信用原则于被害人与加害人双方共同承担同一损害,或损害发生后,因被害人之过失行为使损害扩大者,法院在确定损害赔偿额时得斟酌被害人之过失,减轻赔偿义务人之赔偿金额或免除其责任;对于损害之发生或扩大,被害人有过失的,法院得减轻或免除其损害赔偿责任。[③] 可见,过失相抵的功能在于实现公平正义。在现今民事诉讼制度,关于因果关系之认定,

---

① [德]布吕格迈耶尔、朱岩:《中国侵权责任法学者建议稿及其立法理由》,北京大学出版社 2009 年版,第 171 页。

② 陈卫佐译注:《德国民法典》,法律出版社 2006 年版,第 86 页。

③ 曾隆兴:《现代损害赔偿法论》,台北 1996 年版,第 560 页。转引自王利明:《侵权行为归责原则研究》,中国政法大学出版社 2004 年修订 2 版,第 442 页。

只许认定全部有因果关系,或完全无因果关系(All or Nothing),而不许认定部分有因果关系。此种两者选一观念根深蒂固之现状下,过失相抵制度,正足以救济或调整此种僵硬观念造成之偏差,以实现公平裁判之目的。①

对于过失相抵,不可望文生义,它并不是指加害人的过错与受害人的过错相互抵消,过错本身无从抵消,只是因为加害人与受害人对损害发生均有过错,所以根据公平和诚实信用原则以减轻或免除加害人的赔偿责任。

过失相抵具有如下三个法律特征:

(1)过失相抵是与有过失的法律后果

过失相抵是损害赔偿之债的原则之一,在侵权责任抑或合同责任之中,只要成立与有过失,便会发生过失相抵的法律后果。需要注意的是,与有过失并非混合过失,前者是双方当事人的非法行为只导致一方当事人遭受损害的情形,而后者是双方互相致损,双方当事人均遭受损害的情形。

(2)过失相抵的内容是使加害人的赔偿责任得以减轻或者免除。根据受害人过错的程度和其行为原因力的大小,依过失相抵原则,可以适当减轻或免除加害人的责任。但值得注意的是,在我国,过失相抵只产生减轻责任的法律后果,我国立法并不承认过失相抵会导致责任的免除。

(3)过失相抵的运用采职权主义。在司法实务中,一旦成立与有过失,且符合过失相抵的构成要件,法院可以依职权直接减轻加害人的赔偿责任,而无须当事人提出请求。

2.过失相抵的构成

过失相抵的构成,应从两个方面进行考虑。一方面即加害人的责任,对此应根据侵权损害赔偿责任构成要件的要求来判断;另一方面即受害人的责任,其构成应具备如下四个要件:

(1)受害人对损害的发生或者扩大亦存在过错

过失相抵制度的适用,强调受害人也具有过错。也就是说,只有当受害人对于损害的发生或者损害结果的扩大存在过错时,才能够适用过失相抵制度。否则,即使损害发生或者损害结果的扩大是因受害人的行为导致,也不能适用过失相抵制度来减轻加害人的责任。受害人的过错包括故意和过失。受害人的故意有别于受害人的同意。受害人同意(consentment,Einwiiligung)也可称为"受害人承诺",它是指受害人事前明确作出自愿承担某种损害结果的意思表示。但是,受害人虽意识到危险后果,但可能因为存在侥幸心理、疏忽或轻信可以避免而承担了危险责任,损害结果的发生并非出于受害人的自愿,因而不能视为受害人同意。② 受害人同意可以采取明

---

① 曾隆兴:《详解损害赔偿法》,中国政法大学出版社 2004 年版,第 429 页。
② 王利明:《侵权行为法归责原则研究》,中国政法大学出版社 1996 年版,第 587 页。

示的方式,也可以采取默示的方式。受害人同意作为引致加害人免责的一种事由,只要这一权利处分不违反法律的强制性规定和公序良俗。受害人同意的法律后果只有一种,即加害人责任的免除,而受害人故意作为过失相抵适用的一种事由,其法律后果是加害人责任的减轻;此外,受害人同意的内容是受害人在事先表示愿意承受某种损害结果,而受害人故意并非强调的是一种事先的允诺,它是一种受害人明知自己的行为会发生损害自己的后果,而希望或放任此种结果发生的心态。

(2)受害人自身的行为是损害发生或者扩大的共同原因

我国《侵权责任法》第 26 条仅规定被侵权人对损害的发生也有过错的,可以减轻侵权人的责任,但对于被侵权人对损害扩大也存在过错的情形,未作出明确规定。学术界与司法界普遍认为,无论是损害的发生还是损害的扩大,均可以作为过失相抵的事由。

所谓的共同原因是指受害人的行为与加害人的行为共同作用,促成了一个损害结果的发生或者扩大,或者是受害人的行为作用于已经发生的损害结果上,使其继续扩大。[①] 就损害结果发生而言,若要构成过失相抵,受害人的行为应是不可或缺的共同原因之一;就损害结果扩大而言,则受害人的行为可以是共同原因,也可以是单独原因。这里的共同原因,既包括损害本身发生的原因,也包括助成损害事实发生的原因。

(3)受害人的行为应为不当行为

对于受害人的行为,不一定要具备违法性,只要受害人的行为存在不当,就可以构成过失相抵的要件。行为不当的标准低于行为违法性的标准,行为具有违法性,就必然是不当的行为。然而如果行为仅存在不当,那么它不一定就是违法性行为。对此需要强调两点:第一,如果受害人的行为具有阻却违法的性质,如执行公务、正当防卫、紧急避险以及自助行为等,受害人行为并无不当,则加害人不能以此主张过失相抵。第二,这里的不当指的是行为的不当,如果是受害人无意识的身体运动,例如,睡眠中的身体运动,因痉挛、心肌梗死、脑出血而导致的突然昏厥状态下的身体运动,则不能适用过失相抵。

不当的行为可以是积极的作为,也可以是消极的不作为。积极的作为,例如,王某拥有一套有危险性的工具,张某知道这套工具有危险性,仍趁王某疏忽保管之时,取出使用,结果导致自己受伤。消极不作为的情形包括两种:其一,存在重大损害原因而赔偿义务人不知道,受害人没有促使赔偿义务人注意。例如,甲身怀六甲并在保胎之中,甲搭乘乙的摩托车时未加说明,乙驾驶水平有限却驾车过快,导致两人摔倒,甲遭受流产之人身损害。其二,在损害发生后,受害人怠于采取措施避免或者减少损害。例如,甲不慎将乙打伤,乙将其伤处四处展示控说甲的行为,而

---

①　杨立新:《侵权责任法》,法律出版社 2010 年版,第 183 页。

没有及时去诊查治疗,导致病情延误。

(4)受害人具有过失相抵能力

对于受害人过失相抵能力存在不同观点,主要有以下几种学说:

其一为责任能力说。此种学说认为,适用过失相抵须以受害人具备责任能力为前提。责任能力采识别能力的标准。所谓识别能力,可解为系认识其行为的不法或危险,并认知应就其行为负责的能力。[①]

其二为事理辨别能力说。该学说主张,要认定侵权行为责任则加害者须具有责任能力,但是在过失相抵场合中受害者具有事理辨别能力即可。有事理辨别能力是指具有避开损害发生的注意能力。[②]

其三为客观说。该学说认为,在过失相抵中不以受害人是否具备责任能力或者事理辨识能力作为要件,只要客观上受害人具有过错,就可适用过失相抵。

在这三种学说中,采责任能力说为宜。理由如下:客观说完全否定了过失相抵制度的过错责任原则的法理依据,仅是在加害人和受害人间合理分配危害,其意在保护加害人,这是不符合过失相抵制度的历史沿革和宗旨的。同时,对于那些对自己的行为后果没有任何辨识能力的未成年受害人,按照客观说的主张,只要其行为构成了损害发生或者扩大的客观原因,就须适用过失相抵制度,这显然也不符合过错责任原则的原理,不利于对未成年人的保护,并且也有违过失相抵制度的另外一个重要的立法初衷:鼓励个人调整自身行为以降低损害事故发生的可能性。[③] 事理辨识能力说实际上是基于公平分担的考虑,降低受害人过错的认定标准,使之不同于原本意义上的过错,如此,只要未成年受害人具有注意危险的能力则可适用过失相抵。但是这违背了受害人过错的认定标准应保持逻辑上的一致的合理性。从受害人过错和加害人过错的认定标准的同一性,可以推导出一个必然的逻辑结论,即对受害人过失相抵能力的认定,应同于对加害人的责任能力认定,即应当采用责任能力说。而且,过失相抵是与有过失的法律后果,即是在比较加害人与受害人过错的基础上,对赔偿责任作一调整。其理论基础之一就在于承认了受害人过错的危害性,即不仅仅导致了自身的损害,也导致了社会资源的损耗,同时导致加害人面临承担损害赔偿责任的风险,所以如果降低受害人的过错认定标准,这显然是不妥的。

---

① 王泽鉴:《侵权行为》,北京大学出版社 2009 年版,第 382 页。

② [日]圆谷峻:《判例形成的日本新侵权行为法》,赵莉译,法律出版社 2008 年版,第 216 页。

③ Walter van Gerven, Jeremy Lever, *Tort Law*, Oxford and Portlan, Oregon, 2000, p.707. 转引自叶桂峰、肖嗥明:《论侵权行为受害人的过失相抵能力》,载《环球法律评论》2007 年第 2 期。

3.过失相抵的适用范围

过失相抵原则主要在过错责任中适用,但如果加害人因故意或者重大过失导致他人损害,而受害人仅存在一般或者轻微过失时,不适用过失相抵原则。对于在无过错责任中是否可以适用过失相抵原则,学者曾存在较激烈的争论。本书认为,应根据法律的具体规定有区别地运用。过失相抵原则在无过错责任中的适用情况主要有以下三种:

第一,法律规定不适用过失相抵原则的情形。如根据《侵权责任法》第70条的规定,民用核设施发生核事故造成他人损害的,仅战争和受害人故意可作为加害人的免责事由,受害人过失,即使是重大过失,也不能减轻民用核设施经营者的责任。

第二,法律规定仅受害人存在重大过失才适用过失相抵的情形。例如《侵权责任法》第72条和第78条所规定的情形,承担无过错责任者只有证明受害人对损害的发生存在重大过失的前提下,才可以适用过失相抵,加害人才可以因此减轻责任。

第三,法律规定受害人存在一般过失也可以适用过失相抵原则的情形。如根据《侵权责任法》第72条的规定,如果从事高空、高压、地下挖掘活动或者使用高速轨道运输工具造成他人损害,被侵权人对损害的发生有过失的,可以减轻经营者的责任。

4.过失相抵原则的适用

过失相抵的实行,可以采两个步骤,一是比较过错,二是比较原因力。比较过错是指通过确定并比较加害人和受害人的过错程度,从而决定相关责任的承担和责任的范围。也就是说,将双方当事人的过错程度具体确定为一定的比例,从而确定出责任范围。所谓的原因力是指在构成损害结果的共同原因中,每一个原因行为对于损害结果发生或扩大所发挥的作用力。原因力对于与有过失责任范围的影响具有相对性,它受到双方过错程度的约束或制约,主要表现在以下方面:第一,在当事人双方的过错程度无法确定时,应以各自行为的原因力大小,确定各自责任的比例。第二,在当事人双方的过错程度相当时,各自行为的原因力大小对赔偿责任起"微调"作用。第三,在加害人依其过错应承担主要责任或次要责任时,双方当事人行为的原因力起"微调"作用:原因力相等的,依过错比例确定赔偿责任;原因力不等的,依原因力的大小相应调整主要责任或次要责任的责任比例,确定赔偿责任。

(二)公平分担损失

1.公平分担损失的概念

公平分担损失是指对于已经发生的损害事实,加害人和受害人都没有过错,此时,从公平角度考虑,根据实际情况,由双方当事人公平分担损失的侵权责任形态。

我国《侵权责任法》第24条对此作出了肯定,即受害人和行为人对损害的发生都没有过错的,可以根据实际情况,由当事人分担损失。在《侵权责任法》的起草过程中,就是否继续保留公平责任的问题,存在很大的争议。大多数学者认为,从理论上说,公平责任不能作为侵权法的归责原则,侵权法中最基本的归责原则仍然是过错责任,至于过错推定责任和无过错责任都需要法律的明确规定。如果将公平责任作为归责原则,要求行为人和受害人分担的是"责任",确实会出现软化既有归责体系的弊端,会使得一些法官不认真考察适用的归责原则而将难以处理的案件一概依据公平责任处理。因此,《侵权责任法》将《民法通则》第132条中的"分担民事责任"改为"分担损失",也就是说,行为人和受害人之间只是基于一种公平的道义观念在进行损失的分担,而不是民事责任的分配,这样行为人从感情上也容易接受。① 故本书亦采取公平分担损失的提法。

2.公平分担损失的适用范围

公平分担损失的适用范围,应当限于当事人双方均无过错,且不属于过错责任原则、过错推定原则和无过错责任原则调整的那一部分侵权损害赔偿法律关系。其具体适用范围可以归纳为以下几种情形:(1)《侵权责任法》第23条规定:"因防止、制止他人民事权益被侵害而使自己受到损害的,由侵权人承担责任。侵权人逃逸或者无力承担责任,被侵权人请求补偿的,受益人应当给予适当补偿。"据此,因见义勇为遭受损害的,由加害人承担侵权责任。若加害人有足够的赔偿能力,则无需适用公平责任。当加害人无力承担、加害人不能确定时,由受益人适当补偿。即使见义勇为救助失败,亦不影响公平责任的承担。依据《侵权责任法》第31条的规定,在危险是由自然原因引起的情形下,紧急避险造成损害,且避险人采取的措施又无不当的,由受益人适当补偿他人所遭受的损失。这便体现了公平分担损失的适用。在这种情况下,受益人和受害人都没有过错,由受害人单独承担损失是不公平的,受益人给予受害人一定的补偿符合公平之理念。(2)《侵权责任法》第32条规定:"无民事行为能力人、限制民事行为能力人造成他人损害的,由监护人承担侵权责任。监护人尽到监护责任的,可以减轻其侵权责任。"根据此规定,监护人即使尽到了监护义务,没有过错,仍须承担责任,只是责任可以减轻。(3)《侵权责任法》第33条规定:"完全民事行为能力人对自己的行为暂时没有意识或者失去控制造成他人损害有过错的,应当承担侵权责任;没有过错的,根据行为人的经济状况对受害人适当补偿。"据此,暂时没有意识或失去控制者对造成他人损害没有过错时,所承担的适当补偿责任也是公平分担损失的一种表现。(4)根据《侵权责任法》第87条的规定,即"从建筑物中抛掷物品或者从建筑物上坠落的物品造成他人损害,难以确定具体侵权人的,除能够证明自己不是侵权人的外,由可能加害的建筑物使用人给予补偿",除真实侵权人之外,其他可能加害者实则是没有过错的,他们所承

---

① 王利明:《中华人民共和国侵权责任法释义》,中国法制出版社2010年版,第103页。

担的补偿责任实际上也是一种对损失的公平分担。

当然,公平分担损失之责任形态不仅仅适用于上述几种具体情形,法院通过判断认为不适用该责任形态会造成不公平的,亦可适用之。但公平责任原则的局限性是无法完全克服的。而且,在有些情况下不能通过适用公平责任原则来保护受害人的利益,如侵害由第三人过错造成,但在客观上无法找到该第三人,或者该第三人确实无力承担损害赔偿责任,受害人的损失既不能通过追究过错责任,也不能通过适用无过错责任得到一定补偿。又如,部分因为 SARS 病毒传播产生的损害赔偿问题也不能通过公平责任原则处理。因此,我们国家应当努力致力于完善社会保障制度,如国家设立重大灾害事故救济制度等,既使无辜的受害人得到及时、有力、全面的救济,又在民事责任体系的基础上不伤及无辜,体现公平正义。从我国目前的情况看,公平分担损失之责任形态实际上承担了部分保险和社会保障制度的任务,随着我国保险业和社会保障制度的不断完善,公平责任的适用范围将日趋缩小。[①]

3.适用公平分担损失应考虑的因素

我国《民法通则》和《侵权责任法》所规定的"根据实际情况",可以理解为包含以下两个主要内容:第一,是受害人遭受损害的严重程度。损害后果达到相当的程度或较为严重是适用公平责任原则的一个重要条件。正是因为受害人在没有过错的情况下受到较为严重的损害,如果不分担损失、让其单独承担后果有悖于公平正义的价值理念。反之,损害较轻的,由受害人自己承担责任并不会对受害人造成重大困难,不违背公平观念。这里的损害是指财产上的损害,精神上的损害不适用公平分担损失原则。第二,是当事人的经济状况。这是适用公平分担损失时要考虑的基本因素。当事人的经济状况,主要是指当事人双方的实际经济负担能力。在考察时,主要侧重考虑加害人的经济状况,即加害人有多大的经济承受能力。此外,还可以结合当时、当地群众的一般生活水平、社会的舆论和同情等因素,对损失进行合理的分担。

第四节　单独责任与共同责任

单独责任和共同责任的侵权责任形态,是在由加害人承担侵权责任的前提下,根据加害人的人数和侵权行为的性质所决定的侵权责任形态。侵权行为加害人为一人时,其所应承担的侵权责任就是单独责任。加害人为数人时,则所应承担的侵权责任即为共同责任,此时,根据加害人所实施的侵权行为的性质,可再确定为连带责任、按份责任、不真正连带责任或者是补充责任。

---

①　王毓莹、向国慈:《论公平责任原则的限制适用》,载《法律适用》2004 年第 9 期。

一、单独责任

单独责任是指只有一个人作为单独的责任人对其所造成的侵权损害后果承担责任的侵权责任形态。简言之,就是单独的侵权行为的加害人所承担的侵权责任形态。

单独侵权行为是相对于共同侵权行为而言的。根据侵权行为实施者人数的不同,可以将侵权行为分为单独侵权行为和共同侵权行为。单独侵权行为,是指一人单独实施的侵权行为,这里所指的"一人",包括一个自然人或者一个法人。单独侵权行为是最为常见、最为普通的侵权行为。共同侵权行为较为复杂。这里的共同侵权行为应作广义理解,只要是两个以上加害人实施的侵权行为,就是共同侵权行为,它包括狭义的共同侵权行为、共同危险行为、无意思联络但承担连带责任的分别侵权行为、无意思联络的分别侵权行为等。

在单独侵权行为中,加害人承担的责任即为单独责任。最典型的单独侵权行为是为自己的侵权行为负责,即加害人对自己的侵权行为承担责任。这是一般侵权行为的单独责任。如果单独一个人实施了特殊侵权行为,则构成单独的替代责任,由对该行为负责的责任人承担侵权责任,或者由物件的所有人、占有人等承担侵权责任。

二、共同责任

侵权责任的共同责任形态,是指在侵权行为的加害人为多数的情形下,侵权责任在数个加害人之间加以分配的责任形态。共同责任形态分为连带责任、按份责任、不真正连带责任和补充责任。这几种侵权责任共同责任形态,都是以侵权行为人是数个人为前提的,只要侵权行为属于数人,则他们所承担的责任必然是连带责任、按份责任、不真正连带责任和补充责任,既可能是直接责任,也可能是替代责任。

(一)连带责任

1.连带责任的概念及其法律特征

共同责任中的连带责任,源于罗马法上的连带之债,罗马法并不区分债务与责任,认为两者融合而成债务这一概念,凡有债务必有责任,责任只是一种特殊的债务。[①] 可以说,连带责任是连带之债的法律规则在侵权法领域中的体现。我国古

---

① 林城二:《民法债编总论——体系化解说》,中国人民大学出版社 2003 年版,第 215 页。

代法中也可见连带责任的端倪,其主要体现在刑事法律上,如秦简中记载的秦律适用的连坐制度①、宋代创立的保甲制度②。现代连带责任制度主要运用于民商法中。

侵权法中的连带责任是指受害人可以向共同侵权人或者共同危险行为人中的任何一个人或数个人请求赔偿全部损失,加害人中任一人或数个人应当向受害人赔偿全部损失,共同侵权人或者共同危险行为人之一或数个人已承担了全部赔偿责任的,可以免除其他共同侵权人或者共同危险行为人的赔偿责任。这一连带责任在国外也称为"共同的和分别的责任"(joint and several liability),其意思是说:共同侵权人或者共同危险行为人作为一个整体对损害共同承担责任;共同侵权人或者共同危险行为人中的任何一个人对全部损害承担责任;在共同侵权人或者共同危险行为人之一人(或者部分人)对全部损害承担了责任之后,他有权向其他未承担责任的共同侵权人或者共同危险行为人追偿,请求偿付其应当承担的赔偿份额。而从受害人的请求权角度来看,他既可以将全部加害人作为被告,请求他们承担对全部损害的赔偿责任,也可以将加害人中的一人(或者部分人)作为被告,请求他(或他们)承担全部赔偿责任。一旦加害人中的一人(或者部分人)赔偿了全部损害,也就履行了全部赔偿义务,受害人不得再向其他加害人提出请求;反之,如果受害人的请求没有得到实现或者没有完全得到实现,他则可以向其他加害人请求赔偿全部损害或者赔偿剩余的部分损害。③ 从性质上说,连带责任是一种法定责任。连带责任具有法定性,共同侵权人或者共同危险行为人所达成分配责任大小的内部共同协议,对受害人不发生法律效力,不影响连带责任的适用,它仅在共同侵权人或者共同危险行为人内部具有约束力。

2. 连带责任的适用范围

我国《民法通则》只规定了共同侵权行为人的连带责任,而没有具体规定其他领域的侵权连带责任。所以学者曾认为,侵权连带责任是共同侵权行为的法律后果,在其他方面则没有适用连带责任的必要。这存在不妥之处,无法公正处理其他一些需要以连带责任规制的问题。于是《侵权责任法》改变了《民法通则》的做法,明确了若干种适用连带责任的情形,具体如下:

(1)共同侵权行为的连带责任。如《侵权责任法》第 8 条的规定。

(2)教唆、帮助他人的连带责任。如《侵权责任法》第 9 条的规定。

(3)共同危险行为的连带责任。如《侵权责任法》第 10 条的规定。

(4)无意思联络的分别侵权行为的连带责任。如《侵权责任法》第 11 条的规定。

---

① 刘海年:《战国秦代法制管窥》,法律出版社 2006 年版,第 129 页。
② 张维迎、邓峰:《信息、激励与连带责任》,载《中国社会科学》2003 年第 3 期。
③ 张新宝:《侵权责任法原理》,中国人民大学出版社 2005 年版,第 284 页。

(5)网络服务提供者与用户的连带责任。如《侵权责任法》第11条第2款和第3款的规定。

(6)非法买卖拼装或者报废机动车的连带责任。如《侵权责任法》第51条的规定。

(7)遗失、抛弃高度危险物的连带责任。如《侵权责任法》第74条的规定。

(8)非法占有高度危险物的连带责任。如《侵权责任法》第75条的规定。

(9)建筑物、构筑物或者其他设施倒塌致害的连带责任。如《侵权责任法》第86条的规定。

3.连带责任的效力

(1)连带责任的外部效力

连带责任的外部效力体现在连带责任人对外是作为一个整体向受害人承担责任的。该外部效力主要有两层含义:第一,受害人有权依自己的意愿选择连带责任人中的一个、数个或全部,要求其承担赔偿责任。按照连带债务理论通说,当受害人向侵权人行使赔偿请求权时,不以向全体共同侵权人作出意思表示为必要。第二,责任人之一或部分对受害人履行了全部赔偿责任后,全体责任人对受害人的连带责任消灭,受害人不得再对那些未履行赔偿责任的侵权人行使损害赔偿请求权。

基于这样的制度安排,受害人的损害更容易得到赔偿。法院判决数个加害人承担连带责任时,原则上不得在判决书中分割各个加害人的赔偿份额。在执行判决时,可以全部执行一个或者部分加害人的财产,而在其财产不足时也可以执行其他加害人的财产,直到判决确定的赔偿义务强制执行完毕为止。①

(2)连带责任的内部效力

虽然连带责任人对外作为一个整体对受害人承担责任,但这并不意味着连带责任人对外承担的责任是最终责任,在责任人内部关系上,责任人各有其应负担的部分,承担责任超出自己应负份额的责任人可以向其他责任人追偿。《侵权责任法》第14条对此作出了明确的规定,连带责任人根据各自责任大小确定相应的赔偿数额;难以确定责任大小的,平均承担赔偿责任。支付超出自己赔偿数额的连带责任人,有权向其他连带责任人追偿。其中包含两个重要问题:

第一,连带责任人内部份额的确定。我国立法采纳了"比例分担为原则,平均分担为补充"的规则,这一做法兼顾了最终责任份额在确定程序中可能后置的情形,在独立的分摊请求权诉讼中,如果仍然无法确定最终份额,则适用平均分担作为最终解决方案,更为合适。这一做法亦为许多国家和地区的民法所肯定,如《意大利民法典》第2055条、1966年《葡萄牙民法典》第497条、《俄罗斯联邦民法典》

---

① 张新宝:《侵权责任法原理》,中国人民大学出版社2005年版,第284页。

第 1081 条、《欧洲侵权法原则》第 9:102 条以及西班牙、以色列判例等均采这一规则。①

第二,连带责任人追偿权的行使。连带责任人之一或者部分在清偿了全部赔偿责任后,可以就超出自己应承担的部分向其他责任人追偿。追偿权的行使须具备三个条件,即责任人实施了清偿或者其他财产支出行为;责任人的行为使其他责任人的债务消灭;责任人承担了超出自己的赔偿数额的责任。追偿权在连带责任内部关系中具有相当重要的作用,它可以保障连带责任人内部合理分担风险,避免本应承担责任者逃脱责任。

(二)按份责任

1.按份责任的概念及其法律特征

按份责任,也称按份之债,是指多个责任主体按照各自应当承担的责任份额分别承担各自责任的侵权责任形态。

按份责任具有如下特点:第一,从对外关系上来看,各按份责任人仅就自己所负担的责任份额向受害人负赔偿责任,而不像连带责任人一样,作为一个整体对外承担责任。按份责任人对其他责任人的债务份额,不负清偿义务。对于受害人而言,他对特定的责任人只能就其所享有的债权份额请求承担赔偿责任,无权要求该责任人超出其应负份额的部分给予赔偿。第二,从内部关系上来看,按份责任人在清偿其所负担的责任份额后,其自身的责任消灭,即使他多为给付也不得向其他责任人追偿,按份责任人之间没有追偿的权利。

可见,部分责任人责任份额的消灭,对其他责任人的按份责任不发生效力,也不消灭整个的损害赔偿责任,因此按份责任本质上是数个不存在"牵连"关系的"独立"之债。②

2.适用范围

按份责任主要适用于《侵权责任法》第 12 条所规定的无意思联络的分别侵权行为。根据该条的规定,即"二人以上分别实施侵权行为造成同一损害,能够确定责任大小的,各自承担相应的责任;难以确定责任大小的,平均承担赔偿责任",适用按份责任须具备三个条件:第一,两人以上分别实施了侵权行为。第二,数人都实施了有关联性的行为,数人的行为不构成引起损害发生的同一原因,各个行为对损害后果的发生分别产生作用。③ 第三,数人的行为造成同一损害后果。"同一损害"指数个侵权行为所造成的损害的性质是相同的,都会造成身体伤害或者财产损

---

① 王竹:《侵权责任分担论——侵权损害赔偿责任数人分担的一般理论》,中国人民大学出版社 2009 年版,第 218～219 页。

② 张俊浩:《民法学原理》,中国政法大学出版社 2000 年版,第 636 页。

③ 张新宝:《侵权责任法原理》,中国人民大学出版社 2005 年版,第 82 页。

失,并同损害内容具有关联性。[①]

3. 按份责任份额的确定

(1)责任大小可以确定的,各责任人各自承担责任。如果各行为人的损害结果可以单独确定,则各行为人就其行为的损害承担赔偿责任。但若共同损害结果无法分割,则各行为人按照各自所实施行为的原因力,按份额承担责任。

(2)责任大小无法确定的,各责任人平均承担赔偿责任。在某些情形下,责任分配的尺度可能难以用一个可以量化的标准,在无法确定各责任人责任份额时,我国侵权责任法借鉴了《俄罗斯联邦民法典》第 1081 条和《意大利民法典》第 2055 条的规定,要求各行为人平均承担赔偿责任。

(三)不真正连带责任

1. 不真正连带责任的概念及其法律特征

不真正连带责任,也称为不真正连带债务,所谓的不真正连带债务是指数个债务人基于不同之发生原因,对于债权人负以同一之给付为标的的数个债务,依一债务人之完全履行,他债务因目的之达到而消灭。[②] 在侵权行为法领域,不真正连带债务就叫做不真正连带责任。[③] 所以,可以说不真正连带责任是指数个行为人基于不同的发生原因致使同一受害人遭受损害,各个行为人对受害人承担同一内容的侵权责任,各自负全部赔偿责任,并因行为人之一的履行而使其他责任人的责任归于消灭的侵权责任形态。

不真正连带责任具有如下特征:

(1)基于不同的发生原因,不真正连带责任人的行为偶然联系在一起对受害人造成损害。不真正连带责任中数个行为的发生原因各不相同,该不同的原因主要指的是不同的事实,而不是法律关系的性质不同。而且各行为人在主观上没有意思联络,也没有共同实施某个侵权行为,行为人的行为发生紧密联系纯属巧合。

(2)不真正连带责任是基于同一损害事实发生的侵权责任形态。在不真正连带责任中,虽然行为人为数人,但行为人所造成的损害结果是同一的,由此数个行为人实施的侵权行为才构成共同责任,发生承担不真正连带责任的法律后果。如果每个行为人单独实施侵权行为,没有造成共同的损害结果,就不能发生不真正连带责任。

(3)不同侵权行为人对同一损害结果发生的侵权责任相互重合。数个侵权行为人实施相互独立的侵权行为,却造成一个共同的、同一的损害结果,因此,每个侵权行为人所发生的侵权责任内容是相同的,无论是在责任性质、责任方式还是在责

---

① 王胜明:《中华人民共和国侵权责任法释义》,法律出版社 2010 年版,第 67 页。

② 史尚宽:《债法总论》,中国政法大学出版社 2000 年版,第 672 页。

③ 杨立新:《侵权行为法》,复旦大学出版社 2007 年版,第 226 页。

任范围上,都是重合的。① 由此,不真正连带责任不同于连带责任和按份责任。

(4)各个加害人对于受害人分别负全部赔偿责任。在不真正连带责任中,各加害人基于不同的原因对受害人造成损害,所以各加害人应就自己的独立的侵权行为向受害人承担责任,受害人可以针对每个责任人分别提出不同的诉讼请求。但责任人之一承担了全部责任后,其他加害人的责任也随之消灭,受害人不得再向其他责任人提出请求。

2.不真正连带责任的适用范围

不真正连带责任主要适用于一种特殊情形的数人侵权,即数个加害人对同一个民事主体负有法定义务。当此等加害人数个独立的侵权行为偶然结合造成了该民事主体的权益损害,又不构成共同侵权时,该民事主体对此等加害人分别享有损害赔偿请求权,每个加害人对损害均负全部责任。正如史尚宽先生所阐述的适用不真正连带责任的八种情形中的第二种情形,即数个独立的侵权行为偶然竞合产生的不真正连带债务,如一方不法占有他人财物,另一方将其毁灭。②

不真正连带责任的适用在《侵权责任法》中典型地体现为产品责任。《侵权责任法》第41条规定:因产品存在缺陷造成他人损害的,生产者应当承担侵权责任。第42条规定:因销售者的过错使产品存在缺陷,造成他人损害的,销售者应当承担侵权责任。销售者不能指明缺陷产品的生产者,也不能指明缺陷产品的供货者的,销售者应当承担侵权责任。第43条规定:因产品存在缺陷造成损害的,被侵权人可以向产品的生产者请求赔偿,也可以向产品的销售者请求赔偿。产品缺陷由生产者造成的,销售者赔偿后,有权向生产者追偿。因销售者的过错使产品存在缺陷的,生产者赔偿后,有权向销售者追偿。从这些规定可以看出,该法第43条第1款是生产者和销售者缺陷产品责任共同的请求权基础,即生产者和销售者均应对受害人承担严格责任;而该法第42条第1款应该被理解为生产者和销售者的对内最终责任确定条款,即生产者或者销售者根据该法第43条第2款和第3款规定进行追偿的请求权基础条款,而非受害人向生产者或者消费者请求赔偿的请求权基础条款。③ 因此,在产品责任中,生产者和销售者之间的责任形态是不真正连带责任。

3.不真正连带责任的效力

(1)不真正连带责任的对外效力

在不真正连带责任中,受害人对于各个责任人享有分别的请求权,受害人可以要求各个责任人承担全部责任,任何责任人对于受害人的请求权都有义务承担全

---

① 杨立新:《侵权行为法专论》,高等教育出版社2005年版,第306页。

② 史尚宽:《债法总论》,中国政法大学出版社2000年版,第673~675页。

③ 王竹:《缺陷产品责任不真正连带责任制度的确立与完善》,载《中国社会科学报》2009年12月8日。

部的赔偿责任。但这并不意味着受害人可以同时行使并实现其对各个责任人所享有的权利。受害人已经向某一责任人提出请求的,就不得再向其他责任人提出请求。由于不真正连带责任的损害赔偿数额是一个竞合的数额,其救济的仅为同一个损害,所以一旦责任人之一承担了责任,其他责任人的责任就消灭了。

(2)不真正连带责任的对内效力

不真正连带责任的对内效力是指责任人内部的责任分担和追偿关系。在不真正连带责任中,责任人是否有权追偿,通说认为,数个加害人的行为产生原因不同,只是由于偶然因素而结合在一起,加害人之间不存在内部分担关系,因而不真正连带责任不存在基于内部分担关系的求偿权。但在某个加害人应负终局责任的情况下,不真正连带责任往往是由于最终可归责于某个加害人的事由而发生,该加害人作为终局责任人对其他加害人责任的产生应负最后责任。这样可以避免终局责任人因其他责任人给付赔偿数额而逃脱自己本应承担的责任,从而更好地保障公平。因此,加害人之一在承担了全部责任后,有权向终局责任人追偿。

(四)补充责任

1.补充责任的概念及其法律特征

侵权法上的补充责任是指两个以上的行为人违反法定义务,对一个被侵权人实施加害行为,或者不同的行为人基于不同的行为而致使被侵权人的权利受到同一损害,各个行为人产生同一内容的侵权责任,被侵权人享有的数个请求权有顺序的区别,首先行使顺序在先的请求权,该请求权不能实现或者不能完全实现时,再行使其他请求权的侵权责任形态。[①] 一般认为补充责任来源于大陆法系的不真正连带债务学说,但它又有别于不真正连带责任。补充责任承担的本质,实际上是由补充责任人代替受害人承担了向直接责任人受偿不能的风险,实际上是一种责任风险的移转,补充责任人并非最终责任人。[②]

2.补充责任的适用范围

补充责任的适用情形包括以下几种:其一为法定的义务不履行行为与他人的侵权行为发生竞合而产生的补充责任;其二为约定的债务不履行行为与他人的侵权行为发生竞合而产生的补充责任;其三为数个侵权行为偶然竞合而产生的补充责任。[③]

我国《侵权责任法》规定了三种情形的补充责任。详言之,该法第34条规定的劳务派遣单位的补充责任,即劳务派遣期间,被派遣的工作人员因执行工作任务造成他人损害的,由接受劳务派遣的用工单位承担侵权责任;劳务派遣单位有过错

---

① 杨立新:《侵权责任法》,法律出版社 2010 年版,第 283 页。

② 杨立新:《中华人民共和国侵权责任法草案建议稿及说明》,法律出版社 2007 年版,第78 页。

③ 杨立新:《侵权责任法原理与案例教程》,中国人民大学出版社 2008 年版,第334～335 页。

的,承担相应的补充责任。该法第 37 条规定的安全保障义务人的补充责任,即宾馆、商场、银行、车站、娱乐场所等公共场所的管理人或者群众性活动的组织者,未尽到安全保障义务,造成他人损害的,应当承担侵权责任。因第三人的行为造成他人损害的,由第三人承担侵权责任;管理人或者组织者未尽到安全保障义务的,承担相应的补充责任。该法第 40 条规定的幼儿园、学校或者其他教育机构的补充责任,即无民事行为能力人或者限制民事行为能力人在幼儿园、学校或者其他教育机构学习、生活期间,受到幼儿园、学校或者其他教育机构以外的人员人身损害的,由侵权人承担侵权责任;幼儿园、学校或者其他教育机构未尽到管理职责的,承担相应的补充责任。

3. 补充责任的适用规则

第一,补充责任是一种顺位补充,这种责任有先后顺序,即首先应由直接责任人承担赔偿责任,直接责任人没有赔偿能力或者不能确定谁是直接责任人时,才由未尽安全保障义务的人承担赔偿责任。[①] 如果直接责任人承担了全部赔偿责任,则补充责任人无须再承担任何责任,受害人无权向补充责任人要求承担责任,直接责任人也无权向其追偿。

第二,补充责任是一种相应的补充责任。所谓的相应补充责任,并不是直接责任人不能赔偿的部分,而是根据补充责任人的过错程度和行为的原因力大小所确定的相应责任。可以说补充责任的范围受制于两个因素,即补充责任人自身的过错、原因力以及直接责任人已经承担的损害赔偿责任情况。详言之,就第一个因素而言,补充责任人对自己存在过错或未尽义务情形下的损害承担可能的补充责任,没有过错或没有违反义务时不承担责任,且其承担责任的范围不超过其有过错或违反义务时应当承担的责任。从第二因素来看,直接责任人已经承担了全部赔偿责任的,补充责任人无须承担责任;直接责任人仅承担了部分赔偿责任的,补充责任人仅须对剩余部分承担与自己过错或未尽义务相适应的补充赔偿责任,在这一情形下,受害人可能无法得到全部的赔偿。

(五)比例责任

所谓的比例责任是指,根据被告侵权行为可能造成全部或部分损害,或可能造成将来损害的因果关系之可能性,被告对原告遭受的全部或部分损害,或可能遭受的损害所承担的侵权责任。[②] 它是一种新型的责任分担解决路径,这种方式是相

---

① 杨垠红:《侵权法上作为义务——安全保障义务之研究》,法律出版社 2008 年版,第240 页。

② See Causal Uncertainty and Proportional Liability (I. Gilead, M. Green & B. Koch eds. forthcoming),p. 2.

当创新的。^① 尤其适合运用于大规模的侵权案件之中，它对于解决具体侵害主体不明确、侵害份额不明等因果关系不确定的纠纷具有重要的价值。具言之，在适用比例责任时，根据数名被告的侵权行为可能引发损害的因果关系可能性之比例，在各被告之间分配相应的赔偿责任。比例责任在英美法司法实践中已得到了良好的运用，有不少成功的判例。^② 以色列民法典草案将可能把比例责任纳入其中，奥地利、法国、德国、意大利、荷兰、丹麦、挪威、瑞士、波兰、西班牙、南非等国家也在不同程度上认可了比例责任。^③ 我国《侵权责任法》第 67 条所规定的环境污染者的责任分担方式"根据污染物的种类、排放量等因素确定"，实则已体现了比例责任的精神。^④

这一新型责任分担方式产生的原因在于，现实生活中存在着众多的因果关系难以确定的侵权案件，如污染环境给他人造成损害，却难以确定具体加害人；数个生产可替代性药品的厂家所制造的药品造成了他人的人身损害，受害人无法确认损害是由哪个厂家的药品引起的；数人共同实施开枪射击行为，但难以确定何者的子弹击中了被告；病者身患癌症，由于医生的误诊或漏诊导致生存机会的丧失或减少等等。根据传统判定因果关系所采用的"或全有或全无"的标准，原告的举证达到法律要求的证明标准，则他可以从被告处获得全部损害赔偿。但一旦原告的举证无法满足法律设定的充分程度，则他所面临的悲惨结果是无法从被告处获得任何赔偿。这必将引发一系列的不公平，原告无法就有一定可能的损害获得救济，被告可能就超过可能性的部分损害承担赔偿责任。对于此种尴尬困境，立法者可能会采用推定因果关系的方式，要求被告承担"连带责任"来救助亟待获得赔偿的原告，或者选择举证责任倒置的方法来减轻遭受损害的原告的举证责任，之后再通过"按份责任"来克服由被告承担连带责任的过于严苛性。其实，无论"按份责任"抑或"连带责任"都是建立在因果关系得以证明或推定成立的基础上，它实际上并没有对传统的因果关系规则予以突破。而且，当原告对损害发生亦有过失时，举证责任倒置的方法并不能很好地平衡双方利益、解决此等窘境。试举例加以说明，仅数个被告污染环境行为造成原告损害后，却无法确定各个被告造成损害后果的份

---

① 欧洲侵权法小组编：《欧洲侵权法原则：文本与评注》，法律出版社 2009 年版，第 80 页。

② See United States Report on Proportional Liability（M. Green，forthcoming）. Proportional Liability: England and Wales（Ken Oliphant，forthcoming）.

③ See Causal Uncertainty and Proportional Liability（I. Gilead，M. Green & B. Koch eds. forthcoming）.

④ 我国亦有学者主张在环境污染责任中采比例责任，如，刘信平：《侵权法因果关系理论之研究》，法律出版社 2008 年版，第 273～274 页。王竹：《侵权责任分担论——侵权损害赔偿责任数人分担的一般理论》，中国人民大学出版社 2009 年版，致害人不明侵权责任分担论部分。陈聪富：《中国侵权责任法草案之检讨》，载王文杰主编：《月旦民商法研究——侵权行为法之立法趋势》，清华大学出版社 2006 年版。

额时,或可以由被告承担举证责任,被告无法证明其行为与损害后果之间的因果关系的,应承担法律规定的按份责任。这一解决路径看似具有一定的合理性,但当原告与被告共同造成了原告的损害后果,却无法确定各自造成多大的损害后果,即原告行为、被告行为与哪部分损害后果的关系是不确定的时,倘若适用举证责任倒置,由被告对复杂的因果关系尤其是原告行为与损害后果之间的因果关系负有举证义务,显然是相当困难、不公平的,于此情形下,比例责任的方法则具有一定的优势。以行为人各自可能引发损害的可能性来认定因果关系,即证明因果关系的一定概率,以此确定责任的大小,可以避免公平正义之秤过于偏向一侧,以免造成对受害人的过度保护或对加害人的过度宽容。当然,比例责任并非可以替代其他责任形态,并非可以借此完全摒弃传统的因果关系理论,它仅是一种在特殊情形下补充性的规则。

☞ 司法考试真题链接

1. 甲在乙承包的水库游泳,乙的雇工丙、丁误以为甲在偷鱼苗将甲打伤。下列哪一说法是正确的?(2009 年司法考试真题)

A. 乙、丙、丁应承担连带责任

B. 丙、丁应先赔偿甲的损失,再向乙追偿

C. 只能由丙、丁承担连带责任

D. 只能由乙承担赔偿责任

2. 某小学组织春游,队伍行进中某班班主任张某和其他教师闲谈,未跟进照顾本班学生。该班学生李某私自离队购买食物,与小贩刘某发生争执被打伤。对李某的人身损害,下列哪一说法是正确的?(2009 年司法考试真题)

A. 刘某应承担赔偿责任

B. 某小学应承担赔偿责任

C. 某小学应与刘某承担连带赔偿责任

D. 刘某应承担赔偿责任,某小学应承担相应的补充赔偿责任

3. 甲、乙、丙按不同的比例共有一套房屋,约定轮流使用。在甲居住期间,房屋廊檐脱落砸伤行人丁。下列哪些选项是正确的?(2009 年司法考试真题)

A. 甲、乙、丙如不能证明自己没有过错,应对丁承担连带赔偿责任

B. 丁有权请求甲承担侵权责任

C. 如甲承担了侵权责任,则乙、丙应按各自份额分担损失

D. 本案侵权责任适用过错责任原则

4. 甲、乙是同事,因工作争执甲对乙不满,写了一份丑化乙的短文发布在丙网站。乙发现后要求丙删除,丙不予理会,致使乙遭受的损害扩大。关于扩大损害部

分的责任承担,下列哪一说法是正确的?(2010年司法考试真题)

  A.甲承担全部责任

  B.丙承担全部责任

  C.甲和丙承担连带责任

  D.甲和丙承担按份责任

  5.小偷甲在某商场窃得乙的钱包后逃跑,乙发现后急追。甲逃跑中撞上欲借用商场厕所的丙,因商场地板湿滑,丙摔成重伤。下列哪些说法是错误的?(2012年司法考试真题)

  A.小偷甲应当赔偿丙的损失

  B.商场须对丙的损失承担补充赔偿责任

  C.乙应适当补偿丙的损失

  D.甲和商场对丙的损失承担连带责任

第十八章　侵权损害赔偿

【引　例】

　　原告系广东省生产腊肠的知名食品企业,为扩大生产借资建设新厂房。该工程内容分为保温材料组装、土建工程和钢结构工程。分别由海口新华、南昌滕玉和广州天架公司施工,由城乡建设工程监理公司进行工程监理。计划于 2004 年 12 月 10 日竣工投产。不幸的是,新华公司在施工中严重违章作业,导致火灾,大火将新建厂房严重焚毁。主要生产车间均须重建方可使用。原告诉诸法院,要求被告赔偿损失。双方对损害是依公安消防部门认定的损失,还是市房屋鉴定勘测设计院和市价格认证中心认定的损失进行赔偿产生了争议。

第一节　侵权损害赔偿概述

一、侵权损害赔偿的概念及其特征

　　侵权损害赔偿,指当事人一方因侵权行为造成他方损害时,在当事人之间产生请求赔偿权利和赔偿义务的债,在债务人不履行该赔偿义务时,所应承担的赔偿对方损失的民事责任方式。侵权损害赔偿具有债和民事责任的双重性质:首先表现为债的性质。根据《民法通则》第 84 条的规定,债是按照合同的约定或法律的规定,在当事人之间产生的权利义务关系。侵权损害赔偿是由侵权责任法所规定的,在侵权人与被侵权人之间产生的以损害赔偿请求权和损害赔偿义务为内容的关系。其次表现为民事责任性质,它完全符合民事责任的所有特征。《民法通则》明确将"赔偿损失"规定为民事责任方式,《侵权责任法》第 15 条也明确规定"赔偿损失"是承担侵权责任的主要方式之一。侵权损害赔偿的两种性质,是先后两个阶段的不同性质,中间经过了一个转变过程,即如果侵权损害赔偿义务人拒不履行赔偿义务,从而转化为损害赔偿的民事责任。

　　侵权损害赔偿具有以下法律特征:第一,侵权损害赔偿的目的是救济损害,恢复权利。赔偿的目的是填补损失,使受害者的权利得到救济。同时,侵权损害赔偿也具有制裁民事违法行为和抚慰受害人的作用。有损害才有赔偿。第二,侵权损害赔偿主要是一种财产性民事责任。人身损害、财产损害的赔偿责任是财产性民事责任;精神损害的赔偿责任方式主要有消除影响、恢复名誉、赔礼道歉以及支付抚慰金。支付抚慰金的赔偿方式也是一种财产性民事责任。第三,侵权损害赔偿由于具有债的性质,因此也具备相对性。损害赔偿只发生在特定的权利主体与特定的义务主体之间。受害人只能向特定的实施侵权行为的人请求赔偿。第四,侵权损害赔偿因具有债和民事责任的双重性质,在赔偿义务人拒不履行义务时,侵权损害赔偿由债的性质转化为民事责任的性质。

《侵权责任法》第 2 条规定,侵害他人合法权益,加害人应当承担相应的侵权责任。如何承担相应的侵权责任？世界各国在立法例上存在以恢复原状为主和以损害赔偿为主两种基本观点。前者称为恢复原状主义,即要求加害人恢复到损害没有发生前的状态,只有恢复原状不能时,才能退而求其次地选择损害赔偿;后者称为损害赔偿主义,即以金钱赔偿受害人的损失为基本原则,这是鉴于恢复原状受到诸多条件限制而构建的比较务实的方案。我国《侵权责任法》第 15 条规定:"承担侵权责任的方式主要有:(1)停止侵害;(2)排除妨碍;(3)消除危险;(4)返还财产;(5)恢复原状;(6)赔偿损失;(7)赔礼道歉;(8)消除影响、恢复名誉。以上承担侵权责任的方式,可以单独适用,也可以合并适用。"依民法学体系解释以及历史解释,我国民法系采恢复原状主义,即以恢复原状为主,损害赔偿为辅。

二、侵权损害赔偿法律关系

侵权损害赔偿法律关系是因责任人的侵权行为或法律特别规定而发生的损害赔偿的权利义务关系。它具备其他法律关系的三个要素,即主体、客体和内容。

侵权损害赔偿法律关系的主体是指侵权损害赔偿的权利享有者和义务承担者。权利主体一般是受害人,义务主体一般是加害人。权利主体和义务主体均可以是自然人、法人或其他组织。

侵权损害赔偿法律关系的内容,是指侵权行为的受害人所享有的请求加害人赔偿损失的权利和加害人所承担的赔偿受害人损失的义务。侵权损害赔偿权利的性质是请求权、相对权和财产权

侵权损害赔偿法律关系的客体是指侵权损害赔偿权利和赔偿义务共同指向的对象,即赔偿损失的给付行为。

导致侵权损害赔偿法律关系发生、变更、消灭的原因主要是侵权行为和侵权事件。侵权行为是指自然人、法人违反民事义务,侵害他人合法权益,依法应当承担侵权责任的行为,是与人的主观意志有关的法律事实。侵权事件是指虽然与人的主观意志无关,但依法律规定产生侵权损害赔偿关系变动的法律事实,如建筑物自

然倒塌、物件的坠落等。

三、侵权损害赔偿规则

（一）全部赔偿规则

1. 全部赔偿规则的概念。全部赔偿是损害赔偿的基本规则，也是侵权损害赔偿的基本规定，是指赔偿义务（责任）人承担赔偿责任的大小，应当以实际损失为依据，全部予以赔偿。侵权损害赔偿采用全部赔偿规则是由损害赔偿填补损失的功能所决定的。

全部赔偿与全额赔偿是两个相互联系且有区别的概念。前者包括了赔偿范围和赔偿数额两方面内容，后者仅指赔偿数额。前者包含了人身损害、财产损害和精神损害的赔偿范围和赔偿数额；后者只包含对财产损失的赔偿数额。精神痛苦和其他非财产损害，尽管无法用金钱来衡量，但为了维护受害人的合法权益，抚慰受害人，制裁民事违法行为，立法仍规定给予赔偿一定数量的损害赔偿金。

2. 全部赔偿规则的适用。全部赔偿规则适用时应当遵循：第一，在确定损害赔偿数额时，应当以实际损害作为标准，全部予以赔偿。确定赔偿数额，既不能以加害人的过错程度作为损害赔偿数额的依据，也不能以行为的社会危险性大小为依据，只能以实际损失为依据。但行为人的主观过错程度以及行为对损害产生的原因力大小对确定精神损害赔偿责任起重要作用。第二，全部赔偿损失包括直接损失和间接损失。间接损失只要是当事人已经预见或者能够预见的利益，并且是可以期待、必然得到的，就应当予以赔偿。第三，全部赔偿应当包括对受害人为恢复权利、减少损害而支出的必要费用的赔偿。如《反不正当竞争法》第20条规定，实施不正当竞争行为的人，应当赔偿被侵害的经营者因调查该经营者侵害其合法权益的不正当竞争行为所支付的合理费用。第四，全部赔偿所赔偿的只能是合理损失，不合理的损失不应赔偿。受害人借故增加开支、做大排场而增大赔偿范围的部分，加害人无须赔偿。

（二）损益相抵规则

1. 损益相抵规则的概念。损益相抵规则，是指赔偿请求权人基于发生损害的同一原因获得利益的，在计算赔偿额时应当予以扣除，赔偿义务人仅赔偿扣除后数额损失的规则。

2. 损益相抵规则的特征。损益相抵规则具有以下特征：第一，它是损害赔偿法的基本原则。第二，它是确定侵权损害赔偿责任范围大小及如何承担的原则。第三，依它确定的赔偿数额，是基于同一行为而产生的损害与获利之差额。第四，它应由法官依职权行使，在私力救济的场合，当事人也可参考适用。

3.损益相抵规则的构成。适用损益相抵规则应当具备以下构成要件:第一,侵权损害赔偿之债合法有效成立,这是适用本规则的前提。第二,受害人须获得利益,包括积极利益和消极利益。第三,侵权行为既是损害发生的原因,也是利益获得的原因。如果损害的发生与利益的获得不是基于同一原因,无本规则适用的余地。在以下情况下,尽管损益基于同一原因,但不适用本规则:一是第三人因同情对受害人赠与的财产;二是受慈善机构捐助或国家单位补助的财产;三是因继承而获得的财产;四是退休金、抚恤金、慰问金。

4.损益相抵规则的适用方法:第一,一般方法:赔偿数额＝实际损失－获得利益。第二,对于已经使用的财产之损失:赔偿数额＝原有价值－(原有价值÷可用时间)×已用时间－新生利益。第三,实物赔偿时,采用以下方法:退还数额＝赔偿的新物价格－(原有价值÷可用时间)×已用时间。第四,返还原物时,可采用以下方法:赔偿数额＝该物的租金＋(侵权前价值－侵权后价值)。第五,在人身损害致伤、致死一次性给付时,应采用霍夫曼计算法:设经过 n 年后,每年给付金额为 A,现在价额为 X,利率为 r,则公式为:$A = X(1 + rn)$。

(三)过错相抵规则

1.过错相抵规则的概念。过错相抵,既是侵权责任的形态之一,又是损害赔偿的规则之一。它是指在侵权行为中,行为人与受害人对于损害的发生和扩大都存在过错,确定损害赔偿数额时,以双方当事人的过错程度以及原因力大小为计算依据的规则。

2.过错相抵规则的特征。过错相抵规则具有以下特征:第一,过错相抵是双方当事人对侵权损害的发生和扩大都有过错的法律后果。第二,过错相抵规则运用的结果是减轻加害人的赔偿责任。第三,它应由法官依职权行使,在私力救济的场合,当事人也可参考适用。

3.过错相抵规则的构成。适用过错相抵规则应当具备以下构成要件:第一,受害人的过错行为是损害发生或扩大的因素之一。第二,受害人的行为须为不当。构成过错相抵,受害人的行为无须违法,只需不当即可。不当行为指为自己的利益或在伦理观念上为不当。不当行为既可以是积极行为,又可以是消极行为。第三,受害人行为时主观上存在过错。受害人的代理人对于损害的发生或扩大有过错时,视为受害人的过错。即使在加害人无过错的场合,如果受害人有过错,过错相抵规则仍有适用的余地。

4.过错相抵规则的适用。在适用过错相抵规则确定侵权损害赔偿数额时,应当根据双方当事人的过错程度以及原因力大小来进行。首先是确定过错程度,其次是确定原因力。

在确定过错时,将双方当事人的过错程度具体确定为一定比例,从而确定责任:过错比例为 91%～100% 的当事人,对损害后果负全部责任;过错比例为

51％～90％的当事人,对损害后果负主要责任;过错比例为 10％～49％的当事人,对损害后果负次要责任;过错比例不足 10％的当事人,对损害后果不负责任。确定过错比例时,应考量以下因素:(1)行为的危险性大小;(2)危险回避能力强弱;(3)注意义务的内容和标准。据此,过错轻重的标准是:(1)受害人具有故意或重大过失,加害人只有轻微过失的,加害人的过错比例为不足 10％;(2)受害人具有故意或重大过失,加害人只有一般过失的,加害人的过错比例为 10％～25％;(3)受害人具有故意,加害人有重大过失的,加害人的过错比例为 26％～49％;(4)受害人、加害人均具有故意或重大过失的,且程度相当,加害人的过错比例为 50％;(5)受害人具有重大过失,加害人有故意的,加害人的过错比例为 51％～74％;(6)受害人具有一般过失,加害人有故意或重大过失的,加害人的过错比例为 75％～90％;(7)受害人仅有轻微过失,加害人有故意或重大过失的,加害人的过错比例为 91％以上。[①]

原因力是构成损害结果的多个原因中,每一个原因行为对于损害结果发生或扩大所发挥的作用力。原因力对过错相抵规则适用的影响是相对的,因为过错相抵规则适用的主要因素是过错程度。原因力大小对过错责任范围的影响,受双方当事人过错程度的制约,主要表现在以下两个方面:一是在双方当事人过错程度无法确定时,以各自行为的原因力大小确定各自责任比例;二是在双方当事人过错程度能够确定时,各自行为的原因力大小对责任比例的确定起"微调"作用。[②]

第二节 人身损害赔偿

一、人身损害赔偿概述

人身损害赔偿,指自然人的生命健康权、身体权等人身权利受到不法侵害,致伤、致残、致死等损害后果,权利人以财产赔偿等方法进行救济和保护的侵权赔偿制度。关于人身损害赔偿数额的理算,《民法通则》没有详细规定,《国家赔偿法》《消费者权益保护法》《医疗事故处理条例》《道路交通安全法》等法律、法规对人身损害赔偿作了一些规定,而最高人民法院《关于审理人身损害赔偿案件适用法律若干问题的解释》(以下简称《人身损害解释》)则有较为详细的规定。《人身损害解释》第 17 条规定:"受害人遭受人身损害,因就医治疗支出的各项费用以及因误工减少的收入,包括医疗费、误工费、护理费、交通费、住宿费、住院伙食补助费、必要

---

① 杨立新:《侵权行为法专论》,高等教育出版社 2005 年版,第 275～276 页。
② 杨立新:《侵权行为法专论》,高等教育出版社 2005 年版,第 276～277 页。

的营养费,赔偿义务人应当予以赔偿。受害人因伤致残的,其因增加生活上需要所支出的必要费用以及因丧失劳动能力导致的收入损失,包括残疾赔偿金、残疾辅助器具费、被扶养人生活费,以及因康复护理、继续治疗实际发生的必要的康复费、护理费、后续治疗费,赔偿义务人也应当予以赔偿。受害人死亡的,赔偿义务人除应当根据抢救治疗情况赔偿本条第一款规定的相关费用外,还应当赔偿丧葬费、被扶养人生活费、死亡补偿费以及受害人亲属办理丧葬事宜支出的交通费、住宿费和误工损失等其他合理费用。"《侵权责任法》第16条规定:"侵害他人造成人身损害的,应当赔偿医疗费、护理费、交通费等为治疗和康复支出的合理费用,以及因误工减少的收入。造成残疾的,还应当赔偿残疾生活辅助器具费和残疾赔偿金。造成死亡的,还应当赔偿丧葬费和死亡赔偿金。"据此,根据对自然人人身侵害的程度,可分为一般伤害、人身伤残、死亡三种。另外,如果侵犯自然人人身权利同时造成精神损害的,其抚慰金计算,参阅本章第四节。

二、一般伤害的赔偿额理算

一般伤害,指自然人的身体、健康因受到伤害,通过治疗可以康复的侵害。加害人对一般伤害的赔偿范围包括为治疗和康复支出的合理费用,以及因误工而减少的收入。具体而言,包括医疗费、护理费、交通费、住宿费、住院伙食补助费、必要的营养费等为治疗和康复支出的合理费用,因误工而减少的收入。

（一）为治疗和康复支出的合理费用

1.医疗费。医疗费应当根据医疗机构出具的医药费、住院费等收款凭证,结合病历和诊断证明等相关证据确定,通常包括挂号费、检查费、药费、治疗费、康复费等费用项目。加害人对治疗的必要性和合理性有异议的,应当承担相应的举证责任。医疗费的赔偿数额,按照一审法庭辩论终结前,实际发生的数额确定。器官功能恢复训练所必需的康复费、适当的整容费以及其他后续治疗费,受害人可以待实际发生后另行起诉。但根据医疗证明或者鉴定结论确定必然发生的费用,可以与已经发生的医疗费一并予以计算,并由加害人赔偿。

在计算医疗费时,应注意以下两个问题:(1)医院选择问题,因为不同的医院治疗同一医病时,医疗费可能差距甚大。受害人就医时应当根据"就近适当原则"选择医院,即受害人应当选择能够治愈的、最近的医院就医。(2)侵权行为只是疾病的诱发原因时,首先应当根据相当因果关系规则确定行为与疾病发生之间是否存在因果关系,然后根据原因力大小计算加害人的损害赔偿额。

2.护理费。护理费是指受害人因受到损害导致生活不能自理,需要有人进行护理而产生的费用支出。护理费根据护理人员的收入状况和护理人数、护理期限确定。护理人员有收入的,参照误工费的规定计算;护理人员没有收入或者雇佣护工的,参照当地护工从事同等级别护理的劳务报酬标准计算。护理人员原则上为一人,但医疗机构或者鉴定机构有明确意见的,可以参照确定护理人员人数。护理期限应计算至受害人恢复生活自理能力时止。受害人因残疾不能恢复自理能力的,可以根据其年龄、健康状况等因素确定合理的护理期限。

3.交通费。交通费根据受害人及其必要的陪护人员因就医或者转院治疗实际发生的费用计算。交通费应当以医院与家庭住址之间合理的交通运送方式为准,应当以正式票据为凭;有关凭据应当与就医地点、时间、人数、次数相符合。

4.住院伙食补助费。住院伙食补助费可以参照当地国家机关一般工作人员的出差伙食补助标准予以确定。受害人确有必要到外地治疗,因客观原因不能住院,受害人本人及其陪护人员实际发生的住宿费和伙食费,其合理部分应予赔偿。

5.营养费。营养费应当根据受害人伤残情况参照医疗机构的意见确定。

(二)因误工而减少的收入

因误工而减少的收入是指受害人由于受到伤害,无法从事正常工作或者劳动而失去或者减少的工作、劳动收入。应当根据受害人的误工时间和收入状况确定。误工时间根据受害人接受治疗的医疗机构出具的证明确定。受害人有固定收入的,误工费按照实际减少的收入计算。受害人无固定收入的,按照其最近三年的平均收入计算;受害人不能举证证明其最近三年的平均收入状况的,可以参照受诉法院所在地相同或者相近行业上一年度职工的平均工资计算。

三、人身伤残的赔偿额理算

人身伤残,指对他人造成伤害经治疗不能康复而丧失或部分丧失劳动能力的伤害。加害人对人身伤残的赔偿范围包括为治疗和康复支出的合理费用,因误工而减少的收入,残疾赔偿金和残疾辅助器具费,被扶养人的必要生活费,以及因康复护理、继续治疗实际发生的必要的康复费、护理费、后续治疗费。

(一)为治疗和康复支出的合理费用

为治疗和康复支出的合理费用包括医疗费、护理费、交通费、住宿费、住院伙食补助费、必要的营养费等。

(二)因误工而减少的收入

与一般伤残相比,计算的方法和项目略有不同:(1)误工费用的计算时间是计算至定残日前一天。(2)加害人不仅需要支付住院治疗期间的护理费,而且需支付受害人因残疾不能恢复生活自理能力的护理费,护理期限可以根据其年龄、健康状况等因素合理确定,但最长不超过20年;其护理级别应当根据其护理依赖程度并结合配制残疾辅助器具的情况确定。

(三)残疾赔偿金

残疾赔偿金是受害人残疾后所特有的一个赔偿项目,其性质在理论界和司法实务界均存在很大争议:有的认为是精神损害抚慰金;有的认为是受害人未来收入的损失;有的认为既是受害人未来收入的损失,又是对其因残疾丧失的一些精神生活的赔偿。从域外立法例来看有三种:一是收入所得丧失主义,即在计算残疾赔偿金时,是以受害人受到伤害之前的收入与受到伤害之后的收入之间的差额作为赔偿额。该立法例虽然可操作性强,但其缺点是,如果受害人是无业者或者家庭主妇、儿童等无收入或低收入群体,则将不能获得或者获得很少的赔偿,这对他们非常不公平。二是生活来源丧失主义,即受害人残疾导致其生活来源丧失或者减少,侵权行为人应当赔偿受害人的生活费用,使其生活来源能够恢复。该立法例虽有一定的可操作性,但仅赔偿生活费显然过低,不利于保护受害人的利益,也起不到对侵权行为人的惩戒作用。三是劳动能力丧失主义,即侵权行为人应当对劳动能力的丧失进行赔偿,即根据劳动力价值额在残疾前与残疾后之间的差额进行计算。该立法例虽然比较符合损害发生时的实际情况,但没有考虑到受害人未来劳动能力的提高和精神生活受到损害的情况,且完全忽视了受害人的具体情况,如受教育程度、年龄、实际收入等因素。以上三种立法例,各有利弊。

我国是根据受害人丧失劳动能力程度或者伤残等级,按照受诉法院所在地上一年度城镇居民人均可支配收入或者农村居民人均纯收入标准,自定残之日起按20年计算。但60周岁以上的,年龄每增加一岁减少一年;75周岁以上的,按5年计算。受害人因伤致残但实际收入没有减少,或者伤残等级较轻但造成职业妨害严重影响其劳动就业的,可以对残疾赔偿金作相应调整。

如果受害人能够举证证明其住所地或者经常居住地城镇居民人均可支配收入或者农村居民人均纯收入高于受诉法院所在地标准的,残疾赔偿金可以按照其住所地或者经常居住地的相关标准计算。

(四)残疾辅助器具费

残疾辅助器具费是指受害人因残疾而造成身体功能全部或部分丧失后需要配制具有补偿功能的残疾辅助器具的费用。残疾辅助器具主要有义肢及其零部件、义眼、助听器、盲人阅读器、助视器、矫形器等。残疾辅助器具费按照普通适用器具的合理费用标准计算。伤情有特殊需要的,可以参照辅助器具配制机构的意见确定相应的合理费用标准。辅助器具的更换周期和赔偿期限参照配制机构的意见确定。

四、死亡的赔偿额理算

死亡赔偿是指自然人因生命权受到侵害而死亡，侵权人所承担的损害赔偿责任。侵害生命权造成受害人死亡的，其近亲属行使侵权赔偿请求权的法理依据何在？在我国存在"民事权利能力转化说""加害人赔偿义务说""同一人格代位说""间隙取得请求权说""双重受害人说"。[①]本书依据"双重受害人说"解释，即在侵害生命权的场合，存在双重受害人：一是丧失生命权的人；二是因救治、丧葬死亡的受害人而受到财产损害和精神损害的近亲属。因此，死者的近亲属的损害赔偿请求权产生的原因有二：一是通过继承，二是受侵害的事实。

加害人的侵权行为导致受害人死亡，其赔偿范围根据《民法通则》第119条的规定，除应当赔偿医疗费、因误工减少的收入等费用外，还应当支付丧葬费、死者生前扶养的人必要的生活费等费用；《消费者权益保护法》第42条、《产品质量法》第44条和《国家赔偿法》第27条规定，因侵权行为造成他人死亡的，除赔偿医疗费、护理费等费用外，还应当支付丧葬费、人身损害死亡赔偿金以及由死者生前扶养的人所必需的生活费等费用；《人身损害解释》第17条规定，受害人死亡的，赔偿义务人除应当根据抢救治疗情况赔偿医疗费、护理费、营养费等相关费用外，还应当赔偿丧葬费、被扶养人生活费、死亡补偿费以及受害人亲属办理丧葬事宜支出的交通费、住宿费和误工损失等其他合理费用；《侵权责任法》第16条规定，侵害他人造成死亡的，除应当赔偿医疗费、护理费、交通费等合理费用外，还应当赔偿丧葬费和死亡赔偿金。

《侵权责任法》的规定与以前的法律规定的死亡赔偿的项目所存在的差别在于，没有被扶养人生活费一项。而丧葬费可以解释为"受害人亲属办理丧葬事宜支出的交通费、住宿费和误工损失等其他合理费用"。加害人侵权致使受害人死亡的，其损害赔偿的项目包括：医疗费、护理费、交通费等合理费用，丧葬费和死亡赔偿金。

1.医疗费、护理费、交通费等合理费用

2.丧葬费

丧葬费是指因受害人亲属办理丧葬事宜所支出的各种费用。如受害人亲属办理丧葬事宜支出的交通费、住宿费和误工损失等。根据最高人民法院司法解释，丧葬费按照受诉法院所在地上一年度职工月平均工资标准，以六个月总额计算。

3.死亡赔偿金

在侵权责任法立法过程中，大家对如何规定死亡赔偿金的争议较大。争论的

① 杨立新：《人身权法论》，中国检察出版社1996年版，第412～414页。

焦点在于如何确定死亡赔偿对象、赔偿范围和赔偿标准。关于死亡赔偿金的赔偿的认识,我国经历了由"精神抚慰"到"物质损害赔偿"的转变。依《人身损害解释》的规定,死亡赔偿金是对"余命"的赔偿。在司法实践中,法院根据《人身损害解释》的规定,对农村居民和城市居民按不同标准支付死亡赔偿金,导致城市居民获得的死亡赔偿金比农村居民高,有的高出三至四倍,一度引发了"同命不同价"的争论。为了便于解决纠纷,使受害人及时有效地获得赔偿,对因同一侵权行为造成多人死亡的情况,《侵权责任法》第 17 条明确规定,可以以相同数额确定死亡赔偿金。

《侵权责任法》曾试图对死亡赔偿金的标准作明确规定。但是,最终考虑到实践中的人身损害死亡赔偿案件千差万别,我国各地的经济情况差异较大,个体之间的实际情况也不完全相同,情况非常复杂,法律规定的任何赔偿标准都有可能无法照顾到这些差异,都有可能引起较大争议。从域外的立法经验来看,多数国家都没有在法律中对人身损害死亡赔偿金的赔偿标准作明确规定,主要由法官在司法实践中根据具体案件自由裁量。因此我国侵权责任法对死亡赔偿金的赔偿标准没有作具体规定。

第三节　财产损害赔偿

一、财产损害赔偿概述

(一)财产损害的概念及特征

财产损害,指侵权行为的客体是侵害财产权,导致受害人遭受的损害。此处的财产包括有形财产和无形财产。财产损害的客体是财产权,该财产权既可能产生于财产(包括有形财产和无形财产),也可能产生于人身利益(如基于肖像利益而享有的财产方面的权利)。财产权遭受侵害,一般造成受害人财产上的损失,但某些侵权行为造成对有特殊纪念意义的物的侵害,不仅造成受害人财产损失,而且造成受害人精神上受到伤害。如将他人结婚照的底片曝光,不仅造成胶片这一财产受到损害,而且造成这对夫妻精神上受到伤害。因此,财产损害,主要是受害人因其财产受到侵害而造成的经济损失,对有特殊精神利益的物的损害,还存在精神损害。

财产损害具有以下特征:第一,损害是违法行为侵害财产权造成的客观后果。财产损害是侵权责任的构成要件之一,决定着侵权责任是否成立。同时,财产损害也决定了责任人的侵权损害赔偿责任是否存在,以及损害赔偿责任范围的大小。第二,财产损害是指财产的价值量的减少,价值量减少的形式可以是财产价值贬损、损失或灭失。财产损害在物理形态上,表现为财产的侵占和毁损;在价值形态上,表现为财产价值的减少。财产包括有形财产和无形财产,也包括积极财产和消极财产。第三,侵犯财产权的损害表现形式是非法占有他人财产、损毁财产和损害其他财产利益。非法占有是指侵权人非法取得财产的占有权。损毁财产指侵权行为导致他人的财产外形或内部成分发生变化,致使财产价值减少。其他财产利益损害指除所有权以外的其他财产权所受到的损害。

（二）财产损害的种类

财产损害的种类包括:(1)侵占财产。侵占财产是指以对他人所有的财产非法占有为目的,使该财产的所有人对该财产丧失占有乃至丧失所有权,如偷窃、抢夺他人财产。(2)损毁财产。损毁财产是指以对他人所有的财产进行毁损为目的,使该财产的价值或使用功能遭受破坏,甚至完全丧失。损毁财产是财产损害的典型形态。损毁财产的表现形式有"量变"和"质变"。从程度上看,损毁财产包括财产损坏和财产毁灭两种。财产损坏,责任人承担的侵权责任方式主要是以恢复原状为原则,赔偿损害为例外;财产毁灭,责任人承担的侵权责任方式以金钱赔偿为主,恢复原状为辅。(3)其他财产利益损失。其他财产利益损失是指除所有权以外的其他财产权受到损害而损失的财产利益。如侵害债权导致侵权人的财产利益受损,侵害占有权导致合法占有人的利益受损。

二、财产损害赔偿数额的理算

（一）侵害财产造成损害的赔偿数额理算

侵权人如何承担财产损害的赔偿责任,《侵权责任法》第 19 条规定,侵害他人财产的,财产损失按照损失发生时的市场价格或者其他方式计算。财产损害,无论表现为何种形式,都可以分为直接损失和间接损失。侵权人应负担的赔偿数额＝直接损失＋间接损失。侵害他人财产,造成受害人精神损害时,还包括精神抚慰金的赔偿。关于精神抚慰金的理算,本章第四节有详论。

1. 直接损失的理算

直接损失是因侵权行为导致被侵权的财产价值量的实际减少。对于直接损失,适用全部赔偿规则,《民法通则》称为折价赔偿。侵权行为致使原物灭失的,以原物价值进行赔偿;致使原物损坏的,应返还原物或恢复原状,并以原物损害之前的价值与现存价值之差额进行赔偿。

（1）原物灭失的,应按以下方法计算直接损失。

第一,直接损失的赔偿公式是:赔偿数额＝原物价格×(1－折旧率)。对该公式的说明:①该公式适用的前提是原物以使用为目的。②原物价格是指原物的原有价格还是现有价格?实践和通说都指原物的现有市场价格。如何确定原物的现有市场价格？如果原物的同类产品在市场上普遍存在,则依该同类产品的现有市场价格。如果原物价格上涨,依价格上涨是否明显决定现有价格:在价格上涨不明显或没有上涨甚至下跌时,以原物灭失时的市场价格计算;价格明显上涨时,以赔偿时的市场价格计算。如甲盗窃乙的捷达牌小轿车,导致原车难以返还的情况下,设2005年购买的价格是12万元,2009年10月1日被盗时在市场上与该车同型号的价格为9万元,2010年3月3日法院判决赔偿时为8.5万元,则法院应当认定,原物的现有市场价格为9万元。如果原物的同类产品在市场上不存在或难以买到,则不适用上述计算方法。我们认为,如果损害的物品属贵重物品,如是某款厂家已经停产的车型,应由相应的价格评估机构对该物进行合理估价,以该估价为原物价格。如果损害的物品不属于贵重物品,应由双方当事人自由协商合理估价,以该估价为原物价格。③折旧率。如果有固定折旧率的,以该折旧率计算;没有固定折旧率的,依经验公式(折旧率=已用时间÷可用时间,该公式不考虑折旧率的实际变动,多数情况下折旧率是递减的)计算。

第二,如果原物不是以使用为目的,如徐悲鸿的某画、稀有邮票等。如果损害的物品系贵重物品,应由相应的价格评估机构对该物进行合理估价,直接损失就是该估价;如果损害的物品不属贵重物品,应由双方当事人通过协商,对该物进行合理估价,直接损失就是该估价。

(2)原物损坏的,应按以下公式计算直接损失:赔偿数额＝原物灭失的赔偿数额－原物的残留价值。对该公式的说明:①该公式适用的前提是原物残留价值由受害人保有,否则赔偿数额依原物灭失的计算方法计算。②原物灭失的赔偿数额计算方法同(1)。③原物的残留价值由双方当事人协商确定,不能协商确定的,可以由双方协商的价格评估机构的评估价格确定,也可以由法官合理确定。

2.间接损失的理算

间接损失是因侵权行为导致受害人可得利益的减少。"间接损失"是未来的、一定范围内的可得利益,且具有实际意义。间接损失是违法行为对处于增值状态中的财产侵害的结果。人们用于生产经营的财产就是处于增值状态中的财产,仅用于消费的财产是不会增值的。《民法通则》第117条第3款规定的"其他重大损失",就是指间接损失。

在间接损失的计算过程中,应当注意以下三个问题:一是财产的损害本身不是间接损失,而是直接损失;二是被侵害的财产一定处于生产、经营的状态中;三是计算间接损失时,不能再计算受害人停产的误工工资,因为这两项是同一性的损失。①

(1)在持续性增值场合,间接损失的计算公式:间接损失＝单位时间增值效益

---

① 杨立新:《侵权行为法专论》,高等教育出版社2005年版,第363页。

×时间。对本公式的说明：本公式中的"时间"，是指实际影响到财产增值的时间；如甲侵害乙经营的出租车，致使乙 10 天没有运营，乙为使自己情绪平静休息了 2 天。实际影响财产增值的时间是 10 天，而不是 12 天。

本公式中的"单位时间增值效益"，根据情况采用以下方法确定：①平均收益法，即计算出受害人在受害之前一定时间里的单位时间平均收益值，即单位时间增值效益＝一定时间内总增值÷该时间。如甲的侵权行为致使乙 10 天没有运营出租车，乙的单位时间增值效益＝上一年度运营出租车的总收入÷365（或 366）。使用平均收益法时应注意，受害之前一定时间，不宜过短，因为有些领域的财产增值存在季节性。②同类比照法，即条件相同或基本相同的同类生产、经营者，以其为对象，计算该人在同等条件下的平均收益值，作为受害人损失的单位时间增值效益的数额，按此数额确定受害人的单位时间增值效益。使用这种计算方法要注意同等条件，如同等劳力、同等财产、同等生产经营等因素，条件越接近，计算越准确。③综合法，即将以上两种方法综合使用，计算结果更趋准确。[①]

（2）在一时性增值场合，间接损失的计算公式：间接损失＝可得价值－原物价值。本公式主要适用于流通领域。如甲向乙购买西瓜 10000 千克，每千克 1 元；后与丙、丁等人签订合同，以每千克 1.2 元将西瓜售出。因戊的过错行为致使甲的 10000 千克西瓜全部溃烂，则甲的直接损失＝1 元/千克×10000 千克＝10000 元；甲的间接损失＝1.2 元/千克×10000 千克－1 元/千克×10000 千克＝2000 元。

（二）侵害人身权益造成财产损害的理算

侵害他人人身权益造成财产损害的，根据《侵权责任法》第 20 条的规定，按照被侵权人因此受到的损失赔偿；被侵权人的损失难以确定，侵权人因此获得利益的，按照其获得的利益赔偿；侵权人因此获得的利益难以确定，被侵权人和侵权人就赔偿数额协商不一致，向人民法院提起诉讼的，由人民法院根据实际情况确定赔偿数额。

就引例而言，该案是因失火造成原告的财产损失，根据《侵权责任法》第 19 条的规定，侵害他人财产的，财产损失按照损失发生时的市场价格或者其他方式计算。被告根据公安消防部门认定的损失，不能作为赔偿损失的依据。因为公安消防部门作为处理火灾事故的法定主管部门，其主要职责是预防、消灭火灾，分析火灾原因，认定火灾事故责任。它在火灾事故责任书中核定火灾损失，是出于管理的目的划分火灾事故的大小、等级。原告委托的市房屋鉴定勘测设计院和市价格认证中心对原告因火灾造成的直接财产损失进行鉴定，确定原告厂房毁损部分的财产损失为 6920700 元。而该损失是按照损失发生时的市场价格计算，应该依法予以认定。

---

① 杨立新：《侵权行为法专论》，高等教育出版社 2005 年版，第 363 页。

第四节　精神损害赔偿

一、精神抚慰金赔偿概述

加害人的侵权行为致使受害人受到的不仅是人身损害,而且受到精神损害,或者造成死者近亲属受到精神损害,加害人是否应当以金钱的方式向精神受损害者表示抚慰? 在我国,2001 年 3 月 10 日最高人民法院《关于确定民事侵权精神损害赔偿责任若干问题的解释》(以下简称《精神损害解释》)实施前,学界存在争议,但在诉讼实务中经常有法院作出支持原告精神抚慰金的诉讼请求。《精神损害解释》实施后,学界观点获得了空前统一,即肯定精神抚慰金赔偿。法律设立精神抚慰金赔偿制度的目的在于加强对民事主体人格权的保护。《民法通则》第 120 条规定:"公民的姓名权、肖像权、名誉权、荣誉权受到侵害的,有权要求停止侵害,恢复名誉,消除影响,赔礼道歉,并可以要求赔偿损失。"有学者认为,该条在立法上羞羞答答地肯定了精神抚慰金赔偿。《人身损害解释》第 18 条第 1 款之规定明确肯定精神抚慰金赔偿。《精神损害解释》在一定程度上解决了两个问题,即精神损害的范围和精神抚慰金的赔偿标准。《侵权责任法》第 22 条规定,侵害他人人身权益,造成他人严重精神损害的,被侵权人可以请求精神损害赔偿。

精神损害赔偿尽管是因侵害人身权益或某些特殊物品而产生的,但其性质是财产赔偿责任。根据有三:第一,精神损害赔偿包括赔偿损失、停止侵害、恢复名誉、消除影响和赔礼道歉,但其中最主要、最基本的救济方式是赔偿损失。第二,精神损害赔偿具有补偿、惩罚、抚慰等功能,但是作为财产赔偿,其基本功能是填补损害。第三,《侵权责任法》第 22 条规定造成他人严重精神损害的,被侵权人可以请求精神损害赔偿。《精神损害解释》第 18 条第 1 款明确规定精神抚慰金赔偿,即精神损害赔偿就是精神抚慰金赔偿,其性质自然是财产赔偿责任。

二、精神抚慰金赔偿请求权人

精神抚慰金的请求权人,只能是自然人,法人或其他组织不得请求精神损害赔偿。民法学界尽管对此争议很大,但《精神损害解释》第 5 条规定,显然否定了法人或其他组织的抚慰金请求权:"法人或者其他组织以人格权利遭受侵害为由,向人民法院起诉请求赔偿精神损害的,人民法院不予受理。"

精神抚慰金的请求权,由受害人本人行使,不得让与或者继承。但赔偿义务人已经以书面方式承诺给予金钱赔偿,或者赔偿权利人已经向人民法院起诉的除外。

自然人的生命权受到侵害,致使自然人死亡,其近亲属可请求加害人赔偿精神抚慰金。近亲属是指死者的配偶、父母和子女;没有以上近亲属的,也可以是其他近亲属,如祖父母、外祖父母、兄弟姐妹等。

三、精神抚慰金赔偿的范围

精神损害范围,指自然人哪些权利受到非法侵害,加害人应当支付精神抚慰金。根据《民法通则》《婚姻法》《侵权责任法》《人身损害解释》以及《精神损害解释》等相关规定,精神抚慰金赔偿的范围包括侵权自然人的人格权、身份权以及特殊之物。

(一)人格权

根据《民法通则》及《精神损害解释》等相关规定,自然人的生命权、健康权、身体权、姓名权、肖像权、名誉权、荣誉权、人格尊严权、人身自由权以及隐私权等人格权遭受非法侵害时,造成受害人精神上受到伤害,加害人应当赔偿精神抚慰金。如果加害人以违反社会公共利益、社会公德侵害他人隐私或者其他人格利益,也应当赔偿精神抚慰金。

自然人的生命权受到侵害,致使自然人死亡,其近亲属可请求加害人赔偿精神抚慰金。近亲属是指死者的配偶、父母和子女;没有以上近亲属的,也可以是其他近亲属,如祖父母、外祖父母、兄弟姐妹等。《精神损害解释》规定,在以下情况下,加害人也应当赔偿精神抚慰金:(1)以侮辱、诽谤、贬损、丑化或者违反社会公共利益、社会公德的其他方式,侵害死者姓名权、肖像权、名誉权、荣誉权;(2)非法披露、利用死者隐私,或者以违反社会公共利益、社会公德的其他方式侵害死者隐私;(3)非法利用、损害遗体、遗骨,或者以违反社会公共利益、社会公德的其他方式侵害遗体、遗骨。

(二)身份权

我国著名民法学家梁慧星先生,通过对民法人身权制度的历史考察后认为,自罗马法以来,民法人身权制度的发展,呈现出两种截然相反的趋势:一方面是身份权日益萎缩,另一方面是人格权日益膨胀。我国不存在以支配为内容的身份权制度。[①] 更多的学者认为,身份权是由一定的身份关系所产生的权利。它并不是对他人的支配权利,而是以法律上的人格平等为前提和基础。现代民法上的身份权概念与传统的以支配为内容的身份权概念相比,发生了实质性变化。[②] 因此,加害人侵害他人基本身份关系而产生的身份权,造成他人精神伤害的,应当承担精神抚

---

① 梁慧星:《人身权研究》,载梁慧星:《中国民法经济法诸问题》,中国法制出版社 1999 年版,第 40 页以下。

② 王利明等:《人格权法》,法律出版社 1997 年版,第 10~11 页。

慰金赔偿责任。

根据《婚姻法》的相关规定,非法破坏他人之间的亲子关系、亲属关系或夫妻关系,加害人应当赔偿精神抚慰金。如《精神损害解释》第2条规定,非法使被监护人脱离监护,导致亲子关系或者近亲属间的亲属关系遭受严重损害,监护人有权请求赔偿精神抚慰金。最高人民法院《关于适用〈中华人民共和国婚姻法〉若干问题的解释(一)》第28条规定:"婚姻法第四十六条规定的'损害赔偿',包括物质损害赔偿和精神损害赔偿。涉及精神损害赔偿的,适用最高人民法院《关于确定民事侵权精神损害赔偿责任若干问题的解释》的有关规定。"

(三)特殊之物

特殊之物,指具有人格象征意义的特定纪念物品以及所有权人对该物存在特殊感情的物品,比如初恋的信件,结婚照片,结婚典礼的录影带,骨灰,尸体等等特殊之物。根据《精神损害解释》第4条之规定,具有人格象征意义的特定纪念物品,因侵权行为而永久性灭失或者毁损,物品所有人有权要求加害人予以赔偿精神抚慰金。

四、精神抚慰金的计算

精神损害本质上是受害人对痛苦的主观感受,法律责令加害人赔偿抚慰金的目的,一方面是保护受害人的合法权益,以金钱的方式抚慰受害人心灵上的痛楚,填补其精神上的伤害;另一方面是对加害人的不法行为予以适度的惩罚。因此,在计算抚慰金数额时,应着眼于受害人。与财产损害赔偿金相比,精神抚慰金的计算有其明显的特点:(1)浓厚的主观性。因精神上的痛苦是受害人主观上的感受,没有为人容易辨识的外在客观表现特征,难以用金钱衡量,因此在计算精神抚慰金时,具有明显的、浓厚的主观性。(2)抚慰金额的不确定性。(3)抚慰金计算无客观标准性。(4)抚慰金的计算方法多样性。正因为抚慰金计算时所具有的上述特点,导致各国无法在立法上规定抚慰金的计算方法。我国也个例外,最高人民法院的《精神损害解释》第10条规定了影响法院确定精神抚慰金数额的因素。这些因素包括:(1)侵权人的过错程度,法律另有规定的除外;(2)侵害的手段、场合、行为方式等具体情节;(3)侵权行为所造成的后果;(4)侵权人的获利情况;(5)侵权人承担责任的经济能力;(6)受诉法院所在地的平均生活水平。

根据法院裁断精神损害赔偿案的实践,精神损害抚慰金的算定,由法官根据《精神损害解释》第10条规定的影响法院确定精神抚慰金数额的因素,综合各项精神损害的赔偿数额,酌情确定精神抚慰金总额。具体做法是,法官将案件情况根据加害人的过错程度、精神伤害的后果、侵权人获利情况、侵害的具体情节、侵权人承担责任的经济能力和当地的平均生活水平,首先按照当地精神损害抚慰金的一般限额,分成低、中、高三个档次,并在考虑加害人的过错程度、精神伤害的后果、侵权人获利情况三个因素的基础上确定适用哪个档次;然后再按其他侵害的具体情节、侵权人承担责任的经济能力和当地的平均生活水平三个因素在该档次幅度范围内上下浮动;最后确定具体的精神抚慰金的赔偿数额。

五、支付方式

根据《人身损害解释》的相关规定,物质损害赔偿金与精神抚慰金原则上应当一次性给付。《侵权责任法》第 25 条对此支付方式再次肯定:"损害发生后,当事人可以协商赔偿费用的支付方式。协商不一致的,赔偿费用应当一次性支付;一次性支付确有困难的,可以分期支付,但应当提供相应的担保。"如果加害人请求以定期金方式给付,法院可以满足其请求,但应当责令加害人提供相应的担保。法院可以根据赔偿义务人的给付能力和提供担保的情况,确定以定期金方式给付相关费用。但一审法庭辩论终结前已经发生的费用、死亡赔偿金以及精神抚慰金,应当一次性给付。

👉 **司法考试真题链接**

1. 周某从迅达汽车贸易公司购买了 1 辆车,约定周某试用 10 天,试用期满后3 天内办理登记过户手续。试用期间,周某违反交通规则将李某撞成重伤。现周某困难,无力赔偿。关于李某受到的损害,下列哪一表述是正确的?(2011 年司法考试真题)

    A. 因在试用期间该车未交付,李某有权请求迅达公司赔偿

    B. 因该汽车未过户,不知该汽车已经出卖,李某有权请求迅达公司赔偿

    C. 李某有权请求周某赔偿,因周某是该汽车的使用人

    D. 李某有权请求周某和迅达公司承担连带赔偿责任,因周某和迅达公司是共同侵权人

2. 甲为父亲祝寿宴请亲友,请乙帮忙买酒,乙骑摩托车回村途中被货车撞成重伤,公安部门认定货车司机丙承担全部责任。经查:丙无赔偿能力。丁为货车车主,该货车一年前被盗,未买任何保险。关于乙人身损害的赔偿责任承担,下列哪一选项是正确的?(2010 年司法考试真题)

    A. 甲承担全部赔偿责任

    B. 甲予以适当补偿

    C. 丁承担全部赔偿责任

    D. 丁予以适当补偿

3.小牛在从甲小学放学回家的路上,将石块扔向路上正常行驶的出租车,致使乘客张某受伤,张某经治疗后脸上仍留下一块大伤疤。出租车为乙公司所有。下列哪些选项是错误的?(2008年司法考试真题)

    A.张某有权要求乙公司赔偿医药费及精神损害

    B.甲小学和乙公司应向张某承担连带赔偿责任

    C.张某有权要求甲小学赔偿医疗费及精神损害

    D.张某有权要求小牛的监护人赔偿医疗费及精神损害

第十九章　法律特别规定的
侵权责任

【引　例】

　　2004 年 6 月 15 日,四川省成都市某临街小百货店的老板魏某准备回家吃午饭,刚刚迈出店门,突然就有一个东西砸在头上,疼得他大叫起来,赶紧用手捂住头部,鲜血从指缝中流了出来。他的妻子和儿子急忙上前扶住,发现其头部被砸伤。同时发现,"肇事者"原来是从楼上掉下来的一只圆盘大小的乌龟。魏某的小百货店在小区的一楼,上面还有 2 到 7 层是居民住宅,乌龟肯定是住在 2 至 7 层的居民在阳台上饲养的,是从上面掉下来的。魏某的儿子拿着乌龟从 2 楼找到 7 楼敲门让邻居认领,但是这些邻居均不承认自己饲养乌龟。报警后,魏某表示,希望养龟的住户能够自觉承认,承担责任,如果无人承认,他将向 2 至 7 楼的居民集体索赔。

　　法律特别规定的侵权责任是指《侵权责任法》特别列出的侵权责任类型。它通常表现为当事人基于与自己有关的行为、物件、事件或者其他特别原因致人损害而应承担的民事责任。

第一节　责任主体特殊的侵权责任

　　立法机关制定侵权责任法的过程中,曾经发生过是否将国家机关及其工作人员违法行使职权造成他人损害的侵权责任纳入本法的争议。最终的结果是国家机关及其工作人员的职务侵权责任排除在侵权责任法的范围之外,由国家赔偿法去调整。侵权责任法与民法通则及最高人民法院相关司法解释相比,增加了"网络侵权责任""违反安全保障义务的责任"等。

一、监护人责任

（一）监护人责任的概念及性质

1.监护人责任的概念。监护人责任指无民事行为能力人或限制民事行为能力人造成他人损害,由其监护人所承担的损害赔偿责任。由于无民事行为能力人或限制民事行为能力人不能认识或不能完全认识自己的行为并加以控制,为了保护其利益,在法律上设置了监护人制度。在监护人管教不严的情况下,被监护人实施了不法侵害他人行为并造成损害的,由监护人承担民事赔偿责任。

2.监护人责任的性质。监护人承担的责任是替代责任还是补充责任,学者对此多有争议。从法律条文看,既有替代责任的性质(《侵权责任法》第 32 条规定,无民事行为能力人、限制民事行为能力人造成他人损害的,由监护人承担侵权责任。监护人尽到监护责任的,可以减轻其侵权责任),又有补充责任的性质(该法第 33 条规定,有财产的无民事行为能力人、限制民事行为能力人造成他人损害的,从本人财产中支付赔偿费用。不足部分,由监护人赔偿)。监护人承担民事责任的过程应当是:首先,法院应当查明被监护人是否有财产,如果有财产,则从被监护人的财产中支付赔偿费用,不足部分由监护人承担;如果没有财产,全部赔偿责任由监护人承担。因此,从操作程序上看,监护人责任是补充性的替代责任。

3.当事人。在监护人责任中,涉及两个法律关系,即监护法律关系、侵权法律关系;存在三个主体,即监护人、被监护人、受害人。行为人是被监护人,责任人是监护人,赔偿请求权人是受害人。赔偿请求权一般由受害人向监护人行使。

(二)监护人责任的基本规则

1.归责原则。监护人责任适用何种归责原则,学理上多有争议,概括而论主要有四种:一是他人行为说,认为监护人的赔偿责任,是对他人的侵权行为承担的责任,它属无过错责任范畴。二是本人行为说,认为监护人的赔偿责任,是基于其因故意或过失违反监护职责行为而承担的责任,所以,它属于过错责任的范畴。三是中间责任说,认为监护人的赔偿责任,从客观条件上说是对他人的侵权行为负责,而从主观上说是对自己的行为负责,所以其责任的成立不以过错为要件,但如果监护人能证明其未疏于监护则予以免责。四是结合责任说,有的学者认为,是不纯粹的过错责任与不纯粹的无过错责任的结合;有的学者认为,是过错责任与公平责任的结合;有的学者认为,是过错责任与无过错责任的结合;还有的学者认为是过错责任、过错推定责任与公平责任的结合。无论以哪一种方式结合,都不是单一归责原因。[1] 有学者认为,从《民法通则》第 133 条确立的"保护被监护人利益"的规范目的看,我国民法上应当采用过错推定责任。衡量过错的标准是"监护人是否尽到监督义务"。借鉴欧洲国家的理论,监护人的监督义务应该随着未成年人的年龄增大而减轻,或随着精神病人的病情加重而加重。[2]

---

[1] 房绍坤:《民商法问题研究与适用》,北京大学出版社 2002 年版,第 451~452 页。

[2] 兰仁迅:《监护人责任归责原则研究》,载《广西政法管理干部学院学报》2004 年第 4 期。

2.免责事由。监护人对被监护人的侵权行为承担赔偿责任是否存在免责事由？根据《侵权责任法》第 32 条、第 33 条的规定，结果不无疑问。从实践的处理情况看，受害人过错、第三人过错、不可抗力、正当防卫和紧急避险均应是监护人责任的免责或减责事由。

（三）监护人责任的特殊规则

原则上，侵权行为实施时年满 18 周岁的行为人应当承担侵权责任。但是，依我国现行的教育制度和社会实际情况，刚年满 18 周岁的人一般在求学，多数没有独立的经济收入，行为人无法自己承担损害赔偿责任。基于此，实践中经常采用由父母亲垫付或延期给付。

二、用人单位责任

（一）用人单位责任概述

1.用人单位责任的概念。劳动者在劳动的过程中，可能发生损害赔偿关系的情况主要有四种：一是第三人对劳动者的损害，二是用人单位对劳动者的损害，三是劳动者对用人单位的损害，四是劳动者对第三人的损害。用人单位责任在此专指第四种情况。用人单位责任，是指劳动者在执行劳动合同约定义务过程中造成他人损害，由其用人单位所承担的民事赔偿责任。《侵权责任法》第 34 条规定了用人单位责任："用人单位的工作人员因执行工作任务造成他人损害的，由用人单位承担侵权责任。劳务派遣期间，被派遣的工作人员因执行工作任务造成他人损害的，由接受劳务派遣的用工单位承担侵权责任；劳务派遣单位有过错的，承担相应的补充责任。"用人单位对其劳动者的职务侵权行为承担责任的理由是用人单位与劳动者之间存在特定关系，表现为：一是两者之间具有特定的人身关系，即劳动者在工作期间，其行为受用人单位的意志支配或约束；二是用人单位与劳动者致人损害之间存在特定的因果关系，即损害事实与用人单位的选任劳动者不当、疏于监督和管理等行为之间具有一定的因果关系；三是两者之间有特定的利益关系，即劳动者在工作期间所实施的职务行为，直接为用人单位创造经济利益以及其他物质利益，劳动者从中获得报酬。

2.用人单位责任的性质与追偿权。用人单位因劳动者的侵权行为而承担民事责任，如果根据《人身损害解释》第 9 条规定来确定用人单位责任的性质，则在雇员不存在故意或重大过失情况下是替代责任；在雇员存在故意或重大过失情况下是不真正的连带责任；如果根据《侵权责任法》第 34 条的规定来确定用人单位责任的性质，则是用人单位替代责任。

3.当事人。在用人单位责任中，涉及两个法律关系，即劳动法律关系和侵权法律关系;存在三个主体,即用人单位、劳动者和受害人。赔偿请求权一般由受害人向用人单位行使。

(二)用人单位责任的基本规则

1.归责原则。用人单位责任的归责原则是过错责任、过错推定责任还是无过错责任? 通说认为系过错推定责任,即用人单位必须证明其无过错,才不承担此责任。如何判定用人单位无过错? 一般认为,用人单位在选任、管理及监督其员工执行职务时如果已尽相当的注意义务,即无过错,且必须就此负举证责任。用人单位责任采过错推定责任原则的理由在于:一是《民法通则》第 106 条第 3 款规定,没有过错,但法律规定应当承担民事责任的,应当承担民事责任。既然《民法通则》中没有规定用人单位承担无过错责任,就不能认定它承担无过错责任。二是若采无过错责任原则,易造成劳动者养成怠惰、疏忽大意等疏于职守的恶劣习惯。采用过错推定原则,加重用人单位的举证责任,可以促使用人单位精于选任、监督,勤于管理、教育,促使雇员忠于职守。不过,从《侵权责任法》第 34 条规定的内容分析,用人单位承担的是无过错责任。两者相比较,采用过错责任似乎更妥当些。

2.如何确定用人单位责任。(1)确定用人单位地位,即行为人与责任人之间是否存在劳动法律关系,主要从以下几方面判断:双方有无劳动合同,劳动者有无从用人单位获取报酬,劳动者有无提供劳务,劳动者是否接受用人单位的监督。如酒店与其厨师、送货员之间的关系。(2)劳动者致人损害时是否在执行职务,这是用人单位承担替代责任的决定性因素。如何判定劳动者是否在执行职务,学说上有主观说和客观说。主观说又有雇员主观说和雇主主观说。雇员主观说认为以雇员的主观愿望为标准,只要雇员主观上是以执行职务为意愿,为了雇主谋利益而为之,即使超出了雇主的指示范围,其行为应认定为执行职务的行为;雇主主观说认为,以雇主的主观意思确定职务范围,雇员只有在雇主指示办理事务的范围内,才能认定为执行职务的行为,否则为个人行为。客观说认为,应以行为的外在表现形态为标准,如果行为在客观上表现为与雇用人指示办理的事件要求相一致,应当认定为执行职务的行为。雇员主观说体现了"保护弱者"的法学思潮,本书采雇员主观说。超越职责的行为、擅自委托行为、违反禁止行为、借用机会办私事行为等行为不是执行职务的行为。《人身损害解释》第 9 条第 2 款规定,雇佣活动是指从事雇主授权或指示范围内的生活经营活动或其他劳务活动。根据雇员主观说对该条款的理解,即雇员的行为超出授权范围,只要雇员主观认为是从事雇佣活动的行为,且其行为表现形式是履行职务或者与履行职务有内在联系的,应当认定为"从事雇佣活动"。(3)劳动者执行职务行为侵害了他人合法权益,即劳动者执行职务的行为符合相应的侵权责任构成要件:①行为具有违法性;②他人客观上存在损害;③劳动者的职务行为与损害后果之间存在因果关系;④劳动者在执行职务行为时存在过错。工作人员在执行职务时主观上存在过错,通常表现为行为时违反注意义务而具有过失。如某运输公司委派甲司机将货物运往目的地,甲司机违章行驶造成乙损害。再如某商场明确指示,保安人员对涉嫌偷窃的人进行盘查,必要时进行搜身。保安人员甲在盘查涉嫌偷窃的乙时,强行对乙搜身,甲实施侵害乙权利的行为时,是否有过错？答案是肯定的。原因是甲强行对乙搜身时,应当预见到自己行为的结果而没有预见,或者虽然预见却轻信这种结果可以避免("有事商场顶着")。

根据《侵权责任法》第 34 条第 2 款的规定,劳务派遣期间,被派遣的工作人员因执行工作任务造成他人损害的,由接受劳务派遣的用工单位承担侵权责任;劳务派遣单位有过错的,承担相应的补充责任。

三、个人劳务关系中的责任

（一）个人劳务关系中的责任概述

个人之间的劳务关系是指一方自然人提供劳务,对方自然人接受劳务并依约支付报酬的民事权利义务关系。现代社会分工越来越细,生活节奏越来越快,人越来越繁忙。个人的部分事务可能需要交由他人打理,如教育小孩、做家务、搬家等个人事务或家庭事务交由他人去做,由此个人之间形成劳务关系的情况越来越多,个人劳务关系中的伤害事件也越来越多。为了适应和解决个人劳务关系中的伤害事件所产生的纠纷,《侵权责任法》第 35 条规定,个人之间形成劳务关系,提供劳务一方因劳务造成他人损害的,由接受劳务一方承担侵权责任。提供劳务一方因劳务自己受到损害的,根据双方各自的过错承担相应的责任。个人劳务关系中的责任,是指在个人之间的劳务关系中,提供劳务一方因劳务而造成他人损害而产生的民事赔偿责任。

劳务关系与劳动关系虽然有很多相似之处,但两者之间存在很多差别,主要表现在:(1)前者主要由民法通则和合同法进行规范和调整,后者主要由劳动法规范和调整。(2)前者主要发生在自然人与自然人之间,后者主要发生在自然人与用人单位之间。(3)前者不存在隶属关系,后者的劳动者与用人单位之间存在隶属关系。(4)前者中接受劳务一方没有必要为提供劳务一方缴纳社会保险,后者中用人单位必须为劳动者缴纳社会保险。(5)前者任何一方都可以任意解除合同,后者任何一方均不得随意解除合同。(6)前者的报酬完全由双方当事人约定,但不得低于当地的最低工资标准;后者的工资或报酬虽由双方约定,但应遵循按劳分配、同工同酬、不得低于最低工资标准的原则。

（二）个人劳务关系中的责任的构成要件

个人劳务关系中的责任应当具备以下条件:

1.双方当事人之间存在个人劳务关系。即提供劳务一方是自然人,接受劳务一方也是自然人,且双方通过民事合同建立个人劳务关系。

2.提供劳务一方所提供的劳务存在瑕疵,且第三人因该瑕疵劳务受到损害。这里需要讨论的问题是第三人是否包括接受劳务的家庭成员?如保姆虐待小孩,造成小孩人身受到损害的,难道由接受劳务一方的父母承担侵权责任?再如,张三雇李四为其专职驾驶员,李四驾车送张三儿子上学路途中因违章造成儿子受伤,难道由接受劳务一方的张三承担侵权责任?因此,本书认为《侵权责任法》第35条规定的"他人"不应包括接受劳务一方的家庭成员。如果因瑕疵劳务造成提供劳务者自己受到损害的,则根据双方各自的过错承担相应的责任。

四、网络侵权责任

(一)网络侵权责任概述

随着计算机应用及通信技术的发展,网络已经辐射到社会各个领域,互联网的广泛应用改变了人们的生活与生产方式,网络成为人们日常生活中不可或缺的工具。与此同时,利用网络侵犯他人民事权益的现象也日益增多。一方面,由于网络的匿名性、分散性、广泛性等特点,受害人很难找到侵权人,维权成本很高,因此很多人要求网络服务提供者承担侵权责任。另一方面,网络上存在的信息是海量的,网络服务提供者无法对所有信息一一审查,要求其对所有侵权信息承担责任也是不公平的。因此,网络环境下产生的侵权责任如何分担,是法学界所思考的问题。

1.网络侵权及其特征。网络侵权是指发生在互联网上的各种侵害他人合法民事权益的行为,它不是侵害某种特定权益的具体侵权行为,也不属于在构成要件方面具有某种特殊性的特殊侵权行为,而是泛指发生在网络环境中的侵权行为。与传统侵权行为相比,具有以下特征:(1)侵权主体匿名性。由于网络空间的开放性,每天有大量信息上传到网络,包括各种侵权信息,而我国目前并没有实行网络实名制,侵权人很容易隐藏其真实身份。(2)侵害对象的广泛性和特殊性。网络侵权对象已不仅包括传统领域,还包括网络著作权、网络虚拟财产等新领域。(3)损害后果的难以判断性。网络信息的便捷性和传播的迅速性,导致网络侵权的损害后果难以判断。(4)管辖的难以确定性。确定网络侵权案件的管辖法院非常困难,原因是全球网络终端通过互联网共同组成了一个瞬间连接的交互式网络,网络传播不受地域限制的特征和网站之间的无限链接以及加害行为实施地和损害结果地的认定十分困难,使得管辖法院的确定也十分困难。

2.网络侵权责任的概念。网络侵权责任是指网络用户、网络服务提供者利用网络侵害他人合法民事权益所应承担的侵权责任。在侵权责任法起草过程中,参与起草工作的人对网络服务提供者的具体含义存在争议,争议的焦点在于除技术服务提供者外,是否包括内容服务的提供者?本书采用广义的观点,即网络服务提供者是指技术服务提供者和内容服务提供者。

3.网络侵权责任的构成要件。网络侵权责任的构成要件有二:一是网络用户或网络服务提供者侵害了他人合法权益。这是根据一般侵权责任构成要件来判定的。二是侵权人利用网络进行侵权。

(二)网络侵权责任的形式

根据《侵权责任法》第36条第2款规定的"通知与取下程序"和第3款规定,网络服务提供者知道网络用户利用其网络服务侵权或者在接到被侵权人的侵权通知后,必须采取删除、屏蔽、断开链接等必要措施,否则,与实施侵权行为的网络用户承担连带责任。

在起草过程中,曾出现过网络服务提供者"明知"还是"知道"网络用户利用网络侵权的争议。对此,立法机关进行了深入调查后认为:其一,要求被侵权人证明网络服务提供者具有"明知"的主观状态,难度太大,可能使得网络服务提供者逃脱责任,这显然不符合制定本条规定的本意。其二,虽然网络上的信息是海量的,侵权信息混杂其中,难以逐一辨别,但有些侵权信息是可以通过技术措施进行控制的,某些领域的过滤技术已经比较成熟,而且运用这种技术不会给网络服务提供者在经济上造成过重的负担。目前,很多网站正在以技术措施加人工审查的方式对网络用户上传的信息进行过滤,取得了很好的效果。其三,网络上的某些侵权事实已为社会大众所共知,如盗版音乐、盗版影视作品、明显具有恶意攻击意图的文章广泛传播,但很多网络服务提供者却视而不见,甚至以此获得高额利润,长此以往,不利于净化网络环境,也不利于培育行业道德规范,更不利于网络行业的正常发展。其四,要求网络服务提供者在过错而不仅在故意的情形下承担侵权责任,符合其他国家和地区的发展趋势以及国际惯例,并没有给我国网络服务提供者施加过重的义务。基于这些考虑,立法机关将二次审议稿中的"明知"修改为"知道"。①

五、违反安全保障义务的侵权责任

(一)安全保障义务的概念

安全保障义务是指宾馆、商场、银行、车站、娱乐场所等公共场所的管理人或者群众性活动的组织者,所负有的在合理限度范围内的保护他人人身和财产安全的

---

① 佚名:《侵权责任法解读第三十六条:网络侵权责任》,http://www.qinquan.info/814v.html,下载日期:2010年6月1日。

义务。要理解该概念,须注意以下问题:

第一,承担安全保障义务的主体范围。《人身损害解释》第6条规定承担安全保障义务的主体范围是"从事住宿、餐饮、娱乐等经营活动或者其他社会活动的自然人、法人、其他组织"。《侵权责任法》既以人为本,对社会生活中可能发生危险的场所或活动,要求行为人履行必要的防范损害发生义务,以充分保护广大人民群众的人身和财产安全,又考虑我国国情,从促进社会和谐稳定的目的出发,避免盲目地扩大安全保障义务人的范围,通过第37条对安全保障义务主体范围作了规定:"宾馆、商场、银行、车站、娱乐场所等公共场所的管理人"和"群众性活动的组织者"。公共场所既包括以公众为对象进行商业性经营的场所,也包括对公众提供服务的场所,如机场、码头、公园、餐厅等地。群众性活动是指法人或者其他组织面向社会公众举办的参加人数较多的活动,如体育比赛,演唱会,音乐会,展览、展销会,游园、灯会、庙会、花会、焰火晚会,人才招聘,现场开奖的彩票销售等活动。

第二,安全保障义务保护的对象。安全保障义务所保护的对象,在侵权责任法第37条中没有明确规定,实践中哪些人属于保护对象应根据具体情况来判断。而学说上认为,安全保障义务的保护对象,应与安全保障义务人之间存在一定的关系。

第三,安全保障义务的内容和判断标准。由于安全保障义务人的范围很广,保护对象又不特定,不同义务人对于不同保护对象所负的安全保障义务也不完全相同,因此,侵权责任法对安全保障义务的内容和判断标准均未规定。实践中在确定安全保障义务的内容和义务人是否尽到义务的判断标准时,应考虑以下因素:所在行业的普遍情况或者举行此类活动通常采取的安全保障措施,所在地区的具体条件,所组织活动的规模,侵权行为的性质和实施强度,义务人的安保能力,发生侵权行为前后所采取的防范措施,制止侵权行为的状况等,根据实际情况综合判断。

(二)违反安全保障义务的责任

在确定违反安全保障义务的责任之前,先对安全保障义务作分类,因为不同类型的安全保障义务人承担责任的条件、顺序、范围等都是不同的。

根据安全保障义务内容的不同,可以将其分为两大类:一是防止他人遭受义务人侵害的安全保障义务,即安全保障义务人负有不因自己的行为或提供的服务而直接使得他人的人身或财产受到侵害的义务,包括装备设施未尽安全保障义务、工作人员未尽安全保障义务、违反因先前行为而产生的安全保护义务等;二是防止他人遭受第三人侵害的安全保障义务,即安全保障义务人负有不因自己的不作为而使他人的人身或财产遭受第三人侵害的义务,包括未尽防范第三人侵害的安全保障义务、未尽制止第三人侵害的安全保障义务等。

未尽前类安全保障义务者,因未涉及第三人,义务人直接承担侵权责任。当然,义务人是否承担侵权责任,还必须考虑义务人未尽该安全保障义务与受害人遭受损害之间的因果关系。未尽后类安全保障义务者,不作为与第三人的侵权行为相互结合时才导致他人损害的,义务人承担相应的补充责任。法官在裁判义务人承担补充责任时应当注意:第一,第三人的直接侵权责任与安全保障义务人的补充责任有先后顺序,有直接责任人的,该直接责任人承担侵权责任,在无法找到直接责任人或直接责任人无力承担全部赔偿责任时,才由安全保障义务人承担补充责任。第二,安全保障义务人承担的补充责任是相应的,不是全部补充责任。是否"相应",应当根据安全保障义务人未尽到的安全保障义务的程度、原因力等因素判定。

六、教育机构的责任

(一)教育机构的责任的概念

教育机构的责任,是指幼儿园、学校和其他教育机构在教育、教学活动中或者教育机构负有管理责任的校舍、场地、其他教育教学设施、生活设施,由于幼儿园、学校或其他教育机构未尽教育管理职责,致使学习或者生活中的无民事行为能力人、限制民事行为能力人遭受损害或者致他人损害的,教育机构所应当承担的与其过错相应的侵权责任。

随着经济的快速增长和社会的明显进步,我国的教育事业获得了蓬勃发展。在校就读学生的人身安全牵动着所有家长的心。但是,一个严峻的事实是,近年来学校学生人身伤害事故频频发生,造成在校学生受伤害的原因很多,主要有:(1)教育机构的教学和生活的设施设备不符合安全标准,或管理维护不当;(2)教育机构提供的食品、药品、饮用水、教学用具或其他物品不合格;(3)体育竞技活动不当;(4)体罚或变相体罚;(5)组织实验或劳动时发生人身伤害;(6)学生之间的打闹;(7)教育机构及其工作人员组织外出活动;(8)学生自身的原因;(9)不可抗力;(10)其他因素。这些因素,有些教育机构存在过错,有些教育机构不存在过错,有些教育机构有一定的过错。

(二)教育机构的责任

1.关于教育机构的责任的归责原则。其他国家或地区一般采取过错归责原则,如法国、美国、加拿大等国,不同的是有些国家在过错责任的基础上,实行过错推定,如德国、意大利、日本、俄罗斯、越南等国。我国《侵权责任法》采用过错归责原则;对限制民事行为能力人,根据《侵权责任法》第 39 条的规定,教育机构承担过错责任;对无民事行为能力人,根据《侵权责任法》第 38 条的规定,教育机构承担过错推定责任。过错责任与过错推定责任之间最大的差别在于举证责任的分配。

2.此类侵权行为的范围。教育机构承担侵权责任的侵权行为范围应当限于:

发生在幼儿园、学校和其他教育机构的教育、教学活动中的侵权行为;教育机构负有管理责任的校舍、场地、教育教学设施、生活设施中的侵权行为。至于是否包括学生自行到教育机构,或放学后滞留在教育机构受到的损害则存在不同意见。由于这个问题较为复杂,且与教育机构的教育管理职责密切相关,实践中个案的情况也千差万别,侵权责任法统一作出具体规定存在困难,宜由法院在具体案件审判过程中根据具体案情作出判断更为合适。

3.如何确定教育机构的教育、管理职责。由于教育法、未成年人保护法以及一些地方性法规和部门规章对教育机构的教育、管理职责已经作了广泛、具体的规定,所以侵权责任法不再作规定。

4.教育机构以外的人员实施对在校学生的侵权行为,造成学生人身伤害的侵权责任。根据《侵权责任法》第40条的规定,教育机构不承担侵权责任或者在未尽到管理职责范围内承担相应的补充责任。该条规定:"无民事行为能力人或者限制民事行为能力人在幼儿园、学校或者其他教育机构学习、生活期间,受到幼儿园、学校或者其他教育机构以外的人员人身损害的,由侵权人承担侵权责任;幼儿园、学校或者其他教育机构未尽到管理职责的,承担相应的补充责任。"

第二节　产品责任

一、产品责任的概念

(一)产品概念

在确定产品责任问题之前,必须先界定产品的概念。何谓产品?产品概念在学说上众说纷纭,立法上也各不一致。如英国1987年的《消费者保护法》第1条规定:"产品是指任何物品或电力,同时包括组成另一产品的产品,不论是作为零部件还是作为原材料或是其他形式构成前者。"1985年《欧洲经济共同体产品责任令》第2条规定,本指令中的产品是指所有动产,包括组装到另一动产或不动产中的动产,但初级农产品和捕获物除外。我国《产品质量法》第2条规定,"产品是经过加工、制作,用于销售的产品"。参与制定该法的我国著名的民法学家梁慧星先生对产品的解释是:"本条所指的'产品'是工业产品,无体物之电力、煤气也应包括在内。土地、畜牧、渔业产品和猎物经加工者,也应包括在内。"[1]

英国学者斯蒂芬森提出了一个颇具争议的问题:图书或其他信息产品(如计算

---

[1]　梁慧星:《民法学说判例与立法研究》,中国政法大学出版社1993年版,第143页。

机软件)引起的有形损失能否适用产品责任法?① 例如农民甲去书店买了一本关于苹果树管理的图书,并完全按照该书管理自己的苹果园,结果因该书中的错误而致使果园受损,甲能否依产品质量法就该重大损失向作者及出版社提起损害赔偿诉讼? 再如消费者依照张悟本的《把吃出来的病吃回去》一书所描写的"养生之道",生吃大量茄子,结果不但没有"养生",反而吃出胃病,该消费者能否依产品质量法和侵权责任法相关规定请求损害赔偿?

产品是劳动产品的简称,是指人们有目的的生产劳动所创造,能满足人们某种需要,用于销售的物品,包括无体物的电力和经过制作或加工的商品房、土地等。按其用途划分,产品分为生产资料和消费资料。在不同的生产力水平下,产品的品种、性能、质量等也会不同,并且随着生产力的发展而发生变化,直接影响到法定免责事由的判断。比如现代社会人们消费的物品,如家用电器等,在奴隶社会、封建社会就没有,因为当时社会生产力的水平达不到。产品的形成离不开消费,没有消费,产品就不能被最终证实。在商品经济条件下,产品呈现为商品的形式。

(二)产品责任的概念及性质

1.产品责任的概念

产品责任是指有缺陷的产品造成他人财产、人身损害,该产品的制造者或者销售者所应承担的民事赔偿责任。《民法通则》第122条规定,因产品质量不合格造成他人财产、人身损害的,产品制造者、销售者应当依法承担民事责任。运输者、仓储者对此负有责任的,产品制造者、销售者有权要求赔偿损失。产品质量是指国家的有关法规、质量标准以及合同规定的对产品使用、安全和其他特性的要求。按照国家规定,产品质量就是指产品满足使用要求所具备的特性,即适用性。一般包括五个方面:(1)性能,指产品为满足使用目的所具备的技术特征。(2)寿命,指产品能够正常使用的期限。(3)可靠性,指产品在规定时间和条件下,完成规定功能的性质。(4)安全性,指产品在流通、操作过程中保证安全的程度。(5)经济性,指产品从设计、制造到使用寿命周期的成本的大小。《侵权责任法》第41条规定,因产品存在缺陷造成他人损害的,生产者应当承担侵权责任。第42条规定,因销售者的过错使产品存在缺陷,造成他人损害的,销售者应当承担侵权责任。销售者不能指明缺陷产品的生产者也不能指明缺陷产品的供货者的,销售者应当承担侵权责任。第44条规定,因运输者、仓储者等第三人的过错使产品存在缺陷,造成他人损害的,产品的生产者、销售者赔偿后,有权向第三人追偿。民法通则所称的"产品质量不合格"与侵权责任法所称的"缺陷"是有区别的,前者是指产品质量不符合有关法规、质量标准或者合同规定的产品性能要求,从上述五个方面认定是否符合要

---

① 〔英〕斯蒂芬森·W.海维特:《产品责任法概述》,陈丽洁译,中国标准出版社1992年版,第99页。

求;后者是指产品所存在的危及人身、财产安全的不合理危险,主要是从安全性认定是否符合要求。

2.产品责任的性质

产品责任是侵权责任还是违约责任?有学者认为,产品因缺陷而造成人身伤害,造成缺陷产品以外的其他财产、人身损害的,是产品侵权责任;产品自身质量问题和产品自身损坏造成财产损失的,是产品违约责任。因此,认为产品责任是侵权责任与违约责任的聚合。本书认为,产品质量责任是指产品生产、经销、储运企业对保证产品质量所应承担的民事责任,即产品的性质、寿命、可靠性、安全性和经济性任何一方面达不到相关要求造成他人人身或财产上损害所应承担的民事责任,包括主要是因安全性达不到要求而存在缺陷的产品责任在内。因此,产品质量责任是包括产品瑕疵的违约责任和产品缺陷的侵权责任在内的责任聚合;而产品责任就是一种侵权责任。

二、产品责任的构成要件

产品责任的构成要件有三:

第一,产品存在缺陷。产品缺陷,根据《产品质量法》第46条的规定,指产品存在危及他人人身、财产安全的不合理危险。产品有保障人体健康和人身、财产安全的国家标准或者行业标准的,产品缺陷是指不符合该标准。如何判断某产品存在不合理危险?判断某一产品是否存在不合理危险的标准是一般安全标准,即一个普通人在正常情况下对产品所应具备的安全性的理性期望,如果某一产品达不到这一安全性的理性标准,应当认定为存在不合理危险;否则就应认定为不存在不合理危险。产品缺陷主要指产品的安全性能标准。产品缺陷包括设计缺陷、制造缺陷和经营缺陷。设计缺陷是指产品设计不合理而导致产品存有不合理的危险;制造缺陷是指产品的原材料、配件、工艺、程序等存在问题而导致产品存有不合理的危险;经营缺陷是指产品在经营或流通过程中存在的不合理危险。《产品质量法》第26条规定的缺陷情况有三种:(1)存在危及人身、财产安全的不合理的危险,有保障人体健康和人身、财产安全的国家标准、行业标准的,不符合该标准;(2)不具备产品应当具备的使用性能,并且没有对产品存在的使用性能的瑕疵作出说明;(3)不符合在产品或者其包装上注明采用的产品标准,不符合以产品说明、实物样品等方式表明的质量状况。

与产品缺陷有联系且又存在区别的两个概念是,产品质量不合格和产品瑕疵。前者指产品的性质、寿命、可靠性、安全性和经济性等方面不符合相关的国家标准、行业标准或约定标准;后者指的是除产品安全性能之外的其他产品质量不符合当事人约定或法律规定的标准或要求。

第二,造成他人人身、财产损害。

第三,产品存在的缺陷和损害之间存在因果关系。在涉及科学技术含量较高的产品责任案件中,法官应当根据推定因果关系加以认定。

根据产品质量法以及侵权责任法等法律的规定,产品责任以无过错责任作为归责原则。

三、责任人确定

根据《民法通则》第122条规定的精神,受害人只能向销售者或生产者请求损害赔偿。如果运输者、仓储者对此负有责任的,由销售者、生产者向其追偿。如果属生产者的责任,销售者赔偿的,销售者可以向生产者追偿;反之亦然。根据《消费者权益保护法》相关规定,消费者可向缺陷产品的生产者或销售者的营业执照的出借人或借用人要求损害赔偿,也可在展销会或柜台租赁期满后,向展销会的举办者或柜台的出租者要求损害赔偿。

而《侵权责任法》中的确定责任人的立法精神有所改变,即根据产生产品缺陷的环节来确定:原则上缺陷产品的生产者是责任人;如果缺陷是因销售者的过错,或者销售者不能指明缺陷产品的生产者或供货者的,缺陷产品的销售者是责任人;如果缺陷是因运输者或仓储者等第三人过错造成的,产品的生产者、销售者是不真正连带责任人,运输者或仓储者是最终责任人。在实际的案件中,被侵权人因产品存在缺陷造成损害后,往往不清楚这一缺陷究竟是谁造成的,因此也就不知道应当向谁请求赔偿。为解决这一问题,《侵权责任法》第43条规定了生产者和销售者互相承担不真正连带责任:"因产品存在缺陷造成损害的,被侵权人可以向产品的生产者请求赔偿,也可以向产品的销售者请求赔偿。产品缺陷由生产者造成的,销售者赔偿后,有权向生产者追偿。因销售者的过错使产品存在缺陷的,生产者赔偿后,有权向销售者追偿。"第44条规定了生产者和销售者对运输者、仓储者等第三人的过错承担不真正连带责任:"因运输者、仓储者等第三人的过错使产品存在缺陷,造成他人损害的,产品的生产者、销售者赔偿后,有权向第三人追偿。"《侵权责任法》之所以如此规定,其目的在于方便被侵害人维护自己的合法权益。

缺陷产品生产者的确认所存在的问题:(1)如果一个缺陷产品是由多个生产者合作生产的,如何确定缺陷产品生产者?对此《产品质量法》没有作出规定。本书认为,应当以产品成品时质量控制的生产厂家作为生产者。如汽车整车生产厂家通过采购其他厂家生产的发动机、天窗、刹车系统、轮胎等部件生产整车,如果因发动机、天窗、刹车系统、轮胎等部件的质量问题致人损害的,该汽车生产厂家为缺陷产品的生产者,责任人并不是这些部件的实际生产厂家。由产品成品时质量控制的生产厂家作为生产者,其原因在于,它对产品质量有最终且最重要的控制力,可以督促该部件的实际提供者并严格控制成品的质量,也可以确定最终责任主体,这有利于保护消费者。(2)如果生产同一产品的厂家有多个,导致难以确定缺陷产品的生产者时,有学者建议可借鉴美国侵权法上的"市场份额责任理论"。该理论的主要内容是,原告虽不能确定缺陷产品的具体生产者,但可确定与缺陷产品同类的产品生产者,则这些生产者都被确定为被告。任何一个被告只有证明自己的产品未被原告使用,才能免责。不能证明自己的产品未被原告使用的被告应当根据各自产品占有的市场份额承担损害赔偿责任。该理论的根据是:一般说来,所占市场份额越大,其产品侵权的机会越大,所获利润越多,其应承担的赔偿数额也就越大,符合实质公正精神。①

四、产品侵权责任

(一)产品侵权责任的范围

缺陷产品造成的损害形式多种多样,概括起来主要有两种,即人身损害和财产损害。人身损害包括身体、健康和精神受到损害;财产损害包括直接损失、间接损失及纯经济损失。纯经济损失指纯粹财产上损害或对财产本身的损害,美国法称为"商品自伤"(product injuries only itself)。在我国,学界和实务界在赔偿责任范围上争议最大的有两个问题:一是受害人能否向责任者提出精神损害赔偿,二是受害人能否向责任者提出纯经济损失的赔偿。从我国的司法实践看,我国是有限地承认产品责任赔偿范围包括精神损害赔偿。② 至于是否包括纯经济损失,从《产品质量法》第 44 条和《侵权责任法》第 2 条的规定来看,我国立法似乎持肯定态度:前者规定的内容是产品存在缺陷造成受害人因此遭受其他重大损失的,侵害人应当赔偿损失;后者规定的内容是侵害民事权益应当依照该法承担侵权责任。综合这两条规定的内容,我们可以得出上述结论。

(二)产品侵权责任的形式

在责任形式方面,产品责任人除承担赔偿损失责任外,造成人身伤害的,还应当赔礼道歉。除此之外,还承担以下形式的责任:(1)排除妨碍、消除危险。由于产品缺陷是产品所存在的不合理危险,因此《侵权责任法》第 45 条规定,因产品缺陷危及他人人身、财产安全的,被侵权人有权请求生产者、销售者承担排除妨碍、消除危险等侵权责任。被侵权人在请求排除妨碍、消除危险时,应当具备以下条件:第一,妨碍必须是不法的;第二,妨碍既可以是已经发生的,也可以是可能发生的;第

---

① 张新宝:《中国侵权行为法》,中国社会科学出版社 1998 年第 2 版,第 487～488 页。

② 根据最高人民法院《关于确定民事侵权精神损害赔偿责任若干问题的解释》第 4 条的规定,具有人格象征意义的特定纪念物品,因侵权行为而永久性灭失或者毁损,物品所有人以侵权为由,向人民法院起诉请求赔偿精神损害的,人民法院应当依法予以受理。

三,必须构成了对权利人行使权利的妨碍。(2)警示、召回等补救措施。产品投入流通时,生产者、销售者可能因技术水平或其他原因导致未能发现产品存在缺陷,在产品已经售出进入流通后才发现产品存在缺陷。在此情形下,为防止损害的发生或进一步扩大,《侵权责任法》第46条规定了缺陷产品的生产者、销售者承担警示、召回等补救措施的责任:产品投入流通后发现存在缺陷的,生产者、销售者应当及时采取警示、召回等补救措施。未及时采取补救措施或者补救措施不力造成损害的,应当承担侵权责任。

(三)惩罚性赔偿

民事赔偿以补偿性赔偿为原则,以惩罚性赔偿为例外。我国《消费者权益保护法》第49条、《食品安全法》第96条第2款等规定了惩罚性赔偿。惩罚性赔偿是加害人给付受害人的赔偿数额超过了受害人的实际损害的一种赔偿责任。由于惩罚性赔偿具有补偿受害人、惩罚加害人、遏制侵权行为等三位一体的功能,从我国实际情况看,明知产品存在缺陷仍然生产、销售的行为时有发生,例如,出售假药导致患者死亡,出售劣质奶粉导致幼儿死亡等,对这些恶意缺陷产品的生产者、销售者进行惩罚性赔偿,以体现侵权责任法的制裁和遏制功能。因此,《侵权责任法》也在第47条规定了产品责任的惩罚性赔偿:"明知产品存在缺陷仍然生产、销售,造成他人死亡或者健康严重损害的,被侵权人有权请求相应的惩罚性赔偿。"对产品责任人适用惩罚性赔偿应当具备以下条件:第一,侵权人具有主观故意,即明知是缺陷产品却仍然生产或销售;第二,存在严重损害事实;第三,缺陷产品与严重损害事实之间具有因果关系。

为防止滥用惩罚性赔偿,避免被侵权人提出过高的赔偿数额,《侵权责任法》第47条还规定被侵权人有权请求相应的惩罚性赔偿。如何认定相应的数额?一般而言,被侵权人要求的惩罚性赔偿金额应当与侵权人的主观恶意、造成的严重损害后果、对侵权人的威慑等因素相当,具体数额由人民法院根据个案具体判定。

五、免责事由

根据我国《产品质量法》第41条的规定,生产者能够证明有下列情况之一的,不承担赔偿责任:(1)未将产品投入流通;(2)产品流通时引起损害的缺陷不存在;(3)产品流通时的科技水平尚不能发现缺陷的存在。除此之外,还应包括:受害人的过错,非正常使用或错误使用等。①

---

① 江平:《民法学》,中国政法大学出版社2000年版,第778页。

六、诉讼时效

《产品质量法》第45条规定,因产品存在缺陷造成损害要求赔偿的诉讼时效的期限是2年,自知道或应当知道其权益受到侵害之日起算。因产品存在缺陷造成损害要求赔偿的请求权,在造成损害的产品交付最初用户、消费者满10年丧失,但是尚未超过明示的安全使用期的除外。

第三节　机动车交通事故责任

一、机动车交通事故责任及其相关的概念

随着我国经济、汽车工业高速发展和机动车保有量急剧增加,机动车交通事故纠纷已经成为我国最常见的侵权纠纷之一。机动车交通事故责任,是指在道路上进行与交通活动有关的人员因交通事故而过失造成他人损害而承担的民事责任。

《道路交通安全法》第119条对相关概念有明确的规定:"本法中下列用语的含义:(一)'道路',是指公路、城市道路和虽在单位管辖范围但允许社会机动车通行的地方,包括广场、公共停车场等用于公众通行的场所。(二)'车辆',是指机动车和非机动车。(三)'机动车',是指以动力装置驱动或者牵引,上道路行驶的供人员乘用或者用于运送物品以及进行工程专项作业的轮式车辆。(四)'非机动车',是指以人力或者畜力驱动,上道路行驶的交通工具,以及虽有动力装置驱动但设计最高时速、空车质量、外形尺寸符合有关国家标准的残疾人机动轮椅车、电动自行车等交通工具。(五)'交通事故',是指车辆在道路上因过错或者意外造成的人身伤亡或者财产损失的事件。"

二、机动车交通事故责任的一般规则

《侵权责任法》第48条规定:"机动车发生交通事故造成损害的,依照道路交通安全法的有关规定承担赔偿责任。"本条是机动车发生交通事故责任的一般规定。本条所称"依照道路交通安全法的有关规定"是指依照《道路交通安全法》第76条等规定。《道路交通安全法》第76条规定:"机动车发生交通事故造成人身伤亡、财产损失的,由保险公司在机动车第三者责任强制保险责任限额范围内予以赔偿;不足的部分,按照下列规定承担赔偿责任:(一)机动车之间发生交通事故的,由有过错的一方承担赔偿责任;双方都有过错的,按照各自过错的比例分担责任。(二)机动车与非机动车驾驶人、行人之间发生交通事故,非机动车驾驶人、行人没有过错

的,由机动车一方承担赔偿责任;有证据证明非机动车驾驶人、行人有过错的,根据过错程度适当减轻机动车一方的赔偿责任;机动车一方没有过错的,承担不超过百分之十的赔偿责任。交通事故的损失是由非机动车驾驶人、行人故意碰撞机动车造成的,机动车一方不承担赔偿责任。"

据此,机动车交通事故责任依以下规则处理:

第一,发生交通事故,通过道路交通事故保险理赔。道路交通事故保险是指机动车交通事故责任强制第三者险。道路交通事故保险责任是无过错责任。

第二,保险赔偿不足部分,在机动车与机动车之间发生事故的,按照双方过错大小承担责任。这种责任是过错责任。有学者认为,在机动车与机动车之间发生事故的,除按照双方过错大小外,还必须考虑发生交通事故的原因力大小。例如,轿车与摩托车之间发生交通事故,不仅应当考虑轿车驾驶人、摩托车驾驶人的过错,还应当考虑造成事故后果的原因力大小,通常是轿车的原因力大而摩托车的原因力小,所以即使双方的过错相同,轿车驾驶人承担的责任也要大些。

第三,保险赔偿不足部分,机动车致使非机动车驾驶人或行人受到损害的,机动车一方承担赔偿责任。这种责任是无过错责任。无过错责任不等同于"撞了不白撞",非机动车驾驶人或行人违反道路交通法律法规,机动车驾驶人已经采取了必要处理措施的,应减轻机动车驾驶人的责任。如何减轻,在我国立法和实务中都存在较大争议。本书认为,在此种情况下,机动车驾驶人根据非机动车驾驶人或行人的过错程度承担一定比例的责任是比较妥当的。原因在于,一方面是鼓励遵守交通规则的人;另一方面是对违反交通规则的人进行一定的惩罚,以维护整个交通秩序和保证交通安全。机动车一方没有过错的,承担不超过百分之十的赔偿责任。

第四,非机动车驾驶人或行人违反道路交通法律法规,机动车驾驶人没有采取必要处理措施的,适用过失相抵规则。实行过失相抵,应当进行过错程度和原因力大小比较。在实行无过错责任的场合,无法进行无过错轻重比较。因此,在机动车致害非机动车驾驶人或行人的,实行过失相抵只能进行原因力大小比较,根据各自行为对于损害发生或者扩大的原因力大小,确定减轻机动车一方的责任幅度。在确定原因力大小时,根据"优者危险负担"原则,由机动性能强、回避能力强的一方多承担责任,以体现保护弱者的法律思想。

三、责任人确定

侵权责任法对交通事故责任人的确定仅用四个条文(即第49条至第52条)规定了四种情形。这四种情形不能涵括现实中的所有情形。因此,有必要建立一个交通事故责任人确定的标准。

（一）交通事故责任人确定的标准

我国学者通说认为,确定机动车交通事故责任人的标准有二:"运行支配"和"运行利益",即交通事故机动车一方的责任由谁承担,是根据机动车由谁运行支配和由谁享有运行利益来确定。[①] 在司法实践中,当事人容易发生争议的是"运行支配"和"运行利益"。所谓运行支配,是指可以在事实上支配管领机动车的运行地位。所谓运行利益,是指仅限于因车辆运行本身而生的利益。对于运行支配不能理解为纯粹的直接客观支配,而是依法律标准和社会观念的支配。运行支配不限于对机动车运行存在直接的、现实的支配的场合,而且,只要处于事实上能够支配、管理机动车运行的地位,甚至对机动车运行应该能够下指示、控制的地位的场合即可确认为对机动车具有运行支配力,这种认定是以间接支配或者有支配可能性为充分条件的。是否运行支配可从车辆所有人与驾驶员的身份关系、机动车的日常管理状况等方面予以考量。运行利益也应当不限于机动车运行而生的利益,还应当包括间接或可期待利益。运行利益首先是对机动车拥有运行支配权的人获得。并且,这种利益既可以是单纯的观念性的种类,也可以是为了获得便利。根据侵权责任法第 49 条、第 50 条、第 52 条的规定来判断,关于交通事故责任人的确定标准,该法基本上贯彻了"运行支配"和"运行利益"标准。

（二）交通事故责任人的具体确定

交通事故责任人的具体确定,有强制保险的,是指保险公司在机动车强制保险责任限额范围内理赔之后,不足部分的责任人确定;没有强制保险的,直接确定机动车一方的责任人。

1.劳动关系或劳务关系情形下责任人的确定。劳动者或劳务提供者在驾驶机动车执行职务时发生交通事故,机动车方的责任由用人单位或接受劳务者承担。在上下班过程中发生交通事故的,机动车方的责任由劳动者或者劳务提供者承担。有学者认为根据机动车是由谁提供加以确定责任人;若机动车由用人单位或接受劳务一方提供,责任人是用人单位或接受劳动者;若机动车由劳动者或劳务提供者提供,责任人是该劳动者或劳务提供者。

2.机动车所有人与使用人不是同一人情形下责任人的确定。机动车所有人与使用人不是同一人时,发生交通事故后属于该机动车一方责任的,根据侵权责任法第 49 条的规定,责任人是机动车使用人;如果所有人有过错,责任人是使用人和所有人。

3.因未办理车辆过户手续造成登记的所有人与实际的所有人不一致情形下责

---

① 梁慧星:《论制定道路交通事故赔偿法》,载《法学研究》1991 年第 2 期。

任人的确定。根据《侵权责任法》第50条的规定,当事人之间已经以买卖等方式转让并交付机动车但未办理所有权转移登记,发生交通事故后属于该机动车一方责任的,责任人是机动车受让人。

根据该法第51条的规定,以买卖等方式转让拼装或者已达到报废标准的机动车,发生交通事故造成损害的,责任人是转让人和受让人,且两者承担连带责任。

4.因盗窃、抢劫或者抢夺的机动车情形下责任人的确定。根据《侵权责任法》第52条的规定,盗窃、抢劫或者抢夺的机动车发生交通事故造成损害的,责任人是盗窃人、抢劫人或者抢夺人。保险公司在机动车强制保险责任限额范围内有垫付抢救费用的义务,垫付抢救费用后,有权向交通事故责任人追偿。

5.第三人未经所有人同意擅自驾驶情形下责任人的确定。《侵权责任法》对此没有规定。本书认为,第三人未经所有人同意擅自驾驶机动车发生交通事故造成损害的,保险公司在机动车强制保险责任限额范围内予以赔偿,不足部分责任人是擅自驾驶人。

6.机动车发包给驾驶人或机动车挂靠情形下责任人的确定。挂靠,是指为了服从车辆管理要求或经营需要,机动车所有人将自己购买的机动车车籍落在已领取营业执照的企业名下,并以该企业名义经营业务的现象。目前在我国,机动车挂靠经营现象普遍存在。《侵权责任法》对发包、挂靠的情形没有规定。本书认为,机动车发包给驾驶人或挂靠在运输公司名下发生交通事故造成损害的,保险公司在机动车强制保险责任限额范围内予以赔偿,不足部分责任人是驾驶人和发包人或被挂靠的企业,发包人或被挂靠的企业在收取承包费、管理费的范围内承担连带责任。

四、驾驶人逃逸时对被侵权人的救济

驾驶人在发生交通事故后之所以逃逸,通常是驾驶人对造成交通事故存在过错,需要负担部分或全部责任。驾驶人逃逸后,如何对被侵权人进行救济?根据《侵权责任法》第53条的规定,按照以下两种途径进行:一是该机动车参加强制保险的,由保险公司在机动车强制保险责任限额范围内予以赔偿;二是机动车不明或者该机动车没有参加强制保险,需要支付被侵权人人身伤亡的抢救、丧葬等费用的,由道路交通事故社会救助基金垫付。根据道路交通安全法的规定,道路交通事故社会救助基金由国家设立,是用于垫付机动车道路交通事故中受害人人身伤亡的丧葬费用、部分或全部抢救费用的社会专项基金。其来源有:(1)按照机动车交通事故责任强制保险的保险费的一定比例提取的资金;(2)地方政府按照保险公司经营交强险缴纳营业税数额给予的财政补助;(3)对未按照规定投保交强险的机动车的所有人、管理人的罚款;(4)救助基金孳息;(5)救助基金管理机构依法向机动车道路交通事故责任人追偿的资金;(6)社会捐款;(7)其他资金。

五、免责事由

根据《侵权责任法》和《道路交通安全法》的有关规定，交通事故责任的免责事由是受害人故意、不可抗力、正当防卫和紧急避险。

六、搭便车情况下的责任承担探讨

搭便车，也称为好意同乘，是指免费搭乘他人机动车。如果是有偿搭乘他人机动车，发生交通事故导致乘客损害的，交通工具的提供者应当依旅客运送合同规则承担民事赔偿责任。如果免费搭乘他人机动车，发生交通事故导致搭乘者损害的，依据《道路交通安全法》第76条的规定，确定交通事故责任人及责任范围。无偿为他人提供搭乘服务的机动车一方根据交警对责任事故的认定及责任划分范围，对搭乘者承担一定比例的赔偿责任。该比例如果当事人之间在搭乘时有约定的，依约定；没有约定的，由驾驶人承担主要赔偿责任。其理由是搭乘人和驾驶人都能预见到乘坐机动车的危险性，但因驾驶人能够对机动车进行"运行支配"且与搭乘者共同享有"运行利益"，因此在搭便车的情形下，由保险公司在机动车第三者责任强制保险责任限额范围内予以赔偿；不足的部分，按照道路交通安全法规定应当由被搭乘者的驾驶人承担的部分责任，再在搭乘者与被搭乘者之间按25％和75％承担。

第四节　医疗损害责任

一、医疗损害责任的概念

医疗事故纠纷已经成为我国最常见的侵权纠纷之一，国务院为此专门制定了《医疗事故处理条例》进行规范。医疗损害责任，指医疗机构及其医务人员因其具有过错的诊疗活动致使患者在诊疗活动中受到损害，由医疗机构所承担的赔偿责任。

与医疗损害责任相关的概念有诊疗活动、医疗事故等。所谓诊疗活动，包括诊断、治疗、护理等环节，是指通过各种检查，使用药物、器械及手术等方法，对疾病作出判断和消除疾病、缓解病情、减轻痛苦、改善功能、延长生命、帮助患者恢复健康的活动。所谓医疗事故，指医疗机构及其医务人员在医疗活动中，违反医疗卫生管理法律、行政法规、部门规章和诊疗护理规范、常规，过失造成患者人身损害的事故。根据《医疗事故处理条例》第4条的规定，医疗事故分为四级，即造成死亡或重度残疾的,造成中度残疾导致严重功能障碍的,造成轻度残疾导致一般功能障碍的,造成明显人身损害的其他后果的。

在医疗损害责任法律关系中,侵权行为主体是医务人员;责任主体是医疗机构,因为医务人员的诊疗行为是职务行为;受害人是患者。医务人员是指具备行医资格的医生。没有行医资格的"医生"非法行医致人损害的,不构成医疗损害责任,而构成一般侵权行为责任。

二、医疗损害责任的归责原则

确定医疗损害责任的归责原则,必须充分考虑诊疗活动的特点。诊疗活动主要有以下特点:(1)未知性。医学是一门探索性、经验性的学科,即使时至今日,也仍然存在很多疾病不知其发生原因,已知发生原因的,也有很多难以治愈,此外,科学对许多药品的副作用认识非常有限。(2)特异性。人体的基因不同,体质不同,情绪不同,所处环境不同,因此患者的疾病表现、治疗效果也不同。(3)专业性。据了解,培养一名专科医师至少需要 15 年时间。在卫生部《医疗机构诊疗科目名录》中,一级科目有 32 类,二级科目有 130 类。

由于诊疗活动的上述特点,疾病的发生有患者原因,治疗还需患者配合,因此诊疗纠纷不能适用无过错责任。2001 年最高人民法院《关于民事诉讼证据的若干规定》(以下简称"证据规定")第 4 条第 8 款规定了医疗损害的过错推定责任。医疗损害的过错推定责任实行至今,已经在医学界产生了医疗机构采用保守医疗方案,不利于医学进步的严重后果。因此,侵权责任法如何确定医疗损害责任的归责原则引人注目。根据《侵权责任法》第 54 条、第 58 条的规定,医疗损害责任,原则上采用一般过错责任,即医疗机构及其医务人员有过错的,医疗机构才承担赔偿责任,原则上由原告承担诊疗过程中医疗机构及其医疗人员有过错的举证责任;在特殊情况下,即符合第 58 条规定"违反法律、行政法规、规章以及其他有关诊疗规范的规定;隐匿或者拒绝提供与纠纷有关的病历资料;伪造、篡改或者销毁病历资料"的,推定医疗机构有过错,适用过错推定责任,并发生举证责任倒置。至于患者与医院之间的信息不对称问题,应当通过信息交流和信息公开等办法解决,而不是通过举证责任倒置方式解决。因此,医疗损害责任的归责原则是过错责任原则。

三、医疗损害责任的构成要件

医疗损害责任应具备以下构成要件:

第一,医疗机构及其医务人员在医疗活动中实施了诊疗行为。

第二,医疗机构及其医务人员的诊疗行为造成了患者人身损害事实。

第三,医务人员在实施诊疗行为时存在主观上的过错。根据《侵权责任法》第

55 条的规定,医疗机构就医疗损害承担过错责任,被侵权人应当就医务人员的过错负证明责任,但符合该法第 58 条规定"因下列情形之一的,推定医疗机构有过错:(一)违反法律、行政法规、规章以及其他有关诊疗规范的规定;(二)隐匿或者拒绝提供与纠纷有关的病历资料;(三)伪造、篡改或者销毁病历资料"。

第四,医疗机构及其医务人员的诊疗行为与损害后果之间存在因果关系。根据"证据规定"第 4 条第 8 款的规定,对医疗事故侵权纠纷中的因果关系实行举证责任倒置,即由医疗机构负责证明其诊疗行为与患者损害后果之间不存在因果关系。实行举证责任倒置的前提是,在医疗事故责任中贯彻推定因果关系理论,即在受害人处于弱势的场合,没有办法完全证明因果关系要件时,只要原告举证证明到一定程度,就推定违法行为与损害后果之间存在因果关系,然后由被告举证证明自己的行为与损害结果之间没有因果关系。

四、医疗机构实施诊疗行为过程中的义务和权利

(一)说明、告知义务

医疗机构的说明、告知义务表现为:医务人员在诊疗活动中应当向患者说明病情和医疗措施,这是医务人员在诊疗活动中一般应尽的义务。除此之外,如果需要实施手术、特殊检查、特殊治疗的,还应当及时向患者说明医疗风险、替代医疗方案等情况,并取得其书面同意。上述说明内容,如果不宜向患者说明,医务人员应当向患者的近亲属说明,并取得其书面同意。医疗机构及其医务人员未尽说明、告知义务造成患者损害的,应当承担赔偿责任。侵权责任法之所以较为细致地规定医务人员的说明、告知义务,目的是保障患者的知情权、选择权、同意权的行使。为了更加方便患者行使知情权、选择权、同意权,本书认为,医务人员还应告知诊疗措施、诊疗方案的大致费用,以便当事人基于自己的经济状况选择诊疗方案。

紧急情况下告知义务的例外。《侵权责任法》第 57 条规定,因抢救生命垂危的患者等紧急情况,不能取得患者或者其近亲属意见的,经医疗机构负责人或者授权的负责人批准,可以立即实施相应的医疗措施。该条是借鉴《医疗机构管理条例》第 33 条规定的结果。"不能取得患者或者其近亲属意见",主要是指患者不能表达意志,也无亲属陪伴,又联系不到近亲属的情况,不包括患者或者其近亲属明确表示拒绝采取医疗措施的情况。

(二)诊疗义务

根据《侵权责任法》第 57 条的规定,医务人员在诊疗活动中应当尽到与当时的医疗水平相应的诊疗义务。否则,造成患者损害的,医疗机构应当承担赔偿责任。"尽到与当时的医疗水平相应的诊疗义务"体现了侵权责任法上的注意义务。医务

人员未尽到此义务,表明其主观上存在过错。诊疗义务的最低标准是诊疗行为必须符合医疗卫生管理法律、行政法规、部门规章和诊疗护理规范、常规的有关要求。但并不是说诊疗行为达到最低标准就没有过失,是否有过失的判断标准是医务人员是否"尽到与当时的医疗水平相应的诊疗义务"。现在我国医疗机构进行医疗的过程中存在的一个比较大的问题就是医院的"过度检查"。医疗机构为了尽到相应的诊疗义务,就对患者进行"全面查检",造成患者医疗费用高昂。宁波市卫生局曾对卫生系统行风进行问卷调查,结果表明,老百姓最不满意的问题是"过度检查"和"过度用药"。针对这种现象,《侵权责任法》第63条规定,医疗机构及其医务人员不得违反诊疗规范实施不必要的检查。

诊疗环节的具体注意义务涉及三方面的内容:(1)问诊义务,即问诊是否充分。医务人员仅对患者进行简单询问是不够的,应当对患者的病情、病征等各个方面进行具体而详细的询问,否则,认定医务人员未尽注意义务。(2)诊断义务,即医务人员是否尽到与当时医疗水平相应的诊断义务。诊断过程中医务人员的误诊并非都可判定为过失,而是该误诊是否是未尽到与当时平均医疗水平造成的。因为人体生理的复杂性及许多疾病在症状上的相似性常使医务人员难以一次性诊断正确。(3)治疗义务,即医务人员是否尽到与当时医疗水平相应的治疗义务。由于治疗措施本身就有一定的危险性,只有当此种医疗措施无必要或者在施行过程中有严重错误时,方能认定医务人员在治疗时未尽到注意义务。

(三)填写、妥善保管和提供病历资料的义务

基于医学科学与保护患者隐私的考虑,医疗服务内容和过程是不公开的。因此,记录诊疗内容和诊疗过程的病历资料均由医务人员填写和制作。而病历资料又是医疗侵权诉讼中最为关键的证据,直接导致医疗诉讼的成败。由于医疗病历资料由医务人员制作,医疗服务内容和过程的不公开性的特点,决定了病历资料应当由医疗机构妥善保管,因此,法律应当在合理限度内赋予患者查阅和复制病历资料的权利,以平衡双方当事人的举证能力。

医疗机构履行该义务的关键是病历资料的范围。《医疗机构病历管理规定》对"病历"作了界定,是指医务人员在医疗活动过程中形成的文字、符号、图表、影像、切片等资料的总和,包括门(急)诊病历和住院病历。同时,该规定还对"病历资料"作了进一步明确,规定医疗机构可以为申请人复印或者复制的病历资料包括:门(急)诊病历和住院病历中的住院志(即入院记录)、体温单、医嘱单、化验单(检验报告)、医学影像检查资料、特殊检查(治疗)同意书、手术同意书、手术及麻醉记录单、病理报告、护理记录、出院记录。病历资料是一系列医学文书资料的总和。从分类上说,病历包括门(急)诊病历和住院病历;从内容上说,病历包括体温单、医嘱单、化验单(检验报告)、医学影像检查资料、手术及麻醉记录单、病理报告、护理记录等一系列医学文书资料。因此,《侵权责任法》第61条规定,医疗机构及其医务人员

应当按照规定填写并妥善保管住院志、医嘱单、检验报告、手术及麻醉记录、病理资料、护理记录、医疗费用等病历资料。患者要求查阅、复制病历资料的,医疗机构应当提供。

(四)对患者的隐私保密的义务

由于患者的身体缺陷、健康状况、病史与其爱好、婚恋史等私人生活信息一样,构成患者隐私的内容,而医疗机构作为患者的身体缺陷、健康状况、病史了解者和掌握者,未经患者同意不得向外人披露此等私人生活信息,因此,《侵权责任法》第62条规定,医疗机构及其医务人员应当对患者的隐私保密。泄露患者隐私或者未经患者同意公开其病历资料,造成患者损害的,应当承担侵权责任。

(五)药品、消毒药剂、医疗器械缺陷或者不合格血液输入的责任

《侵权责任法》第59条规定,因药品、消毒药剂、医疗器械的缺陷,或者输入不合格的血液造成患者损害的,患者可以向生产者或者血液提供机构请求赔偿,也可以向医疗机构请求赔偿。患者向医疗机构请求赔偿的,医疗机构赔偿后,有权向负有责任的生产者或者血液提供机构追偿。因药品、消毒药剂、医疗器械属于产品范畴,医用产品的缺陷致人损害的侵权责任,可以适用《侵权责任法》第41条、第42条、第43条,甚至第45条的有关规定。第59条规定的基本精神与产品责任的立法精神一致。

医疗机构为患者输入不合格的血液,是否与医用缺陷产品生产者、销售者承担相同的责任,在立法过程中存在很大的争议,争议焦点在于“血液”是否属于产品,不合格的血液是否属于“缺陷产品”。由于我国实行“无偿献血”制度,血液从血站经医疗机构到患者的费用和价格并不是通过商业化运作的,卫生部、国家发改委对于血站向医疗机构供应血液的价格(该价格包括血站采集、储存、分离、检验的费用)有严格控制,并确定了相应的临床用血收费标准,医疗机构按血站供应价格向血站支付费用,留取储血费和配血费,因此,血站向医疗机构提供血液,医疗机构向患者输入血液,均不以营利为目的。血液与以营利为目的的“产品”相比是不相同的。但立法机关考虑到,近年来因输血导致患者受到损害的事例时有发生,为了加强血站和医疗机构的责任感,履行适当的注意义务,将血液视为“产品”,采用拟制的立法技术,让提供血液的血站、输入血液的医疗机构承担与产品生产者、销售者相同的法律责任。

(六)医疗机构及其医务人员的合法权益的保护

当前,医患矛盾属于社会关注的焦点问题之一,近年来医疗纠纷明显增多。产生医患矛盾主要有以下几方面的原因:(1)由于医保制度的普及,老百姓就医看病呈明显上升趋势,门诊及住院量大幅度上升,而医疗机构由于多年来投入不足,条

件有限，一时难以满足患者的就医需求，出现各种医患矛盾和纠纷。(2)部分患者对医学科学期望值过高，认为进了医院如同进了保险箱，个别患者对有些疾病无法治愈不理解，将矛盾转嫁给医院和医务人员，以至于产生医疗纠纷。(3)长期以来医疗卫生事业投入不足，导致医院不得不注重经济效益挣钱养人，患者对看病难、看病贵意见很大，对医疗机构产生积怨，借以释放。(4)一些医院管理不到位，制度执行不严，一些医务人员医疗技术水平不高，业务素质及修养缺失，对患者人文关怀不够，缺乏医患沟通。

　　实践中解决医疗纠纷的难点主要表现为以下几个方面：(1)医患双方信息不对称，导致取信患者难。医疗服务专业性很强，普通患者及其家属对出现医疗事故的原因无从分辨，不懂得如何取得对自己有利的证据，导致患方一开始就与医方处在完全不对等的位置，其举证和维权处于相对被动的地位。而部分医疗机构也存在为了维护自身利益，利用自身的强势地位，最大限度地减轻医疗责任，隐瞒部分医疗信息，使患方权利难以得到保证，引起患方对医疗机构的不信任，常常导致矛盾激化。(2)医疗纠纷取证难，导致责任认定难。由于医疗行为具有高度的技术性、专业性和复杂性，医疗行为未知数多，具有不可控因素，又因为患者个体差异等因素，除少数事实可以由双方当事人自行认定外，大多数需要经医学鉴定作出。然而，对医疗事故鉴定的公正性一直受到患者的质疑，认为是"老子为儿子鉴定"，导致患者宁肯"医闹"也不信任医疗鉴定的现象。(3)患者对公正解决纠纷缺乏信心，一些患者及其家属不愿按法律程序解决问题。医疗事故处理有协商、调解和诉讼三种途径，但在实际操作中却遇到种种困难。由于医患双方缺乏信任，往往难以通过协商达成协议。由于患方认为卫生行政部门和医疗机构是"父子"关系，对卫生行政部门调解的公正性也存在顾虑，而不愿去调解。由于诉讼时间长、诉讼代理和申请鉴定成本高等原因，无论是患者还是医疗机构，都不倾向用诉讼方式处理纠纷。纠纷发生后，一些患者及其家属不愿按法律程序解决问题，而是采取动员亲属形成群体，一味"闹医""闹访"的办法，甚至存在威胁医疗机构和侮辱、殴打医护人员等过激行为。社会上还存在一种"职业医闹"，哪里出了患者死亡、伤残的事情，他们就去找家属谈，揽生意，然后纠集一些人找医院闹，闹来赔偿后与家属分成。对于该类事件，政府和卫生、司法部门也往往从维护社会稳定大局出发，本着息事宁人、息诉罢访的原则，采取医疗机构赔偿了事的办法，化解医疗纠纷，一定程度上在社会上造成了医疗纠纷"大闹大解决，小闹小解决"的认识，助长了患者家属闹医、闹访的心理倾向，给医疗单位造成了不同程度的负担。[①]

　　为了解决这些问题，保障医疗机构及其医务人员的合法权益，《侵权责任法》第

---

① 佚名：《侵权责任法解读第六十四条：医疗机构及其医务人员的合法权益的保护》，http://www.qinquan.info/841v.html，下载日期：2010 年 6 月 2 日。

64条规定,医疗机构及其医务人员的合法权益受法律保护。干扰医疗秩序,妨害医务人员工作、生活的,应当依法承担法律责任。

五、免责事由

医疗损害责任的免责事由除一般免责事由外,根据侵权责任法及其他相关法律的规定,还具有以下特殊免责事由:(1)患者或者其近亲属不配合医疗机构进行符合诊疗规范的诊疗;(2)医务人员在抢救生命垂危的患者等紧急情况下已经尽到了合理的诊疗义务;(3)限于当时的医疗水平难以诊疗;(4)患者病情异常或者患者体质特殊;(5)在现有医学科学技术条件下,发生无法预料或不能防范的不良后果的。

第五节　环境污染责任

一、环境污染责任概述

(一)环境污染及其对人类的影响

环境,根据《环境保护法》第2条的规定,是指影响人类生存和发展的各种天然的和经过人工改造的自然因素的总体,包括大气、水、海洋、土地、矿藏、森林、草原、野生生物、自然遗迹、人文遗迹、自然保护区、风景名胜区、城市和乡村等。环境污染是指由于人为的原因,致使对生态系统有害的物质进入环境后对生态系统造成的干扰和损害,从而影响人类健康和生产生活,影响生物生存和发展的现象。具体来说就是,有害物质或有害因子进入环境并在环境中发生扩散、迁移、转化,并跟生态系统的诸要素发生作用,使生态系统的结构与功能发生变化,对人类以及其他生物的生存和发展产生不利影响。

环境污染除了给生态系统造成直接的破坏和影响外,污染物的积累和迁移、转化还会引起多种衍生的环境效应,给生态系统和人类社会造成间接危害。有时这种间接的环境效应的危害比当时造成的直接影响危害更大,也更难消除。温室效应、酸雨和臭氧层破坏就是由大气污染衍生出的环境效应。环境污染衍生的环境效应具有滞后性,污染时不易被察觉或预料到,一旦发生就表示环境污染已经发展到相当严重的地步。环境污染最直接、最容易被人所感受的后果是使人类生存环境的质量下降,影响人类的生活质量、身体健康和生产活动。例如城市的空气污染造成空气污浊,人们的发病率上升等;水污染使水环境质量恶化,饮用水源的质量普遍下降,威胁人的身体健康,引起胎儿早产或畸形等。严重的污染事件不仅带来健康问题,也造成社会问题。环境污染已经成为人类公害。

(二)环境污染责任的概念

环境污染责任指因环境污染对他人造成的人身、财产上的损害而应当承担的民事责任。《民法通则》第 124 条规定:"违反国家保护环境防止污染的规定,污染环境造成他人损害的,应当依法承担民事责任。"《侵权责任法》第 65 条规定:"因污染环境造成损害的,污染者应当承担侵权责任。"这两条规定的差别在于:依《民法通则》的规定,排污者只有同时具备"排污行为违反国家保护环境防止污染的规定"和"污染环境造成了他人损害"这两个条件,才承担侵权责任;而依《侵权责任法》的规定,只要排污行为造成了他人损害,排污者就应当承担责任。

二、环境污染责任的归责原则

从侵权纠纷角度研究环境污染责任,根据不同的污染源,应当适用不同的归责原则:居民之间的生活污染,主要由物权法规定的相邻法律关系来解决,适用过错责任;而企业的生产污染等污染环境的侵权行为,主要由侵权责任法、环境保护法、大气污染防治法、水污染防治法等相关法律调整,采用无过错责任。对于企业的生产污染适用无过错责任原则,可以促使各生产企业排放废物时增强责任感,从而加强保护生态环境和社会公众的人身、财产安全。

在立法过程中,对环境污染责任采用无过错责任的归责原则争议不大,究其原因,主要有三:(1)环境污染已经成为我国经济发展中最为突出的问题。环境问题关系到人民群众的切身利益,关系到人与自然和谐相处和经济社会永续发展的问题。而我国有些企业一方面大量开发和利用资源,获取高额利润;另一方面为节省成本大量排污,造成环境急剧恶化。环境污染责任采用无过错责任有利于追究侵权人的责任,促使其积极治理污染,预防和减少污染,保护环境。(2)现行的环境保护法律规定的环境污染责任的归责原则均采无过错责任原则。(3)环境污染责任采用无过错责任原则,是国际上通行的做法。

三、环境污染责任的构成要件

环境污染责任应当具备以下构成要件:

第一,加害人排放了污染物质。在我国侵权责任法制定前,也有学者根据《民法通则》第 124 条规定认为,因污染排放标准是通过权威部门科学合理检测确定的标准,超过此标准才构成对生态环境系统的破坏,否则难谓有损害,因此,未超过标准的排污行为造成他人损害是难以成立的。也有学者认为,企业排放废物即使没有超过排放标准,但如果该排放行为造成他人损害,也应承担损害赔偿责任。因为污染排放标准只是环保部门决定排污单位是否需要交纳超标排污费和进行环保管理的依据,而不是确定排污单位是否承担赔偿责任的界限。① 《侵权责任法》第 65 条的规定就采纳了后一观点。

第二,造成他人人身或财产的损害。由于环境污染致人损害具有潜伏性和广泛性特点,因此法院在认定受害人的损害时,不应给环境污染损害设定时间点。如果损害是由两个以上污染者的排污行为造成的,法院在确定多个排污者的责任大小时,根据《侵权责任法》第 67 条的规定,"污染者承担责任的大小,根据污染物的种类、排放量等因素确定"。

第三,排污行为与损害之间存在因果关系。由于环境污染行为的复杂性、渐进性和多因性,以及损害的潜伏性和广泛性,其因果关系的证明比一般侵权行为责任的因果关系困难得多。因此,法院在认定排污行为与损害之间的因果关系时,除传统的方法外,可大胆采用盖然性因果关系理论。在举证责任方面,根据"证据规定"和《侵权责任法》第 66 条的规定,将排污行为与损害后果之间的因果关系的证明责任交由排污者承担。

四、诉讼时效

《环境保护法》第 42 条规定:"因环境污染损害赔偿提起诉讼的时效期间为三年,从当事人知道或者应当知道受到污染损害起时计算。"

五、免责事由

《侵权责任法》除第三章规定了一般免责事由外,没有针对环境污染的免责事由特别作出规定。但根据环境保护法、大气污染防治法、水污染防治法、海洋环境保护法等环保法律规定,环境污染责任的免责事由主要有:

1.完全不可抗拒的自然灾害。可预见、可避免的自然灾害不能成为免责事由。

2.受害人过错。

3.战争行为。战争行为作为违法阻却事由须具备以下两个条件:第一,仅适用于污染海洋,不适用于污染大气、污染水源等;第二,只有当事人采取了合理措施仍不能避免对海洋造成污染的,战争行为方可作为免责事由。

第三人过错是否为环境污染责任的免责事由,学者之间存在争议。有学者持肯定观点,并提出,此免责事由应当具备以下三个条件才能适用:第一,当事人采取了合理措施仍不能避免污染损害;第二,加害人须有确切证据证明第三人过错行为

---

① 江平:《民法学》,中国政法大学出版社 2000 年版,第 763～765 页。

造成排污;第三,仅适用于对环境污染造成的损害和对水污染造成的损害,不适用于对大气污染造成的损害。本书认为,根据《侵权责任法》第68条规定"因第三人的过错污染环境造成损害的,被侵权人可以向污染者请求赔偿,也可以向第三人请求赔偿。污染者赔偿后,有权向第三人追偿",排污者对因第三人过错导致污染环境造成他人损害的侵权责任,承担不真正连带责任。第三人的过错并不能免除排污者的不真正连带责任。

第六节　高度危险责任

一、高度危险责任的概念

高度危险责任,是指从事对周围环境有高度危险的作业或占有对周围环境有高度危险的物品对他人造成的人身或财产上的损害而承担的民事责任。所谓"周围环境",指作业人或作业物以外的,处于该危险作业及其所发生事故可能危及的范围内的一切人和财产。如铁路、高速公路沿线两旁一定范围内的居民和财产;机场周围的居民和财产;高压线路下的人和财产;飞机坠落地点一定范围内的居民和财产等。

如何确定高度危险作业的范围? 学说上以损害发生的概率表明某作业是否属高度危险作业。在理论和实践中,一般认为高度危险作业应当具备以下三个条件:一是作业本身具有高度的危险性,二是高度危险作业即使采取安全措施并尽到了相当的注意也无法避免损害的发生,三是不考虑高度危险作业人对造成损害是否有过错。我国《民法通则》第123条以列举的方式确定了高度危险作业的范围有七类:高空、高压、易燃、易爆、剧毒、放射性、高速运输作业。美国相关立法除了对高度危险作业进行抽象定义外,还确立了一些确认高度危险作业标准的具体因素。美国侵权行为法重述第519条规定,(1)从事某种高度危险作业行为,即使尽其最大注意,也应对其行为给他人造成的损害承担责任;(2)这一严格责任仅适用于那种使得行为具有高度危险性的损害或风险。第520条规定,决定某一行为是否为高度危险行为,宜考虑以下因素:(1)该行为对他人人身、财产是否具有高度危险;(2)该行为产生损害的概率;(3)通过合理注意是否能避免危险的发生;(4)该行为是否为一常用的作业;(5)该行为实施地点是否为通常的地点;(6)该行为对公众的价值。

我国《侵权责任法》一反《民法通则》采用列举式的做法,通过第69条对高度危险责任作了一般规定:"从事高度危险作业造成他人损害的,应当承担侵权责任。"为什么选择采用第69条的方式,而不采用《民法通则》第123条的方式,将常见、典型的高度危险作业列举出来? 主要是基于以下四点考虑:第一,采用列举方式难以将所有常见的高度危险作业列举出来,即使列举出来也可能使得条文显得烦琐;第二,列举方式在实践中容易让人产生误解,以为高度危险行为仅指列明的那几种;第三,错误的列举可能导致某些行为人承担不合理的责任;第四,《侵权责任法》第九章已经对运行民用核设施,使用民用航空器,占有或者使用易燃、易爆、剧毒和放射性等高度危险物,从事高空、高压、地下采掘活动,使用高速轨道运输工具等高度危险作业作了专门的规定,没有必要在一般规定中再列明这些高度危险作业的形式。第 69 条采用的"高度危险作业"的表述,是一个开放性的概念。

二、高度危险责任的归责原则

高度危险责任以无过错责任为归责原则,学者对此无异议,《侵权责任法》第69 条也再次确定了无过错责任原则。高度危险作业责任适用无过错责任原则,其理论依据有风险说、公平说、遏制说、利益均衡说等学说。风险说认为,为自己利益而经营某项事业者应当承担由此产生的风险;公平说认为,从其所支配的物或作业中获得利益应对此产生的损害承担责任;遏制说认为,由事故原因的控制者承担责任,可以促使其采取防范措施遏制事故发生;利益均衡说认为,适用无过错责任是为了实现损失的合理分配。其目的在于,促使从事高度危险作业的组织提高责任心和不断改进技术安全措施,从而保障社会公众的人身、财产安全。由于我国司法实践中也普遍接受高度危险作业实行无过错责任,侵权责任法的规定与我国已有的法律、实践相一致,也符合世界其他国家的主流做法,有利于迅速解决纠纷,及时救济受害人。

三、高度危险责任的构成要件

构成高度危险责任应当具备以下构成要件:

第一,加害人从事对周围环境有高度危险的作业。该作业行为与一般侵权行为不同的是,它不一定具有违法性,如火车高速运行造成他人损害;输送高压电线路造成他人损害。

第二,须造成他人人身或财产上损害的后果,但不以此为限。如我国《民通意见》第 154 条规定:"从事高度危险作业,没有按有关规定采取必要的安全防护措施,严重威胁他人人身、财产安全的,人民法院应当根据他人的要求,责令作业人消除危险。"实践中发生争议的是"他人"是否包括高度危险作业的直接操作者? 一般认为不包括,原因在于他们因此受到损害时,应当基于其他理由(如工伤)请求赔偿。①

第三,高度危险作业与损害后果之间存在因果关系。是否存在因果关系,根据推定因果关系规则认定。

四、高度危险责任的免责事由探讨

《侵权责任法》没有写明免责事由,是否意味着不存在免责事由? 能否直接适用《侵权责任法》第三章规定的"不承担责任和减轻责任的情形"? 学者通说认为,高度危险责任不能直接适用《侵权责任法》第三章的规定。从理论上说,受害人的故意、不可抗力应当作为高度危险责任的一般免责事由。梁慧星先生根据《民法通则》第 123 条的规定,运用历史解释方法,认为高度危险责任的免责事由只有受害人故意,不包括不可抗力、受害人过失及第三人过错。我国有些民事特别法规定了不可抗力作为某些高度危险作业的免责事由,如铁路法第 18 条、第 58 条。

然而,《侵权责任法》第 76 条规定:"未经许可进入高度危险活动区域或者高度危险物存放区域受到损害,管理人已经采取安全措施并尽到警示义务的,可以减轻或者不承担责任。"这是否为法定的高度危险责任的免责事由? 值得探讨。有学者认为,由于高度危险责任的类型非常复杂:对于高度危险作业活动,作业人积极、主动地对周围环境实施了高度危险活动,作业人承担无过错责任;除积极主动的高度危险作业外,还有一类非积极主动实施对周围环境造成高度危险的活动,而是因其管理控制的场所、区域具有高度危险性,如果未经许可擅自进入该区域,则易导致损害发生。因此,对于此类非积极主动的高度危险活动区域或者高度危险物存放区域,承担过错责任。本书认为,与其如此晦涩地解释,不如将该规定理解为判断"受害人故意"的标准,即如果管理人在已经采取了安全措施并尽到警示义务的前提下,受害人未经许可擅自进入高度危险活动区域或者高度危险物存放区域的,受害人主观上存在故意,如果受害人不听管理人劝阻,一意孤行擅自进入高度危险区域,可认定为直接故意;如果看到警示标志,未经许可,超过安全措施进入高度危险区域,可认定为间接故意。受害人直接故意的,免除管理人责任;受害人间接故意的,减轻管理人责任。

五、各类高度危险责任

(一)民用核事故责任

核科学技术的发展和核能的和平利用是 20 世纪人类最伟大的成就之一。自

---

①　张新宝:《中国侵权行为法》,中国社会科学出版社 1998 年第 2 版,第 517 页。

核工业形成以来,核电保持了良好的运行安全记录。总的来说,核能是一种安全、经济、清洁的能源。然而,核电站一旦发生核事故,其后果极为严重。尽管核事故发生的概率很小①,但必须采取严格措施保证核设施安全稳定地运行。我国一直十分重视核安全管理,已经建立起一套比较完善的核安全管理法律体系,但关于核设施发生核事故的民事责任,在法律层面上规定得较为原则。2007 年,国务院针对核事故损害赔偿责任,向国家原子能机构作出《国务院关于核事故损害赔偿责任问题的批复》。该批复对核损害赔偿责任的主体、归责原则、赔偿限额等问题作了规定。《侵权责任法》第 70 条也对民用核事故责任作出规定:"民用核设施发生核事故造成他人损害的,民用核设施的经营者应当承担侵权责任,但能够证明损害是因战争等情形或者受害人故意造成的,不承担责任。"

1.民用核事故责任的概念

核事故是指核设施内发生了意外情况,造成放射性物质外泄,致使工作人员和公众受到超过或相当于规定限值的照射。核设施,根据放射性污染防治法的规定,是指核动力厂及其他反应堆;核燃料生产、加工、贮存和后处理设施;放射性废物的处理和处置设施等,包括民用核设施和军用核设施。民用核事故责任是指民用核设施内发生了核事故造成损害,民用核设施的经营者所承担的侵权责任。

2.民用核事故责任的构成要件

构成民用核事故责任应当具备以下要件:(1)发生了核事故。(2)在民用核设施内发生了核事故。如果在军用核设施内发生了核事故,造成了他人损害的,则依据其他法律规定进行国家赔偿或补偿。(3)造成了损害后果。(4)核事故与损害后果之间存在因果关系。是否存在因果关系由侵权人证明。

民用核事故责任适用无过错责任原则。

3.免责事由

根据《侵权责任法》第 70 条的规定,民用核事故责任的免责事由有:(1)战争等情形;(2)受害人故意。不可抗力不作为核事故责任的免责事由,符合国际上通行做法。

4.责任方式和限额

民用核设施的经营者就核事故所承担的民事责任,不仅仅是损害赔偿责任。由于核事故对周围环境带来很大的危害,因此民用核设施经营者不仅应在事后向受害人进行损害赔偿,而且在整改时就应当积极采取停止侵害、消除危险等措施并开展积极救助受害人的活动。

为了兼顾核工业的正常发展和保护受害人的权益,国际通行做法是通过立法

---

① 如 1968 年的图勒核事故、1979 年的三里岛核事故、1986 年的切尔诺贝利核泄漏事故、1987 年的戈亚尼亚核事故、1999 年的东海村核事故等,每次核事故都造成了十分严重、可怕的后果。

规定核事故的赔偿限额。2007 年我国国务院的批复规定,核电站的营运者对一次核事故所造成的核事故损害的最高赔偿额为 3 亿元人民币。核事故损害的应赔总额超过规定的最高赔偿额的,国家提供最高限额为 8 亿元人民币的财政补偿。《侵权责任法》第 77 条规定:"承担高度危险责任,法律规定赔偿限额的,依照其规定。"

(二)民用航空器致害责任

1.民用航空器致害责任的概念

航空器是指通过空气的反作用,而不是由对地面发生的反作用,在大气中取得支承的任何机器,主要包括固定翼飞机、滑翔机、直升机等飞机,以及热气球、飞艇等。民用航空器是指除用于执行军事、海关、警察飞行任务以外的航空器。民用航空器致害责任,是指因民用航空器致使他人受到损害,民用航空器经营者所承担的侵权责任。《侵权责任法》第 71 条规定:"民用航空器造成他人损害的,民用航空器的经营者应当承担侵权责任,但能够证明损害是因受害人故意造成的,不承担责任。"

2.民用航空器致害责任的构成要件

构成民用航空器致人损害责任的要件主要有:(1)发生了航空器坠落、爆炸等事故。(2)发生事故的航空器从使用用途上看是民用的。如果执行军事、海关、警察飞行任务发生了事故,造成了他人损害的,则依据其他法律规定进行国家赔偿或补偿。(3)造成了损害后果。(4)民用航空器坠落、爆炸等事故与损害后果之间存在因果关系。是否存在因果关系由侵权人证明。

民用航空器致害责任适用无过错责任原则。

3.免责事由

根据《侵权责任法》第 71 条的规定,民用航空器致害责任的免责事由只有受害人故意。《侵权责任法》第三章规定的免责事由不适用于民用航空器致害责任。

(三)高度危险物致害责任

1.高度危险物致害责任的概念

近年来,我国因烟花爆竹爆炸、矿山瓦斯爆炸、危险化学品泄漏等因高度危险物品致人伤亡的重大事故时有发生,因此有必要对高度危险物品致人损害责任在高度危险责任中单独规定。《侵权责任法》第 72 条规定:"占有或者使用易燃、易爆、剧毒、放射性等高度危险物造成他人损害的,占有人或者使用人应当承担侵权责任,但能够证明损害是因受害人故意或者不可抗力造成的,不承担责任。被侵权人对损害的发生有重大过失的,可以减轻占有人或者使用人的责任。"

根据《危险货物分类和品名编号》规定,危险物是指具有爆炸、易燃、毒害、感染、腐蚀、放射性等危险特性,在运输、储存、生产、经营、使用和处置中,容易造成人身伤亡、财产损毁或环境污染而需要特别防护的物质和物品。《侵权责任法》第 72

条规定的高度危险物与《危险货物分类和品名编号》规定的"危险货物"相比,并不要求具有更高度的危险性,本书认为两者具有相同的含义。

高度危险物致人损害责任,是指占有人、使用人因占有、使用易燃、易爆、剧毒、放射性等高度危险物造成他人损害所应当承担的侵权责任。"占有"和"使用"包括生产、储存、运输高度危险物,以及将高度危险物作为原料或工具进行生产等行为。因高度危险物具有易爆、易燃、易毒害、易感染、易腐蚀、放射性等危险特性,因此高度危险物的占有人或使用人必须采取可靠的安全措施,避免高度危险物造成他人损害。

构成高度危险物致人损害责任应当具备以下条件:(1)造成了他人损害;(2)他人损害是因高度危险物发生爆炸、燃烧、毒害、感染、腐蚀、放射性等原因所造成;(3)责任主体是高度危险物的占有人或者使用人,而不是所有人。侵权责任法之所以如此规定,原因在于占有人、使用人是高度危险物即高度危险源的实际控制者,且一旦发生事故后,占有人或者使用人能够迅速采取有效措施,组织抢救,防止事故扩大,以减少人员伤亡和财产损失。

2.免责事由

《侵权责任法》第 72 条规定了高度危险物致人损害责任的免责事由有:(1)受害人故意;(2)不可抗力。该条规定的减责事由是被侵权人对损害的发生有重大过失。

3.遗失、抛弃高度危险物致人损害的责任

高度危险物的所有人或者管理人应当严格按照有关安全规范,对其占有、使用的高度危险物进行储存或者处理。如果违反有关安全规范规定,抛弃或遗失高度危险物,造成他人损害的,根据《侵权责任法》第 74 条的规定,由所有人承担侵权责任。如果所有人将高度危险物交由他人管理的,由管理人承担侵权责任。因为此时的高度危险物的管理人是高度危险源的实际控制者。所有人有过错的,与管理人承担连带责任。所有人将高度危险物交由他人管理,应当选择有相应资质的管理单位,并如实说明高度危险物的名称、性质、数量、危害、应急措施等情况。所有人如果未尽选任管理人的义务或者未尽向管理人如实说明有关情况的义务,即有过错。所有人应当就管理人因抛弃、遗失高度危险物造成他人的损害,与管理人承担连带责任。

这里的侵权责任不仅仅是对受害人的赔偿责任,还包括积极采取补救措施,立即将抛弃的高度危险物妥善回收,防止损害扩大,或者立即组织力量追查寻找遗失的高度危险物,采取一切可能的警示措施。同时,还要立即报告公安、环保等有关主管部门并配合采取应急措施。

4.非法占有高度危险物造成致人损害的责任

在现实生活中,有些储存、使用高度危险物的所有人或者管理人的安全措施不到位,导致高度危险物被盗,对周围的人民群众的生命健康和财产安全产生巨大威脱，甚至造成了人员伤亡事故。《侵权责任法》第75条规定："非法占有高度危险物造成他人损害的，由非法占有人承担侵权责任。所有人、管理人不能证明对防止他人非法占有尽到高度注意义务的，与非法占有人承担连带责任。"非法占有是指通过非法手段将他人物品进行的无权占有，主要有盗窃、抢劫、抢夺等非法形式。高度危险责任的基本原则是高度危险源由谁控制，高度危险责任由谁承担。非法占有人实际控制了高度危险物（即危险源），侵权责任由非法占有人承担。但是，如果所有人或管理人未妥善保管高度危险物，导致高度危险物被非法流出的，在法律上应当认定所有人或管理人未尽到高度注意义务，具有过失，应当与非法占有人承担连带责任。

（四）高度危险作业致害责任

1.高度危险作业致害责任的概念

高度危险作业的范围，根据《侵权责任法》第73条的规定，包括高空作业、高压作业、地下挖掘作业和使用高速轨道运输工具四种。高空作业，又称为高处作业，根据高处作业标准规定，是指凡距坠落高度基准面2米及其以上，有可能坠落的在高处进行的作业。坠落高度基准面是指从作业位置到最低坠落着落点的水平面，坠落高度是指从作业位置到坠落高度基准面的垂直距离。高空作业在实践中很常见，包括高层建筑施工、在建筑物顶部安装广告牌、对高层建筑物表面进行清洁工作等，都属于高空作业。操作民用航空器不属于高空作业，在民用航空器飞行中坠落的物体造成地面人员损害的，适用《民用航空法》有关规定和《侵权责任法》第71条的规定，而不是适用本条的规定。高压作业，根据2001年《最高人民法院关于审理触电人身损害赔偿案件若干问题的解释》，是指从事1千伏以上的电压作业。地下挖掘作业是指从事在地表下一定深度进行挖掘行为的作业，如地下采矿作业、地下施工作业、城市隧道施工作业，等等。高速轨道运输工具包括在铁路、地铁、轻轨、磁悬浮等轨道上高速运行的机动车。《民法通则》第123条规定的高速运输工具与侵权责任法规定的高速轨道运输工具是有区别的：前者包括后者，还包括机动车和航空器。因为《侵权责任法》在第六章专门规定了"机动车交通事故责任"，在第71条专门规定了"民用航空器致害责任"，所以第73条仅规定高速轨道运输工具。

高度危险作业致害责任，是指从事高空作业、高压作业、地下挖掘作业和使用高速轨道运输工具，造成他人损害，经营者所应当承担的侵权责任。

2.免责事由

根据《侵权责任法》第73条的规定，高度危险作业致害责任的免责事由主要有：（1）受害人故意；（2）不可抗力。减责事由主要有：被侵权人的过失。侵权责任法之所以规定不可抗力和被侵权人的过失成为高度危险作业致害责任的免责或减责事由，其原因有二：一是从事高空、高压、地下挖掘活动或者使用高速轨道运输工具等高度危险作业,与使用民用核设施、民用航空器和高度危险物相比,其危险性稍低;二是高度危险作业已经成为人们生产、生活中不可或缺的部分,如乘地铁上班、高空建设施工作业、高压电的运输、自然矿物质的采掘作业,人们对这些行业的依存度远高于对民用核设施、民用航空器和高度危险物的依存度。如果让这些从事高度危险作业的经营者在被侵害人有过失的情况下承担全部责任,则可能给他们带来沉重负担,不利于这些企业的发展。

第七节　饲养动物损害责任

一、饲养动物损害责任的概念

饲养动物损害责任指饲养的动物造成他人人身、财产损害的,动物饲养人或管理人所承担的民事责任。侵权责任法第十章第 78 条至第 84 条共 7 个条文规定了饲养动物损害责任。在各类侵权行为中,饲养动物致人损害责任是一种特殊的责任形式,其特殊性表现在它是一种间接侵权而引发的直接责任。其加害行为是人的行为与动物的行为的复合。人的行为是指人对动物的占有、饲养和管理,动物的行为是直接的加害行为。这两种行为相结合,才能构成侵权行为。

二、饲养动物损害责任的归责原则

关于饲养动物损害责任的归责原则,《民法通则》第 127 条采用无过错责任原则。《侵权责任法》第 78 条[①]、第 80 条[②]秉承《民法通则》第 127 条的规定采用无过错责任原则。因第 78 条规定了"被侵权人故意或者重大过失"作为责任人的免责或减责事由,而第 80 条未规定责任人的任何免责事由,因此,有学者认为,第 78 条规定责任人较为宽松的无过错责任,而第 80 条规定责任人更为严格的无过错责任。第 79 条规定"违反管理规定,未对动物采取安全措施造成他人损害的,动物饲养人或者管理人应当承担侵权责任"。这规定了动物饲养人或者管理人的什么责任呢? 有的学者认为,本条规定的动物饲养人或管理人的责任是介于第 78 条较为宽松的无过错责任和第 80 条严格的无过错责任之间的一种无过错责任。然而,本书认为,从本条的行文来看,或者对本条作文义解释,如果动物饲养人或管理人"违

---

① 第 78 条规定:"饲养的动物造成他人损害的,动物饲养人或者管理人应当承担侵权责任,但能够证明损害是因被侵权人故意或者重大过失造成的,可以不承担或者减轻责任。"

② 第 80 条规定:"禁止饲养的烈性犬等危险动物造成他人损害的,动物饲养人或者管理人应当承担侵权责任。"

反管理规定,未对动物采取安全措施",这足以说明其主观上存在过错。责任人"违反管理规定,未对动物采取安全措施"的过错事实,由谁负责举证呢? 该条显然没有将举证责任课加给责任人。所以本书认为,第79条规定的是动物饲养人或管理人承担过错责任。第81条规定了动物园的动物致人损害的侵权责任。根据该规定,动物园的动物造成他人损害的,动物园应当承担侵权责任,但能够证明尽到管理职责的,不承担责任。对于动物园的责任,显然是采用了过错推定责任原则。

因此,《侵权责任法》对于饲养动物损害责任的归责原则采用了混合责任原则,它是第79条规定的过错责任原则、第81条规定的过错推定责任原则与第78条、第80条规定的无过错责任原则的混合。

三、饲养动物损害责任的构成要件

构成饲养动物致人损害责任应当具备以下构成要件:

1. 须为饲养的动物。如果不是饲养的动物,不能适用《侵权责任法》第十章的规定,而是适用其他的相关法律。如何界定饲养的范围? 如某山里人每天准时给野猪喂养食物,该野猪偶尔会去损害他人的农作物。该山里人是否承担民事责任? 自然保护区内的动物是否为饲养? 在国家森林公园内的动物是否为饲养? 饲养的动物逃离、迷失至何种程度,不算"饲养"? 有人认为,不管是什么性质的动物,只要是人工饲养的动物,均包括在内;有人认为,饲养的动物既应包括以食用、谋利为目的的,也应包括以观赏为目的的;有人认为只要属于在人的控制下,主要依靠人的供给食物生存的动物,都应包括在这个范围内。判断动物是否为饲养,侵权行为法专家张新宝教授提出了四条标准:第一,它为特定人所有或占有,即它为特定人所饲养或管理。依此,野生状态的动物不属之。第二,饲养者或管理者对动物具有适当程度的控制力。依此,自然保护区的野兽不属之。第三,该动物依其自身的特性,有可能对他人的人身、财产造成损害。依此,金鱼不属之。第四,该动物为家畜、家禽、宠物或驯养的野兽、爬行类动物等。[①] 此标准有借鉴意义。

2. 动物基于本能致害。须注意的是,动物致害是指动物出于本能致人损害,如果动物被利用成为侵害他人权益的工具,则不适用本规定,而是根据一般侵权责任规定,认定其侵权责任。动物因带有传染病菌而致人损害,是否为动物致害? 如患有口蹄疫的牛将口蹄疫传染到其他牛群;带有狂犬病毒的狗或猫咬伤他人并传染狂犬病的等,是否为动物致害? 我们认为,应当视具体情况而定,即他人受损是否经过中间的传播媒介(如动物撕咬),是否因外界因素所致。如果没有经过中间传播媒介,没有外界因素介入,则为动物致害;否则,不为动物致害。另外,被动物的

---

① 　张新宝:《中国侵权行为法》,中国社会科学出版社1998年第2版,第551页。

外貌、声音等外部特征所惊吓是否为动物致害？如甲喂食动物园的老虎时，老虎突然大吼一声，导致他受到惊吓，能否认定为动物致害？这是难以回答的问题，学界对此争议较大。本书采否定说，理由是一般人对被饲养的动物有基本认识，特别是动物的外貌特征（包括声音），所以某人准备接触某动物就应当有相应的心理准备，以免受该动物惊吓。另外，动物的喜怒哀乐并不能为其所有人或管理人所左右。

3. 有他人受损害的事实。

4. 动物致害行为与损害后果之间具有因果关系。

5. 动物园对动物致人损害的行为存在过错。该过错无须被侵权人证明，而是由动物园证明自己没有过错。另外，根据《侵权责任法》第 79 条的规定，在对饲养动物有管理规定的城市，被侵权人需要证明饲养人或管理人存在"违反管理规定，未对动物采取安全措施"的事实。

四、责任人

在动物致害责任的赔偿法律关系中，当事人包括受害人和责任人。责任人是动物的所有人、管理人、非法占有人。我们认为，非法占有人也应成为责任人。因为非法占有人是有过错的第三人，应当是赔偿义务主体，受害人不应向动物所有人或管理人请求赔偿。如动物的拾得者、偷窃者、抢劫者、抢夺者，对拾得、偷窃、抢劫、抢夺的动物致人损害应承担赔偿责任。

动物饲养人遗弃动物或者动物逃逸，在动物遗弃、逃逸期间造成他人损害的，根据《侵权责任法》第 82 条的规定，原动物饲养人或管理人是责任人。如何认定遗弃或逃逸？本书认为，如果饲养的动物本性是野生动物，遗弃是指将该动物弃之于不适于其生存的地方或环境，否则不能认定为遗弃，而是放生；野生动物不存在逃逸问题，因为本性是野生动物的，一旦逃离饲养人或管理人，饲养人或管理人已经丧失了对它的控制，根据《野生动物保护法》的规定，该动物应当属于国家。对于本性是家养动物的，将该动物弃之于任何地方或环境，均应认定为遗弃；只要不在饲养人或管理人控制范围内，应认定为逃逸。

因第三人过错，致使动物造成他人损害的，根据《侵权责任法》第 83 条的规定，责任人是第三人和动物饲养人或者管理人。其中，第三人是最终责任人，动物饲养人或管理人是不真正连带责任人。不真正连带责任人承担赔偿责任后，有权向最终责任人追偿。

五、免责事由

动物致人损害的责任，责任人的免责事由包括：不可抗力、受害人过错和约定的免责事由。约定的免责事由，如动物的所有人或管理人与驯兽师、兽医等专业服务人员之间可约定免责事由,当然,与非专业服务人员之间约定的免责事由是无效的。

第八节 物件损害责任

一、建筑物等物件损害责任

(一)建筑物等物件损害责任的概念

建筑物等物件损害责任指建筑物、构筑物或者其他设施及其搁置物、悬挂物发生脱落、坠落,或者建筑物、构筑物或者其他设施发生倒塌,造成他人人身或财产上损害,其所有人、管理人或使用人所承担的侵权责任,或者建设单位与施工单位所承担的连带责任。《侵权责任法》第 85 条规定:"建筑物、构筑物或者其他设施及其搁置物、悬挂物发生脱落、坠落造成他人损害,所有人、管理人或者使用人不能证明自己没有过错的,应当承担侵权责任。所有人、管理人或者使用人赔偿后,有其他责任人的,有权向其他责任人追偿。"第 86 条规定:"建筑物、构筑物或者其他设施倒塌造成他人损害的,由建设单位与施工单位承担连带责任。建设单位、施工单位赔偿后,有其他责任人的,有权向其他责任人追偿。因其他责任人的原因,建筑物、构筑物或者其他设施倒塌造成他人损害的,由其他责任人承担侵权责任。"

关于建筑物等物件损害责任,《侵权责任法》的规定与《民法通则》第 126 条的规定不同之处在于:《侵权责任法》的规定区分了建筑物等物件致人损害的原因,并就建筑物等物件脱落、坠落的原因和建筑物等物件倒塌的原因,分别规定了不同的责任人,承担不同形式的责任。侵权责任法之所以区分建筑物倒塌与脱落、坠落的不同责任,原因在于建筑物倒塌严重危害人民群众的人身、财产安全,对此作出严格规定,有助于促使建设单位、施工单位提高建设工程的质量,杜绝"豆腐渣"工程,保障人民群众的生命和财产安全。

建筑物等物件包括建筑物、构筑物、附属设施、其他设施及其搁置物、悬挂物,不包括堆放物。理由一是根据《民通意见》第 155 条规定,因堆放物品倒塌造成他人损害的,如果当事人均无过错,应当根据公平原则酌情处理。堆放物倒塌致人损害的责任采取过错责任原则,即受害人应当证明物品的堆放人、所有人或管理人有过错才能请求他们承担责任。理由二是《侵权责任法》第 88 条专门规定了堆放物损害责任,第 89 条规定了在公共道路上堆放物品损害责任。因此,建筑物等物件并不包括堆放物。建筑物等物件是否包括在建筑物内但与建筑物没有关系的物件(如房屋内的烟灰缸、锅、碗、瓢、盘、盆)?即"建筑物上的搁置物或悬挂物"能否作扩张解释,解释为包括"在建筑物内但与建筑物本身没有关系的物件"? 根据《侵权责任法》第 87 条的规定,不能作扩张解释,因为该条对建筑物内的不明抛掷物、坠落物作了专门规定,不能适用该法第 85 条的规定。公路、街道两旁的树木是否可以解释为"其他设施"？我国有学者主张将公路管理段解释为管理者,将公路、街道两旁的树木解释为"其他设施"。[①] 本书对此持相反意见,因为公路、街道两旁的树木致人损害的责任,可以适用《侵权责任法》第 90 条规定的林木折断损害责任。侵权事实是否仅限于"倒塌、脱落和坠落"？在此应采扩张解释,应包括其他可能造成他人损害的侵权事实。如索道断裂、表面陷落等事实。

(二)建筑物等物件损害责任的归责原则

建筑物等物件损害责任采用了过错推定责任与无过错责任的混合责任的归责原则:《侵权责任法》第 85 条规定,建筑物等物件因脱落、坠落的原因,发生的损害责任采过错推定责任原则;根据该法第 86 条的规定,建筑物等物件因倒塌的原因,发生的损害责任采无过错责任原则。

(三)建筑物等物件致害责任的构成要件

构成建筑物等物件致害责任应当具备以下构成要件:
1.须具有建筑物等物件发生移位的事实。
2.须有造成他人人身或财产上损害的事实。
3.建筑物等物件移位与损害之间存在因果关系。
4.所有人或管理人对建筑物等物件发生脱落、坠落等方式的移位有过错(系法律推定)。所有人或管理人能够证明自己已经采取相应措施,是否达到无过错的证明标准？显然不能,因为建筑物等物件发生移位事实本身,有力地证明所有人或管理人所采取的安全措施未达到消除危险的标准。所有人或管理人必须证明建筑物或其物件移位系因不可抗力等原因造成,才能达到自己没有过错的证明标准。如窗户已经关了是否能证明户主对窗户上的玻璃破碎致人损害没有过错？当然不能,所有人必须证明窗户已插上插销,玻璃破碎系因狂风吹破所致。

如果建筑物等物件因倒塌原因移位而造成他人人身或财产上损害,被侵权人无须证明责任人是否有过错,即使责任人能够证明自己没有过错,建设单位与施工单位也应承担连带侵权责任。

(四)责任人

根据《侵权责任法》第 85 条、第 86 条的规定:(1)建筑物等物件因脱落、坠落的原因致人损害的,责任人是建筑物等物件的所有人、管理人和使用人。(2)建筑物

---

① 张新宝:《中国侵权行为法》,中国社会科学出版社 1998 年第 2 版,第 449 页。

等物件脱落、坠落是因第三人原因造成的，责任人是第三人和建筑物等物件的所有人、管理人和使用人。其中第三人是最终责任人，所有人、管理人或使用人是不真正连带责任人。(3)建筑物等物件因倒塌的原因致人损害的，责任人是建设单位和施工单位。(4)建筑物等物件倒塌是因第三人原因造成的，责任人是第三人和建设单位、施工单位。其中第三人是最终责任人，建设单位、施工单位是不真正连带责任人。

(五)免责事由

建筑物等物件损害责任的免责事由包括不可抗力和受害人过错。

二、不明抛掷物或坠落物致人损害的补偿

(一)不明抛掷物或坠落物致人损害的补偿的概念

不明抛掷物或坠落物致人损害的补偿，是指从建筑物中抛掷物品或者从建筑物上坠落的物品，造成他人人身或财产损害的，且难以确定具体侵权人的，由可能加害的建筑物使用人给予补偿。实践中，建筑物中不明抛掷物、坠落物致人损害的情况时有发生，比较典型的有"重庆烟灰缸案""济南菜板案"和"深圳玻璃案"。在《侵权责任法》对此加以规定之前，由于《民法通则》对此没有规定，实践中不同的法院对案件的处理结果也大相径庭：在"重庆烟灰缸案"中，法院根据过错推定原则，判决24户居民中的不能证明自己没有抛掷烟灰缸的22户居民分担16万余元的赔偿责任；而在"济南菜板案"中，法院根据《民事诉讼法》第108条第2款的规定，认为原告在起诉中无法确定致原告母亲死亡的加害人，缺乏明确的被告，裁定驳回起诉。为了解决这一困扰了司法实践多年的难题，填补受害人的损失，体现侵权责任法"促进社会和谐稳定"的立法目的，该法第87条规定："从建筑物中抛掷物品或者从建筑物上坠落的物品造成他人损害，难以确定具体侵权人的，除能够证明自己不是侵权人的外，由可能加害的建筑物使用人给予补偿。"

(二)不明抛掷物或坠落物致人损害的补偿的构成要件

承担不明抛掷物或坠落物致人损害的补偿义务，应当具备以下条件：

1.物件须为不明抛掷物、坠落物，且该物件与建筑物没有物理或结构上的联系。如果物件与建筑物存在物理上或结构上的联系，则适用《侵权责任法》第85条的规定。本条规定能否对"建筑物"进行扩张解释，解释为"建筑物、构筑物或者其他设施"？本书认为不能进行扩张解释。

2.须有造成他人人身或财产上损害的事实。

3.不明抛掷物或坠落物与损害之间存在因果关系。

4.难以确定具体侵权人。如果能够确定具体侵权人的,适用《侵权责任法》第6条规定的一般侵权责任。

5.补偿义务人是可能加害的建筑物使用人。可能加害的建筑物使用人是该建筑物内所有可能实施加害行为的人。补偿义务人不承担补偿义务的前提是能够证明自己不是侵权人。

三、堆放物倒塌损害责任

堆放物是指堆放在土地上或其他地方的物品,它并非固定或半固定在其他物体上,如堆放的砖块、圆木。堆放物"倒塌"与建筑物等物件"倒塌",是指堆放物整体倒塌和部分脱落、坠落、滑落、滚落等。堆放物倒塌损害责任是指堆放物发生整体倒塌或部分脱落、坠落、滚落、滑落,造成他人人身或财产损害,堆放人所承担的责任。堆放物倒塌损害责任,根据《侵权责任法》第88条的规定,"堆放人不能证明自己没有过错的,应当承担侵权责任",采过错推定责任原则。

四、妨碍通行物损害责任

妨碍通行物损害责任是指在公共道路上堆放、倾倒、遗撒物品妨碍他人通行且造成他人人身或财产上损害,有关单位或个人所承担的侵权责任。公共道路是指任何供机动车、人或家畜通行的道路,包括广场、停车场等可供通行的场地、建筑区划内属于业主共有但允许不特定的公众通行的道路。有关单位和个人,主要是指堆放、倾倒、遗撒妨碍通行物的单位或个人,也包括因疏于对物品的管理或者疏于对公共道路的管理和维护,导致物品妨碍公共道路通行的单位或个人,如因行为人没有将运输货物束紧导致撒落,运输人和对公共道路负有管理维护义务的单位或个人均应对该撒落物品致人损害承担责任。为了保障公共道路良好的通行使用状态,公路法等有关法律规定,公共道路的管理维护者要及时发现道路上出现的妨碍通行的情况并采取合理措施。

妨碍通行物损害责任的归责原则,根据《侵权责任法》第89条的规定,采无过错责任原则。

五、林木折断损害责任

林木折断损害责任是指因林木折断、倾倒,树枝坠落等原因,造成他人人身、财产损害,林木所有人或者管理人承担的侵权责任。根据森林法等法律的规定,林木的所有人或者管理人应当对林木进行合理的维护,以防止林木出现危害他人安全的情形,如及时修剪树枝或采伐干枯的树木,及时清理树枝上的积雪,及时采摘成熟的果实等,在林木出现可能危害他人的安全的情形时,要设置明显标志并采取相应的安全措施。

林木折断损害责任的归责原则,根据《侵权责任法》第90条的规定,"林木的所有人或者管理人不能证明自己没有过错的,应当承担侵权责任",采过错推定责任原则。

六、地面施工或地下设施损害责任

(一)地面施工或地下设施损害责任的概念

地面施工或地下设施损害责任指因地面施工没有采取安全措施或设置明显标志,或者因窨井等地下设施,造成他人人身或财产上损害而应当承担的侵权责任。在公共场所、道旁或者通道上施工,施工人不仅要注意自己的安全,还应注意他人的安全,因此,施工人负有适当的注意义务,以免致他人损害。

《侵权责任法》第91条规定:"在公共场所或者道路上挖坑、修缮安装地下设施等,没有设置明显标志和采取安全措施造成他人损害的,施工人应当承担侵权责任。窨井等地下设施造成他人损害,管理人不能证明尽到管理职责的,应当承担侵权责任。"该条规定与《民法通则》第125条①规定相比,有两处差别:一是该条增加一个专门规定窨井等地下设施致人损害的责任的条款,二是该条的归责原则采过错责任原则和过错推定责任原则的混合责任原则。

(二)地面施工或地下设施损害责任的基本规则

1.地面施工或地下设施损害责任的构成要件。

构成地面施工或地下设施损害责任应具备以下构成要件:

(1)存在地面施工或地下设施的事实。地面施工,指在公共场所、道旁或者通道上挖坑、修缮安装地下设施等。在上述场所之外,施工人是否需要承担民事责任? 本书认为,施工人应当承担民事责任,原因在于,第一,尽管不在公共场所施工,但这额外的危险是由施工人造成的;第二,在不为人熟悉的地方施工,对他人的危险性更大,一般人不会注意意料之外的危险;第三,在上述场所之外施工,施工人承担责任的本质与在上述场所施工承担责任的本质是相同的。因此,在此采扩张解释方法,在包含上述场所之外的地方施工造成他人损害的,应当承担民事责任。

(2)施工人未尽安全注意义务或者管理人没有尽到管理职责。未尽安全注意

---

① 《民法通则》第125条规定:"在公共场所、道旁或者通道上挖坑、修缮安装地下设施等,没有设置明显标志和采取安全措施造成他人损害的,施工人应当承担民事责任。"

义务,是指施工人没有设置明显标志和采取安全措施,或者设置的标志不足以警示他人,或者采取的安全措施不合理,未起到保证他人安全的作用。应注意以下两个问题:一是该标准究竟是对任何人而言还是对普通人而言？ 通说是对普通人而言。施工人不可能,也难以做到对任何人设置明显标志并采取安全措施,否则施工人的注意义务将无穷无尽。二是设置明显标志与采取安全措施之间究竟是并用还是选择性适用？ 从字面上看,"和"系并用的关系,这无疑加重了施工人的负担及举证责任。从现实角度看,有些通过设置警示标志即可,有些采取安全措施即可,有些不仅需要设置警示标志,还需采取安全措施。因此,采用选择性适用关系更符合现实情况。在公共场所施工,应有明显标志并采取安全措施,在非公共场所,采用明显标志即可。

（3）存在损害事实。

（4）损害后果和地面施工行为之间存在因果关系。

2. 地面施工或地下设施损害责任的归责原则。依《侵权责任法》第125条第1款的规定,施工人未设置明显标志和采取安全措施的消极不作为,推定施工人主观上有过错,显然采过错责任原则;依该条第2款的规定,管理人负责证明自己对窨井等地下设施尽到管理职责,否则管理人承担侵权责任,采过错推定责任原则。

3. 责任人。依《侵权责任法》第91条的规定,责任人是施工人或者地下设施的管理人。因为施工人或地下设施管理人直接控制着施工场地或地下设施,对施工场地或地下设施承担管理和维护义务,以保障他人安全。如何认定施工人？ 应依以下规则进行:(1)当直接进行施工的人为独立承包建筑商时,该人为施工人;(2)当某项地面工程以某一特定的人的名义进行施工的,该以其名义施工人为施工人;(3)工程的所有者、管理者雇佣零散人员进行施工的或者受害人无法判断施工人的,应推定工程的所有者、管理者为施工人,但工程的所有者、管理者得提出反证推翻。

引例的案件案情非常简单,但是认定事实却十分复杂。本案主要涉及的事实是动物致人损害,还是建筑物等物件脱落、坠落致人损害,或者是不明抛掷物或坠落物致人损害？ 以下将对本案一一分析:

构成动物致人损害责任须具备以下构成要件:第一,须为饲养的动物;第二,动物致害行为基于本能致害;第三,有他人受损害的事实;第四,动物致害行为与损害后果之间具有因果关系。本案是乌龟从楼上坠落,砸伤受害人,不是基于动物本能的致害行为,因此,本案不能认定为动物致人损害,因而,不能适用《侵权责任法》第78条的规定。

构成建筑物等物件致害责任应当具备以下构成要件:第一,须具有建筑物等物件发生移位的事实,该物件应该与建筑物有一定的联系;第二,须有造成他人人身或财产上损害的事实;第三,建筑物等物件移位与损害之间存在因果关系;第四,所有人或管理人对建筑物等物件发生脱落、坠落等方式的移位有过错(系法律推定)。

本案中,乌龟与该幢建筑物没有任何关系,建筑物的所有人或管理人无法控制动物坠落伤害事件的危险,因此,法律不能推定所有人或管理人有过错,因而,本案也不能认定为建筑物等物件致害事实,不能适用《侵权责任法》第85条之规定。

　　本案系乌龟从楼上坠落,砸伤受害人。乌龟是从建筑物上坠落的不明物,且该物件与建筑物没有物理或结构上的联系。乌龟从楼上坠落,造成原告的损害事实,该不明坠落乌龟与损害之间存在因果关系。且本案难以确定具体侵权人,基本上符合《侵权责任法》第87条的规定。为什么是基本上符合呢?因为乌龟是动物,有生命,而本条规定的不明抛掷物或坠落物,通常是指物件,无生命。乌龟坠落不是基于生命的本能,与生命没有任何关系,完全可以将动物看成石块。因而,本案事实应认定为不明抛掷物或坠落物致人损害,适用《侵权责任法》第87条的规定。

👉 司法考试真题链接

　　1.丁某在自家后院种植了葡萄,并垒起围墙。谭某(12岁)和马某(10岁)爬上围墙攀摘葡萄,在争抢中谭某将马某挤下围墙,围墙上松动的石头将马某砸伤。下列哪些选项是正确的?（2007年司法考试真题）

　　A.丁某应当承担赔偿责任

　　B.谭某的监护人应当承担民事责任

　　C.马某自己有过失,应当减轻赔偿人的赔偿责任

　　D.本案应适用特殊侵权规则

　　2.某旅行社导游李某带团游览一处地势险峻的景点时,众人争相拍照,李某未提示注意安全,该团游客崔某不慎将唐某撞下陡坡摔伤。下列哪些选项是正确的?（2007年司法考试真题）

　　A.旅行社对损害结果不承担赔偿责任

　　B.崔某应当对唐某承担赔偿责任

　　C.旅行社应当承担补充赔偿责任

　　D.李某应当对唐某承担侵权责任

　　3.甲公司为劳务派遣单位,根据合同约定向乙公司派遣搬运工。搬运工丙脾气暴躁常与人争吵,乙公司要求甲公司更换丙或对其教育管理,甲公司不予理会。一天,乙公司安排丙为顾客丁免费搬运电视机,丙与丁发生激烈争吵故意摔坏电视机。对此,下列哪些说法是错误的?（2010年司法考试真题）

　　A.甲公司和乙公司承担连带赔偿责任

　　B.甲公司承担赔偿责任,乙公司承担补充责任

　　C.甲公司和丙承担连带赔偿责任

　　D.丙承担赔偿责任,甲公司承担补充责任

第四编

不当得利和无因管理

第二十章　不当得利

【引　例】

甲地原告某制药厂与乙地某新特药站签订了一份购销药品的合同,根据合同的规定,原告用"火车快件"的运输方式给新特药站发运药品 10 件,共计款 21600 元。此货到达乙地后负责送货的某运输公司工人张某,将该批货物从火车站快件房取出,误送到被告某新特药站处,被告职工刘某未加核实即将该药品收下,后来,原告在向新特药站索要药款时才发现药被误送,遂向被告索要药品。被告也承认收到了该批药品,声称收到药品后其中 5 件遭雨水浸泡已失效,另 5 件药品已卖完,因此提出可用其他药品顶账。原告不同意,遂起诉要求被告返还货款 21600 元及银行利息。

第一节　不当得利的概念与功能

一、不当得利的含义

没有合法根据,取得不当利益,由此造成他人损失的,即构成不当得利。这意味着,作为一项法律事实,不当得利指的是社会生活中一方没有合法根据地取得利益,致使他方受有损失的事实状态,而不是指造成这种事实状态的原因事实。造成不当得利事件的原因事实可以是人们有意识的行为,也可以是人的行为以外的某种自然事实。由此可见,不当得利属于事件,而非法律行为。

不当得利是债的发生原因之一,当事人因不当得利事件的存在而产生债权债务关系。根据我国《民法通则》第 92 条的规定,如果存在不当得利的情形,取得不当利益的人应当将取得的不当利益返还受损失的人。其中,取得不当得利的人称为受益人,负有返还不当利益的义务;受损失的人称为受害人,享有不当得利返还请求权。

二、不当得利制度的历史沿革

不当得利制度起源于罗马法。在罗马法上，不当得利被认为属于准契约之一。根据发生的原因不同，不当得利分为很多种类，例如，基于非债清偿的不当得利、基于目的不能达成的不当得利、基于目的消灭的不当得利、基于盗窃的不当得利、基于不道德行为的不当得利以及基于不法原因的不当得利等。在罗马法上，不当得利并非一种独立的、统一的制度，而是依不当得利的各种发生原因而承认个别的诉权。

18世纪自然法学派将罗马法上的不当得利诉权扩展适用于无原因给付以外的事由引起的不当得利，并基于任何人不得损人利己的公平观念，谋求在法律上建立统一的、独立的不当得利制度。受自然法学派的影响，在西方国家进入法典化时代以后，不当得利制度开始成为一项统一的、独立的法律制度。虽然统一、独立的不当得利的建立发生于西方国家的法典化时代，但由于受罗马法影响，1804年的《法国民法典》尚未对不当得利设立概括规定，仅就因非债清偿而生的不当得利作出规定，并将之视为准契约的一种。然而，在学说和判例上，法国都承认存在一般意义上的不当得利返还请求权。正式将不当得利制度作为一项统一的、独立的制度加以规定的是1881年的《瑞士债务法》。此种立法例为1898年《德国民法典》以及1911年新颁行的《瑞士债务法》所沿袭。其后，受《德国民法典》以及《瑞士债务法》的影响，《日本民法典》《土耳其民法典》以及《苏俄民法典》均对不当得利制度作出了统一的规定。在我国，《大清民律草案》及国民政府时期颁布实施的民法都对不当得利制度作出了统一规定。新中国成立后，国民政府时期施行的民法在台湾地区仍然沿用，而1986年颁布的《民法通则》第92条将不当得利制度统一规定在"债权"一节中，作为债的发生根据之一。

三、不当得利制度的基础与功能

在罗马法上，由于物权行为与其原因债权各自独立地发生效力，因此，一项给付行为虽然没有给付原因，但是，只要其本身没有缺陷，就会产生给付标的物所有权转移的效力，从而使得给付人不能基于所有权而行使所有权返还请求权。然而，给付的相对人在没有给付原因的情况下保持其所受给付而享有利益，实属损人利己，有悖于公平原则。为实现社会公平理念，法律承认给付人享有向给付的相对人请求返还不当利益的权利。由此，在罗马法上，不当得利制度是公平原则在法律上实体化而生的一项具体法律制度。后世的不当得利制度也莫不以公平原则为基础，不仅如此，还将不当得利制度的适用范围扩及基于给付以外的其他事由而生的不当利益的返还。

基于不得损人利己的公平理念,当今各国民法上的不当得利制度的主要功能,并不在于赔偿受害人的损失,而在于明确受益人持有不当利益的非正当性,并去除受益人所持有的不当利益而将之返还给受害人,以此来恢复受害人与受益人之间不合社会公平理念的利益分配关系,确定利益的正当归属,保护财产安全,维护正常的社会经济秩序。

第二节　不当得利的构成要件

不当得利的构成要件可分为一般构成要件和特别构成要件。一般构成要件是指各种不当得利的共同要件,而特别构成要件是指特定场合下的不当得利的构成要件。不当得利的一般构成要件,根据《民法通则》第 92 条的规定,共有四个方面:(1)一方取得利益;(2)他方受到损失;(3)取得利益与受到损失存在一定的关联关系;(4)没有合法根据。现分述如下:

一、一方取得利益

此所谓"利益",是指财产上的利益,而非精神利益。一方取得利益指的是因一定的事实而改良其财产状况,既包括财产的积极增加,也包括财产的消极增加。财产的积极增加,是指财产的范围因为权利的增强或义务的消灭而扩大。其主要表现如:(1)财产权利的取得。例如,所有权、他物权、知识产权、债权或期待权的取得。(2)财产利益的取得。例如,占有的取得,劳务的接受。(3)财产权的扩张和效力的增强。例如,因添附而扩张所有权或取得所有权,因第一顺序抵押权消灭而使得第二顺序抵押权上升为第一顺序抵押权。(4)权利限制的消灭。例如,因抵押权的消灭而使得所有权受到的限制解除。(5)债务的消灭。例如,已负担的债务的免除。财产的消极增加,是指财产本应减少但因为一定事实而未减少。主要表现如:(1)本应承担的债务不需再全部承担;(2)本应支出的费用不需再支付;(3)本应设定的权利限制不再设定。

二、他方受到损失

此所谓"损失",也是指财产上的损失,而非精神损失。他方受到损失是指他方现有的财产减少或可得利益的丧失。财产减少的表现形式可以是:所有权、他物权等财产权利的丧失;占有等财产利益的丧失;权利受到限制。可得利益的丧失,是指财产有可能增加而未增加,而非必然增加而未增加。例如,甲无合法根据耕种乙的土地而获益,即使乙在甲不耕种的情况下也会将土地抛荒,甲耕种乙的土地而获益属于乙的可得利益的丧失。

三、取得利益与受到损失存在因果关系

根据《民法通则》第 92 条的规定，一方取得不当利益"造成"了他方受到损失。此"造成"用语说明一方取得利益与他方受到损失之间存在着一定的关联关系。一般认为，这种关联关系为因果关系。然而，这种因果关系并非属于发生时序上的前因后果关系，而是指基于原因事实而发生的两个结果事实之间的关系。详言之，一方取得利益来自他方受到损失，而他方受到损失来自一方取得利益。如果不存在一方取得利益的情形，也就不存在他方受到损失的情形，而不存在他方受到损失的情形，也就不存在一方取得利益的情形。

虽然就取得利益与受到损失两者间存在着因果关系没有争议，但是就该因果关系的性质，存在着直接因果关系说与非直接因果关系说两种观点。直接因果关系说主张取得利益与受到损失必须是基于同一原因事实而发生的，或者受益人取得利益直接来自受害人的财产，非经由第三人的财产而间接来自受害人的财产。例如，在甲不知对乙的债务已经清偿而再为支付的情形下，乙取得利益与甲受到损失乃基于甲的给付行为（同一原因事实）而发生，因此两者存在因果关系。在甲误取乙的肥料施于丙的土地的情形下，虽然丙取得利益与乙受到损失由第三人甲的行为介入，但是丙取得肥料所有权直接来自乙的财产，而非直接来自甲的财产（此时甲没有取得肥料所有权），因此两者亦存在因果关系。非直接因果关系说主张取得利益与受到损失不限于仅基于同一原因事实而发生，当两者是基于两个原因事实造成时，如果社会一般观念认为两者具有关联关系，那么在此情形下就可以认为两者之间存在因果关系。

由于存在以上认识的不同，对于因第三人行为介入而发生的一方取得利益与他方受到损失之间是否存在因果关系，以上两种学说的态度不同。例如，在前例所述甲误取乙的肥料施于丙的土地的情形下，虽然丙取得利益与乙受到损失因第三人甲的行为介入而发生，但是丙取得肥料所有权直接来自乙的财产，而非直接来自甲的财产。此时，依据直接因果关系说与非直接因果关系说，均可认定存在因果关系。但是，如果第三人行为介入而发生一方取得利益与他方受到损失，一方取得利益并非直接来自他方财产，则一方取得利益与他方受到损失之间是否存在因果关系，两说存在分歧。例如，在甲向乙骗取金钱而向丙作非债清偿的情形下，直接因果关系说主张乙受到损失乃基于甲之骗取事实，而丙取得利益乃基于甲之清偿事实，两者分别基于不同事实而产生，且丙取得利益并非直接来自乙的财产（金钱所有权），因此，两者之间不存在因果关系。而非直接因果关系说主张，依社会一般观念，上述情形下乙受到损失与丙取得利益之间存在因果关系。

显然，与采取直接因果关系说相比，采取非直接因果关系说来说明一方取得利益与他方受到损失之间的关联关系，可以在社会一般观念所接受的范围内将该关

联关系扩大适用,可以将不当得利制度直接适用于更多的场合,从而可以充分保护当事人的合法权益。此外,非直接因果关系说的主张也与《民法通则》第92条规定的文义能够保持一致。因为该条仅规定一方取得不当利益"造成"了他方受到损失,并没有提及"造成"他方损失仅限基于同一原因事实。因此,非直接因果关系说颇值得赞同。然而,值得注意的是,非直接因果关系说根据社会一般观念来判断受到损失与取得利益之间是否存在因果关系,使得法律的适用具有相当大的弹性,法官由此享有较大的自由裁量权,从而影响到法律适用的稳定。

四、没有合法根据

没有合法根据,罗马法称之为无原因,《瑞士债务法》称之为无适法原因,《德国民法典》称之为无法律上原因,是指一方取得利益所根据的原因事实在法律上不成立或不被承认。因此,没有合法根据并不是指一方的利益获取行为本身没有合法根据。实际上,一方的利益获取行为本身有无合法根据,不是不当得利的构成要件。例如,将他人所有的玉石误以为己有而雕刻成价值连城的玉石工艺品,虽然加工人可以因为添附(单纯的加工行为)而取得他人玉石的所有权,但是加工人取得此项利益的原因事实,即未征得他人同意而加工他人玉石,却不能被法律所承认,因此,属于没有合法根据。

对于没有合法根据的解释,人们的认识也不相同,存在着统一说与非统一说的分歧。统一说主张不当得利具有统一的基础,与此相应,没有合法根据也应当有统一的解释。然而,主张统一说的学者对于没有合法根据的解释也存在不同的意见。公平正义说认为,不当得利制度的基础在于公平正义原则,因此所谓没有合法根据,就是指取得利益违反公平正义。正法说认为,法存在着正法与成法的区别,其中正法是形成共同生活之法律基本观念,而成法是依一定法技术制定的法律,当成法与正法冲突时,即产生不当得利。债权说主张,没有合法根据指受益人取得利益没有债权基础。相对关系说主张,没有合法根据指的是受益人与受害人之间不存在赋予经济价值转移以正当性的相对关系。权利说主张,没有合法根据,指的是受益人就其取得的利益不具有保有该项利益的权利。

上述统一说中的各种学说对于没有合法根据的解释,都存在着这样或那样的不足之处。公平正义说和正法说对于没有合法根据的解释,是基于不得损人利己的公平观念进行理论上的抽象解释,由于这种解释没有具体内容,因此在实践中对其不易把握。而债权说和相对关系说虽然可以解释基于给付而产生的不当得利,却可能将诸如因取得时效而取得物权、遗失物因无人认领而归属于拾得人或国家的情形与不当得利情形混为一谈。权利说虽然可以解释因取得时效而取得物权、遗失物因无人认领而归属于拾得人或国家的情形与不当得利情形之间的区别,却无法解释基于添附而取得所有权的情形下存在的不当得利情形。

非统一说主张不当得利可以基于各种不同的事由而发生,因此,没有合法根据不可能采用某个统一的概念作出解释,而应当承认产生不当得利的原因事实包括多种类型。支持非统一说的学者据此将不当得利依照一定的标准划分为不同的基本类型,并主张以此为基础建立有关不当得利的完整体系。非统一说具有一定的优点,首先,通过对不当得利的类型化,非统一说可以克服自身可能趋于分散化的倾向;其次,通过类型化方法,非统一说可以明确不当得利制度的不同规范目的和构成要件,有助于实践中对不当得利法律制度的适用。

第三节　不当得利的类型

根据不当得利产生的基础事实不同,可将不当得利分为给付不当得利和非给付不当得利两种基本类型。给付不当得利是基于给付行为而发生的不当得利,非给付不当得利是基于给付行为以外的其他事实而发生的不当得利。

一、给付不当得利

(一)给付不当得利的产生情形

此所谓给付,是指基于给付人的意思而增加他人财产,即一种财产给予行为。① 这种财产给予行为既可以是提供劳务、交付某项动产等事实行为,也可以是免除债务等法律行为。"基于给付者的意思"一语,是指给付人有意识地以某种给付完成某个特定的目的,例如清偿债务、创设债权债务关系(例如定金合同中的定金支付)等。由此可见,此种意义上的给付行为不同于作为债的标的意义上的给付,后者仅与债的清偿相关联,可以包括有财产意义的给付和无财产意义的给付。

给付不当得利基于上述给付而产生,主要发生在给付原因欠缺的情形,也就是说,虽然给付者有意识地以某项给付完成特定的目的,但是该给付原因在法律上并不存在,给付者无须给付。给付原因欠缺的具体情形,可分为以下几种:

1.给付原因自始不存在

给付原因自始不存在而发生的不当得利,主要包括以下情形:(1)民事行为不成立而发生的不当得利。民事行为不成立,意味着在法律上该民事行为不存在,与此相应,以该项没有成立的民事行为作为原因而完成的给付行为也就失去了给付目的,产生不当得利。(2)民事行为无效或被撤销而发生的不当得利。民事行为一

---

① 史尚宽:《债法总论》,中国政法大学出版社 2000 年版,第 78、87 页;王泽鉴:《债法原理(二)·不当得利》,中国政法大学出版社 2002 年版,第 37 页。

旦被宣告无效或被撤销,意味着在法律上该民事行为虽然成立但自始不发生法律效力,与此相应,以该民事行为作为原因而发生的给付行为也就失去了法律上的原因,即失去了合法根据。(3)履行不存在的债务而发生的不当得利。这就是所谓的"非债清偿"。其包括:履行假想存在的债务,如甲根本就不欠乙金钱,却误认为存在欠款而向乙支付款项,另如误以为有替他人清偿债务的义务而为给付;将他人误认为债权人而清偿债务,如甲将应向丙归还的借款误还给乙;债务履行数额超过应付债务数额,如甲误将 10 元纸币当作 5 元支付给领款人乙;履行业已履行完的债务,如甲不知对乙的欠款已还而仍然向乙清偿;错误地履行债务,如出售 A 物却误交付 B 物。

2.给付原因嗣后不存在

给付原因嗣后不存在而发生的不当得利,是指当事人一方向另一方为给付行为时存在给付原因,但嗣后该给付原因不存在,由此产生不当得利。给付原因嗣后不存在而发生的不当得利,主要包括以下情形:(1)附解除条件或解除期限的民事法律行为,其条件成就或期限到来而产生的不当得利。例如甲出国前将其房屋交由乙使用并约定在其回国后收回,甲回国后其给付原因即失去存在,乙应当交还房屋,退出对房屋的使用。(2)当事人解除合同而产生的不当得利。关于合同解除有无溯及力,法律尚无明确规定,学界有人认为存在有溯及力和无溯及力两种类型。[①] 就不当得利而言,合同解除无论有无溯及力,均可发生不当得利。如果合同解除有溯及力,合同关系溯及既往地消灭,则当事人一方基于合同而完成的给付自始无给付原因,从而构成上述的给付原因自始不存在。如果合同解除无溯及力,合同关系仅向将来消灭,解除之前已经进行的合同关系仍然有效,则合同解除前一方当事人为履行将要进行的合同关系而完成的给付失去给付原因,从而产生不当得利。如甲租赁乙房屋而预付半年房租,但租赁房屋合同进行了 3 个月后解除,甲可依不当得利规定向乙主张返还剩余房屋租金。

3.给付目的不能实现

给付目的不能实现,是指给付原因虽然有效存在,但因存在障碍而无法实现。例如,以受清偿为目的而出具收据但债务并未清偿;预期条件成就而履行附停止条件的债务但条件并未成就。在此情况下均可产生不当得利。

(二)给付不当得利请求权的排除

虽然在以上几种给付原因欠缺的情况下可以产生给付不当得利,但是具备以下几种情况,一般认为,不能产生不当得利:

---

① 王利明:《民法》,中国人民大学出版社 2006 年第 2 版,第 446~449 页。

1.履行道德义务的给付

所谓道德义务,指虽然在法律上无义务但根据道德或礼节规范而产生义务。例如,侄子女对于伯叔姑舅在法律上无赡养义务,但在道德上有此项义务;养子女对生父母因收养关系而无法律上的赡养义务,但在道德上有此项义务。为维护社会公德,对于给付人基于此道德义务而发生的给付,虽无法律上的给付原因,给付人不得请求返还。

2.清偿期到来前履行债务

债务清偿期尚未到来,债务并非不存在,只是不能请求债务人履行而已。如债务人进行期前清偿后债权人受领,不能认为债权人受领欠缺给付原因,而且债务人的债务也因清偿而消灭,债权人并不由此享有不当利益,因此不产生不当得利的返还问题。然而值得注意的是,债务人进行期前清偿,可能是因为错误地以为清偿期已届至而为之,也可能是主动放弃其可享有的期限利益而为之。对此,存在着不同的立法例。例如,日本民法第 706 条规定,债务人于清偿期前因清偿而为给付者,不得请求返还其给付物,但债务人因错误而为给付时,债权人应返还因此所得之利益。而德国民法第 813 条第 2 款规定,附期限的债务,于期限前履行者,不得请求返还,并不得请求中间利息返还。①

3.明知无债务的清偿

此所谓明知无债务的清偿,是指在进行给付时明知没有法律上的债务,也无前述的道德义务,但仍然基于清偿债务的目的而为给付,且债务人的此项给付属于任意给付,无他人强制或其他不得已事由的存在。例如,给付人知道自己享有拒绝给付的抗辩权,但误以为不能证明或者嫌证明过程繁杂不愿证明而为给付,即属于明知无债务的清偿。明知无债务的清偿与前述的非债清偿比较相近,但是两者存在区别。前者实际上是给付人为给付时明确无误地知道不存在给付义务,而后者实际上是给付人消极地不知给付义务的存在或者对于给付义务是否存在抱有怀疑,基于错误而为给付行为。如果发生明知无债务的清偿,如何处理,有的学者认为可以视为赠与。②

4.不法原因的给付

所谓不法原因,是指违反法律法规的强制性规定、违反公序良俗,以及违背社会公德的情形。上述行为在法律上属于无效民事行为,因此基于不法原因而进行的给付属于没有合法根据,应当成立不当得利,但是,承认此项不当得利请求权有

---

① 所谓中间利息,是指债权人自受清偿时起至清偿期届至时止,债务人的给付事实上所受有的利益。

② 参见魏振瀛:《民法》,北京大学出版社 2000 年版,第 576 页;郭明瑞:《民法》,高等教育出版社 2003 年版,第 561 页。也有学者持此观点,参见郑玉波著,陈荣隆修订:《民法债编总论》,中国政法大学出版社 2004 年修订 2 版,第 104 页。

违维护社会公益的精神。有鉴于此,各国民法在此情形下排除适用不当得利返还请求权,只是例外规定当不法原因仅存在于给付受领人一方时,给付人方可享有不当得利返还请求权。例如,日本民法第708条规定,因不法原因而为给付者,不得请求返还其给付物,但不法原因仅存于受益人者,不在此限。瑞士、德国民法也作类似规定。值得注意的是,如不法原因存在于给付人与受领人双方的情形,给付人所为给付,给付人不得请求返还,受领人也不得受领,而应当由国家收缴于国库。根据我国《民法通则》第61条的规定,如果当事人双方恶意串通,实施民事行为损害国家的、集体的或者第三人的利益,那么双方各自给付给对方的财产,应当予以追缴,收归国家、集体所有或返还给第三人。

5.债务人放弃时效利益的给付

根据最高人民法院《关于贯彻执行〈中华人民共和国民法通则〉若干问题的意见(试行)》第171条的规定,过了诉讼时效期间,义务人履行义务后,又以超过诉讼时效为由翻悔的,不予支持。有学者认为,义务人放弃时效利益而完成给付后法院对于义务人请求返还不予支持的规定,属于不当得利请求权排除的规定。[①] 然而,值得注意的是,诉讼时效期间经过并未消灭债权人的实体债权,仅使债权人丧失胜诉权,此情形下不能认为诉讼时效期间经过后债务人履行债务无合法根据,因此,应无不当得利规定适用的余地。

二、非给付不当得利

如前所述,非给付不当得利是基于给付行为以外的其他事实而发生的不当得利。这些给付行为以外的其他事实,可分为行为和事件两类。行为又可分为受害人的行为、受益人的行为以及第三人的行为等。由此可见,非给付不当得利产生的情形主要包括以下情形:

(一)受害人的行为

此所谓受害人的行为,是指受害人给付行为以外的其他行为。受害人给付行为的含义已如上述,是指受害人有意识地增加他人财产的行为,而受害人给付行为以外的其他行为,不存在财产给予的意思,不是有意识地增加他人财产,与此相应,也就谈不上给付原因的有无问题。受害人因给付行为以外的其他行为而产生的不当得利,其例甚多,例如,受害人将他人之牲畜误认为自己的牲畜而喂养,将他人事务误认为自己的事务而进行管理等。

---

① 郭明瑞:《民法》,高等教育出版社2003年版,第561页。

(二)受益人的行为

受益人的行为产生的不当得利,通常发生在受益人以其行为侵害受害人权益的情形。[①] 其侵害行为,主要包括以下几种:(1)受益人的事实行为。例如,受益人擅自消费他人之物而受益,擅自使用他人的专利而受益。(2)受益人的无权处分行为。例如,甲擅自将乙存放于甲处的货物出卖于善意的丙而取得价金。(3)受益人的执行行为。例如,法院应甲的请求强制执行其对乙的生效判决后,该判决后因再审而撤销,乙可以根据不当得利的规定请求甲返还其所受利益。

从受害人遭受侵害的权益角度看,该权益可能是受害人的所有权(如擅自消费他人之物取得利益)、债权(如转让债权后仍自债务人处受领给付致债权消灭)、知识产权(如擅自使用他人专利取得利益)、占有(如擅自在他人承租的停车场停车)等财产权益,还可能是受害人的人身权益,如擅自使用他人照片做广告而获益。

(三)第三人的行为

因受害人与受益人以外的第三人行为而产生的不当得利,通常也发生在第三人行为侵害受害人权益的情形。例如,甲擅自利用乙的汽车为丙搬运货物,甲擅自以乙的饲料喂养丙的牲畜,此等情形,丙所获利益属于不当得利,乙可依照不当得利规定要求返还。

(四)添附

在发生添附的情况下,出于维持财产现状、免于社会经济上的不利,法律往往从技术上规定物的所有权归属于当事人一方(不动产或动产的所有人、加工人),但并不要求此情形下物或劳务的财产价值也转移至当事人一方,即否认其保有利益的正当性,从而规定失去物之所有权或提供劳务者的当事人一方可以根据不当得利的规定,要求取得物之所有权或劳务的一方当事人返还相应的财产价值。[②]

---

① 关于侵害他人权益产生不当得利的理论基础,存在着违法性说与权益归属说的不同。违法性说重视产生不当得利的过程,认为不当得利的基础在于侵害而获利的行为的违法性。而权益归属说重视因侵害而获利的保有的正当性,认为不当得利的基础在于侵害人欠缺因其侵害行为而获利的保有的正当性。违法性说的缺陷在于难以说明侵害人不能保有因侵害而获利的正当性,权益归属说的不足在于难以界定权益归属内容的范围。参见王泽鉴:《债法原理(二)·不当得利》,中国政法大学出版社 2002 年版,第 140～141 页。

② 最高人民法院《关于贯彻执行〈中华人民共和国民法通则〉若干问题的意见(试行)》第86 条规定,非产权人在使用他人的财产上增添附属物,财产所有人同意增添,并就财产返还时附属物如何处理有约定的,按约定办理;没有约定又协商不成,能够拆除的,可以责令拆除,不能拆除的,也可以折价归财产所有人;造成财产所有人损失的,应当负赔偿责任。其中有关折价归财产所有人的处理规定,即有添附而产生不当得利的规范意图。

（五）自然事件

产生不当得利的自然事件,如因暴雨致使甲承包的鱼塘水位上涨,甲饲养的鱼虾自然流入乙承包的鱼塘中。此情形下,甲可根据不当得利的规定请求乙返还因此所受利益。但法律上也有例外的规定。例如,我国台湾地区民法第798条规定:"果实落于邻地者,视为属于邻地。"在此情形下,不发生不当得利请求权。

第四节　不当得利的效力

如前所述,不当得利是债的发生原因之一,因此,根据前述的要件成立不当得利后,当事人因不当得利事件的存在而产生不当得利返还的债权债务关系。从权利角度而言,即产生不当得利返还请求权。不当得利的效力,体现在如下方面:

一、不当得利返还请求权的主体

不当得利返还请求权的权利人,为不当得利事件中的受害人,其义务人为不当得利事件中的受益人。当基于共同给付或共有财产权益受侵害而致受害人为多人时,受益人返还不当利益形成不可分债务,各受害人只能为全体受害人请求受益人返还不当利益,受益人也只能向全体受害人返还其所受不当利益。当受益人为多人时,根据《民法通则》第87条的规定,除非各受益人约定或法律规定连带负返还所受利益的义务,否则应按照各自所受利益负返还义务而无连带责任。①

二、不当得利返还请求权的客体

（一）不当得利请求权的客体范围

最高人民法院《关于贯彻执行〈中华人民共和国民法通则〉若干问题的意见（试行）》第131条规定,返还的不当利益,应当包括原物和原物所生的孳息。据此,不当得利请求权的客体包括如下两个方面:

1.原物

此所谓原物,应当不限于作为物权客体的物,还应当包括物以外的其他财产权

---

① 关于对不当得利负连带返还义务的法律规定,如《合伙企业法》第39条规定,合伙企业不能清偿到期债务的,合伙人承担无限连带责任。据此,如果合伙企业的到期债务是返还其所受不当利益的义务,则合伙人应当承担连带责任。

利和利益,例如受益人取得的债权、用益物权、担保物权、知识产权或对物的占有,或者受领的劳务等。

2.孳息

此所谓孳息,是指由上述原物所产生的天然孳息和法定孳息。天然孳息,包括果实、动物的产物,以及其他依物的用法所收获的出产物。法定孳息,包括利息、股息、租金以及其他因法律关系所得的收益。

值得注意的是,此所谓孳息,并不包括利用不当得利所取得的其他利益。例如在侵害他人专利权的情形下,如果受益人利用他人专利生产产品销售后牟取暴利,那么该项暴利不属于孳息,而属于利用不当利益取得的其他利益。根据《民通意见》第 131 条的规定,利用不当利益所取得的其他利益,扣除劳务管理费用后,应当予以收缴。

(二)不当利益的返还方法

1.原物返还

原物返还,就是返还作为物权客体的物或者原权利。与此相应,当原物仍然存在于受益人时,对于物,应当转移物的占有于受害人,对于权利,应当依照其转移方法将其转移于受害人。不当利益如果是在受害人所有的物上设定的负担,应将之废除,如果属于成立的债权,应当予以免除,如果属于在自己所有的物上负担的免除,应当恢复此项负担。当孳息仍然存在于受益人时,受益人应当将该原物所生的孳息返还给受害人。

2.价额返还

受益人虽然以返还原物及其孳息为原则,但是当原物和孳息依其性质无法返还(例如受益人受领的是劳务)或者因某种原因原物和孳息(原物已被转让给他人或者消费,原物被征用、毁损或灭失等)无法返还时,受益人应当向受害人返还相当于原物和孳息的价额。此价额的确定,应当以原物和孳息无法返还的原因发生时为准,其后价格虽发生变动,不应有所增减。

三、受益人返还义务的范围

根据《民法通则》第 92 条的规定,受益人返还其受领的不当利益,其返还义务的范围是否因其主观心态的不同而存在差异,并不明确。最高人民法院《关于贯彻执行〈中华人民共和国民法通则〉若干问题的意见(试行)》对此问题也未作司法解释。在学理解释上,我国通行的教科书通常参考德国、日本等国家和地区民法的规定,一般认为应当区分受益人的主观心态为善意或恶意而有其返还义务范围的不同。

Law

（一）受益人为善意时

当受益人为善意时，即不知道没有合法根据而受领不当利益时，其返还义务以现存利益为限，对已不存在的利益不负返还责任。对于所受利益不存在的事实，由受益人负举证责任。所谓现存利益，普遍认为不以原物和孳息的固有形态存在为限，可以是原物和孳息固有形态的变形物、代偿物或其价额。但是，在现存利益的确定时间上，存在着以提起返还请求之诉时为准和以受返还请求时为准的争议，而通说认为应当以受返还请求时为准。通常情况下，受害人提起返还之诉是在向受益人为返还请求未果的情形下，因此受益人受返还请求时间通常较早于受害人提起返还之诉的时间，自返还请求时开始，受益人已知其受领不当利益无合法根据，不应当再受仅返还现存利益规定之保护。故本书也认为以受返还请求时为准确定现存利益为妥。正如引例中提到的案例，本案中被告未加核实收下货物并销售，获取了利益，符合不当得利的构成要件，受害人因此享有不当得利返还请求权。本案中被告为善意受益人，故返还利益仅以尚存的部分为限。因五件被雨水浸泡价值丧失，所以原告对这五件药品不能提出返还不当得利的请求。综上所述，被告只需返还现存的药品、销售货款及其货款所生的利息。

值得注意的是，受益人属善意的，在返还现存利益时，还可以扣除与该现存利益有因果关系的费用。主要包括：取得不当利益而支出的费用，取得不当利益而完成的对待给付，为不当利益支出的必要费用和有益费用。①

（二）受益人为恶意时

当受益人为恶意时，即知道受领不当得利没有合法根据时，其返还义务应当是其取得的全部不当利益并附加利息，无论该不当利益是否存在。对于受益人受有利益及其恶意受领的事实，由受害人负举证责任。如果受益人返还其受领的不当利益及附加利息后受害人仍有损失的，还应当赔偿损失。有学者认为，此项赔偿义务以受害人有损失为要件，无须以权利侵害事实为要件，故不同于侵权损害赔偿，属于特别赔偿义务。② 例如，甲向乙购买图书两册而乙交付三册图书于甲，甲知其多得一册图书无合法根据仍将该册图书低价卖与他人获利，此情形下，甲不仅应当将转卖所获价金返还于乙，还应当向乙赔偿差价损失。值得注意的是，解释上应当于何时确定受害人受有的损失，不无疑问。如前例中，究竟以甲取走图书时的市价，转卖图书时的市价，还是以乙请求返还不当利益时的市价定乙的差价损失？本

---

① 史尚宽：《债法总论》，中国政法大学出版社 2000 年版，第 95 页；郑玉波著，陈荣隆修订：《民法债编总论》，中国政法大学出版社 2004 年修订 2 版，第 109～110 页。
② 史尚宽：《债法总论》，中国政法大学出版社 2000 年版，第 95 页；郑玉波著，陈荣隆修订：《民法债编总论》，中国政法大学出版社 2004 年修订 2 版，第 111 页。

书认为,从填补受害人损害的目的出发,应当以市价高者为准。

受益人属恶意的,在返还所受不当利益时,可以扣除其支付的必要费用,但不包括有益费用。该有益费用只能在返还不当利益时现存的增加价额内可以扣除。[①]

(三)受益人嗣后恶意时

如果受益人在取得不当利益时为善意,嗣后知道取得利益没有合法根据而转为恶意时,其返还义务应当是其转为恶意时一切尚存的不当利益。

第五节　不当得利请求权
与其他请求权的关系

受害人不当得利请求权基于受益人取得不当利益的事实而产生,而与此同时,受害人可能在法律上另外取得其他请求权,由此产生不当得利请求权与其他请求权的关系如何处理的问题。对此,存在着并存说与辅助说的区别。并存说认为不当得利请求权可以与其他请求权并存,德国通说和判例从之。辅助说认为不当得利请求权具有辅助性,权利人利益在行使其他请求权仍不能满足时才能主张,法国、瑞士通说和判例从之。解释上,我国学界多采并存说,但是,由于我国《物权法》不承认物权行为理论,故不当得利请求权与其他请求权的关系,有进一步说明的必要。

一、所有物返还请求权与不当得利返还请求权的关系

我国民法不承认物权行为理论,因此,民事行为不成立、无效、被撤销后,给付人基于该民事行为交付的财产并未发生财产权属的转移,受领人也未取得财产的权属,但受领人占有该财产。在此情形下,如果财产原有形态仍然存在,则发生请求受领人返还占有的不当得利返还请求权与所有物返还请求权的并存。如果财产原形态消灭或由他人善意取得,受领人无法返还所有物,则不产生所有物返还请求权,但可产生不当得利返还请求权。在合同关系解除的情况下,如果解除产生溯及效力导致合同关系自始无效,则其情形与上述情况相同。如果解除不产生溯及力,合同关系向将来消灭,则解除之前一方为取得他方给付目的而已为的给付,在他方未为对待给付时,由于此项给付的原因事实不存在,将产生不当得利返还请求权。

---

① 史尚宽:《债法总论》,中国政法大学出版社 2000 年版,第 95 页;郑玉波著,陈荣隆修订:《民法债编总论》,中国政法大学出版社 2004 年修订 2 版,第 111 页。

二、合同债务履行请求权与不当得利返还请求权的关系

合同合法成立后,当合同一方当事人未履行其基于合同而产生的债务时,如果合同另一方当事人已为给付,由于未履行义务一方当事人受领给付并非没有合法根据,且其合同债务并未消灭,完成给付的当事人可行使债务履行请求权。因此,在此情形下,并不发生不当得利返还请求权,完成给付的当事人并不能根据不当得利的规定请求返还其给付。

但是,在租赁合同等合同关系中,合同约定的租赁期届满后承租方应当按照合同的规定将租赁物返还出租方,如果承租人逾期不返还租赁物,则不仅发生合同债务履行请求权,还因承租人对租赁物的占有或继续使用而发生不当得利返还请求权,从而出现了两者并存的情形。[①]

三、侵权行为产生的损害赔偿请求权与不当得利返还请求权的关系

当侵权人因侵权行为而受有利益时,受害人可据此而享有损害赔偿请求权和不当得利返还请求权,从而出现两种请求权并存的情形。此时,损害赔偿请求权以存在侵权行为为成立要件,以填补损害为目的,而不当得利返还请求权以无合法根据而受有利益为成立要件,以去除侵害人受有的利益,将其返还受害人为目的,因此两者并不排斥,当事人可以选择行使之。

司法考试真题链接

1. 张某发现自己的工资卡上多出 2 万元,便将其中 1 万元借给郭某,约定利息 500 元;另外 1 万元投入股市。张某单位查账发现此事,原因在于财务人员工作失误,遂要求张某返还。经查,张某借给郭某的 1 万元到期未还,投入股市的 1 万元已获利 2000 元。下列哪一选项是正确的?(2007 年司法考试真题)

　　A. 张某应返还给单位 2 万元　　　　B. 张某应返还给单位 2.2 万元

　　C. 张某应返还给单位 2.25 万元　　　D. 张某应返还给单位 2 万元及其孳息

2. 一日清晨,甲发现一头牛趴在自家门前,便将其拴在自家院内,打探失主未果。时值春耕,甲用该牛耕种自家田地,其间该牛因劳累过度得病,甲花费 300 元将其治好。两年后,牛的主人乙寻牛来到甲处,要求甲返还,甲拒绝返还。下列哪

[①]　值得注意的是,此时不仅发生债务履行请求权和不当得利返还请求权,出租方基于对租赁物的所有权还享有所有物返还请求权,从而出现三种请求权并存的情况。

一说法是正确的？（2009 年司法考试真题）

　　A. 甲应返还牛，但有权要求乙支付 300 元

　　B. 甲应返还牛，但无权要求乙支付 300 元

　　C. 甲不应返还牛，但乙有权要求甲赔偿损失

　　D. 甲不应返还牛，无权要求乙支付 300 元

第二十一章　无因管理

【引　例】

汝南县罗店乡村民刘某、赵某和王某等三人经培训取得建造沼气池资格证后,合伙为村民建造沼气池。2007 年 7 月 17 日,刘某、赵某和王某等三人为本村朱某建造沼气池,王某在沼气池中拆壳子时晕倒在池中,在旁围观的村民李某抢先下去救人,也晕倒在池中,随后李某和王某虽被在场的其他村民从池中救出,但经抢救无效二人死亡。李某的亲属向法院提起诉讼,要求刘某、赵某及朱某承担赔偿责任。

第一节　无因管理的概念与功能

一、无因管理的含义

没有法定的或者约定的义务,为他人利益而管理他人事务或提供服务,即称无因管理。其中,进行管理或者服务的当事人称为管理人,其事务受管理或服务的一方称为本人或者受益人。作为一项法律事实,无因管理是指社会生活中管理人在没有法定或者约定的义务情况下基于为本人利益的管理意思而进行的管理或服务活动。无因管理不是指管理人的管理意思本身,管理或服务发生的法律效果也不是由法律基于管理意思而赋予的,而是由法律根据管理或服务的事实而直接赋予的,因此,无因管理属于事实行为,而非法律行为。① 无因管理既然属于事实行为,则其成立不以管理人和本人有行为能力为要件。但是,在管理人方面,由于需要有为他人利益的管理意思,因此管理人应当具有相应的意思能力。

无因管理是债的发生原因之一,当事人因无因管理的存在而发生债权债务关

---

① 由于无因管理要求管理人必须有为了他人利益的管理意思,因此属于事实行为中的混合事实行为,即以人的精神作用为必要的事实行为,与不以人的精神作用为必要的一般事实行为相区别。

系。《民法通则》第 93 条规定:"没有法定的或者约定的义务,为避免他人利益受损失进行管理或者服务的,有权要求受益人偿付由此而支付的必要费用。"据此规定,如果存在无因管理的情形,管理人有权要求受益人偿付由此而支付的必要费用,与此相应,受益人负有偿还管理人为管理其事务或提供服务所支付的必要费用的义务。

二、无因管理制度的历史沿革

无因管理制度起源于罗马法。在罗马法上,无因管理被认为属于准契约之一,由市民法调整的无因管理产生两种诉权。其中,本人针对管理人的诉讼称为"无因管理直接诉讼",而管理人针对本人的诉讼称为"无因管理反对诉讼"。

《法国民法典》继承了罗马法上的准契约概念,将无因管理也规定为准契约之一。此种立法例为《德国民法典》《瑞士债务法》及《日本民法典》所摈弃,在这些法典中,无因管理被作为独立的债的发生原因而作规定。在我国,国民政府时期颁布实施的民法也对无因管理制度作出了独立的规定。新中国成立后,国民政府时期施行的民法在台湾地区仍然沿用,而 1986 年颁布的《民法通则》第 93 条将无因管理制度规定在"债权"一节中,作为债的发生根据之一。

三、无因管理制度的基础与功能

在罗马法上,存在着"干涉他人事务违法"的原则,即个人事务应由个人自行处理,他人不得干涉,否则构成侵权行为,应当负有损害赔偿的责任。尽管在他人未经请求的情况下协助他人也符合当时的社会伦理,并不构成侵权行为,但是,由于受"干涉他人事务违法"原则的影响,为了防止他人借协助之名而侵犯本人利益,罗马法设立无因管理制度,以严格限制管理他人事务的范围,以保护本人利益。[①]

随着近代法律发展过程中对于人类团结互助美德的倚重,各国民法重视社会利益的维护,鼓励人们实施团结互助行为。与此相应,民法上的无因管理制度的功能也发生变化,不再仅仅以保护本人利益为主要目的,而同时以保护管理人的利益为目的,以维持人们团结互助的美好的社会秩序。

[①] 郑玉波著,陈荣隆修订:《民法债编总论》,中国政法大学出版社 2004 年修订 2 版,第 72 页。

第二节　无因管理的构成要件

根据《民法通则》第 93 条的规定,无因管理的构成要件,共有如下三个方面:(1)管理他人事务;(2)具有为他人利益进行管理的意思;(3)无法定或约定的义务。现分述如下:

一、管理他人事务

所谓管理,是指诸如维护行为、利用行为、改良行为以及处分行为等处理事务的各种行为,包括管理人自己实施的行为和提供的服务。从法律上看,此类行为既可以是事实行为,如修理他人物品,也可以是法律行为,如出卖他人不易保存的鲜活物品。

所谓事务,是指有关人们生活利益的一切事项,包括经济性质的事项和非经济性质的事项。从法律上看,此事务可以是事实行为,也可以是法律行为;可以是一次性行为,也可以是持续性的行为;可以管理人自己名义实施,也可以本人名义实施。由于无因管理以在当事人之间发生法律所承认的债权债务关系为目的,因此,如下事务不属于无因管理中的事务:(1)违法事项;(2)损害社会公共利益和违背社会公德的事项;(3)纯粹属于宗教、道德、习俗、公益范围的事项;(4)依法必须由本人亲自实施或者授权才能管理的事项;(5)单纯的不作为。

以上事务必须是他人事务,通常而言,如该事务在法律上的权利归属他人,即属于他人事务。此所谓客观上的他人事务。实践中往往存在无法根据法律上的权利归属判断是否属于他人事务的情形,如同宿舍甲同学购买乙同学准备购买的上衣。在此情形下,需要根据管理人的主观意思来确定管理人是否有为他人利益进行管理的意思,如果管理人有为他人利益进行管理的意思,则此项事务为他人事务,反之则属于自己事务。此所谓主观上的他人事务。对于主观上的他人事务,由管理人负举证责任,如果管理人不能证明属于他人事务,就推定该事务属于自己事务,不成立无因管理。此外,如果此项事务属于管理人与他人的共同事务时,也可以就属于他人的部分构成他人事务。例如,修缮他人和自己共同使用的围墙,可以就属于他人的部分成立无因管理。[①]

二、具有为他人利益进行管理的意思

如前所述,管理人应当具有管理意思,即管理人在管理他人事务时有为了他人

---

① 王家福:《民法债权》,法律出版社 1991 年版,第 588 页。

利益的认识。管理人有将管理他人事务所产生的利益归属于他人的"利他"的意识,属于管理人的主观心理状态。此项管理意思与法律行为中的行为人意思不同。后者是指行为人企图在法律上发生一定法律效果的内心意思,并通过行为人的对外表示而客观化。法律行为的法律后果是法律根据效果意思而赋予的。而管理意思并非此类效果意思,无因管理的法律效果也不是根据该管理意思而产生,该管理意思也不需要对外表示。

对于该他人,管理人即使不知道其具体为谁,也不影响为他人利益进行管理的意思的成立。如果出现兼为他人利益和自己利益为管理的意思,也可以成立无因管理。例如,甲房屋着火,邻居乙既为甲的利益又为自己房屋免遭殃及而奋力灭火以致受伤者,也可以成立无因管理。

值得注意的是,《民法通则》第 93 条将为他人利益进行管理的意思内容限于为避免他人利益受损失,即消极增加他人利益,而不包括积极增加他人利益。对此,本书认为,为他人利益进行管理的意思内容不应当有此限制,解释上应当包括为他人利益的各种情形。

在实践中,往往出现管理人因误信他人事务为自己事务而管理(误信管理),或者误信自己事务为他人事务而管理(幻想管理),或者明知是他人事务而仍然作为自己事务而管理(不法管理)等情形。在此类情形中,由于管理人主观上并不具备为他人利益进行管理的意思,因此,此类管理行为都不能构成无因管理,有的学者称之为"不真正无因管理"。在此类情形中,当事人可以根据侵权行为或不当得利的规定,请求损害赔偿或者返还不当利益。但是,在不法管理的情形下,由于当事人根据侵权行为或不当得利的规定向管理人请求损害赔偿或返还不当利益时,其请求范围可能会小于管理人因不法管理获得利益的范围,因此,为纠正此种法律规定的缺漏,实现社会正义,有的国家和地区的民法规定,管理人因不法管理他人事务而获取的全部利益,均应全额返还给他人。[①]

三、无法定或约定的义务

无法定或约定的义务,是指管理人为本人利益进行管理或提供服务,并非出于管理人所负有的法定义务或者管理人与他人之间的约定而产生的约定义务。因此,无因管理中的"无因",就是指没有法定或约定的义务。

依法负有管理本人事务的义务时,管理人对本人事务的管理就不属于无因管理,不论此项义务属于私法上的义务,还是公法上的义务。例如,私法上,父母对于未成年人事务的管理,监护人对于被监护人事务的管理,皆属于法律所规定的义

---

① 此方面立法例参见《德国民法典》第 684 条、我国台湾地区"民法"第 177 条。

务,不能成立无因管理。而在公法上,消防队员实施灭火行为,警察维护治安的行为,亦属于公法上所规定的义务,不能成立无因管理。

依照约定负有管理本人事务的约定义务时,管理人根据此项义务对本人的事务进行的管理也不属于无因管理,不论此项约定义务是基于管理人与本人的约定而产生,还是基于管理人与本人以外的他人的约定而产生。因此,如果管理他人事务是基于委托、承揽、保管、运输、合伙、雇佣等合同而实施的,则属于履行合同义务,并不构成无因管理。

值得注意的是,虽然管理人对本人负有法定或约定的管理事务的义务,但是,在其管理他人事务时如果超过了自己的义务范围,那么就此超过义务范围的部分事务,仍然可以成立无因管理。此外,在时间上,如果管理人在管理之初有义务,但在中途该义务消失,则自此时起成立无因管理。相反,如果管理人在管理之初无义务,但嗣后有义务,则自此时起不再成立无因管理。

第三节　无因管理的效力

如前所述,无因管理是债的发生原因之一,因此,根据前述的要件成立无因管理后,当事人因无因管理行为的存在而产生债权债务关系,管理人与本人相互向对方承担相应的义务,享有相应的权利。管理人的义务也就是本人应享有的权利,管理人的权利,也就是本人应承担的义务。因此,从管理人的角度而言,无因管理的效力,可体现在如下方面:

一、管理人的义务

如前所述,无因管理本属于干涉他人事务的行为,但基于无因管理符合社会伦理,有助于维护社会公益,法律承认无因管理的正当性而认定其为合法行为,使之区别于侵权行为。据此,管理人于无因管理成立后,并不承担侵权责任,但基于无因管理事实仍然应当承担一定的义务。现分述如下:

(一)适当管理的义务

所谓适当管理的义务,是指管理人在管理本人事务时,应当不违背本人的意思并以有利于本人利益的方法进行管理。因此,适当管理义务实际上包括了不违背本人意思和采用有利于本人利益的管理方法两个方面。

1.不违背本人的意思

所谓不违背本人的意思,是指管理人在管理本人事务时与本人明示的或者可推知的意思相一致。可推知的本人意思是指本人虽然没有明示但根据某种情形可推测出本人通常在此情形下有某种意思。例如,乙外出未归时,甲于暴雨来临之前收存邻居乙晒于晒谷场上的谷物于自家仓库中。此情形下可推知乙收存谷物的意思。

如果管理人违背本人的意思进行事务管理，则属于不当干涉他人的事务，侵害他人权益。管理人由此给本人利益造成的损害，则应当依照侵权责任法的规定，负损害赔偿责任。然而，如果本人的意思明显违反公序良俗，尽管管理人对于本人事务的管理不符合本人的意思，仍可成立无因管理。例如，对于自杀者的救助，即属其例。

2.采取有利于本人利益的管理方法

采取有利于本人利益的管理方法，是指管理人管理本人事务应当符合本人的利益。这就要求管理人在管理本人事务时应当尽到必要的注意义务。有学者认为，通常情况下，这种注意义务应当达到善良管理人之注意义务标准。[1]

如果管理人未尽善良管理人之注意义务，给本人造成损害，应当负损害赔偿责任。然而，在管理人为避免本人所面临的紧迫危险而管理事务时，很多国家民法规定，管理人仅在有故意或重大过失情况下对给本人造成的损害负损害赔偿责任。[2]

(二)通知义务

管理人开始管理本人事务时，应当及时向本人发出通知，除非此项通知义务因不知本人为谁、不知本人下落或者交通通信中断等客观原因无法完成。此项通知义务不仅表明管理人有管理本人事务的管理意思，还表明管理人对于本人意思的充分尊重。除非事务的性质紧迫，等待本人的回复通知影响事务的处理进而不利于维护本人利益，否则，上述通知发出后，管理人应当等待本人的回复和指示。

如果本人回复同意由管理人继续管理事务，则自本人回复同意时起管理人与本人之间的法律关系转变为委托关系。反之，如果本人可以作出回复而没有回复或者回复拒绝管理人管理其事务，管理人应当停止事务管理。否则，管理人的管理行为将构成违背本人意思的管理，属于不当干涉他人的事务。

(三)报告及计算的义务

管理人开始管理本人事务后，应当在可能的情况下及时地将管理事务的有关情况报告给本人，管理事务结束后，应当将整个事务管理的情况报告本人。同时，管理人应当将管理事务所取得的财产，例如取得的钱物及其孳息、财产权利等，交付予本人。如果取得财产权利是以管理人自己的名义取得的，则应当依照相应的财产权利转移方式将财产权利转移给本人。

---

[1] 郑玉波著，陈荣隆修订：《民法债编总论》，中国政法大学出版社2004年修订2版，第80页；史尚宽：《债法总论》，中国政法大学出版社2000年版，第63页。
[2] 例如《日本民法典》第698条、《德国民法典》第680条、《瑞士债务法典》第420条。

如果管理人自己使用本应交付予本人的财产,则应当自使用之日起支付相应的利息或费用。如果管理人对应交付予本人的财产造成损害,还应当负赔偿责任。

二、管理人的权利

(一)费用偿付请求权

根据我国《民法通则》第93条的规定,管理人在无因管理中享有的权利主要是费用偿还请求权,即"有权要求受益人偿付由此而支付的必要费用"。而依照最高人民法院《关于贯彻执行〈中华人民共和国民法通则〉若干问题的意见(试行)》第132条的规定,《民法通则》第93条规定的"必要费用"应当是在管理或服务活动中直接支出的费用。所谓"必要费用",应当是指管理事务所必需的、不可或缺的费用,也是管理事务所应支出的最低限度的费用,而是否必要应当以该费用支出时的客观情况加以判断。所谓"直接支出的费用",似乎是指管理人在管理活动中直接花费的钱物,而不包括管理人管理事务所付劳务的报酬。[①]

值得注意的是,有些国家和地区的民法规定,管理人还可以根据费用偿还请求权要求本人偿还其管理事务所支出的有益费用,即增加本人利益的费用。[②] 在此方面,由于《民法通则》将无因管理的范围仅限于"避免他人利益受损失"的情形,因此没有规定管理他人事务所支出的有益费用。但在解释上,如果我们将无因管理的范围适用于管理他人事务的各种情形,那么本人偿还的费用范围应当包括有益费用。此外,《民法通则》没有规定管理人可以请求偿还所支出费用的利息,解释上应当理解为请求偿还的费用包括自支付费用时起计算的利息。

(二)损害赔偿请求权

《民法通则》没有规定管理人的损害赔偿请求权,但最高人民法院《关于贯彻执行〈中华人民共和国民法通则〉若干问题的意见(试行)》第132条的规定,《民法通则》第93条规定的"必要费用",包括管理人"在活动中受到的实际损失"。据此,司法解释扩大了管理人的权利,赋予管理人损害赔偿请求权。解释上,由于此项损害赔偿请求权的产生乃无因管理的效力体现,因此,此项损失与本人的过错无关,只是与管理人的过错有关。如果管理人对损失有过错,则可以适当减轻本人的赔偿

[①] 对此,德国通说认为,如果管理事务属于管理人的职业范围,则管理人可以请求报酬。参见王泽鉴:《债法原理》(第1册),中国政法大学出版社2001年版,第347页。

[②] 例如《法国民法典》第1375条、《德国民法典》第683条、《日本民法典》第702条、《瑞士债务法》第422条、我国台湾地区"民法"第176条。

责任。①

　　以引例为例,原告以李某在没有法定和约定的义务情形下抢救他人而身故,符合《民法通则》第93条无因管理之债的规定,请求受益人在受益范围内予以补偿符合法律规定。被告刘某、赵某和王某是施工合伙人,李某抢救王某的行为是为了两被告的共同利益,其目的是避免或减少两被告的损失,两被告作为受益人应当分担受害人的经济损失。被告朱某建造沼气池是最终受益人,李某的施救行为客观上也是为了被告朱某的利益免受损失,其也应在受益范围内对原告的损失予以分担。

(三)负债清偿请求权

　　所谓负债清偿请求权,是指管理人在管理事务过程中以自己名义所负担的必要或有益的债务,可以请求本人清偿其所负担的此项债务。在此情形下,本人并不直接与此项债务的债权人发生债权债务关系,而是基于管理人的负债清偿请求权而为管理人代偿债务。本人在为清偿时,债权人不得拒绝。② 如果本人不予代偿,管理人可以请求损害赔偿。《民法通则》没有规定管理人可以享有负债清偿请求权。有人认为,此项负债清偿请求权可以通过损害赔偿请求权去解决。③

(四)本人承担义务的范围

　　在无因管理中,当管理人已尽适当管理义务时,管理人根据以上三项请求权,可以请求本人全额承担义务。但是,如果管理人在管理事务时违背本人意思,而管理事务的结果有利于本人,或者管理事务属于本人应尽的公益上的义务或者法定扶养义务等法定义务时,本人是否仍应全额承担义务,不无疑问。对此,有些国家和地区的民法规定,如果管理人在管理事务时违背本人意思,而管理事务的结果有利于本人,则本人以其所得利益为限,向管理人负担义务。④ 而如果管理人在管理事务时违背本人意思,而管理事务属于本人应尽的公益上的义务或者法定扶养义务等法定义务时,则本人应当全额向管理人承担义务。⑤

---

① 王家福:《民法债权》,法律出版社1991年版,第598页。
② 郑玉波著,陈荣隆修订:《民法债编总论》,中国政法大学出版社2004年修订2版,第84页。
③ 王家福:《民法债权》,法律出版社1991年版,第598页。
④ 例如,《德国民法典》第684条、第687条;《日本民法典》第702条;《瑞士债务法》第423条;我国台湾地区"民法"第177条。
⑤ 例如,我国台湾地区"民法"第176条。

第四节　无因管理与其他
相关制度的区别

一、无因管理与代理

就管理他人事务方面而言,无因管理与代理具有相似性,但是两者在如下方面存在差异:(1)两者的成立基础不同。无因管理是管理人在没有法定义务或约定义务的情况下实施行为,而代理是在有法定义务(法定代理)或者约定义务(委托代理)的情况下实施行为。(2)两者包含的意思要素不同。无因管理中管理人具有的是为了他人利益的管理意思,而代理中代理人具有的是将代理活动产生的法律后果归属于本人的效果意思。(3)事务的范围不同。无因管理中管理人管理的事务既可以是事实行为,也可以是向他人作出的法律行为,而代理人管理的事务是法律行为,而且是以本人的名义实施的法律行为。(4)法律效果不同。无因管理中管理人的管理行为使得管理人与本人之间产生债权债务关系,而代理中代理人的行为使得本人与代理行为的相对人之间产生债权债务关系。

二、无因管理与不当得利

就本人基于管理人的管理行为而获利方面而言,无因管理与不当得利具有相似之处,但是两者在如下方面存在不同:(1)当事人获利的法律基础不同。无因管理中本人基于管理人的管理行为获利属于有法律根据的获利,而不当得利中受益人的获利没有法律根据。(2)两者的性质不同。无因管理属于混合事实行为,其中包含了管理人的主观心理状态,而不当得利属于事件,与当事人的主观心理状态无关。(3)法律效果不同。基于无因管理而产生的债权债务关系中包含管理人适当管理义务、通知义务、报告及计算义务,以及本人的费用偿还义务、损害赔偿义务、负债清偿义务等多方面内容,而基于不当得利产生的债权债务关系中仅包含受益人向受害人返还不当利益的义务。(4)限制义务履行范围的事由不同。在无因管理中,本人向管理人承担义务以其所获利益为限,是基于管理人未尽适当管理义务而违背本人意思的情形,而不当得利中,受益人承担返还义务以其保有的现存利益为限,是基于受益人为善意的情形。

Law

司法考试真题链接

1. 甲正在市场卖鱼,突闻其父病危,急忙离去,邻摊菜贩乙见状遂自作主张代为叫卖,以比甲原每千克20元高出10元的价格卖出鲜鱼100千克,并将多卖的1000元收入自己囊中,后乙因急赴喜宴将余下的50千克鱼以每千克6元卖出。下列哪些选项是正确的?(2007年司法考试真题)

　　A.乙的行为构成无因管理

　　B.乙收取多卖的1000元构成不当得利

　　C.乙低价销售50千克鱼构成不当管理,应承担赔偿责任

　　D.乙可以要求甲支付一定报酬

2. 下列行为中,哪些构成无因管理?(2008年司法考试真题)

　　A.甲错把他人的牛当成自家的而饲养

　　B.乙见邻居家中失火恐殃及自己家,遂用自备的灭火器救火

　　C.丙(15岁)租车将在体育课上昏倒的同学送往医院救治

　　D.丁见门前马路下水道井盖被盗致路人跌伤,遂自购一井盖铺上

3. 张某外出,台风将至。邻居李某担心张某年久失修的房子被风刮倒,祸及自家,就雇人用几根木料支撑住张某的房子,但张某的房子仍然不敌台风,倒塌之际压死了李某养的数只鸡。下列哪一说法是正确的?(2009年司法考试真题)

　　A.李某初衷是为自己,故不构成无因管理

　　B.房屋最终倒塌,未达管理效果,故无因管理不成立

　　C.李某的行为构成无因管理

　　D.张某不需支付李某固房费用,但应赔偿房屋倒塌给李某造成的损失

4. 甲聘请乙负责照看小孩,丙聘请丁做家务。甲和丙为邻居,乙和丁为好友。一日,甲突生急病昏迷不醒,乙联系不上甲的亲属,急将甲送往医院,并将甲的小孩委托给丁临时照看。丁疏于照看,致甲的小孩在玩耍中受伤。下列哪一说法是正确的?(2012年司法考试真题)

　　A.乙将甲送往医院的行为属于无因管理

　　B.丁照看小孩的行为属于无因管理,不构成侵权行为

　　C.丙应当承担甲小孩的医疗费

　　D.乙和丁对甲小孩的医疗费承担连带责任

图书在版编目（CIP）数据

债权法/林旭霞主编.—5 版.—厦门：厦门大学出版社，2017.2（2019.7 重印）

（高等学校法学精品教材系列/朱崇实主编）

ISBN 978-7-5615-6241-3

Ⅰ.①债…　Ⅱ.①林…　Ⅲ.①债权法-中国-高等学校-教材　Ⅳ.①D923.3

中国版本图书馆 CIP 数据核字（2016）第 227919 号

出 版 人	郑文礼
责任编辑	甘世恒
封面设计	李夏凌　洪祖洵
电脑制作	张雨秋
技术编辑	许克华

出版发行 厦门大学出版社

社　　址	厦门市软件园二期望海路 39 号
邮政编码	361008
总 编 办	0592-2182177　0592-2181406(传真)
营销中心	0592-2184458　0592-2181365
网　　址	http://www.xmupress.com
邮　　箱	xmupress@126.com
印　　刷	厦门市金凯龙印刷有限公司

开　本	787mm×1092mm　1/16
印张	32.25
插页	2
字数	652 千字
版次	2017 年 2 月第 5 版
印次	2019 年 7 月第 2 次印刷
定价	55.00 元

厦门大学出版社
微信二维码

厦门大学出版社
微博二维码

本书如有印装质量问题请直接寄承印厂调换